四川社科成就系列丛书

四川哲学社会科学70年

——来自全省21个市州的调研报告

四川省社会科学界联合会 ○ 编

四川大学出版社

项目策划：王　军
责任编辑：杨岳峰
责任校对：周　颖
封面设计：何东琳设计工作室
责任印制：王　炜

图书在版编目（CIP）数据

四川哲学社会科学 70 年 ：来自全省 21 个市州的调研
报告 / 四川省社会科学界联合会编 . — 成都 ：四川大
学出版社，2019.9
　ISBN 978-7-5690-3093-8

　Ⅰ . ①四… Ⅱ . ①四… Ⅲ . ①哲学社会科学－研究报
告－四川 Ⅳ . ① C127.1

　中国版本图书馆 CIP 数据核字 (2019) 第 203125 号

书名　四川哲学社会科学 70 年——来自全省 21 个市州的调研报告
　　　Sichuan Zhexueshehuikexue 70 Nian——Laizi Quansheng 21 Ge Shizhou De Diaoyan Baogao

编　　者	四川省社会科学界联合会
出　　版	四川大学出版社
地　　址	成都市一环路南一段 24 号（610065）
发　　行	四川大学出版社
书　　号	ISBN 978-7-5690-3093-8
印前制作	四川胜翔数码印务设计有限公司
印　　刷	成都新凯江印刷有限公司
成品尺寸	210mm×285mm
印　　张	35
字　　数	1032 千字
版　　次	2019 年 9 月第 1 版
印　　次	2019 年 9 月第 1 次印刷
定　　价	180.00 元

◆ 读者邮购本书，请与本社发行科联系。
　电话：(028)85408408/(028)85401670/
　(028)86408023　邮政编码：610065
◆ 本社图书如有印装质量问题，请寄回出版社调换。
◆ 网址：http://press.scu.edu.cn

四川大学出版社
微信公众号

前　言

哲学社会科学是人们认识世界、改造世界的重要工具，是推动历史发展和社会进步的重要力量。基层社科联是哲学社会科学队伍的重要组成部分，是推动哲学社会科学事业繁荣发展的重要方面军。1978 年 12 月 18 日—22 日，中国共产党第十一届中央委员会第三次全体会议在北京举行。全会把党的工作重点转移到社会主义现代化建设上来。自此以后，四川省哲学社会科学事业迎来了繁荣发展的新时期，社会科学学术性群众团体从无到有，如雨后春笋在全省各地发展起来。原达县地区（今达州市）率先举起基层社会科学群众团体的旗帜，于 1979 年 10 月 24 日在全省成立了第一个基层社科联组织。基层社科联勇立时代之潮头，敢当实践之先锋，顺应改革开放而产生，又适应新时代中国特色社会主义建设新的伟大实践而获得长足发展。到中国共产党第十八次代表大会召开时，四川全省的基层社科联组织基本实现了市州一级的全覆盖，县（区、市）社科联组织覆盖率近 70%。

党的十一届三中全会以来，我们党同社会科学界的密切联系得到了恢复和发展。其中，一个重要的渠道就是各级社科联组织。四川省基层社科联从诞生之日起，就发挥着党和政府联系广大社会科学工作者的桥梁纽带作用，成为党和政府推动地方经济社会发展一支重要的力量。特别是在解放思想、凝聚改革发展共识中发挥了重要的思想引领作用，在围绕中心服务地方经济社会发展中发挥了重要的"思想库"和智囊团作用，在培根铸魂推进马克思主义大众化和践行社会主义核心价值观中发挥了重要的组织发动作用，在守正创新构建中国特色、四川风格的哲学社会科学和推动社科强省建设中发挥了重要的基础性作用。

党的十八大以来，党中央制定了一系列政策，采取一系列措施，大力推动哲学社会科学发展。四川省广大基层哲学社会科学工作者进一步解放思想、实事求是、与时俱进，坚持以马克思主义为指导，坚持为人民服务、为社会主义服务的方向和百花齐放、百家争鸣方针，凝聚深化改革、推动经济高质量发展、脱贫攻坚、环境保护和全面从严治党的广泛共识，深入研究和回答地方经济社会发展面临的重大理论和实践问题，以及着眼群众精神文化需要解疑释惑、阐明道理，为坚持和发展中国特色社会主义做出了积极贡献。

今天，中国特色社会主义进入新时代。这是一个哲学社会科学大发展的时代，是一个需要理论而且一定能够产生理论的时代，是一个需要思想而且一定能够产生思想的时代。四川省基层社科联组织和广大基层社科工作者，不忘初心，牢记使命，牢固树立"四个意识"，坚定"四个自信"，坚决做到"两个维护"，勇担以文化人、以文育人、以文培元的使命，立足坚持和发展中国特色社会主义，统筹推进"五位一体"总体布局和协调推进"四个全面"战略布局，实现"两个一百年"奋斗目标、实现中华民族伟大复兴的中国梦，以及实施"一干多支"战略推进治蜀兴川再上新台阶的伟大实践，坚持用明德引领风尚，在正本清源上展现新担当，在守正创新上实现新作为。

为庆祝新中国成立70周年，充分展现四川基层社科联和全省基层社科工作者的历史责任与时代担当，更好地发挥社科界"思想库"和智囊团作用，为推动治蜀兴川再上新台阶贡献社科界的智慧和力量，四川省社科联组织全省21个市（州）社科联，以习近平新时代中国特色社会主义思想为指导，紧紧围绕"四川哲学社会科学70年的基本实践和建设成就"这一主题开展调查研究，全面梳理和总结各市州新中国成立70年特别是党的十八大以来，在党的领导下哲学社会科学事业发展、学术繁荣、人才荟萃、成果丰硕的基本实践、建设成就以及经验启示，并按照统一的要求形成调研报告。《四川哲学社会科学70年——来自全省21个市（州）的调研报告》一书，即由全省21个市州的调研报告构成，主要内容是：哲学社会科学70年概况（包括组织机构、人才队伍、阵地建设等的历史及其沿革）；推动哲学社会科学繁荣发展的基本实践（包括组织机构建设、人才队伍建设、社科研究工作、社科普及工作、社科阵地建设、激励机制建设、特色工作等）；推动哲学社会科学繁荣发展的主要成就（包括社科阵地建设成就、社科学术理论活动、社科研究、社科普及等）；推动哲学社会科学繁荣发展的经验启示。

本书以激励、奋进为基调，以全面展示发展成就为线索，以体现守正创新、培根铸魂为根本，旨在向新中国成立 70 周年献上社科界的一份真诚与执着、奉献与担当，同时表达社科工作者坚定地贯彻落实习近平新时代中国特色社会主义思想和党中央关于构建中国特色哲学社会科学决策部署的决心，以及不忘初心使命、面向未来发展的激情和信心。

编者
2019 年 5 月

目 录

· 四 川 哲 学 社 会 科 学 70 年 ·

CHENGDU SHI PIAN

成都市篇

四 川 哲 学 社 会 科 学 70 年

导　言

　　岁月不居，时节如流，共和国走过了 70 载光辉历程。70 年，栉风沐雨阔步向前；70 年，中华大地沧桑巨变。其间汇集民族理论思想精髓的哲学社会科学得到长足繁荣发展。回溯这 70 年来，哲学社会科学在"认识世界、传承文明、创新理论、资政育人、服务社会"中发挥了举足轻重的作用。我们党始终坚持以马克思主义为指导，并坚持实践基础上的理论创新，不断推进马克思主义中国化，产生了毛泽东思想、邓小平理论、"三个代表"重要思想、科学发展观等重大成果，形成了当代马克思主义中国化最新成果——习近平新时代中国特色社会主义思想。旗帜就是方向。在哲学社会科学发展的过程中，哲学社会科学的关注对象、研究领域、研究机构、管理体制、宣传方式、思维方式都不可避免地带有鲜明的时代特征。中华人民共和国成立以后，成都市哲学社会科学以辩证唯物主义和历史唯物主义为指导，在政治学、社会学、经济学、民族学、考古学、古典文学等领域的研究取得了新的进展。但 20 世纪 50 年代以后，由于极左思潮的影响，成都市的哲学社会科学受到严重干扰和束缚，十年"文化大革命"期间，哲学社会科学几乎到了名存实亡的地步。党的十一届三中全会以来，思想大解放，哲学社会科学迎来发展的春天，党和政府高度重视社会科学，改革开放的伟大实践在不断对哲学社会科学提出新要求的同时，也不断拓展着哲学社会科学研究的新领域，使成都市哲学社会科学获得前所未有的发展机遇。成都市哲学社会科学的学科建设不断加强，机构日益健全，队伍日益壮大，新兴学科不断涌现，学科体系趋于完备；哲学社会科学研究成果无论在广度和深度方面都超过了中华人民共和国成立以来的任何时期，成都市哲学社会科学进入了空前繁荣的新时期。哲学社会科学在为成都发展探索道路、总结经验的同时，其研究成果也从侧面客观地反映了成都在不同发展阶段的状况和特点，为成都经济社会发展提供了强有力的理论支撑和实践引导。

成都市哲学社会科学 70 年概况

　　70 年来，成都市哲学社会科学界在党的指引下，始终坚持正确的政治方向，研究队伍不断壮大，整体素质不断提高。在不同的发展时期，广大哲学社会科学工作者紧跟时代前进的步伐，发扬理论联系实际的优良学风，深入研究市域经济社会发展中的重大问题，形成了一批具有鲜明成都地域特色的重点学科和优势学科。精品成果的不断涌现，为成都市委、市政府的科学决策，为成都经济社会发展做出了积极贡献，成为中国特色哲学社会科学体系建设的重要组成部分，是中国特色哲学社会科学在成都实践中的应用与发展。

（一）组织机构的历史及其沿革

　　中华人民共和国成立以来，成都市哲学社会科学管理及研究机构主要有社会科学界联合会、研究院所、高校、职业学院、研究学会等几种类型。

1. 全市哲学社会科学管理机构

　　全市哲学社会科学管理机构主要由成都市和各（区）市县两级社会科学界联合会组成，除高新区和天府新区外，20 个区（市）县均设有社科联。

　　成都市社会科学界联合会：简称成都市社科联，与成都市社会科学院（简称成都市社科院）实行两块牌子、一套人员合署办公的管理体制。市社科联于 1991 年 12 月成立，是成都市委、市政府领导下的社会科学界的学术性团体，由加入本会的全市性社会科学学会、研究会、协会联合组成，是党和政府联系成都市广大社会科学工作者的桥梁和纽带。成都市社科联内设机构 4 个，其中联（院）办公室、机关党办为综合服务部门，规划评奖办、学会学术部为业务部门。其机关的主要职责是：一是负责新申报的市级社会科学学会、协会、研究会的资格审查；指导和协调所属学会、协会、研究会的工作；指导区（市）县社科联的业务工作。二是负责制订全市社会科学发展和学术研究的近期和中长期规划，拟定全市重大的社科研究课题，并组织实施。三是组织和推动学术研究活动，促进和开展社会科学学术交流。四是普及马克思主义基本理论和社会科学知识；开展社会科学培训咨询服务工作。五是促进社会科学学术团体之间、理论工作部门与实际工作部门之间、社会科学界与自然科学界之间的联系和协作。六是贯彻党的方针政策和国家的法律法规；向党和政府反映社会科学界的意见和要求，关心并维护社会科学工作者及团体的合法权益。七是组织开展社会科学优秀科研成果的评奖活动；支持和协助部分社科获奖成果的出版、宣传、推广工作。八是受市政府委托，负责社会科学咨询的行业管理工作。九是承办成都市委、市政府交办的其他事项。

2. 成都市市级社会科学研究机构

　　成都市市级社会科学研究机构主要有 9 家单位，即成都市社会科学院、成都大学、中共成都市委党校（成都行政学院、成都市社会主义学院）、成都市经济发展研究院、成都市工业职业技术学院、成都市工贸职业技术学院、成都市教育科学研究院、成都农业科技职业学院、成都市职业技术学院。在此主要介绍 4 家单位的基本情况：

　　1）成都市社会科学院

　　由 1979 年 11 月成立的"成都市社会科学研究所"演变而来，2000 年 8 月改为现名。系成都市委直属事业单位（见图1），是成都市委、市政府科学决策的参谋、咨询机构，是市委直属的正局级全额拨款事业单位。1998年12月又成立了成都市邓小平理论研究中心，与成都市社科院（联）合署办公。以理论联系实际为准则，以应用对策研究为主，兼顾基础理论研究；把立足成都、研究成都、服务成都，为市委、市政府决策服务和为成都市经济社会发展服务作为基本任务。主要职责为：一是围绕市委、市政府中心工作和社会热点难点问题，开展哲学社会科学的研究，通过研究成果，为成都市委、市政府提供有价值的决策参考依据；二是服务广大社会群众，为社会提供有关哲学社会科学知识的咨询，为地方政府和企事业单位提供决策咨询服务；三是开展哲学社会科学学术交流活动，不断提高本地区开展哲学社会科学的研究水平。

图1 成都社科联（院）院徽

2）成都大学

1978年经教育部批准设立，是四川省和成都市共建的域内唯一一所全日制普通本科院校。成立伊始，设有两系一部和三个教研室，其中人文社科机构包含有企业管理系、师范部的中文和外语专业以及马列教研室、教育学科教研室和体育教研室。2006年，经四川省人民政府批准，成都教育学院、成都幼儿师范学院并入该校，其人文学科结构得到进一步完善。经整合，又设有管理学院、文学与新闻传播学院、外国语学院、美术学院、经济政法学院、心理健康与教育中心、体育部、旅游文化产业学院、艺术学院、师范学院、学前教育学院等人文社科学院（中心）。

2017年11月，为深入贯彻落实党的十九大精神，积极融入国家"一带一路"建设，加快建设西部文创中心和世界文化名城，成都市人民政府依托成都大学艺术学科已有的办学基础，按照新的体制和机制成立了中国—东盟艺术学院。2018年，根据学科发展和人才培养需要，学校再次调整二级学院结构。目前，成都大学设有12个人文社科学院（中心），涵盖艺术学、文学、管理学、教育学、经济学、法学等多个学科门类。现该校已发展为成都市重点建设的综合性大学，拥有具有百年历史的三级甲等综合附属医院和国家级抗生素研发基地的四川抗菌素工业研究所。学校具有学士、硕士学位授予权，设有博士后实践基地，是教育部"卓越工程师教育培养计划"高校、教育部国防教育特色高校、四川省博士学位授权立项建设单位。

3）中共成都市委党校（成都行政学院、成都市社会主义学院）

前身为1952年10月成立的中共成都市委训练班。1954年4月，为适应社会主义建设的大发展和全面开展的社会主义改造的需要，中共成都市委将训练班改为中共成都市委干部学校。1956年根据中央统一全国党校名称、加强干部教育工作的精神，经成都市委批准，学校于同年12月17日改建为中共成都市委初级党校，设三科三室和三个学员班部，全面担负起了干部培训和相关社科工作。1977年10月学校更名为中共成都市委党校，此后党校教育和社科工作迈入正轨。1984年党校机构扩编为5处9室。1986年9月经考核和四川省委批准，确认中共成都市委党校为高等院校本科体制。成都行政学院的前身是成立于1950年12月的中共川西区党委温江地方分党委干部学校，1993年3月改建为成都行政学院。中共成都市委党校、成都行政学院于2003年9月29日正式合并。1999年6

月成立成都市社会主义学院，2005年3月并入党校（院），形成实行"一套机构，三块牌子"的管理体制。

中共成都市委党校院现有教职工245人，其中高级职称人员70人，有博士学历的教师23人；各级各类优秀专家、政府津贴专家8人。设有社会建设教研部、马克思主义理论教研部、经济学教研部、党史党建教研部、公共管理教研部、领导科学教研部、法学教研部、文化建设教研部、现代科技教研部、统一战线理论教研部十个教研部以及办公室、科研处、国际合作交流部、实训室管理与案例开发中心、市情研究所（成都发展战略研究所）、学报编辑部等共30个正处级机构。

中共成都市委党校是中共成都市委直接领导的培养党员领导干部和理论干部的学校，是成都市培训轮训党员领导干部的主渠道，是党的哲学社会科学研究机构。成都行政学院是成都市培训公务员、培养公共管理人员和政策研究人员、开展社会科学研究和决策咨询的机构。成都市社会主义学院是中国共产党领导的统一战线性质的政治学院，是民主党派和无党派人士的联合党校，是统一战线人才教育培养的主阵地，是开展党的统一战线工作的重要部门，是成都市干部教育培训体系的重要组成部分。

4）成都市经济发展研究院

1986年成都市经济信息中心成立，2006年在成都市经济信息中心基础上建立成都市经济发展研究院。作为从事政府决策咨询和信息技术服务的专业机构，成都市经济发展研究院是成都市发展和改革委员会直属事业单位，现有15个部所，在职员工130余人，其中拥有博士、硕士学历及拥有中、高级职称的职工占70%以上。

自成立以来，成都市经济发展研究院紧密围绕成都市委市政府中心工作、成都市发改委重点工作，以打造成都特色新型智库为目标，逐步形成经济社会发展研究、信息化服务、数据情报三大业务。其一，经济社会发展研究围绕宏观经济、区域经济、产业经济、城市发展、社会发展等领域，开展对经济社会发展热点、难点、重点问题等的前瞻性、战略性研究；开展重大规划编制工作，为政府编制战略发展规划、中长期规划、区域发展规划及产业发展规划提供专业服务；开展政策评估研究工作。积极探索相关领域研究，提升经济社会发展研究业务专业化水平、增强决策咨询服务能力。其二，信息化服务围绕互联网、大数据、电子政务、数字经济等重点领域，开展课题研究、规划方案编制、项目咨询等；以发展改革行业为重点，开展软件技术应用研究、信息系统及数据库开发建设、大数据分析、系统运行维护和安全保障。其三，数据情报围绕宏观政策和城市动向监测、互联网大数据分析与挖掘、新媒体传播与运营等领域，开展情报研究、课题研究、政策评估、平台运营；围绕"放管服"改革、"互联网＋政务服务"等领域，开展课题研究、政策评估、咨询服务和内容运营。

5）成都职业技术学院

成都职业技术学院是成都市人民政府主办的全日制普通高等职业院校。2003年，学校由成都市新华职业高中和成都旅游职业学校两所职业高中合并组建；2010年6月，经四川省教育厅、四川省财政厅批准为省级示范性高职院校建设单位；2010年11月，经教育部、财政部批准为国家骨干高职院校拟立项建设单位，于2012年正式启动建设。学院秉承"成都服务，服务成都"的办学宗旨，创办"校地融合、校企共生、协同育人"的办学模式，坚持"德行天下、技走人生"的校训，突出产教融合、双创贯通特色，着力培养现代服务业技术技能型人才，是教育部高职高专人才培养工作水平评估优秀级院校、国家（示范）骨干高职院校、全国深化创新创业教育改革示范院校和四川省示范性高职院校，是教育部第一批教育信息化试点单位、全国首批职业院校数字校园建设实验校、教育部第二批现代学徒制专业试点单位，是全国棋牌文化教育基地、国家级科技企业孵化器、国家级计算机及软件技术实训基地、国家旅游职业教育校企合作示范基地、四川省旅游标准化示范试点单位、四川省博士后创新实践基地、中国软件名城（成都）软件人才培养基地。学院下设8个分院部35个专业，现有教授、副教授180余人，专任教师370余人。

3. 区（市）县社科联情况

2004 年，成都市委出台《关于繁荣发展哲学社会科学的实施意见》（成委发〔2004〕55 号），此后三年时间里，市社科联指导协助各区（市）县全面推进了社科联组织建设工作。2005 年，全市 19 个区（市）县成立了社科联组织，截至 2007 年年底，所有成立的区（市）县级社科联机构都实现了有编制、有人员、有经费、有办公场地的"四有"目标，在全市形成了以市社科联为核心、各区（市）县社科联为重要联结点的大社科组织体系，[①] 为广泛联系省、市高校，党校（行政学院），各级学会、协会、研究会，以及市内外各层级的社科研究工作者提供了组织载体和平台（见图 2）。

图 2　都江堰市社科联举办的"四川省李冰研究会第一次会员代表大会"会场

（二）成都市哲学社会科学人才队伍建设

中华人民共和国成立后，我国以马列主义、毛泽东思想作为哲学社会科学的指导思想，成都社科人才队伍建设发展迅速，对社会主义革命的胜利和社会主义建设的顺利进行发挥了重要作用。十年"文化大革命"期间，成都大批专家学者遭到迫害，哲学社会科学工作者人人自危，社科人才队伍建设基本处于停滞状态。

改革开放以来，随着四川省和成都市"人才强省""人才强市"政策的出台，成都市哲学社会科学人才队伍不断发展壮大，形成了以市级社科研究机构、学会协会研究会、高等院校、党校（含行政学院系统）以及党政内部研究机构等组成的社科人才队伍。总体上看，社科人才队伍建设成效较为显著，社科人才环境不断优化，社科人才总量不断增长，社科人才队伍不断壮大，社科人才素质逐步提高，社科成果不断涌现。

作为四川的省会城市，成都不仅拥有归属于地方行政层级的地方社科人才队伍，还拥有大量位于成都地域范围但归属于省级乃至国家级的社科人才资源，在社科研究发展中有着较为广泛的社科人才资源优势。截至 2002 年，全市形成了一支专业与业余相结合的、有较强实力的 4 万余人的科研队伍（其中高级职称 3285 人，中级职称 6120 人，初级职称 2580 人），全市学会中有专职工作人员 135 人，兼职工作人员 255 人。[②] 本着加强地方社科人才队伍建设的目标，课题组将社科人才调查的视角主要

---

① 简阳市社科联于 2008 年 7 月成立，2017 年国务院批复简阳市改由成都市代管。

② 成都市社会科学界联合会：《成都市社科类学会现状考察及对策建议》，《中共成都市委党校学报》2002 年第 6 期。

放在市级行政管辖权限范围内。为全面了解本市哲学社会科学人才队伍建设现状和问题，成都市社科院课题组对市级各学会协会研究会、市属高校、市属社科研究机构进行了队伍总量的调研。根据不完全的调查统计①，截止到 2019 年 5 月，全市社科队伍约有 16194 人，其中市级学会研究会约 14729 人（其中党校系统 1000 余人）、市属社科研究机构 252 人、市属高校相关教学和研究人员 1213 人（如表 1 所示）。

表 1 成都市哲学社会科学人才队伍调查统计

	总量	部门分布情况		
		市属高校	市属社科研究机构	市级学会协会研究会（包括市属党校系统）
数量（人）	16194	1213	252	14729

笔者在调查中发现，相当一部分机构（主要集中在学会研究会）只有对人员总量的统计，对人员的年龄结构、文化程度和职称结构等的统计不全。因此，笔者只能对统计完整的机构进行分析。

就社科人才学历结构来看，社科人才的文化程度的整体较高。根据统计，硕士研究生及以上、本科、大专及以下学历的比例分别为 32.10%、65.81% 和 2.09%（如图 3 所示）。其中，硕士和博士研究生主要集中在市属高校和社科研究机构，综合占比达 55.23% 和 50.80%，而在市级学会协会研究会中，硕士研究生及以上文化程度的占比为 29.78%，本科生最多，占比为 68.12%（如图 4 所示）。市属高校、社科研究机构的省级或市级学术带头人（包括后备人选）40 余人。

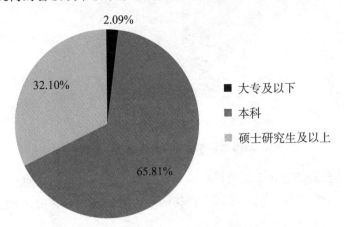

图 3 成都市社科人才的学历分布情况

① 说明：（1）鉴于统计口径等因素，准确全面掌握共和国成立以来全市社科人才资料最新数据存在一定难度，课题成果中有关数据为调研结果统计得出。由于成都具有四川省会城市的地理优势，除了拥有成都市行政权限管辖范围内的学会研究会、高校、党校和社科研究机构外，还拥有大批属于省级层次管辖的高校、学会研究会、党校和社科研究机构，后者虽不为成都所有，但可以为成都所用。在此，为了方便调查统计，此次调查主要以成都市的管辖权为限，范围涉及全市 55 家学会协会研究会、与社科相关的 3 所市属高校和 2 所科研机构。（2）在调查对象中，学会协会研究会排除了部分处于停滞状态或完全不涉及社科研究方面的学会研究会，实际统计到了 35 家学会研究会。市属高校部分，则排除了自然科学相关学科领域，仅对涉及社会学科相关学科队伍进行了统计。市属社科研究机构部分，则主要调查了市社科联（院）和市经济发展研究院两所综合性社科研究机构。

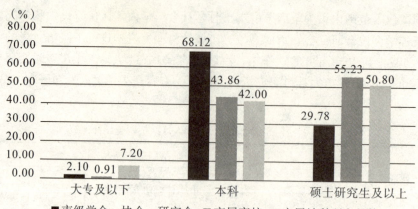

图4 成都市属高校、社科研究机构和学会协会研究会的人才学历结构分析

就社科专业技术人才的职称结构来看，中、高级职称的整体比重大。根据统计，高、中、初级职称人才所占比重分别为40.19%、50.47%和9.34%（如图5所示）。

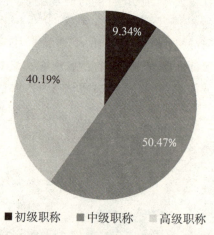

图5 成都社科专业技术人才的职称分布情况

其中，市级学会协会研究会和市属高校社科专业技术人才的高、中、初级职称分布呈现出"中间多、两边少"的"橄榄型"结构，而社科研究机构的高、中、初级职称分布则呈现出了"上少下多"的"金字塔型"结构（如图6所示）。

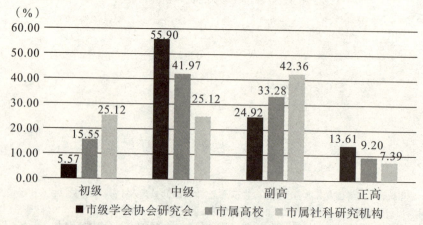

图6 成都市属高校、社科研究机构和学会协会研究会的人才职称结构分析

从社科人才的年龄结构看，中青年阶段的占比较大。整体上看，年龄在30岁以下、31～40岁、41～50岁、51～60岁、60岁以上的分别占18.71%、26.31%、34.37%、15.36%、5.25%（如图7所示）。

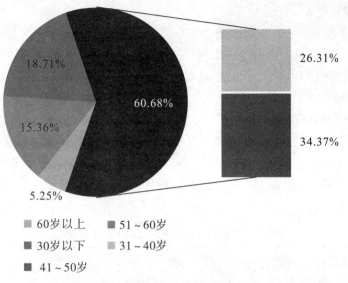

图7 成都社科人才年龄结构分析

市级学会协会研究会中，60 岁以上的退休人员比重高于市属高校和市级社科研机构返聘人员占比；市级社科研究机构中的 30 岁以下、31 至 40 岁年龄阶段的人员明显高于市级学会协会研究会和市属高校（如图 8 所示）。结合文化程度和职称数据分析，可以发现，30 岁以下、31 至 40 岁年龄段的青年社科人才文化程度总体较高、但职称相对较低。这也是市级社科研究机构中职称分布呈"金字塔型"结构的重要原因之一。

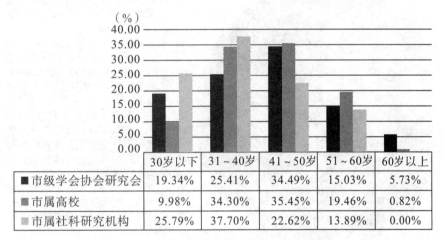

	30岁以下	31~40岁	41~50岁	51~60岁	60岁以上
市级学会协会研究会	19.34%	25.41%	34.49%	15.03%	5.73%
市属高校	9.98%	34.30%	35.45%	19.46%	0.82%
市属社科研究机构	25.79%	37.70%	22.62%	13.89%	0.00%

图8 市属高校、社科研究机构和学会协会研究会的人才年龄结构分析

总体上讲，经过多年的发展，成都全市已经累积了一定数量的社科人才资源，极少部分高层次人才在哲学社科领域有较突出的贡献，享受国务院、省、市级的政府特殊津贴。综合人才的年龄、文化程度和职称结构来看，中青年人才队伍较为壮大，具有较强的发展潜力，但与繁荣社科事业，建设"文化强市"的要求相比，还有较大差距。

（三）阵地建设

近年来，成都市社联充分发挥社科联"联"的优势和"合"的作用，凝聚域内高校、党校、社科研究机构以及学会等资源力量，在社科组织、社科普及基地、社科重点研究基地等方面进行了积极探索。

1. 社科组织的发展壮大

1978 年到 1981 年是成都市社科组织的初创阶段，成都市经济学会、杜甫研究会、教育学会企业联合会的等 6 家学会相继成立。随着经济体制改革由农村转向城市，学会、协会、研究会等社科组织逐年发展壮大。1981 年到 1990 年是学会发展的第二阶段，即高成长阶段。全市新成立学会 35 家，它们来自成都市科研院（所）、高校、党校、党政部门、军队系统，形成了学科门类较齐全的社会科学"五路大军"，为市社科联的成立奠定了坚实的群众基础。1990 年到 2000 年是社科组织的清理整顿时期，完善解决了学会注册登记等问题，使社科类学会发展步入良性运行轨道，发展增加了 22 家学会。2000 年到 2019 年又新成立 16 家学会、协会、研究会，现今共有社科组织 66 家，其中 58 家由成都社科联管理，见表 2、表 3。14 家社科组织拥有网站，至少 10 家社科组织创办了会刊。具体发展状况如图 9 所示。

表 2　改革开放以来成都市社科学会发展状况

时间段（年）	1978—1981	1981—1990	1990—2000	2000—2019
新增学会数量（个）	6	35	22	16

表 3　2019 年成都市社科学会学科分类状况

学会分类	政治类	经济类	文史哲类学会	综合类
学会数量（个）	9	14	21	22

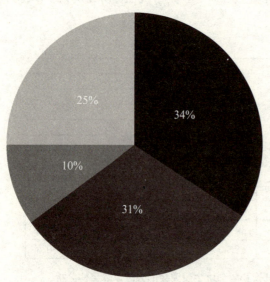

- 在成都市社科联现有记录中和被列于2006年《成都市志》中的市级社科组织30家。
- 未被2006年《成都市志》收录，但被列于成都市社科联现有记录中的市级社科组织，包括2006年《成都市志》中更名后的市级社科组织27家。
- 不在成都市社科联现有记录中，但在2006年《成都市志》中并能在"中国社会组织公共服务平台"上可以查询到的市级社科组织9家。
- 在2006年《成都市志》中，但不在成都市社科联现有记录中，也无法在"中国社会组织公共服务平台"上查询到的市级社科组织22家。

图 9　1978—2019 年成都市社科联团体会员单位发展情况图

2015 年以来，成都市为集中优势资源发展成都社科事业，陆续成立了各类社科普及基地。各个社科普及基地广泛深入学习、宣传、贯彻、落实党的十九大精神和习近平新时代中国特色社会主义思想，以及四川省委十一届三次全会和中央、省委宣传思想工作会议精神，努力推动马克思主义大众化、弘扬中华优秀文化、践行社会主义核心价值观，为实施治蜀兴川的发展战略，提高全市公民科学素质和人文素养发挥了特定有效的作用（见图 10）。全市 39 家科普基地情况如表 4~表 6 所示：

图 10　成都市社科普及基地座谈会

表 4　2015 年以来成都市社会科学普及基地

序号	推荐单位	社科普及基地名称
1	青羊区社会科学界联合会	青少年创新教育社科普及基地（创新）
2	武侯区社会科学界联合会	市民社科普及基地（协调）
3	双流县社会科学界联合会	绿色环保社科普及基地（绿色）
4	彭州市社会科学界联合会	新农村建设社科普及基地（开放）
5	都江堰市社会科学界联合会	文化艺术社科普及基地（共享）

表 5　2016 年成都市社会科学普及基地（成社联〔2016〕30 号）

序号	推荐单位	社科普及基地名称
1	锦江区社会科学界联合会	李劼人故居文化社科普及基地
2	青羊区社会科学界联合会	社区课堂社科普及基地
3	金牛区社会科学界联合会	古灯文化社科普及基地
4	成华区社会科学界联合会	民俗文化社科普及基地
5	龙泉驿区社会科学界联合会	客家文化社科普及基地
6	青白江区社会科学界联合会	清白文化社科普及基地
7	新都区社会科学界联合会	书香文化社科普及基地
8	温江区社会科学界联合会	法治文化社科普及基地
9	彭州市社会科学界联合会	川剧文化社科普及基地
10	邛崃市社会科学界联合会	孝廉文化社科普及基地
11	崇州市社会科学界联合会	乡村旅游文化社科普及基地
12	金堂县社会科学界联合会	马克思主义大众化社科普及基地
13	大邑县社会科学界联合会	农事文化社科普及基地
14	蒲江县社会科学界联合会	陶艺文化社科普及基地
15	简阳市社会科学界联合会	廉政文化社科普及基地
16	成都薛涛研究会	薛涛文化社科普及基地
17	成都防震减灾局	成都防震减灾社科普及基地

表6　2017年成都市社会科学普及基地（成社联〔2017〕19号）

序号	推荐单位	社科普及基地名称
1	锦江区社会科学界联合会	书香文化传播社科普及基地
2	青羊区社会科学界联合会	非物质文化遗产社科普及基地
3	金牛区社会科学界联合会	青少年安全教育社科普及基地
4	武侯区社会科学界联合会	党群文化建设社科普及基地
5	成华区社会科学界联合会	报纸收藏博览社科普及基地
6	龙泉驿区社会科学界联合会	社区文化建设社科普及基地
7	龙泉驿区社会科学界联合会	党情党史社科普及基地
8	青白江区社会科学界联合会	农家文化体验社科普及基地
9	新都区社会科学界联合会	抗战文化社科普及基地
10	都江堰市社会科学界联合会	国学文化社科普及基地
11	彭州市社会科学界联合会	乡村少儿书法传承社科普及基地
12	邛崃市社会科学界联合会	红色文化教育社科普及基地
13	郫都区社会科学界联合会	古家具文化社科普及基地
14	金堂县社会科学界联合会	孝善文化社科普及基地
15	成都翻译协会	中外优秀文化交流社科普及基地
16	成都环境科学学会	湿地文化环保社科普及基地
17	成都金沙智库研究会	金沙讲坛社科普及基地

近年来，成都大学获批建设"中华文化与城市传承"普及基地、"老年健康"科普基地等3个省级社科普及基地。成都农业科技职业学院的"小农夫"科普基地连续多年被评为全国青少年农业科普示范基地和成都市科普示范基地。

成都工贸职业技术学院建成的创业苗圃被授予"成都市科技创业苗圃"称号，成为大学生创新创业俱乐部，组织及开办创业大讲堂、沙龙、项目路演、双创活动等107场次，开展创新创业训练营、SYB等创业培训23期，积极孵化培育学生创新创业项目，获省级大学生创新创业训练计划33项，学生创办实体11个，参加各级各类创新创业类比赛共获奖16个。成都工业职业技术学院开展了41次以工业文化为主题的活动。

2. 社科研究基地建设

2010年至今，成都大学相继获批成立了四川动漫研究中心、四川省动漫游协同创新中心、泰国研究中心、青少年性教育普及基地、中华文化与城市传承社科普及基地等6个省部级人文社科科研平台和基地，1个四川省社会科学高水平研究团队——统筹城乡教育发展研究团队；建有天府文化研究院、传媒研究院、旅游经济管理与会展创新团队、成都大中小学思想政治工作研究基地等多个人文社科学术科研阵地和团队。

2018年成都市社科院首次启动社科研究基地建设项目，高起点、高标准、高质量地建设了12个社科重点研究基地，分别是"美丽乡村建设与发展研究基地""成都市高质量发展研究基地""健康城市发展研究基地""城乡治理现代化研究中心""成都市社会治理与终身教育基地""成都水生态文明研究重点基地""成都市交通＋旅游大数据应用技术研究基地""成都历史与成都文献研究基地""成都工匠文化研究基地""成都大中小学思想政治工作研究基地""成都市中学学生思维训练基地""教育综合改革实验基地"，涵盖历史文化传承、乡村振兴发展、学生思想教育、城乡社会治理、城市高质量发展、市民终身教育、健康城市建设、水生态文明建设、工匠文化研究等当前城市发展面临的重大现实与理论问题。研究基地建设在凝聚社科资源、培养专业学术团队、产出创新成果、增强学术影响力等方面已初显成效。据不完全统计，研究基地的 8 项研究成果获得了省、市主要领导肯定性批示；30 余项研究成果在核心学术期刊、网络平台上进行了刊登和成果转化；部分研究成果及研究人员还得到了省级乃至国家级的表彰奖励；基地建设相关情况也得到了人民网、搜狐网、新浪网等媒体的关注和广泛报道。

3. 社科刊物

1958 年至今，成都市委党校先后创办了《教学园地》《熔炉》《领导决策参考》《资料汇览》《教学参考》《资料动态》《文献与动态》《信息简报》《研究园地》《蜀都建设》《中共成都市委党校学报》《中共成都行政学院学报》等内部资料性报刊和公开发行报刊，刊物大都为综合性哲学社会科学理论刊物，设置有社科动态、党的建设、哲学、政治经济学等栏目，重点刊载国内外社会科学方面的最新理论动态、理论新观点和重大理论活动等。党的十一届三中全会以来，在社会科学各类学科中，经济学学术刊物的种类和数量名列前茅。在成都公开发行的具有影响的专业经济学刊物有《财经科学》《经济学家》《经济体制改革》《农村经济》《国土经济》《四川省商业经济》《工厂管理》《经济译丛》《警钟长鸣报》等。1983 年底，由成都市委宣传部和中共成都市委讲师团主办的《理论学习》创刊，共发行了 20 期。

截至 2006 年，有 63 家社科组织创办会刊 32 种（其中公开刊物 4 种，内刊 28 种），据不完全统计，截至 2019 年，至少 10 家市级学会拥有自己的刊物，公开刊物主要有《先锋》《成都大学学报（社会科学版）》《中共成都市委党校学报》《成都行政学院学报》《成都考古发现》《成都师范学院学报》等 15 种期刊，社科类内刊 65 种左右。

4. 网站建设

在线网站是紧紧围绕成都市委、市政府中心工作，从哲学社会科学的视角，宣传服务当地党委政府工作的信息平台，是党委政府沟通广大民众与服务广大民众的信息平台。在指导思想上，坚持高举中国特色社会主义伟大旗帜，全面贯彻落实党的路线方针政策，以马克思列宁主义、毛泽东思想、邓小平理论、"三个代表"重要思想、科学发展观、习近平新时代中国特色社会主义思想为指导，坚持"百家争鸣，百花齐放"的方针。成都市社会科学（联）院、成都大学、中共成都市委党校（市行政学院、市社会主义学院）、成都市经济发展研究院、成都市职业技术学院等 9 家市级高校或社会科学研究机构均建有网站。截至 2019 年 6 月，市级社会科学研究机构市级学会建设的在线网站共有 14 家。

成都市推动哲学社会科学繁荣发展的
基本实践与主要成就

围绕成都市委、市政府的中心工作，成都市哲学社会科学界加强社科理论和应用研究，积极开展社科学术理论活动，锐意创新社科普及方式方法，推进社科体制机制创新。在70年发展历程中，努力促进哲学社会科学繁荣发展，彰显了成都社科事业发展的地域化、特色化和专业化特点，取得了丰硕成果。

（一）社科学术理论活动

1955年3月，四川省委在成都举办"宣传唯物主义思想，批判资产阶级唯心主义思想"的专题讲座。

1997年，中共成都市党校系统主要围绕"研究建设有中国特色社会主义理论与实践"和"纪念毛泽东同志100周年诞辰"这两大主题，开展了一系列活动。先后参与或组织了"全国党校生产力经济学研讨会""成都市建设有中国特色社会主义讨论会""成都市党校系统纪念毛泽东同志100周年诞辰理论研讨会"等大中型学术会议。成都市社科联和各个学会积极组织并相继开展了"国际清史学术研讨会""群众艺术暨群众文化美学研讨会""城市建设与发展"专题研讨会等多个主题的学术交流活动。

2000年3月，中国社科院经济研究所、四川省社科院、成都市社科所和成都国际会展中心等单位联合举办了"西部大开发战略对话会暨首届西部经济研究所所长会"。2000年4月9日至11日，成都市文化局、成都市群众文化学会在彭州市召开了成都市第十一届群众艺术暨群众文化美学研讨会。

2001年，成都市行政学会在四川省行政学院的指导和各会员单位的支持下，在成都市行政学院召开了"七一"讲话与政府工作理论研讨会。

2002年，由成都市诸葛亮研究会承办的"纪念'攻心'联问世100周年暨学术研讨会"在成都武侯祠博物馆举行。同年，成都市古都学会以考古队为依托，与中国古都学会联合在成都召开了"长江上游文化起源"学术研讨会，从源头上研讨成都文化繁荣地在中华文明史中的地位和作用。

2003年，在全国纪念毛泽东诞生110周年重大活动中，成都市社科联合、成都市文学艺术界联合会、成都毛泽东诗词研究会于12月18日—20日共同承办了"中国毛泽东诗词研究会第五届年会暨毛泽东诞辰110周年纪念会"。

2004年12月10日，"成都市经济社会全面协调可持续发展"理论研讨会在成都市社科院举行，省、市多位学者围绕成都经济社会发展的热点、难点问题，从理论和实践相的结合层面上，围绕四川及成都发展中的若干重大问题进行了重点发言。

2005年7月10日—12日，由中国社会科学院与中共成都市委共同主办的以构建和谐社会为主题的"同心同德共建和谐社会·成都论坛"在成都锦江大礼堂隆重举行。

2006年9月22日，由中共成都市委宣传部和成都市社会科学院联合召开的"推进城乡一体化、建设社会主义新农村"理论研讨会在市社会科学院举行。

2007年8月21日，成都市社科院与德国阿登纳基金会、中国社会科学院人口与劳动经济研究所联合举办"中国经济社会的转变——农村社会保障国际学术"研讨会，来自国家发改委、劳动和社会保障部、财政部、联合国世界卫生组织、欧盟—中国社会保障改革合作项目机构、德国不来梅科技大学、中国社会科学院等单位的相关专家共计80余人参会，此次会议规格高、影响大。

2008年，"5·12"汶川大地震发生后，成都市社科院邀请省、市社科界，以及驻蓉高校、研究院所的专家学者，于5月30日与成都市经济发展研究院联合举办了"成都社科界'5·12'地震灾后重建研讨会"。同年，成都市社科院还主办了"地震灾害与房屋建筑安全研讨会"，邀请到多位知名专家学者，对灾后重建的热点难点问题做了大量深入细致的交流探讨，提出了许多有价值的对策和建议。

2009年4月16日、7月21日、8月24日，成都市社科联（院）与多家国家级学术机构合作，先后举办了"城乡福利体系一体化研讨会""首届成都经济区发展论坛""中国科学社会主义学会2009年年会暨成都统筹城乡发展实践回顾与展望论坛"等会议，达到了高规格、高水平、大影响的理想效果。

2010年，由成都市社科联与成都日报牵头，在各区（市）县社科联和市级学会中开展了"成都学术沙龙"活动，主题是"推进统筹城乡发展，建设世界现代田园城市"，举办了"世界现代田园城市与城市市民素质""建设世界现代田园城市—理论与实践""田园城市、田园诗画、田园生活""加快发展现代服务业建设现代田园城市""大学生与世界现代田园城市"等23期沙龙活动，在社会上产生了积极影响。

2010年8月13日，"成都经济区建设实践与理论研讨会"在成都市社会科学院举行。与会专家围绕"做强做大成都经济区，建成西部经济发展核心增长极"的主题积极献言献策。

2011年8月15日，由世界银行中国局、中国社科院人口与劳动经济研究所、成都市社科院联合举办的"城乡养老保险一体化改革研讨会"，在成都市新会展中心隆重举行。来自国内外的60余名专家就城乡养老保险的试点进展、国际经验以及成都城乡居民养老体制改革等作了专题交流发言。

2011年10月15日，成都市社科院与中国社会科学院城市与竞争力研究中心、西南财经大学发展研究院联合主办"新兴国家崛起中的世界城市高层研讨会"，邀请数十位国内外城市发展及经济研究领域的专家学者，以成都为样本，共同探讨新兴国家崛起中的世界城市发展规律，此次会议为成都走向世界、让世界认识成都提供了重要平台，获得社会各界高度好评。

2012年12月7日，中共成都市委宣传部、成都市社科联共同举办"成都社会科学年度论坛2012主题峰会"，主题是"十八大背景下的成都现代化和国际化"。论坛发布了由国内著名专家牵头负责完成的五个重点课题成果，即《成都现代化国际化进程中城市形象定位及规划设计路线》《成都实施产业倍增战略打造现代产业体系研究》《人口红利支撑西部经济核心增长极建设》《成都建设内陆开放型区域中心城市路径研究》《成都加快建设国家创新型城市的对策研究》。

2012年12月18日，成都社会科学年度论坛（2012）"机遇·挑战·发展——新思维青年峰会"在成都市社科院学术报告厅举办。来自成都大学、成都市委党校、成都市经济发展研究院和成都市社科院等单位的青年学子共100余人进行了学术交流。峰会上，发布了《成都科学发展报告2012——成都国际化之路》一书。

2013年6月6日，成都市社科学联（院）举办"成都的新未来"专题研讨会，邀请到众多名家参会，《财富》亚洲发行人安德鲁·布澈和市政府副市长出席会议并致辞；蒙代尔教授、西班牙IESE商学院潘卡基·格玛沃特教授等世界知名中外学者，在会上作"成都梦与中国西部发展"等精彩发言。

2014年3月25日，成都市社科联（院）与中国社会科学院人口与劳动经济研究所、欧盟委员会就业社会事务和包容总司共同主办"中欧经济调整中的劳动力市场制度国际研讨会"，以不断规范合作内容、丰富合作形式、拓宽合作领域、提升合作层次为主要目的，促进与德国贝塔斯曼基金会、柏林社会科学研究中心等国内外著名社科研究机构和有关高等院校的战略合作。

2015年12月12日，为推进"一带一路"倡议研究，深化"成渝西昆贵"五市协同合作，由成都市社科联（院）、西南财经大学、重庆工商大学和四川外国语大学成都学院联合主办的"一带一路战略：成渝西昆贵钻石经济圈'机遇·挑战·对策'研讨会"在成都召开。来自各地的150余名领导、专家和学者参加了研讨会。

2016年，成都市社科联（院）一行分别赴福建省社科院、厦门市社科院学习调研"文化产业发展和文化旅游发展的总体情况及发展特色""海上丝绸之路背景下城市国际化建设情况""社科院科研经费管理制度建设与监督情况"等内容，调研活动为《"互联网"视域下成都市文化产业发展策略研究》《成都市国际化城市建设2025规划》等课题研究提供了充分的参考借鉴。

2017年10月29日，由成都市社科院与中国社科院世界历史所联合召开的第七届全国社会科学院世界历史研究联席研讨会在成都市举行，会议总议题为"一带一路"与中国对外经济文化交流史，下设四个分议题："世界历史视野下的'一带一路'""中国对外经济文化交流""世界历史专题研究""天府文化与域外世界"，同时就"社科院系统与世界史学科的发展""世界史研究近期热点"等问题展开讨论。

2018年9月11—13日，由成都市社会科学院和瑞士格尼斯公司共同主办，成都市温江区发展改革局、成都医学城管委会协办的"中国—瑞士低碳城市项目成都培训会"在成都市温江区皇冠假日酒店召开。此次培训会主要围绕中瑞低碳城市示范项目总结及推广、瑞士低碳发展实践与经验、中国与成都低碳城市建设等内容进行低碳能力建设培训。

2018年10月27日，由中国社会科学院社会学研究所主办，成都市社会科学院承办，成都市委党校协办，金沙智库研究会支持的"2018年全国社科院系统社会学所长会暨青年论坛"在蓉举行。此次大会以"改革开放40年中国社会发展成就、问题与出路"为主题，旨在全面回顾、深入总结改革开放40年来我国社会发展的实践经验与理论创新成果，为新时代进一步加快社会发展贡献新思想、新理论，并以此加强全国社科院系统社会学所之间的交流，整合学术资源，促进未来的合作研究。

2018年12月20日，由成都市发展和改革委员会、成都市经济发展研究院主办，成都金沙智库研究会、成都市高质量发展研究中心、成都日报社协办的"改革开放40年·成都经济发展道路——成都经济发展研讨会"在蓉召开，在蓉高校科研院所、决策咨询机构，上海、重庆、西安、云南、广西、江苏等省市宏观经济研究机构与智库的专家学者齐聚一堂，回顾梳理了改革开放40年成都经济发展历程，展望探索了成都未来经济发展道路，发布了《改革开放40年·成都经济发展道路》研究成果。

2018年12月27日，由中国城市经济学会与中国社会科学院城市发展与环境研究所共同主办，成都市社会科学院承办，《经济研究》杂志社、《经济学动态》杂志社、《城市与环境研究》编辑部、Chinese Journal of Urban and Environmental Studies编辑部、成都市金沙智库研究会共同协办的"中国城市论坛2018：城市高质量发展暨中国城市经济学会会员代表大会"在成都举行，来自中国社会科学院、中国科学院、中国城市规划设计研究院、中国城市建设研究院、中国宏观经济研究院等科研机构，及北京大学、中国人民大学、复旦大学、马里兰大学等国内外高等院校的350余人齐聚蓉城，共话中国城市更美好的未来。本次论坛分主题发言、圆桌讨论和分论坛三个阶段。除主论坛外，大会还设"智慧城市论坛""城市经济高质量发展论坛""城市可持续发展论坛""公园城市论坛""青年学者论坛"5个分论坛。

此外，成都教科院定期承办国际国内学术会议，如大数据之父维克托·迈尔·舍恩伯格教授"与大数据同行——学习和教育的未来"专家报告会、"首届全国中小学网络教研创新发展论坛"、"成都教科院成立60周年学术研讨会"等。做好十万教师大比武、教师读书活动、文翁大讲堂等品牌论坛与特色活动。

近年来，成都大学成功举办"高校学生思想政治教育主渠道、主阵地协同育人机制"全国性专题研讨会、首届及第二届"中国动画学年会"、"2018中国传媒经济与管理年会"、"互联网时代传媒研究的坚守与创新"高端学术论坛、"跨文化背景下的汉学研究与汉语教学"国际论坛、"民族复兴视野中的郭沫若"全国学术研讨会、"天府文化与成都国家中心城市建设"学术论坛等。

（二）社科研究

改革开放以来，成都社科研究成果在课题规划、课题研究、重要研究成果转化等方面呈爆发式增长，各学科领域都结出丰硕成果。

1. 课题规划和研究

围绕成都经济社会发展实际，为各级党委政府科学决策提供理论依据和智力支持，成都社科界承担和开展了的大量国家级、省（部）级、市级和横向科研项目，研究成果颇丰。2000年至2018年底，据不完全统计，成都社科界各类课题共立项近2500项，其中国家社科基金课题70余项，其他国家级课题32项，省社科规划、其他省（部）级课题共465项，市社科规划、其他市级课题1862项（获省级领导批示60项、市级领导批示120余项）。这些课题绝大部分已完成，并通过结项验收，部分成果在核心学术期刊发表，应用对策研究成果受到省领导的批示或被决策部门重视和采用。

2. 科研成果获奖情况

21世纪以来，据不完全统计，成都大学、成都市社科院、成都市委党校、成都市经济发展研究院、成都市教育科学研究院等单位的社科研究成果荣获国家级成果奖50余项、省（部）级奖211项、国家级学会奖19项、省（部）级学会奖180项、市级奖332项、市级学会奖646项。

需要特别说明的是，成都市人民政府于1991年设立哲学社会科学优秀成果奖，两年一次的评奖调动了广大社科工作者的积极性，截至2017年已举行十三次评奖活动（见图11），共评出一等奖62名、二等奖266名、三等奖1112名、社联奖50名、荣誉奖16名。

图11 2017年度成都市第十三次哲学社会科学优秀成果评奖颁奖大会会场

3. 重要社科研究成果

近年来，据不完全统计，成都大学、成都市社科院、成都市委党校（市行政学院）、成都市经济发展研究院、成都市职业技术学院等单位出版社科类学术专著、教材、工具书等各类著书2730余部，发表人文社会类学术论文8126篇，其中核心期刊1682篇，被转载引用1915篇，研究报告900余项，获市（省）级领导批示100余项。其社科研究发展历程具体如下概述。

1) 1949—1978年：曲折发展时期的社科研究

中华人民共和国成立之初的成都，百废待兴，文史哲等人文学科关注的对象仍是传统的学术问题。20 世纪 50 年代初期，少量与成都现实问题有关的社科成果主要是党政群团组织进行的社会调查，例如成都民主妇联筹委宣传部在 1950 编印的《成都妇女》，川西文教厅社教科在 1951 年发表的《成都白马寺古墓损毁勘查报告》，中华全国总工会政策研究室于 1955 年编著的《成都郫城武汉手工业调查》，其他社科成果寥若晨星。

1956 年以后，关于农村金融工作与农业合作化的调查研究、关于本市部分国有企业的工资调查、关于量具刃具厂车间管理改革的论述等社科成果从社会科学的角度折射出这个时期成都社会经济的恢复和初步发展。1959 年至 1960 年，社科研究成果中出现了关于对成都郊区副食品生产经验的总结、对郫县红光人民公社收入分配中的比例关系的调查研究，以及对企业中开展群众性清产核资的论述，从中透露出当时贯彻"调整、巩固、充实、提高"方针，克服"大跃进"造成的严重困难所做的努力。

"文化大革命"期间，哲学社会科学首当其冲，除了大批判文章和"评法批儒"之类的所谓研究成果外，真正意义上的社科研究成果屈指可数。

据资料统计，这期间关于"城市与工业""农村与农业""历史文化名城""文化"等问题研究的论著仅 59 项。[1]

党的十一届三中全会之后，成都哲学社会科学界的思想空前活跃，成都地区形成了门类比较齐全的社会科学学科体系，研究成果急剧增多。

2）1979—1991 年：迅速恢复时期的社科研究

这阶段成都社科研究成果逐步增多。党的十一届三中全会之后，成都哲学社科界对经济学领域的关注点主要集中在对经济体制改革和经济效益的讨论。代表性论著如《转包土地是农村商品生产发展的必然趋势》（金钟，1983）[2]、《农商联营是发展农村经济的必由之路》（李兴富，1984）[3]、《成都农副产品流通方式在变革中发展》（成都市农委调研室，1985）[4] 等。在城市层面，从增进企业活力、扩大企业自主权、优化企业效益结构等角度，对国有企业发展作了积极的关注，形成了许多代表性论著，如《扩大企业自主权的改革应积极进行——成都肉联厂扩权试点情况调查》（周银南，1981）[5]、《从成都量具刃具厂的扩权看体制改革方向》（张泽荣等，1982）[6]、《成都轴承总厂实行效益结构工资的调查与思考》（杨钢，1987）[7] 等，对提升国有大中型企业经济效益起到了重要的指导和推动作用。

在 1982 年成都被国务院确定为全国首批历史文化名城后，社科界加强了对成都历史文化名城的研究，代表论著有《成都旅游资源》（刘海潮，1988）[8]、《成都城市文化的性质及特征》（谭继和，1988）[9] 等。在 1984 年成都被列为全国第二批综合改革试点城市之后，劳动力转移、劳动与社会保障等问题受到社科界关注，出现了一批代表性的论著，如《成都市郊农村剩余劳动力转移的调查》（张鹤鸣，1988）[10]、《成都流动人口》（郭付人，1990）[11] 等，对改革发展中的诸多社会问题进行了关注。

据资料统计，这期间关于"城市发展与建设""宏观经济与区域经济""产业发展""城市经济体制改革""人口与社会"等问题研究的论著达 660 项。[12]

① 参见《社会科学视野下的成都 60 年》编委会，《社会科学视野下的成都 60 年》，四川人民出版社 2010 年版。
② 金钟：《转包土地是农村商品生产发展的必然趋势》，《农村经济》1983 年第 11 期。
③ 李兴富：《农商联营是发展农村经济的必由之路》，《农村经济》1984 年第 6 期。
④ 成都市农委调研室、成都市社科所、成都市工商局：《成都农副产品流通方式在变革中发展》，《农村经济》1985 年第 8 期。
⑤ 周银南：《扩大企业自主权的改革应积极进行——成都肉联厂扩权试点情况调查》，《商业研究》1981 年第 4 期。
⑥ 张泽荣、吴慧弹、王玲玲：《从成都量具刃具厂的扩权看体制改革方向》，《经济管理》1982 年第 8 期。
⑦ 杨钢：《成都轴承总厂实行效益结构工资的调查与思考》，《经济体制改革》1987 年第 6 期。
⑧ 刘海潮：《成都旅游资源》，四川科学技术出版社 1988 年版。
⑨ 谭继和：《成都城市文化的性质及特征》，《四川大学学报》（哲学社会科学版）1988 年第 3 期。
⑩ 张鹤鸣：《成都市郊农村剩余劳动力转移的调查》，《财经科学》1988 年第 11 期。
⑪ 郭付人：《成都流动人口》，成都出版社 1990 年版。
⑫ 参见《社会科学视野下的成都 60 年》编委会，《社会科学视野下的成都 60 年》，四川人民出版社 2010 年版。

3）1992—2002 年：探索发展时期的社科研究

经济建设仍然是这一时期社科研究的重中之重，具体表现在：

一是对深化成都国企改革和发展非公有制经济的研究更加深入。这一时期涌现出大量的涉及国有企改革的代表性论著，如《产权新论》（刘诗白，1993）、《经济体制改革中的企业分析》（丁任重，1994）、《国有资产流失研究》（赵一锦等，1999）等，一些研究成果对改革实践产生了直接影响，如《国有企业上市后的第二次危机》（王健，2000）。同时，激活中小企业活力和发展非公有制经济成为研究重点，学者相继提出成都中小企业发展战略和相关建议①。

二是产业经济研究侧重在第二、三产业发展方面，产业结构调整和主导产业链发展是最为核心的内容。20 世纪九十年代后期，社会科学中关于产业结构调整、发展主导产业和新兴产业的研究成果明显增加，出现一些具有代表性的论著，如《试论主导产业理论及成都发展经济的政策取向》（程果，2000）②、《成都产业结构调整态势分析》（杨国良，2001）③ 等。在第三产业方面，商贸流通业、电子商务、房地产业、旅游业、金融业等新兴行业，是成都调整产业结构、振兴地方经济的重大战略，也是社科研究关注的重点④。

三是针对区域经济的研究加强。20 世纪 90 年代中后期，关于成都平原经济区、大成都经济圈、长江经济带建设的研究数量大幅增加，出现了包括《构建大成都经济圈战略研究》（刘诗白，1997）⑤、《成都经济区的现状及发展思路初探》（黄晓玲，1998）⑥、《中国西部成都的区域经济特征》（梁奎，1999）⑦、《成都经济区的层次刍议》（黄炳康，1999）⑧、《成都平原经济圈的构建及其产业发展重点研究》（谢圣赞，2000）⑨、《长江经济带建设与成都的经济发展》（张炜，1998）⑩、《成渝产业带产业结构的相似性及其结构转换力分析》（方一平，2000）⑪ 等一大批研究成果。

四是对外开放的成果明显增多。20 世纪 90 年代后期社科研究中关于对外开放、现代化国际化城市建设的研究成果增多，表性的论著如《西部大开发战略与成都改革和发展的思路》（林凌，2000）⑫、《建设国际大都会初探——以成都为例》（何一民，1994）⑬、《抓住西部大开发历史机遇，加快实施城市向东向南发展战略》（朱长胜等，1999）⑭、《面对新世纪的思考——成都走向"开放强市"》（何绍华，1998）⑮ 等。除了经济发展研究外，城市建设、城市历史文化保护、民主政治及社会发展等多个社科领域的研究也随着成都改革向纵深的推进不断深入发展。

4）2003—2011 年：全面提升时期的社科研究

这期间社科研究围绕成都市委政府中心工作全面展开。2003 年以后，围绕城乡一体化展开研究是这一时期哲学社会科学研究的最重要特征。一是关于城乡统筹综合配套改革的理论和实证研究，如

---

① 郑卫国：《激活成都中小企业——成都中小企业发展问题研究》，四川大学出版社 2001 年版。
② 程果：《试论主导产业理论及成都发展经济的政策取向》，《中共成都市委党校学报》2000 年第 1 期。
③ 杨国良：《成都产业结构调整态势分析》，《四川师范大学学报》2001 年第 6 期。
④ 代表性论著如何绍华主编的《成都商贸中心发展战略研究》，西南财经大学出版社 1997 年版；邵昱的《成都商贸业：走向支柱产业的选择》，《四川商业高等专科学校学报》1999 年第 2 期；罗钧的《成都发展电子商务的对策研究》，《成都行政学院学报》2002 年第 2 期；周殿昆的《加快成都商贸流通业发展的对策建议》，《决策咨询通讯》2002 年第 1 期。
⑤ 刘诗白：《构建大成都经济圈战略研究》，西南财经大学出版社 1997 年版。
⑥ 黄晓玲：《成都经济区的现状及发展思路初探》，《理论与改革》1998 年第 2 期。
⑦ 梁奎：《中国西部成都的区域经济特征》，《资源开发与市场》1999 年第 1 期。
⑧ 黄炳康：《成都经济区的层次刍议》，《国土经济》1999 年 Z1 期。
⑨ 谢圣赞：《成都平原经济圈的构建及其产业发展重点研究》，《探讨》2000 年第 1 期。
⑩ 张炜：《长江经济带建设与成都经济发展》，《长江论坛》1998 年第 5 期。
⑪ 方一平：《成渝产业带产业结构的相似性及其结构转换力分析》，《长江流域资源与环境》2000 年第 9 卷第 2 期。
⑫ 林凌、刘世庆：《西部大开发战略与成都改革和发展的思路》，《中共成都市委党校学报》2000 年第 1 期。
⑬ 何一民：《建设国际大都会初探——以成都为例》，《四川大学学报》（哲学社会科学版）1994 年第 3 期。
⑭ 朱长胜等：《抓住西部大开发历史机遇，加快实施城市向东向南发展战略》，《工作与研究》1999 年第 96 期。
⑮ 何绍华：《面对新世纪的思考——成都走向"开放强市"》，《中国外资》1998 年第 10 期。

陆学艺的《成都正在探索破解城乡二元结构的难题》（陆学艺，2005）[1] 和倪鹏飞等人的《中国新型城市化道路——城乡双赢：以成都为案例》（倪鹏飞等，2007）[2]，以及众多成都本土专家的论著，如《成都推进城乡一体化的思路和实践》（成都市发展和改革委员会，2005）[3]、《成都市推进农民向城镇集中的调查与思考》（程显煜等，2007）[4]、《成都统筹城乡综合配套改革重大理论和支撑体系研究》（刘从政、阎星主编，2007）[5]、《城乡一体化——成都统筹城乡综合配套改革研究》专著（蔡昉、程显煜主编，2008）[6]、《成都经验：土地级差收入向农村倾斜》（周其仁，2009）[7] 等，一大批研究成果为成都城乡统筹发展从重点领域和关键环节突破提供了决策依据和理论支持。二是围绕城乡统筹发展中的政府职能转变和基层民主政治制度创新的研究。代表性的论著如《关于全面推进成都市规范化服务型政府建设的几点建议》（姜晓萍，2004）[8]、《成都市规范化服务型政府建设评价》（牛凤瑞，2004）[9]、《成都市政务服务中心的调查与思考》（毛正刚等，2004）[10]、《成都市规范化服务型政府建设存在的主要问题与对策思路》（肖百冶等，2006）[11]、《营造党内不同意见平等讨论的环境》（刘益飞，2006）[12]、《成都探索党内民主示范带动人民民主的实践及成效》（王凡，2009）[13]、《加强基层党组织建设推动社会管理创新》（中共成都市委党校课题组，2012）[14] 等研究成果。

5）2012年至今：深入拓展时期的社科研究

这期间社科研究围绕成都改革发展新战略深入推进。在经济领域，一是成都市社科联立项了一批重大社科研究项目，如四川大学和成都市社科院联合组成课题组完成了《新形势下成都首位城市发展战略思考》（四川大学、成都市社科院，2014）[15]，《对成都定位为国家中心城市的思考与建议》（戴宾，2016）[16]、《成都城市空间治理若干问题》（姚毅，2016）[17] 等。

二是更加重视对新经济发展、供给侧结构性改革、创新能力的研究。代表性论著如《"新经济"——成都发展的必然选择》（刘华富，2015）[18]、《新经济发展核心驱动力解析及策略建议》（周涛等，2017）[19]、《差异化信贷战略助力供给侧结构改革》[20]、《天府新区创新驱动的路径选择》[21] 等。

三是进一步加强了区域创新和区域合作的相关研究。有立足于成都的区域研究，如《圈层融合的

[1] 陆学艺：《成都正在探索破解城乡二元结构的难题》，《中国财经报》2005年4月19日。

[2] 倪鹏飞、骆克龙、李高产、晋海博：《中国新型城市化道路——城乡双赢：以成都为案例》，社会科学文献出版社2007年版。

[3] 成都市发展和改革委员会：《成都推进城乡一体化的思路和实践》，《宏观经济研究》2005年第9期。

[4] 程显煜、吴建瓴、魏世军、肖良、王建军：《成都市推进农民向城镇集中的调查与思考》，《成都大学学报》（社会科学版）2007年第3期。

[5] 刘从政、阎星：《成都统筹城乡综合配套改革重大理论和支撑体系研究》2007年版。

[6] 蔡昉、程显煜：《城乡一体化——成都统筹城乡综合配套改革研究》，四川人民出版社2008年版。

[7] 周其仁：《成都经验：土地级差收入向农村倾斜》，《中国财经报》2009年6月23日004版。

[8] 姜晓萍：《关于全面推进成都市规范化服务型政府建设的几点建议》，成都市委市政府2004年委托课题。

[9] 牛凤瑞：《成都市规范化服务型政府建设评价》，《中国行政管理》2004年第11期。

[10] 毛正刚等：《成都市政务服务中心的调查与思考》，《成都行政学院学报》2004年第5期。

[11] 成都行政学院课题组：《成都市规范化服务型政府建设存在的主要问题与对策思路》，《成都行政学院学报》（哲学社会科学版）2006年第4期。

[12] 刘益飞：《营造党内不同意见平等讨论的环境》，《中共中央党校学报》2006年第4期。

[13] 王凡：《成都探索党内民主示范带动人民民主的实践及成效》（2007年度国家社科基金项目），《中共四川省委省级机关党校学报》2009年第1期。

[14] 中共成都市委党校课题组：《加强基层党组织建设 推动社会管理创新》，《中共四川省委党校学报》2012年第7期。

[15] 四川大学长江区域发展战略研究所、成都市社科院联合课题组：《新形势下成都首位城市发展战略思考》，《先锋》2015年第1期，《求是》网络理论期刊转载，http：//www.qstheory.cn/llqikan/2015-02/03/c_1114235012.htm

[16] 戴宾：《对成都定位为国家中心城市的思考与建议》，《先锋》2016年第9期。

[17] 姚毅：《成都城市空间治理若干问题》，《开放导报》2016年第6期。

[18] 刘华富：《"新经济"——成都发展的必然选择》，《成都行政学院学报》（哲学社会科学版）2015年第6期。

[19] 周涛、赵明潇、张灿、曹宝林：《新经济发展核心驱动力解析及策略建议》，《先锋》2017年第11期。

[20] 刘婷婷：《差异化信贷战略助力供给侧结构改革》，成都市社科规划项目2016年立项课题。

[21] 于璐、韩素绢：《天府新区创新驱动的路径选择研究》，成都市社科规划项目2015年立项课题。

区域发展路径与机制创新》(陈家泽，2013)[①]、《新经济地理视角下的区域合作研究——以成渝经济区为例》(李霞、王明杰，2013)[②]、《成渝经济区经济发展时空变化特征》(刘运伟，2015)[③]、《成渝城市群协调发展机制探析——"囚徒困境"的转换及运用》(曾鹦，2016)[④] 等成果。

四是围绕成都参与和融入"一带一路"国家大战略的相关问题进行研究。《成都积极融入"一带一路"建设战略研究》(中共成都市委政策研究室课题组，2016)[⑤]、《成都参与"一带一路"和长江经济带建设的战略与对策研究》(成都市社科院课题组，2016)[⑥]，《一带一路战略下成都物流发展研究》(张洁，2015)[⑦] 等研究提出了若干对策建议。

在社会领域，2012 年完成了《成都社会建设报告》的编著[⑧]，《基层社会管理创新中的民生与自治互促共赢策略——成都村级公共服务和社会管理政策的实践与启示》(王健，2012)[⑨]、《城市基层社会管理体制创新研究——以成都市城市社区管理为视角》(黄仕红，2013)[⑩]、《旧城改造中的社会治理模式创新研究》(李月，2014)[⑪] 等科研成果对基层治理路径作了探究。有关民生保障的研究不断拓宽，涵盖户籍管理、公共文化服务、养老保障、均衡教育、医疗卫生、就业、住房等多个领域，代表性著作如《构建一元化户籍管理制度研究》(王健等，2013)[⑫]、《成都农村养老保险研究》(陈家泽等，2013)[⑬] 等。

在党建和基层民主政治建设领域，有《对成都市做好"两新"组织党建工作的思考》(谢培丽，2013)[⑭]、《新型"村转社区"党建工作的探索与完善——基于成都市青白江区调研分析》(钟毅，2015)[⑮]、《大邑县提升农民专业合作党建工作科学化的探索与思考》(中共成都市委党校课题组，2016)[⑯] 等一大批党建研究成果。

在文化建设领域有《成都市文化形象建设的思考》(邓经武，2012)[⑰]、《城乡统筹背景下的成都全域历史文化保护利用研究》(杨潇，2013)[⑱]、《城市规划中的文化要素研究》(魏丹妮，2016) 等研究。针对传统文化产业的转型升级、新兴文化业态构建等问题，形成了一批实证性、针对性强的研究成果，如《北城改造与"文化之都"建设》(余梦秋，2012)[⑲]、《文化产业视域下现代城市文化与科技融合的路径选择》(尹宏，2013)[⑳] 等，对成都政府的决策起到了较为积极的参考作用(见图 12)。

① 陈家泽：《圈层融合的区域发展路径与机制创新》，四川经济信息网。

② 李霞、王明杰：《新经济地理视角下的区域合作研究——以成渝经济区为例》，《宏观经济研究》2013 年第 4 期。

③ 刘运伟：《成渝经济区经济发展时空变化特征》，《中国科学院大学学报》2015 年第 2 期。

④ 曾鹦：《成渝城市群协调发展机制探析——"囚徒困境"的转换及运用》，《成都发展改革研究》2016 年第 3 期。

⑤ 中共成都市委政策研究室课题组：《成都积极融入"一带一路"建设战略研究》，四川经济信息网，2016 年 8 月 12 日。

⑥ 成都市社科院课题组：《成都参与"一带一路"和长江经济带建设的战略与对策研究》，中国社会科学出版社 2016 年版。

⑦ 张洁：《一带一路战略下成都物流发展研究》，《价值工程》2015 年第 31 期。

⑧ 王苹、王健：《成都社会建设报告》，四川人民出版社 2014 年版。

⑨ 王健、徐睿：《基层社会管理创新中的民生与自治互促共赢策略——成都村级公共服务和社会管理政策的实践与启示》，《社会科学研究》2012 年第 1 期。

⑩ 黄仕红、宋小娥、任晓波：《城市基层社会管理体制创新研究——以成都市城市社区管理为视角》，《公共行政》2013 年第 3 期。

⑪ 李月：《旧城改造中的社会治理模式创新研究》，《前沿》2014 年第 7 期。

⑫ 王健等：《构建一元化户籍管理制度研究》，四川人民出版社 2013 年版。

⑬ 陈家泽等：《成都农村养老保险研究》，四川人民出版社 2013 年版。

⑭ 谢培丽：《对成都市做好"两新"组织党建工作的思考》，《中共成都市委党校学》2013 年第 6 期。

⑮ 钟毅：《新型"村转社区"党建工作的探索与完善——基于成都市青白江区调研分析》，《中共成都市委党校学报》2015 年第 5 期。

⑯ 中共成都市委党校课题组：《大邑县提升农民专业合作社党建工作科学化的探索与思考》，《中共成都市委党校学报》2016 年第 6 期。

⑰ 邓经武：《成都市文化形象建设的思考》，《中华文化论坛》2012 年第 3 期。

⑱ 杨潇：《城乡统筹背景下的成都全域历史文化保护利用研究》，《规划师》2013 年第 11 期。

⑲ 余梦秋、孙艳：《北城改造与"文化之都"建设》，《四川文化产业职业学院学报》2012 年第 12 期。

⑳ 尹宏：《文化产业视域下现代城市文化与科技融合的路径选择》，《四川行政学院学报》(哲学社会科学版)2013 年第 12 期。

图12 近年来成都市社科院科研成果的部分代表作

（三）社科普及

1983年年底，由成都市委宣传部和成都市委讲师团主办的《理论学习》创刊，共发行20期，主要向广大群众宣传马列主义、毛泽东思想。

1987年，全市部分区县文化馆（站）和图书馆利用各种宣传工具介绍科普知识，举办了《县七五计划展览》《区建设成果展览》《全区开发农业展览》《县乡镇企业摄影图片展览》等建设成果展览，激励了群众的建设热情。

1993年，由市对外宣传办公室、市社科所等单位编写的《成都之最》一书，集中介绍了成都在历史文化、社会经济等各方面的优势和突出特点，被市委列为93国际熊猫节对外宣传的指定书目。

1994年，中央电视台播映大型电视连续剧《三国演义》，在社会上形成了"三国热"。为帮助群众了解三国历史，弘扬民族文化，武侯祠博物馆编写出版了"三国文化丛书"：《卧龙辅霸——诸葛亮成功之谜》《忠义春秋——关公崇拜与民族文化心理》，对三国时期重要的历史人物进行评述；市社科所编写出版了《历史与文学——真真假假话三国》，从历史与文学的角度对《三国演义》的主要内容进行比较研究，并在《成都晚报》刊登了两组《三国趣话》的文章。

1995年，成都市各县区乡镇（街道）文化站开始配合诸如计划生育、社会治安综合治理、拥军、法制、新事新办等中心工作广泛开展各具特色的文化普及活动600余次、各类宣传橱窗4000余期。

1998年11月，为了纪念十一届三中全会召开二十周年，成都地区再次兴起学习研究邓小平理论新高潮，编印《学习党的十五大文件辅导专辑》《知识经济学专辑》等学习辅导材料数万册，编印《邓小平理论导读》（农村版）。

2000年，在国家做出西部大开发战略决策之后，成都市社科联积极组织召开"西部论坛"，出版《西部大开发100问》《WTO百题》等科普读物。

2001年，成都市社科联及各学会、协会、研究会注重发挥各自优势，采取举办讲座、专题报告会、编辑出版科普读物的方式，开展"科技之春"活动，面向社会、面向基层开展各种层次、各种层面的社科理论宣传和普及咨询活动。

2002年，在科普宣传周，社科界组织的"当代城市发展报告会"上，西南交大博士丘建、外籍教授朱捷、社科院副院长、博士邵昱所做的报告深受广大听众的好评，收到了良好的效果。

2003年，社科界联合举办了"成都城市经营与塑造城市品牌""面向21世纪的成都城市发展——数字城市与城市现代化""当代城市发展""世界交流发展趋势暨成都交流发展展望"4次科普报告会。

2004年，省、市社科联和青羊区委宣传部联合举办了"建设文明、科学、现代化社区"的宣传日活动，为全省首次"社会科学进社区"活动拉开了序幕。11月，3个单位再次联合举办了以"弘扬社会科学，建设文明家园"为主题的"科普活动日"。

2005年3月30日，成都市社科院和市科协联合举办"坚持科学发展观，努力构建和谐成都"报告。各市级学会、各区（市）县社科联、科协、企事业科协共百余人参加了报告会。

2006年，成都市社科联开展了30余场（次），受众达7000余人的社科知识巡讲活动。配合省社科联共同启动了"科普画廊"试点工作，组织编印系列社科知识普及招贴画。

2007年，市社科联在红星路开展了"科普周""科普月"活动，特别是在3月举办的全省最大的一次科普活动，共展出各类科普展板200张，发放各类社科图书1万多份，接受了2万多市民的现场咨询；举办了科普知识有奖竞答活动，市民参与积极踊跃。

2008年是省社科联开展申请创建"四川省哲学社会科学普及基地"的第一年，市社科联4次深入区（市）县指导他们申创省级科普基地工作，邀请省社科联的同志参观成都市的创建点，得到了省社科联领导的积极肯定，青羊区文化中心被列为四川省首批的"四川省哲学社会科学普及基地"。

2009年以来，成都市成功创办"金沙讲坛"品牌，该讲坛是由成都市委宣传部主办，成都市社科联等单位承办的一项大型公益性社会科学普及讲座，主要通过现场讲述、电视传播、图书推广、网络传播等多种形式，与广大市民进行最广泛的、最深入的互动交流，打造成都老百姓自己的文化沙龙。

另外，成都市属大专院校在社科普及方面成绩斐然。迄今为止，四川省工业文化普及基地依托成都工业职业技术学院的学院优势，开设成工职院分坛，旨在普及工业文化，传承工匠精神。结合年度"大国工匠进校园"主题活动，"天府人文讲坛成工职院分坛"已针对院内师生开展了40次以工业文化为主题的讲座，邀请专家宣传工业文化、工业精神。其中，联合各个学院举办了20次工匠精神系列讲座，20次以行业、工业文化为主题的讲座；邀请校内专家库成员和宣讲团队成员走进社区宣传，参与人数9585人次左右。四川省工业文化普及基地联合艺术与人文社科学院艺术人文教研室开设选修课《工匠精神》，出版《工匠精神读本》。多年来，成都农业职业技术学院"小农夫"科普基地一直致力于区域内青少年现代农业科学知识的普及和推广工作，每年基地都义务接待区域内中小学生到基地体验"小农夫"生活，年均接待逾2000人次。

（四）体制机制建设

1991年年底成都市社科界联合会成立，翻开了成都社科建设的新篇章。一是从1992年到2000年社科联团体建设进一步规范。1998年，市社科联制订实施《成都市社科界联合会章程》。之后，为了加强对成都市社科联所属学会、协会、研究会和区（市）县社科联的管理，充分发挥学会繁荣和发展成都社会科学事业的作用，市社科联制订了《成都市社会科学界联合会管理办法》，对社科联团体成员的内部组织机构、管理制度以及学术研究、学术交流、课题调研、科普培训、宣传咨询服务等工作开展作了规定，市域内社科类学会加强了清理整顿，完善解决了学会注册登记等问题。

二是成都市社科联大力推进机关机构改革。经成都市委、市政府批准，于1997年实施《成都市社会科学联合会机关机构改革方案》。改革方案本着转变职能、理顺关系、精兵简政、提高效率的指导思想，和"精简、统一、效能"的原则，将成都市社科联调整为独立建制的学术性团体，并对其主要职责、内部机构以及人员编制作了具体规定。

三是建立健全社科发展研究管理体制机制。1992年，成都首次启动市级哲学社会科学优秀成果评奖工作。评奖活动每两年进行一次，与四川省哲学社会科学优秀科研成果评奖活动同步进行，每次授予政府奖100项、社会科学界优秀成果奖50项，至2019年已开展14次哲学社会科学优秀科研成果评奖活动。充分利用信息网络技术大力推进社科规划与评奖管理工作的信息化和智能化，建立了成都市哲学社会科学规划评奖管理平台。2000年2月25日，成都市委、市政府通过并下发《关于加强成都市哲学社会科学评奖工作的意见》（成委发〔2000〕19号），就评奖范围、评奖标准、评奖制度、评奖等级、申报、评审程序和办法等作了相关规定，进一步保障了评奖工作的程序化和规范化发展。为更好地为成都经济社会发展的"十五"规划确定的奋斗目标服务，制定《成都市哲学社会科学研究"十五"规划纲要（2001—2005）》，2004年以来出台《中共成都市委关于繁荣哲学社会科学的实施意见》（成委发〔2004〕55号）、《成都市社会科学普及基地创建管理办法》、中共成都市委《关于构建中国特色哲学社会科学的实施意见》（成委发〔2019〕19号）、《成都哲学社会科学重点研究基地评选细则》、《成都市社科重点研究基地考核指标体系》等规范性文件。

四是制定完善人才制度，积极创新科研激励机制。目前，市属社科研究机构、市属高校等相关单位都在教学科研、队伍建设、学术交流等方面出台了一系列重要的制度规定。譬如，成都大学近几年出台了《"双师型"师资队伍建设办法》《名誉校长、特聘院士、名誉院长（主任）聘任实施办法》《优秀青年教师海外名校或名师访学计划实施办法》《特聘研究员管理办法》《青年教师博士化工程办法》《高端外国专家聘任计划》等规定；成都经济发展研究院出台了《中心（院）内部专家选拔培养办法》、《关于鼓励开展学术交流活动的暂行办法》；成都市社科院修订出台了《科研人员岗位考核办法》等。在制度层面对人才的培育、发展和考核管理进行了规范，完善了人才队伍建设的制度保障。增加资金保障，公正考核办法，以文件、规定、管理办法等形式对资金管理加以规范，出台和完善科研激励政策。通过第三方考核评价体系建设，客观公正评价科研成果的质量和水平，采取科研奖励、评先选优等多种形式，鼓励科研人员多出成果、出好成果。

五是建立"大社科"联动机制。以市社科联换届代表大会召开为契机，以市社科规划和政府评奖为抓手，加强与驻蓉高等院校、研究机构，市级各部门、各学会、各区（市）县社科联等形成联合协商工作机制，共享社科资源，共商繁荣哲学社会科学发展大计。

（五）特色工作

1. 做大做强"金沙讲坛"品牌

"金沙讲坛"系成都市一项大型公益性社会科学普及活动，创办于2009年3月7日，由中共成都市委宣传部主办，成都市社科联承办，成都市社科联（院）、成都传媒集团、成都广播电视台、成都金沙遗址博物馆协办。"金沙讲坛"办公室设在成都市社科联（院）。通过十年努力讲坛被打造为"名家荟萃的大讲堂、老百姓自己的文化沙龙"，既是社会科学走近人民群众的一种有益尝试，也是培养、锻炼、打造成都社科名人、名家的阵地，对繁荣发展成都哲学社会科学起到很大的推动作用。

"金沙讲坛"以弘扬人文精神，传播学术文化、提升市民素质、提升城市品位为目标，以"讲成都、谈天下、通古今、论人生"为基本理念，以"选题系列化、内容大众化、讲坛品牌化"为思路，着力打造"名家荟萃的大讲坛，老百姓自己的文化沙龙"。作为大型公益性人文讲坛，"金沙讲坛"着眼于百姓精神文化需求，创新开展公共文化服务和普及社会科学，免费、公开向成都市民开放。自2009年以来，经过十年的运行，"金沙讲坛"不断创新发展，现已成为四川乃至全国知名的人文社会科学普及活动品牌。2017年，"金沙讲坛"被成都市委宣传部、市社科联评为"成都市社科普及基地"；同年11月，被四川省委宣传部、省社科联评为"四川省社科普及基地"。

作为四川省公共文化服务和社会科学普及的重要平台，"金沙讲坛"坚持公开、免费向全体成都市民开放。自2009年3月以来，"金沙讲坛"先后邀请到了王蒙、龙永图、易中天、白岩松、阿来、田青、贺卫方、张卫平、易宪容、林清玄、周思敏、郑委、李智、仲呈祥、陆学艺、葛剑雄、康震、李山、乔良、于丹、白燕升、梁文道等名家，讲座的内容涵盖政治、经济、文化、历史、法律和社会等人文科学的方方面面，深受广大成都市民的喜爱。

自开坛以来，截止到2019年6月，金沙讲坛在成都博物馆、金沙剧场、娇子音乐厅、会展金色歌剧厅、成都博物馆以及成都市内各大高校等成功举办现场讲座523场，累计现场直接听众超过50万人次。开坛10年以来，讲坛公开出版并免费向市民赠送讲坛光盘、系列光盘共计9套16万余张，讲坛书籍《"金沙讲坛"集萃》9部2万余本；编印、免费发送《"金沙讲坛"时讯》80期8万册（见图13）。同时讲坛实现了"一次讲座，多次传播"，成都日报、成都电视台、成都电台、成都全搜索等媒体对每期讲座都进行宣传报道。接待前来学习观摩的各级团体100余次，并在全国各级各类社科会议上交流办坛经验，"金沙讲坛"办公室主任也因此获得"全国优秀社会科学普及专家"殊荣。

图13　"金沙讲坛"宣传手册和专家题词

《宣传工作》《光明日报》《中国社会科学报》《四川党的建设》《四川航空》《四川日报》《华西都市报》等省内外的多家媒体刊载过讲坛情况。2014年12月30日，由中宣部指导、《光明日报》和中国人民大学承办的社会主义核心价值观百场讲坛第13场走进了成都，光明网进行了现场直播（473万网友参与互动），中央电视台、人民日报、新华社等众多中央主流媒体进行了宣传报道。成都日报"金沙讲坛"专栏2017年获得了中国报纸副刊优秀奖、四川新闻奖副刊类一等奖、四川报纸副刊一等奖等。

2. 加强天府文化建设研究

为贯彻学习习近平总书记关于弘扬中华优秀传统文化的重要讲话精神，认真落实成都市第十三次党代会提出"传承巴蜀文明，发展天府文化，建设西部文创中心，建成世界文化名城"的战略部署，2017年10月，在成都市委市政府的大力支持下，天府文化研究院在成都大学正式挂牌成立。

天府文化研究院自成立以来，主要在天府文化研究、社会服务、活动交流等方面开展工作，致力于成为研究和发展天府文化的主力军和天府文化研究与学术交流的理论平台，广泛汇聚国内外专家学者，充分调动各方资源，推动天府文化创造性转化创新发展，为西部文创中心发展提供更丰富的内容支撑和理论支持，同时为推动成都建设国家中心城市、打造世界文化名城做出重要贡献。

为加强天府文化研究，成都市社会科学院通过"金沙讲坛""学术沙龙"等多种渠道和方式进行了学术探讨和文化宣传。同时，为夯实天府文化的理论基础推出"天府文化系列丛书"，编纂过程中面向全国征集天府文化系列丛书方案，借此传承历史文化，弘扬现代文明，塑造崇德尚善氛围，增强城市发展动力，提高天府文化影响力和创造力。征集活动收到了来自四川省内各市及上海、深圳、山东、浙江、海南等省市和韩国的应征申报书 176 份。应征者广泛分布于大专院校、科研院所、文化事业单位、文化传播公司和学（协）会、研究会，其中不乏研究巴蜀文化的名家和知名畅销书作者，最终经过专家评审、公示等，确定了 13 个立项项目，资助经费近 100 万元。

围绕加强天府文化研究主题，2018 年除天府文化研究院主编的《天府文化研究》、谭平等编著的《天府文化与成都的现代化追求》力作外，成都市社会科学院也编撰出版《成都历史文化大辞典（工具书）》。该书是一部集历史文化大成的工具书，从先秦至民国，地域范围包括 21 个区（市）县的全域成都，学科范围涵盖历史、政治、经济、文化和民族等方方面面。全书分行政区划、职官沿革、历史事件、历史人物、农工商金融、水利交通、城镇村落、历史街区、名胜古迹、民风民俗、教育、文献典籍、文学、书画音乐、宗教文化、物质文化遗产、非物质文化遗产、考古学与遗址、考古出土文物精品 19 个篇目，以及附录中的大事记、典型方言等，全书约 165 万字、8000 多个词条。大辞典获得了成都市政协主要领导的肯定性批示。

围绕发展天府文化开展的系列工作，成都市社科院与成都市政协联合召开了专题协商会，活动获得成都市委主要领导的肯定性批示。全国政协文史学习委员会副主任卞晋平批示"天府文化，独具特色，源远流长，意义重大"。

3. 积极推进"金沙智库"建设

"金沙智库"是在成都既有社科机构和组织的基础之上，按照专业化、特色化方向的发展思路，以成都市社科院为主发起人，广泛整合资源，吸收驻蓉高校和科研院所学术领军人物入会创建而成。"金沙智库"经过长达两年左右时间的筹备，于 2016 年 8 月初发起成立，并于 2016 年 11 月 14 日召开了成立大会。这是成都市第一家名称带有"智库""金沙"这两个鲜明品牌的学会组织，为科研机构和科研工作者搭建了互联互通互助的信息共享和学习平台。"金沙智库"邀请陈可石、倪鹏飞、杨继瑞等专家，开展各类课题研究，在《中国经济时报》等刊物上整版发表理论文章，献言国家中心城市建设。在成都、西昌、攀枝花等地举办了 15 期"金沙智库"论坛，如"助力国家中心城市建设的智库担当""进一步深化服务业供给侧改革不断提升生活性服务业品质""进一步促进养老服务业发展""中国西部绿色经济发展论坛""中国西部康养产业发展论坛""网络电影产业：'文创中心'的机遇、挑战与对策""建设西部对外交往中心行动计划""中国特色社会主义新时代的里程碑：热议十九大"等，高水平专家研讨会充分发挥了金沙智库在推进成都加快建设国家中心城市、世界文化名城所需要的顶层设计决策方面的积极作用。金沙智库既创品牌，又搭平台的创建模式，为新型智库建设作了有益探索。

4. 广泛开展"成都学术沙龙"活动

始于 2010 年的"成都学术沙龙"系由成都市社会科学联合会和《成都日报》共同主办，市级各学会、协会、研究会，区（市）县社科联和其他相关单位负责承办的一种颇具特色的社科文化活动。

"成都学术沙龙"的基本任务是发挥全市社科工作者的主动性、积极性和创造性，紧紧围绕市委市政府的中心工作，深入研究探讨经济社会发展中的重大理论和现实问题，为推动成都社会经济发展提供智力支撑，为繁荣发展哲学社会科学做出贡献。沙龙宗旨是活跃学术氛围，提升学术水平，培育成都学派，繁荣社会科学。致力于沙龙的品牌化、规范化、系列化，着力提高学术水平和层次，活跃学术气氛，推动成都学术的发展。

每一次沙龙活动的活动主题切中时事，结合承办单位自己的工作实际、当前社会热点和研究专业进行设置，探讨本专业内具有前沿性和创新性的理论问题，体现高、精、深的理论水平和学术特色，举办规模、场地、形式灵活多样，充分激发了各区县社科工作者的智慧与热情。经过多年运作，"成都学术沙龙"已经逐渐形成了具有鲜明学术特色的交流探讨模式，成为广大社科工作者进行学术交流、提高学术水平、繁荣学术文化的平台和成都社科人才成长的"摇篮"。自 2010 年学术沙龙创办以来，历年情况如下：

2011 年，成都学术沙龙围绕"深入推进城乡一体化，加快建设世界现代田园城市"主题广泛开展活动，全年共办沙龙 170 余场，编辑 10 期《成都学术沙龙时讯》，编印了《2010—2011 年成都学术沙龙图文集》。

2012 年，全市各区（市）县社科联、市属院校和各学会、协会、研究会在举办学术沙龙时都周密策划、精心组织，结合自身的学科优势和特点，以本地的学（协）会、党政相关部门、科普基地等为依托，先后举办了北改系列沙龙、天府新区系列沙龙、国际化和现代化系列沙龙等，全年共举办87 场。

2013 年，举办成都学术沙龙 80 场。全市各社科组织举办了学科门类广泛又各具特色的各类学术沙龙，既丰富了人民生活，又提高了市民素质。

2014 年，全市各社科组织紧密围绕成都市委市政府的中心工作及经济社会发展中的理论和实践问题，切实发挥本地区、本单位社科工作者的优势，积极主动开展"成都学术沙龙"活动，全年开展93 场活动。

2015 年，成都学术沙龙活动紧扣落实"五大发展理念，促进成都文化名城建设"等主题进行，共计 99 场，4300 余人参加。

2016 年，市社科联充分调动各市社科组织的积极性，促进社科人才快速成长，培育"成都学派"，举办了 78 场学术沙龙，4760 余人参与。

2017 年，围绕深化供给侧结构性改革、构建成都产业大生态圈等治蓉兴蓉重大理论，积极开展学术沙龙活动 102 场。

2018 年，全年围绕贯彻落实习近平总书记来川视察时对四川、对成都的重要指示精神主题展开活动，举办了 95 场学术沙龙。截至 2019 年 6 月底，已经成功举办学术沙龙活动 875 场，已编辑出版发行 8 期《成都学术沙龙时讯》，8000 册《成都学术沙龙图文集》（见图 14）。

图 14 2017 年度《成都学术沙龙》图文集封面

成都市推动哲学社会科学繁荣发展的经验启示

党和政府历来高度重视哲学社会科学，不断加强和改善对哲学社会科学工作的领导。70年来，在党的不断引领下，成都哲学社会科学研究与时俱进锐意创新，走出了具有区域特色的发展道路，构建了有成都特质的社科体系，取得了丰硕的成果，积累了宝贵的经验。

（一）坚持马克思主义在哲学社会科学领域的指导地位

马克思主义深刻揭示了自然界、人类社会和思维发展的一般规律，为哲学社会科学提供了具有指导意义的世界观和方法论。毛泽东同志说："领导我们事业的核心力量是中国共产党。指导我们思想的理论基础是马克思列宁主义。"[①] "唯物史观是吾党哲学的根据，这是事实，不像唯理观之不能证实而容易被人摇动。"[②] 我们党自诞生以来，就一直坚持把马克思主义确立为自己的指导思想，中国化的马克思主义成为我国哲学社会科学的灵魂，引导中国人民直面和应对国内外各种各样的挑战，实现快速繁荣发展。坚持马克思主义在哲学社会科学领域的指导地位不动摇，是我国哲学社会科学区别于其他哲学社会科学的根本标志，这既是应对新形势新挑战的必须，也是推进新时代中国哲学社会科学健康发展的必然。正如习近平总书记在哲学社会科学工作座谈会上强调的："坚持以马克思主义为指导，是当代中国哲学社会科学区别于其他哲学社会科学的根本标志，必须旗帜鲜明加以坚持。"长期以来，按照"牢牢掌握意识形态工作领导权"的要求，成都市社科界把握正确研究方向，坚持以马克思主义为指导，坚定高举中国特色社会主义伟大旗帜的自觉性，坚定中国特色社会主义制度的信心和信念，大力加强对中国特色社会主义理论体系的系统学习，始终解决好真学、真懂、真信、真用问题，自觉把中国特色社会主义理论体系贯穿于成都发展重大实践与理论问题研究的全过程，积极构建具有成都特质的学科体系、学术体系和话语体系。

（二）坚持理论联系实际的马克思主义优良学风

学风建设是关系哲学社会科学繁荣发展的大问题。毛泽东同志指出，学风问题是一个非常重要的问题。胡锦涛同志强调："理论研究只有同社会发展的要求、丰富多彩的生活和人民群众的实践紧密结合起来，才能具有强大生命力和影响力，才能实现自身的社会价值。"我们党就是因为坚持理论联系实际的马克思主义优良学风，时刻铭记正确处理好理论与实践、主观与客观的关系问题，才不断取得"具有强大生命力和影响力"的重大理论创新。成都哲学社会科学研究一直以来秉承理论联系实际的马克思主义优良学风，立足成都、研究成都、服务成都，以"成都研究"和"研究成都"为核心内容，突出学术性和创新性，为成都经济社会科学发展提供了大量有理论深度、有实践价值的研究成果。在建设中国特色社会主义的新时代，习近平总书记重申："繁荣发展我国哲学社会科学，必须解决好学风问题。"这是对哲学社会科学工作的根本要求。只有大力弘扬优良学风，深入实践第一线，

---

① 《毛泽东文集（第6卷）》，人民出版社1999年版，第350页。
② 《毛泽东文集（第1卷）》，人民出版社1993年版，第4页。

潜心调查研究，营造健康学术生态，树立社会责任意识，才能形成具有独创意义和重要学术价值的理论创新性成果，为党和政府决策提供可靠依据和重要参考，最终为建设中国特色哲学社会科学发出"成都声音"，贡献"成都智慧"。

（三）整合资源充分发挥社科联"联"的功能

长期以来，成都市社科联以弘扬人文精神，传播学术文化、提升市民素质、提升城市品位为目标，加强社科研究资源整合融通，广泛联系机关、院校、学会（协会、研究会）等，充分发挥了作为党委政府联系广大社科工作者的"桥梁和纽带"作用，在积极发挥好"联"的功能上做文章。一是培育功能拓展"联"。持续推进社科类学会的规范化建设，采取把好入口、过程管理、搭建平台、奖优罚劣等措施，培育学会的自我发展能力，增强学会的凝聚力和学术创新能力。二是完善阵地加强"联"。着眼完善工作网络，积极争取地方党委、政府支持，成立了域内区（市）县社科联组织，加强社科普及基地建设。三是开展活动深化"联"。抓课题带动，面向市属学会和区（市）县社科联发布立项课题，引领社科工作者开展服务中心工作的理论研究；向基层延伸，持续开展"社科理论下基层"活动，举办全市联动的社科知识普及活动。四是搭建平台巩固"联"。围绕经济社会发展热点难点和学科建设前沿问题，精心策划主题，广泛开展学术沙龙研讨活动，把社科界"五路大军"紧密联系起来，并在互动合作中达成共识，在协同攻关中发挥作用。"联"的功能得以充分发挥，社科联工作实现了由单纯的学会管理向服务社科界的转型，较好地整合了全市社科资源，促进了成都市社科研究水平的提升。

（四）充分发挥"思想库"和"智囊团"作用

伴随成都发展一路走来的哲学社会科学研究，通过积极整合科研资源，联合攻关，协同创新，围绕中心，服务大局，突出成都市委、市政府工作"重点"，围绕领导决策"高点"，及时发现经济社会"亮点"，深入剖析经济社会"焦点"，注意解决工作中"弱点"，积极开展哲学社会科学研究，通过有价值的研究成果促进了成都经济社会发展，为地方党委和政府的科学决策、民主决策提供了理论参考和实践借鉴。特别是近年来围绕乡村振兴、高质量发展、治理现代化、健康城市建设、天府文化传承与发展等新时代成都发展面临的重点难点热点问题，积极开展有战略性、前瞻性的研究，为党委政府中心工作提供了强有力的智库支撑，为回答和解决我国、四川省、成都市经济社会发展面临的重大理论与现实问题提出建议，充分发挥了"思想库"和"智囊团"功能及咨询服务作用。当下，成都正在加快建设全面体现新发展理念的国家中心城市，需要更多的社科工作者针对成都经济社会发展中的热点、难点和重大战略问题，精准对接政府决策需求，精准选题、锐意创新，以高质、高效、专业、系统的研究成果为决策部门提供有价值的决策参考，从而更充分地发挥好服务地方党委政府决策的"思想库""智囊团"作用。

成都市社科联课题组

成员：阎星、张晓雯、胡越英、张羽军、谭阳

ZIGONG SHI PIAN

自贡市篇

四 川 哲 学 社 会 科 学 70 年

导言

　　自贡市地处四川盆地南部，面积4381平方千米，2018年户籍人口323万，辖自流井区、贡井区、大安区、沿滩区、荣县、富顺县6个区县和一个国家级高新区，享"千年盐都""恐龙之乡""中国灯城""美食之府"之美誉。中华人民共和国成立70年来，特别是改革开放40多年来，自贡市社科联在市委、市政府的正确领导下，坚持以马克思列宁主义、毛泽东思想、邓小平理论、"三个代表"重要思想、科学发展观、习近平新时代中国特色社会主义思想为指导，坚持为人民服务、为社会主义服务方向和百花齐放、百家争鸣方针，紧紧围绕全市中心工作和宣传思想文化发展大局，扎实推进哲学社会科学事业蓬勃发展，在理论研究、决策服务、社科普及、阵地建设、人才培养、组织建设等方面做了大量卓有成效的工作，推出了一批富有时代特征、具有一定影响的理论研究成果，为促进全市社会科学事业繁荣和经济社会健康发展做出了重要贡献。

三

自贡市哲学社会科学 70 年概况

回顾中华人民共和国成立 70 年来自贡市哲学社会科学事业的发展历程,前三十年属于初步发展阶段,哲学社会科学机构不健全,人才匮乏,社科研究和社科普及活动较少。党的十一届三中全会以后,在"解放思想、实事求是"思想路线指引下,神州大地生机勃发,思想理论战线异常活跃。二十世纪八十年代末期,改革开放的浪潮席卷大江南北,经济建设和社会发展中出现了许多前所未有的新情况、新问题、新经验,迫切需要理论工作者去研究、探索、总结。伟大的时代,丰富的实践,呼唤着社科事业有一个新的发展。中共自贡市委顺应时代发展的潮流,切实采取有力措施推动了我市社科事业发展,于 1983 年 12 月正式成立自贡市社科联。

(一)组织机构历史及其沿革

中华人民共和国成立初期,自贡市哲学社会科学机构不健全,哲学社会科学研究、宣传、普及工作主要集中在市委党校。

1952 年,"中共自贡市委党员训练班"建立,这是中共自贡市委党校的前身。1956 年 9 月 21 日,中共自贡市委在自流井区北苑,正式建立"中共自贡市委党校"。1967 年 5 月,因"文化大革命"市委党校机构瘫痪,培训工作被迫中止。1975 年 11 月,中共自贡市委在北苑(现党校所在地)建立"中共自贡市委党员训练班",为县一级单位的常设机构,行政编制 23 人,设临时党委。1977 年 7 月,"中共自贡市委党员训练班"改为"中共自贡市委党校",配备兼职校长、常务副校长。1986 年,创办校刊《自贡党校》,后改为《盐都论坛》。党校职工人数发展到 100 多人,其中专职教师增至 40 多名。1989 年,建立四川省委党校函授学院自贡分院。

1983 年 9 月初,中共自贡市委成立"自贡市哲学社会科学学会联合会筹备组",负责筹建"自贡市哲学社会科学学会联合会"。筹备组由周更新担任组长,颜月皎、杨杰勋为副组长,曾新元为成员。

1983 年 12 月 26—28 日,自贡市社科联召开第一次代表大会(见图 1、图 2)。大会通过了《自贡市哲学社会科学学会联合会章程》,选举产生市社科联第一届理事会理事 31 人,常务理事 9 人。周更新当选为会长,颜月皎、杨杰勋、宁永康、古代学、曾正武当选为副会长,曾新元当选为秘书长。

1988 年 4 月 1 日,市编委自编发〔1988〕25 号文件,确定社科联为县级行政单位,编制增加为 5 名,设立了专职副主席、秘书长、副秘书长等职位,标志着我市社科联进入了一个新的发展时期。同年 12 月 28—29 日,市社科联召开第二次代表大会。大会选举产生市社科联第二届理事会理事 53 人,常务理事 13 人;钟历国当选为社科联主席,颜月皎、陈文刚、古代学、黄先勤、陈金武当选为副主席,李绿容当选为秘书长,敬源凌当选为副秘书长。

1992 年 6 月 9 日,更名为自贡市社会科学界联合会。

2000 年 10 月,市委决定建立中共自贡市社科联党组,任命彭南为党组书记,肖乾贵、阙向东为党组成员。

图 1　自贡市哲学社会科学联合会成立大会现场

图 2　自贡市哲学社会科学学会联合会成立大会合影

（二）自贡市哲学社会科学人才队伍历史及现状

党的十一届三中全会后，自贡市思想理论界不断解放思想，积极开展对社会主义理论和实践问题的研究，各类社科学会、协会、研究会应运而生，先后成立了哲学学会、计划学会、历史学会、财会学会、商业学会等 11 个学会，个人会员达数百名。

截至 1988 年 12 月，市级学会从市社科联成立时的 11 个发展到 39 个，个人会员由几百人发展到5000 多人。

20 世纪 90 年代，为适应市场经济的发展，一批新兴学科学术团体相继成立，学术团体的数量及个人会员人数大幅增加，市级学会达 77 个。同时，国务院颁布实施了《社会团体登记管理条例》，市社科联及时会同市委组织都、市委宣传部、市民政局联合印发了《关于进一步完善社科类社团管理的通知》等政策文件，进一步规范了自贡市社会科学学术团体发展。

随着改革开放，部分学会也随着原挂靠单位被撤销、合并，截至 2018 年年底，全市现有哲学、经济学、法学、教育学、历史学、管理学等 6 大学科 66 个学会，个人会员近 30 万人，形成了学科门类比较齐全、结构布局比较合理、科研实力比较雄厚、开展活动比较丰富的良好局面。

从组成结构来看，自贡市哲学社会科学队伍主要呈现以下几个特点：从分布来看，社科类事业单位人员约占总数的 10%，各学会、协会、研究会会员约占 85%，党政部门工作者约占 5%；从年龄结构来看，35 岁以下的社科工作者占 22.46%，36 至 45 岁的占 35.34%，46 至 59 岁的占 37.1%，60 岁以上的占 5.1%；从学历、职称上看，专科以上学历占 72.59%，中级以上职称者占 39.24%；从学术层次上看，有享受国务院津贴的专家、省级学术和技术带头人后备人选、省级有突出贡献的优秀专家以及自贡市有突出贡献专家 17 人；从学科分布上看，涉及马列、党史、党建、哲学、经济理论、应用经济、政治学、法学、历史学、文学、新闻学、图书、情报与文献、管理学、教育学等 23 个学科门类。

（三）社科阵地建设历史及其现状

社科联成立后，为更好地开展理论研究和理论宣传，1988 年创办了《自贡社联通讯》《自贡市社会科学动态》。许多学会也结合自己的实际情况，相继创办了刊物，如财会学会、井盐史研究会、教育学会、商经学会、企管协会、农经学会、职工思想政治工作研究会、城市科学研究会、税务学会、工商行政管理学会、群众文化学会等，这些学会刊物为我市社会科学工作者相互交流提供了一个很好的平台，也推动了学会工作的开展。

1991 年 2 月 15 日，市社科联综合性理论刊物《社科天地》正式创刊。《社科天地》创刊初期为季刊，16 开，80 页，每期约 12 万字，设有《重要讲话》《对策研究》《领导科学》等 10 多个栏目。为适应形势发展需要，从 1994 年起，《社科天地》由季刊改为双月刊，并对栏目作了一些调整。改刊后的《社科天地》为大 16 开，48 页，每期约 7 万字，会刊质量不断提高，并积极与省内外 132 个市州社科联开展相互交流，对提高自贡的知名度发挥了积极作用。目前，除了会刊《社科天地》外，还有自贡市盐业历史博物馆的《井盐史研究》和《四川轻化工大学学报》2 家公开出版的学术性理论刊物，有市委党校的《盐都论坛》等多家内部刊物。

2008 年，《重要成果专报》创办，主要分送四大领导班子和相关决策部门。2012 年，自贡市社科联门户网站建立，2016 年网站进行改版升级，并建立自贡市社科联微信公众号，进一步加大了自贡社会科学及其研究成果的宣传力度。

打造科普、科研平台，扩大社科阵地。一是建立各类社科普及基地，广泛开展群众性、社会性、公益性、经常性社科普及活动。现已建成省级科普基地 2 个，即四川省盐文化普及基地、四川省民俗灯文化普及基地；市级科普基地 7 个，即自贡市孝道文化科普基地、自贡市群众钢琴文化普及基地、自贡地方特色文化对外传播普及基地、自贡市知识产权教育普及基地、自贡市民俗灯彩文化创意科普基地、社会群体心理健康科普基地、自贡市群众文化社科普及基地。二是建立各类研究平台，围绕市委市政府决策部署深入开展社科理论研究。市社科联先后与四川轻化工大学（原四川理工学院）、四川卫生康复职业学院、市委组织部、市委宣传部共建市级研究中心 6 个，分别是中国化马克思主义与传统文化研究中心、职业教育发展研究中心、产业转型与创新研究中心、民俗民间音乐舞蹈研究中心、自贡市运动与健康创新研究中心、自贡市党的建设创新研究中心。此外，还建有四川省哲学社会科学重点研究基地 2 个，分别是"中国盐文化研究中心"和"川酒发展研究中心"。

自贡市推动哲学社会科学繁荣发展的
基本实践与主要成就

（一）组织机构日趋健全

一是工作机制不断完善。经过多年的发展完善，形成了市社科联负责牵头组织协调，市委党校、四川轻化工大学（原四川理工学院）、四川卫生康复职业学院、自贡电大、各区县社科联以及社会科学工作者共同参与的工作机制，社科力量逐年增强，全市哲学社会科学工作走上了制度化、规范化轨道。

二是基层社科组织逐步健全。2007年，自贡市编办发文批准区县成立社科联，当年全市四区两县均成立了社科联，实现了区县级社科组织全覆盖。在此基础上，2010年、2013年四川轻化工大学（原四川理工学院）社科联、四川卫生康复职业学院社科联相继成立，高校社科联也实现了全覆盖。哲学社会科学工作网络更加健全，为全市哲学社会科学快速发展奠定了坚实的基础。

三是学会工作日趋加强。1999年初，为加强对各类学会的指导服务，市社科联成立了学术工作委员会、学会工作委员会和规划工作委员会。1999年10月，市社科联会同市委组织部、市委宣传部、市民政局联合印发了《关于进一步完善社科类社团管理的通知》，进一步规范了全市性社科类社团的成立、变更、年检、注销的办理程序和各区、县委宣传部行使区县社科工作的管理职能等。同时，坚持围绕市委、市政府中心工作，及时就相关工作进行安排部署，对各学会工作提出思路和建议，坚持每年开展1~2次秘书长培训。

（二）社科人才队伍不断壮大

70年来，自贡市始终牢固树立"人才是关键"的理念，坚持数质并举，不断改善增量，盘活存量，大力提升人才资源素质，形成了一支较强的社科理论工作者队伍，涌现出了一批富有创新精神的哲学社会科学人才。

一是摸清底数，全面掌握社科人才队伍情况。2012年，建立了"自贡市社科人才库"，并逐年及时更新名单库。据不完全统计，自贡市现有各类社科人才3万多人，其中中级以上职称占39.24%，有享受国务院津贴的专家，省级学术和技术带头人，省、市有突出贡献的优秀专家，自贡市杰出哲学社会科学人才等，涉及马列、党史、党建、经济、法学、历史、文学、教育、管理等23个学科门类。

二是创新举措，大力选树杰出社科人才典型。2007年，市委、市政府在全省率先制定了《自贡市杰出哲学社会科学人才评选奖励办法（试行）》，对杰出哲学社会科学人才进行重奖，标志着我市在建立哲学社会科学人才队伍激励机制方面取得了突破性进展，极大地调动广大社科工作者的积极性和创造性。2008年，开展了首届杰出社科人才评选工作，市委、市政府召开了隆重的表彰大会，对2名杰出哲学社会科学人才进行了表彰奖励。此项工作在全省社科界产生极大影响，省社科联向省委、省政府作了专题汇报。

三是开展"双评"活动，大力营造社科氛围。为鼓励先进，表彰优秀，进一步推动我市社会科学事业的发展，自1985年开始，开展了自贡市社会科学先进集体、先进个人的"双评"活动，评比表彰了一大批先进集体和个人，在全市营造了浓厚的社会科学氛围。

2012年，在"全国优秀社会科学普及名家"评选活动中，我市宋良曦先生成为四川省成功入选的四人之一。

（三）社科研究取得新突破

全市社科界紧紧围绕市委、市政府中心工作，坚持"以应用理论研究为主、以地方性问题研究为主、以现实性问题研究为主"的思路和"提高质量出精品、注重转化出效益、锻炼队伍出人才"的原则，深入开展课题研究，取得了显著效果，一大批成果被市委、市政府和有关市级部门采纳，被省有关单位在全省推广，创造了较好的社会效益和经济效益。

1. 课题研究成果丰富

市社科联成立以来，据不完全统计，截至2018年，全市共立项重点研究课题760多项，其中国家级22个，省级210个，市级528个（见图3）；撰写论文11874篇，其中发表在国家级报刊345篇，省级1276篇，市级8088篇；出版专著、论文集276集；争取国家和省级规划项目300余项，获得国家社科基金和省级科研项目资助经费400多万元。

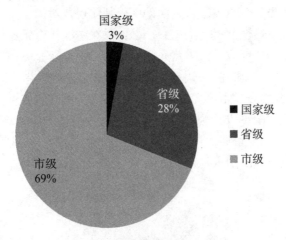

图3　自贡市重点课题组成情况

《自贡市城市居民生活状况研究》课题报告的大部分成果被市政府《自贡市城市居民生活最低生活保障制度实施办法》采纳；《自贡灯贸发展战略研究》课题提出的意见、建议和措施，为自贡灯会可持续发展提供了科学依据，对办好自贡灯会起到了重要的指导作用；《建设自贡山水园林城市研究》课题研究报告达到了全国同类研究的先进水平，不仅对自贡城市的近期、中期、长期建设提供了科学依据，而且对我市西山公园建设、汇东新区系统规划开发、尖山—农团自然风景区建设等提出了科学、系统具体的意见，均被采纳实施；《自贡市农村实现小康目标的途径和构想》课题研究报告被市委党校列为全市乡镇干部教材，为全市农村小康建设起到了指导作用；《老工业城市改造对策研究》课题报告形成了30多万字的专著，该专著全面介绍了自贡这个老工业城市发展的历史，总结了发展的过程，构建了发展的目标，提出了发展的对策，不仅对自贡当前和长远发展有着非常重要的指导作用，对其他一些类似的老工业城市、老工业基地也有一定参考作用和借鉴意义，填补了四川省在老工业城市改造研究方面的空白；《住宅业对经济增长贡献研究》课题研究报告提出的建议和措施被市政府采纳；《农村学教活动长效运行机制研究》课题研究成果被市委采纳，根据建议，市委建立了定期表彰农村基层干部和培养选拔农村基层干部制度，在全市各村建立了"进村入户走访群众""下乡接待群众""党员贫困户""党员议事会""村民代表议事会"等制度，促进了农村各项工作的健康发展；

《自贡市发展战略研究》课题报告形成了19万多字的专著，被市委党校作为教材用于教学；《自贡转变经济发展方式促进低碳经济发展问题研究》《自贡区域经济发展中的产业比较优势研究》《自贡构建区域中心城市路径研究》《自贡市基于"十三五"基本思路研究》《加快次级突破，促进川南经济一体化发展研究》《自贡市培育践行核心价值观对策研究》《深化我国盐业监管制度研究》《自贡市加快建设西部内陆融入一带一路先行区研究》《自贡工业强市战略与产业结构调整研究》《自贡市城乡发展中的市场就业机制创新研究》《生命工程助推化纤纺织集群研究》《加快推进自贡市新农村建设》《自贡区域发展定位与发展战略研究》等专著或系列论文、调研报告，为自贡市改革开放和经济建设提供了有力的理论支持。同时市社科联承担了《自贡区域发展定位与发展战略研究》《老工业城市转变经济发展方式促进低碳经济发展问题研究》《自贡市培育和践行社会主义核心价值观路径研究》《关于深化盐业垄断体制改革的对策建议》等省级规划项目的研究工作，为市委、市政府科学决策和为自贡市经济社会事业发展贡献了智慧和力量。

专著《中国井盐科技史》被列为四川省社会科学"七五"重点科研项目，由四川人民出版社出版，方毅同志为该书题写书名，并参加了香港书展；译著《哲学史教程》得到国内知名专家的极高评价，中国社科院的专家指出"虽然这是一本翻译著作，但译者需用和花费的功力，实际不亚于一本专门著作"，该书由商务印书馆出版，并被收入《世界名著汉译丛书》；由中国社会科学出版社出版的《自贡盐业契约档案选辑》一书填补了我国经济史界的一个空白，受到国内外学术界的好评；论文《村民委员会初探》较为系统地论述了村民委员会的性质、地位和职能，该文的一些观点在1987年全国人大常委会制定的《村民委员会组织法》第四条中得到体现，对国家立法起到了一定积极作用。市委党校李中一为迎接奥运撰写《全面奥赛策论》一书，并在中国教育频道播出。

自贡市盐业历史博物馆的研究成果颇丰，先后出版了《中国盐业史辞典》《中国井盐科技史》《中国盐业历史》《中国古代井盐工具研究》《川盐文化圈图录》《遍地盐井的都市：抗战时期一座城市的诞生》等著作30余部，公开发表学术论文300余篇，有40余项科研成果获国际级及省市级奖励。其主办的《盐业史研究》是我国唯一以盐为研究对象的专业性学术季刊，现为《中文社会科学引文索引》（CSSCI）扩展版来源期刊及首届四川省社科一级期刊。扎实的科研工作，使四川省盐文化普及基地成为中国盐业历史文化研究的学术重镇（见图4），自贡亦成为中国盐业历史文化研究的中心。

图4　盐文化普及基地部分科研成果

2. 学术活动蓬勃开展

我市针对重点、难点和热点、焦点问题，积极组织开展了一系列学术交流活动，如1989年组织举办了"纪念五四运动 70 周年理论研讨会"；1990 年举办了"学习马克思主义哲学理论研讨会"；1991 年举办了"振兴自贡经济、焕发老城市青春研讨会"；1995 年举办了"梁强人生观理论研讨会"和"自贡市建立现代企业制度理论与实践研讨会"；1996 年举办了"自贡市建设现代化大城市研讨会"；1991 年 9 月同省、市有关单位共同举办了"四川省自贡市纪念辛亥革命 80 周年学术讨论会"，来自北京、上海等 10 多个省、市的 100 多名专家、学者参加了会议，会议收到论文 52 篇，全国有 9 家报刊作了宣传报道，引起了全国史学界的重视；1992 年 4 月举办了"新四川中的自贡发展战略研讨会"，提出了自贡经济发展构想，对工业发展、农业发展、发展环境等方面提出了许多可供咨询、参谋、决策的意见，受到市委领导的高度肯定；2012 年举办了"学习党的十八大精神，建设五个自贡"理论研讨会等，邀请省内 8 位专家学者着眼于宏观格局的变化，站在顶层设计的高度，结合区域发展趋势和自贡市发展实际，紧扣"建设'五个自贡'，构建区域中心城市"这一主题，做了生动而精彩的主题演讲。市委党校系统组织开展了中共自贡市委党校建校 50 周年教学科研成果暨书画展、全市党校系统学习贯彻党的十六大精神理论研讨会、自贡市纪念邓小平 100 周年诞辰理论研讨会、全市党校系统学习贯彻党的十七大精神理论研讨会、自贡市纪念改革开放 30 周年理论研讨会、自贡市党校系统庆祝中华人民共和国成立 60 周年和自贡市设市 70 周年理论研讨会、自贡市党校系统"加快两化进程、建设五个自贡"研讨会、自贡市党校系统"两学一做"征文、"学习贯彻党的十九大精神"征文等。

3. 制度创新取得新突破

制定了《自贡市哲学社会科学规划项目管理办法》，实现了对规划项目申报、评审、立项、检查、鉴定结项的一体化管理，使我市哲学社会科学规划项目管理进一步科学化、规范化。完善了自贡市哲学社会科学研究重要成果专报制度，不仅将市级规划项目编印成《重要成果专报》报送，而且精选由我市专家承担的非市级课题编印《专报》报送市四家领导班子，使重要社科研究成果和社科专家、学者的建议更多地进入决策层的视野，促进了社科研究成果更好地服务于社会。在哲学社会科学优秀成果评奖中，对被采纳、已转化的科研成果给予了更大的倾斜。在市哲学社会科学规划重大项目立项评审中，对那些应用性较强、转化率较高的申报课题进行专项加分，优先考虑。这些措施进一步疏通和拓宽了哲学社会科学研究成果的转化渠道，激励和促进了科研成果的转化，使社科研究成果更好地服务于我市的经济建设和社会发展。

4. 社科评奖成绩显著

哲学社会科学优秀成果评奖活动，既是繁荣学术研究、调动和激励广大社科工作者积极性的重要方式，也是对已经完成的社科成果的科学认定，还是形成导向、鼓励专家学者推出更多精品力作的有效手段，繁荣发展哲学社会科学的有力杠杆。自贡市坚持按照公开、公平、公正、民主的原则，持续不断开展社科评奖工作。1986 年，开展了第一次哲学社会科学优秀成果评奖，目前已开展了 17 次社科优秀成果评奖工作，参评成果 6000 多项，共评出优秀成果 958 项，其中一等奖 40 项，二等奖 157 项，三等奖 599 项，四等奖 162 项（见表 1）。在此基础上，自贡市还积极推荐优秀成果参评省政府社科优秀成果奖，共获奖 21 项，其中一等奖 2 项，二等奖 9 项，三等奖 24 项，优秀成果奖 7 项。

表 1　自贡市历次社会科学优秀成果获奖情况　　　　　　　　　　　　　　单位：项

年度（届别）	一等奖	二等奖	三等奖	四等奖	合计
1978—1985（第一次）		2	5	20		27
1986—1987（第二次）	2	11	49		62
1988—1989（第三次）	4	11	74		89
1990—1991（第四次）	2	9	28	53	92
1992—1993（第五次）	2	9	28	43	82

年度（届别）	一等奖	二等奖	三等奖	四等奖	合计
1994—1995（第六次）	2	9	26	36	73
1996—1997（第七次）	3	10	26	30	69
1998—1999（第八次）	2	5	27		34
2000—2001（第九次）	2	9	32		43
2002—2003（第十次）	1	7	34		42
2004—2005（第十一次）	0	10	37		47
2006—2007（第十二次）	2	11	36		49
2008—2009（第十三次）	5	14	30		49
2010—2011（第十四次）	3	12	35		50
2012—2013（第十五次）	2	11	37		50
2014—2015（第十六次）	3	8	39		50
2016—2017（第十七次）	3	6	41		50
合　计	40	157	599	162	958

在评奖过程中，自贡市制定了一系列措施，促进评奖工作规范有序开展。1990年，市委办公厅、市政府办公厅印发了《关于成立自贡市哲学社会科学优秀科研成果评审委员会的通知》（自委办〔1990〕18号），对优秀成果评审委员会的职责、评委的组成等做出具体规定。1992年3月3日，《中共自贡市委办公厅、自贡市人民政府办公厅转发市社科联〈关于加强我市哲学社会科学评奖工作的意见〉的通知》（自委办〔1992〕11号），对评奖范围、评奖标准、评奖制度与奖励等级、奖金标准和经费来源及评奖工作的组织领导、申报程序、有关事项等做出较为详细的规定。2001年，市政府以第50号令，颁布了《自贡市社会科学优秀成果评奖办法》，使我市评奖工作更加制度化和规范化。

此外，截至2019年，市级社科类学会有4041项成果获得各类奖项，其中国家级34项，省级508项，市级3499项；有216个（次）学会受到各级奖励，其中国家级2个（次），省级80个（次），市级134个（次）；个人有1065人（次）获奖，其中国家级35人（次），省级235人（次），市级795人（次）。

（四）社科普及取得良好效果

哲学社会科学的宣传普及是繁荣发展哲学社会科学的关键环节，它不仅能传播哲学社会科学知识，更能凝聚人心、整合力量、弘扬主旋律。自贡市坚持以正确的理论为导向，以提高市民素质为目的，着力搭建平台、拓宽渠道，创新方法、真抓实干，努力推动社科普及工作不断迈上新台阶。

在市社科联的指导下，各学会和省市科普基地积极组织开展了丰富多彩、形式多样的科普活动。2011年，自贡市盐业历史博物馆被中共四川省委宣传部、四川省社科联命名为四川省哲学社会科学普及基地盐文化普及基地。该基地充分发挥盐文化普及基地的优势，广泛宣传爱国主义、自贡特色盐文化、传播盐业科技知识、弘扬科技创新精神，组织开展了西秦讲堂、盐博课堂、科普巡展、研学游等主题科普活动。自贡市知识产权教育普及基地着力增强公民"尊重知识、崇尚创新"的知识产权理念，营造"激励创新驱动，实施知识产权国家战略"文化氛围。自贡市群众钢琴文化普及基地面向老人、留守儿童、监狱人员等开展活动60余次。自贡市地方特色文化对外传播普及基地开展"科学育人，科教兴国"等科普活动。群众文化科普基地开展了《文明自贡共同建，社区文明我带头》《人像摄影知识》《中国梦·青春梦》《小学生谜语知识》《摄影后期制作》等公益讲座上百场，受益群众达3万余人；社会群体心理健康科普基地开展点对点健康教育讲座195场，社会公益讲座23次。教育学会坚持开展《心理学基础知识讲座》《教育科学讲座》《初中生心理一般特征与教育讲座》《美育讲座》等系列讲座；家庭教育研究会结合自身特点，举办了《家庭教育科学知识讲座》26次，对5000名四岁儿童开展了识字教学实验工作，创办了父母学校，普及优生知识；市企业管理协会举办了18期《现代化管理方法培训班》，大力培训管理人才；档案学会举办了《档案干部专业理论培训班》；市成人教育协会创办了文化技术学习；翻译协会、财会学会、农经学会、粮经学会、法学会等也进行了各种形式的科普活动和咨询服务活动。

据不完全统计，全市社科界共开展科普活动1200多次，发放各种科技资料180多万份（本），服务群众100多万人次（见图5）。市政府将社科普及专项经费纳入财政预算，从2008年起，按全市人口人均0.03元（即每年科普经费9.6万元）的标准列入部门预算，目前已增加到每年20万元，使市社科知识普及工作得到了经费保障。

图5　科普活动现场掠影

（五）社科阵地建设不断加强

社科阵地是开展理论研究、学术交流、社科普及的重要平台和场所，自贡市积极采取多种举措加强对各社科组织网络平台、新媒体、理论刊物、科普基地的管理，全力引导各类阵地传播主流价值观、引领正确社会思潮。

一是大力推进社科普及示范基地建设。2015年，制定了《自贡市哲学社会科学普及示范基地管理办法》，探索开展市级社科普及基地建设工作。2015年，与市委宣传部联合将自贡市精神卫生中心命名为"社会群体心理健康科普基地"，将自贡市图书馆命名为"群众文化社科普及基地"，这2家单位为自贡市首批"社会科学普及示范基地"。2016年，将四川轻化工大学（原四川理工学院）命名为"自贡市知识产权教育普及基地"，新增5家市级社会科学普及示范基地。

二是充分利用会刊《社科天地》和互联网平台，全方位、多角度地宣传、普及社科知识。加大科普力度，在会刊和网站开设科普专栏，精选科普知识，创新科普宣传形式，增强科普实效。

三是积极推动社科普及阵地走进群众。坚持每年组织省、市科普基地和各学协会利用"科技之春"科普活动月、科技活动周等重要节点广泛开展进社区、进学校、进乡镇科普活动，推动社科普及基地覆盖面不断拓宽，普及功能更好发挥。

（六）激励机制建设

自贡市在社科激励机制建设方面，大胆创新，勇于作为，为全市社科发展营造了一个良好的氛围。

一是创新社科人才队伍激励机制。为不断加强和稳定我市社科人才队伍建设，充分调动和发挥广大哲学社会科学工作者的积极性和创造性，2004年以来，市社科联经市委、市政府批准，在市人才工作领导小组和有关部门的大力支持下，在全国、全省尚无先例、没有经验可借鉴的情况下，紧密结合自贡实际，开拓创新，开展起草制定杰出社会科学人才评选奖励办法。2007年12月，经市委批准，市委办公室、市政府办公室印发了《自贡市杰出社会科学人才评选奖励办法（试行）》，使全市哲学社会科学人才队伍建设激励机制取得了重大突破。2008年，开展了首次评选奖励工作，市委、市政府对评选出来的杰出社会科学人才进行隆重表彰奖励。

二是创新评奖机制。哲学社会科学优秀成果评奖，是繁荣发展哲学社会科学的有力杠杆，自贡市在哲学社会科学优秀成果评奖工作已经比较规范的基础上，不断创新评奖机制。2005年，对《自贡市哲学社会科学优秀成果评奖实施细则》进行了修订，修订后的《实施细则》增加了更多的量化指标，进一步完善了评价指标体系，使评奖工作更加科学、准确，具有更强的操作性。2006年、2018年，市政府又两次批准了市社科联《关于调整哲学社会科学优秀成果奖金标准的请示》，将哲学社会科学优秀成果奖金标准在原来基础上提高了1.5倍，极大地调动了全市广大哲学社会科学工作者的积极性。

三

自贡市推动哲学社会科学繁荣发展的经验启示

（一）坚持党的领导才能确保哲学社会科学始终沿着正确的方向发展

坚持党对哲学社会科学工作的领导，是繁荣发展我国哲学社会科学事业的根本保证。70 年来，自贡市广大社科工作者始终坚持在党的领导下开展各类学术研究，特别是党的十八大以来积极深入学习贯彻习近平总书记关于构建中国特色哲学社会科学的重要论述，牢牢把握正确的政治方向和学术导向，自觉坚持以马克思主义为指导，把中国特色社会主义理论体系贯穿于研究和实践全过程，拥有清醒的理论自觉、坚定的政治信念、科学的思维方法，使自贡市哲学社会科学研究始终保持正确的政治方向、学术导向和价值取向。

（二）切实落实意识形态工作责任制才能牢牢掌握意识形态的领导权和话语权

哲学社会科学事关社会主义意识形态的凝聚力、引领力，事关意识形态工作的领导权和话语权，必须层层落实意识形态工作责任制，才能筑牢党的意识形态和马克思主义的坚强阵地。

一是坚持以习近平新时代中国特色社会主义思想为指导，牢固树立"四个意识"，坚定"四个自信"，做到"两个维护"。以领导班子队伍建设和干部队伍思想作风建设为抓手，切实落实意识形态工作责任制，推动意识形态工作责任制在全市社科界落地落实，全市社科界始终做到了守土有责、守土尽责。

二是以制度建设为抓手，积极主动地抓实抓好意识形态工作。制定了《中共自贡市社会科学界联合会党组贯彻落实党委（党组）意识形态工作责任制实施细则》，从社科联领导班子做起，明确职责，强化监督考核，层层传导压力、层层示范带动。建立巡查制度，定期不定期对意识形态工作进行跟踪检查督导，确保意识形态工作全覆盖。研究制定意识形态工作责任制考核办法，把意识形态责任制与党建工作责任制、党风廉政责任制、领导班子和干部目标管理、效能目标管理同部署、同落实、同检查、同考核，实行"一票否决制"，确保社科联意识形态工作不出问题。

三是开展干部理论培训，提升全市社科系统干部意识形态工作能力和水平。定期举办全市社科理论系统意识形态工作研讨班，增强社科干部对意识形态工作重要性和紧迫性的认识，进一步统一思想、坚定立场、提升工作能力和水平。

（三）哲学社会科学工作是党和人民事业的重要组成部分

哲学社会科学工作是党和人民事业的重要组成部分，发展和繁荣哲学社会科学事关党和国家事业发展全局。自贡市社科界始终树立大局意识，坚持围绕全市中心工作和宣传思想文化发展大局，扎实推进哲学社会科学事业蓬勃发展，在理论创新、决策服务、社科普及、阵地建设、人才培养、组织建设等方面做了大量卓有成效的工作，推出了一批富有时代特征、具有一定影响的理论研究成果，许多成果直接或间接转化为政府决策内容，一大批专家学者成为市委市政府的决策咨询成员，哲学社会科学工作在自贡市的影响力越来越大，对全市宣传思想工作和经济社会健康发展的贡献也更加突出。

当前，自贡市正在深入学习贯彻省委十一届四次全会精神，深度融入"一干多支、五区协同""四向拓展、全域开放"战略部署、四川南向开放重要门户城市，着力打造全国老工业城市转型升级示范区和国家文化出口基地。广大社科工作者将立足自贡市改革发展实际，强化问题导向，围绕战略性的重大课题开展深入研究，努力推出一批有理论高度、有实践价值的研究成果，努力当好党委政府科学决策的高端智库，为全市转型升级发展提供强大的智力支持。下一步，将重点抓好以下几方面的工作：

一是继续开展课题研究，重点扶持重大基础研究项目和重大现实问题研究项目。不断完善课题立项、鉴定验收、出版资助和成果评奖的评价标准和评审制度；继续实行市级研究课题招标制、重大课题委托制，形成以课题为纽带、以课题负责人为龙头的研究机制；以《重要成果专报》为载体，切实做好成果推介转化工作，力争更多研究成果进入领导层视野，纳入党委政府决策内容。鼓励支持市属哲学社会科学研究单位承担对全市经济社会发展具有重大战略意义的前瞻性、对策性研究和具有自贡地方特色及区域优势的基础理论研究。支持高校、党校承担市哲学社会科学重点学科、优势学科和其他学科的基础与应用研究，参与我市经济社会发展重大现实问题研究。鼓励各学会、协会、研究会结合本学科的优势和特点，进行相应的理论和学术研究。力争通过5年努力建成2~3个有自贡特色的学术领先科研团队。

二是继续抓好社科研究基地建设，积极构建"大社科"格局。努力培育壮大现有各级社科普及基地，增强科研实力，壮大人才队伍。积极开展省市级社科普及基地创建工作，力争五之年之内再创建省级社科普及基地2个以上，市级社科普及基地5个以上。

三是继续开展哲学社会科学优秀成果评奖和人才评选工作。哲学社会科学优秀成果评奖工作具有重要的导向性、权威性，已经成为党和政府信任、社会各界公认、哲学社会科学工作者踊跃参与的重要激励机制。要切实加大哲学社会科学优秀成果的奖励力度，充分激励和调动哲学社会科学工作者的积极性。要加大对中青年社科优秀人才及成果的奖励力度，为年轻有为的社科人才成长创造良好条件。切实做好杰出哲学社会科学人才评选工作，建立自贡市"哲学社会科学人才库"，实行统一的社科人才管理体制，整合社科人才资源，形成社科人才的群体优势。

四是深入推进社科普及工作，提高群众的人文素质。进一步建立健全哲学社会科学普及网络，积极联合社科组织以及相关部门、单位，利用社科普及网络、报刊、广播电视等平台，广泛开展形式多样的科普宣传活动。不断拓展社科普及内容、对象和渠道，做到面向基层、下移重心、延伸触角，切实提高社科知识宣传的针对性和实效性，提高市民的哲学社会科学基本素养。

（四）哲学社会科学工作必须要在 "联" 字上做文章才能更好发挥作用

社科联是党委和政府联系广大哲学社会科学工作者的桥梁和纽带，是发展和繁荣哲学社会科学的重要力量。同时，社会科学几乎覆盖基层所有部门，基层社会科学工作者分布在全市各条战线，某些研究课题具有较强的系统性、综合性，社会科学与自然科学逐步紧密结合，全市各级社科联必须要在"联"字上下功夫，才能更好开展理论研究并发挥作用。一要抓好"上联"，主动跟进党委和政府中心工作，进一步打通并拓宽社科界与决策部门、实际工作部门的联系渠道，准确把握领导决策需求和中心工作需要，在发展全局中找准工作定位，努力做到党委和政府工作重心在哪里，社科工作的重点就跟进到哪里，努力提高工作针对性和实效性；二要抓好"下联"，热忱为各类学术团体和广大社科工作者服务，要加强对学会、协会和研究会等各类学术性群众团体的政治和业务指导，经常深入广大社科工作者之中，认真听取他们的意见，积极解决他们的困难，把社科联办成名副其实的社科工作者之家；三要抓好"外联"，进一步加强对外学术交流，不断加强与省内外学术界的沟通联络，吸引省内外名家大师参与"自贡研究"和"研究自贡"，为自贡市振兴发展借智借力。

同时，还需要进一步加强组织建设。不断强化社科联系统的组织建设，为社会科学进一步繁荣发展提供保障。坚持服务和管理并重，加强指导、规范管理、有效监督、完善服务，促进学术团体健康发展。加强区域内社科联系统的工作统筹和业务指导，提高市社科联的履职能力。发挥阵地和平台作用，大力培养高素质的社会科学各类型人才，为繁荣发展社会科学事业提供坚强的人才保障。

自贡市社科联课题组

成员： 王平、舒利彬、李兰、赵德明

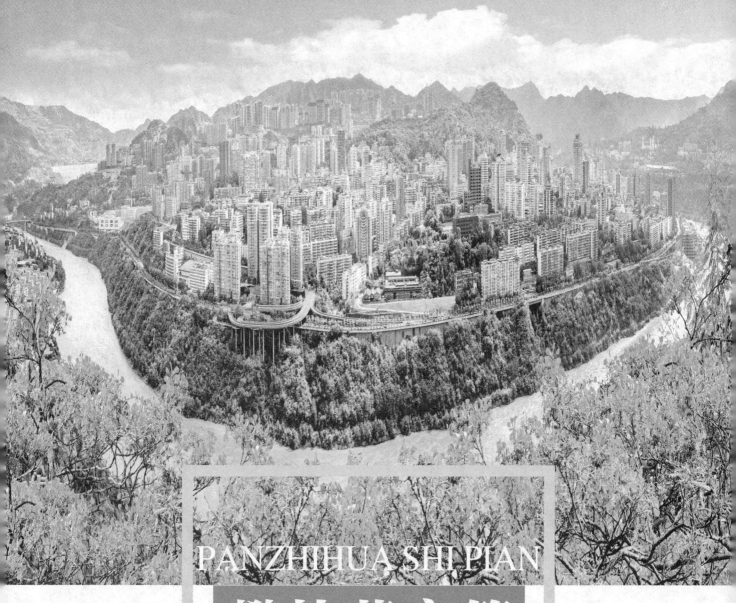

PANZHIHUA SHI PIAN

攀枝花市篇

四川哲学社会科学70年

导言

　　攀枝花是因国家三线建设建立起来的一座移民城市。20 世纪 60 年代，中央将开发建设攀枝花作为三线建设的重中之重，毛泽东主席力主并亲笔批示建设攀枝花。1965 年 2 月 5 日，攀枝花特区正式成立；同年 4 月 22 日，攀枝花特区改名渡口市；1987 年 1 月 23 日，经国务院批准，渡口市更名为攀枝花市。攀枝花市辖东区、西区、仁和区、米易县和盐边县，面积 7440 平方千米，常住人口 123.6 万。

　　作为一个新兴资源型工业城市，攀枝花市在开发建设初期侧重于自然科学的研究，哲学社会科学事业起步相对较晚。党的十一届三中全会召开以前，全市从事哲学社会科学工作的机构只有各级党委宣传部门和党校系统等少数单位，哲学社会科学工作的主要内容是开展理论教育和理论宣传。党的十一届三中全会以后，攀枝花市哲学社会科学事业获得了良好的发展条件，一些群众性的社科学术团体和社科工作机构如雨后春笋般发展起来。1985 年 5 月 14 日，攀枝花市社会科学界联合会（简称攀枝花市社科联）成立。

　　攀枝花市社科联成立后，在攀枝花市委、市政府的领导下，坚持以马克思列宁主义、毛泽东思想、邓小平理论、"三个代表"重要思想、科学发展观和习近平新时代中国特色社会主义思想为指导，坚持党的基本路线，贯彻"为人民服务、为社会主义服务"的方向和"百花齐放、百家争鸣"的方针，紧密结合攀枝花开发建设和经济社会发展实际，围绕党委、政府中心工作，带领全市广大社会科学工作者，积极开展课题研究、学术交流、社科普及、社科评奖、社科应用成果转化等工作，全市社会科学人才队伍不断壮大，社会科学研究不断深入，学术交流活动日趋活跃，社科普及、咨询服务活动广泛开展，社科理论刊物质量不断提升，社科评奖走上制度化、规范化轨道，社科联自身建设不断加强，全市哲学社会科学事业不断发展，为促进攀枝花开发建设和经济社会发展做出了积极贡献。

　　在中华人民共和国成立七十周年之际，全面回顾总结攀枝花市哲学社会科学的基本实践和建设成就，对我们认清新时代哲学社会科学工作面临的形势和任务，进一步坚定信心，守正创新，不断推动攀枝花市哲学社会科学事业繁荣发展具有十分重要的意义。

三

攀枝花建市以来哲学社会科学概况

攀枝花建市以来全市哲学社会科学的发展历程大致可以分为三个阶段。

第一个阶段：从1965年2月到1978年12月党的十一届三中全会召开前，为艰难起步期。这一时期也是攀枝花开发建设初期，全市人民艰苦创业，集中精力建设攀枝花钢铁厂等工业企业，全市没有专业的社科研究机构和社科学术团体，从事社会科学工作的机构主要是各级党委宣传部门和党校系统等少数单位。各级党委宣传部门开展社科工作的主要内容是开展形势任务、基本理论、基本路线、先进典型等方面的宣传教育，例如1965年建市初期，市委宣传部把传达贯彻毛主席、党中央关于攀枝花建设的战略决策作为头等重要任务；1966年，利用《火线报》编排"渡口英雄谱"，大力宣传表彰在攀枝花艰苦创业中涌现出的英雄事迹和先进典型；1978年8月，大力宣传实践是检验真理的唯一标准，广泛开展真理标准问题大讨论。各级党校则主要是举办各种学习班、培训班、轮训班、进修班，对党员干部进行理论培训。

第二个阶段：从1978年12月党的十一届三中全会召开到2003年12月，为快速发展期。党的十一届三中全会开启了改革开放历史新时期，攀枝花市哲学社会科学事业也获得了良好的发展条件，一些群众性的社科学术团体发展起来，攀枝花市社科联、攀枝花市委党史研究室、攀枝花市地方志办公室、攀枝花学院等社科工作机构相继成立。攀枝花市社科联的成立使全市哲学社会科学工作走上了规范化的轨道，以社科课题规划、社科课题研究、社科成果评奖、社科知识普及、社科学术交流、社科成果转化、社科刊物编辑等为主的社科基础工作格局正式建立。

第三个阶段：从2004年1月至今，为稳步发展期。2004年1月，《中共中央关于进一步繁荣发展哲学社会科学的意见》（中发〔2004〕3号）下发；2004年5月，《中共四川省委关于努力推进哲学社会科学事业繁荣发展的意见》（川委发〔2004〕13号）下发；2004年9月，为贯彻落实中央和省委意见，中共攀枝花市委印发《中共攀枝花市委关于进一步繁荣发展哲学社会科学的实施意见》（攀委发〔2004〕24号），并且召开攀枝花市繁荣发展哲学社会科学大会，攀枝花市哲学社会科学事业再一次迎来重大发展机遇。这一时期，各级党委、政府更加重视哲学社会科学，全市哲学社会科学事业经费不断增长，社科学术活动更加活跃，社科工作管理机制逐步完善，社科研究水平不断提升，社科优秀成果大量涌现。

以下将概括介绍攀枝花市哲学社会科学在组织机构、人才队伍、阵地建设三个方面的历史及现状。

（一）组织机构

攀枝花建市初期，全市社科组织机构较少。经过54年的发展，攀枝花市现在已经形成以社科联系统、高等院校系统、社科研究机构和社科学会系统、党校和行政学院系统、党政研究系统、党委宣传系统六大系统为主的社科工作组织架构。社科联系统以攀枝花市社科联、攀枝花学院社科联为代表；高等院校系统以攀枝花学院、四川机电职业技术学院、攀枝花广播电视大学为代表；社科研究机构和社科学会系统以攀枝花市委党史研究室、攀枝花市地方志办公室及攀枝花市纪检监察学会、攀枝花市财政学会等市级社科学会为代表；党校和行政学院系统以攀枝花市委党校、仁和区委党校、盐边县委党校、米易县委党校、攀钢党校、攀煤党校为代表；党政研究系统以攀枝花市委政研室、攀枝花市政府研究室为代表；党委宣传系统以攀枝花市委宣传部、东区区委宣传部、西区区委宣传部、仁和区委宣传部、米易县委宣传部、盐边县委宣传部为代表。

（二）人才队伍

由于攀枝花特殊的建设背景，建市初期社科理论人才极度匮乏。改革开放以后，随着攀枝花市社科组织机构的发展，社科人才队伍逐渐壮大。据攀枝花市社科联2019年初的调查统计，全市社科人才队伍主要集中在高等院校系统、社科研究机构和社科学会系统、党校和行政学院系统、党政研究系统、党委宣传系统，总数大约5200人。其中从事哲学社会科学理论研究的人员大约1000人；本科以上学历占总人数的85％以上，研究生学历的研究人员共500余人，其中具有博士学位的理论研究人员31人，博士在读45人；具有正高职称的社科高层次人才约60人，其中省级专家3人，四川省学术和技术带头人后备人选7人，市级专家28人，四川省宣传文化系统"四个一批"理论人才1人，攀枝花市宣传文化系统"四个一批"理论人才3人。综合统计情况，攀枝花市整个社科人才队伍的年龄结构趋于年轻化，整体素质在不断提高，具备一定的哲学社会科学研究实力。

在攀枝花市社科理论人才队伍中，有一批马克思主义理论功底扎实，坚持理论联系实际，勇于开拓创新的哲学社会科学学术带头人：洪宝书，四川省有突出贡献的优秀专家、享受国务院特殊津贴的市级教育学带头人，在教育学领域取得了突出成就，著有专著1部，公开发表学术论文40余篇，其中有2篇被《新华文摘》转载、题录，有9篇被中国人民大学书报资料中心收录，1篇被收入《中国教育大系——马克思主义与中国教育卷》，2篇在国际学术会议上交流，获得四川省哲学社会科学优秀科研成果三等奖5项，攀枝花市哲学社会科学优秀成果一等奖6项，撰写的专著《教育本质与规律》在教育学和心理学领域产生重要影响；吴宏放，四川省有突出贡献的优秀专家、四川省宣传文化系统"四个一批"人才、攀枝花市学术和技术带头人，长期从事党校教学科研工作，取得显著成绩，在《社会主义研究》《理论视野》《理论参考》等刊物上发表论文200多篇，其中在全国中文核心期刊或CSSCI期刊发表30篇，被中国人民大学复印报刊资料全文转载11篇，主编或合作出版专著10部，主持或参与完成四川省哲学社会科学研究规划项目等省部级课题8项，主持完成四川省党校系统重大招标课题、攀枝花市哲学社会科学规划课题、四川省委党校年度课题、攀枝花市软课题等20多项，有29项成果获省部级和市级社科研究成果奖；张旭辉，四川省学术和技术带头人、四川省物流专家，发表学术论文50余篇，其中核心期刊25篇，CSSCI期刊15篇，出版学术著作及教材7部，主持和主研国家、省部级课题15项，获得各级教学科研成果奖励15项，围绕省市多点多极战略形成20余部研究报告和产业规划，为区域发展和政府决策提供了有力支持。

（三）社科阵地

攀枝花市成立初期，社科宣传阵地主要是《火线报》。1985年攀枝花市社科联成立时，全市社科学会的社科理论刊物有10余种。随着社科学会的增多，社科理论研究的加强，社科理论刊物数量也有了很大的发展，到1987年增加到21种。之后，经过多次报刊清理整顿，各社科学会和各单位内部理论刊物有所减少，截至2019年6月底，市内保留的社科类内部刊物共有13种，分别是市委宣传部的《影响》（双月刊）、市社科联的《攀枝花社会科学》（季刊）、市委党史研究室的《攀枝花纪事》（双月刊）、市地方志办的《攀枝花史志》（季刊）、市委党校的《攀枝花新论》（季刊）、市教科所的《攀枝花教育》（双月刊）、盐边县委宣传部的《盐边宣传》（季刊）、攀钢集团攀枝花钢铁研究院有限公司的《攀钢经济管理》（双月刊）、攀钢传媒中心的《攀钢视窗》（季刊）、攀枝花煤业（集团）有限责任公司的《攀煤经济研究》（季刊）、攀钢矿业公司职工思想政治工作研究会的《攀矿论坛》（季刊)、四川机电职业技术学院的《攀西职业教育》（季刊）、中国十九冶集团有限公司的《铁军魂》（季刊）（见图1）。

图1 攀枝花市部分社科理论刊物

　　除了上述内部刊物以外，攀枝花市目前还有以下重要社科阵地：第一，《攀枝花日报》，中共攀枝花市委机关报，全国公开出版发行；第二，《攀枝花学院学报》（社会科学版），攀枝花市唯一面向国际国内公开发行的综合性社科学术期刊，由攀枝花市人民政府主管、攀枝花学院主办，一年出版四期，每期刊登文章20至22篇，每年刊登学术论文80篇左右，2008年，《攀枝花学院学报》创办特色专栏《金沙江文化研究》；第三，中国攀西康养产业研究中心，四川省社会科学重点研究基地（扩展）；第四，钒钛文化普及基地，攀枝花市唯一的省级社科普及基地，该基地于2014年申请建立，依托攀枝花学院建设，以攀西地区高校师生、科研院所研究人员、中小学校学生、其他社会群众、地方企业为对象，通过讲坛、论坛、讲座、展板、橱窗、微信、网络宣传、视频、报刊、合办栏目、学术交流、项目合作等方式，宣传钒钛资源的文化内涵；第五，"攀枝花市民讲坛"，由中共攀枝花市委宣传部、攀枝花市文化广播电视和旅游局主办，攀枝花市图书馆承办的大型公益性讲座，面向广大市民。讲坛创办于2007年8月，每周末定时开讲，内容以传播攀枝花本土文化为主，兼顾文学、教育、历史、艺术、经济、法律、农业等；第六，"攀枝花宣传网"社科工作专栏，攀枝花市社科联于2017年依托"攀枝花宣传网"建立的专栏，是攀枝花市社科联在互联网上对外展示工作的平台和窗口。

攀枝花市推动哲学社会科学繁荣发展的基本实践

（一）抢抓机遇， 积极争取， 推动社科联组织机构建设

1. 攀枝花市社科联的建立

党的十一届三中全会以后，攀枝花市一些群众性的社科学术团体发展起来，为了加强对全市社科学术团体的领导、管理和协调工作，攀枝花市委对建立全市性的社会科学学会联合会给予了大力支持。1983年4月，市委宣传部向市委提交《关于传达贯彻中发〔1982〕48号文件和四川省哲学社会科学规划会议精神的请求报告》，建议尽快成立渡口市社会科学研究所和渡口市哲学社会科学学会联合会，以加强本市的社会科学工作。1984年5月，市委宣传部向市委正式呈送《关于建立渡口市社会科学研究所和渡口市社会科学联合会的请示报告》。此后，市委宣传部与有关部门进行了沟通，由于同时建立两个机构有一定困难，市委宣传部提出分两步走的方案，即先成立社科联，以后再建社科所。1984年12月5日，市委宣传部向市委提交《关于成立渡口市社会科学联合会的请求报告》。1985年1月21日，市委三届62次常委会议讨论通过了市委宣传部的报告，正式批准成立渡口市哲学社会科学学会联合会，并确定了社科联的人员编制与经费供给关系。与此同时，市编委印发了《关于同意建立渡口市哲学社会科学学会联合会的通知》（渡编发〔1985〕14号），明确："经市委、市政府同意，建立渡口市哲学社会科学学会联合会。哲学社会科学学会联合会是在市委领导下的全市社会科学学会、研究会、协会联合组成的群众性学术团体，为独立县级事业单位，由宣传部代为管理。编制3人。所需经费，由市财政局拨给。"

经过前期的筹备工作，1985年5月14日至15日，渡口市哲学社会科学学会联合会成立大会召开，宣告渡口市哲学社会科学学会联合会正式成立。1987年1月23日，渡口市更名为攀枝花市，渡口市哲学社会科学学会联合会相应更名为攀枝花市哲学社会科学学会联合会。1989年8月15日，攀枝花市社科界第二次代表大会确定将"攀枝花市哲学社会科学学会联合会"更名为"攀枝花市社会科学界联合会"。

2. 攀枝花市社会科学研究所的建立

为促进社会科学研究工作，攀枝花市委宣传部于1987年2月24日向市委提交《关于建立攀枝花市社会科学研究所筹备组的报告》，3月16日，市委四届24次常委会议讨论，审议同意了该报告，4月17日，市社科联与市委宣传部向市编委提交《关于市社会科学研究所编制等问题的请示报告》。市编委于1989年5月17日印发《关于建立攀枝花市社会科学研究所的通知》（攀编发〔1989〕34号），明确："给市社科联增加行政编制2人，同时建立攀枝花市社会科学研究所，目前暂不独立，与社科联为一套人员两块牌子。"市社会科学研究所成立后，一直与市社科联合署办公。

3. 攀枝花市社科联的发展

自1985年5月14日成立以来，攀枝花市社科联共召开七次代表大会，攀枝花市社科联机关经过两次机构改革。截至2019年6月底，市社科联机关设办公室、学会学术部和规划评奖办（挂攀枝花市社会科学规划办公室和攀枝花市社会科学优秀成果评奖办公室牌子）3个职能部、室，机关参公事业编制8名，后勤事业编制1名。

1）攀枝花市社科联历次代表大会情况

市社科界第一次代表大会（渡口市哲学社会科学学会联合会成立大会）于1985年5月14日至15日召开（见图2）。大会听取了市社科联筹备工作的情况报告，审议通过了《渡口市哲学社会科学学会联合会章程》，讨论决定了市社科联1985年工作要点。大会选举产生了市社科联第一届理事会理事（33人）和常务理事（23人），选举李翠贤为市社科联第一届理事会主席，阴温、孙本先、王树钧、胡昌绪、罗心权为副主席，鲁正元为秘书长，聘请张伯希为名誉主席。

图2　攀枝花市社科联成立大会

市社科界第二次代表大会于1989年8月15日召开。大会审议并通过了市社科联第一届理事会工作报告和《攀枝花市社会科学界联合会章程》，新章程确定将"攀枝花哲学社会科学学会联合会"更名为"攀枝花市社会科学界联合会"。大会选举产生了市社科联第二届理事会理事（79人）和常务理事（24人），选举李翠贤为市社科联第二届理事会主席，谭学虹、罗心权、洪宝书、阴温、华铁平、李增山、胡昌绪为副主席，审议通过张绪成为副秘书长。会议还表彰了1985—1988年度先进学会和学会先进工作者。

市社科界第三次代表大会于1993年11月26日召开。大会审议并通过了市社科联第二届理事会工作报告和《攀枝花市社会科学界联合会章程》，新章程对社科联的性质、宗旨、任务、会员的权利和义务、理事会的任期等方面进行了修改，并增添了第六章《附则》。大会选举产生了市社科联第三届理事会理事（72人）和常务理事（23人），选举吴登昌为市社科联第三届理事会主席，罗心权、李自宝、洪宝书、赫正友、刘新会、陈奎彦为副主席，审议通过王惠兰为副秘书长。会议还表彰了1989—1993年度先进学会和学会先进工作者。

市社科联第四次代表大会于1998年12月22日召开。大会审议并通过市社科联第三届理事会工作报告和修订后的《攀枝花市社会科学界联合会章程》。大会选举产生了市社科联第四届理事会理事（78人）和常务理事（25人），选举邹吉祥为市社科联第四届理事会主席，罗心权、李自宝、洪宝书、赫正友、刘新会、张宽洪、周金榜为副主席，陈志光为秘书长，审议通过王惠兰为副秘书长。会议还表彰了1994—1998年度先进学会和学会先进工作者。

市社科联第五次代表大会于2004年5月26日召开。大会审议并通过市社科联第四届理事会工作报告和修订后的《攀枝花市社会科学界联合会章程》。大会选举产生了市社科联第五届理事会理事（77人）和常务理事（25人），选举肖立军为市社科联第五届理事会主席，杜非、吴宏放、李尚志、李福君、项建国、王斌、杨君为副主席，李燕为秘书长，审议通过王惠兰、肖昌福为副秘书长。会议还表彰了 1999—2003 年度先进学会和学会先进工作者。

市社科联第六次代表大会于 2010 年 10 月 27 日召开。大会审议并通过市社科联第五届理事会工作报告和修订后的《攀枝花市社会科学界联合会章程》。大会选举产生了市社科联第六届理事会理事（77 人）和常务理事（25 人），选举沈钧为市社科联第六届理事会主席，杜非、王玖斌、田川、吴宏放、李燕、李尚志、项建国、谢玉先为副主席，刘之丁为秘书长。大会还对攀枝花市第九次哲学社会科学优秀成果作者进行了表彰。

市社科联第七次代表大会于 2016 年 3 月 15 日召开。大会审议并通过市社科联第六届理事会工作报告，选举产生第七界理事会理事（65 人）和常务理事（27 人），选举沈钧为市社科联第七届理事会主席，杜非、王玖斌、毛崇相、牟飞、李胜、陈宇波、苗新艳、胥刚为副主席，谢仲华为秘书长。

2）攀枝花市社科联机关两次机构改革情况

第一次机构改革。1997 年 2 月 3 日，中共攀枝花市委办公厅下发《关于印发攀枝花市社会科学界联合会机关机构改革方案的通知》（攀委厅〔1997〕26 号），明确市社科联机关设置 2 个职能部、室，分别为办公室（挂攀枝花市社科规划评奖办公室牌子）和学会学术部，机关事业编制 7 名，机关后勤服务事业编制 1 名。市社科联的主要职责是：指导和协调所属各社科学会、研究会、协会工作，受市委、市政府委托，对全市性社科学术团体进行审查和管理；组织和开展学术研究活动，促进学术交流；普及马克思主义基本理论和社会科学知识，开展决策咨询服务工作；宣传、贯彻党的路线、方针、政策和国家的法律、法规，向党和政府反映社会科学工作者的建议、意见和要求，关心和维护社会科学工作者及社科团体的合法权益；受市委、市政府委托，组织开展社会科学优秀科研成果评奖活动；负责制定全市社会科学研究中长期规划和年度计划，拟定全市重点社科研究课题，并组织实施；编辑出版全市性社科理论刊物《攀枝花社会科学》；承办市委、市政府交办的其他事项。

第二次机构改革。2002 年 3 月 21 日，中共攀枝花市委办公室下发《关于印发〈攀枝花市社会科学界联合会机关机构改革方案〉的通知》（攀委办〔2002〕44 号），明确市社科联机关设置 3 个职能部、室，分别为办公室、学会学术部和规划评奖办（挂攀枝花市社会科学规划办公室和攀枝花市社会科学优秀成果评奖办公室牌子），机关事业编制 8 名，机关后勤事业编制 1 名。市社科联的主要职责是：指导和协调所属社科学会、协会、研究会工作，受市委、市政府委托，对全市性社科学术团体进行审查和管理；受市委、市政府委托，负责制定全市社会科学研究中长期规划和年度计划，负责全市社会科学研究项目申报、评审立项、鉴定验收和课题管理工作；受市委、市政府委托，组织开展全市社会科学优秀科研成果评奖活动；组织、指导重大的社会科学学术研究活动，促进社会科学学术交流；普及马克思主义基本理论和社会科学知识，开展社会科学咨询服务工作；编辑出版全市性社科理论刊物《攀枝花社会科学》；贯彻党的路线、方针、政策和国家的法律、法规，向党和政府反映社会科学界的意见和要求，维护社会科学工作者及社科团体的合法权益；促进社会科学学术团体之间、理论工作部门与实际工作部门之间、社会科学界与自然科学界之间的联系与合作；承办市委、市政府交办的其他事项。

（二）完善机制，搭建平台，加强社科人才队伍培养

一是在市级层面，制定出台人才引进、稳定、培养的政策措施。2010 年以来，攀枝花市委、市政府及市级主管单位先后制定（修订）了《攀枝花市学术和技术带头人管理办法》《攀枝花市有突出贡献专家管理办法》《攀枝花市学术和技术带头人后备人选管理办法》《攀枝花市宣传文化系统"四个一批"人才选拔培养管理工作实施办法》《攀枝花市宣传文化系统"四个一批"人才培养管理实施细则》《攀枝花市高层次人才引进稳定培养办法实施细则（试行）》《攀枝花市中长期人才发展规划纲要（2010—2020）》《攀枝花市"十三五"人才发展规划》《攀枝花市储备人才管理办法（试行）》《攀枝花市"十三五"专业技术人才队伍建设规划》《攀枝花市"十三五"高技能人才队伍建设规划》《攀枝花

人才新政七条》《攀枝花市市级财政人才专项资金管理办法》《"攀枝花市优秀人才选拔培养计划"实施细则》《关于深化人才发展体制机制改革倾力推进"四个加快"建设的实施意见》《进一步加强人才工作服务工业经济发展的措施》，构建起多层次、全方位的人才支撑体系，不断扩大人才基数、优化人才结构、发挥人才作用，激发人才创新创业活力。

二是攀枝花市社科联与攀枝花学院等社科人才集中的单位签订繁荣发展哲学社会科学的合作协议，加强对重点学科和中青年社科人才的扶持力度，每年在课题立项和课题经费上为攀枝花学院等单位的中青年社科人才给予重点扶持。

三是办好《攀枝花社会科学》等社科理论刊物，大力宣传推介攀枝花市社科人才和他们的科研成果。近年来，《攀枝花社会科学》刊物先后推介了李胜、蒋秀碧、谢军、崔朝晖、张旭辉、荆永月、周官强、罗莲、代发君、冯国权、黄彪、朱云生、代俊等一批中青年社科理论人才，在全市引起较大反响。

（三）围绕中心，服务大局，做好社科规划及研究工作

哲学社会科学对推动经济和社会发展具有不可替代的作用，它为经济社会发展提供坚实的理论支撑、有力的智力支持和强大的精神动力。攀枝花市社科联成立后，紧紧围绕市委、市政府中心工作和攀枝花经济社会发展重大现实问题开展课题立项研究工作，形成了一大批高质量的研究成果，为攀枝花改革开放和现代化建设发挥了重要作用。

1. 攀枝花市社科联成立初期（1985—1990）

时值我国"七五"期间，市级社科学会和市社科联对社科研究工作日益重视，全市社会科学研究工作日趋活跃，研究工作取得初步成效。1987年，市经科社发展研究会参与编制"攀枝花市 2000 年经济、科技、社会发展战略纲要"及 34 个分战略规划，通过省级评审验收，获得好评；市金融学会参与编制《攀枝花 2000 年地方工业发展战略规划》，并为攀枝花市电网规划进行了论证咨询服务。1988 年，市社科联承担了市政府下达的国土规划的一个二级综合课题《攀枝花社会事业第三产业发展规划》，并负责完成该课题的 11 个三级课题和专题规划的协调任务。从 1989 年开始，市社科联对社科课题研究工作进行了统一领导和统一规划。1989 年 8 月 8 日，市社科联以市科委的文件正式确定了 11 个社科课题，其中经济类 4 项、政治思想类 1 项、社会类 2 项、文化类 3 项、其他 1 项，分别下发到市委政研室、市委党校等单位，市社科联安排研究经费共 1.62 万元。1990 年 2 月，市社科联印发《1990—1995 年攀枝花社会科学研究题目》，共有综合类、经济类、政治思想类、社会类、文化教育类研究课题 76 个。5 月 25 日，市社科联下达了 1990 年社会科学研究计划项目 10 项，分别下到市委企业政治部、市委政研室、市委党校、市委讲师团、市委统战部等 10 个单位，市社科联共安排研究经费 2 万元。

2. "八五"期间（1991—1995）

全市社会科学研究实行统一规划，分类指导，分级管理。1991 年，市社科联制定了《攀枝花市社会科学发展"八五"规划》（攀委宣发〔1991〕22 号），明确了"八五"期间需重点攻关的 22 个课题研究方向。五年间，全市共下达重点课题 30 项（1991 年 10 项，1992 年 5 项，1993 年 4 项，1994年 6 项，1995 年 5 项）、二类课题 7 项（1992 年 3 项，1993 年 1 项，1994 年 2 项，1995 年 1 项）。这期间的一些应用性研究成果紧密结合攀枝花改革开放和经济社会发展的实际，得到了市委、市政府及有关部门的充分肯定，不少对策建议被采用，收到了良好的效果。

市社科联在抓好全市重点课题和二类课题的同时，积极组织各学会开展重点课题（即三类课题）研究。这期间，市财政学会、市纪检监察学会、市统战理论研究会、市工运理论研究会、市金融学会、市职工思想政治研究会、市律师协会、市股份制企业协会、攀钢思政研究会等学会、协会、研究会，都根据各自的特色和优势制定了年度课题计划，确定各自的重点研究项目。

"八五"期间全市社科课题研究呈现一些新的特点:一是更加紧密结合攀枝花改革开放和经济发展的实际,切实加强应用性研究;二是课题的广度和深度有所突破,既有研究本市的课题,又有跨地区的区域性研究课题;三是科研部门和实际工作部门相结合,理论工作者和实际工作者相结合,课题质量不断提高。从1993年起,市社科联实行重点优秀课题成果评选,对完成得好的课题给予适当的奖励。

3. "九五"期间（1996—2000）

1996年,市社科联下达《攀枝花市国有地方工交企业亏损调查》《攀枝花市农业增长方式转变研究》《攀枝花市城市道德建设研究》《跨世纪科教兴攀战略工程实施纲要研究》等4项全市社科重点研究课题,市委党校申报的《国有大型企业党的建设研究》被列为全省"九五"社科研究项目。1996年10月,市社科联草拟了《攀枝花市社会科学发展"九五"规划纲要》（征求意见稿）,广泛征求全市社科界和有关方面的意见,并经市社科联常务理事会讨论修改,于1997年5月以市委办公厅、市政府办公厅文件（攀委办〔1997〕15号）印发各县（区）、市级各部门贯彻实施。攀枝花社科联成为全省首家以市委、市政府名义下发社科研究规划的市州社科联。规划纲要列出了"九五"期间攀枝花市的34个重点研究课题,经申报和评审,共有28个课题立项,其中重点课题23项,一般课题5项。1999年,增设"九五"社科规划重点课题1项。2000年,增设"九五"社科规划重点课题2项。至2000年底,全市"九五"社科规划课题全部完成。

4. "十五"期间（2001—2005）

2001年4月,市社科联围绕西部大开发和攀枝花"十五"经济社会发展需要解决的主要问题,制定了《攀枝花市社会科学"十五"规划》,并于2001年6月以市委办公厅、市政府办公厅文件（攀委办〔2001〕6号）印发各县（区）、市级各部门贯彻执行。"十五"期间,全市社会科学研究坚持以发展为主题,以结构调整为主线,以改革开放和科技进步为动力,以提高人民生活水平为根本出发点,紧密结合西部大开发战略、结合攀枝花改革开放和经济社会发展中的重大理论问题和实际问题开展研究。"十五"社科规划关于全市社会科学研究重点课题指南,分科社、党建、经济、教育文化、综合等6个方面,共29个重点研究课题,其中攀枝花市经济问题研究设置了15个重点课题。经申报和评审,市社科联于2001年12月下达全市"十五"社科规划课题27项,2003年增设滚动课题1项。2002年,完成"十五"社科规划课题10项。2003年,完成"十五"社科规划课题18项（含当年增设滚动课题1项）。全市"十五"社科规划27项课题和2003年增设的1项滚动课题全部提前完成。2004年,市社科联针对全市经济社会发展的热点、难点问题,下达完成"十五"社科规划项目2004年滚动课题4项。2005年,下达完成"十五"社科规划项目2005年滚动课题5项;通过招投标方式下达并完成市级重点研究课题2项。"十五"期间的社科规划课题,进一步突出应用对策性研究,一些应用性对策研究成果被市委、市政府和有关部门采纳,为攀枝花经济和社会发展提供了有力的智力支持。

"十五"期间,市社科联积极组织各大专院校、党校和科研单位申报省级项目,共有2项课题获准立项。攀枝花学院、市委党校等科研单位组织了校级课题研究,并加大对科研的投入和课题的资助。部分市级社科学会如市统计学会、市财政学会、市审计学会、市工运理论政策研究会、市检察官协会、市档案学会、市国际税收研究会、攀钢政研会等结合行业特点开展了本学会的课题研究,形成了省、市、学会、单位课题相结合,以研究市级课题为主的多层次社科研究体系。

5. "十一五"期间（2006—2010）

"十一五"期间,全市共下达社科规划课题60项。其中,2006年下达完成年度社科规划一般课题7项,完成公开招标重大课题2项;2007年下达完成年度社科规划一般课题7项;2008年下达完成重点课题1项,一般课题9项;2009年下达完成一般课题5项;2010年下达完成重点课题13项,一般课题16项。

"十一五"期间,攀枝花学院2项课题被立为省社科联市州课题（2006年1项,2008年1项）。

2008 年，市社科联课题组承担了省社科联下达的 1 项委托课题《攀枝花"8·30"地震灾后恢复重建相关问题研究的调研报告》，该课题于 2009 年 11 月经省社科联评审同意结项。时任攀枝花市人民政府市长刘晓华对该调研报告做出批示："该课题研究及时、有较强的针对性和可操作性，对全市加快地震灾后恢复重建具有重要的指导意义。请各县（区）、市级相关部门认真学习并在实际工作中加以运用，确保灾后重建任务提前完成。"

6. "十二五"期间（2011—2015）

"十二五"期间，着重围绕推动社会主义文化大发展大繁荣、推动社会主义和谐社会建设、党的建设理论创新和实践创新等方面开展研究工作，全市共下达完成社科课题 59 项。其中，2011 年下达完成重点研究课题 2 项，一般课题 5 项；2012 年下达完成一般课题 4 项；2013 年下达完成一般课题 7 项；2014 年下达完成一般课题 19 项；2015 年下达完成一般课题 22 项。

2012 年，市委宣传部李燕申报的课题《攀枝花精神的继承和弘扬——社会主义核心价值体系建设理论与实践研究》被省社科联列为省社科研究"十二五"规划 2012 年度课题（市州项目）；2013 年，市委党校李真申报的课题《文化产业英语人才建设与成都市城市文化软实力发展的研究》被省社科联列为省社科研究"十二五"规划 2013 年度课题（市州项目）；2015 年，市社科联杜非申报的课题《农村大龄男青年择偶难问题研究——以攀枝花为例》被省社科联列为省社科研究"十二五"规划 2015 年度课题（市州项目）；2015 年，市社科联课题组还完成了省社科联课题《中国城市康养产业发展调研报告——以攀枝花为例》的研究工作。

7. "十三五"期间（2016—2019）

全市社会科学研究重点围绕康养产业、乡村振兴、"一带一路"、文化自信、社会主义核心价值观、供给侧改革、三线建设文化等社会、经济和时政热点开展研究。截至 2019 年 6 月，全市共下达市级课题 157 项（见表 1）。其中，2016 年，下达并完成一般课题 35 项；2017 年下达完成一般课题 27 项；2018 年下达完成一般课题 35 项；2019 年下达市级社科规划重点课题 12 项，一般课题 48 项。

2016 年，市委党校陈宇波申报的课题"协商民主视域中的农村社区治理研究——以攀枝花市为例"被省社科联列为省社科研究"十三五"规划 2016 年度课题（市州项目），市社科联课题组完成"全面小康视域下欠发达地区少数民族精准扶贫途径研究""攀枝花市城市贫困人口同步小康对策研究" 2 项省社科联课题。2018 年，市级社科规划课题"三线精神体现民族精神和家国情怀"入选攀枝花市政协九届三次会议大会发言材料。

表 1 攀枝花市社科规划立项课题一览表（1985—2019）

时　期	立项数（项）	结项数（项）	备　注
市社科联成立初期（1985—1990）	21	21	
"八五"期间（1991—1995）	30	30	
"九五"期间（1996—2000）	35	35	
"十五"期间（2001—2005）	39	39	
"十一五"期间（2006—2010）	60	60	
"十二五"期间（2011—2015）	59	59	
"十三五"期间（2016—2019）	157	97	数据截止到 2019 年 6 月，其中 2019 年下达的 60 项课题全部未结项
合　计	401	341	

（四）建立制度， 科学评选， 不断推出社科优秀成果

攀枝花市哲学社会科学优秀成果评奖始于 1986 年。1990 年，市委办公厅、市政府办公厅印发《攀枝花市社会科学奖励条例》（攀委办〔1990〕39 号），规定攀枝花市社会科学优秀成果评奖活动每两年进行一次，全市哲学社会科学优秀成果评奖工作从此形成制度。2017 年 3 月 9 日，攀枝花市社科联向市委报送《关于调整攀枝花市社会科学优秀成果评奖时限范围的请示》，经市委同意，将攀枝花市社会科学优秀成果评奖活动由每两年进行一次调整为每三年进行一次。截至 2018 年年底，攀枝花市社会科学优秀成果评奖已连续开展了十三次（见表2）。

表 2　攀枝花市历次社科优秀成果评奖情况一览表

评奖届次	参评成果时限	特等奖（项）	一等奖（项）	二等奖（项）	三等奖（项）	社科奖（项）	合　计（项）
第一次	1979—1985	未设	11	30	59	未设	100
第二次	1986—1990	2	10	29	88	未设	129
第三次	1991—1993	未设	9	20	69	未设	98
第四次	1994—1997	未设	9	30	82	未设	121
第五次	1998—1999	未设	11	20	71	未设	102
第六次	2000—2001	未设	8	19	71	未设	98
第七次	2002—2003	空缺		18	64	未设	90
第八次	2004—2005	2		25	42	24	101
第九次	2006—2007	空缺	8	20	42	未设	70
第十次	2008—2009	1	8	20	41	未设	70
第十一次	2010—2011	1	5	17	35	未设	58
第十二次	2012—2014	1	9	20	40	未设	70
第十三次	2015—2017	2	8	20	40	未设	70
合　计	—	9	112	288	744	24	1177

在开展攀枝花市社科优秀成果评奖的同时，攀枝花市社科联还积极推荐全市优秀社科研究成果参加了四川省第二次至第十七次社科优秀成果评奖，共获得省政府三等奖33项，获省社科奖16项。

（五）紧跟热点，加强引导，有力推动社科学术活动

1. 组织召开社科理论研讨会（座谈会）

攀枝花市社科联成立以来，始终坚持紧密联系攀枝花改革开放和现代化建设实际，紧紧围绕政治、经济、社会等重大现实问题和热点问题，组织开展理论研讨和学术交流活动。

1985 年 5 月至 2003 年 12 月，攀枝花市社科联组织开展（或联合开展）的比较有影响的社科理论研讨会、座谈会主要有：1986 召开的发展渡口市立体农业理论讨论会；1987 年召开的关于"城乡经济一体化"专题理论探讨会、"推行承包经营责任制，建立健全企业经营机制"理论讨论会、"深化对社会主义初级阶段的认识，加强政治体制改革"座谈会；1991 年召开的中国共产党成立七十周年学术讨论会；1992 年召开的解放思想系列研讨会；1993 年召开的纪念毛泽东100 周年诞辰理论研讨会、转换企业经营机制研讨会、建设有中国特色社会主义理论与实践研讨会；1994 年召开的学习

《邓小平文选》系列研讨会；1995年召开的"攀枝花精神"与爱国主义理论研讨会、邓小平建设有中国特色社会主义理论与实践研讨会；1996年召开的邓小平党建思想座谈会；1997年召开的攀枝花市理论社科界学习十五大精神系列研讨会、邓小平"一国两制"理论与香港回归座谈会；1999年召开的全市社科界揭批"法轮功"座谈会、马克思主义哲学报告会；2000年召开的攀枝花市社科界"思想大解放，促进大开发"座谈会、攀枝花市社科界学习江泽民关于加强思想政治工作"四个如何认识"重要思想座谈会、"西部大开发中的攀枝花"研讨会；2001年召开的"东部发展快，我们怎么办"座谈会、攀枝花市社科界揭批"法轮功"座谈会、纪念建党80周年理论研讨会、走进WTO形势报告会；2002年召开的"学习贯彻省第八次党代会精神，促进思想大解放，推进新跨越"各界人士座谈会、攀枝花市社科界学习江泽民"5·31"重要讲话精神座谈会、各界人士贯彻落实攀西资源开发会议精神座谈会、攀枝花市学习贯彻党的十六大精神理论研讨会；2003年召开的攀枝花市社科理论界学习"三个代表"重要思想理论研讨会。

2004年1月至2019年6月，攀枝花市社科联组织开展（或联合开展）的比较有影响的社科理论研讨会、座谈会主要有：2004年召开的攀枝花市纪念邓小平100周年诞辰理论研讨会、攀枝花市学习十六届四中全会精神理论研讨会；2005年召开的攀枝花市纪念建市四十周年理论座谈会、攀枝花市县域经济发展理论研讨会、攀枝花旅游发展论坛、攀枝花市未成年人思想道德建设理论研讨会、攀枝花市"学包头、促发展"理论座谈会；2006年召开的攀枝花市社科界学习《江泽民文选》座谈会、攀枝花市"建设社会主义新农村"各界人士座谈会、攀枝花市建设社会主义新农村论坛；2007年召开的"金沙江文化研究"理论研讨会、笮山若水理论研讨会、"构建社会主义和谐社会建设"理论研讨会、深入学习党的"十七大"精神理论研讨会；2008年召开的推进攀枝花"四个倾力打造"理论研讨座谈会、人事编制理论研讨会、攀枝花市纪念改革开放30周年理论研讨会；2010年召开的攀枝花市建市四十五周年理论座谈会、纵深推进"四个倾力打造"重点课题理论研讨会；2011年召开的攀枝花市社科理论界学习胡锦涛"七一"讲话座谈会、建设幸福攀枝花理论研讨会；2012年召开的影响攀枝花经济社会发展思想根源研讨会、攀枝花市社科界学习贯彻党的十八大精神座谈会；2013年召开的攀枝花市社科界"实现伟大中国梦，建设美丽繁荣和谐四川"主题教育活动座谈会；2014年召开的攀枝花市社科界党的群众路线教育实践活动座谈会；2015年召开的纪念常隆庆诞生110周年暨《常隆庆在攀西之研究》出版座谈会；2016年召开的攀枝花市社科界学习贯彻习近平总书记全国社科工作座谈会重要讲话精神座谈会；2017年召开的攀枝花市社科界学习贯彻党的十九大精神座谈会；2018年召开的攀枝花市社科界学习贯彻习近平新时代中国特色社会主义思想座谈会。

2. 组织开展社科理论征文活动

攀枝花市社科联成立以来，组织开展（或联合开展）的比较有影响的社科理论征文活动有：2004年举办的"走新型工业化道路，推进攀枝花工业大发展"征文活动、攀枝花市县域经济发展论坛理论征文活动；2005年举办的贯彻《建立健全教育、制度、监督并重的惩治和预防腐败体系实施纲要》征文活动；2006年举办的攀枝花市"社会主义新农村建设"征文活动；2007年开展的"学习党的十七大精神"理论征文活动；2008年开展的"攀枝花市建设区域性中心城市研究"理论研讨征文活动、攀枝花"8·30"地震灾后恢复重建相关问题研究理论研讨征文活动、"攀西阳光杯"纪念改革开放30周年理论研讨征文活动；2009年开展的纪念中华人民共和国成立60周年理论征文活动；2011年开展的攀枝花市"十二五"时期实现城乡居民收入翻番对策研究理论征文活动、建设幸福攀枝花理论征文活动；2012年开展的攀枝花城市形象塑造对策研究征文活动、传承和弘扬雷锋精神征文活动；2013年开展的"我为发展献良策"征文活动、"实现伟大中国梦，建设美丽繁荣和谐四川"征文活动、学习贯彻党的十八届三中全会精神征文活动；2014年开展的党的群众路线教育实践活动征文活动、三线建设理论研讨征文活动；2015年开展的加强思想政治建设，践行"三严三实"征文活动；2016年开展的学习贯彻党的十八届六中全会精神征文活动；2017年开展的攀枝花市生态环境保护治理存在的问题及对策研究主题征文活动、攀枝花市家规家风主题征文活动、攀枝花城市文化形象塑造主题征文活动；2018 年开展的"我为文明城市献一策主题"征文活动。

3. 引导市级社科学会开展学术活动

攀枝花市社科联成立以来，积极引导全市社科学会结合自身实际，开展形式多样的社科学术活动。

1985 年 5 月至 2003 年 12 月，全市社科学会开展的比较重要的社科学术活动主要有：1994 年，市科学社会主义学会、市《资本论》研究会组织召开的学习《邓小平文选》的专题座谈会，市工运理论政策研究会开展的建立现代企业制度与工会工作主题研讨会，市档案学会承办的川滇九市、地、州档案协作会；1995 年，市职工思想政治工作研究会召开的现代企业制度与企业文化研讨会，市股份制企业协会召开的股份制经济理论研讨会，市纪检监察学会召开的反腐倡廉理论研讨会，市《资本论》研究会、市科学社会主义学会联合召开的十四届五中全会与社会主义市场经济理论研讨会；1996 年，市律师协会承办的川滇八市、地、州律师工作协作会和四川省法学会民法、经济法研究委员会、国际经济法研究委员会学术讨论会，市粮经学会承办的省粮经学会成都片区第二次理论研讨会；1997 年，市税务学会承办的四川省国际税收研讨会；1998 年，市工运理论政策研究会召开的工运理论研讨暨成果发布会，市纪检监察学会召开的全市标本兼治反腐倡廉理论研讨会，市股份制企业协会召开的纪念改革开放二十周年座谈会；1999 年，省委党校邓小平理论研究会攀枝花分会、市科学社会主义学会、市《资本论》研究会召开的中国五十年社会主义理论与实践研讨会，攀钢职工思想政治工作研究会召开的贯彻落实党的十五届四中全会座谈会和批判"法轮功"座谈会，市审计学会召开的财政预算执行情况审计专题学术交流会、企业审计学术专题研讨会，市检察官协会召开的检察改革笔会，市秘书学会召开的面向二十一世纪办公室工作研讨会，市股份制企业协会召开的企业改革与股份制理论研讨会，市档案学会召开的档案管理现代化技术发展趋势学术报告会；2000 年，市邓小平理论研究会联合市委党校召开的"西部大开发与攀枝花经济发展"理论研讨会，市哲学学会召开的西部大开发的哲学思考理论研讨会，市档案学会举办的"档案工作在西部大开发中的服务与发展"专题学术讲座，市科学学与科技政策研究会召开的西部大开发战略与环境建设学术研讨会，市金融学会召开的"东部发展快，我们怎么办"研讨会；2001 年，市纪检监察学会举办的纪念建党 80 周年有奖征文活动，市企业管理协会、市企业家协会开展的企业管理现代化创新成果优秀论文评选活动，市科学社会主义学会、市《资本论》研究会、市邓小平理论研究分会召开的党的作风建设与经济社会发展研讨会；2002 年，市审计学会开展的西部大开发中解放思想与审计工作关系之研究理论研讨活动，市秘书学会召开的攀枝花市实现城市现代化献计献策学术研讨会，市工运理论政策研究会开展的非公有制企事业单位建立职工民主管理制度专题研讨；2003 年，市科学社会主义学会、市哲学学会、市《资本论》研究会召开的学习贯彻"三个代表"重要思想理论研讨会。

2004 年 1 月至 2019 年 6 月，全市社科学会开展的比较重要的社科学术活动主要有：2004 年市哲学学会、市经济学会、市科学社会主义学会、市秘书学会等召开的学习十六届四中全会精神理论研讨会；2005 年 9 月，市纪检监察学会举办的贯彻《建立健全教育、制度、监督并重的惩治和预防腐败体系实施纲要》理论征文和研讨活动；2007 年盐边县大笮文化研究会召开的笮山若水理论研讨会；2009 年，市思想政治工作研究会和十九冶政研会联合举办的思想政治工作研究专题征文和理论研讨活动；2010 年，市思想政治工作研究会召开的攀枝花市建市四十五周年理论座谈会；2012 年，市思想政治工作研究会召开的影响攀枝花经济社会发展思想根源研讨会；2015 年，市纪检监察学会开展的加强思想政治建设，践行"三严三实"理论研讨及征文活动；2016 年，市思想政治工作研究会开展学习贯彻党的十八届六中全会精神主题理论研讨及征文活动；2017 年，市观赏石研究会和市老科协石文化专委会在四川省首届"金沙江论坛"召开期间举办"观赏石、苴却砚"展览；2018 年，市检察官协会在攀枝花学院开展的模拟法庭和禁毒防艾滋研讨座谈会。

（六）明确导向，服务群众，不断拓展社科宣传普及工作

1. 开展社科理论培训

攀枝花市社科联成立初期，社科知识宣传普及的主要方式是组织开展各类理论培训。1985年，市社科联与市委宣传部组织干部参加辽宁《共产党员》刊授党校第二届理论学习班学习，建立了渡口分学区，有546人参加培训并获得毕业证书。1986年2月，市社科联与市委宣传部、市讲师团联合创办渡口市干部理论教育刊授学校，成立渡口市干部理论教育刊授学校校务委员会，市社科联负责校务委员会的管理工作，有2475名在职干部参加了马列主义基础理论培训，提前完成了干部正规化理论教育的任务，得到省委宣传部的表扬。1988年3月，市社科联经市科委和市工商行政管理部门批准，建立攀枝花市社科智力服务部，接办了原市社科联与市委宣传部、市讲师团合办的辽宁刊授党校理论大专班的工作，并建立了辽宁刊授党校函授工作班，又承办了中国人民大学教育培训中心行政与经济管理类专业函授大专班工作站，共有2000多人参加学习。1989年7月，市社科联批准成立攀枝花市统计信息咨询服务部，作为市社科联智力服务部的成员单位；1989年8月，市社科联又批准开设社科智力服务部教科仪器技术咨询和修理服务处。市社科联还利用各社科学会人才荟萃、知识密集的优势和特长，组织社科学会大力开展社科知识普及和咨询服务活动。1986—1990年，各市级社科学会共举办各类培训580期，培训87600人次，开展各种咨询服务162次，服务对象达35250人次；开展各种知识竞赛20余次，参加竞赛的有6500人次，并派送200余人到上海、广州、成都等地学习。

2. 配合攀枝花市委宣传部做好理论宣讲

攀枝花社科界作为全市理论宣讲的主要力量，积极配合市委宣传部做好理论宣讲工作，为宣传中央、省、市委重要会议精神和重大决策部署做出了应有的贡献。例如：2001年，市社科联积极组织并参与市委深入学习江泽民"七一"讲话宣讲团的组织宣讲工作；2002年，市社科联和市委宣传部、市委党校组成市委十六大精神宣讲团；2003年，市社科联会同市委宣传部、市委党校组建市委学习贯彻"三个代表"重要思想宣讲团；2004年，市社科联组织宣讲人员参加全市学习贯彻十六届四中全会精神宣讲团。2005年以来，市委党校、攀枝花学院、四川机电职业技术学院等单位选派社科理论专家参加了市委宣传部组织的各项重大理论宣讲活动。

3. 结合"科技之春"科普活动月、"三下乡"、科技活动周等活动开展社科知识宣传普及和咨询服务

1996年，首届"科技之春"科普活动月开展；1997年，首届"三下乡"活动在全国开展；2001年，国务院正式批准每年5月第三周为科技活动周，首届科技活动周活动同期在全国范围内开展。自"科技之春"科普活动月、"三下乡"和科技活动周等活动启动以来，攀枝花市社科联坚持将开展好三项活动作为社科普及工作的重点，每年都组织各社科学会和社科工作者深入乡村、社区、学校等开展社科宣传普及活动，通过咨询服务、讲座、知识竞赛、制作科普展板（挂图）、赠送科普资料（书籍）等多种形式开展社科知识宣传普及。尤其是最近几年，市社科联持续开展"科普进校园"和"科普进乡村"活动，受到广大在校学生和农民群众的普遍欢迎（见图3、图4）。据不完全统计，截至2018年年底，市社科联及全市社科学会在开展社科知识宣传普及活动中设立社科普及咨询服务点200多个，接受咨询服务45000多人（次），举办各种讲座3000多场，制作科普展板（挂图）2300多幅，分发科普宣传资料80000多份，赠送社科书籍、社科理论读物11500多册，累计受教育250000多人（次），投入科普宣传经费450000多元。

图3 攀枝花市社科联开展科普进校园活动

图4 攀枝花市社科联开展科普进乡村活动

4. 利用《攀枝花社会科学》等刊物开展社科理论宣传

《攀枝花社会科学》是攀枝花市社科联的会刊，也是攀枝花全市性的社科理论刊物。从创办之日起，市社科联就将《攀枝花社会科学》作为社科普及的重要阵地，开辟科普栏目或出版专辑，刊登科普文章，宣传科普知识，如开辟理论学习专栏、法律等专栏，编发学习党的十六大精神、学习贯彻党的十八大精神等专辑。截至2019年6月底，《攀枝花社会科学》已累计出刊107期，刊载社科理论文章1600多篇。除《攀枝花社会科学》外，全市还有《攀枝花史志》《攀枝花工运》《攀枝花新论》等社科理论刊物，最多时达到30多种，截至2018年年底，全市保留的社科理论刊物还有10多种，这些社科理论刊物也刊登了大量的科普宣传文章，对宣传普及社科知识发挥了重要的作用。

5. 整合全市社科力量编印社科普及读物

社科普及读物是开展社科知识宣传普及的重要载体，攀枝花市社科联成立以来，高度重视社科普及读物的编印工作，编印党的十六大精神、"三个代表"重要思想、小康社会的奋斗目标、小康社会的标准、世界贸易组织知识、防震减灾知识、健康知识宣传资料、文明城市创建宣传资料等单页科普宣传资料数十种；翻印《依靠科学、战胜非典》《新农村食品卫生知识》等科普手册3000多册；组织专家编写《未成年人心理健康教育读物》《攀枝花市社会主义新农村建设资料汇编》《市民·环境·建设与保护》等科普读本，印刷数量达20000多册；资助出版《大思路：迈向二十一世纪的思维方法》《大创造：跨世纪的创造思维》《中国彝家第一村》《常隆庆在攀西之研究》等科普专著。

市委党史研究室、市地方志办公室、市档案局、市委党校、市政协学习文史委等单位也结合各自工作实际，编辑出版了大量社科普及读物，在全市引起较大反响的有《改革开放中的共产党人》《中国共产党攀枝花史稿》《中国共产党攀枝花历史大事记》《攀枝花开发建设史料摘编》《攀枝花开发建设大事记》《从神秘走向辉煌——攀枝花开发建设史话》《留在大裂谷的记忆》《金色攀枝花》《钒钛之都攀枝花》《攀枝花之路》《攀枝花英才谱》《攀钢之路》《攀钢生产建设史》《建设攀枝花的人》《攀枝花市情》《筑城——攀枝花下的三线人》《攀枝花50年：建设者回忆录》《方毅与攀枝花》《攀枝花历史人物》《发展视域中的文化》《攀枝花地名故事》《攀枝花100问》《攀枝花大观》《攀枝花之最》《百年巨匠常隆庆》等数十部科普专著（见图5）。

图5　攀枝花市部分社科普及读物

6. 开设"攀枝花市民讲坛"

"攀枝花市民讲坛"是由中共攀枝花市委宣传部、攀枝花市文化广播电视和旅游局主办，攀枝花市图书馆承办的大型公益性讲座，面向广大市民。讲坛于2007年8月开讲，初期名为"攀枝花讲坛"，从2013年5月起更名为"攀枝花市民讲坛"。讲坛每周末定时开讲，内容以传播攀枝花本土文化为主，兼顾文学、教育、历史、艺术、经济、法律、农业等。目前，"攀枝花市民讲坛"已经成为攀枝花市的公益性文化品牌和四川省文化惠民品牌，2015年12月荣获首届四川艺术节项目类"群星奖"。截至2019年6月，讲坛已累计举办500多期，为攀枝花社科知识宣传普及做出了重要贡献。

（七）规范管理，热情服务，全面夯实社科学会工作

1. 推动社科学会发展

1985年5月攀枝花市社科联成立时，全市正式建立的社科学会、协会、研究会共有16个。按照《关于学术团体审批权限的通知》（川宣发〔1985〕28号）规定和中共攀枝花市委的委托，攀枝花市社科联负责全市社科学会的审批和管理工作。通过市社科联的大力推动，截至1985年年底，全市社科学会增加到40个，之后又先后获批成立了市统战理论研究会、市经科社发展研究会、市史志学会、市哲学学会、市科学社会主义学会、市《资本论》研究会、市供销合作经济学会、市审计学会、市金融学会、市中专思想政治工作学会、市计划经济学会、市卫生思想政治工作学会、市检察学会、市群众文化学会、市财政政策研究会、市逻辑学会、市律师学会、市工运理论研究会等一大批市级社科学会、协会、研究会，先后吸收攀钢新闻工作者协会、攀钢统战理论研究会、攀钢职工教育研究会、攀钢影评学会、矿务局党建工作研究会、十九冶统战理论研究会、攀钢劳动人事学会等企业学会为团体会员。截至1990年年底，全市社科学会达到70个（包括区、县学会和大企业学会），其中市级学会42个，大企业学会16个，区县学会12个，会员近20000人。在70个社科学会中，经济类学会23个，政治类学会24个，综合类学会11个，教育类学会7个，基础类学会5个。学会会员50%以上具有高、中级职称，40%以上具有中专学历和初级职称，各级在职领导干部占有相当大的比例。

1991年以后，随着经济社会发展和国家对社会团体的逐步清理规范，相继有一些社科学会成立或申请注销。

截止到2019年6月底，全市性社科学会、协会、研究会共有29个，分别是攀枝花市律师协会、攀枝花市群众文化学会、攀枝花市审计学会、攀枝花市税务学会、攀枝花市图书馆学会、攀枝花市档案学会、攀枝花市金融学会、攀枝花市纪检监察学会、攀枝花市新闻工作者协会、攀枝花市思想政治工作研究会、攀枝花市地方志协会、攀枝花市会计学会、攀枝花市企业联合会、攀枝花市统计学会、攀枝花市统战理论研究会、攀枝花市检察官协会、攀枝花市广播电视学会、攀枝花市教育学会、攀枝花市心理学会、攀枝花市粮食经济学会、攀枝花市工人运动理论政策研究会、攀枝花市企业家协会、攀枝花市财政学会、攀枝花丝绸之路研究会、攀枝花市警察协会、攀枝花市国际税收研究会、攀枝花市教育助学发展研究会、攀枝花市观赏石研究会、攀枝花市医疗保险研究会。其中，以攀枝花市社科联作为业务主管单位的有6个，分别是攀枝花市地方志协会、攀枝花市检察官协会、攀枝花市教育学会、攀枝花市心理学会、攀枝花市教育助学发展研究会、攀枝花市观赏石研究会。

2. 加强社科学会管理

1985年攀枝花市社科联成立以后，按照《关于学术团体审批权限的通知》（川宣发〔1985〕28号）的规定和中共攀枝花市委的委托，统一审批、管理、协调和指导全市社会科学学术团体，社会科学学术团体的组织、管理关系比较协调，市社科联及各社科学会的整体功能发挥较好，为攀枝花的开发建设和社会发展起到了积极的促进作用。1995年8月15日，中共攀枝花市委办公厅、攀枝花市人民政府办公厅印发《关于批转〈市委宣传部、市民政局、市社科联关于确认全市社会科学学术团体业务主管部门的报告〉的通知》（攀委厅〔1995〕70号），再次明确为了加强全市社会科学学术团体的指导、协调和管理，繁荣发展全市社会科学事业，全市性社会科学学术团体（含大企业社科学会、协会、研究会），委托市社科联统一审查、管理和业务指导工作，履行对社会科学学术团体进行审查、管理和业务指导的职责。今后社会科学学术团体的成立、变更、注销登记等，应先向市社科联报送有关材料，经市社科联审查同意后，由市社科联出具审查意见书面文件，依法定程序向民政部门申请办理审批、核准、注销登记等事宜。按照要求，市社科联认真履行职责，加强与市民政局的沟通协调，每年都按要求做好社科学会的成立、变更、注销登记和年检初审等工作。

为了加强对所属社科学会的管理，充分发挥学会在繁荣发展攀枝花哲学社会科学事业和经济社会

发展中的积极作用，2001年5月，市社科联根据《社会团体登记管理条例》等国家有关法律、法规和中共攀枝花市委办公厅、攀枝花市人民政府办公厅印发《关于批转〈市委宣传部、市民政局、市社科联关于确认全市社会科学学术团体业务主管部门的报告〉的通知》（攀委厅〔1995〕70号）精神，以及《攀枝花市社会科学界联合会章程》，制定了《攀枝花市社会科学界联合会学会管理暂行规定》（简称《暂行规定》），经市社科联四届五次常务理事会讨论通过，下发各学会执行。《暂行规定》对学会政治方向、组织机构及学会主要任务等做出了明确规定，使学会管理进一步规范化、制度化。2005年3月，市社科联重新制定了《攀枝花市社会科学界联合会学会管理办法（试行）》，同时废止2001年5月印发的《攀枝花市社会科学界联合会学会管理暂行规定》。2018年7月，市社科联再次对《攀枝花市社会科学界联合会学会管理办法》进行修订，并以攀社联〔2018〕24号文印发市级社科学会执行。

攀枝花市社科联还十分注重学会经验交流工作，积极组织市级社科学会参加各种交流活动。如：1996年6月25日，攀枝花市社科联组织召开攀枝花市社科学会经验交流会；2014年，攀枝花市社科联组织部分市级社科学会参加全国大中城市社科联第25次工作会议，在此次全国大中城市社科联工作会上，攀枝花市医疗保险研究会被授予"全国先进社科组织"荣誉称号，攀枝花市工人运动理论政策研究会论文《劳模精神在三线建设城市——攀枝花的影响分析》参与会议专题研讨，并收录进大会《党的群众路线教育实践与马克思主义大众化》理论专辑。

（八）拓宽稿源，提升质量，办好《攀枝花社会科学》刊物

《攀枝花社会科学》（季刊）是攀枝花市社科联的会刊，创办于1985年5月18日，创刊初期名为《渡口社联》，为不定期的铅印内部刊物，发送市内各学会、各有关单位并向全省以及全国一些地、市、州社科联交换。1987年《渡口社联》更名为《攀枝花社会科学》。

《攀枝花社会科学》刊物先以资料收集为主，逐步过渡到以学术研究为主，设有《学习与思考》《调查与研究》《理论与实践》《改革与探索》《动态与信息》《工作与研究》等栏目。截至2019年6月底，已累计出刊107期，共刊载社科理论文章1600多篇。刊物每期印数500册，内部发送于市内各社科学会和有关单位，与国内一些市、地、州社科联及科研单位建立刊物交换关系，被中国人民大学资料中心、四川省社科院文献情报中心、攀枝花市图书馆等单位收藏。该刊物注重原创性和本土化，重点刊登有关攀枝花经济、政治、社会、文化发展的文章，这些文章促进了学术交流，传播了攀枝花市开发建设和改革发展的新经验，展示了攀枝花社会科学研究的创新成果。

（九）社科激励机制建设

1. 制定《攀枝花市社会科学奖励条例》

1986—1987年，经市委领导同意，攀枝花市社科联组织开展了攀枝花市第一次社会科学优秀成果评奖工作，在全市产生了广泛的影响，极大地调动了广大社会科学工作者的积极性。为了推动全市社会科学优秀成果评奖工作形成制度，市社科联顺势而为，草拟了《攀枝花市社会科学奖励条例》，1990年5月17日，中共攀枝花市委办公厅、攀枝花市人民政府办公厅印发《攀枝花市社会科学奖励条例》（攀委办〔1990〕39号）。该条例明确规定全市社会科学优秀研究成果评奖活动每两年进行一次。成果奖励分为一等奖、二等奖、三等奖。获奖者由市委、市政府颁发奖励证书。全市社会科学优秀成果的评审工作在市委、市政府领导下进行，由市社科联负责组织实施。设立市社会科学奖励基金。该条例的制定使全市社会科学优秀成果评奖走上制度化、规范化的轨道，进一步调动了全市广大社会科学工作者的积极性和创造性，为繁荣和发展攀枝花哲学社会科学事业，促进攀枝花经济社会发展发挥了重要作用。

2. 调整全市社会科学优秀成果奖项数量和奖励经费

为了进一步提高我市社科优秀成果的质量和加大奖励力度，2008 年，攀枝花市社科联向市政府报送专项请示，建议调整全市社会科学优秀成果奖项数量和奖励经费。经时任市政府领导同意，从攀枝花市第九次社会科学优秀成果评奖开始，调整全市社会科学优秀成果奖项数量和奖励经费：将奖励项目数量压缩到 70 项；增设特等奖 2 项，奖励标准为 5000 元/项；一等奖奖项数目调整为 8 项，奖励标准为 3000 元/项；二等奖奖项数目调整为 20 项，奖励标准为 1500 元/项；三等奖奖项数目调整为 40 项，奖励标准为 800 元/项；取消社科奖。

3. 开展学会"双评"活动

为进一步加强学会自身建设，增强学会活力，发挥学会作用，表彰与鼓励先进，推动全市社科事业发展，市社科联于 1989—2004 年间先后开展了四次学会"双评"活动，即评选全市先进社科学会和学会工作积极分子。

1989 年，市社科联开展了第一次学会"双评"活动，评选 1985—1988 年度全市先进社科学会和学会工作积极分子，市教育学会、市职工思想政治工作研究会等 20 个学会被评为先进学会，陈文意、赵登金等 71 名同志被评为学会工作积极分子。1989 年 8 月 15 日召开的攀枝花市社科界第二次代表大会对先进学会和学会工作积极分子进行了隆重表彰。

1993 年，市社科联开展第二次学会"双评"活动，评选 1989—1993 年度全市先进社科学会和学会工作积极分子，市金融学会、市财政会计学会等 29 个学会被评为先进学会，欧天相、王成柱等 75 名同志被评为学会工作积极分子。1993 年 11 月 26 日召开的攀枝花市社科界第三次代表大会，对先进学会和学会工作积极分子进行了隆重表彰。

1998 年，市社科联开展第三次学会"双评"活动，评选 1994—1998 年度全市先进社科学会和学会工作积极分子，市工运理论政策研究会、市少先队工作学会等 31 个学会被评为先进学会，谭孝洪、杨开连等 64 名同志被评为学会工作积极分子。1998 年 12 月 22 日召开的攀枝花市社科界第四次代表大会，对先进学会和学会工作积极分子进行了隆重表彰。

2004 年，市社科联开展第四次学会"双评"活动，评选 1999—2003 年度全市先进社科学会和学会工作积极分子，市科学社会主义学会、市档案学会等 24 个学会被评为先进学会，万建华（女）、甘立涛等 63 名同志被评为学会工作积极分子。2004 年 5 月 26 日召开的攀枝花市社科联第五次代表大会，对先进学会和学会工作积极分子进行了隆重表彰。

2005 年以后，由于国家清理评比达标表彰活动等原因，市社科联未再开展学会"双评"活动。

市社科联还积极推荐市级先进学会和学会工作积极分子参加省社科联开展的先进市（州）社科联、先进学会和学会先进工作者评选活动。2003 年以来，市统计学会、市纪检监察学会、市科学社会主义学会、市国际税收研究会、市档案学会等学会先后被评为全省社科系统先进学会，张敏、万建华、周晓波等人被评为全省社科学会先进工作者。

（十）特色工作

1. 实行攀枝花市重点社科研究课题公开招标

为深入开展应用性对策研究，优化社科资源配置，促进公平竞争，推动联合攻关，提高社科研究成果的质量，提升攀枝花哲学社会科学研究为市委市政府提供决策咨询服务的水平，2005 年 6 月，攀枝花市社科联和市委宣传部联合举行了攀枝花市首次哲学社会科学重点研究课题公开招标。公开招标课题共两项："攀枝花市文化发展战略研究"和"攀枝花市钛材料产业发展战略研究"。每个课题给予 3.5 万元的研究资助经费。两项课题都是全市经济建设和社会发展中迫切需要研究解决的重点、难点问题，对攀枝花全面建设小康社会，加快率先基本实现现代化具有重要的现实意义。课题面向全市招标，共有 5 个课题组前来应标，最终郑庆生课题组和董生杰课题组中标。2005 年底两项课题研究报告通过评审。在攀枝花市历史上的首次社科重点课题公开招标,极大地调动了社科工作者的积极性,提升了哲学社会科学的地位,充分展现了社会科学的重要作用,受到了社会广泛好评。

2006年至2007年,攀枝花市又连续两年开展了社会科学重点研究课题公开招标。从2008年起,由于课题研究经费等方面原因,未再继续开展市级社科研究重点课题公开招标工作。

2. 编印《攀枝花市社科重要成果专报》

为推动社科成果转化,发挥社会科学服务决策、服务社会的功能,攀枝花市社科联从2005年起开始编印《攀枝花市社科重要成果专报》(简称《成果专报》),主要内容是摘编全市重要社科研究成果的主要观点和对策措施,呈送攀枝花市委、市人大常委会、市政府、市政协四大班子领导和市级有关部门供决策参考。市社科联编印的多期《成果专报》得到市委、市政府主要领导或分管领导的肯定性批示,成为攀枝花市社科优秀成果转化的重要渠道。

攀枝花市推动哲学社会科学繁荣发展的主要成就

（一）社科阵地不断发展壮大

攀枝花市社科联坚持"不求所有，但求所用"的工作思路，积极拓展和挖掘全市社科组织的职能，在推动社科阵地建设方面取得了较好的成果。一是加强纵横联合，形成了以社科联系统、高等院校系统、社科研究机构和社科类社团系统、党校和行政学院系统、党政研究系统、党委宣传系统为主的大社科工作组织架构。二是加强社科刊物清理整顿，提升刊物质量和影响力，在全国压缩报刊资料的大背景下，截至2019年6月底，攀枝花市保留的内部资料性社科理论刊物还有13种，面向国际国内公开发行的综合性社科学术期刊1种。三是依托本地高校优势资源，申办省级社科重点研究基地和省级社科普及基地。目前，攀枝花学院已成功申办省级社科重点研究基地1个，省级社科普及基地1个。四是充分利用上级主管部门网络平台，在"攀枝花宣传网"上开辟社科工作专栏，既达到在互联网上宣传工作的目的，又节约了管理资金和人力成本。五是市社科联机关的工作条件不断改善，人员编制从成立时的3人逐步增加到现在的9人，办公用房从最初的2间增加到现在的7间。

（二）社科学术理论活动形成声势

攀枝花市社科界坚持立足现实，紧跟热点，组织开展理论研讨和学术交流活动，大量学术活动成果被市委、市政府采纳，社科学术活动形成声势，在全市的影响力不断扩大。一是围绕政治、经济、社会等重大问题组织召开各种社科理论研讨会100多场，其中，市社科联组织召开的有60多场，市级社科研究机构和学会组织召开的有40多场，产生较大影响的有30多场，比如"西部大开发中的攀枝花"研讨会、攀枝花市县域经济发展理论研讨会、攀枝花旅游发展论坛、攀枝花市建设社会主义新农村论坛等理论研讨会的研究成果直接被攀枝花市委、市政府及有关部门采纳。二是围绕攀枝花市委、市政府关注的热点和难点问题组织开展社科理论征文活动50多次，其中市社科联组织开展的活动20多次，在全市产生重大影响的活动10多次，比如攀枝花城市形象塑造对策研究征文活动、我为发展献良策征文活动、三线建设理论研讨征文活动、攀枝花市生态环境保护治理存在的问题及对策研究征文活动、我为文明城市献一策主题征文活动等都吸引了广大市民的关注和参与。这些活动有力地推动了群众性理论研究，很多优秀征文的意见建议和对策措施被市委、市政府采纳。

（三）社科研究水平不断提升，优秀社科成果不断涌现

一是发挥社科课题规划的导向作用，促进社科研究水平不断提升，攀枝花市社科联成立34年来，共下达市级社科规划课题348项。其中"七五"社科规划课题21项、"八五"社科规划课题37项、"九五"社科规划课题35项、"十五"社科规划课题39项、"十一五"社科规划课题60项、"十二五"社科规划课题59项、"十三五"社科规划课题97项，呈现出逐步增长的态势，"十三五"时期更是大幅增长。二是发挥社科优秀成果评奖的激励作用，优秀社科研究成果不断涌现，在攀枝花市开展的第

一次至第十三次社科优秀成果评奖活动中，共有 1177 项成果获全市优秀社科成果奖。其中，特等奖 9 项、一等奖 112 项、二等奖 288 项、三等奖 744 项、社科奖 24 项。攀枝花市选送的优秀社科研究成果参加全省第二次至第十七次社科优秀成果评奖，共获省政府三等奖 33 项，省社科奖 16 项。

（四）社科普及活动不断拓展

在做好理论培训、理论宣讲等基础性社科普及工作的基础上，攀枝花市社科界不断拓展社科普及活动的方式和载体，社科普及活动的针对性和实效性不断增强。一是结合"科技之春"科普活动月、"三下乡"、科技活动周等活动开展社科知识宣传普及和咨询服务。据不完全统计，截至 2019 年 6 月底，攀枝花市社科联及全市社科学会在开展社科知识宣传普及活动中设立社科普及咨询服务点 200 多个，接受咨询服务 45000 多人次，举办各种讲座 3000 多场，制作科普展板（挂图）2300 多幅，散发科普宣传资料 80000 多份，赠送社科书籍、社科理论读物 11500 多册，累计受教育 250000 多人次，投入科普宣传经费 450000 多元。二是整合社科力量编印科普读物，大量社科普及读物陆续出版，比较有影响的就有数十种。三是人文讲坛形成品牌，"攀枝花市民讲坛"已经成为攀枝花市的公益性文化品牌和四川省文化惠民品牌，2015 年 12 月荣获首届四川艺术节项目类"群星奖"。四是科普基地建设取得突破，攀枝花学院的"钒钛文化普及基地"被认定为四川省社科普及基地。

（五）社科成果转化渠道畅通

攀枝花市社科联促进社科优秀成果转化的渠道主要有四种：一是在《攀枝花社会科学》刊物上发表。截至 2019 年 6 月，刊物共发表理论文章 1600 多篇。二是资助经费使其正式出版发行，比如《大思路：迈向二十一世纪的思维方法》《大创造：跨世纪的创造思维》《中国彝家第一村》《常隆庆在攀西之研究》。三是推荐参加市政协大会发言，比如 2018 年攀枝花市级课题"三线精神体现民族精神和家国情怀"参加市政协九届三次会议发言并被评为优秀发言材料。四是以《攀枝花市社科重要成果专报》形式送市委、市政府领导和有关部门参阅。截至 2019 年 6 月底，攀枝花市社科联编印的《攀枝花市社科重要成果专报》已有 12 件次得到市委、市政府主要领导或分管领导肯定性批示，"攀枝花钛材料产业发展战略研究""攀枝花建设区域性中心城市研究""攀枝花'8·30'地震灾后恢复重建相关问题研究""攀枝花市生态环境保护治理存在的问题及对策研究"等一批研究成果被市委、市政府及有关部门采纳。

（六）三线文化遗产挖掘保护与 "三线精神" 传承弘扬取得重大进展

作为国家三线建设的代表性城市，"三线历史"是攀枝花的根，"三线精神"是攀枝花的魂，"三线企业"是攀枝花的本。攀枝花市历届市委、市政府一直把挖掘保护"三线建设"历史文化，传承弘扬"三线建设"精神当作义不容辞的历史责任，致力于把攀枝花市建设成为"三线建设者的精神家园""三线建设文化资源库""三线建设精神传承地"和"三线建设历史文化研究中心"。近年来，攀枝花市委、市政府在三线文化遗产挖掘保护与"三线精神"传承弘扬方面持续用力，取得重大进展。

一是建成攀枝花中国三线建设博物馆。攀枝花中国三线建设博物馆于 2015 年 3 月开馆，占地面积 39333 平方米，建筑总面积 24023 平方米，项目总投资 3.4 亿元，是国内展陈面积最大、馆藏资源最全、社会影响最广泛的三线建设主题博物馆，全面展示了全国 13 个省区三线建设的历史面貌。博物馆先后获评四川省党性教育基地、四川省党史教育基地、四川省统一战线中国特色社会主义教育基地、四川省青少年社会实践教育基地、全国中小学生研究实践教育基地、四川省廉洁文化基地，并荣获"四川十大历史文化地标"称号。2019 年 3 月，攀枝花开发建设纪念馆、攀枝花大田会议纪念馆、东区兰尖故事、西区习风园三线文化展示厅、仁和区苴却砚博物馆、米易县历史文化展览馆、盐边县展览馆、攀钢钢轨生产线、攀煤索道运煤线、中国十九冶西部铁军展示厅等第一批攀枝花中国三线建设博物馆分馆挂牌。

二是成功举办中国三线建设研讨会。近年来，攀枝花市联合中国三线建设研究会、毛泽东思想生平研究会、中共四川省委党史研究室等多次举办中国三线建设学术交流研讨会，促进三线建设文化交流传播。其中影响最大的是 2015 年 3 月 2 日在攀枝花召开的中国三线建设研讨会。会议由中国三线建设研究会、毛泽东思想生平研究会、中共四川省委党史研究室、中共攀枝花市委、攀枝花市人民政府共同主办。中共中央组织部原部长、中国三线建设研究会顾问张全景，军事科学院原副院长、中将、中国三线建设研究会会长钱海皓，中共中央文献研究室副主任、毛泽东思想生平研究会会长陈晋等领导出席会议并讲话。攀枝花市委书记刘成鸣致辞，攀枝花市委副书记、市长张剡主持会议并在会上作题为"三线建设精神，攀枝花崛起之灵魂"的主旨发言，部分来自全国党史系统的领导和重点三线建设企业代表分别作主旨发言。会议以"弘扬三线建设精神，凝聚改革发展合力"为主题，达成"中国三线建设文化遗产保护攀枝花共识"。2018 年 3 月，中华人民共和国国史学会授予攀枝花中国三线建设博物馆"中国三线建设博物馆论坛基地""中国三线建设研究基地"和"中国三线建设遗产保护基地"荣誉称号。

三是三线建设历史文化研究取得初步成果。攀枝花市先后编写出版《三线建设和西部大开发中的攀枝花——基于攀枝花钢铁基地建设和发展的研究》《三线风云》等历史专著；由中华人民共和国国史学会三线建设研究分会和攀枝花中国三线建设博物馆联合创办的，以三线建设为主题的刊物《三线春秋》于 2018 年 3 月正式创刊首发；2019 年 6 月 30 日，以三线建设为题材的大型工业史诗电视连续剧《大三线》在攀枝花市开机，该剧将以影视艺术形式再现三线建设艰苦奋斗的创业历程，传承弘扬"三线精神"。

四是成立三线建设干部学院。2018 年 3 月，三线建设干部学院在中共攀枝花市委党校挂牌成立。

五是"三线精神"已被中宣部列为新时代大力弘扬的民族精神和奋斗精神。三线建设不仅创造了不朽的工业传奇，还铸就了宝贵的精神财富，在三线建设中形成的"艰苦创业、无私奉献、团结协作、勇于创新"的三线精神，是中华民族优秀传统文化的重要组成部分，是中华民族伟大复兴不可或缺的精神财富，是当前践行社会主义核心价值观、传承发展中华优秀传统文化和实现伟大复兴中国梦的强大精神引擎。2018 年 10 月，中宣部明确将"三线精神"与"两弹一星"精神、载人航天精神、抗洪救灾精神等一起，作为民族精神、奋斗精神的重要内容进行主题宣传报道，为我们传承弘扬"三线精神"增添了信心和动力。

（七）康养产业发展理论研讨活动在全国产生重大影响

攀枝花市依托气候、环境等得天独厚的自然条件，在全国率先提出大力发展阳光康养产业，并确立了建设中国阳光康养产业发展试验区的发展目标。围绕市委、市政府确立的目标任务，攀枝花社科界针对阳光康养产业发展进行了不懈的理论与实践探索，取得了一定的成绩。

一是成功举办两届中国康养产业发展论坛。2014 年 12 月 6—7 日，由民革中央和四川省政协共同主办，中国老年学学会、中国康复医学会协办，四川省发展改革委、四川省民政厅、四川省卫生计生委、四川省旅游局、民革四川省委，中共攀枝花市委、攀枝花市人民政府，中共秦皇岛市委、秦皇岛市人民政府承办的"首届中国康养产业发展论坛"在攀枝花市成功举办。全国政协副秘书长、民革中央副主席刘家强主持论坛开幕式，全国政协副主席、民革中央常务副主席齐续春，四川省副省长曲木史哈出席开幕式并讲话；全国政协常委、中国气象局副局长宇如聪，全国政协人口资源环境委员会驻会副主任凌振国，全国政协常委、河北省政协副主席、民革河北省委主委卢晓光，四川省政协副主席晏永和、罗布江村等出席开幕式。500 余名各级领导、专家学者、行业精英共同探讨中国康养产业发展大计。论坛发表"中国康养产业发展论坛攀枝花共识",议定自首届论坛起,每3年在攀枝花和秦皇岛两市分别选择"一冬一夏"时节,轮流举办中国康养产业发展论坛。2017年12月9日,由民革中央和四川省政协共同主办的第三届中国康养产业发展论坛在攀枝花市召开,600多位有志于推动健康中国战略的各级领导、专家学者和行业精英参加论坛,全国政协副主席、民革中央常务副主席齐续春出席开幕式并讲话。攀枝花市委书记李建勤、秦皇岛市副市长冯志永分别致辞。攀枝花市人民政府市长王波、市人大常委会主任黄正富、市政协主席李群林、市委副书记虞平等出席开幕式。

二是成立攀枝花国际康养学院。攀枝花国际康养学院于2016年12月挂牌成立,是由攀枝花学院、攀枝花花舞人间公司、东区政府共同筹办的国际化特色学院,是由攀枝花学院医学院的护理、康复等专业分离出来新组建的全国第一所康养学院,涵盖本科、专科、中职等多学历层次。学院致力于为国内外康养产业发展培养各级各类专门人才,并将整合国内外专家、学者资源建立康养产业发展研究智库,为制定康养产业发展规范和标准提供理论和实践支撑,增强攀枝花在全国康养产业发展方面的影响力和话语权,为攀枝花创建中国阳光康养产业发展示范区、打造全国阳光康养旅游目的地、推动康养产业发展提供智力和人才支持。

三是成立中国攀西康养产业研究中心。中国攀西康养产业研究中心由攀枝花学院创立,是攀枝花市首个省级社会科学重点研究基地(扩展)。该中心以整合国内外康养产业研究力量,构建高端康养产业学术交流与合作平台为目标,深化康养产业基础理论研究,探索"康养+"产业战略内涵、模式及其实现路径,为康养产业发展决策提供智力支撑,将助力攀西经济区建成"国际阳光康养旅游目的地"和川西南、滇西北区域经济中心。

四是攀枝花康养产业发展的顶层设计逐步完善。2013年以来,《中国阳光康养旅游城市发展规划》《攀枝花康养产业发展规划》《攀枝花康养人才队伍建设中长期规划(2016—2025)》相继出台,《攀枝花市社区居家养老服务规范》《攀枝花市社区居家养老服务质量评价通则》《攀枝花市老年康养社区建设基本要求》《攀枝花市养老机构护理区建设基本要求》等康养产业地方标准陆续制定发布。

五是形成一批康养产业发展研究成果。攀枝花社科界围绕阳光康养产业发展进行了大量的理论研究。仅2015年以来,攀枝花市级社科规划课题中,以阳光康养产业发展为研究方向的课题就达30项。其中2015年1项("基于'互联网+'的攀枝花阳光康养营销模式创新"),2016年2项("攀枝花市康养产业发展模式创新研究""攀枝花阳光森林康养产业发展研究"),2017年8项("康养老人心理支持策略及技术研究""攀枝花特色的'智慧康养'发展研究""攀枝花市康养饮食文化研究""提升攀枝花文化康养产业文化品位的研究""供给侧改革视角下的攀枝花康养产业发展研究""攀枝花'康养+'品牌塑造及产业发展研究""阳光康养产业发展背景下攀枝花市农业供给侧改革研究""基于康养视角下养老旅游发展研究"),2018年9项("乡村振兴战略视阈下攀枝花'康养+农业'的实践与思考""攀枝花市康养+旅游资源评价与开发研究""攀枝花市阳光康养产业中医康复服务体系构建研究""康养产业伦理基础建设研究""'康养+医疗'背景下医院门诊系统精益优化研究""康养旅游产业发展中攀枝花少数民族传统文化资源的挖掘与利用""大香格里拉背景下攀枝花康养旅游产业协同发展研究""攀枝花与昆明康养旅游发展比较研究""关于攀枝花市阿署达村'康养+'的若干问题研究"),2019年10项("攀西阳光康养产业发展路径及其财税政策研究""攀西阳光康养产业融资现状及融资路径研究""乡村振兴背景下攀枝花康养产业融资支持体系研究""攀枝花市发展阳光康养产业的法治需求与供给研究""资源型城市发展康养产业的实践探索与对策研究——以攀枝花为例""康养背景下攀枝花现代生态林业发展战略研究""攀枝花市养生地产开发及其培育模式研究""康养基本理论的马克思主义理论基础研究""乡村振兴进程中攀枝花市农文旅康产业一体化深度融合发展路径研究""乡村振兴视域下攀枝花康养产业与农业融合发展研究")。此外,市决咨委、市委党校、市政协等部门的专家学者也围绕阳光康养产业发展开展了课题研究,形成了一批理论研究成果。比如市政协课题组撰写的《关于我市阳光康养旅游产业发展情况的调查报告》,市政协、省社科院联合编写的《攀枝花市"康养+"解读》手册等,在市内产生了较大影响。

四

攀枝花市推动哲学社会科学繁荣发展的经验启示

回顾攀枝花建市 54 年来推动哲学社会科学事业繁荣发展的基本实践及主要成就，我们得到以下几点重要启示。

（一）加强党对哲学社会科学工作的领导，是繁荣发展哲学社会科学事业的根本保证

哲学社会科学战线是我们党领导的一条重要战线，哲学社会科学工作属于培根铸魂的工作，在党和国家全局工作中居于十分重要的地位，繁荣发展哲学社会科学，事关党和国家事业发展的全局。攀枝花市委历来高度重视哲学社会科学工作，为繁荣发展攀枝花哲学社会科学事业做了大量的工作，其中一些工作对推动攀枝花哲学社会科学事业发展产生了重大影响。例如，批准成立攀枝花市社科联，使全市哲学社会科学工作走上了规范化的轨道，以社科课题规划、社科课题研究、社科成果评奖、社科知识普及、社科学术交流、社科成果转化、社科刊物编辑等为主的社科基础工作格局正式建立；制定《攀枝花市社会科学奖励条例》（攀委办〔1990〕39 号），使全市哲学社会科学优秀成果评奖工作形成制度；印发《关于批转〈市委宣传部、市民政局、市社科联关于确认全市社会科学学术团体业务主管部门的报告〉的通知》（攀委厅〔1995〕70 号），明确了市社科联对市级社科学术团体的管理职责；印发《中共攀枝花市委关于进一步繁荣发展哲学社会科学的实施意见》（攀委发〔2004〕24 号），召开全市社科工作会议，为攀枝花市繁荣发展哲学社会科学事业指明了方向。实践证明，只有加强党对哲学社会科学工作的领导，重视哲学社会科学事业的发展，为哲学社会科学事业发展提供良好的环境和充足的财力保障，注重社科人才队伍建设和社科研究成果运用，哲学社会科学事业才能不断健康发展。

（二）坚持马克思主义指导地位不动摇，落实意识形态工作责任制，是繁荣发展哲学社会科学事业的根本要求

意识形态工作是党的一项极端重要的工作，事关党的前途命运，事关国家长治久安，事关民族凝聚力和向心力。哲学社会科学是"耕耘思想"的事业，处在意识形态工作的前沿阵地，导向问题始终是第一位的问题。为加强意识形态工作，攀枝花市委先后出台《攀枝花市贯彻落实党委（党组）意识形态工作责任制实施细则》《攀枝花市加强意识形态领域引导和管理考核细则》《攀枝花市党委（党组）书记抓意识形态工作专项述职制度》《攀枝花市党委（党组）意识形态工作责任追究的执行办法》，进一步落实意识形态工作主体责任；全面落实谁主管谁负责、谁主办谁负责，加强意识形态阵地管理，加强对全市各级各类媒体、出版物、研究机构、高校课堂、协会社团、讲座论坛、报告会、研讨会的审查，管导向、管阵地、管队伍的要求得到有效落实，牢牢掌握了意识形态领域的主动权、话语权和领导权。实践证明，社科界只有坚持马克思主义指导地位不动摇，不断增强"四个意识"，坚定"四个自信"，做到"两个维护"，落实意识形态工作责任制，才能确保哲学社会科学工作始终沿着正确的政治方向前进。

（三）围绕中心， 服务大局， 是繁荣发展哲学社会科学事业的根本途径

社科界是党委、政府的"思想库"和"智囊团"，正确回答改革开放和现代化建设中的重大理论和现实问题，为党委、政府提供理论支撑和决策参考是哲学社会科学工作者面临的时代课题。攀枝花社科界始终坚持围绕全市经济社会发展以及改革开放中的重大问题开展研究。例如，"十一五"期间，全市社科研究以加快结构调整、转变增长方式、推进新型工业化和城市化、提高城市核心竞争力、促进城乡协调发展等方向为重点；"十二五"期间，全市社科研究紧紧围绕攀枝花实施"三个加快建设"和"三个走在全省前列"开展研究；"十三五"期间，紧紧围绕攀枝花"一二三五"总体工作思路和加快推进"一枢纽五高地"建设开展研究，形成了大批应用对策研究成果，为市委、市政府决策提供了理论支撑和决策参考。实践证明，广大哲学社会科学工作者坚持围绕党委、政府中心工作，服务经济社会发展大局，在事关经济社会发展战略性、全局性、前瞻性重大问题的研究上不断推出更多的应用性、对策性研究成果，为党委、政府的科学决策服务，才能使哲学社会科学事业充满生机和活力。

（四）解放思想， 勇于创新， 是繁荣发展哲学社会科学事业的不竭动力

创新是哲学社会科学发展的灵魂。攀枝花社科界在开展社科工作时始终坚持解放思想，从未停止创新性探索。例如，在学会管理方面，创新性开展学会"双评"活动；在重大社科课题研究方面，创新性开展重大课题招标；在社科知识宣传普及方面，创新性开展菜单式宣讲。实践证明，哲学社会科学的繁荣发展必须不断适应新形势、新任务的需要，坚持解放思想，创新发展，才能走出一条与时俱进，顺应时代潮流与社会需要的发展之路。

攀枝花市社科联课题组

成员：王汉军、谢仲华、谭瑛、余柏汉、刘诗洋、李琳、朱晓娟

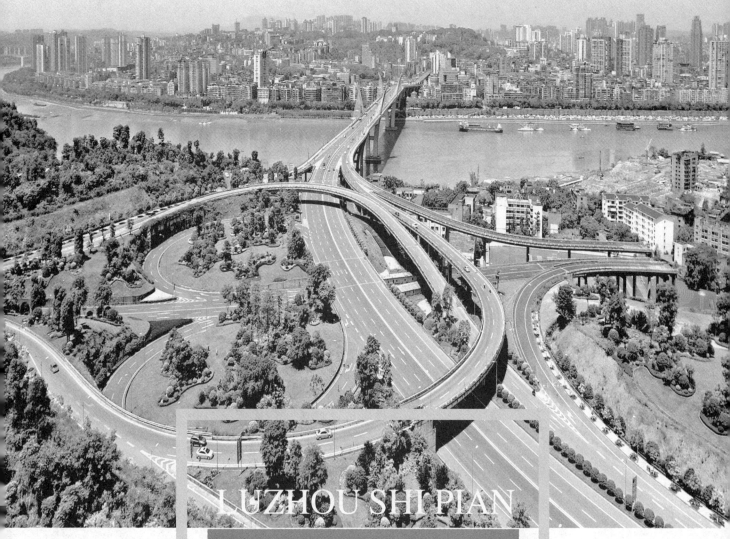

LUZHOU SHI PIAN

泸州市篇

四川哲学社会科学70年

导言

天翻地覆，沧海桑田。新中国的 70 年，是中国历史上改天换地的 70 年。中国共产党领导人民不懈奋斗，使中华民族从站起来、富起来走向强起来，迎来了民族复兴的光明前景。地处川滇黔渝四省市接合部的泸州，也同全国各地一样，各项事业蓬勃发展，城市面貌日新月异。到 2020 年，泸州中心城区建成区面积将达 200 平方公里，城市人口将达 200 万，成为川渝黔接合部区域中心城市。泸州的哲学社会科学事业，也踏着时代的节拍，跟随城市发展的步伐，耕耘前行，取得了丰硕的成果。

泸州市哲学社会科学 70 年概况

70 年来，泸州市哲学社会科学界紧密配合党和国家工作大局，向人民群众广泛宣传马列主义、党的理论创新成果和党在各个时期的路线、方针、政策，为保证社会主义革命、建设和改革事业的胜利作出了很大的贡献。1950 年，仅泸县就出动了 2000 多人组成的 11 个宣传大队，在街头宣传购买公债，帮助国家度过困难时期。1952 年，全市掀起了轰轰烈烈的抗美援朝保家卫国宣传，仅观看幻灯片宣传的观众就达 145965 人次。1953 年 3 月 7 日，泸州在全市范围内普遍开展了贯彻婚姻法宣传教育，大张旗鼓地采用了报告、幻灯、电影、戏剧、广播等形式，系统地批驳了婚姻问题上的旧思想、旧制度、旧习惯，帮助群众明确了新民主主义婚姻法的精神，树立了"男女平等""婚姻自主"的新思想和新风气。现场受教育群众达 396674 人次。1959—1962 年，泸州在城市和农村以增产节约、农业生产、人民生活为内容，举办各种科普讲座、专题讲座 659 场次，放映科教电影 71 场，观众约 6.5 万人次。

70 年来，泸州广大哲学社会科学工作者立足市情，依托名酒文化、生态文化、红色文化、历史文化资源等积极开展理论研究和学术探讨，取得了积极成果。20 世纪 50 年代初，他们围绕国家的经济建设、社会政治制度建设，对农业合作化、商品经济、价值规律、人民民主专政制度和社会主义改造等重大现实问题进行深入研究，撰写了《关于征粮工作队领导及工作上几个问题的研究》《在群众运动过程中，必须贯彻思想发动》《关于发动贫雇农的几点意见》《关于土地改革中建立贫雇农代表团的几点意见》《当前土改中的几个问题》《反对不良倾向，发扬党的优良传统》等一批重要理论文章，对推动当时的工作起了很好的指导作用。20 世纪 60 年代初，他们组织撰写了《川南起义到泸州独立》《二刘混战中泸州惨祸》等大量文史资料，有的被《四川文史资料选辑》选用，有的发表在了中国科学院历史研究所主办的《近代史资料》上。20 世纪 80 年代，他们整理编辑了一批本地、本系统、本单位的革命烈士、英雄模范、古今名人的资料丛书，用来向党员干部、职工群众特别是青少年进行爱国主义和革命传统教育，起到了较好的社会效果。党的十一届三中全会召开前后，泸州广大哲学社会科学工作者踊跃参加关于真理标准问题的研究和讨论，积极参与了全党恢复并重新确立解放思想、实事求是的思想路线工作。改革开放以来，他们又积极投身党和国家的理论创新和制度创新，总结提炼和推出了一大批社科研究成果。

1983 年 3 月 3 日，经国务院批准，省辖泸州市成立。泸州哲学社会科学事业与省辖泸州市同步发展，组织机构、人才队伍、阵地建设不断加强。

（一）组织机构

1. 市社科联

1984 年，泸州市组建泸州市社会科学界联合会（以下简称社科联）筹备组，并随即开展各项活动。1989 年 8 月 3 日，泸州市社科联第一次会员代表大会召开，通过了《泸州市社会科学界联合会章程》，选出了 49 人组成的第一届理事会，选举产生常务理事 19 人，主席、副主席 8 人，秘书长 1 人。市委、市政府确定市社科联为县级行政单位，核定行政编制 4 人。1994 年 11 月 29 日至 30 日，泸州市社科联第二次会员代表大会召开，选出了 66 人组成的第二届理事会，选举产生常务理事 19

人，名誉主席1人，主席、副主席8人，秘书长1人。2001年1月，泸州市社科联第三次会员代表大会召开，选出了54人组成的第三届理事会，选举产生常务理事18人，主席、副主席7人，秘书长1人。2004年9月，泸州市委召开全市繁荣发展哲学社会科学工作会议，出台了《中共泸州市委关于进一步繁荣发展哲学社会科学的意见》，成立了以市委分管副书记为组长的泸州市繁荣发展哲学社会科学工作协调小组。2009年7月30日，泸州市社科联第四次代表大会召开，审议通过了《泸州市社会科学界联合会章程》（修改草案），选出了80人组成的第四届理事会，选举产生常务理事21人，主席、副主席7人，秘书长1人，副秘书长2人。2015年12月3日，泸州市社科联第五次代表大会召开，大会选出了94人组成的第五届理事会，选举产生常务理事35人，主席1人，副主席1人，兼职副主席11人，秘书长1人，副秘书长2人（见图1）。

图1　泸州市社科联第五次代表大会现场

2. 高校社科联

高校是泸州社科工作特别是社科研究的生力军。1995年10月30日，泸州医学院（现在的西南医科大学）社科联成立，成为全省第一个高校社科联。2011年，四川警察学院、泸州职业技术学院、四川化工职业技术学院社科联相继成立，大大加强了泸州社科研究和社科普及的力量。

3. 区县、乡镇（街道）社科联

2001年5月，纳溪区社科联成立，以正科级群众团体列编，挂靠并由区委宣传部主管，主席由区委常委、宣传部部长兼任。至2005年，泸州7个区县社科联相继成立。2016年，叙永县、纳溪区、龙马潭区、合江县、泸县等区县试点建设乡镇（街道）社科联（见图2）。到2017年，泸州全市144个乡镇（街道）全部建立了社科联，实现了社科联在乡镇（街道）的全覆盖。

图2　泸州市纳溪区大渡口镇社科联成立大会现场

（二）人才队伍

20世纪80年代初，在市社科联筹备组的指导、协助下，我市组建了市哲学学会等37个学术研究团体，会员1100多人。之后，对既不接受年检，又长期不正常开展活动的个别学会，给予了劝退处理，或者通过社团管理机关进行了注销，同时又新吸收市机关党建研究会等为社科联团体会员。

在高校，西南医科大学社科联有马列教学研究会等22个分会，会员500多名，其中具有正高级职称者30余人，副高级职称者90余人，中级职称者150余人，博士30余人（含在读），硕士300余人。四川警察学院社科联有会员单位27个。泸州职业技术学院参与人文社科教学研究工作的教师中有教授12人，副教授51人，博士1人，硕士108人。四川化工职业技术学院社科人才队伍中，教授5人，副教授20多人，有中级职称者40多人。

在区县，纳溪区2001年5月按照归口管理原则将18个区级社科学会、研究会、协会划归社科联管理；2013年12月清理后保留了13个，2018年8月清理后保留了9个；15个镇（街道）共有社科协会31个，会员763名。叙永县有县级社科学会、协会、研究会4个，登记录入县级坝坝讲坛、酒城讲坛、道德讲堂、民间讲堂、农民夜校、廉政大讲堂、法律小分队等7支宣讲队伍的优秀社科人才107人。泸县有县级社科学会、协会、研究会10个。合江县有学会、协会、研究会9个。龙马潭区有区诗词楹联学会，小市街道有由87名退休党员组成的党员和谐协会。江阳区面向村社干部、基层党员、致富能手、新乡贤、道德模范、思想政治课教师、非遗传承人、文艺骨干等人员遴选社科普及人员，组建了"社科普及志愿队"18支。

（三）阵地建设

省辖泸州市最早的社科刊物是《江阳论坛》，由市委宣传部、市委组织部、市委党校、市社科联筹备组联合创办，双月刊，每期发行2000多册。1992年1月，市社科联主办的季刊《泸州社会科学》创刊。市社科联为及时发布社科工作信息、交流社科工作经验、指导基层社科工作，主办了《社联通讯》。2009年《社联通讯》改版，更名为《泸州社科快讯》。此外，西南医科大学、四川警察学院、泸州职业技术学院、泸州化工职业技术学院等高校，办有哲社版的学术期刊，各区县和一些学会、协会、研究机构也创办有自己的社科理论刊物。

2005年11月，市社科联建成"泸州社科"网页，在党政网上使用。2008年4月7日，建设开通泸州首家社科门户网站"泸州社会科学网"。

2007年4月23日，由市委宣传部、市社科联共同创办的人文社科普及讲坛——"酒城讲坛"开坛（见图3）。讲坛现有固定讲座版、电视版、报纸版、广播版、网络版、手机版、区县（举办点）版"系列版本"7个，还将陆续推出图书版、光碟版，最终实现"九版并进"。

图3　"酒城讲坛"开讲100场座谈会召开

2013年，通过组织申报，省社科联现场考察，省上集中评审，古蔺县太平渡红军长征纪念馆被认定为"四渡赤水战役及红军长征精神社科普及基地"；2014年，依托合江县汉棺博物馆建立的"泸州市汉棺历史文化普及基地"被认定为省级社科普及基地；2016年，依托西南医科大学附属中医院建立的"中医养生文化普及基地"被认定为省级社科普及基地。自2014年始，泸州市社科联评估认定了三批市级社科普及基地。高校和区县也打造了一批社科普及基地。

三

泸州市推动哲学社会科学繁荣发展的基本实践

泸州将哲学社会科学事业置身经济社会发展实践之中，对组织机构建设、人才队伍建设、社科研究工作、社科普及工作、社科阵地建设、激励机制建设等进行了积极的探索，并结合泸州实际，开展了一些特色工作，为更好地担负起认识世界、传承文明、创新理论、咨政育人、服务社会的职责，开创哲学社会科学繁荣发展的新局面打下了良好基础。

（一）组织机构建设

1. 在省辖泸州市社会科学事业起步阶段，高规格配备社科联领导班子

省辖泸州市设立的第二年，泸州就成立了市社科联筹备组。筹备组由 12 位成员组成，市委宣传部部长任组长。1989 年 8 月 3 日，泸州市社科联第一次会员代表大会召开。大会选举产生了泸州市社科联第一届理事会，市委宣传部部长当选为主席。1994 年 11 月，泸州市社科联第二次会员代表大会召开，大会选举产生了泸州市社科联第二届理事会，市委副书记当选为主席。

2. 积极推进高校社科联建设

2011 年 5 月 27 日，全市高校社科联组织建设座谈会召开。泸州医学院就高校社科联组织建设作了经验交流。市内大中专院校参会人员围绕《中共泸州市委关于进一步繁荣发展哲学社会科学的意见》精神，就高校社科联组织建设谈了体会和打算。会议提出了泸州市高校社科联建设的目标，要求高校社科联实现人员编制、工作经费和办公条件"三落实"。至 2012 年，在泸高校社科联相继成立。

3. 积极推进区县社科联建设

2004 年，中央、省委、市委先后下发了关于繁荣发展哲学社会科学的文件。市社科联在大力抓好贯彻落实和宣传的同时，会同市委宣传部深入区县，积极与区县党委进行协调，加快区县社科联建设的筹备工作，第二年，各区县社科联相继成立。2012 年，市委、市政府联合印发《关于深化文化体制改革加快文化强市建设的实施意见》，进一步明确了区县社科联建设"机构落实、编制落实"的有关要求。7 个区县先后落实了社科联领导职数和工作人员编制，组织机构建设得到极大加强。上级社科联组织的工作交流会和培训，凡区县能够参加的，泸州都积极派员参加。区县社科联组织和个人多次被评选为全省、全国先进。

4. 积极探索乡镇（街道）社科联建设

2016 年，按照"有牌子、有班子、有章程、有制度、有办公场地、有办公设备、有工作人员、有工作计划、有工作总结"的标准，泸州市在全省率先组建乡镇（街道）社科联 48 个，指导其完善制度机制，明确工作重点。2017 年，市委宣传部、市社科联下发《关于对基层社科联组织建设推进情况进行督查的通知》，并由市委常委、市委宣传部部长带队，市社科联主席参加，对各区县的乡镇（街道）社科联建设进行了调研督查、专项指导。2017 年，全市所有乡镇（街道）都建立了社科联。依托市级宣传文化系统县级领导干部联系乡镇（街道）宣传思想文化工作制度，37 名县级领导每季度深入联系乡镇（街道）调研指导社科联工作 1 次以上。2018 年，市社科联印发《关于加强乡镇（街道）社科联规范化建设的通知》，在叙永县摩尼镇召开了泸州市乡镇（街道）社科联规范化建设工

作推进会。

5. 对区县社科联实行目标管理

为规范对区县社科联的管理，全面提升区县社科联的工作水平，市社科联对区县社科联实行了目标管理，从社科研究、科普活动、社科刊物、科普讲座、社科信息等方面明确工作要求，年初下达目标任务，半年进行跟踪督查，年终进行目标考核和表彰奖励。各区县社科联在完成目标任务的基础上创造性地开展工作，取得了良好的成绩。市社科联还组织召开"区县社科联工作交流会""社科理论骨干培训会"等，加强工作交流与培训，努力提高基层社科联的工作能力。

6. 加强泸州市社科联机关自身建设

市社科联以建设"社科工作者之家"为目标，通过完善机关管理制度，改善机关硬件、软件设施等，严格机关管理，改进工作作风，提高服务水平，为广大社科工作者提供优质服务。2011年3月30日，召开"泸州市社科界2011年新春联谊会"，以"和谐·奋进"为主题，全面回顾总结了近几年来全市社科工作取得的成绩，并对社科工作特别是酒城讲坛今后的发展进行了展望，对全市社科工作者寄予了新的希望。联谊会上，市内各高校、有关部门、酒城讲坛讲师和相关社科工作者，联手推出了一台精彩纷呈的歌舞曲艺演出。2016年修改完善市社科联《工作职责及管理制度汇编》，建立"泸州市社科联主席办公会制度"，加强市社科联专兼职主席的沟通与交流。2017年，建立兼职副主席联系学会、联系基层制度，积极为基层办实事好事。

（二）人才队伍建设

1. 规范学会管理，壮大社科力量

一是制定和修改完善《泸州市社会科学界联合会学会管理办法》《泸州市社会科学界联合会团体会员年度检查办法》并严格执行。市社科联每年对市级所属学会、协会、研究会进行年检，增进对社科联所属团体会员组织情况和活动情况的了解，从而较好地推动了学会规范化建设。二是制定和实行《泸州市社科联资助学会活动管理办法》，对开展活动有积极性，但是没有固定的经费来源、开展学术活动有困难的学会，力所能及地给予必要的支持和帮助。三是加强调研指导。市社科联每年通过调查问卷、实地调研和组织召开座谈会等形式，深入了解学会工作开展情况，每年以年会、换届工作会、检查工作等形式，深入学会指导工作。通过调研，形成专题调研报告，制定了《关于将市级社科学会分类分组开展活动的实施意见》，明确了分组原则、活动内容、组织形式、组织程序、保障措施等，指导市级社科学会分为三类开展活动。四是促进学会交流。每季度召开学会工作交流会，增进学会间的了解。2011年6月28日，组织召开了"加强和改进学会工作，推进社科强省建设"工作座谈会。各社科学会负责人代表围绕加强改进学会工作进行了交流讨论。

2. 强化能力培训，提升整体素质

一是培训理论社科骨干。泸州市社科联先后在四川省委党校、清华大学、浙江大学、厦门大学、南开大学、中山大学、兰州大学、武汉大学等举办理论社科骨干培训班，培训理论社科骨干500余人次。在2009年3月的理论社科骨干培训会上，省社科联领导莅临泸州作了《牢记责任 肩负使命 为繁荣发展哲学社会科学而努力》的精彩报告。2017年，泸州市社科联组织全市社科理论界40余人到广东省东莞市社科联考察学习了沿海地区发展经验。二是培训社科课题研究骨干。市社科联除通过召开课题立项座谈会、培训会的形式，对立项课题的负责人进行常规指导和培训外，还举办立项课题专项培训，邀请了四川大学经济学院院长、先后承担了多个国家社科基金项目的教授，为全市社科工作者就课题规划、研究中存在的一些普遍性、共通性、典型性问题，以及课题结项、立项的有关情况，有针对性地进行了指导。

3. 加强学术交流，提升研究水平

一是围绕重大历史事件或重大历史纪念日开展学术交流。通过研讨会、座谈会、专题报告等形

式，研究历史事件的影响和经验，研究革命领袖的生平、思想等。二是围绕中央、省、市发展战略和社会普遍关注的热点问题开展学术交流。通过学术交流，进一步凝聚了广大社科工作者的思想共识。在泸州市开展的"思想大解放，推动大发展"大讨论活动中，市社科联会同市委宣传部组织开展"社科理论界'思想大解放，推动大发展'专题研讨活动"，围绕"站在新起点谋求大发展；泸州在中国崛起和四川发展中如何定位；当前泸州改革发展的机遇风险挑战；泸州发展的疼点与难点；社科界如何进一步解放思想，为泸州发展做贡献"五个方面的问题进行深入研讨，讨论成果上报市委，得到了有关领导的充分肯定。三是搭建交流合作平台，邀请国内外专家学者来泸开展交流活动。毛主席的外孙、朱总司令的外孙、周恩来总理的侄子、陈毅元帅的儿子等红军后代和北京大学、国防大学的教授都曾莅泸参加红军长征四渡赤水研讨会。中国人民解放军军事科学院等单位的 20 多位专家学者也曾莅泸参加相关学术交流。

（三）社科研究工作

1. 加强社科规划课题管理

一是规范课题申报、立项和结项工作。1992 年开始，市社科联每年初发出申报当年哲学社会科学重点研究课题的通知，并附课题指南。在广泛申报的基础上组织专家学者评审，确定拟立项课题。市委宣传部、市社科联联合发文，正式作为当年立项的重点哲学社会科学研究课题。年终收到课题组完成课题研究报告后，组织专家学者评审，达到质量要求的准予结项。1996 年，市社科联制发《泸州市社会科学研究项目管理暂行办法》。2008 年，市社科联制发《泸州市哲学社会科学规划课题管理办法（试行）》，进一步规范了课题申报、立项评审、中期管理、结项鉴定，突出了课题评审的公平公正。二是设置重大招标课题、委托研究课题、市级研究课题和区县课题。2009 年，为规范立项课题管理，市社科联针对重大招标课题制定了《泸州市哲学社会科学研究课题招标实施办法》。招标课题由市委、市政府主要领导确定，或者由市社科联与有关部门共同商议确定，面向全市公开招标，经过严格评审确定中标课题。同时，根据中央、省、市的有关要求，确定相关调研课题为委托研究课题，并组织开展市级课题和区县课题的申报。三是组织培训立项课题负责人。2009 年，市社科联邀请专家作了"如何做好社科立项课题研究"的专题培训讲座，市社科联负责人结合修订后实施的《泸州市哲学社会科学规划课题管理办法》对课题的申报评审工作提出了具体要求，2008 年社科研究结项课题代表就开展课题研究工作进行了经验交流。四是组织申报国家社科基金项目和省级社科规划项目。深入研究国家社科基金项目、省社科规划课题指南，结合泸州实际，通过专家合作、高校合作、部门合作、高校与部门合作等方式组织重点攻关。2008 年，泸州医学院申报的《农村公共危机管理研究——以国家城乡统筹综合配套改革试验区为例》获国家社科基金西部项目立项，实现了泸州市国家社科基金项目立项零的突破。

2. 抓好社科规划课题研究

一是发布重点社科课题研究指南，引导社科工作者把注意力和研究方向转移到服务市委、市政府的工作大局上。市社科联每年的社科研究课题规划，主要围绕中央、省、市工作的大局和群众关心的热点，特别是市委市政府的中心工作进行。二是强化督导。通过课题年中检查的形式，了解成果进度，监督成果质量。对重大研究课题，市社科联与市委宣传部共同召开牵头研究单位动员会，定期通报课题研究推进情况。三是组织力量联合攻关。对市委市政府主要领导确定的重大课题和涉及泸州经济社会发展的重点课题，由在泸高校和有关政府部门联合组成课题组，进行集中攻关、重点研究。2007 年，市社科联组织全市 30 多名专家学者深入企业调研、撰写论文并形成成果集，其中很多意见和建议得到了市委、市政府的采纳。

3. 助推社科研究成果转化

一是创办《重要成果专报》，把社会科学专家学者、理论工作者和学科带头人围绕泸州经济社会发展等重大课题形成的研究成果，呈送市委、市政府领导及有关部门决策参考。《重要成果专报》受到有关领导的高度重视，多次得到市领导的批示，许多成果得到了转化。二是编印出版《泸州市哲学社会科学研究成果选编》《重点课题成果选编》《获奖成果选编》等（见图4），免费赠送给各级各单位，增强优秀社科成果推广力度。三是召开优秀社科成果转化对接会。2013年6月26日，组织召开了泸州市2013年社科成果应用转化对接会，重点将2013年结项的《泸州市旅游纪念品的设计开发与研究》等14项优秀成果与相关单位进行了对接，由专家现场推介成果，相关部门提出了转化意见。2014年，《实施品牌发展战略，打造千亿白酒产业的研究》等14项优秀成果也成功实现对接转化。四是把时效性强、应用性强的成果放到报刊网站上宣传。

图4　泸州市社科联选编的部分社科成果

（四）社科普及工作

1. 加强重大政策宣传宣讲

一是组织学习。市社科联始终把学习党的重大理论创新成果和党的重要会议精神作为社科工作的首要任务，组织社科工作者和各学术团体开展多种形式的学习活动。仅2018年，就围绕习近平新时代中国特色社会主义思想和党的十九大精神，围绕习近平总书记在纪念马克思200周年诞辰大会上的重要讲话精神和在庆祝改革开放40周年大会上的重要讲话精神，围绕习近平总书记对四川工作的重要指示精神，多次组织社科界的专题学习。二是组织研讨。先后组织"学习《中共中央关于完善社会主义市场经济体制若干问题的决定》讨论会""建设社会主义核心价值体系研讨会""纪念改革开放30周年理论研讨活动""学习实践科学发展观论坛""六个为什么研讨会""党的十八大、十八届三中全会、四中全会、五中全会精神研讨会""建党90周年研讨会""习近平总书记系列重要讲话精神研讨会"等，起到了凝聚广大社科工作者思想共识的积极作用。三是组织宣讲。每逢中央、省、市重要会议召开、重要精神传达，市社科联都及时组织社科理论工作者深入区县乡镇、机关学校、企业社区开展宣讲，推动党的重大理论和重要精神的学习贯彻。

2. 创建巩固社科普及基地

一是打造社科普及品牌项目。市社科联与市委宣传部共同创办了酒城讲坛。酒城讲坛创办以来，在向广大市民宣传党的路线方针政策，传播知识、传播文明，促进市民科学素质的提高方面，发挥了积极作用，影响不断扩大，品牌效应日益凸显，深受广大基层干部群众喜爱，也得到中央、省、市有关部门和领导的高度评价。二是抓好社科普及基地"建管用"。开展了市级社科普及基地申报认定工作，经过组织申报、现场考察和专家审定，建立了一批市级社科普及基地。通过组织申报，省社科联现场考察，省上集中评审，确定了一批省级社科普及基地。按照"竞争入选、动态管理、末位淘汰、以评促建"的原则，推动建立了区县级社科普及基地。制定并修订完善《泸州市社会科学界联合会资助社科普及基地管理办法》，建立社科普及项目扶持机制，组织基地申报大型社科普及活动。对市级社科普及基地进行了集中评估。三是办好天府人文讲坛。严格按照省社科联关于举办天府人文讲坛的相关要求，提供讲师及选题给各区县作邀请参考，并对天府人文讲坛会场布置提出了标准化要求，明确了讲师、人数、信息等具体规定。各县区讲坛秉承"传承中华文明、服务社会大众"的根本理念，扎实开展相关工作。

3. 组织参与社科普及活动

市社科联加强与相关部门的沟通合作，积极组织学会、协会、研究会、区县社科联参加全市的"三下乡"、三月"科普之春"活动月、五月"科技活动周"集中行动。此外，市社科联还利用城市人口集中的特点，采用专题报告、科普讲座等形式，在城区开展社科知识宣传，普及人文社科知识。2008年汶川"5·12"特大地震灾害发生后，市社科联立即组织开展"抗震救灾科普宣传暨赈灾募捐活动"，帮助广大群众及时、有效地了解地震和灾后卫生、生活的科学知识，提高了灾害自救意识和能力。泸县组织开展原创科普歌曲《光荣的科普人》创作及传唱活动，在70余名科技工作者和镇科协、企业科协、学会、农技协、科普示范基地的科普工作者中进行传唱。

4. 拓展用好社科普及载体

一是编辑出版《泸州社会科学》科普专刊。2004年，市社科联创办了《泸州社会科学》（科普版），登载社会科学的一些基本知识、政治理论常识、新理论、新观点、文化精品、文史知识、法律知识以及泸州市情，免费赠阅全市的区县、机关、街道、乡镇、学校。二是办好泸州社科网上的"科普之窗"专栏，及时跟踪社会热点，加强对食品安全卫生、健康养老、法律法规等相关知识的解读，报道各区县、各学会、各高校开展科普活动的消息。三是根据各年度工作重点组织编写社科普及读物。"5·12"汶川地震一周年之际，市社科联编辑出版的《心系汶川，众志成城，泸州警民在行动》科普读物，支援了灾区建设，弘扬了抗震救灾精神。

（五）社科阵地建设

1. 做好《泸州社会科学》的编辑出版工作

市社科联克服办刊经费短缺、编辑人员不足等困难，努力为广大社科工作者提供辛勤笔耕的园地。2002年和2008年，《泸州社会科学》做了两次改版创新，封面得到改进、印刷质量得到改善、稿件水平得到提高，编排校对更加严谨，刊物影响力不断增强。

2. 建好用好"泸州社会科学网"

2008年，"泸州社会科学网"建成运行，开辟了组织机构、酒城讲坛、社科评奖、专家学者等栏目，全面宣传发布哲学社会科学工作相关信息；开通了社科信箱、网上调查，听取广大社科工作者和群众对社科工作的意见建议，为大家参与社会科学工作、了解社会科学工作提供了条件。2014年，"泸州社会科学网"得到升级改造，栏目设置进一步优化，网站内容及时做了更新。

3. 发挥《社联通讯》和"学习微团队"的作用

改版《社联通讯》，更名为《泸州社科快讯》，通过它及时发布社科工作信息、交流社科工作经验，将哲学社会科学工作有关精神和工作信息等及时编发给有关领导和部门，指导基层社科工作。2016年，市社科联联合市委宣传部组建"学习微团队"，组织社科理论工作者撰写解读评论文章，在

《泸州日报》理论专版发表。

4. 推动高校社科联、区县社科联和有条件的团体会员办好用好社科刊物、社科网站

长江经济研究院2018年创办院刊《开发视界》（季刊），辟有栏目7个，集中报道有利于经济社会健康发展的正能量资讯和对策建议。研究院网站建设初具规模，2019年5月上线运行。纳溪区办有《纳溪社会科学》，叙永县办有《永宁论坛》，龙马潭区办有《龙马论坛》，古蔺县办有《古蔺社科》，合江县办有《合江社会科学》，泸县办有《龙城社科》，其办刊经费纳入了区县财政预算。2018年，市社科联要求各社科普及基地都建立社科普及网站。

（六）激励机制建设

1. 建立健全社科优秀成果评奖机制

1990年，市社科联向市委、市政府报告，要求开展泸州市第一次社会科学优秀成果的评奖工作，得到市委，市政府领导和市委宣传部的大力支持。经过理事会讨论决定，制定了《泸州市第一次社会科学科研成果评选实施意见》，成立了以市委副书记为组长的评奖领导小组，首次开展了泸州市优秀社科成果的评奖工作。

泸州哲学社会科学优秀科研成果评奖工作有两大特点：第一，市委、市政府高度重视。1991年，市委、市政府以市委办、市府办"泸委办〔1991〕60号文件"批转了市社科联报送的《关于加强我市哲学社会科学评奖工作的意见》。2002年，市委办出台泸委办发〔2002〕21号文件，印发了《关于加强我市哲学社会科学优秀成果评奖工作意见》。2013年，市委、市人大、市政府、市政协相关领导参加泸州市第十二次社科评奖颁奖大会，会议按照奖金金额比上届增加25％的标准进行了颁奖，发出奖金35万元。2017年，通过积极争取，《泸州市社科优秀成果评选办法》首次以市政府名义出台，进一步推动了社科评奖工作规范化、制度化。该评选办法对奖金额度、奖项等进行了明确，奖金总额由28万元提高到67万元，单项奖金均实现了翻番。第二，评选公正，结果权威。成立由市委、市政府分管领导牵头的评奖委员会。整个评奖工作都在评奖委员会的领导下开展工作。制定并修改完善《泸州市哲学社会科学优秀成果评奖实施细则》，让评奖工作有章可循，有据可依。评奖工作按照组织申报、初评推荐、学科组评审、专家组复审、评奖委员会终审、媒体公示、市政府审批等环节，严格打表，规范运行。整个评奖过程公开、公正、公平，能评出水平，评出导向，评出社科工作者的积极性。

各区县也开展了社科评奖工作。合江县在结合省、市哲学社会科学评奖工作办法的基础上，由县政府出台《合江县社会科学优秀成果评奖办法》，鼓励社科研究创新，重点奖励社会科学研究中作出突出贡献的个人和组织，并将奖励经费纳入财政预算列支，确保奖励资金落实到位。

2. 建立对区县社科联的目标考核工作机制和奖励机制

为规范对区县社科联的管理，全面提升区县社科联的工作水平，市社科联对区县社科联实行了目标管理，从社科研究、科普活动、社科刊物、科普讲座、社科信息等方面提出明确要求，年初下达目标任务，年中进行跟踪督查，年终进行目标考核和表彰奖励。2008年，市社科联提出了区县社科联建设"123456"的工作思路，并将其纳入目标管理，作为年终考核评优的重要依据。年终考核，各区县社科联都对照目标任务完成了全年的各项工作，有的区县还结合实际创造性地开展了一些工作。市社科联根据目标任务的完成情况，表彰奖励了目标考核先进社科联、学术研究先进社科联、规划评奖先进社科联和信息工作先进社科联。

3. 建立健全信息工作激励机制

市社科联把信息工作纳入区县社科联目标考核内容，通过目标考核、先进评选等方式，鼓励和引导各级社科组织强化信息报送，提高信息质量。2007年，报送信息60多条，其中省社科联《社科界信息》采用11条、《四川社科在线》采用信息25条、《四川社科界》采用11条，市委办公室采用信息和建议 4 条，泸州党政网采用信息 13 条，市委宣传部采用信息 7 条。2013 年，向省社科联、市委、市委宣传部报送信息近 300 条，被采用近 200 条，超额完成了上级下达的工作任务，其中《市社科联：三措并举，社科工作精彩纷呈》等信息被市委宣传部宣传动态采用。

4. 开展先进学会和先进学会工作者评选工作

1991 年，市社科联结合省社科联的"双评"工作，首次开展了泸州市社科联 1990 年至 1991 年度先进学会和学会先进个人评选工作。经过学会总结申报、推荐，坚持自下而上、严格按照条件、反复评议、理事会最后审定，16 个学会被评选为先进学会，41 人被评选为学会先进工作者，2 人被推荐评为四川省社科联 1990 至 1991 年度学会先进工作者。据不完全统计，1992—2001 年，共评选表彰了市级先进学会 65 个，先进学会工作者 212 名。

5. 探索建立社科专家激励机制

1995 年，由市委组织部牵头，宣传部、社科联、文联参加，制定了泸州市拔尖人才选拔管理办法补充规定，把社科工作者纳入了拔尖人才选拔范围。2009 年，有 5 名同志经过市社科联力荐荣获"市级拔尖人才"和"学术带头人"称号。2012 年，以市委办公室、市政府办公室名义印发的《泸州市宣传文化系统"四个一批"人才选拔管理办法》中，将社科理论人才作为其中之一个板块，由市社科联负责推荐，由市委宣传部组织评定后报市委审核确定。江阳区出台了"江阳人才新政"的若干意见，对"四个一批"人才、国家社会科学基金重大项目首席专家、国家社会科学基金优秀成果项目第一负责人等优秀人才引进制定了优惠的政策。

（七）特色工作

1. 创办酒城讲坛，打造社科普及文化品牌

为了找到社科工作的突破口，更好地凝聚社科界的力量，更好地为经济社会发展服务，市委宣传部和市社科联在泸州老窖股份有限公司的大力支持下，创办了酒城讲坛。酒城讲坛围绕"听酒城讲坛，学文史百科，悟人生真谛，建和谐泸州"的理念和"讲讲关乎人民群众，坛坛都是 1573"的宗旨，设置了政治热点、泸州发展战略等方面的选题并开展讲座，规模和影响力不断扩大。自创办至 2015 年，有关部门先后外请了 50 多位全国知名专家学者做客"酒城讲坛"，培育了本土讲师 200 名，打造了总坛（固定讲座举办点）1 个、举办点 23 个、分坛 7 个，举办讲座 3000 多场，受众超过 100 万人次。

2. 申请建立省级民办社科研究机构

2014 年，由市社科联协调，以泸州经济开发区为主体，筹集资金 100 万元，申请并经省社科联和省民政厅批准，建立了"四川长江经济研究院"。研究院实行理事会领导下的院长负责制，内设办公室（理事办）、区域经济研究所、科技经济研究所（数字经济研究所）、教育培训中心、长江经济文化交流中心，依托四川泸州（长江）经济开发区和泸州临港投资集团有限公司，专注于长江经济带发展前沿学术研究。成立至今，研究院完成了《泸州（长江）经济开发区"十三五"发展规划》《泸州开发区志》《长江经济带发展规划纲要》《泸州临港投资集团有限公司发展战略研究》《推进依法治国和依规治党的有机统一》《泸州长江经济开发区开放合作机制创新研究》《我国生态文明发展战略及其区域实现研究》《泸州现代物流中心建设路径研究》等 10 余项研究成果，主办或协办了学术交流活动 10 余场（次）。

3. 推进社科联建设向乡镇（街道）延伸

2016 年，为了打通理论社科服务基层群众"最后一公里"，解决社科工作"上面热热闹闹，基层冷冷清清"的问题，市委领导要求要"试点推进乡镇（街道）社科联建设"，市委办市府办联合下发《关于进一步加强农村精神文明建设的实施意见》（泸委办发〔2016〕8 号），要求要"探索社科联向乡镇（街道）延伸"，市委办《关于转发市委宣传部 2017 年宣传思想工作要点的通知》（泸委办发

〔2017〕17号），要求要"推进乡镇（街道）社科联建设实现全覆盖"。市委宣传部市社科联牵头组织开展专项督查、每月通报成立进度，将乡镇（街道）社科联建设纳入对区县委宣传部目标考核。按照规范化、标准化思路和"七有"（标识、机构、计划、阵地、队伍、课题、活动）标准，印发《关于加强全市乡镇（街道）社科联规范化建设的通知》，明确"乡镇社科联主席由副科级领导干部担任，专职副主席按中层干部配备"。召开工作推进会，通过打造"两坛一堂"示范点、组织"百名社科专家基层行"、举办基层社科业务骨干培训班、扶持一批示范乡镇（街道）社科联、表扬宣传一批先进乡镇（街道）社科工作者等活动，推进乡镇（街道）社科联规范有序发展。经过三年的努力，全市144个乡镇（街道）实现了社科联建设全覆盖，组建了一支专兼职社科工作队伍，建成了一批基层社科普及阵地，"两坛一堂"（酒城讲坛、坝坝讲坛、道德讲堂）常态化举办，地方特色文化普及活动有序开展，社科课题研究逐步重视，社科学术交流分区域承办。

泸州市推动哲学社会科学繁荣发展的主要成就

泸州哲学社会科学走过了70年不平凡的发展历程。在各级党委、政府的领导下，在省社科联和市委宣传部的指导下，广大社科工作者紧紧围绕中心、服务大局加强社科阵地建设、加强社科理论和应用研究、积极开展社科学术活动、锐意创新社科普及方式方法，促进了哲学社会科学的繁荣发展。今天的泸州哲学社会科学事业，呈现出了党的领导有力、组织机构健全、人员编制落实、活动经费有保障、理论宣传有讲坛，研究成果有分量、成果申报有引领、成果推广有阵地、成果转化有渠道，社科普及有人才、社科普及有基地、社科普及有平台、社科普及有活动的兴盛景象。

（一）社科阵地建设成就

1. 社科联建设全面加强

市社科联现有理事94人，是历届理事会中理事人数最多的一届；现有常务理事35人，也是历届理事会中常务理事人数最多的一届。主席之外，不仅设了11名兼职副主席，还专设了1名副主席。西南医科大学、四川警察学院、泸州职业技术学院、四川化工职业技术学院等社科联组织机构健全，人员经费落实。七个区县社科联全部落实了领导职数和人员编制。市社科联和龙马潭区社科联、合江县社科联、叙永县社科联、古蔺县社科联等多次被评为全国先进社科联和全省先进社科联，多名社科工作者获得全国和全省社科工作先进个人称号。全市乡镇（街道）社科联建设在全省率先实现全覆盖。

2. 学会建设和管理不断提升

泸州市社科联现有学会、协会、研究会34个，会员15000多人。泸州市检察官协会于1999年成立，已换届5次，现有团体会员7个，个人会员119人。会员共撰写各类调研文章11200余篇，被各级领导机关和报刊采用7600余篇，其中被中央级机关转发或报刊采用550余篇，省级机关转发或报刊采用3005篇，市县区级机关转发或报刊采用4033篇。所写调研报告被最高检、省检察院、市委、市政府、市委政法委等领导批示或者决策转化30余篇次。

3. 刊物、网站等平台建设稳步推进

《泸州社会科学》编辑工作水平不断提高，可读性进一步增强，成为广大社科工作者辛勤笔耕的园地和社科知识普及的重要载体。"泸州社会科学网"完成升级改造，栏目设置不断优化，网站内容及时更新。泸州职业技术学院学报《酒城教育》严格执行中央、省、市关于意识形态责任制的有关规定和刊物出版的规定，严把政策关、质量关，刊登社科理论工作者的研究成果，促进学术交流。《纳溪社会科学》始终坚持高标准、严要求，全方位加强稿件来源渠道管理，通过主动约稿、开展征文、集结专刊等形式，有效拓宽稿件来源，提高稿件质量，及时刊载纳溪社科资讯、宣传解读政策理论、展示全区社科研究成果，已连续出刊10年。长江经济研究院的院刊《开发视界》（季刊）已出刊5期，社会反响较好。

4. 社科重点研究基地建设大有起色

西南医科大学建立了四川省哲学社会科学重点研究基地"四川医事卫生法治研究中心"，四川警察学院建立了省级社科研究基地"社会治理创新研究中心"。2016年1月1日成立泸州市文化研究中

心。中心已策划承办了"首届长江文化带发展论坛""古代西南出海丝绸之路考察"等重要学术活动，确立了泸州酒文化研究等12项研究课题，完成了以江河、方言、地名、家风、教育等为代表的"泸州全书"书系工程12册专著成果。省委宣传部启动"四川历史名人文化传承创新工程"后，中心联合四川教育出版社启动了《四川历史名人青少年绘本》的策划、创作、出版工作；并分别在四川省暨泸州市全民阅读启动仪式上举行了首发式，在成都举行了《四川历史名人青少年绘本》出版座谈会。

5. 社科普及基地建设成绩斐然

2008年，泸州市图书馆被确定为全省首批社科普及基地。2013年，古蔺县太平渡红军长征纪念馆被省上认定为"四渡赤水战役及红军长征精神社科普及基地"。2014年，"合江县宋代汉棺石刻文化普及基地"被认定为第五批省级社科普及基地。这一年，泸州市首次开展了市级社科普及基地申报认定工作，建立了泸州市心理健康社科普及基地等7个市级社科普及基地。2016年，新建成1个省级社科普及基地（中医养生文化普及基地），新命名了分水油纸伞非物质文化遗产普及基地等8个泸州市第二批社会科学普及基地。2018年，又再次命名了7个泸州市第三批社科普及基地（泸州市省市级社科普及基地情况见表1）。同时，推动建立了一批区县级社科普及基地。

表1　泸州市省市级社科普及基地一览表

序号	基地名称	责任单位	级别
1	古蔺县四渡赤水战役与长征精神社科普及基地	红军长征四渡赤水太平渡博物馆	省级 2013 年（第四批）
2	合江汉宋画像石棺历史文化普及基地	合江县汉代画像石棺博物馆	省级 2014 年（第五批）
3	泸州市中医养生文化社科普及基地（市级）中医养生文化普及基地（省级）	西南医科大学附属中医医院	市级 2014 年 省级 2016 年（第六批）
4	泸州市心理健康社科普及基地	西南医科大学	市级 2014 年
5	泸州市禁毒教育社科普及基地	四川警察学院	市级 2014 年
6	泸州市白酒文化普及基地	泸州职业技术学院	市级 2016 年
7	泸州市非物质文化遗产普及基地	泸州职业技术学院	市级 2016 年
8	江阳区农耕农俗文化社科普及基地	西岸农耕农俗文化长廊	市级 2014 年
9	分水油纸伞非遗文化普及基地	江阳区分水岭镇人民政府	市级 2016 年
10	龙马潭区留守儿童社科普及基地	龙马潭区图书馆	市级 2014 年
11	纳溪区青少年社会实践普及基地	泸州市纳溪区太山实验学校	市级 2016 年
12	纳溪区儿童教育普及基地	纳溪区图书馆	市级 2016 年
13	合江县非物质文化遗产普及基地	合江县文化馆	市级 2016 年
14	叙永县盐马古道文化社科普及基地	叙永春秋祠	市级 2014 年
15	叙永县中央红军长征精神普及基地	叙永县石坝彝族乡人民政府	市级 2016 年
16	古蔺县地质历史文化社科普及基地	古蔺蔺阳中学	市级 2014 年
17	古蔺县花灯非遗文化普及基地	古蔺镇人民政府 古蔺县社科联	市级 2016 年
18	科学健身与运动康复普及基地	西南医科大学	市级 2018 年
19	泸州市法治心理健康普及基地	四川警察学院	市级 2018 年
20	赤水河流域音乐文化普及基地	泸州职业技术学院	市级 2018 年
21	泸县宋代石刻文化普及基地	泸县宋代石刻博物馆	市级 2018 年

序号	基地名称	责任单位	级别
22	泸县民风民俗文化普及基地	泸县屈氏庄园博物馆	市级 2018 年
23	叙永留守儿童毒品预防教育普及基地	叙永县摩尼镇新苗实验学校	市级 2018 年
24	陆更夫精神普及基地	四川省叙永第一中学校	市级 2018 年

6. 社科工作条件得到明显改善

1994 年，市社科联完成了办公用房的修建。2009 年，在市政府主要领导的关怀下，市财政拨款 10 万元，对市社科联办公室统一进行了装修。市社科联的对内对外形象有了很大改观。长江经济研究院配备有办公室、陈列室、会议室，面积达 1360 平方米。江阳区区财政每年纳入预算的中心组学习和社科工作经费不少于 20 万元，各镇街落实了 3000 元以上不等的社科工作经费，南城街道、北城街道、大山坪街道等镇街每年投入的经费都在 5 万元以上。

（二）社科学术理论活动

1. 社科学术交流丰富多彩

1991 年，市社科联联合市委宣传部、市计经委、市体改委等召开"泸州市搞活大中型企业、提高经济效益理论讨论会"。1992 年，组织召开了"泸州市社会科学界学习邓小平同志南方谈话座谈会"和"学习党的十四大精神座谈会"。1998 年，全市各学会召开各类学术交流活动和理论讨论会 42 次，交流各类学术论文 1200 余篇。据不完全统计，仅 2001 年至 2009 年，全市社科界组织召开的学习党的十六大精神和十七大精神座谈会，社科理论界人才资源转化为人才资本座谈会等各种研讨会、座谈会、学术交流会、专题讲座有 200 多场次。全市社科界还围绕邓小平同志 100 周年诞辰、中国人民抗日战争暨世界反法西斯战争胜利 60 周年、朱德同志 120 周年诞辰、改革开放 30 周年等一系列重大历史事件或重大历史纪念日，举办了数十场研讨会、座谈会和专题报告会。

泸州市社科联始终紧紧围绕中央、省、市发展战略和社会普遍关注的热点问题组织领导、专家、学者开展各类社科学术交流活动，先后举办了"泸州白酒产业发展研讨会""成渝经济区背景下泸州发展战略研讨会""改革开放 40 周年，奋力争创全省经济副中心理论研讨会"等 30 余场研讨会。

2015 年 5 月召开的"宋元战争中的神臂城"高峰学术交流会，上百名来自日本、韩国和中国港、台地区在内的宋、元史研究领域顶尖专家，川滇黔渝有关县、市学者和嘉宾，共同围绕宋元交替时期的蒙宋战争在四川特别是泸州的进程、泸州在历史上的战略地位等开展了研讨。这是省辖泸州市建立以来规格最高、规模最大的一次人文社科学术交流活动。

2015 年 6 月召开的"四渡赤水战略思想的历史及现实意义研讨会"，由泸州市委市政府、四川省社科联、四川省委党研室主办，泸州市委宣传部、泸州市社科联、泸州市委党研室承办。陈毅元帅之子陈昊苏等红军后代和中央、省级专家代表应邀参加，就新时代如何发扬传承红军长征精神进行深入探讨交流。

2. 社科学术论坛亮点纷呈

市社科联围绕中央、省市发展战略和社会普遍关注的热点问题，先后组织举办了"新农村建设'村长论坛'""泸州市乡村旅游发展论坛""中国宏观经济形势分析与泸州中小企业发展高峰论坛""中华高管泸州论坛""乡村振兴高峰论坛""乡村文化振兴论坛"等数十场社科学术论坛。

泸州市首届以"统筹城乡发展，加快新农村建设"为主题的"乡镇党委书记论坛"，是党的十七届三中全会召开后，由市委宣传部、市社科联、市农工办共同主办的。论坛收到各区县推荐上报的乡镇党委书记论文 50 篇，评选出一等奖 5 名、二等奖 10 名、三等奖 15 名。论坛对征文获奖者进行了现场颁奖，并挑选了 7 名获奖的乡镇党委书记，以多媒体的形式在会上进行了重点交流发言。

2009—2016年，纳溪区委宣传部、区社科联联合举办了8届纳溪区"党务书记"论坛。每届论坛紧紧围绕区委、区政府的中心、重点工作，以创新思想政治工作理论、搞好新时期党建工作、探索新时期党员教育工作方法等为主题深入开展调研。书记们结合本地本部门实际查找问题，总结相关工作经验教训，在理论上作探索和创新，形成的成果集结出刊。

2007年是泸州市委、市政府确定的泸州酒业发展年。市社科联组织开展了"'潭酒杯'泸州酒业发展论坛"研讨活动，组织30多名专家学者走进四川仙潭酒业集团，围绕仙潭酒业集团发展的核心竞争力、仙潭人精神、仙潭酒业如何实现又好又快发展、仙潭经验对泸州酒业发展的启示等进行了深度调研思考，撰写了数十篇论文，编印出版《仙潭启示录》，隆重召开了"走近仙潭——'潭酒杯'泸州酒业发展论坛"。论坛成果为市委、市政府科学决策提供了参考，其中很多意见和建议得到市委、市政府的采纳。

2017年，市社科联联合相关单位举办了中国（四川）自由贸易试验区川南临港片区"一带一路"内陆国际贸易发展论坛。数十名国内外知名专家和企业家共聚一堂，围绕自贸试验区制度创新的着力点，对标国际建设高标准自贸试验区等主题作了精彩演讲。同时，与会专家还对涉及贸易功能、制度创新、体制改革、经贸合作、开放平台和协同开放等方面的工作提出了建设性意见。

（三）社科研究

1. 课题规划管理规范，形式创新，立项课题质量提升

2003年至2018年，市社科联立项"泸州人文精神内涵研究""产业转移背景下的资源整合与泸州市工程机械产业升级研究"等市级课题和"优化经济发展软环境，推动江阳民营经济快速发展""问题家庭学生道德缺失的弥补策略研究"等区县课题1236项，结项课题989项（见表2）。

表2　泸州市社科联2003—2018年立、结项课题统计

时间	立项	结项	时间	立项	结项
2003年	10项	10项	2011年	70项	50项
2004年	31项	10项	2012年	97项	80项
2005年	17项	9项	2013年	102项	86项
2006年	20项	8项	2014年	107项	84项
2007年	29项	18项	2015年	120项	90项
2008年	41项	26项	2016年	126项	112项
2009年	96项	69项	2017年	152项	119项
2010年	85项	85项	2018年	133项	133项

2009年，市社科联实施重大课题招标和重点课题委托研究，组织了"泸州主导产业升级与集群发展研究""加快泸州工业园区建设研究""打造长江上游白酒产业经济带研究""加快构建川滇黔渝结合部区域中心城市研究"等4个课题，通过泸州日报、泸州晚报、新华网泸州分频道、泸州市党政网、泸州社会科学网站等面向全市进行公开招标。来自大中专院校、市级有关部门、企业、区县的11个课题组应标。通过评审，"打造长江上游白酒产业经济带研究""加快构建川滇黔渝结合部区域中心城市研究""泸州主导产业升级与集群发展研究"3个课题中标。中标单位组织科研力量深入调查研究，于当年10月提交了研究报告。同时，确定"我国宏观经济形势的阶段性特点及难点问题分析""复杂经济形势下民营企业家社会心理与思想状况调查分析与对策研究"两项调研课题为委托研究课题。

此外，市社科联还认真组织广大社科工作者申报省社科研究规划项目和国家社科基金。2008年，

全市课题申报数达 22 项。其中，课题"大学英语教改转型期公外教师专业化发展研究"获准青年项目立项；课题"全国法治示范县工作标准及其评价体系研究"和"创新基层党组织活动方式研究"获准市州项目立项；课题"我国医事卫生立法的缺失与完善"获准基地项目立项。2008 至 2015 年，"长江上游工业城市绿色转型研究"等 28 项课题获准省级社科规划项目立项。"以医疗纠纷为视角完善和创新社会建设管理研究"等 5 个课题获准国家社科基金项目立项。2016—2018 年，"大数据背景下'紧密型'医养联合体培育路径研究"等 7 项社科课题获国家社科基金立项（见表 3），25 项课题获省级立项。

表 3　泸州市国家社科基金立项情况一览表

序号	课题名称	负责人	单位	年度	项目名称
1	"农村公共危机管理研究——以国家城乡统筹综合配套改革试验区为例"	颜永容	泸州医学院人文社科学院	2008 年	国家社科基金西部项目
2	"西藏及其他藏区社会发展与稳定机制协调研究"	陈　真	四川警察学院	2010 年	国家社科基金西部项目
3	"引文行为研究"	赖方中	四川警察学院	2012 年	国家社科基金西部项目
4	"社会冲突视野中的刑事社会抗拒研究"	钟云华	四川警察学院	2013 年	国家社科基金西部项目
5	"以医疗纠纷为视角完善和创新社会建设管理研究"	程文玉	泸州医学院	2013 年	国家社科基金西部项目
6	"我国藏区自焚事件成因与对策研究"	程　兵	四川警察学院	2014 年	国家社科基金西部项目
7	"农村医生执业行为法律保护与规制研究"	徐正东	西南医科大学	2016 年	国家社科基金一般项目
8	"'医养结合'型养老机构服务质量评价指标体系构建"	鞠　梅	西南医科大学	2016 年	国家社科基金西部项目
9	"中医古籍中情感隐喻的认知研究"	李孝英	西南医科大学	2017 年	国家社科基金一般项目
10	"法治中国背景下我国医事法学本科教育标准研究"	刘　毅	西南医科大学	2017 年	国家社科基金教育学
11	"王夫之人性生成哲学研究"	陈　屹	西南医科大学	2017 年	国家社科基金后期资助项目
12	"大数据背景下'紧密型'医养联合体培育路径研究"	彭　钢	西南医科大学	2018 年	国家社科基金西部项目
13	"五四时期儿童文学译作研究（1917—1927）"	王　琳	西南医科大学	2018 年	国家社科基金后期资助项目
14	"中华民族共同体意识核心认同研究"	陈　瑛	四川警察学院	2019 年	国家社科基金西部项目

2. 课题研究广度和深度不断拓展，社会现实问题成为关注重点

以泸州市第十次哲学社会科学优秀成果获奖项目为例。课题研究涉及哲学、法学、社会学、教育学、经济学、历史学、文学等十余个学科。获一等奖的专著《侦查思维》，涉及心理学、思维学和侦查学诸多领域，突出了思维训练和各种侦查措施的思维应用问题，内容丰富实用。书中运用大量的刑侦、经侦、缉毒、国保、技侦和网侦等方面的案例进行分析，对侦查活动中的形象思维、逻辑思维、辩证思维、创造思维、谋略思维等各类思维特点及要求和公安侦查中思维训练等问题进行了尝试性的论述，还从创新角度探索了在现有法律框架下运用密侦手段等立法呼声很高的法律问题。获二等奖的论文《二圆互交和三圆互交哲学模式及其在医学教育和构建和谐社会中的应用研究》，在解剖学、组织胚胎学、生理学、生物化学、病理生理学等课程教学实践的基础上展开研究，提出并阐明了神经、内分泌和免疫系统三者既相互作用又同时对体内其他系统的活动进行调节的三角形理论模式，概括和总结了实质为多圆互交的"三圆互交哲学模式"。

在泸州市第十次哲学社会科学优秀成果 101 个获奖项目中，应用性对策研究成果 68 项，占获奖总量的 67%。这表明，社会现实问题已成为泸州社科研究的关注重点。2014 年，市社科联召集市政府研究室、市政协办公室、市发改委、市经信委、市住建局、市规划局、市交通局、市商务局、市委党校、泸州医学院社科联、四川警察学院社科联、泸州职业技术学院社科联的有关人员和专家学者召开课题研究讨论会，围绕乌蒙山扶贫开发片区、泸州市区域性综合交通枢纽建设、泸州两江新城建设、泸州八大产业发展突破四个方面讨论泸州课题研究重点，确定将泸州如何融入长江经济带发展研究、泸州乌蒙山扶贫开发片区发展研究、泸州综合交通枢纽运输体系建设研究、新型城镇化与建筑业的健康发展研究、文化与旅游产业发展研究、养老服务业的发展研究列为重点研究课题。2016 年，市社科联紧紧围绕市委市政府中心任务，遴选出 11 个全市重点社科课题呈报市委市政府主要领导圈题，并联合市委宣传部召开牵头研究单位动员会，定期对重大研究课题推进情况进行通报，督导有关单位认真完成课题研究任务。

3. 社科研究成果丰硕，经济社会发展和党委政府决策服务的智库作用凸显

1990 年至 2014 年，泸州市在省哲学社会科学优秀成果评奖中，有 11 项成果荣获三等奖，有 17 项成果荣获优秀奖。

泸州市哲学社会科学优秀成果评奖是市委、市政府批准设立的全市社会科学的最高奖项，它集中展示了全市哲学社会科学研究的丰硕成果（见图 5）。

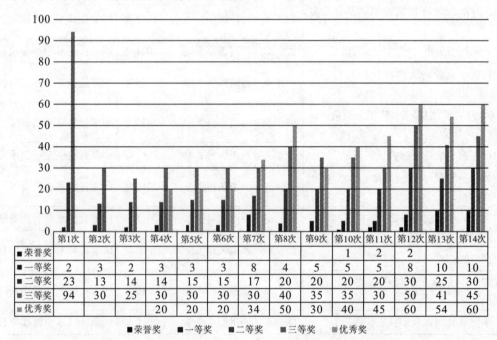

	第1次	第2次	第3次	第4次	第5次	第6次	第7次	第8次	第9次	第10次	第11次	第12次	第13次	第14次
■ 荣誉奖										1	2	2		
■ 一等奖	2	3	2	3	3	3	8	4	5	5	5	8	10	10
■ 二等奖	23	13	14	14	15	15	17	20	20	20	20	30	25	30
■ 三等奖	94	30	25	30	30	30	30	40	35	35	30	50	41	45
■ 优秀奖				20	20	20	34	50	30	40	45	60	54	60

■荣誉奖　■一等奖　■二等奖　■三等奖　■优秀奖

图 5　泸州市第一至十四次哲学社会科学优秀成果评奖获奖成果统计（单位：项）

在泸州市第十次哲学社会科学优秀成果评奖中获一等奖的调研报告《中国酒城，铁打泸州——关于打造泸州旅游品牌及提升优秀旅游城市形象研究报告》，从泸州旅游品牌的选择，打造"中国酒城·铁打泸州"旅游品牌的总体构想，"两城一坝"的开发、市场分析，"中国酒城·铁打泸州"旅游品牌的经营等方面展开论述，提出了许多打造泸州旅游品牌的构想，对推动泸州旅游业的升级具有相当的参考价值。获一等奖的调研报告《泸州老窖申报世界文化遗产可行性研究报告》，对泸州老窖白酒窖池群文化遗产属性进行挖掘、梳理和提炼，概括出了泸州酒文化具有的"唯一性、连续性、完整性、科学性和多样性"特征。获得二等奖的《泸州市融入长江上游经济圈的对策研究》《集成优势，融合资源，全面推进社会主义新农村建设——泸州市实施"农村小康快车星火示范工程"的调查和思考》《古蔺和叙永县人才引进与稳定难问题的现状及对策》等，都围绕泸州的发展进行调研思考，对促进泸州经济社会发展具有积极的促进作用。

2014年，由市社科联委托市政协牵头完成的社科课题"关于'赤水河流域综合保护开发利用'情况的调研成果""关于赤水河流域综合开发利用的建议"，得到李克强总理和张高丽、汪洋两位副总理批示；民革中央形成的"关于建立赤水河流域生态文明示范区，推动区域经济社会可持续发展的建议"，得到张高丽和汪洋两位副总理的批示。中央领导对相关建议作出批示后，各级部门对此高度重视。2014年4月，市委市政府主要领导率队赴贵州遵义学习考察，探讨赤水河区域合作发展相关事宜，签订了两市战略合作框架协议；2014年5月，国家发改委地区司在北京召集云贵川三省发改部门相关负责同志进行会商，专题研究并形成了成果《赤水河区域合作发展战略研究》；2014年8月，民盟四川省委就加快赤水河区域合作发展正式向省委、省政府提出了书面建议。2014年8月，市委市政府主要领导又率队赴毕节就双方合作发展进行交流考察，为四市合作发展打下了基础。另外，《长江上游生态屏障共建示范区建设研究》等两项成果获得省级《重要成果专报》刊载。《关于打造南光路"酒文化一条街"的建议》《泸州竹产业发展研究》《加快构建川滇黔渝结合部区域中心城市研究》《泸州主导产业升级与集群发展研究》等多项成果获得市委、市政府有关领导的批示肯定。

4. 酒文化和红色文化研究向纵深推进，社科研究的地域化、专业化特色逐步彰显

泸州是国内唯一拥有两大知名白酒品牌的城市，有着悠久的酒史、丰富的酒文物遗存、良好的酒俗。新中国成立以来，泸州的哲学社会科学工作者逐步开始了对泸州酒文化的研究。改革开放后，研究力度进一步加大，陆续推出了《中国第一窖》《泸州酒文化的内涵挖掘与开发应用》《可以品味的历史》《企业团队领导力——兼析泸州老窖科学发展领导力模式》《泸州"名酒名园名村"建设中酒文化特色研究》《泸州建立"中国白酒金三角"酒瓶文化博物馆的必要性和可行性研究》《泸州市酒文化旅游发展中的政府职能研究》《泸州酒文化旅游开放研究》等一批研究成果，对推动"中国酒城·醉美泸州"建设起了很好的理论支撑和实践引领作用。2009年，四川省酒文化研究会在泸州成立。2018年和2019年，国际诗酒文化大会连续两届在泸州举办（见图6、图7）。2018年，泸州出台了国内首部酒文化遗产保护地方性法规《泸州市白酒历史文化遗产保护和发展条例》。2008年，在中国酒业协会的支持下，"中国酒城·泸州2008酒类博览会"在泸州开幕。2014年，中国国际酒业博览会永久落户泸州。2019年3月，在第十三届中国国际酒业博览会上，中国轻工业联合会秘书长宣读了"中国酒城"命名文件，泸州被授予"中国酒城"称号。

图6 第二届国际诗酒文化大会启幕仪式

图7　第二届国际诗酒文化大会暨天下文宗·
首批四川历史名人（杨慎）高峰论坛在泸州举办

　　泸州境内红色文化底蕴深厚，全国第三次文物普查显示，泸州市红色革命遗迹大约为1200处。1916年，朱德随蔡锷起兵，由云南入川讨袁，驻防泸州5年。1926年12月至1927年5月，为了配合北伐战争，杨闇公、朱德、刘伯承、吴玉章、陈毅等领导组织了泸（州）顺（庆）起义。红军长征四渡赤水战役，历时72天，在泸州境内转战54天。1935年2月3日至5日，在叙永县石厢子这个"鸡鸣三省"之地召开的石厢子会议，进一步确立了毛泽东的军事指挥权，实现了中国革命史上的重大转折。70年来，泸州的哲学社会科学工作者一直注重红色文化的传承，研究力度不断加大，取得了丰硕成果。先后出版的研究著述有《朱德在泸州》《恽代英在泸州》《泸州起义》《中共泸县中心县委领导的武装斗争》《泸州英烈传》《中央红军长征四渡赤水泸州文集》《图说红军长征过泸州》《四渡赤水故事》《红军长征在古蔺》《红军长征过叙永的丰碑》《革命老区红色叙永》《"鸡鸣三省"会议及川南游击纵队历史影响论文集》《中国工农红军川滇黔边区游击纵队斗争史》等数十部，先后撰写发表的研究文章有《泸州起义与刘伯承》《四渡赤水是毛泽东军事指挥艺术的得意之笔》《泸州红色文化思想政治教育的开发与研究》等上百篇。2016年，泸州首个以红色文化为研究内容的社会团体——叙永县红色文化研究会成立。2011年和2016年，纳溪区委宣传部、区社科联先后承办了两届"护国战争"论坛和"走近护国战争"纪念活动（见图8），完成了《"走近护国战争"论文集》《纪念护国战争胜利100周年座谈会成果汇编》。2018年12月，纳溪区又举办了"朱德与共产党人的初心与使命"学术座谈会，与会专家学者围绕"朱德与共产党人的初心与使命"主题作了交流发言。2017年6月12日，由四川省社科联主办，泸州市社科联、古蔺县社科联承办的"传承优秀传统文化与弘扬红军长征精神"研讨会在泸州召开。军事科学院、国防大学、四川省社科院的领导和专家在会上作了专题研讨。云、贵、川部分市（州）、县（市区）社科界、党史界代表在会上作讨论发言。会议编印了《优秀传统文化传承与红军长征精神弘扬研讨文章集萃》，形成了《优秀传统文化传承与红军长征精神弘扬研讨会·古蔺共识》。

图 8　纳溪区举办的纪念护国战争胜利 100 周年座谈会

（四）社科普及

1. 社科普及活动广泛开展

全市广大社科工作者深入街道、学校、厂矿、乡村，摆摊设点，发放科普资料，开展科普讲座、咨询等活动，社会效果良好。叙永县拍摄践行社会主义核心价值观本土方言剧《新村轶事》三辑，采用微电影宣传手段将核心价值观生活化，实现了社科普及与群众日常生活无缝对接。

2001 年，社科联针对少数"法轮功"痴迷者在天安门前自焚事件，组织部分社科工作者编写了《崇尚科学 反对邪教》科普宣传读本，印刷 4000 册，发送到全市三区四县的机关、厂矿、学校和街道居委会。3 月 10 日，市社科联机关全体同志组织市教育学会等学会会员 15 人走上街头，分设五个宣传点向过往群众发放这本科普读本，并解答群众提出的有关问题，揭露"法轮功"反动本质，宣传科学的人生观和生活方式，收到了很好的宣传效果。市属各学会也按照社科联的要求，积极组织开展揭批"法轮功"的活动。

2003 年，针对"非典"疫情，市社科联编印了"防治非典型肺炎基本知识"科普宣传资料，印刷 5000 份，发送到各区、县、厂矿、机关、学校、街道、社区。以"依靠科学、战胜'非典'"为主题，组织学会上街宣传，共组织了五个组在车站、码头、矿区向群众分发抗"非典"的科普宣传资料，回答群众咨询。

2004 年，市社科联邀请四川大学教授来泸为市委中心组进行了"科学发展观与区域经济成长"的专题讲座。全市党政干部一千余人参加了听讲。8 月 18 日，市社科联联合市科协举办了"科学发展观"科普报告会，市委副书记主讲，各社科学会和科协会员 300 余人参加了听讲。

据不完全统计，2001 年至 2009 年，市社科联组织开展大型科普活动 45 次，参加人数达 1843 人次，接受咨询、义诊、培训等 14880 人次，举办党的十六大、十七大和省九次党代会、市六次党代会精神等专题巡讲和宣讲达 300 场。2010—2015 年，配合各个时期中央、省、市重要会议、文件精神的学习开展相关讲座 200 余场，发放相关资料 2 万余份；开展科普讲座 100 多场次、发放各类科普资料 10 万余册。2016—2018 年，组织酒城讲坛讲师、市级社科学会（协会、研究会）和市级社科普及基地深入基层开展科普宣传 200 余次，累计开展科普讲座 650 多场次，购买 20 余万元书籍免费赠送，组织 150 余块社科知识展板进行巡回展出，免费接受群众咨询 15000 余人次，发放各类科普资料 30 万余册。

2. 社科普及研究取得成效

为加大科普研究的力度，市社科联除办好《泸州社会科学》科普版和泸州社会科学网"科普之窗"外，2009年，首次在全市范围内开展了哲学社会科学普及项目申报工作。各学会、区县社科联围绕城乡环境综合整治、社会主义新农村建设等选题积极申报，经过评审，江阳区社科联紧扣现实的"城乡环境综合整治知识读本"获得社会科学普及项目立项。该项目还获得了省级社会科学普及项目立项。

同时，市社科联加大了组织编写科普读物的力度，指导有关学会、单位编写涉及科学发展观、法制教育、革命传统教育等内容的科普读物。先后编写了《川黔赤水河流域非遗音乐文化读本》《图说长征》《泸州集邮文化》等社科普及读本。区县社科联也编写了《漫画十三五》《漫画精准脱贫》《叙永历史文化丛书》《名人咏纳溪》《可爱合江》《符节史韵》《合江历史文化故事乡土教材》和中华经典诵读注音版系列读本等社科读本。《城乡环境综合治理读本》获评全国优秀社科普及读物。

3. 社科普及基地、讲坛发挥重要作用

2008年以来，全市共打造了60多个省、市和区县级社科普及基地。据2015年统计，各社科普及基地根据自身职能和工作内容先后开展各类社科知识普及活动300多场次，受众达20多万人次。2017年，各基地开展各类社科知识普及活动260余场次。2018年，组织省市级基地开展大型活动50余场。纳溪区青少年社会实践普及基地成功举办两届泸州市太山农耕文化传承周暨研学旅行活动。纳溪区儿童教育基地连续3年举办暑期少年儿童阅读实践系列活动并形成品牌。纳溪区百年护国战壕红色文化普及基地依托护国战争战壕遗址，打造集党性教育、爱国主义教育、国防教育为一体的"战壕课堂"，每年举办"战壕课堂"20场以上，参加人数1000人以上。泸县依托市级社科普及基地泸县宋代石刻博物馆，全面展示川南地区宋代石刻历史文化；依托屈氏庄园民俗文化博物馆，深入普及庄园历史文化、建筑艺术、地方民俗，已开馆接待参观人员100多批次，累计参观人数2万余人；依托全省首家家风馆"德馨馆"，积极倡导中华民族传统美德，传承弘扬优良家风，参观人数超过3万人。泸州职业技术学院社科联利用泸州市白酒文化普及基地、泸州市非遗文化普及基地和赤水河流域音乐文化普及基地，以及院级学术机构泸州职业技术学院地方文化研究所、赤水河音乐文化研究中心，积极开展科学研究、人才培养，弘扬优秀传统文化，对白酒文化的普及和非遗文化的传承与创新起到了积极作用。

天府人文讲坛、酒城讲坛是泸州社会科学宣传普及的品牌阵地。2015年，龙马潭区设立天府人文讲坛普及基地，优选10余名市区级专家到讲坛进行讲授，全年共计开展讲座17场次，其中知名专家讲座3场次，包括普通党员和群众等受众1400余人次。2016年，全市开展天府人文讲坛81场。

酒城讲坛自2007年4月23日开讲，仅到2009年，就开展讲座180多场，直接受众6万多人次，二次传播受众20多万人次。2009年至2015年，总坛开展讲座312场次，全市共计举办"酒城讲坛"讲座2000多场次，受众达100多万人次。邀请做客"酒城讲坛"的知名专家学者有30多位。2016—2018年，邀请50多位著名专家学者莅泸，在酒城讲坛固定点举办讲座100场。组织市级酒城讲坛讲师深入机关、学校、企业、军营、街道、社区，举办讲座460余场，受众超7万余人次，依托叙永县"春秋讲堂"、泸县"龙城讲堂"、纳溪区"云溪大讲堂"、合江县"荔城讲堂"等民间讲堂举办系列讲座680多场。

四

泸州市推动哲学社会科学繁荣发展的经验启示

70年来，泸州广大哲学社会科学工作者与时俱进、干在实处，积极为推动经济社会发展作出贡献。回顾泸州哲学社会科学事业实践历程，总结泸州哲学社会科学事业成就收获，我们也从中得到一些重要启示。

（一）哲学社会科学的繁荣发展离不开党委和政府的高度重视

哲学社会科学事业是党和人民的重要事业，哲学社会科学的发展离不开党委和政府的高度重视。泸州哲学社会科学事业刚起步，就得到了市委、市政府的关心，高规格配备了市社科联领导班子。1991年11月27日，市委书记出席泸州市首次先进学会和学会先进工作者表彰大会，向获奖学会和个人颁奖，并作了题为"高度重视社会科学工作，大力加强社会科学研究，为振兴泸州经济服务"的讲话。

泸州市社科联每一次代表大会，市委、市政府、市人大、市政协领导都参加。在第四次代表大会开幕式上，市委书记、市人大常委会主任作重要讲话。在第五次代表大会开幕式上，市委副书记、市长作重要讲话，向各级党委政府提出了"要积极支持社科联组织，努力培养和造就一批政治强、业务精、作风正的专家学者、学科带头人和理论骨干，不断开创全市哲学社会科学事业的新局面"的要求。

泸州市每一次哲学社会科学优秀成果评奖委员会，都由市委和市政府分管领导担任主任、副主任，有时还安排了市人大、市政协的相关领导参加。在泸州市第十次哲学社会科学优秀成果颁奖大会上，市委常委、宣传部部长代表市委和市政府讲话指出："繁荣发展哲学社会科学，不能仅仅看成是宣传部门、哲学社会科学部门的事情。各级党委和政府要切实加强对哲学社会科学的领导，努力把握哲学社会科学的发展规律，全面贯彻落实中央关于繁荣发展哲学社会科学的方针政策和部署要求，成为繁荣发展哲学社会科学的倡导者、参与者和推动者。"

对酒城讲坛，市委主要领导多次提要求、多次批示肯定。2011年4月12日，市委书记在市委宣传部、市社科联《关于考察成都金沙讲坛有关情况的报告》中做出批示："'酒城讲坛'能够坚持500多期，就充分显示出其生命力和活力以及社会影响力。既要逐步提升、完善，又要保持其特色，特别是保持其活力。"2013年，市委书记到市社科联调研，提出了社科研究必须在应用转化上有新的突破的要求。

（二）哲学社会科学理论创新必须坚持以马克思主义为指导

坚持马克思主义在我国哲学社会科学领域的指导地位，是习近平总书记在哲学社会科学工作座谈会讲话中的一个重要问题和基本观点。坚定理论自觉、真懂真信马克思主义，学习和践行马克思主义的精神力量，做一个马克思主义的理论工作者，做一个将马克思主义理想信念付诸行动的实践工作者。坚定政治立场、牢固树立以人民为中心的研究导向，坚持人民立场，代表人民利益，为人民做学

泸州市篇
099

问。紧紧围绕我市经济社会发展的重大问题，提出解决问题的正确思路和有效办法，继续推进马克思主义中国化、时代化、大众化。分阶段组织对马列主义、毛泽东思想、邓小平理论、"三个代表"重要思想、科学发展观、习近平新时代中国特色社会主义思想进行学习研讨和专题培训，每年召开1～2次专题研讨会，组织专家学者到基层进行理论阐释和宣讲宣传，每年组织开展专题系列研究，分专题编印《学习成果汇编》，在四川警察学院成立新时代马克思主义讲习所。如2018年，市社科联围绕习近平新时代中国特色社会主义思想和党的十九大精神，围绕习近平总书记在纪念马克思200周年诞辰大会上的重要讲话精神和在庆祝改革开放40周年大会上的重要讲话精神，组织专题学习研讨活动2次，开展理论阐释和宣讲宣传165场次，组织开展习近平新时代中国特色社会主义思想泸州实践系列研究；编印《泸州市学习习近平总书记系列重要讲话精神成果汇编》，并免费发放。

（三）哲学社会科学事业的"地位"要靠"有所作为"来赢得

哲学社会科学事业的"地位"要不来、等不来，要靠实干、靠"有所作为"来赢得。没有组织者、宣讲者对一坛坛"美酒"的精心酿造，酒城讲坛就不可能得到中纪委领导、省委宣传部领导、省社科联领导和市委领导的肯定，就不可能得到广大市民的赞许。泸州市社科联多次被评为全国、全省社科工作先进集体，多次被评为全省科普工作先进单位、基层社科联建设先进单位、信息工作先进单位，正是全市社科工作者努力的结果。在泸州市社科联第四次代表大会开幕式上，市委书记高度评价了社会科学界所做的工作和为推进泸州经济社会发展作出的重要贡献。在泸州市社科联第五次代表大会开幕式上，市委副书记、市长指出，各级社科联组织认真贯彻落实市委、市政府决策部署，在社科普及、阵地建设、学术交流、人才培养等方面做了大量卓有成效的工作。广大社科工作者紧贴实践、积极探索、锐意创新，推出了一批接地气、有特色、富有价值的研究成果；培育打造了"酒城讲坛"品牌；探索了社科成果运用转化机制，"赤水河流域研究成果"获得中央有关领导的批示肯定，为促进全市经济社会发展作出了积极贡献。

习近平总书记指出："坚持和发展中国特色社会主义，统筹推进'五位一体'总体布局和协调推进'四个全面'战略布局，实现'两个一百年'奋斗目标、实现中华民族伟大复兴的中国梦，我国哲学社会科学可以也应该大有作为。""一切有理想、有抱负的哲学社会科学工作者都应该立时代之潮头、通古今之变化、发思想之先声，积极为党和人民述学立论、建言献策，担负起历史赋予的光荣使命。"我们要牢记总书记的嘱托，不忘初心、勇担使命，积极主动开展工作，多出创新性成果，多出精品力作，以工作实绩赢得党委、政府和社会的支持，以工作实绩赢得人民的信任。

（四）哲学社会科学研究要坚持围绕中心服务大局

为经济社会发展服务，为党和政府的决策服务，是基层社科工作的根本任务。中央〔2008〕3号文件明确提出，地方社会科学研究机构应主要围绕本地区经济社会发展的实际开展应用对策研究。泸州社科研究的一个突出特点，就是紧紧围绕党委、政府的中心工作，把深入研究事关泸州改革开放和现代化建设的重大现实问题作为主攻方向，积极作为，主动作为。1997—2005年，市社科联确立的125项重点哲学社会科学研究课题，均围绕市委、市政府工作中心，紧密结合泸州经济社会发展问题展开研究。2003年，市组织人事研究会的重点课题"党代表大会常任制研究"，得到省委组织部和市委的肯定，成果转化为市委《关于开展党代会常任制试点的意见》，确定在龙马潭区试点。"十三五"时期，泸州面临国家建设"一带一路"和长江经济带、西部大开发等重要战略机遇，将着力在产业发展、投资拉动、城镇建设、开放合作、县域经济、民生事业等六个方面取得新突破。广大社科工作者自觉把研究重点放在市委市政府正在关注的、着力推动的大事要事难事对策研究上，放在全市改革发展稳定深层次问题破解上，放在基层群众关心关注的热点难点问题解决上，紧紧围绕建成"全国重要区域性综合交通枢纽、长江上游产业转型升级示范区、川滇黔渝结合部区域中心城市、生态文明美丽泸州"等重大课题，紧紧围绕扶贫攻坚、提前实现全面小康目标、贯彻落实"十三五"规划等重点工作，强化对策研究，推出了一批有价值、有深度、有影响的研究成果，提出了不少真知灼见。泸县《对试点推进不动产登记的研究》《创新农村宅基地退出机制研究》《泸县文化遗产保护与传承浅析》等一批社科课题被县委县政府采纳，落地转化为了指导工作的意见。

对泸州的哲学社会科学研究工作，市委、市政府领导寄予了厚望。在泸州市社科联第四次代表大会开幕式上，市委书记就曾强调，广大哲学社会科学工作者要深刻认识历史使命，切实当好思想库和智囊团。要坚持围绕中心、服务大局，深入研究重大理论和现实问题。要围绕"加快发展、科学发展、又好又快发展"的工作总体取向和"四个四"发展战略的实施，及时开展有针对性的研究，努力创造更多符合泸州实际、指导泸州发展的哲学社会科学成果。当前，我们国家正处于发展转型时期，泸州正在向建设川滇黔渝结合部的区域中心城市迈进。在这一进程中，必然会出现许多新情况、新问题，需要社科工作者去思考、去破解。我们要紧密结合实际，紧紧围绕市委、市政府确定的目标任务，以我们正在做的事情为中心，以事关全局的重大理论和实践问题为主攻方向，开展深入研究，积极建言献策，努力当好市委、市政府科学决策的参谋助手。

（五）哲学社会科学普及要密切关注人民群众的诉求

在泸州市社科联第五次代表大会开幕式上，市委副书记、市长就社科普及工作提出了要求。他说，要坚持为人民服务的价值取向，始终关注群众诉求、倾听群众呼声，积极探索做好教育就业、医疗卫生、公共文化、社会保障等民生工作的办法，推动解决群众最关心、最急迫、最现实的利益问题。要主动顺应需求，切实加强和改进理论阐释，积极宣传哲学社会科学知识，不断提高广大群众的人文修养和综合素质。泸州市的社科普及工作，正是按照这一要求开展的。

酒城讲坛之所以受到人民群众的欢迎，有三点很重要。第一，坚持用社会科学的原理阐释市民关注的问题，用通俗易懂的语言讲解党委政府的路线方针政策，为市民提供了一个与专家学者面对面、零距离交流的互动平台。第二，开展需求调查，通过向听众广泛征集意见，结合形势需要精心选择讲题，努力做到按需"配菜"，确保各类讲题既富有时代气息，又与百姓生活息息相关，满足了不同群体的需求。第三，在宣讲效果上努力做到"三听"：一是"动听"，要能够抓住和调动听众的情绪和注意力；二是"耐听"，要有一定的理论深度，要耐人寻味；三是"中听"，要切中听众的所思、所盼、所想，真正为广大听众解疑释惑。

泸州面上的社科普及工作，十分注重人民诉求让群众受益。在每年开展的"三下乡"、三月"科普之春"活动月、五月"科技活动周"集中行动中，社科工作者都要为群众提供咨询、义诊、培训等服务。区县结合实际开展的科普讲座，更是春风化雨，浸润到了干部群众的心田。叙永县坚持"民间发起、社会参与、政府扶持、百姓受益"的原则，精心打造民间讲堂，推出了历史系列、名人系列、健康系列、道德系列、形势系列讲座，传播社科知识和地方优秀历史文化，传递社会发展正能量，得到干部群众的认可，其经验材料《民间讲堂汇聚正能量》在四川省委宣传部《宣传工作》上刊载。古蔺县开办的"郎乡细语"讲座，采用身边人讲身边理的形式，在乡镇村社、田间地头宣讲社会主义核心价值观，举办小型讲座近千场，其交流材料获得了中宣部和省委宣传部领导的肯定性批示。

2019年3月，习近平总书记在看望参加政协会议的文艺界社科界委员时指出："哲学社会科学工作者要多到实地调查研究，了解百姓生活状况、把握群众思想脉搏，着眼群众需要解疑释惑、阐明道理，把学问写进群众心坎里。"我们要按照总书记的要求，在哲学社会科学普及工作中关注现实生活，深入调查研究，切准群众脉搏，了解群众需求，用群众能够理解和掌握的知识、道理，更好地帮助人民群众解疑释惑、纾困排难，不断满足人民群众日益增长的精神文化需求。

（六）哲学社会科学事业的发展要善于借智借力整合资源

为推动哲学社会科学事业的发展，泸州社科界在"联"上注重"三个主动"。一是主动"上联"。主动对接国家级、省级重大社科课题，主动跟进市委市政府中心工作，准确把握领导决策需求和中心工作需要，在服务全局中找准工作定位，努力做到市委市政府工作的重心在哪里、社科工作的重点就跟进到哪里。二是主动"下联"。健全组织体系、加强基层基础、创新方式方法，推进区县、高校、大型国有企业社科联建设和学会建设，推进全市乡镇街道社科建设。三是主动"外联"。举办和参与多类型、多层次的学术交流活动，切实加强与省内外学术界的沟通联络，为泸州改革发展借智借力。同时，在"合"上注重整合社科资源，组织联合攻关。依托驻泸高校，建设了一批全国知名、西部领先、全省第一的哲学人文社科类学科，每年完成一批国家级、省级社科基金研究项目。依托"四川省酒文化研究会""四川长江经济研究院""社会治理创新研究中心"等省级社科学会、研究基地，推出了一批具有泸州特色的决策咨询研究成果。依托泸州市文化研究中心，加强历史文化、红色文化、长江文化等文化的研究、发掘与弘扬，提升了泸州城市文化的影响力、辐射力。依托相关单位、相关区县，利用资源优势，打造了一批省市社科示范基地。

合江县社科联针对基层社科组织存在的专职人员少、经费紧张、研究水平较低等问题，联合县委政研室、县委党校、县人大、县政协等机构开展社科知识培训和社科研究工作，效果很好。叙永县社科联打破"单打独斗、各自为政"的旧模式，加强与机关、企事业单位的协作，在社科研究方面形成了"联合攻关、集体作战"的新格局；整合文艺文化、司法、教育等行业人才资源，联合基层团委、妇联、科协等群团工作者，广泛吸收非遗传承人、民间社科爱好者、社科草根专家、在外社科研究者等加入基层社科人才队伍，使基层社科力量不断壮大；整合乡镇文化站、综合文化服务中心、幸福美丽新村文化院坝、村级农家书屋、学校科普阵地，采用"走出去""请进来"方式，上下联动扩展社科活动，让社科普及延伸到了镇村社户；将乡镇宣传与社科工作整合打捆，实行"一套班子、两块牌子"，并将乡镇各办站所及派驻机构、中小学校、卫生院、企业团体和农畜专合社纳入成员单位"合署办公"，形成了"平台、引导、渠道"优势。纳溪区坚持以"小核心"牵动"大网络"的社科普及理念，加大统筹力度，打破条块分割、部门分割，本着"不求所有，但求所用"的原则，在全区范围内整合科普资源，有力地促进了社科普及和社科事业的共同发展。泸县各乡镇（街道）社科联均成立了一支由镇党委分管领导任主席、宣传干事任秘书长，镇教育、会计、统计、计生、水产、畜牧兽医、检察官、警察、医学会、农学会等协会、学会为成员的社科工作队伍，夯实了社科工作基础。

习近平总书记在哲学社会科学工作座谈会上的讲话中，多次提到了"统筹"二字。谈到构建中国特色哲学社会科学时，他强调"要加强顶层设计，统筹各方面力量协同推进"。谈到加强和改善党对哲学社会科学工作的领导的时候，他指出，要"统筹管理好重要人才、重要阵地、重大研究规划、重大研究项目、重大资金分配、重大评价评奖活动"。"要统筹国家层面研究和地方层面研究，优化科研布局，合理配置资源，处理好投入和效益、数量和质量、规模和结构的关系，增强哲学社会科学发展能力。"我们要认真学习领会习近平总书记的重要论述，在实现中华民族伟大复兴的新征程中，善于借智借力整合资源统筹推进哲学社会科学事业的发展，不辜负时代赋予哲学社会科学工作的"培根铸魂"的职责和使命。

泸州市社科联课题组

DEYANG SHI PIAN

德阳市篇

四川哲学社会科学70年

导言

在数千年的历史长河中，德阳以独特的地理位置、优越的自然环境、包容的人文精神，孕育了灿烂的巴蜀文化，丰富了绚丽的中华文明。三星堆遗址以"沉睡数千年，一醒惊天下"闻名于世；中国非物质文化遗产、全国四大年画之一的绵竹年画名扬海内外；全国四大孔庙之一的德阳文庙璀璨古今；"中国德孝城"德孝文化源远流长；白马关、落凤坡、庞统祠、诸葛双忠祠等三国遗踪遍布境内。作为抗美援朝特级英雄黄继光的故乡，"爱国奉献、不怕困难、自强不息、敢于胜利"的继光精神时刻砥砺着德阳人民勇于奋进。作为中国改革的发源地之一，德阳广汉向阳村在1980年全国第一个摘掉了人民公社的牌子，开启了中国农村改革先河，培育了"敢为人先"的改革创新精神。在2008年汶川"5·12"特大地震中，德阳人民面对特大自然灾害，凝练了包括"东汽精神"在内的伟大抗震救灾精神。

丰富的优秀传统文化，为德阳哲学社会科学的建设发展提供了十分宝贵、不可多得的资源和极其丰厚的文化土壤。新中国成立至今70载，德阳哲学社会科学在党的领导下，坚持以马克思主义为指导，牢牢坚守优秀思想文化，经历了从"文化大革命"时期"以阶级斗争为纲"，到"文化大革命"结束后对马克思主义史学进行正本清源"拨乱反正"，再到改革开放以来的迅猛发展。特别是1979年，在党的理论工作务虚会上邓小平同志提出："政治学、法学、社会学以及世界政治的研究，我们过去多年忽视了，现在也需要赶快补课。"在邓小平同志号召下，哲学社会科学发展突飞猛进。党和国家将哲学社会科学工作作为宣传思想文化工作的重要领域，作为培根铸魂的重要工作，赋予了举旗帜、聚民心、育新人、兴文化、展形象的重要使命和任务。党的十三届四中全会后，各级党委认真贯彻落实中央有关文件精神，切实加强和改进理论武装工作，充分发挥哲学社会科学的作用，不断改进领导方式，努力提高领导水平，为繁荣发展哲学社会科学创造了良好环境，德阳从事社会科学工作研究的各学会、协会、研究会相继建立健全，哲学社会科学呈现出良好的发展局面。

二

德阳市哲学社会科学 70 年概况

新中国成立以来，德阳哲学社会科学工作者解放思想、实事求是、与时俱进，坚持以马克思主义为指导，用科学的理论武装自己的头脑，坚持为人民服务、为社会主义服务方向和百花齐放、百家争鸣方针。全市从事社会科学工作研究的学会、协会、研究会相继建立健全，对推进德阳经济社会发展作出了重要贡献。

（一）组织机构发展历史及现状

1949 年至 1998 年德阳市社会科学界联合会正式成立之前，经民政局登记注册的市级学会（协会、研究会）有 66 个，大中型企业中有 7 个职工政治思想工作研究会。各学会（协会、研究会）遍布在全市各条战线、各个领域，既有农业、工业、商业流通方面的学会，也有财政、金融、税务、劳动、工商管理、审计、交通方面的学会；既有党的建设学科的研究会，又有思想意识形态研究会；既有应用学科方面的协会，又有基础理论方面的研究会，初步形成了一个覆盖全市各个研究领域的社会科学工作网络体系。在此期间，全市哲学社会科学工作者立足德阳市情，认真研究经济社会发展中带有全局性、前瞻性、战略性的问题，为党委和政府科学决策提供了有力的理论依据、智力支撑和决策支持。全市各类学会（协会、研究会）围绕德阳经济社会发展新课题的研究和本学会的自身建设，开展了大量的活动。据初步统计，1997 年之前，全市各个学会（协会、研究会）共开展重大活动 500 余场次。绝大部分学会（协会、研究会）开展了年会、理论研讨会和信息交流会，有些学会（协会、研究会）还开展了学术报告会和论文评选及咨询服务活动。

正是基于德阳社会科学的迅速发展，其不可替代性越来越凸显，成立社会科学界联合会，组织发动广大社会科学工作者牢记肩负的历史使命，高举邓小平理论伟大旗帜，坚持党的基本路线，更好地为党和政府决策服务显得十分迫切和重要。

1997 年，在德阳市委、市政府的高度重视和亲切关怀下，市委办以〔1997〕21 号文件批准同意，成立德阳市社会科学界联合会，市编委又分别以〔1997〕53 号和 54 号文件，确定了市社科联机关组织推动全市社会科学学术研究活动、促进和开展学术交流等 9 项主要职责，社科联内设学会学术部，明确 3 名领导职务。相关批文下达后，在市委宣传部的直接领导下，成立了市社科联筹备组，具体工作由市委讲师团组织进行。经过近一年时间的精心筹备，1998 年 6 月 23 日，德阳市社科联召开第一次代表大会，选举产生了第一届社科联理事会，其中主席 1 名，副主席 9 名，秘书长 1 名，副秘书长 2 名，常务理事 43 名，理事 76 名（见图 1）。正式赋予德阳市社会科学界联合会是中共德阳市委、德阳市人民政府领导下的学术性人民团体，是党和政府联系广大社会科学工作者的桥梁和纽带。德阳市社会科学界联合会的成立及第一次代表大会的召开，标志着德阳社会科学事业正式步入健康有序的发展轨道。

2001 年机构改革后，德阳市委办以德委办发〔2001〕91 号文件对社科联职能进行调整，赋予其负责全市新申报的市级社科类学会、协会、研究会的资格审查；指导、协调、管理所主管的学会、协会、研究会；负责各团体会员的业务指导等 10 项主要职责，内设办公室、学会学术部、社科普及部，1 名行政编制和 8 名事业编制。哲学社会科学工作得到进一步加强。

图1　1998年6月23日德阳市社科联召开第一次代表大会

德阳市社会科学界联合会成立后，团结和带领全市哲学社会工作者，在市委、市政府领导下，以邓小平理论和"三个代表"重要思想为指导，紧密结合德阳发展的实际，与时俱进，推动了哲学社会科学事业的繁荣发展。会计学会、审计学会、教育学会、建筑业学会、金融学会等社会科学领域的学会、协会、研究会相继制定章程，规范开展学术活动，搭建了社会科学工作者交流的广阔平台。在德阳市社会科学界联合会的推动下，市级社科类学会、协会、研究会逐步规范发展，基层社科联组织建设逐步夯实，下辖6县（市、区）的社科联组织自2000年后相继成立。

2006年，旌阳区社会科学界联合会成立，确定为正科级参公事业单位，核定参公事业编制6名。

2011年，罗江县社会科学界联合会、广汉市社会科学界联合会先后成立，罗江县社会科学界联合会确定为正科级事业单位，核定事业编制5名，有社科类学会协会研究会13个；广汉市社会科学界联合会确定为正科级行政单位，核定行政编制3名，有社科类学会协会研究会15个。

2012年，什邡市社会科学界联合会、绵竹市社会科学界联合会、中江县社会科学界联合会正式成立；什邡市社会科学界联合会确定为正科级行政单位，核定行政编制2名，有社科类学会协会研究会28个；绵竹市社会科学界联合会确定为全额拨款事业单位，核定事业编制2名，有社科类学会协会研究会3个；中江县社会科学界联合会确定为正科级参公事业单位，核定事业编制3名，有社科类学会协会研究会15个。

经过多年的不懈努力，德阳6县（市、区）社会科学界联合会相继成立，实现了"满堂红"，各项工作不断规范，各级组织不断健全，辖区内四川建筑职业技术学院、中国民航飞行学院亦先后成立高校社科联，为推动德阳哲学社会科学的繁荣发展奠定了扎实的组织基础。

（二）人才队伍发展历史及现状

据初步统计，新中国成立至社科联成立以来，德阳市参加各学会（协会、研究会）人数呈现逐年增加趋势。改革开放以后，特别是市、县社科联相继成立后，随着德阳市社科工作的持续开展，全市社科工作者科研积极性不断提高，社科人才大量涌现，人才结构逐渐稳定，遍布在全市各条战线、各个领域，从社科人才分布情况来看，已经形成党政企事业机关研究人员、高校科研人员和基层科研人员三足鼎立的结构（见图2）。

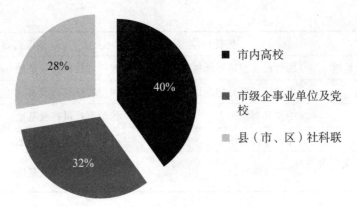

市内高校
市级企事业单位及党校
县（市、区）社科联

图 2　德阳市社科人才分布情况

从社科人才学科分布来看，德阳市初步形成了以教育学和应用经济学、管理学等学科人才为主，马列、法学、心理学、党史党建、政治学、中国历史、考古学、中国文学、语言学等多种学科人才并存的状况。

广大哲学社会科学工作者在德阳的发展和现代化建设中发挥了独特的作用，不仅围绕经济建设这个中心，从理论与实际的结合上撰写了一大批理论文章，提出了许多对策与建议为决策部门所采纳，而且围绕"以科学的理论武装人，以正确的舆论引导人，以高尚的精神塑造人，以优秀的作品鼓舞人"的战略任务，积极参与讲文明树新风，建设文明城市的各种社会服务活动，为培养"四有"新人作出了极大的努力，起到了其他组织形式不可替代的作用。

（三）社科阵地发展历史及现状

1. 社科讲堂

德阳讲坛：旨在邀请国内知名专家学者就德阳市干部群众关心的热点问题解疑释惑，全面提升干部群众的素养，助推学习型社会建设，推进文化大发展大繁荣。德阳讲坛从 2012 年创办至今，通过线下现场讲座+线上视频讲座的形式，为广大德阳市民提供了涵盖经济、文化、艺术等诸多方面的精神盛宴。

罗江讲坛：旨在开拓干部视野、提升干部理论水平，把握习近平新时代中国特色社会主义思想的精髓要义。

汉州讲堂：旨在"讲广汉，谈天下，通古今，论工作"。其内容大众化、服务基层化、传播多元化。

什邡百姓大讲堂：旨在传播科学知识、提升人文素质、推动社科普及活动。

南轩讲堂：旨在推动社科普及，广泛传播优秀的本土文化，弘扬社会主义核心价值观。

中江讲坛：旨在多场合、多渠道地引导社科界进行学习，进一步统一思想，凝聚力量。

2. 社科普及基地

经过多年的发展，德阳市旌阳区德孝基地、绵竹年画村、广汉三星堆等一批社科普及基地相继建立（见表1），形成了国家级、省级、市级梯队发展，全民参与、社会联动的科普格局，不断地推动德阳哲学社会科学事业向前发展。

表 1　德阳市社科普及基地表

基地名称	依托单位	基地级别	成立时间
四川孝文化社科普及基地	旌阳区孝泉镇德孝城	全国社会科学普及教育基地	2012 年
三星堆古蜀文化社科普及基地	三星堆博物馆	全国社会科学普及教育基地	2013 年

基地名称	依托单位	基地级别	成立时间
绵竹年画文化社科普及基地	绵竹市孝德镇年画村	四川省社科普及基地	2013 年
继光精神社科普及基地	中江县黄继光纪念馆	四川省社科普及基地	2017 年
中江历史文化普及基地	中江县博物馆	德阳市社科普及基地	2017 年
古蜀文化发展普及基地	什邡市博物馆	德阳市社科普及基地	2017 年
李调元文化及地方历史文化普及基地	罗江区博物馆	德阳市社科普及基地	2017 年

3. 社科刊物和网站

1998 年至今，德阳市社科联先后创办《德阳社会科学》《信息快递》《重要成果专报》等一大批社科期刊创刊，为各级领导、社科工作者和广大群众提供学习和了解社科知识的载体，扩大了社会科学的影响力和宣传力。

《德阳社会科学》：以社科工作者为读者群，收集刊发市内社会科学稿件，搭建社科工作者交流学习平台，通过季刊形式发行。

《信息快递》和《重要成果专报》：以领导干部和社科学会工作者为对象，刊载社科领域内最新信息，传递宣传社科最新成果，其中《信息快递》以半月刊形式发行。

社科网页——德阳社科网：同时在党政网、互联网上开办社科网页，收集社科界最新动态，因内容新颖，信息量大而广受欢迎。

三

德阳市推动哲学社会科学繁荣发展的基本实践

70 年来，德阳哲学社会科学繁荣发展，既有国家推动的大背景，也有德阳发展的历史背景。

从国家层面的大环境来看。邓小平同志指出："科学当然包括社会科学。""政治学、法学、社会学以及世界政治的研究，我们过去多年忽视了，现在也需要赶快补课。"党的十三届四中全会后，各级党委切实加强和改进理论武装工作，充分发挥哲学社会科学的作用，不断改进领导方式，努力提高领导水平，为繁荣发展哲学社会科学创造了良好环境，哲学社会科学呈现出良好的发展局面。党的十四届六中全会指出："要在总结改革开放和现代化建设实践经验的基础上，努力加强马克思主义的哲学、经济学、政治学、法学、历史学、文艺学、新闻学、社会学、伦理学、教育学、管理科学等建设，这是党的思想理论建设的一项重要任务，是巩固和发展社会主义意识形态的一项重要任务。"随后召开的党的十五大强调："积极发展哲学社会科学，这对于坚持马克思主义在我国意识形态领域的指导地位，对于探索有中国特色的社会主义的发展规律，增强我们认识世界、改造世界的能力有着重要意义。"基于这个国家大背景，为全市哲学社会科学创造了难得的繁荣发展条件。

从德阳经济社会发展实践来看。德阳广大哲学社会科学工作者始终坚持以马克思列宁主义、毛泽东思想、邓小平理论和"三个代表"重要思想、习近平新时代中国特色社会主义思想为指导，用科学的理论武装自己的头脑，不断提高理论修养和思想道德素质。特别是 1983 年建市以后，全市哲学社会科学工作者立足德阳市情，认真研究经济社会发展中带有全局性、前瞻性、战略性的问题，不仅围绕经济建设这个中心，从理论与实际的结合上撰写了一大批理论文章，提出的许多对策与建议为决策部门所采纳，而且围绕"以科学的理论武装人，以正确的舆论引导人，以高尚的精神塑造人，以优秀的作品鼓舞人"的战略任务，积极参与讲文明树新风、建设文明城市的各种社会服务活动，为培养"四有"新人作出了极大的贡献，为党委和政府科学决策提供了有力的理论依据、智力支撑和决策支持，在推进德阳经济社会发展的同时，哲学社会科学事业也得到了迅猛发展。

历史的车轮不断推动着德阳哲学社会科学的繁荣发展。德阳建市以后，在市委、市政府的高度重视和亲切关怀下，市委宣传部曾几度酝酿建立市社科联，并于 1997 年以市委办〔1997〕21 号文批准同意成立市社会科学界联合会，市编委又分别以〔1997〕53 号和 54 号文明确了市社科联机关的主要职责、所设机构、领导职数和编制配备等问题。1998 年 6 月 23 日，德阳市社科联召开第一次代表大会，选举产生了第一届社科联理事会。德阳市社会科学界联合会的成立暨第一次代表大会的召开，标志着德阳哲学社会科学事业正式步入健康有序的发展轨道。

（一）发挥社科组织优势，德阳社会科学不断向前发展

在德阳市委、市政府的正确领导下，在四川省社科联的精心指导下，德阳市社会科学界联合会作为繁荣与发展哲学社会科学事业的一块重要阵地，组织全市社科工作者，坚持以邓小平理论和"三个代表"重要思想为中心研究内容，以德阳改革开放和社会主义现代化建设中的重大理论问题和实践问题为研究的主攻方向，以对策研究和应用研究为主要形式的工作思路，有力地推动理论创新，促进改革发展。一是结合不同时期的宣传思想工作和理论研究工作实际，广泛组织开展邓小平理论和"三个代表"重要思想专题研究。及时组织社科界专家学者进行政治理论学习讨论，统一思想，提高认识，

确保与党中央保持高度一致，并撰写了大量理论宣传文章，为党的建设和思想政治工作提供了一大批理论研究成果。二是充分发挥"创新理论，咨政育人"的作用，把理论研究同德阳改革开放的实践有机结合起来，加强理论研究的针对性和实践性，为德阳改革开放和现代化建设提供了一大批理论研究成果。1998—2004 年期间，德阳市社科联有 40 多篇成果被各级党政领导所采纳，为党委政府科学决策提供了较为有力的理论支撑和智力支持。三是加强基础学科的发展研究，部分学科研究初具实力，有力地促进了基础学科研究的进行。四是在市委、市政府的有力支持下，开展了德阳市哲学社会科学优秀科研成果评选表彰工作。1998—2004 年期间，德阳市社科联开展了两届评奖活动，共评出政府奖和社科奖 167 项，组织奖 20 项。

在此阶段，在市委、市政府领导下，全市广大哲学社会科学工作者以邓小平理论和"三个代表"重要思想为指导，紧密结合改革开放和现代化建设的实际，与时俱进，辛勤劳动，推动了哲学社会科学事业的繁荣发展。学会建设得到加强，社科规划相继推出，科普工作广为开展，学术成果不断涌现，社科队伍日益壮大，较好地发挥了党和政府"智囊团"和"思想库"的作用，为德阳实现跨越式发展提供了理论支撑和智力支持。

（二）出台实施意见，德阳社科发展驶入快车道

2004 年初，中共中央印发《关于进一步繁荣发展哲学社会科学的意见》（中发〔2004〕3 号），这是新中国成立以来中央第一次为繁荣发展哲学社会科学专门出台的意见，文件明确了哲学社会科学的重要地位。随后，中共四川省委出台《关于努力推进哲学社会科学事业繁荣发展的意见》（川委发〔2004〕13 号），中共德阳市委制定《关于积极推进哲学社会科学事业繁荣发展的实施意见》（德委发〔2004〕18 号）。2004 年 9 月 1 日，围绕进一步繁荣发展哲学社会科学的中心，召开了德阳市社会科学界联合会第二次代表大会，全面总结了市社科联自 1998 年组建成立 6 年来，哲学社会科学事业在推进德阳"三个文明"建设中，在深化改革、扩大开放、促进发展、创新理论的实践中，在德阳加速实现"跨三步、翻三番"的战略目标中，提供的思想保证、价值导向、理论支持和智力服务；指出今后一段时期是哲学社会科学发展的极好时期，提出了今后工作的指导思想、工作任务等，加快了德阳繁荣发展哲学社会科学的步伐。

自 2004 年德阳社会科学界联合会第二次代表大会召开，至 2013 年第三次代表大会召开 9 年期间，全市哲学社会科学快速发展，理论宣传、社科研究、成果评奖、学术交流、社科普及等一系列工作迈上了新的台阶。一是理论武装和理论创新成果丰硕。坚持深入学习马克思主义理论，学习党的路线方针政策和国家法律法规，学习党的历史，着重抓好党的十七大、十八大重要会议精神的学习宣传，以党的十七大、十八大精神统领全市的哲学社会科学工作；认真学习、深入宣传、全面贯彻中央、省委和市委关于繁荣发展哲学社会科学的文件精神，实施了一系列重大举措，确保了"三个文件"精神真正得到贯彻落实，取得了明显实效。积极用社会主义核心价值体系引领社会思潮，深入开展以"繁荣发展哲学社会科学"为载体的学习实践科学发展观活动，推动学习型社会、学习型党组织建设，进一步增强了广大社科工作者的政治意识、大局意识、阵地意识和责任意识。在 2008 年"5·12"特大地震发生后，市社科联组织所属学会、协会、研究会和社科工作者以弘扬伟大的抗震救灾精神为重点，深入学校、社区、厂矿、农村和机关单位，通过多种形式开展理论宣讲达 400 余场次。二是社科研究和成果评奖花开满园。紧紧围绕市委、市政府中心工作开展系列专题研究，完成了《关于重建精神家园的思考》《繁荣成都城市群、建设西部增长极》等多篇贴近实际工作的调研文章，同时以广大群众关注关心的热点为中心，加大成果转化力度，推出《德阳三国旅游经济问题纵论》《德阳市生态环境建设与保护对策研究》等工作指导性、实用性较强的研究成果，为党委、政府提供了有价值的决策参考。德阳市社科联不断总结概括城市发展特色、传承弘扬城市文化底蕴：完成了国家社科基金重点项目《东汽精神在构建社会主义核心价值体系中的传承与弘扬》并出版（见图 3），实现了

国家社科基金项目零的突破；完成"科学重建美好德阳的若干对策研究"等92项省级社科课题研究；市级社科规划课题立项共接收申报800余项，共批准立项350余项。组织了第三至七届社科优秀成果评奖工作，并连续9年组织参加四川省哲学社会科学优秀科研成果评奖，并保持了德阳在省上"年年有课题立项，届届有成果获奖"的可喜成绩。

图3　2013年5月8日，国家社科基金重点项目"东汽精神在构建社会主义
核心价值体系中的传承与弘扬"成果发布暨出版发行仪式

三是社科普及工作开拓创新。着力搭建平台、拓宽渠道，创新方法、真抓实干，推动德阳社科普及工作不断迈上新的台阶。以每年3月"科技之春"科普宣传月和5月"科技周"为契机，共向群众发放农业科技、治安、计生、环保、税收、卫生等有关科普宣传资料7万余份，展示科普图片千余幅，开展科普咨询2万余人次，并积极举办科普讲座，印发科普读物，得到了受众的一致好评；坚持抓好社会科学阵地建设，发挥社科引领作用；不断加强社科普及立项和基地建设，形成全民参与、社会联动的科普格局。四是学术交流活动蓬勃开展。围绕党的十七大、十八大精神的学习贯彻，围绕贯彻落实科学发展观、纪念改革开放30周年、纪念新中国成立60周年、社会主义新农村建设、推进德阳"一三五八"发展战略等内容，共组织开展各类理论研讨活动100余场次；围绕党委政府中心工作，组织开展了大量调研活动，有效提升了全市社科界服务中心的工作能力和水平；积极开展对外学术交流活动，学习先进经验，提升工作水平，并邀请国内知名专家学者到德阳开展专题讲座和学术报告会70余场。五是社科组织建设明显加强。市社科联本着"规范引导、强化服务，增强活力、发挥作用"的理念，通过采取进一步加强学会工作，逐步夯实基层社科联组织建设，不断充实完善了"德阳市社科人才库"，积极加强自身建设，确保市社科联的各项工作更加贴近实际、贴近群众，更有生机与活力等多项强有力的举措，努力推动社科组织健康有序发展，社科人才队伍不断壮大，全市社会科学人才达到6854人。

（三）第三次代表大会，德阳社科发展再上新台阶

党的十八大以来，党中央继续制定政策、采取措施，大力推动哲学社会科学发展。2013年11月8日，德阳市社会科学界联合会第三次代表大会召开，确定了今后五年全市社科工作的指导思想和奋斗目标：高举中国特色社会主义伟大旗帜，以邓小平理论、"三个代表"重要思想和科学发展观为指导；深入学习宣传贯彻党的十八大和十八届三中全会精神，围绕全市奋斗目标，团结和组织广大哲学

社会科学工作者，求真务实、开拓创新，切实加强理论武装和自身建设，大力提升服务能力，努力把社科联建设成为党委和政府的"智囊团"和"思想库"，建设成为社科工作者温馨之家，进一步开创繁荣发展德阳哲学社会科学事业的新局面，为推进德阳在全省率先全面建成小康社会作出新的更大的贡献。

德阳市社会科学界联合会第三次代表大会召开以来，特别是2016年5月17日习近平总书记在哲学社会科学工作座谈会上讲话后，市社科联认真贯彻落实中央和省委相继出台的加快构建中国特色哲学社会科学的意见，紧紧围绕德阳市委、市政府的中心工作、战略重点和社会关注的热点、难点问题，团结和组织全市广大社会科学工作者，解放思想、开拓创新，在认识世界、传承文明、创新理论、咨政育人、服务社会等方面作出了新的贡献，组织建设、理论宣传、社科研究、成果评奖、学术交流、社科普及等一系列工作取得了突破性进展。一是理论武装再上新高度。2013年以来，全市社科界毫不动摇地坚持马克思主义指导地位，高举中国特色社会主义伟大旗帜，深入学习马克思主义理论，学习党的路线方针政策和国家法律法规，学习党的历史，着重抓好党的十八大、十九大重要会议精神的学习宣传。积极参与组建宣讲团，分别深入市级机关、企事业单位、各县（市、区）、学校、社区等开展宣讲工作，努力做好理论宣传工作，切实加强理论武装。全面加强《德阳社会科学》杂志和德阳社科网等阵地建设，及时传达从严治党新要求、新举措，最大范围统一思想、凝聚共识。二是资政服务硕果累累。几年来，市社科联密切联系实际，注重实效，紧紧围绕中心、服务全市工作大局，组织开展了形式多样的社科研究和社科成果展示活动，取得了显著成绩。结合不同时期的宣传思想工作和理论研究工作实际，对德阳市各个阶段经济社会的发展环境、发展优势、面临的主要矛盾和问题，以及推动全市经济社会科学发展、加快发展的对策措施等进行深入研究，采取联合攻关、委托研究等形式，积极组织开展理论和实践重大课题研究。2013年至今，德阳市社科成果入选国家社科基金项目4项，省级规划课题17项，市级规划立项418项，重点课题"成都德阳同城化发展战略研究""推动德阳行政区划调整研究""拓展德阳重装'一带一路'市场的对策建议"等近10项成果得到省、市党委政府主要领导的签批和肯定，并转化为党委、政府的决策部署，在推动成德同城化、撤县设区、融入"一带一路"等方面作出了积极贡献，充分发挥了智囊智库的作用。同时，德阳市社科联开展了第八届"哲学社会科学优秀成果评奖"活动，第九届"哲学社会科学研究成果展示"活动，被市政府表彰的成果37项，定级展示成果49项；组织参加全省"社会科学优秀成果评奖"活动，全市作品获省政府社科优秀成果奖3项，社科学术影响力不断扩大。三是社科普及开拓创新。坚持以正确的理论为导向，以提高素质为目的，着力搭建平台、拓宽渠道、创新方法、真抓实干，全市社科普及工作不断迈上新的台阶。几年来，市社科联认真落实《四川省科学技术普及条例》，积极组织社科普及规划课题申报工作，积极组织参加"科技之春"活动月和五月"社科普及周"活动，推动了科普宣传常态化开展。大力推进科普大讲堂建设，"德阳讲坛"、什邡"百姓大讲堂"、绵竹"南轩讲堂"等在群众中已有较大影响，逐渐形成了特色文化品牌，在提高群众生活质量、推动社会和谐方面发挥了积极作用。实施科普基地梯队建设工程，累计创建国家级基地1个、省级基地4个，2017年在组织省级社科普及基地申报、复审的基础上，启动市级科普基地创建，中江县黄继光纪念馆、罗江区博物馆等4家单位被认定为"德阳市哲学社会科学普及基地"，初步形成了科普基地梯队化发展的良好态势。四是社科队伍组织不断壮大。把哲学社会科学人才队伍建设纳入重要规划，把发挥哲学社会科学人才的作用放在重要位置。建立"德阳市社科人才库"，突破部门和身份限制，加大发掘、交流和培训力度，促进德阳市社科联各学术社团之间以及社科理论界与社会各界之间的联系，搭建了活动交流的广阔平台。以开展社科规划课题和优秀成果评奖为抓手，吸引人才、发现人才、培育人才，使全市社科人才队伍不断壮大，人才队伍构成更加合理。加强基层社科组织建设，2010年之前，全市仅旌阳区社科联一个县级社科组织，2010年后，6个县（市、区）相继成立社科联，罗江区社会科学界联合会、广汉市社会科学界联合会、什邡市社会科学界联合会、绵竹市社会科学界联合会、中江县社会科学界联合会先后召开成立大会。五是自身建设全面加强。制定《关于全面推进县（市、区）社科联工作的实施意见》，指导县（市、区）社科联发挥好联系当地党委政府与社科工作者的桥梁和纽带作用，充分履行好学术性人民团体的管理与服务职能，组织开展好各项工作与交流活动；出台《德阳市社会科学界联合会学会管理办法》，实施学会走访制度，不断加强对所属学会、协会和学术团体的指导和管理，推进学会管理不断规范化、法制化、科学化，促进学会工作健康发展；印发《德阳市哲学社会科学规划项目管理办法》《德阳市社会科学界联合会学会活动项目经费资助管理办法（试行）》，加强和完善哲学社会科学规划项目管理工作，建立评审专家库，规范项目申报、立项、鉴定、结项流程，促进哲学社会科学研究多出优秀成果，多出优秀人才；制定《德阳市哲学社会科学普及基地管理办法》，规范评选、管理程序，推动社科普及基地建设。

德阳市推动哲学社会科学繁荣发展的主要成就

新中国成立70年特别是党的十八大以来，德阳市委把繁荣发展哲学社会科学作为贯彻五大发展理念、加快建设全省经济副中心的有力支撑。全市广大社科工作者在市社科联的带领下，坚持以马克思主义为指导，习近平新时代中国特色社会主义思想为遵循，准确把握党在新形势下推进马克思主义中国化的新判断、新理论，围绕中心、服务大局，努力为德阳发展出招、为深化改革发力、为民生改善献计，不仅在思想引领、理论创新、社科普及等方面做了大量卓有成效的工作，在服务全市经济社会发展方面也作出了重要贡献，推进重装产业融入"一带一路"、加快成德同城化发展、推动德阳行政区划调整等一大批优秀研究成果转化为党委和政府的决策依据，并得以落地实施。在党的领导下，德阳市哲学社会科学事业有序推进，阵地建设全面发展，学术迅速繁荣，人才队伍不断壮大。德阳市社科联团结带领全市广大哲学社会科学工作者，高举中国特色社会主义伟大旗帜，以邓小平理论、"三个代表"重要思想、科学发展观、习近平新时代中国特色社会主义思想为指导，始终坚持把握方向谋发展，围绕中心搞科研，紧贴热点抓普及的原则，充分发挥了"智囊团"、"思想库"和"科普队"的作用，为全市经济社会发展出谋划策，为社会意识形态稳定保驾护航，为推动德阳经济社会发展作出了积极贡献。

（一）抓基础建设，以平台阵地营造良好氛围

作为市委、市政府领导下的学术性群众团体，德阳市社科联始终坚持以"规范引导、强化服务，增强活力、发挥作用"为理念，不断加强思想、组织和作风建设，加强对所属学会、协会和学术团体的指导和管理，积极组织学术研究、服务科学决策、普及科学知识、推进成果转化、倡导优良学风。特别是党的十八大以后，通过建设社科普及基地，实施学会走访制度，加强县（市）区基层社科组织建设，完善社科人才库，搭建学术交流平台等基础建设，推动了全市社科组织健康有序地发展，基层阵地逐步夯实，人才队伍不断壮大，社科联影响力全面提升。

一是以基地建设推动社科阵地发展。截至目前，已建成国家级基地2个，省级基地2个，市级基地3个。四川孝文化普及基地聚焦"德孝文化"（见图4），古蜀文化社科普及基地突出三星堆古蜀文明，绵竹年画村科普基地传承年画技艺，继光精神科普基地弘扬爱国主义，各级社科基地纷纷推出特色鲜明的系列科普活动，实现了崇尚科学、传播科学思想、弘扬正能量的作用。

二是以活动载体推动社科阵地发展。与市委宣传部、市委组织部、市纪委等部门联合举办"德阳讲坛"，采取线上线下并行开展的方式，得到了全市广大干部群众的积极参与和一致好评。与市委宣传部联合举办天府人文讲坛——德阳分坛"培育和践行社会主义核心价值观"专题讲座，宣传宣讲社会主义核心价值观的概念、意义和基本内涵。与县级社科联联动，推进德阳人文讲堂"进机关、进乡村、进社区、进学校、进企业"。邀请省内外专家学者走进德阳人文讲堂。什邡"百姓大讲堂"、绵竹"南轩讲堂"、广汉"汉州讲堂"等县级社科讲堂阵地形成特色文化品牌。

图4 2016年5月11日，在四川孝文化普及基地开展的
"守护传承·放飞梦想"中华传统文化体验活动

三是以学术专刊推动社科阵地发展。办好《德阳社会科学》（季刊），收集刊发市内社会科学稿件，搭建社科工作者交流学习平台；以领导干部和社科学会工作者为对象，办好《信息快递》（半月刊）、《重要成果专报》，刊载社科领域内最新信息，传递宣传社科最新成果。一大批社科学术专刊得到党委、政府领导的高度肯定；组织编印的《"传家风 立家规 树新风"优秀文集》《中华优秀传统文化与社会主义核心价值观简明读本》《绵竹年画的传承与发展》《常见法律知识普及》《涌泉跃鲤》等科普读物深受群众喜爱。"德阳社科网"成了全市各级社科组织和社科工作者交流经验、展示成果、互相沟通的重要平台，极大地调动了社会各界参与的积极性，进一步增强了社科联组织的凝聚力、创造力和影响力，为社科研究营造了良好氛围。

（二）抓项目质量，以管理创新培育优秀成果

在德阳市委、市政府的支持下，市社科联团结带领全市社科工作者整合资源、创新方式方法、开展应用对策研究和地方特色研究，推出了一批高水平、高质量的研究成果，在助力全市经济社会发展上取得了很大成效。

一是积极推进社科规划研究。全市社科工作始终坚持开展社科规划项目立项，制定完善《德阳市哲学社会科学规划项目管理办法》，设立德阳市社科规划项目资金，制定规划项目管理办法，规范项目申报时间、流程及结题时间，建立项目评审专家库，优选社科评审专家，完善成果鉴定办法，实行论文网络查重、专家盲评，不断规范立项、结项程序，营造学术氛围，规范学术纪律。探索研究方式和方法创新，实施联合攻关和委托研究方法，提升成果质量。始终坚持严肃学术作风，提高研究质量，探索实施了以"网络查重—专家鉴定—网络公示"为主的项目"三关"审查机制，委托高校对结题项目进行权威的网上查重，近年来，因查重被退回的文章数量由最初的40%左右降到了10%以下；根据学科分类，在项目专家库中抽取至少三名专家进行鉴定，出具书面鉴定意见、确定鉴定等次；最后对合格项目在"德阳社科网"进行公示，接受全社会监督。"三关"审查机制的建立，让认真开展科研工作的社科工作者的积极性得到了保护，不仅确保了社科资金使用效益和成果质量，也激发了社科工作者的科研热情，优秀社科科研成果层出不穷，"'东汽精神'在构建社会主义核心价值体系中的传承与弘扬"等5项课题获准国家社科基金立项（见表2），获得项目资金110万元；"儒学与传统人文教育"等26项课题获准省社科规划项目立项（见表3），获得项目资金40万元；市级社科规划立项950余项，发放项目资助经费143万余元。《拓展德阳重装"一带一路"市场的对策建议》《德阳行政区划调整改革调研报告》等4篇成果得到省委、市委主要领导签批，《推进德阳市新能源汽车产业发展的建议》《关于将三星堆文化符号融入德阳城市形象塑造中的建议》等6项成果得到市领导签批，多个项目取得了良好的社会效益。

表2　德阳市获得国家社科基金立项项目一览表

项目批准号	立项时间	项目名称	项目类别	项目负责人	工作单位
10AKS006	2010年	"'东汽精神'在构建社会主义核心价值体系中的传承与弘扬"	重点项目	何显富	中国东方电气集团东方汽轮机有限公司
14CZS043	2014年	"民国时期国耻教育研究"	青年项目	熊斌	中国民用航空飞行学院
15CMZ015	2015年	"新型工业化背景下西藏特色矿业开发道路研究"	青年项目	李国政	中国民用航空飞行学院
15CJY033	2015年	"基于产权效率的国家自然资源资产管理体制研究"	青年项目	裴玮	四川建筑职业技术学院
18BYY098	2018年	"国际民航组织标准下的中国民用航空特种英语测试系统效度研究"	一般项目	黄大勇	中国民用航空飞行学院

表3　德阳市获得省级社科立项项目一览表

立项时间	项目名称	项目类别	项目负责人	工作单位
2006年	"儒学与传统人文教育"	省社科普及项目	郝跃南	德阳市委宣传部、市社科联
2006年	"德阳建设中国西部职教基地的金融支持研究"	省社科规划（市州）项目	杨道法	德阳市金融学会、市社科联、市教育局
2007年	"大学生实用礼仪常识"	省社科普及项目	车彤	中国民用航空飞行学院
2008年	"科学重建美好德阳的若干对策研究"	省重点委托项目	郝跃南	德阳市委宣传部、市社科联
2008年	"川西地震灾害遗迹旅游资源的开发利用初探"	省社科规划项目一般项目	马勇	四川工程职业技术学院
2008年	"我国民航飞行员流动的法律研究"	省社科规划项目一般项目	张世良	中国民用航空飞行学院
2009年	"大学生生命意识教育"	省社会普及项目	车彤	中国民用航空飞行学院
2010年	"'人的素质'提升是城乡环境综合治理的战略抓手"	省社科规划（市州）项目	郝跃南	德阳市委宣传部、市社科联
2012年	"关于建设'践行社会主义核心价值体系示范区'的路径探索与思考"	省社科规划（市州）项目	课题组	德阳市委宣传部、市社科联
2013年	"台账工作法——新时期贯彻党的群众路线的新创举"	省社科规划（市州）项目	郑蕾	德阳市委党校、市社科联
2013年	"解说三星堆"	省社科普及项目	课题组	三星堆博物馆
2013年	"法眼看民航——中国民航热点难点问题法律解析"	省社科普及项目	许凌洁	中国民用航空飞行学院
2014年	"飞机只能用来飞吗?——乘客必备航空安保知识趣谈"	省社科普及项目	杨晓勇	中国民用航空飞行学院
2014年	"民航飞行'浅疲劳'区域甄别与体育干预手段研究"	省社科规划项目一般项目	邹琳	中国民用航空飞行学院
2014年	"德阳市率先实现次级突破研究"	省社科规划（市州）项目	曾玉芳	德阳市统计局、市社科联
2015年	"抗战时期四川航空建设研究"(1931—1945)	省社科规划项目一般项目	冷伟	中国民用航空飞行学院

立项时间	项目名称	项目类别	项目负责人	工作单位
2015年	"基于碳排放与经济增长关系的低碳城市发展路径研究——以四川省为例"	省社科规划项目一般项目	于骥	中国民用航空飞行学院
2016年	"民航旅客文明乘机科普读本"	省社科普及项目	于蓉	中国民用航空飞行学院
2016年	"生活中的节能环保小窍门"	省社科普及项目	贾琛霞	四川建筑职业技术学院
2016年	"加快丘区强县建设 建成全面小康社会"	《贯彻落实"十三五"全面建成小康社会 四川区域发展研究报告》重要选题	课题组	中江县社科联
2017年	"传承和弘扬孝泉'德孝'文化,探索社会治理新机制"	《推动治蜀兴川再上新台阶 加快建设美丽繁荣和谐四川——四川区域发展研究报告》重要选题	温剑锋	旌阳区社科联
2017年	"川东土家族传统体育文化体系建构研究"	省社科规划项目青年项目	张建	中国民用航空飞行学院
2017年	"高校思想政治理论课亲和力研究"	省社科规划项目一般项目	课题组	四川建筑职业技术学院
2018年	"四川省民用航空地方立法问题研究"	省社科规划"地方立法理论与实践"专项课题 一般项目	饶璟	中国民用航空飞行学院
2018年	"理论之后:保罗·鲍威诗学研究"	省社科规划"外国语言发展专项课题"一般项目	郑宇	中国民用航空飞行学院
2018年	"畅游三星堆""趣问三星堆"	省社科普及项目	董静	三星堆博物馆

二是积极组织社科成果展示。自德阳市社科联成立以来,连续举办十届社科成果展示活动,评出荣誉奖2项,一级成果(一等奖)21项,二级成果(二等奖)88项,三级成果(三等奖)259项,优秀社科奖202项(见表4);组织参加省级社科优秀成果评奖,《推进成德同城化发展》《"成德绵协同创新示范区"研究》等17项成果获奖(见表5);组织参加成都经济区建设与发展学术交流会,获得一等奖4个,二等奖11个,三等奖17个,《深入推进成德同城化的思考与建议》《发展边界经济合作区 推进成德同城化》等成果被推荐作大会主题发言。在组织全市社科工作者参与成果展示活动的同时,高度重视优秀社科成果转化工作,积极拓展成果推荐途径,努力促进优秀科研成果落地落实。截至目前,已出版社科优秀成果集3本;编印《重要成果专报》40期,被有关部门采用和得到省市领导签批13期;由优秀成果形成政协提案、社情民意34个;向市委政研室、政府研究室等部门推荐优秀成果14项,多项优秀成果已转化为党委、政府的科学决策,社科联的作用和地位得到了党委政府和社会各界的充分认可。

表4 德阳市人民政府社科评奖和社科成果展示活动获奖汇总情况

年份	届数	一等奖(一级成果)(项)	二等奖(二级成果)(项)	三等奖(三级成果)(项)	荣誉奖(项)	优秀社科奖(项)
2001	第一届	2	18	41	1	43
2002	第二届	2	8	30	/	22
2004	第三届	2	8	28	/	25
2007	第四届	2	8	30		30
2010	第五届	2	7	24	1	29

年份	届数	一等奖（一级成果）（项）	二等奖（二级成果）（项）	三等奖（三级成果）（项）	荣誉奖（项）	优秀社科奖（项）
2013	第六、七届	2	10	18	/	27
2014	第八届	3	11	23	/	26
2016	第九届	3	11	35	/	/
2018	第十届	3	7	30	/	/

表5　四川省人民政府社会科学优秀成果评奖获奖作品情况

年份	届数	获奖题目	奖项	作者	作者单位
1998	第八次	《信贷资产质量透析与风险管理机制探微》（论文）	三等奖	江安煜	德阳市金融学会
2000	第九次	《走向新世纪的西部大开放与大开发》（专著）	二等奖	郑晓幸	德阳市委宣传部
2002	第十次	《工业化、市场化、城市化与跨越式发展》（专著）	二等奖	郑晓幸	德阳市委宣传部
2004	第十一次	《古蜀王国的艺术星空——三星堆青铜文化研究》（专著）	三等奖	范小平	德阳市文联
2006	第十二次	《德阳市志》（资料书）	三等奖	德阳市志办	德阳市志办
		《中国文庙》（专著）	优秀社科奖	范小平	德阳市文联
2009	第十三次	《WTO航空立法研究》（专著）	优秀社科奖	张世良	中国民航飞行学院
		《高等职业院校教师职后教育研究》（专著）	优秀社科奖	林升乐	四川建筑职业技术学院
2011	第十四次	《增强产业集群自主创新能力的理论与对策研究》（对策研究）	二等奖	陈新有等	德阳市人民政府
		《农地流转市场机制研究》（系列论文）	三等奖	钟林	四川建筑职业技术学院
		《剑南春图志》（工具书）	优秀社科奖		四川剑南春集团有限责任公司、德阳市地方志办公室
2012	第十五次	《西南地区汉代摇钱树研究》	三等奖	邱登成	广汉三星堆博物馆
		《农村基层管理创新研究》	三等奖	杨雅涵	四川工程职业技术学院

年份	届数	获奖题目	奖项	作者	作者单位
2014	第十六次	《中国共产党德阳历史（1921—2011）》（专著）	三等奖	中共德阳市委党史研究室、中国共产党德阳历史课题组	
		《西藏现代工业发展史研究（1951—2010）》（专著）	三等奖	李国政	中国民用航空飞行学院
		《推进成德同城化发展》（研究报告）	三等奖	罗继林、姚曙光、张 立、曾玉芳	市委研究室市政府研究室市统计局
2016	第十七次	《"成德绵协同创新示范区"研究》（研究报告）	三等奖	姚曙光	市人民政府

三是积极开展社科学术活动。新中国成立 70 年特别是党的十八大以来，德阳市各级社科组织不断创新形式，围绕经济社会发展中的重大理论实践和人民群众关心关注的焦点问题、热点话题，举办丰富多彩的各类学术交流活动。组织"德阳文庙保护利用与成都北部文化新城建设""德阳重装拓展一带一路市场""文学创作与文艺评论"等学术沙龙近百场；举办"传家风 立家规 树新风"学术研讨会、关爱留守学生（儿童）健康教育学术交流会、中江历史文化研究座谈会、李调元学术研讨会、张浚张栻学术思想研讨会、孝廉文化交流座谈会等学术活动超过 200 场；开展"传家风 立家规 树新风"、庆祝改革开放 40 周年等学术征文活动 30 余次，评选出各类优秀征文 1000 余篇。以学术交流活动促进社科研究深受广大社科工作者的喜爱。

（三）抓科普创新，以特色亮点推进社科普及

在做好社科研究工作的同时，德阳市社科联坚持以正确的理论为引导，以提高素质为目的，按照"坚持主导性、把握规律性、体现社会性、注重普及性"的工作要求，积极开展传承文明、传播科学、弘扬正能量的社会科学知识普及工作。

一是大力开发特色科普宣传资源。通过创新科普形式、丰富科普内容、完善科普机制、整合科普力量，充分发挥本地特色文化资源优势，举办各具特色的人文社科大讲堂，加大对社科优秀成果的宣传力度，努力提高广大群众的文明素质和人文修养，推动形成崇尚科学的社会氛围和健康文明的生活方式。在社科普及方面，先后推出了以德孝文化为主题的彩色图画故事书《涌泉跃鲤》，以全国四大年画之一的绵竹年画为主题的"社会主义核心价值观"系列年画等群众喜闻乐见的科普宣传资料，部分作品在全国推广，选入特种邮票，"涌泉跃鲤"德孝故事更成了国家名片。

二是积极开展科普宣传活动。始终不忘把科普活动作为科普宣传的重要方式，用好"社科活动月"载体，以打造德阳装备智造之都、改革开放高地、古蜀文化名城、美丽幸福家园"四张名片"为重点，结合"大学习、大讨论、大调研"等活动，开展各类活动 300 余场次，其中科普活动近 200次。同时，立足德阳特色文化资源，先后与全国爱国主义教育示范基地黄继光纪念馆合作，宣传家乡的英雄，大力弘扬爱国主义精神，培育团结奋进的社会氛围；与四川省级社科普及基地三星堆博物馆合作，开展三星堆进校园活动，带领学生入馆体验古蜀文化、文物保护、发掘知识，激发中小学生研究历史、探索未知的激情；依托德阳丰富的三国文化，利用白马关和各种乡村旅游节的平台，开展各种社科普及宣传活动。通过开发贴近生活、贴近群众、贴近实际的科普宣传资料和活动，极大地推动了全市政策宣传和科学普及工作，得到了社会的普遍欢迎，得到了群众的一致认可。

三是组织举办社科大讲堂。党的十八大以来，德阳市社科联整合社科资源，创新拓展社科普及形式，与市委宣传部、市委组织部、市纪委等部门联合举办"德阳讲坛"，采取线上线下并行开展的方式，累计举办97场，现场参加群众达1.5万余人次，网络点击率超过30万次，得到了全市广大干部群众的积极参与和一致好评（见图5）。与市委宣传部联合举办天府人文讲坛——德阳分坛"培育和践行社会主义核心价值观"专题讲座，宣传宣讲社会主义核心价值观的概念、意义和基本内涵，共开展讲座9场。与县级社科联联动，推进德阳人文讲堂"进机关、进乡村、进社区、进学校、进企业"。先后邀请省内外专家学者110余人走进德阳人文讲堂，累计集中开展社科讲座520余场次，县级社科讲堂逐步形成特色文化品牌。

图5　2012年6月5日，"践行社会主义核心价值体系——德阳讲坛"举行专题讲座

（四）抓自身建设，以规范管理推动繁荣发展

德阳市社科工作始终坚持构建"大社科"工作格局，不断推进县（市、区）社科联、社科学会（协会、研究会）和高校社科机构规范化，着力人才培养和队伍建设，提升社科联自身能力，打造社科人才集聚高地。

一是基层社科组织不断完善。六县（市、区）社科联全部实现"有机构、有编制、有人员、有经费、有活动"的"五有"目标。每年举办县（市、区）社科联工作会，县级社科联工作步入正轨，基层社科活动广泛开展，基层社科工作者参与科普宣传、社科讲座、社科研究、成果展示等活动的积极性不断提高，"土专家""田秀才"纷纷涌现。"加快丘区强县建设　建成全面小康社会""传承和弘扬孝泉'德孝'文化，探索社会治理新机制"等县级科研成果在省上立项，《广汉保保节的传承与发展》《导洛通山——什邡洛水文化故事》《张浚大传》等富有地方特色的科普读物层出不穷，社科联服务基层的能力更加突出，效果更加明显。

二是高校社科工作不断提高。每年举办高校社科工作会，不断加强与市内大中专院校的联系，积极推进高校社科工作的广泛开展。高校社科研究能力逐步提升，市级立项课题高校占比逐年上升，截至目前已达到70%左右，市内高校在国家社科基金和省社科规划立项项目已占全市立项总数的83%，社科研究主力军的作用日益凸显。高校社科活动精彩纷呈，中国民航飞行学院紧紧围绕社科研究服务经济社会发展召开"坚持五大发展理念，全面建成小康社会""供给侧改革的宏观依据和经济脱虚向实的微观基础"等学术研讨会50余场次；四川工程职业技术学院紧扣培养"工匠精神"先后举办了高凤林、罗东元、胡应华等大国工匠的学术研讨交流会近 10 场，行业内专家朱军、李向东、王振华等高水平讲座 50 余场；四川建筑职业技术学院关注高校思想政治前沿问题，邀请市内外知名专家开展专题讲座和研讨活动 30 余场；四川司法警官职业学院立足行业，服务地方经济社会，聘请行业专家 19 人，开展法律讲座 37 场，开展法律咨询 26 场；四川工业科技学院聚焦国内外学术前沿动态先后召开"中西文化交流与对话""新时代高校内涵提升策略研究"等讲座、论坛 30 余场；四川省商贸学校着力思想政治建设和党建工作举办专题讲座及培训 50 多次，开展了法制教育讲座 10 余次。

三是学会管理不断深化。建立学会走访制度，开展对全市社科类学会（协会、研究会）的摸底调查、清理规范工作。推进学会工作备案制度，与市委宣传部、市民政局加强配合，对学会换届、年审情况实施动态备案管理，及时掌握学会班子变动情况。推进学会党建工作，召开学会党建工作座谈会，派驻党建工作指导员，指导帮助学会开展党建工作。市金融学会、市中共党史研究会、市知识产权研究会先后被评为"全国先进社科组织"。

四是人才队伍建设不断强化。制定《德阳市社科评审专家管理办法》，组建社科评审专家库、人才库。每年开展社科工作者培训，组织社科工作者到西南交通大学、电子科技大学等省内高校进行专题培训，组织县级社科工作者赴绵阳等地学习基层社科联工作经验，组织学会秘书长开展"树立法治意识，推进法治政府建设""学习贯彻十九大精神"等专题培训。大力发掘青年社科人才，在社科规划项目和成都经济区专项项目立项中，向年轻人倾斜，并推荐德阳文化卓越人才 2 名。截至目前，40 岁以下课题负责人占比超过 45％，社科工作者年龄结构得到不断优化。

德阳市推动哲学社会科学繁荣发展的经验启示

（一）繁荣发展哲学社会科学事业，必须坚持正确的政治方向

新中国成立70年特别是党的十八大以来，德阳市在发展和繁荣哲学社会科学事业中，始终把坚持正确的政治方向作为首要工作来做，努力做到"三个坚持"：一是坚持以马克思主义为指导。坚持马克思主义的指导地位，把是否符合马克思主义要求，是否坚持为人民服务、为社会主义服务，作为衡量和检查哲学社会科学工作的根本尺度，做到符合的就毫不动摇坚持，不完全符合的就认真加以改进，不符合的就实事求是地予以纠正。二是坚持以习近平新时代中国特色社会主义思想为遵循。哲学社会科学工作的属性是培根铸魂，中国特色社会主义进入了新时代，更应主动调动广大哲学社会科学工作者的积极性、主动性、创造性，以习近平新时代中国特色社会主义思想为根本遵循，担当起记录新时代、书写新时代、讴歌新时代的使命，勇于回答时代课题，从当代中国的伟大创造中发现创作的主题、捕捉创新的灵感，深刻反映新时代的历史巨变，描绘新时代的精神图谱，为时代画像、为时代立传、为时代明德。三是坚持"百花齐放，百家争鸣"方针。做到研究无禁区，宣传有纪律。既提倡不同学术观点不同学术派别在民主和谐的学术氛围中相互切磋、平等讨论，又坚持在事关政治方向和根本原则问题上，与党中央保持高度一致。既鼓励理论创新、大胆探索，又严格区分学术问题和政治问题，不乱打棍子、乱抓辫子。努力营造生动、活泼、民主、团结的学术氛围，在万马奔腾、百舸争流中推进理论创新，在理论创新中推进哲学社会科学事业的发展。

（二）繁荣发展哲学社会科学事业，必须坚持理论创新

习近平总书记指出，要提倡理论创新和知识创新，鼓励大胆探索，开展平等、健康、活泼和充分说理的学术争鸣，活跃学术空气。新中国成立70年特别是党的十八大以来，德阳市广大哲学社会科学工作者站在时代高度，立足理论前沿，攻坚克难，从在全国率先摘下"人民公社"牌子的广汉向阳伟大改革实践中汲取营养，从汶川"5·12"特大地震灾后中凝练的"东汽精神"中汲取营养，以敢想前人所未想，敢思前人所未思，敢言前人所未言的精神，及时对社会现象进行新的概括，对德阳人民群众的伟大创造进行归纳，对改革开放和现代化建设实践经验进行新的总结，对客观规律进行新的探索，不断在实践的基础上发展新的理论，用发展着的理论指导新的实践，从而使全市在农村经济体制改革、邓小平理论研究、巴蜀文化研究等方面取得了丰硕的研究成果。当前德阳正处在转型发展和为实现美丽繁荣新德阳而奋斗的关键时期，成德同城化和全面改革创新不仅需要自然科学的支持，还需要哲学社会科学的理论支撑。我们只有更加自觉地把思想认识解放出来，发扬敢为人先的精神，既积极借鉴、博采众长，又与时俱进、推陈出新，才能在继承中发展、在发展中继承，以革故鼎新的勇气和科学求实的态度，大力推动理论创新、制度创新和科研创新，不断创造全市哲学社会科学事业的新辉煌。

（三）繁荣发展哲学社会科学事业，必须加强对重大问题的研究

习近平总书记指出，坚持和发展中国特色社会主义，统筹推进"五位一体"总体布局和协调推进"四个全面"战略布局，实现"两个一百年"奋斗目标、实现中华民族伟大复兴的中国梦，我国哲学社会科学可以也应该大有作为。新中国成立70年特别是党的十八大以来，德阳市哲学社会科学工作者坚持理论联系实际，围绕中心，服务大局，以德阳市改革开放、现代化建设和市委市政府的决策部署为中心，着眼于马克思主义的运用，着眼于对现实问题的理论思考，着眼于新的实践和新的发展，紧紧围绕时代发展中出现的新问题、新情况，紧紧围绕实现德阳发展的奋斗目标，紧紧围绕广大干部群众关心关注的热点难点问题，深入实际，调查研究，集中力量，联合攻关，突出对县域经济的发展、扩大对外开放、成德同城化、行政区划调整、融入一带一路等重大问题的研究，推出了一批有深度、有分量、有说服力的成果，获得了省市党委、政府领导的肯定和签批，转化成了党委政府的决策依据，推动了德阳改革开放的快速发展，贡献了哲学社会科学界的智慧与力量。

（四）繁荣发展哲学社会科学事业，必须加强队伍建设

习近平总书记指出，构建中国特色哲学社会科学，要从人抓起，久久为功。新中国成立70年特别是党的十八大以来，德阳市各级党委、宣传部门、党校、高等院校十分重视加强哲学社会科学研究队伍的建设，认真贯彻党的知识分子政策，尊重劳动、尊重知识、尊重人才、尊重创造，做到政治上充分信任、思想上主动引导、工作上创造条件、生活上关心照顾。在全社会形成尊重知识、尊重人才的良好氛围，极大地调动了广大哲学社会科学工作者的积极性、主动性和创造性。通过健全激励机制，完善哲学社会科学人才的培育制度，为中青年科研教学人员的尽快成才铺路搭桥，提供舞台，创造条件，促进哲学社会科学优秀人才的茁壮成长。通过"二为"教育，促使广大哲学社会科学工作者自觉地把为人民服务、为社会主义服务作为社科工作的根本出发点和价值取向，把做人、做事、做学问有机地结合起来，严谨而不保守，活跃而不轻浮，锐意创新而不哗众取宠，追求真理而不追逐名利，努力做对祖国、对人民有贡献的哲学社会科学工作者，成为国家富强、社会进步的推动力量，成为推动德阳发展跨越的生力军。

（五）繁荣发展哲学社会科学事业，必须大力开展社科普及

哲学社会科学只有为人民群众所掌握，才能发挥其应有的作用。哲学社会科学普及工作是哲学社会科学工作的重要组成部分，只有牢固树立哲学社会科学普及同自然科学普及同样重要的观念，才能形成科学普及的"两轮驱动"格局。新中国成立70年特别是党的十八大以来，德阳市各级各类哲学社会科学机构及广大哲学社会科学工作者，把在全社会宣传普及哲学社会科学作为一项义不容辞的工作来抓。通过研讨会、科普讲座、科技三下乡、编印科普读物及科普基地建设等多种形式，大力宣传科学知识、科学方法、科学思想、科学精神，把哲学社会科学普及到广大人民群众中去，努力夯实哲学社会科学的群众基础，进一步在全社会营造重视哲学社会科学的良好氛围，有效地提高了广大群众的人文社会科学素质，促进了人的全面发展。

（六）繁荣发展哲学社会科学事业，必须坚持党对哲学社会科学工作的领导

哲学社会科学事业是党和人民的重要事业，哲学社会科学战线是党和人民的重要战线。加强和改善党对哲学社会科学工作的领导，是繁荣发展我国哲学社会科学事业的根本保证。新中国成立70年

特别是党的十八大以来，德阳市、县（市、区）社科联相继成立，学会、协会、研究会快速发展，哲学社会科学队伍逐步发展壮大，全市哲学社会科学日新月异、生机勃勃，推出了一大批重要学术成果。这些成果的取得，无一不是党委政府关心关怀和支持的结果。特别是市委专门印发《关于积极推进哲学社会科学事业繁荣发展的实施意见》，采取有力措施大力推进哲学社会科学工作，将社会科学事业的发展纳入全市经济社会发展的总体规划，将加快构建中国特色哲学社会科学纳入全面创新改革范畴，在全社会形成了认识社会科学、重视社会科学、运用社会科学的良好氛围，为繁荣发展哲学社会科学事业提供了有力保障。

德阳市社科联课题组

成员：周福、唐发初、杨灵、刘旭东、江浩、李璐

MIANYANG SHI PIAN

绵阳市篇

四 川 哲 学 社 会 科 学 70 年

导言

哲学社会科学在坚持和发展中国特色社会主义实践中具有不可替代的重要地位和作用。哲学社会科学是人们认识世界、改造世界的重要工具，是推动历史发展和社会进步的重要力量。站在新的历史起点上，决胜全面建成小康社会，夺取新时代中国特色社会主义伟大胜利，实现中华民族伟大复兴的中国梦，需要加快构建中国特色哲学社会科学，需要哲学社会科学工作者立时代潮头、发思想先声，积极为党和人民述学立论、建言献策。深入学习贯彻习近平新时代中国特色社会主义思想，全面贯彻落实习近平总书记对四川工作系列重要指示精神，认真落实四川省第十一次党代会和绵阳市第七次党代会确定的各项目标任务，加快建设国家科技城和西部现代化强市，必须高度重视繁荣发展哲学社会科学，充分发挥哲学社会科学武装头脑、指导实践、推动发展的重要作用。

绵阳历史悠久，人文绚烂，人杰地灵，风光旖旎。公元前 201 年汉置涪县始，绵阳历来为郡县、州府治所。这里是我国早期人类活动地区之一，边堆山遗址出土有 4500 年前新石器时代的石器和陶器；是黄帝元妃——丝绸之母嫘祖的故乡；治水英雄及夏王朝的缔造者大禹的诞生地；是我国中医针灸发源地之一；双包山汉墓出土的经脉漆木俑是现今发现的世界最早的人体经脉模型。古往今来，这块土地历史名人辈出，孕育了李白、欧阳修、文同、李调元、沙汀、冯达仕等无数杰出人物，司马相如、扬雄、蒋琬、宋哲元及杜甫、王勃、杨炯、卢照邻等均在此留有重要遗迹或作品，"两弹元勋"邓稼先、"氢弹之父"于敏曾在此工作多年。绵阳科教发达，产业兴盛，是党中央、国务院批准建设的中国唯一科技城，是我国重要的国防军工和电子工业科研生产基地，拥有中国工程物理研究院、中国空气动力研究与发展中心、中国航发四川燃气涡轮研究院等国家级科研院所 18 家，西南科技大学等高等院校 14 所，国家重点实验室 8 个，国家工程技术研究中心 5 家，国家企业技术中心 8 家，"两院"院士 26 名，各类专业技术人才 23 万。当前，绵阳社科界正深入贯彻落实党中央、国务院和四川省委、省政府及绵阳市委、市政府部署要求，凝心聚力、建言献策，充分发挥"思想库"和"智囊团"作用，为加快推进国家科技城和西部现代化强市建设而努力。

1986 年 1 月 21 日，绵阳市社科联第一次代表大会暨成立大会召开，开启了绵阳市哲学社会科学新的发展征程。在改革开放的新形势下，绵阳市社科界迎来了发展的新机遇。结合自身市情，绵阳社科界理清发展脉络，研究谋划未来全市哲学社会科学发展工作。绵阳高水平全面建成小康社会的任务，既离不开全市社科界的参与和贡献，也为广大社科工作者提供了广阔的舞台。全市各级社科联组织和广大社科工作者不忘初心，牢记使命，抢抓机遇，奋发进取，推动全市哲学社会科学实现了新的更大发展。绵阳社科界以习近平新时代中国特色社会主义思想为统领，紧紧围绕中央、省委和市委关于加快构建中国特色哲学社会科学的要求，坚持围绕中心、服务大局，积极谋划、主动作为，聚合资源、整合力量，以党的建设为引领，牢牢把握意识形态工作主导权，在社科研究、学术研讨、智库建设、社科普及、人才队伍、社科组织和社科平台建设等方面都有新发展和新突破，进一步推动了全市哲学社会科学的繁荣发展，为绵阳经济社会发展贡献了社科界的智慧和力量，为推进落实党中央、国务院和四川省委、省政府在绵阳的生动实践提供了有力的思想保证、精神动力和智力支持。

二

绵阳市哲学社会科学 70 年概况

（一）发展历程

1. 绵阳哲学社会科学事业的孕育准备时期

1949 年 10 月 1 日，中国共产党领导的中华人民共和国诞生了。同年 12 月下旬，中国人民解放军先后解放了绵阳市境各县，并很快组建了人民政权。从此，绵阳人民在中国共产党的领导下，以当家作主人的崭新面貌，为建设新家园和幸福美好生活而奋斗。

由于多方面的原因，绵阳在进入新中国历史后的长达 30 年时间里，即使是当时先后作为绵阳专区、地区治所的绵阳县城，其社科界也基本上处于"二少一无"的状态。所谓"二少"，就是一少社科研究机构：只有地委政策研究室和专区（地区）文教局教学研究室两个研究机构，且时断时续，很不稳定，主要任务也仅仅是做一些政策服务性质的工作，全面的社会科学研究并没有开展起来。二少社科期刊：只有在 1951 年，绵阳教育界创办了《教育通讯》期刊，由于受历史条件限制，这个刊物成为"文化大革命"结束前绵阳地区唯一的一个社科刊物，且被局限在传播教育行政信息的范围内，没有刊载过有影响的社科研究成果。所谓"一无"，就是无社科组织，当然也就更谈不上有像科技界的科协、文艺界的文联那样的具有独立编制的社科群团组织了。

尽管如此，当时的绵阳地区社科界，却并不是静止的，其社科活动的主要表现有：在中共绵阳地委的直接领导下，以各级党的宣传队伍为主导，结合地委和行署的中心工作，不间断地开展各种群众性学习运动，目的是向广大干部群众灌输、宣传、普及马列主义和毛泽东思想的基本原理及知识，以及宣传贯彻党在各个时期的路线、方针、政策。这种情况加上当时持续进行的"扫除文盲"运动，再加上广大干部群众在社会主义革命和建设中的熔炼，不仅使坚持马列主义、毛泽东思想为指导的原则和坚持社会主义道路的原则在社科战线普遍深入人心，并且培植了有利于社会主义哲学社会科学生长的文化和思想土壤，在干部特别是宣传思想工作干部和文化教育战线干部中，逐渐地培育了一批有马列主义毛泽东思想修养的、有一定理论水平和研究能力的潜在社科人才。正是在这个意义上，可以把绵阳解放后的前三十年，看作当代绵阳哲学社会科学事业的孕育准备时期，而真正的形成期则是从党的十一届三中全会后才开始的。

2. 绵阳哲学社会科学事业的开启形成时期

1978 年 12 月 18 日至 22 日，党的十一届三中全会在首都北京召开。这次全会是新中国成立以来党和国家历史上具有深远意义的伟大转折。新时期一开始，绵阳社科界专业的和业余的社科工作者，在党的十一届三中全会精神的照耀和激励鼓舞下，努力紧跟全国全省社科界前进的步伐，努力紧跟地区内其他兄弟战线前进的脚步，积极投身改革开放的时代洪流，奋发图强，积极作为，在 1979 年到 1984 年 8 月的短短五年多时间内，使绵阳地区特别是绵阳城区的哲学社会科学发展态势，发生了巨大的历史性变化。这突出地表现在以下几个方面：

一是绵阳广大的社会科学工作者，通过自觉带头参加地委组织领导的"实践是检验真理的唯一标准"的大学习、大讨论，进一步确立了"解放思想、实事求是"的正确思想路线，更加自觉地把思想从那些不合时宜的观念、做法和体制中解放出来，从对马克思主义的错误的和教条式的理解中解放出来，从主观主义和形而上学的桎梏中解放出来，并用当代中国的马克思主义——邓小平理论武装头脑，做新时期的促进者。

二是社科研究机构在健全原地区文教局教研室和恢复原地委政策研究室工作的同时，新成立了地区现代史资料收集整理工作领导小组和地区计划委员会经济研究室。

三是在绵大专院校开始出现群众性的社会科学研究组织，如绵阳农业专科学校于1983年建立了教学研究室。

四是最主要最重要的一个方面，就是已有地区农村经济学会、教育学会、心理学会、农村金融学会、会计学会、质量管理协会、计划学会、机械工业会计学会、商业经济学会、粮食经济学会、企业管理学会等10余个地级社科类群众团体成立，并且尚有20来个地级社科群团组织正在筹建中。

五是一批内部出版发行的期刊相继破土而出，如《绵阳农村经济》、《党史文萃》、《绵阳师专学报》（哲社版）、《史志天地》、《绵阳宣传》、《商业经济通讯》、《粮经探讨》等。

六是开始出现了数十本正式出版或内部印行的教材、教参书、工具书、史料书、志书、行业性专用书，加上此期间绵阳作者在各级公开报刊上发表的数以百计的社科类论文和调研报告，初步显示了正在兴起的绵阳社科研究活动的实绩。

由于绵阳社科界迅速出现了这些转折性变化，加上当时全国省地级社科联组织不断涌现，特别是1983年底前，四川省社科联及当时的达县地区社科联、重庆市社科联、乐山市社科联、自贡市社科联已纷纷诞生，受这些发展潮流和省内社科界形势的直接影响，绵阳地区社科联的组建问题，便日益急迫地被提到地委和地区行署的议事日程上来了。

1984年7月，绵阳地委宣传部受地区农村经济学会、地区商业经济学会、地区计划学会、地区财政学会（筹）和地区马克思主义理论教学研究会（筹）等5个社科组织的委托，向地委提交了关于建立绵阳地区哲学社会科学学会联合会筹备组的请示。同年9月中旬，中共绵阳地委下达《关于同意成立地区社会科学学会联合会筹备组的批复》，由于绵阳市社科联筹备组准备工作顺利完成，正式成立绵阳市社科联的条件已经成熟。鉴于这种情况，绵阳市社科联筹备组于1985年12月向绵阳市委提交了关于召开绵阳市社科联第一次代表大会的报告，并于1986年1月8日得到绵阳市委的批准。

1986年1月21日至22日，绵阳市社科联第一次代表大会暨成立大会召开（见图1）。出席大会的正式代表117人，与会者共计200余人。关于绵阳市社科联的名称、性质、宗旨、任务，大会通过的章程均作了明确的规定：名称"绵阳市哲学社会科学学会联合会"，简称"绵阳市社科联"。它的性质是：在中国共产党绵阳市委领导下，由全市哲学社会科学和有关边缘科学各学会（协会、研究会）联合组成的群众性学术团体。它的宗旨是：团结、组织全市专业和业余的社会科学工作者，以马列主义、毛泽东思想为指导，贯彻"百花齐放、百家争鸣"的方针，坚持理论联系实际的原则，开展学术研究、学术交流活动和马克思主义理论的宣传、普及工作；着重探讨绵阳市两个文明建设中提出的现实问题，促进绵阳市社会科学的繁荣和发展，为振兴绵阳、为建设有中国特色的社会主义服务。

图1　1986年1月绵阳市社科联第一次代表大会暨成立大会召开

绵阳市社科联的主要任务：

（1）按照有关规定，对绵阳市社会科学各学术团体、内部刊物进行组织、管理、指导、协调；

（2）推动和组织学术活动，调动会员从事社会科学教学、宣传、研究工作的积极性，维护社会科学工作者的正当权益；

（3）动员广大社科工作者围绕党的中心工作，深入进行调查研究，开展咨询服务；

（4）开展马克思主义基本理论和社会科学知识的普及工作；

（5）编印内部刊物《绵阳社联》通讯，向会员提供学术资料；

（6）组织绵阳市社会科学优秀成果评奖活动，推荐科研成果；

（7）促进社会科学内部各学术团体和社会科学工作者的团结，加强与自然科学的联系，推动社会科学与自然科学的结合和发展；

（8）接受市委、市政府和省社科联交给的科研任务，根据会员的提议，开展符合本会宗旨的其他活动。

从此，绵阳市社科联作为市委、市政府联系全市各级各类社科组织和广大社科工作者的桥梁和纽带，作为党和政府推动全市哲学社会科学事业发展的参谋和助手，开始发挥着不可替代的积极作用。

3. 绵阳哲学社会科学事业的发展完善时期

自1986年1月21日绵阳市社科联第一次代表大会召开算起，至2016年3月3日第七次代表大会召开，30年来，全市哲学社会科学工作大致可分为三个时期，即"三个十年"。第一个十年，侧重抓绵阳市社科联筹建和市级学会建设，全市社科事业发展迈出了坚实的步伐；第二个十年，侧重抓重点社科专题研究，组织全市社科界紧紧围绕市委、市政府工作重点，开展了一系列重大课题研究，强化社科工作服务中心；第三个十年，侧重抓社科研究支持制度建设、社科普及平台建设、社科智库建设，以及县市区社科联、在绵高校基层社科组织等体系建设，拓展了全市哲学社会科学事业发展的领域，促进了哲学社会科学事业全面进步。

（二）组织机构概况

绵阳市社科联是中共绵阳市委、绵阳市人民政府领导下的学术性群众团体，是党和政府联系和团结广大哲学社会科学工作者的桥梁和纽带，是繁荣发展哲学社会科学的重要社会力量，是绵阳市内民办社会科学研究机构的业务主管部门。截至目前，全市省市级哲学社会科学学术社团已经发展到73

个，省市级社科研究机构 31 个，省市级社科普及基地 24 个，省社会科学高水平研究团队 4 个，覆盖了文史哲政经等各学科领域，学科门类齐全，结构完善合理，整体实力进一步增强。绵阳市社科联的代表大会，基本上是遵照章程规定，每五年举行一次。因此自 1986 年 1 月 21 日绵阳市社科联第一次代表大会召开算起，至 2016 年 3 月 3 日，绵阳市社科联一共召开过七次代表大会。30 多年来，绵阳市社科联坚决贯彻落实党的路线方针政策和党中央决策部署，紧跟党中央步伐，坚持一切事务都围绕贯彻落实党中央重大决策部署来开展。每一次代表大会都与时俱进地对章程进行了修改，充分体现了从实际出发、与时俱进的实事求是精神。

1. 绵阳市社科联第二次代表大会

1990 年 9 月 19 日—21 日，绵阳市社科联召开了第二次代表大会，出席这次代表大会的正式代表 123 人，与会者共计 180 余人，市级领导有 20 余人参加会议。本次代表大会对章程进行了修改，有三处明显的内容改动，如在宗旨部分增加了"坚持党的十三大提出的'一个中心，两个基本点'的基本路线"的内容，并将代表大会"每三年举行一次"的规定改为"每五年举行一次"，以与市人大、市政府等机构的换届时间相对应。

2. 绵阳市社科联第三次代表大会

1995 年 12 月 26 日—27 日，绵阳市社科联召开了第三次代表大会，出席这次代表大会的正式代表 129 人，与会者共计 180 余人。这次代表大会根据通过的新章程，绵阳市社科联的全称，由原来的"绵阳市哲学社会科学学会联合会"更名为"绵阳市社会科学界联合会"，仍简称"绵阳市社科联"；并且特别强调了社科联和各社科团体要发挥应有的"参谋""助手""智囊团"的功能和起好"桥梁""纽带"的作用。

3. 绵阳市社科联第四次代表大会

2000 年 1 月 12 日，绵阳市社科联召开第四次代表大会，出席这次代表大会的正式代表 136 人，与会者共计 180 余人。

4. 绵阳市社科联第五次代表大会

2004 年 12 月 27 日，绵阳市社科联召开第五次代表大会，出席这次代表大会的正式代表 176 人，与会者共计 200 余人。

5. 绵阳市社科联第六次代表大会

2010 年 12 月 22 日—23 日，绵阳市社科联召开第六次代表大会，出席这次代表大会的正式代表 198 人，与会者共计 300 余人（见图 2）。根据这次代表大会通过的新章程，社科联的主要任务由原有的 5 项增加到 11 项，如"动员、引导全市各社科团体和广大社科工作者求真务实地开展学术研究活动和对市内外的学术交流活动，充分发挥'思想库''智囊团'作用，为党和政府科学决策，以及地方经济社会科学发展提供有力的智力支持和思想保证""促进社会科学学科建设，发展壮大社会科学理论队伍，培养造就优秀社会科学人才"等，充分反映了新的社科形势对绵阳市社科联工作的新要求、新希望。

图2　2010年12月绵阳市社科联第六次代表大会暨全市第十二次社科优秀成果颁奖大会召开

6. 绵阳市社科联第七次代表大会

2016年3月3日—4日，绵阳市社科联召开第七次代表大会，218名代表参加会议。

大会充分肯定了绵阳市社科联第六届理事会五年的工作，一致认为，过去五年，在绵阳市委、市政府的坚强领导下，在四川省社科联和绵阳市委宣传部的具体指导下，绵阳市社科联紧紧围绕中央、四川省委和绵阳市委、市政府关于繁荣发展哲学社会科学和加强群团工作的有关精神，扎实开展理论政策宣传、社科规划、课题研究、学术交流、成果评奖、智库建设、社科普及、基层组织建设、阵地建设和自身建设等工作，为繁荣发展绵阳市哲学社会科学事业、服务绵阳经济社会建设做出了积极贡献。

会议对绵阳市未来五年社科工作进行了谋划，提出"12345"工作思路，以强化服务绵阳科学发展为出发点，着力提升社科研究规划与课题研究、学术研讨水平和社科成果评奖质量，切实履行绵阳市委市政府决策咨询委员会办公室职能，不断强化学术氛围和智库建设；深入贯彻实施《四川省科学技术普及条例》，不断增强社科普及工作影响力；继续加强社科组织体系建设，不断增强社科界凝聚力；努力提升平台建设和信息交流质量，不断夯实社科事业发展基础；积极推动枢纽型组织建设，着力打造"社科工作者之家"。

大会号召，绵阳市各级社科组织和广大社科工作者，要按照中央、四川省委、绵阳市委群团工作会议精神和中央建设新型智库的要求，认真履行《绵阳市社会科学界联合会章程》，紧密团结在以习近平为总书记的党中央周围，进一步解放思想，与时俱进。

绵阳市社科联成立30年来，历经7届理事会，其机关自身建设的人员配备、机构设置、办公条件、制度规范及培养人才等各个方面，都经历了一个由不健全、不完善到逐渐比较健全、比较完善的发展进程，且大体上是直线式前进的。

（三）人才队伍概况

绵阳市社科组织机构包括市社科联，各社科学会团体和市社科联联系的省、市、县（市、区）社科组织，在绵高校（党校），县级社科联。其组织状况及人才队伍建设情况如下：

绵阳市社科联是在市委、市政府领导下的社会科学学术性群众团体，由本会的团体会员和有关专家学者联合组成。1986年1月21日正式成立，至今是第7届理事会。现有理事会理事104人，常务理事 49 人，其中，主席 1 人，副主席 2 人，兼职副主席 15 人，秘书长 1 人，兼职副秘书长 12 人。市社科联机关现有专职干部职工 10 人。绵阳市社科联按时召开会员代表大会及年会，组织活动开展正常，取得了较大成绩，扩大了社会影响。社科学术团体是团结、组织社科工作者开展学术研究活动的群众组织。它是 20 世纪 80 年代中期随着市社科联成立而不断发展起来的。截至 2018 年底，加入市社科联团体会员的学会有市商务协会、市市场信息协会、市图书情报学会、市档案学会、市国土资源学会、市法学会等 69 个，会员人数近万人。从学会的类别看，文教类 15 个，经济类 24 个，管理类 30 个。这 69 个学会都按章程选举了理事、常务理事、秘书长、副秘书长，绝大多数学会都是兼职人员或少量的专职人员负责日常工作，运行状态比较正常。据 2018 年年终统计，有达 90％的学会组织过学术活动，有的学会开展过人才培训，有的学会开展过咨询服务活动，有的学会办过报刊内部资料和内部图书资料。此外，市社科联还联系着省、市、县级社科研究机构及相关组织。在绵大专院校、党校 14 所，有 7 所大专院校建立了社科联。绵阳市社科联命名或联系的 31 个社会科学研究中心（其中，省部级社科研究基地 8 个，市级社科研究基地 23 个），绵阳市内（省、市、县）级社科普及基地 36 个（其中，省级 9 个，市级 16 个，县级 11 个），省社会科学高水平研究团队 4 个。全市社科研究人员 3000 人左右，其中，教授、研究员、编审 300 人左右，副教授、副研究员、副编审、高级经济师、高级政工师 2000 人左右。

县市区和高校社科联建设情况。早在 1986 年，江油就率先在绵阳成立了"江油县社会科学学会联合会"，但基本处于名存实亡的状态。2009 年，市社科联在多方调研的基础上，向市委提出加快推进县市区基层社科联建设的方案，并得到签批同意。同年 8 月，市编委同意各县、市、区建立社科联，并发文确定了县级社科联的"参公"性质，制定了"三定方案"，落实了编制。绵阳县市区社科联从此进入了快速发展的阶段，仅 2009 年当年，就有 5 个县市区成立了县级社科联（见图 3）。目前，全市 9 个县市区全部成立了社科联。在县级社科联成立的同时，作为基层社科组织的两个重要组成部分之一，各高校也在绵阳市社科联的积极推动下将社科联组织建立起来。目前，全市高校社科联已建立 7 个。

图 3　2009 年 10 月绵阳市社科联组织召开"绵阳市筹建县级社科联培训会"

（四）阵地建设概况

社科阵地是开展理论研究、学术交流、社科普及的重要平台和场所，社科阵地的数量和质量，直接关系到绵阳市社科事业的发展水平。绵阳市社科联强化政治担当和责任担当，牢牢把握政治意识、大局意识、核心意识、看齐意识，统筹规划、科学布局，积极推动理论研究基地、普及教育基地、理论传播和信息汇集发布平台建设，在全市范围内构建起市、县（市、区）上下贯通，机关、科研院所、学校、学会组织分工合作，基地、场馆、媒体融合发展，全方位、宽领域、多层次、全覆盖的社科阵地网络体系。截至目前，绵阳市社科联阵地建设已经发展到绵阳市内省市级哲学社会科学学会社团 69 个，拉美研究中心、四川循环经济研究中心、四川犯罪防控研究中心、四川网络文学发展研究中心、四川民间文化研究中心、李白文化研究中心、四川县域经济发展研究中心、四川军民融合战略研究中心等省市级社科研究机构 31 个，中国"两弹一星"红色文化社科普及基地、社会法制教育普及基地、四川李白文化社科普及基地、四川历史文化故事普及基地等绵阳市内省、市、县级社科普及基地 36 个（其中，省级 9 个，市级 16 个，县级 11 个），省社会科学高水平研究团队 4 个，覆盖了文史哲政经等各学科领域，学科门类齐全，结构合理，整体实力进一步增强。按照依托阵地、整合力量、搭建平台、服务发展的工作思路，以绵阳市决咨委社科专家咨询团为依托，为有效促进绵阳市社科事业蓬勃发展，加快脱贫攻坚、决胜同步小康提供强大智力支持和理论服务。

创办"中国科技城·绵阳智库论坛"。2014 年 12 月 4 日市社科联以举办"绵阳市第四届社会科学学术年会"为契机，以"中国科技城·绵阳智库论坛"（以下简称"绵阳智库论坛"）作为打通学术界和地方党政机关的载体，统领全市社科研讨会、学术交流会，座谈会等，分方面、分系列开展学术研讨和献计献策活动。此后的学术年会，也均冠以"绵阳智库论坛"的名号。

创办"中国科技城·绵州讲坛"。2007 年，市社科联制定的社科普及系列"35515"活动方案，其中的一个"5"即是每年以政治、经济、科技、法制、文化五个篇目举办"中国科技城·绵州讲坛"（以下简称"绵州讲坛"）。"绵州讲坛"成了市社科联开展社科普及活动的重要抓手和平台之一。以"绵州讲坛"统领全市社科界开展的社科普及专题报告、讲堂和讲座，即在全市开展的社科普及专题报告、讲堂、讲座，均冠以"绵州讲坛"的名号（见图4）。2007 年 11 月开始，"绵州讲坛"已经在绵阳市图书馆、绵阳市委党校、西南科技大学法学院开讲，成为提高市民素质的重要阵地；2012 年实现"绵州讲坛"电视版、固定讲座；2013 年实现"绵州讲坛"人文讲坛、电视台、绵阳晚报"绵州人文"多版互动，使"绵州讲坛"成为开展社科普及活动的重要抓手和平台之一。

图 4　2008 年 3 月中国科技城·绵州讲坛邀请四川省社科院院长侯水平作
"法学专题讲座"开坛第一讲

深化社科信息工作。为不断夯实阵地建设，增强"脚力、眼力、脑力、笔力"，绵阳市社科联以四条措施深化社科信息工作：①通报稿件采用情况传递压力。制发《关于"绵阳社科在线"网站采用信息情况的通报》，对 9 个县市区社科联、14 所在绵高校（党校），骨干市级社科学会（协会、研究会），以及相关部门单位的信息稿件采用情况进行通报，展示成绩，表扬先进，传递压力；将通报抄送各县市区委宣传部和各在绵高校党委、行政，强化各方面抓信息工作的动力。②表彰先进带动面上工作开展。在市社科联年度社科工作先进单位和先进个人评选中，在将社科信息工作纳入综合先进评选的基本条件的基础上，表彰了社科信息工作先进集体和社科信息工作先进个人。其中，对特别优秀的撰稿人员，还与其单位领导沟通，予以肯定或表扬，从而在全市社科界强化带动作用。③经费支持激励争先创优。对被"绵阳社科在线"网站采用 5 条以上信息的单位，每条信息给予一定的撰稿补助。积极促成基层社科组织按照有关规定对相关撰稿人员进行激励，营造争先创优氛围。④搭建平台建立长效机制。改进"绵阳社科在线"网站，更新县市区社科联、社科专家库等栏目，调整充实相关内容，增强点击率，提高各方面用稿积极性。办好理论刊物《绵阳论坛》"绵阳社科界"专栏和《绵阳社科信息》简报，扩大稿件容量。积极与市县媒体加强沟通，提高新闻信息用稿质量。加强与市委信息处的沟通，扩展信息采用阵地。

三

绵阳市推动哲学社会科学繁荣发展的基本实践

绵阳是四川一座千年历史文化名城，建城已达 2200 年之久，历史文化最早可追溯到 4500 年前新石器时代的"边堆山文化"。自上古以来，绵阳文化积淀深厚，历史名人辈出，域内嫘祖文化、大禹文化、三国蜀汉文化、李白文化、文昌文化等历史传统文化底蕴深厚，羌族文化、白马藏族文化等民族文化特色鲜明，两弹城、亚洲最大风洞群蕴含的国防科技文化独具魅力，抗震救灾和灾后重建铸就的感恩奋进文化感天动地，上古文化和近当代的红色文化、工业文化等交汇交融，特别是近年来军民融合建设，给源远流长、积淀深厚的绵阳文化注入了新的活力。丰富的文化资源，为繁荣发展具有绵阳特色的哲学社会科学提供了有利的社会文化条件。改革开放以来特别是党的十八大以来，绵阳市哲学社会科学不断发展进步，为经济社会发展提供了重要的理论支持和智力服务。

2018 年，绵阳社科工作在省社科联的帮助支持、市委市政府的坚强领导和市委宣传部的有力指导下，全市社科界深入学习贯彻习近平新时代中国特色社会主义思想和党的十九大精神，按照省委和市委开展"大学习、大讨论、大调研"活动的总体部署，紧扣中央与省委大政方针、市委市政府重大举措、基层社科组织与相关发展需求"三个层面"，充分聚合资源，团结和动员全市广大社科工作者不断拓展工作思路，创新工作方法，全面推动党的建设、社科规划与评奖、社科普及、学术研讨、咨政服务、社科组织体系、社科阵地平台建设等重点工作，有效促进全市社科事业蓬勃发展，全市社科工作发展态势良好。省社科联党组书记、副主席姜怡在绵阳市社科联总结报告上签批"绵阳市社科联各项工作走在了全省各市州前列，可喜可贺"；绵阳市社科联、江油市社科联荣获"全国社科组织先进单位"称号，4 名同志获"全国社科工作先进个人"称号；绵阳市社科联被省社科联表彰为综合工作表现突出的市州社科联和信息报送工作突出市州社科联。

（一）组织机构建设

绵阳市社科联准确把握繁荣发展中国特色哲学社会科学的目标要求，高举中国特色社会主义伟大旗帜，全面贯彻党的十九大精神，以马克思列宁主义、毛泽东思想、邓小平理论、"三个代表"重要思想、科学发展观为指导，在习近平新时代中国特色社会主义思想引领下，坚持为人民服务、为社会主义服务，坚持百花齐放、百家争鸣，坚持创造性转化、创新性发展，立足中国、借鉴国外，挖掘历史、把握当代，充分体现继承性、时代性、系统性、专业性，充分体现中国特色、时代特征、绵阳特点，努力繁荣发展哲学社会科学，积极推进社科人才队伍建设，推出有一定影响的学术成果，不断提升哲学社会科学研究水平和实力，为决胜全面小康、建设幸福绵阳提供强大的思想理论支撑。截至目前，绵阳市 9 个县市区、7 所在绵高校（党校）已建有社科联组织。绵阳市社科联现有专职干部职工10 名，内设机构 3 个：办公室、学会学术部、决策咨询部。成立之初就创办了全市唯一的综合性理论刊物《绵阳论坛》，其成了全市社科界交流研究成果，进行学术探讨，传播社科信息，向党委、政府建言献策，以及向省内外社科界进行交流的重要阵地。又先后编印了《绵阳市社会科学丛书》、开辟了《绵阳社科在线》、主办了《绵阳社科信息》等一系列新的社科平台，使社科联更好地适应绵阳社会科学不断发展繁荣的需要。

绵阳市加强对哲学社会科学的政治领导和工作指导，全市各级党委（党组）把哲学社会科学工作摆在重要位置，纳入意识形态工作责任制管理，及时研究解决实际问题，加强对党中央和省委繁荣发展哲学社会科学决策部署贯彻落实情况的督查，成立市哲学社会科学工作领导小组，统一指导和协调全市哲学社会科学工作。完善党委统一领导、各部门分工负责、组织协调功能完善、资源配置优化合理的哲学社会科学工作统筹协调机制，构建全社会共同参与的大社科工作格局。加强宣传部门对哲学社会科学的统筹指导，强化职能发挥。健全市一级社科联机构，配齐专职工作人员，加快推进县（市、区）一级社科联机构建设，充分发挥社科联组织的桥梁纽带、组织协调、咨询服务、宣传普及作用。加强对哲学社会科学类社会组织的指导和管理，强化党建工作，探索完善分类管理机制，建立负责人培训制度，激发发展活力。绵阳市组织、编制、教育、科技、人社、财政等有关部门紧密结合各自职责职能，加大力度支持绵阳市哲学社会科学工作，为绵阳市哲学社会科学事业发展提供有力保障。

（二）人才队伍建设

绵阳市加大国家和省、市人才政策的落实力度，建立规范有序的人才激励和奖励体制机制，健全引进高层次人才的评价认定、分类管理、待遇落实等制度，在户籍办理、住房保障、配偶随迁、子女入学、医疗保健等方面提供优惠政策和"绿色通道"，以增加知识价值为导向，完善科研人员收入分配激励机制。截至2018年底，全市建立了哲学社会科学专家库，通过单位推荐、社会推介、个人自荐等渠道，把社会各界从事社科研究工作、有一定造诣的专家学者汇集起来，建立了一个200人左右的社科专家人才库。

在人才队伍建设上，一是营造良好学术环境。绵阳市各级领导干部以科学的态度对待哲学社会科学，尊重哲学社会科学工作者的辛勤付出和研究成果，主动同专家学者打交道、交朋友，认真贯彻党的知识分子政策。二是绵阳市完善党委联系服务专家制度，做到政治上充分信任、思想上积极引导、工作上创造条件、生活上关心照顾，加强哲学社会科学优秀人才的使用，选好配强哲学社会科学研究单位和哲学社会科学类社会组织领导班子。三是正确区分学术问题和政治问题。绵阳市对学术问题发扬民主、相互切磋，对政治问题旗帜鲜明，立场坚定，敢于斗争，善于交锋。四是加大对哲学社会科学优秀成果和优秀人才的宣传力度。绵阳市努力在全社会营造尊重学术、尊重人才、崇尚科学、追求真理的良好氛围。五是实施哲学社会科学人才建设工程。绵阳市着力培养理论功底扎实、勇于开拓创新的学科带头人和年富力强、锐意进取的中青年学术骨干；着力实施宣传文化系统人才工程，加大政策落实力度，加强管理考核；建立规范的哲学社会科学培训研修制度，2017年绵阳市社科联组织46名基层社科工作者到浙江大学参加为期1周的社科工作者综合能力提升培训班。定期组织教学研究人员开展省情市情调研和考察，推动哲学社会科学研究机构与相应部门建立机制化的双向交流制度；根据国家和省上有关规定，做好哲学社会科学人才选拔和奖励资助工作，建立规范有序的人才激励和奖励体制机制；加大国家和省、市人才政策的落实力度，规范和完善专业技术人员职称评定、岗位聘用、人才遴选和奖励制度，形成人尽其才的良性竞争机制。

近年来，绵阳市继续实施绵阳市精神文明建设"五个一工程"评选活动，推出优秀作品，培育领军人才，充分发挥示范导向作用，推动文化繁荣发展。作为全市人才工作领导小组成员单位，绵阳市社科联全程参加了全市人才评审工作，2017年社科联2个团体会员单位、4名学者获得市委市政府特殊人才荣誉和资助。其中，市图书情报学会、汇德轩文化公司获"全市第二批文化领军团队"殊荣，西南科技大学外国语学院院长、四川历史文化故事普及基地负责人陈清贵获"全市第二批文化领军人才"殊荣，3名社科界专家获"第十批绵阳市有突出贡献的中青年拔尖人才"殊荣，绵阳师范学院教师发展中心副主任蒋平副教授获"天府社科菁英"殊荣。市政协、市政府研究室、市信访办等单位联系市社科联举荐社科人才。北川、梓潼等地开展了优秀社科人才评选工作。

（三）社科研究工作

加强社科研究规划，学术活动蓬勃开展。近年来，绵阳市社科联团结带领全市社科界以绵阳改革、发展、稳定中的重大理论和实践问题为重点，围绕市委、市政府的中心工作积极开展社科研究，为市委、市政府科学决策，为绵阳市科学发展提供切实可行的咨询、参谋和智力服务，在绵阳经济社会的科学发展中发挥了积极作用。

一是做好协调策划，积极动员组织申报国家社科基金、省市社科规划项目和相关部门行业课题。加强对社科规划项目申报、研究的指导与协调工作。全市共获得国家社科基金 50 项，获资助经费 1000 余万元，西南科技大学实现了文科学院国家社科基金项目全覆盖。全市获省部级立项课题 400 多项。市级社科研究规划项目补助经费从无到有。共规划市级社科研究项目 800 多项，撬动社会资金近 600 万元投入社科研究、服务绵阳地方科学发展。2018 年，西南科技大学和绵阳师范学院的"美丽中国建设视域下环境共治多元主体内驱力与激励机制研究""乡村文化传承：乡村民办教师公共精神的生活史研究""全球价值链视角下中国与拉美国家可再生能源合作机制研究"等 9 项课题获得国家社科基金项目立项，每项获 20 万元课题经费资助。西南科技大学"西部高校思想政治理论课师资队伍建设研究"等 3 项课题获教育部人文社会科学研究项目立项。"四川省军民融合科技创新中图书情报机构服务能力研究""李白与巴蜀文化""四川丘区县小农户与现代农业发展衔接机制研究"等 20 项获省社科规划项目立项，涵盖了西南科技大学、绵阳师范学院、西南科技大学城市学院、绵阳市人民检察院等 4 个单位和四川县域经济发展研究中心、李白文化研究中心等 6 个研究基地。西南科技大学获省科技厅软科学项目立项 13 项，立项经费 80 万元。立项数同比上年增长 225％，立项经费同比上年增长 220％，立项数和立项经费创历史新高。

二是建立社科课题规划机制。绵阳市社科联成立以后，由于财政困难，市政府在很长时期内都无力预算课题规划经费。因此，在市社科联的前五届，基本无法开展社科研究规划项目，只能根据筹措到的经费或领导安排的项目去开展课题研究。2013 年以前，社科理论研究课题经费主要依靠向国家和省级有关部门申请。直到第六届以后，随着政府预算逐步增加，全市社会科学课题规划工作才逐步开展起来。社科规划把研究绵阳重大现实问题作为主攻方向，把应用对策性研究作为重点，借鉴省里和先进地市的做法，探索实行重大社科研究课题规划机制。围绕贯彻落实科学发展观和绵阳经济社会发展重点、难点问题，按照市委、市政府的要求并征求有关部门的意见，每年确定 10 个左右重点规划研究课题，充分借助市内外的智慧力量，促进绵阳难题的破解。对委托研究课题的单位和个人，在完成课题并通过专家组评鉴后，给予一定的资金扶持。通过实行课题规划机制，调动各方面人才研究绵阳市实际问题的积极性，提升绵阳市社科研究水平。此外，绵阳市各县、市、区社科联参照市社科联有关做法，积极设置哲学社会科学研究项目，严格落实社科项目承担单位配套资助经费的规定。2018 年规划项目 143 项，其中重点项目 7 项，一般项目 107 项，科普读物 7 项，自筹经费项目 22 项；2019 年规划项目 135 项，其中重点项目 5 项，一般项目 95 项，科普读物 4 项、自筹经费项目 26 项。

三是强化社科评奖工作机制。从 1986 年绵阳市社科联成立到 2018 年，绵阳市人民政府共组织开展了 16 次社会科学优秀科研成果评奖活动，累计受理申报成果 11000 余项，授予一等奖 133 项，二等奖 435 项，三等奖 1134 项，优秀奖（含四等奖）855 项。向省政府推荐优秀社科成果 15 批次，共推荐优秀成果 712 项，有 106 项获得省政府和省社科联奖励，居全省市州前列。市社科联组织参与编辑的《绵阳市志》获省政府优秀社科成果二等奖，《绵阳年鉴》连续三年荣获全国年鉴质量评比一等奖。通过社科优秀成果评奖活动，彰显市委市政府对哲学社会科学的重视和支持，凸显社科联在哲学社会科学事业发展中的地位和作用，同时也极大地激励和支持着社科工作者不断为绵阳经济社会发展贡献智慧和力量。

四是围绕中心，积极开展调查研究。绵阳撤地建市以后，由于没有条件建立社会科学院，为了适应经济、社会发展所需要的强大智力支撑，因而在市社科联建立之初，就把"积极开展学术研究活动""充分发挥参谋、助手、智囊团的积极功能""承办全市社会科学课题研究项目的规划工作"作为主要任务写进章程。30多年来，绵阳市社科联按照章程规定，在围绕市委、市政府中心工作开展应用课题研究方面进行了不懈努力，取得了明显成效，为全市经济、社会发展提供了强有力的智力支撑。近几年，绵阳市社科联整合各个系统的社科研究资源，每年都根据市委、市政府的工作重点和经济社会发展重大理论与实践问题确定一个主题，与市委宣传系统、党政调研系统、高校系统、社科学会系统、党校系统及有关职能部门开展年度调研活动。如2018年绵阳市社科联到梓潼、盐亭、游仙等地调研社科普及基地、脱贫攻坚和特色文化建设情况，形成了《绵阳市加强社科新型智库建设对策研究》《关于推进我市哲学社会科学繁荣发展的建议》和《关于激发脱贫攻坚内生动力的研究与思考》等调研成果。部分成果编印《重大成果专报》和《智库文萃》呈送市委、市政府和有关部门。

（四）社科普及工作

社科普及工作对于提高全民族的科学文化素质，构建和谐社会都具有十分重要的作用。但是，长期以来，绵阳市社科普及工作的发展一直面临着科普经费筹集难、开展活动组织难、科普工作深入难等问题，为有效破解以上难题，推进社会科学普及工作发展，绵阳市社科联紧紧抓住开展社科普及周、实施重点社科普及活动计划和群众性科普活动，破解社科普及工作发展难题，初步形成了以大带小、由浅入深的科普氛围，实现了绵阳市社会科学普及活动全年化、日常化的工作目标，为提高全市广大干部群众的思想道德和科学文化素质做出了积极的贡献。

一是推动社科普及活动，努力提高全民社科素养。绵阳市社科联联动引领各县、市、区社科联举办集中性活动。通过集中组织开展"三月科普活动月""五月科普活动周"等集中性大型主题社科普及活动，引领科普工作蓬勃开展。绵阳市委、市政府组织开展的2018年度文化、科技、卫生"三下乡"活动启动仪式，市社科联在白坭乡政府现场发送《首批四川历史名人您知道吗?》《中国农耕节令与农谚》等500余册社会科学知识普及读本，深受群众欢迎；在省级社科普及基地——绵州历史文化普及基地为群众发送"全民阅读"挂历上千份。绵阳市第二十三届"科技之春"科普活动月启动仪式暨大型集中性科普活动在盐亭县两河镇举行，市社科联向现场群众发放了《平武白马藏族》《绵阳地方文化》等科普读本1300余册，接待群众咨询300余人，在"科技创新，强国富民"科技活动周活动中发放《绵阳论坛》《不动产登记知识普及读本》等社科书籍3000余册，深受市民喜爱。社科普及活动在广泛传播科学理念和科学知识上取得良好效果，为大力推动科技惠民，着力提升科学素养打下坚实基础。

二是以人文社科讲坛品牌"中国科技城·绵州讲坛"统领高校、各县市区等分讲坛。绵州历史文化普及基地作为"绵州讲坛"主场地创新形式和内容，采取当地专家讲述和外地专家讲授相结合，独立举办同联办相结合，现场主讲和视频播放相结合，主报告厅举办同流动播讲相结合等形式，2018年开办了包含历史、哲学、国学、军事、健康养生、民俗文化的社科普及讲坛54场次，受众近万人次，成为绵阳的文化品牌和市民的一道精神大餐。各分论坛举办了"帝乡讲坛""绵州金融讲坛""李白文化讲堂""乡村大讲堂""法治流动课堂""公民道德讲堂"等多类别讲堂。鼓励科普基地设立延伸点，探索"一牌多点"打造立体科普基地初见成效。联动省、市、区社科联，在体运村路社区打造全省首家"人文社科普及墙"，成为绵阳市传播社科知识、展示社科工作成果的重要科普阵地。

三是持续编撰系列科普读物。绵阳市社科联将社科普及读物纳入年度社科规划课题项目，编撰了《走近文昌文化》、《红色文化读本》红军篇和三线篇、《心理健康手册系列读本》6册，联合平武县社科联、四川民间文化科普基地编印《平武报恩寺》《图说四川农耕工具》等读本。北川县禹羌文化普及基地编印了《羌族日常用语》《大禹文化》等彰显禹羌文化特色、聚焦打造民族文化品牌的科普读本；安州区乡村经济社会发展社科普及基地编印了《乡村大讲堂之"一带一路"》、《安州史话》《"大学习大讨论大调研"活动学习宣讲手册》等 5 册辅导读物；江油市社科联编印了江油故事系列丛书——《我们的故事之传统优秀文化》《我们的故事之红色革命文化》等科普读物。在第 23 个世界读书日期间，绵阳市社科联举办了"绵州飘书香·大众浸阅读""社科书籍进校园、进社区"等活动，向学校、部门、基层免费发送万余册《盐泉苏氏概览》《智库文萃》等社科书籍，深受社会各界和基层干部群众的欢迎。

四是强化社科普及示范基地建设与管理。2018 年省社科联对已满三年的 2 家省级社科普及基地进行了复查验收，禹羌文化普及基地被认定为优秀等次，乡村经济社会发展社科普及基地获得良好等次。省社科联党组成员、秘书长李泽敏带领成都市社科联一行 20 余人到绵阳市李白文化和"两弹一星"红色文化等省级优秀社科普及基地开展调研，对绵阳抓社科普及基地建设工作的重视程度、基地特色和科普成效给予了充分肯定。绵阳市社科联举办 2018 年绵阳市社科普及基地建设工作研讨会，各县市区、高校社科联科普工作负责人和 2018 年社科普及立项项目负责人共计 50 余人参加，会议进一步明确了社科普及工作重点。注重打造特色基地，提升现有基地质量，支持禹羌文化普及基地打造"四川历史名人文化传承创新工程"，"两弹一星"红色文化社科普及基地创建全国爱国主义文化示范基地。为提升科普项目管理水平，提高资金使用效率，创新开展社科普及工作项目化管理，2018 年在 24 个省市基地和社科组织申报的 115 个项目中评选出 25 项予以立项，结项 24 项。

五是省市县联动开展特色科普活动。2018 年天府人文讲坛和"中国科技城·绵州讲坛"联合举办纪念"5·12"灾后重建 10 周年感恩系列公益讲座。在纪念"5·12"汶川特大地震十周年之际，省社科联和市社科联联合主办"大学习·大讨论·大调研－爱国·感恩·敬业·筑梦未来－书香天府·四川社科阅读"活动。与会人员一行参观了北川七一职业中学校园和灾后重建"三基地一窗口"建设，省社科联党组成员、秘书长李泽敏一行向学校赠送了 1 万元购书和感恩教育经费。省市社科联赠送社科书籍 800 余套。

（五）社科阵地建设

绵阳市社科联按照依托阵地、整合力量、搭建平台、服务发展的工作思路，以课题为牵引，组织同行业或跨行业开展课题研究，推出一批服务改革发展的应用对策研究成果；以活动为抓手，搭建多层次多形式学术交流与研究平台，推出一批创新价值高、前瞻性强的理论成果；以示范带动为着力点，健全完善学会制度建设、组织建设、队伍建设，形成学会良性发展的激励机制，推出一批综合实力位居全国前列的社科模范学术社团。

一是以社科专家咨询团为依托，深化社科理论研究。社会科学工作是一项系统工程，只有将各方面的优势和力量整合利用起来，才能产生集聚效应，取得更好效果。社科类学会、研究会是学术性社会团体，承担着联系专家学者、开展学术交流、提供决策咨询、服务经济社会等重要职责，在繁荣发展社科事业中具有独特的地位和作用，是社科界一支不可或缺的重要力量。绵阳市社科联借助在畅通渠道、整合资源等方面的独特优势，及时把各方对社会科学的参与需求转化为可以利用的资源，成立了绵阳市社科专家咨询团，扩大了合作领域和合作空间，深化了社科理论研究。

二是以社科研究基地为依托，开展重大课题调研。绵阳市高校云集，科研设施和研究力量较强，涌现了一批研究绵阳市的专家学者，产生了一些有影响的科研成果。为了实现社会与高校之间的资源共享、优势互补，绵阳市社科联在绵阳市高校建立了社科研究基地。通过社科研究基地，把城市优势的社科力量集中到了支持城市发展的辅助决策服务上，促进了社科成果的转化，也极大地提升了社科联在决策层及社会科学界的影响力。

三是以社科普及基地为依托，扎实开展社科普及宣传工作。社会科学要面向社会、研究社会、服务社会，才能体现社科工作的价值与活力。一直以来，绵阳市社科联根据干部群众对社科理论需求多层次、多样化的特点，创新工作思路，拓展工作渠道，以社科普及基地为依托，加大社科理论普及的力度，使社科理论更加贴近实际、贴近生活、贴近群众，取得了较好的社会效果。

四是以"中国科技城·绵州讲坛"为依托，开展绵阳特色研究与宣传，秉承"热爱绵阳，宣传绵阳，提升绵阳"的总基调，为在更大的空间、更深的层次推动绵阳文化的研究、传承和交流，绵阳市社科联与市委宣传部、绵阳市高校共同发起创建了一系列人文绵阳讲坛。

（六）激励机制建设

绵阳市社科联加大对市哲学社会科学规划项目、市哲学社会科学优秀成果奖评选资助等重点工作的经费支持力度。制定出台绵阳市哲学社会科学优秀成果评奖办法，加大扶持奖励力度，不断完善文化产品评价体系和激励机制。

一是开展绵阳市哲学社会科学优秀成果评奖活动，绵阳市哲学社会科学优秀成果奖是绵阳市委、市政府设立的旨在调动全市哲学社会科学工作者的积极性和创造性，增强哲学社会科学研究的前瞻性、创新性、科学性、思想性内涵，促进绵阳市哲学社会科学事业繁荣发展，更好地服务全市经济建设、政治建设、文化建设、社会建设、生态建设的最高奖项。该奖始于 1988 年，至今已评选了 16届。奖项的设立，对于引导全市哲学社会科学研究以注重重大理论创新、注重社会现实问题、注重绵阳经济文化建设为主攻方向，具有极其重要的政策导向作用。连续 16 届的优秀成果评奖活动，不仅获得了学术界的广泛认同，也受到社会各界的广泛关注。二是开展绵阳市社科模范社团评比和表彰活动，形成示范激励机制。三是创新平台载体，不断扩大学会活动的覆盖面和影响力。四是建立规范有序的人才激励和奖励体制机制，调动高校智库、社会智库、民间人士出谋划策的积极性，积极吸纳优秀咨政成果为党委、政府决策服务。

（七）特色工作

绵阳市社科联自成立以来，努力成为市委、市政府的"智囊团"和"思想库"，成为社会科学精品成果的重要生产基地，成为社会科学普及工作的重要力量，成为热情为社会科学学术团体、社会科学研究机构和广大社会科学专家学者服务的社会科学工作者之家。经过 30 多年的发展，形成了许多特色品牌工作项目，为绵阳市社会科学的研究和普及搭建了一系列服务平台。经过多年的创新与实践，形成了一批学术活动载体，其中比较有影响的有"中国科技城·绵州讲坛""绵阳社会科学界学术年会""绵阳社会科学优秀成果评奖"等。经过多年的精心打造，基本形成学术活动、科普活动、社科评奖、支持团体会员工作等机制。社科活动影响越来越大，成果越来越多，可以用五个字"建""动""果""联""情"来概括绵阳市社科联特色工作。

绵阳市社科联特色工作之一：辐射力"建"。

加强基层社科联建设是哲学社会科学创新体系建设的重要内容，也是繁荣哲学社会科学事业的基础性工作。绵阳市社科联高度重视基层社科联组织建设，主要经验是：第一，积极作为，发挥作用，努力赢得市委、市政府和社会各界的认可，为基层社科联组织建设奠定坚实基础；第二，主动出击，多做工作，最大限度地争取市委、市政府领导和有关部门的支持，为基层社科联组织建设抓住着力点；第三，把握机会，用好机遇，抓住有利时机，加快推进基层社科联组织建设进程。

绵阳市社科联特色工作之二：影响力"动"。

开展活动是社科联的工作之本、活力之源。多搞活动，搞出声色和气势，社科联在社会上才有影响力。绵阳市社科联通过狠抓"四项活动"，大大增强了社会影响力：抓阵地建设活动，形成"书、刊、报、网"为一体的理论阵地格局；抓人才建设活动，建立了社会科学人才库，使社科队伍呈现出既有领军人物，又有后备力量的局面；抓科普科研活动，取得了科普活动全方位辐射、社科普及示范基地广泛覆盖、省市级社科研究基地作用凸显的社会效应；抓社科平台建设活动，积极强化社科工作基础。

绵阳市社科联特色工作之三：硬实力"果"。

社科联能否在社会上有地位、有说服力，关键在于多出成果、多出精品，靠实力说话。绵阳市社科联社科优秀成果评奖的成功做法在于：规范评奖程序，提高社科优秀成果评选的权威性，激发了社科研究者的主动性、积极性、创造性；以服务中心、服务大局为指针，加强应用对策研究，提升了为绵阳地方发展服务的能力；以发挥智库作用为目标，推动了研究成果的转化和建言献策渠道的畅通，"思想库""智囊团"作用充分发挥。

绵阳市社科联特色工作之四：生命力"联"。

社科联最大特点是"联"，突出优势是"联"，着力重点也是"联"。绵阳市社科联通过充分发挥"联"的作用，彰显了"合"的功能。突出"上联"，主动对接市委、市政府中心工作，准确把握领导决策需求，积极找准工作定位；主动"下联"，健全组织体系、加强基层基础、创新方式方法、拓宽服务渠道，实现有效互动；积极"外联"，对外加强与省外学术界的沟通联络，对内举办和参与多类型、多层次的学术交流活动。

绵阳市社科联特色工作之五：凝聚力"情"。

社科联只有竭诚把为社科工作者服务作为重要任务，才能将社科联建成更加活跃、更具吸引力的"社科工作者之家"。绵阳市社科联在工作上注重"情"字，强化自身凝聚力，主要经验是：认真倾听、积极反映社科界的诉求和愿望，社科联的"桥梁""纽带"作用得以显现；切实加强社科联自身建设，干部综合素质得以提升；认真调查研究，尽心尽力服务，把绵阳市社科联建设成了富有凝聚力和亲和力的温馨温暖之家。

绵阳市推动哲学社会科学繁荣发展的主要成就

（一）社会阵地建设实现"有编制、有经费、有人员、有办公场所"四有目标

近年来，绵阳市社科联在省社科联的直接指导和市委、市政府的正确领导下，深入学习贯彻习近平新时代中国特色社会主义思想，按照依托阵地、整合力量、搭建平台、服务发展的工作思路，广泛深入地开展社科理论研究、宣传与普及，较好地发挥了理论支持和智力服务的积极作用，取得了一定成效。

1. 加强新时期基层社科联组织建设，绵阳市全部9个县（市、区）全面建立社科联

当前，加强基层社科联组织建设是哲学社会科学创新体系建设的重要内容，也是繁荣发展哲学社会科学事业的基础性工作。按照"全面发展、分类指导、有序增长"的原则，绵阳市社科联通过争取政策、召开会议、督办调研、下发文件等形式，全面地推动绵阳市的基层社科联组织建设，较快地建立了县市区、在绵高校社会科学界联合会。截至2018年，全市共有9个县（市、区）成立了社科联组织，在绵7所高校成立了社科联组织。绵阳市9个县市区的社科联挂牌运行，实现"有编制、有办公场所、有经费、有人员"的"四有"目标。另外，绵阳市社科联创办有"绵阳社科在线"网站，主办有《绵阳论坛》杂志，各县（市、区）社科联也建立专门的社科网站。绵阳市社科联联系的学会、协会和研究会不断发展壮大，并按照"分层管理、分类指导"的基本原则，先后制定《绵阳市社科联学会管理办法》和《关于社科组织分类分组开展活动的实施意见》，逐步形成和建立了一套比较科学、规范的学会管理办法，学会管理工作逐步走上规范化、制度化和法制化的道路（见图5）。

图5　2013年9月绵阳成功承办全国大中城市社科联第二十四次工作会议

2. 绵阳市社科联重视基层社科联在社科普及上的重要作用，全方位、多层次、宽领域地推进社科联组织建设

截至 2018 年，绵阳市内省、市、县级社科普及基地共 36 个，其中，省级 9 个，市级 16 个，县级 11 个。36 个基地名称：中国"两弹一星"红色文化社科普及基地、安县乡村经济社会发展普及基地（安州区"乡村大讲堂"社科普及基地）、社会法制教育普及基地、绵州历史文化普及基地、民间文化普及基地、四川李白文化社科普及基地、禹羌文化普及基地、地震知识社科普及基地、四川历史文化故事普及基地、领导科学知识与素养普及基地、信息知识普及基地、仙海科普创新基地、媒介素养教育普及基地、青少年创新教育普及基地、民俗文化普及基地、市民人文社科知识普及基地、塔水白塔村经典国学教育基地、文昌文化及地方历史文化普及基地、监狱警察文化与法纪教育普及基地、西蜀茶文化普及基地、历史名楼与绵州文化普及基地、革命传统文化社科普及基地、梓州历史文化普及基地、绵阳中医药文化传承暨康养基地、马克思主义中国化传播与普及基地、青少年心理健康咨询服务基地、江油市蜀绣文化社科普及基地、少儿戏剧文化普及基地、党员干部培训基地、乡村文化普及基地、盐亭县图书馆社科普及基地、盐亭县博物馆社科普及基地、花荄镇联丰村社科普及基地、花荄镇柏杨村社科普及基地、平武县南坝镇"三基地一窗口"社科普及示范基地、平武县图书馆社科普及示范基地。在科普工作上有新办法、新途径，积极组织专家编写科普读物，设立专门的社会科学普及课题。

3. 绵阳市社科联重视建设社科重点研究基地，培育特色智库

为进一步整合社科研究力量、优化资源配置、发挥人才优势、推动队伍建设、促进社科研究体制机制创新，绵阳市社科联和 9 个县（市、区）、在绵 14 所高校开展合作，迄今共命名或联系建立了 31 个社会科学研究中心（基地），其中，省部级社科研究基地 8 个，市级社科研究基地 23 个，此外还有省社会科学高水平研究团队 4 个。31 个社会科学研究中心（基地）名称：拉美研究中心、四川循环经济研究中心、四川犯罪防控研究中心、四川网络文学发展研究中心、四川民间文化研究中心、李白文化研究中心、四川县域经济发展研究中心、四川军民融合战略研究中心、四川青少年思想道德建设研究中心、四川绵阳未成年人心理成长指导与研究中心、四川体育产业与公共服务研究中心、四川信息管理与服务研究中心、四川绵阳文化产业研究与发展中心、四川绵阳异常心理与行为矫治研究中心、四川教师专业发展与学校效能建设研究中心、舞蹈文化艺术研究中心、纪念场馆教育与抗震救灾文化研究中心、绵阳职业教育研究中心、川西北民俗文化研究中心、白马人文化艺术研究中心、四川现代流通经济研究中心、四川中医药文化传承与研究中心、四川苏易简文化研究中心、两弹文化研究中心、四川岐伯文化研究中心、四川王右木研究中心、四川新时代党建创新研究中心、四川天府老龄产业发展研究中心、三线建设历史与文化研究中心、绵阳国防科技工业史研究中心、四川图书情报与期刊发展研究中心。4 个四川省社会科学高水平研究团队名称：四川基础教育学科教学改革研究团队、四川青少年思想道德教育创新研究团队、军民融合发展研究智库、四川新型城镇化与新农村建设融合发展研究团队。研究基地建设遵循"科学规划、合理布局、突出优势、整合资源、严格考核、稳步推进"原则。经过多年来的培育和发展，一方面，研究基地成为绵阳市社会科学研究领域的一支生力军和四川智库建设的重要力量，产出了大量优秀科研成果并得到转化应用；另一方面，培育了众多优秀科研人才，整合社科研究资源、搭建协同创新平台，为绵阳市经济社会发展提供理论支撑和智力支持方面发挥了重要作用，初步形成了一批有特色的社科研究品牌。

绵阳市社科联加强学会管理，激发学会活力，引导、鼓励学会开展形式多样的学术研讨、宣传普及、咨询服务等活动，推动社科工作更好地服务大局、服务社会、服务大众。新的形势要求基层社科联进一步加强自身建设，要把基层社科联建成基层党委政府和社科工作者的联络部、经济社会发展的参谋部、社科工作的指导部、解决社科工作问题困难的后勤部。绵阳市社科联把课题研究摆在社科团体建设的核心位置，强化精品意识、狠抓成果转化，拓展决策咨询和成果应用的新途径、新方式和新手段，确保各项工作创业绩、扩影响、见成效。同时，社科组织和社科事业的发展，离不开社会各界的支持与帮助。绵阳市社科联加强协调、主动沟通，整合资源，充分发挥"联"的功能、"合"的优势、"会"的特色，进一步创新工作思路，积极探索"联"的方式，充实"联"的内容，提高"联"的效果，形成社科合力，加强与在绵高等院校、科研院所之间的联系和合作对接，嫁接他们的研究成果为绵阳地方所用。

（二）社科学术理论活动实现专家学者"脚力、眼力、脑力、笔力"大提升

近年来，绵阳市社科联发挥优势，广泛联络，努力促进学术理论活动为经济社会发展服务。在省社科联和市委、市政府的正确领导下，按照年初确定的"打基础、建平台、抓活动、求实效"的工作定位，打造"中国科技城·智库论坛"统领学术理论研讨活动，发挥社科联联络联系的基本职能，积极争取领导支持，整合社会智力资源，推动学术活动创新，创新学术活动形式与内容，吸引群众主动参与，不断提升社科学术活动的品位品质品牌，改变社科学术活动小范围、小格局、小影响的现象，增强脚力、眼力、脑力、笔力，"立时代之潮头、通古今之变化、发时代之先声"，扎实开展学术理论活动工作。

1. 以社会科学优秀科研成果评奖活动为依托

绵阳市哲学社会科学优秀成果评奖始于1988年，每两年进行一次哲学社会科学优秀成果评奖，至今已评选了16届。2018年绵阳市第十六次社会科学优秀科研成果评奖活动，参评范围为绵阳市行政区域内的作者在2016年1月1日至2017年12月31日内发表的，涉及基础理论研究、应用研究、科普读物、工具书（含资料书）、译著、古籍整理等各类社会科学研究成果，首次将地方志和年鉴纳入评选范围。市委常委、宣传部部长高度重视评奖工作，先后两次参加评审会议并提出具体要求。全市社科组织申报了近800项成果进入评审环节。各评审单位成立了学术水平较高、思想端正和办事公道的评审小组，按照市评奖办下达的指标和评奖的范围、标准，对申报成果进行了认真的筛选。在评审工作中，各评委严把成果质量关，充分发扬民主，客观公正，不徇私情，不论资排辈，真正做到认文不认人，并按照"哲社政法、经济、文史、教育与管理"四个学科类别进行推荐。经过初评和学科评审组评审环节，并报市人民政府同意，评选出获奖成果200项，其中，一等奖10项，二等奖30项，三等奖60项，优秀奖100项。市社科联组织编撰的《长征路线（四川段）文化资源研究·绵阳卷》获二等奖，《家风家训简明读本》《不动产登记知识普及读本》等4项成果获优秀奖。绵阳市社科联组织的各项学术活动，都取得了领导的同意，一些重大活动领导都参与调度、协调，帮助成立专门的工作机构，从而保证了学术活动的顺利开展。

2. 以理论创新与推动发展相结合活动为依托

突出实用是前提。作为地市一级社科联，组织学术活动，立足理论创新是导向，而突出理论创新与推动发展相结合，靠理论研讨促进具体工作才是目的。组织活动是社科联的生命，而活动的生命力就在于它的实用性。一是绵阳市社科联坚持以"中国科技城·智库论坛"统领全市社科研究会、座谈会和学术研讨活动，牵头举办"第八届社会科学学术年会""从三线建设到军民融合发展专家论坛""两弹文化论坛""现代农业发展专家论坛""商务经济论坛""探索新形势下文旅小镇发展路径研讨会""传承和弘扬地方优秀传统文化研讨会"等学术论坛理论活动，紧密结合深化省情、市情认识，围绕深化改革、实施乡村振兴战略、抓好"三大攻坚战"、营造良好政治生态等生动实践和"5·12"地震10周年等重要时间节点，主办、联办绵阳乡村振兴用地策略研讨会、心理援助2018国际研讨会暨汶川地震心理援助10周年纪念大会、市级经济类社科学会和研究基地信息交流会、市级行政政法类社科学会调研交流会等研讨会议。开展"纪念改革开放40周年"征文活动，全省共10篇文章获得奖项，绵阳市1篇文章获得三等奖；在"第八届成都经济区建设与发展研讨会"上，获得优秀征文二等奖1项，三等奖1项。组织四川循环经济研究中心、市市场信息协会等10名社科专家参加了"第三届中国西部城市可持续发展高峰论坛"。举办纪念"5·12"灾后重建10周年感恩系列公益讲座和

"5·12"汶川特大地震10周年研讨会，编印《不忘初心、感恩奋进——绵阳"5·12"汶川特大地震十周年研讨会论文集》。二是区域内学术活动顺利开展。市哲学学会承办"王右木精神与新时代青年干部担当研讨会"，市国土资源学会组织召开"走进会员单位——我为公交献一策"调研座谈活动等，据不完全统计，2018年绵阳区域内社科组织举办社科学术会议、论坛等活动200余场次。

3. 以彰显地方优势特色活动为依托

彰显优势是基础，扬长避短、发挥优势是一条基本的工作规律，社科联组织学术活动也必须遵循这一规律，发挥地方特色，彰显区域优势。绵阳市社科联正是立足于彰显优势这一基础，才使学术研讨贴近了工作，贴近了实际，见到了实效。2018年以来，全市各社科研究规划项目主研人员认真开展调查研究，加强学风和文风建设，注重服务地方经济社会科学发展，围绕党的建设、中国科技城超常发展、乡村振兴、西部经济强市建设、文化发展、教育事业、社会治理等方面推出了一批较高质量的社科研究成果。江油市主办了"第四届两岸哪吒民俗文化交流研讨会"，盐亭县举办了"中华母亲嫘祖文化论坛"，涪城区举行了欧阳修诞辰1010周年纪念活动暨《欧阳修诗词文赋选读》首发式。西南科技大学、北川县政协和四川历史文化故事普及基地等联合举行了《羌人密码》丛书首发仪式，四川省犯罪防控研究中心举行了非法集资违法犯罪行为防控研究研讨会。

4. 以重点工作示范引领活动为依托

绵阳市社科联根据市委、市政府的工作部署，全面分析绵阳市最急需而其他单位又不好组织的研究领域及重大政治事项，把2018年的学术研讨活动立足定位在理论研讨会上。围绕习近平总书记在纪念马克思200周年诞辰大会上的讲话精神和在哲学社会科学工作座谈会上的讲话精神，开展了"新时代、新思想、新作为""习近平新时代中国特色社会主义思想'四川篇'""发挥思想库作用，助推高质量发展""感恩·奋进·再出发""聚焦四川历史名人、弘扬中华优秀文化""弘扬和践行社会主义核心价值观"等6个主题讨论活动，举办了"学习习近平总书记关于构建中国特色哲学社会科学重要论述精神座谈会"，凝聚全社会思想共识，共谋中国科技城高质量发展。

5. 以外力保障支撑活动为依托

市社科联的优势在一个"联"字，学者是本、学术是根、学会是基，市社科联就要发挥"联"的优势，把学会、研究会和广大社科工作者组织好，积极性调动好。2018年绵阳市社科联召开全市社科界学习贯彻市委七届五次全会精神座谈会，来自西南科技大学、绵阳师范学院、绵阳市委党校、市政研室、市交通局、市社科联的8位专家，围绕"五位一体"总体布局，分别就绵阳发展新定位、推动中国科技城超常发展、践行绿色发展、加快区域协调发展、建设经济副中心、打造立体交通体系、推进西部文化强市建设和推动全面从严治党等方面做了交流发言，从不同层面和角度解读市委七届五次全会精神，并在《绵阳日报》理论版专版登载。召开学习贯彻省委十一届三次全会和市委七届五次全会精神培训会，来自县（市、区）社科联、高校社科联、市级社科组织、在绵大中院校（党校）科技（研）处等单位共计120余人参加培训。会议邀请西南科技大学教授做《深入学习贯彻省委十一届三次全会市委七届五次全会精神——坚定政治站位 把握战略谋划 服务发展大局》专题授课。各县市区社科联、社科学会（协会、研究会）、社科研究基地和科普基地等基层社科组织积极开展系列宣讲活动。北川县"大禹智汇"邀请省委党校专家做"以习近平新时代中国特色社会主义思想为引领，努力开创网络舆情引导工作新局面"专题讲座；游仙区"富乐大讲堂"邀请中国浦东干部学院教授做"深入学习贯彻党的十九大精神，走向社会主义生态文明新时代"专题辅导。西南科技大学、四川幼儿师范高等专科学校、李白文化普及基地和绵阳市商务协会等社科组织均开展了十九大宣讲活动。绵阳市社科联除了加强和各学会、研究会的经常性联系外，还建立了绵阳市社科专家智库，定期召开座谈会听取绵阳市各方面专家的意见和建议，请智慧人才帮市社科联选主题、想办法，并借助他们的影响力、号召力争取社会支持、组织科研力量。在学术活动的物质保障上，市社科联一方面积极争取专项资金，一方面注意借助强势单位和有关县区的力量，从而保障了市社科联各项活动的开展。

（三）社科研究活动实现"前瞻性、创新性、科学性、思想性"紧密结合

近年来，绵阳市社科联团结带领全市社科界以绵阳改革、发展、稳定中的重大理论和实践问题为重点，围绕市委、市政府的中心工作积极开展社科研究，整合社会智力资源，扎实开展工作，依托院校科研机构和各学会、研究会，做好协调策划，积极动员组织申报国家社科基金、省社科规划项目和相关部门行业课题，在围绕市委、市政府中心工作开展应用课题研究、对地方历史文化进行专题研究和逐步开展全市社会科学课题研究项目的规划工作等方面，进行了不懈努力，取得了明显成效，为全市经济、社会发展提供了强有力的智力支撑。

1. 围绕中心工作开展应用课题研究

30年来，绵阳市社科联按照章程规定，在围绕市委、市政府中心工作开展应用课题研究、对地方历史文化进行专题研究和逐步开展全市社会科学课题研究项目的规划工作等方面，进行了不懈努力，取得了明显成效。"科技兴绵评价指标体系及评价方法的研究""绵阳市跨世纪发展战略思路研究""中国绵阳科技城理论研究及实证分析""绵阳市全面建设小康社会16项指标评介咨询报告""怎样使绵阳城市更繁荣""绵阳市科技发展中长期总体战略研究"等应用课题研究为全市经济、社会发展提供了强有力的智力支撑。而且这些应用课题具有很强的理论性和操作性，被市政府及有关部门采用，其中，课题"科技兴绵评价指标体系及评价方法的研究"研究成果获绵阳市政府1990年度科技进步一等奖。经过多年的发展，在绵高校西南科技大学实现了6个文科学院部省市社科重点研究中心（基地）全覆盖，实现了6个文科学院国家社科基金研究项目全覆盖，产生了一批高水平的哲学社会科学成果。2018年西南科技大学完成各级项目立项539项，国家社科基金项目立项数已完成学校"十三五"规划目标的三分之二。2018年是绵阳师范学院加强高层次人才队伍建设取得丰硕成果的一年，这得益于省市社科优秀成果在称号性人才评定工作中的重要作用。

2. 围绕地方历史、文化研究，地方文化是地方重要的精神瑰宝

地域文化形成和发展的深刻根源在经济，但一定的地域文化形成后，又会对经济的发展起巨大的促进作用。特别是像绵阳这样的发展中的城市，营造出一种浓厚的具有地方特色的地域文化，对于改善城市形象、提高城市知名度、招商引资、发展第三产业等，无疑具有极为重要的促进作用。绵阳是一座历史悠久的文化古城，理应有厚重的地域文化底蕴。但是，绵阳在历史上是一座动荡频仍的城市，其政治、军事、经济地位屡遭变更，由此导致其地域文化特色的不确定性，这为绵阳营造地域文化带来了一定的难度。因此，只有通过深刻的分析研究，去粗取精，去伪存真，寻找出既有历史继承性，又具有深刻现实性的文化结合点，才能真正引导人们营造出具有鲜明特质的绵阳地域文化。绵阳市社科联从成立起，一直把开展地方历史、文化的研究作为重要任务，并形成了一批既有重大影响又有较高学术价值的重要成果。对全市经济、社会的发展发挥了重要的促进作用。其中，《绵阳市社会科学志》历经7年，终于付梓。1997年5月，四川人民出版社公开出版了《绵阳市社会科学志》。作为科学城的绵阳，有一部记述其上下两千年社科事业发展春秋的专志问世，这是绵阳市社科界一件值得庆贺的事情。这部《绵阳市社会科学志》，忠实地记载和保存了绵阳市社科研究的历史资料，昭彰本市历史和现实的社科研究成果及学术代表人物，具有很强的资治、教化、存史功能，它本身就是一项重要的社科研究成果。2018年，"羌族审美文化研究""川西北少数民族音乐的文化研究""诗仙李白民间传说故事读本（中英文）"等18个教育部和省社科规划项目顺利结项并被评为良好等次。

3. 聚焦重点和中心工作开展国家、省级社科研究课题规划

2018年，社科研究规划成果丰硕，"美丽中国建设视域下环境共治多元主体内驱力与激励机制研究"等9项课题获得国家社科基金项目立项，获得扶持资金180万元课题经费资助；"西部高校思想政治理论课师资队伍建设研究"等3项课题获教育部人文社会科学研究项目立项；"四川省军民融合科技创新中图书情报机构服务能力研究"等20项获省社科规划项目立项，涵盖了西南科技大学、绵

阳师范学院、西南科技大学城市学院、绵阳市人民检察院等 4 个单位和四川县域经济发展研究中心、李白文化研究中心等 6 个研究基地。2017 年,"中国传统刑罚文化与当代刑法改革研究"等 7 项课题成功申报国家社科基金项目,获得扶持资金 140 万元。其中,西南科技大学申报的"数字化背景西南地区羌族民间图像的抢救、整理与研究"是绵阳市首次获得国家社科基金艺术学项目立项。这些课题立项都在绵阳形成了一定的声势,得到市委、市政府的认可和社会各界的好评。

4. 及早谋划绵阳市社科研究课题规划工作,及早启动征集参考选题

一是各社科研究智库和有关单位高度重视市社科研究课题,2018 年市级社科研究项目规划立项 143 项,其中围绕市委、市政府重大决策部署开展的前瞻性、应用性、对策性研究 114 项。2017 年共收到市级社科研究规划项目立项申请 254 项,立项 141 项。其中不仅有高校、党校和各地方组织参与的,也有各级党政部门、医疗卫生系统和社科学会组织参与的,哲学社会科学研究队伍不断壮大,社会科学研究的影响力不断扩大。二是哲学社会科学研究体系初步形成。2018 年的社会科学研究内容涵盖了党建、经济、政治、文化、社会和生态文明建设等多个方面,初步形成了绵阳市传统学科和新兴学科齐头并进、前沿学科和交叉学科共融互通的全方位、全领域、全要素哲学社会科学研究体系。部分课题涵盖了多方面的内容,如《构建党领导下的农村基层治理体系研究》报告,既是对党的建设的基层理论研究,又是基层社会治理的重要实践内容;《非物质文化遗产保护与精准扶贫的耦合机制与法律保护》研究报告,将地方优秀传统文化的传承保护与精准扶贫有机结合。三是应用性对策性成果优势突出。市委宣传部、市社科联和市委党研室《关于习近平总书记知青时期来绵考察学习沼气技术历程的调查报告》得到市委书记肯定性签批,认为报告资料翔实、很有价值,并要求根据建议运用好调研成果。2018 年,组织专家委员撰写重点课题报告 8 个,专项建议 13 个,多项成果得到市委市政府领导肯定性签批,并应用转化。《进一步改善营商环境和促进企业家成长的研究》《关于我市乡村旅游发展用地存在的问题及对策建议》《关于加快民营经济发展的研究与建议》《关于推进科技城集中发展区建设研究》《宜宾市城市建设和经济发展的考察报告》等成果分别得到省委书记和市委书记的肯定性签批,并批转有关领导和部门阅研;《关于规划建设何家山汉代文物遗址公园的建议》得到市委副书记、市长的重视并签批有关部门阅研;《关于引进新型免疫细胞治癌项目的建议》得到市委副书记重视并批转有关部门阅研。《建设信息一体化的智慧城乡,提高网络强国效率避免浪费》被国务院发展研究中心主管、主办的《经济要参》2018 年第 22 期刊用。《关于规划建设何家山汉代文物遗址公园的建议》被市规划局采纳,并已组织相关部门进行研讨论证,准备将建议部分内容付诸实施;《关于引进新型免疫细胞治癌项目的建议》被高新区采纳,并已进行了研究论证;《关于引进新型节能地暖项目的建议》目前已被试点推广;《关于将王右木纪念园打造为全国性知名教育培训基地的建议》,得到市委组织部和省委组织部高度重视,并已报送中组部请求予以支持。绵阳市社科联调研文章"市社科联发挥智库作用谋划跨越发展'金点子'"被绵阳市"大学习大讨论大调研"活动专刊刊载并在全市转发。北川禹羌文化研究中心历时四年编写的《大羌故事》,在四川省社会科学院第十二次优秀科研成果评奖中荣获一等奖。涪城区社科联协助编写的《中国特色志愿服务治理体系新探》论文,荣获中国志愿服务联合会第二届志愿服务论坛志愿服务优秀论文二等奖。在"第七届成都经济区建设与发展学术交流会"上,绵阳市《成德绵区域军民融合协同创新评价体系构建研究》等 11 篇文章入选,其中 6 篇文章获一、二、三等奖,位居全省市州前列;绵阳市社科联获"组织工作先进集体"。

(四)社科普及活动实现"贴近实际、贴近生活、贴近群众"发展好格局

社会科学普及活动是绵阳市社科联工作的"重头戏"之一。近年来,绵阳市社科联在市委、市政府的正确领导下,在省社科联的指导下,认真贯彻落实党的十九大精神,围绕党和政府的中心工作,整合资源,以社会科学普及周活动为重要抓手,在思想保证、阵地意识、围绕中心、三个贴近、坚持创新与发挥社科联优势等方面取得了实效。绵阳市社科普及活动与通俗的讲解、生动的语言、活泼的形式、丰富的内容，以及新型的载体等相结合，确保了活动沿科学、正确、顺畅的轨道不断推进，为提高广大干部群众的科学文化素质，推进全市精神文明建设做出了积极的贡献。

1. 开展社科普及周和群众性科普活动，破解社科普及工作发展难题

一是高标准办好社会科学普及周，形成规模大、范围广的社会科学普及宣传高潮。坚持围绕中心、服务大局，着眼提高全民素质，是开展社科普及周活动的主要任务和重要方向。社会科学普及周是省委宣传部、省社科联组织发动，市委宣传部、市社科联联合开展的一项大型公益性社科普及活动。开展社科普及周是普及社会科学知识、提高广大群众社会科学素养的有效途径，也是推进社会科学更好地贴近生活、服务群众、走向社会的重大创新举措。绵阳市社科联通过集中组织开展"三月科普活动月""五月科普活动周"等集中性大型主题社科普及活动，引领科普工作蓬勃开展。省社科联主要领导先后3次到绵阳调研社科普及工作，对地震知识、禹羌文化、"两弹一星"红色文化、四川李白文化和历史名楼与绵州文化等普及基地进行了具体的指导。省社科联到绵调研指导《四川省科学技术普及条例》贯彻落实情况。召开省市级社科普及基地工作推进会，邀请省社科联相关部室领导到会专题辅导。经过几年来的精心策划和组织，社科普及周的针对性越来越强，规模越来越大，效果越来越好，工作形式越来越成熟，已成为绵阳市的重要文化品牌。

二是创新活动方式，建立日常机制，打造科普品牌。公众思想道德和科学文化素质的提高和文明行为方式的形成需要长年累月、和风细雨、入脑入心的社科知识的教育，不可能毕其功于一役。因此，要搞好社科普及工作，必须实现社科普及工作的日常化。为此，绵阳市社科联在实现社科普及工作日常化的过程中，先后建立了大规模集中活动与多种普及形式相结合的工作机制、上下左右联合开展活动的组织运作机制、社科普及资源的协调共享机制、社科普及工作的激励机制、社科普及经费的保障机制等五个机制，为推动全市社科普及工作向日常化发展提供了支持和保障。

三是面向社会，深入基层，广泛开展社科宣传活动，大力提升市民的文明素质。所谓"三贴近"，就是贴近实际、贴近生活、贴近群众。坚持"三贴近"，既体现了唯物主义的世界观与方法论，也彰显了社会科学普及活动的工作特质。绵阳市社科联开展社科普及活动，始终坚持"为提高群众科学文明素养服务"的宗旨，积极引导活动"进工厂、进农村、进社区"，让社会科学知识武装群众，在群众生活中真正发挥作用。目前，绵阳市社科普及工作已初步形成了大型活动、重点活动和经常性活动协调发展的良好格局。

2. 实施科普重点活动计划，破解推动学会工作发展难题

学会是学术性团体，学会的生命力在于开展针对性强的学术研讨活动和社科科普活动。过去，学会组织的活动存在规模小、层次低、受经费制约等问题。为推动学会工作发展，绵阳市社科联每年开展重点学术活动和重点科普活动，对学会的学术研讨和科普活动进行了有效整合，提高了学术研究和开展科普活动的层次和质量。

一是加强管理，严格要求，确保活动质量。坚持创新工作思路和活动载体，是与时俱进地开展社科普及周活动的不懈动力。为了保证活动质量，绵阳市社科联制定了重点学术活动计划实施办法和重点社科普及活动计划实施办法，印发了《关于社会科学普及工作安排意见》，明确社科普及工作占县市区社科联年终考核权重的四分之一。制定出台了《绵阳市社科联社科普及专项工作管理办法》，对社科普及重点及特色工作予以专项资金扶持。对活动的立项、方案制定、组织实施等各个环节都实行了规范化管理。活动前，市社科联和学会共同提出学术研讨主题和科普活动方案落实到人，与会人员注意吸收高校研究机构、政府部门、行业管理部门和基层单位的人员共同参加，理论和实际工作者相结合；活动中，会议论文和科普活动方案发给每一位与会人员，学术活动采取主题发言、专家点评和自由讨论相结合的形式；活动后，形成会议纪要或活动总结，对策建议通过《重大成果专报》《智库文萃》《绵阳决策咨询》报市领导参阅，活动情况通过新闻媒体进行宣传，形成良好的社会影响。

二是积极引导，加强协调，建立日常机制。为了带动全市学术研讨和科普活动向日常化发展，绵

阳市社科联对重点学术和重点科普活动进行了积极的引导和有效的管理。选择有特色、影响力大、贯穿全年的专业性学术和系列性社科普及活动优先立项。协调各承办学会尽量错开时间开展活动，形成了一年中全市每月、每周都有学术研究和社科普及活动的格局。强化学会的管理和指导，将学会开展活动的质量与年终评选先进学会相挂钩，总结推广了一批先进学会的工作经验，推动学会工作的有效开展和自身建设水平的不断提高。

三是根据需求，分层组织，提高效果。开展重点学术和社科普及活动，绵阳市社科联还充分考虑到了不同受众的不同需求。例如：2016年授牌的"一牌多点"梓州历史文化普及基地由三台县社科联主管，三台县杜甫纪念馆、三台县国家档案馆、三台县图书馆组成，经过试运行，科普工作特色鲜明。2017年基地投入5万余元经费，在三个点建设了科普宣传橱窗，将社会主义核心价值观、梓州历史文化普及基地、三台历史传统民俗、宗教文化等内容融合进行展示宣传。全市25家市级社科普及基地中已有市场信息普及基地等自行探索设立延伸点，使基地科普工作更加有层次感和立体感。积极联动省社科联、涪城区社科联和体运村路社区在市中心区域——涪城区南河体育中心打造面向市民群众的"绵阳市人文社科普及墙"。这些重点学术和重点科普活动满足了不同层次人群的需求，受到欢迎和好评。

实践证明，绵阳市社科联组织参与全市3月科普月、5月科普周、9月科普日等重要节点的重大科普活动，打造人文社科讲坛品牌"中国科技城·绵州讲坛"，实施推动品牌提升，促进科普活动全域覆盖，使绵阳市社科联找到了推动社会科学普及活动工作发展的突破口，社会科学普及活动工作从"务虚"走向"务实"、从"松散"变为"紧密"、从"不被重视"变成"备受关注"，做到社科普及设在哪，标识标牌亮到哪，把讲坛开到学校、社区、农家院子，大大提高了社科联的向心力、凝聚力和社会地位，有效地破解了推动社会科学普及活动向更深层次发展的工作难题，实现了工作上的创新和发展（见图6）。

图6　2010年5月绵阳市社科联参加科技活动周启动仪式

四

绵阳市推动哲学社会科学繁荣发展的经验启示

（一）加强党的领导，坚定文化自信

绵阳市社科联强化政治担当和责任担当，全面加强党的建设。以习近平新时代中国特色社会主义思想为引领，将学习宣传贯彻党的十九大、省委十一届三次全会、市委七届五次全会精神和习近平总书记对四川工作系列重要指示精神，作为首要政治任务。紧紧围绕学习宣传贯彻好党的十九大精神这条主线，着力在全市开展党的十九大、省委十一届三次全会、市委七届五次全会精神和习近平总书记来川视察重要讲话精神的学习宣传活动，凝聚社会共识，推动中央、省委和市委决策部署在我市落地生根。一是通过党组会、党组中心组学习（扩大）会、党支部党员大会、全体职工大会及各种业务工作会议，持续宣传贯彻落实党的十九大、省委十一届三次全会、市委七届五次全会精神和习近平总书记来川视察重要讲话精神。二是班子成员率先垂范，带头在 2018 年全市女干部培训班、梓潼县科级干部读书班、绵投控股公司、绵阳教育集团以及联系社区和联系村，开展"学习领会习近平新时代中国特色社会主义思想""全面贯彻省市全会精神"等主题宣讲。三是召开全市社科界学习贯彻市委七届五次全会精神座谈会，来自西南科技大学、绵阳师范学院、绵阳市委党校、市政研室、市交通局、市社科联的 8 位专家，从不同层面和角度解读市委七届五次全会精神，并在《绵阳日报》理论版专版登载。召开学习贯彻省委十一届三次全会和市委七届五次全会精神培训会，邀请西南科技大学教授做《深入学习贯彻省委十一届三次全会市委七届五次全会精神——坚定政治站位　把握战略谋划　服务发展大局》专题授课。四是各县市区社科联、社科学会（协会、研究会）、社科研究基地和科普基地等基层社科组织积极开展系列宣讲活动。北川县"大禹智汇"、游仙区"富乐大讲堂"等分别邀请省委党校和中国浦东干部学院专家教授做习近平新时代中国特色社会主义思想和党的十九大精神专题辅导。西南科技大学、四川幼儿师范高等专科学校、李白文化普及基地和绵阳市商务协会等社科组织均开展了十九大宣讲活动。

绵阳市社科联全时段、全覆盖、全领域深入学习宣传贯彻党的十九大精神。坚持把深入学习习近平新时代中国特色社会主义思想和贯彻党的十九大精神作为首要政治任务，进一步学习贯彻落实习近平总书记在哲学社会科学工作座谈会上的重要讲话精神，实现了社科联机关全时段学习贯彻十九大精神、社科组织全覆盖学习贯彻十九大精神、社科专家全领域宣传阐释十九大精神。一是组织机关党员干部深入学。通过组织收看党的十九次全国代表大会开幕会、召开党组扩大会专题学习、收看中央宣讲团成员在四川所作的学习贯彻党的十九大精神报告会、召开支部会议专题学习《中共中央关于认真学习宣传贯彻党的十九大精神的决定》、党员干部谈学习心得体会、到联系村（社区）宣讲十九大精神等方式，读懂学深悟透十九大精神，使十九大精神入脑入心。二是引领带动社科界深入学。在党的十九大会议召开期间，组织包括社科联在内的社科界专家学者，在主流媒体《绵阳日报》上交流对习近平总书记在党的十九大开幕会上所做报告的学习体会；十九大闭幕后，赓即组织基层社科工作者前往浙江大学参加学习贯彻党的十九大精神培训班，先后组织召开市级经济类和行政政法类社科组织学习十九大精神座谈会，承办"全省基层社科联学习贯彻党的十九大精神（绵阳）培训班"，来自成都、德阳、阿坝和绵阳等市州社科系统 150 余人参会，举办"全市基层社科联学习贯彻党的十九大精神培训班"，邀请西南科技大学教授作《学习贯彻党的十九大精神，为加快构建中国特色哲学社会科学贡献力量》专题报告。实现了各高校、各社科研究基地、普及基地和社科协会学会学习贯彻党的十九大精神全覆盖。三是组织社科理论界深入学。先后组织召开"绵阳市社科界学习贯彻党的十九大精神座谈会"和"绵阳市社科理论界学习贯彻党的十九大精神座谈会"，组织40余名社科理论界专家学者对十九大报告进行深入解读、阐释；在《绵阳日报》开设学习贯彻党的十九大精神理论专版，结合绵阳地方实践，从政治、经济、文化、社会、生态、扶贫、党建和繁荣发展哲学社会科学等方面对十九大精神进行全方位解读；在《绵阳论坛》上开设"学习贯彻十九大精神"专栏，登载专题文章10多篇。参与市委组织的"绵阳市学习贯彻党的十九大精神重点课题"之绵阳发展形势分析、文化建设、党的思想建设等专项研究课题5项。

（二）落实意识形态工作责任制

绵阳市社科联严把意识形态关口，发挥社科界思想引领作用。一是建立健全意识形态工作责任制。制定出台《关于落实意识形态工作责任制的实施意见》《党组贯彻落实意识形态工作责任制实施细则》《党组班子落实意识形态工作责任制清单》等文件，推动意识形态工作责任制在全市各社科组织的落实，确保做到守土有责、落实尽责、违纪追责。二是加强对社科研究机构和思想文化类学会、协会的领导班子建设。出台了《关于进一步加强对报告会、研讨会、讲座论坛等管理的通知》，在每一次的市社科联理事会、社科普及基地工作推进、社科研究基地工作推进会等业务会议和参加的每一个协会活动上，无一例外都强调了加强意识形态工作的极端重要性，明确要求各协会、学会、研究基地负责人都要加强对意识形态工作的重视。对新吸纳的绵阳市律师协会、绵阳市城乡规划协会等团体会员领导班子成员进行了资格审查，对市社科促进会换届工作进行指导；对四川新时代党建创新研究中心、四川天府老龄产业发展研究中心、三线建设历史与文化研究中心和绵阳国防科技工业史研究中心相关申报资料进行了审查。在有关社科组织的年会和活动上对意识形态工作进行了专题辅导。如在市国土资源学会三届一次会员代表大会、市场信息协会年会上，市社科联领导都明确阐述意识形态工作的极端重要性，提出各类社科组织开展学术活动和研究都要严格按照意识形态工作责任制要求对照把关。2018年12月20日，市社科联举办"绵阳市社科组织工作会"，邀请省社科联专家对如何落实好意识形态工作责任制进行了专题授课。三是严格执行对报告会、研讨会、讲座论坛等的审查审批制度。市社科联多次明确要求要把意识形态工作责任制贯彻到对各类研讨会论坛的管理中去。协同有关方面加强对讲座论坛、报告会和研讨会的管理；加大对重大思想理论问题的引导，通过专题研究研讨，交流思想体会，澄清模糊认识，批驳错误观点。工作中，严格把控社科类研讨会、论坛、讲座的政治方向，从举办的目的、意义、论坛主题、参与专家、活动人数等方面进行审查。2018年4月26日，"天府人文讲坛"和"中国科技城·绵州讲坛"联合举办纪念"5·12"灾后重建10周年感恩系列公益讲座，会前市社科联对三位主讲老师的讲稿进行了审查；对"中国科技城·智库论坛"——绵阳乡村振兴用地策略研讨会和四川苏易简状元文化（家风家训）发展研讨会等研讨活动，全程参与指导。2019年5月17日，市社科联依托"天府人文讲坛"和"中国科技城·绵州讲坛"，举行"李白文化"高层次专题讲座。国家图书馆原馆长、中国李白研究会副会长詹福瑞先生受邀为近380名现场听众讲述《李白的生命意识》。活动开展前向市委宣传部进行了书面申请报告。在纪念人民政协成立70周年"人民政协与地方治理"主题征文活动和庆祝中华人民共和国成立70周年主题征文活动中，都明确提出要坚持以习近平新时代中国特色社会主义思想为指导，政治正确，主题鲜明，观点正确。并及时提醒高校、社科学会（协会、研究会）等社科组织加强对报告会、研讨会和讲座论坛等活动的管理。四是仅2018年，《绵阳论坛》专栏就登载《从严治党背景下村监委会制度的改革与探索》《构建党领导下的农村基层治理体系研究》等调研文章9篇，《加强科创区社区党建工作的对策与建议》等对策建议5条，为如何做好新时代党建工作提供参考。

（三）整合资源发挥"联"的功能

"联合"是绵阳市社科联的最大优势，也是市社科联的最大特色。多年来，绵阳市社科联通过加强学者之间、学科之间、理论与实践之间、专家学者与党政领导之间的多维多元联系，紧紧围绕绵阳市经济发展中宏观性的问题以及全局性、战略性和具有新兴学科、交叉学科、边缘学科特点的重大课题，组织联合攻关，开展跨部门、跨学科的联合项目研究，基本形成上下联合、左右联合、优势互补、合力共赢的"大社科"格局。绵阳市社科联在省社科联和市委、市政府的正确领导下，发挥社科联联络联系的基本职能，积极争取领导支持，整合社会智力资源，依托院校科研机构和各学会、研究会，扎实开展工作，得到市委、市政府的认可和社会各界的好评。

1. 争取上级支持是关键

"工作为发展服务，智力为决策服务"是绵阳市社科联的工作方针，而要做到这两个服务，都离不开上级的支持和参与。市社科联有优势，但摆在社科联机关面前更多的是劣势，组织活动离不开人力、财力支撑，离不开社会有关方面的配合，而要动员这些社会资源，关键在于争取上级支持。近年来市社科联组织的各项活动，都取得了上级的同意，一些重大活动上级领导都参与调度、协调，帮助成立专门的工作机构，从而保证了学术活动的顺利开展。比如，2018年，绵阳市社科联举办全市社科理论界学习习近平总书记在纪念马克思200周年诞辰大会上重要讲话精神座谈会，市委常委、宣传部部长张学民出席并讲话。2017年，省社科联党组书记、常务副主席姜怡先后3次到绵阳调研社科普及工作，省社科联到绵调研指导《四川省科学技术普及条例》贯彻落实。每一次社科优秀科研成果评奖活动，市委宣传部都进行了全程指导，市委宣传部部长都出席了评审和颁奖环节。

2. 突出实用是前提

作为地市一级社科联，组织学术活动、立足理论创新是导向，而突出理论创新与推动发展相结合，靠理论研讨促进具体工作才是目的。组织活动是社科联的生命，而活动的生命力就在于它的实用性。近年来，各社科组织积极围绕地方党委政府中心和重点工作，开展多种形式的学术交流活动200多场次。绵阳市社科联正是突出了学术活动的实用性这个前提，才使学术研讨取得旺盛的活力。

3. 彰显优势是基础

扬长避短、发挥优势是一条基本的工作规律，社科联组织学术活动也必须遵循这一规律，发挥地方特色，彰显区域优势。绵阳市社科联制定出台了《绵阳市社科联区域性论坛成果扶持管理办法》，鼓励绵阳学者参加区域学术论坛并发布学术成果，发出绵阳声音。比如，绵阳市社科联立足人才智力和传统文化的优势，积极参与对外学术交流。绵阳市李德书、刘文传等本土专家积极参加"罗学论坛暨第二十四届中国《三国演义》学术研讨会"和"2017年欧阳修国际学术研讨会"。在"第七届成都经济区建设与发展学术交流会"上，绵阳市《成德绵区域军民融合协同创新评价体系构建研究》等11篇文章入选，其中6篇文章获奖，位居全省市州前列；市社科联获"组织工作先进集体"。

4. 选好主题是先导

社会科学领域需要研究攻关的课题很多，市社科联组织学术活动，不能胡子眉毛一把抓，更不能做那些脱离实际的无用功。因而市社科联根据市委、市政府的工作部署，全面分析绵阳市最急需而其他单位又不好组织的研究领域及重大事项，2017年联合举办了市委市政府层面的"从'三线建设'到军民融合发展论坛"，连续4年举办"中国科技城·智库论坛——法治绵阳论坛"，为法治绵阳建设建言献策；联合中国"两弹一星"红色文化社科普及基地举办纪念我国第一颗氢弹爆炸50周年庆祝大会，成立"两弹文化研究中心"，主办"两弹文化论坛"，《绵阳论坛》以专刊形式印制"两弹文化论坛文集"等。

5. 依托外力是保障

市社科联在具体工作中体会到要想办成办好一项活动，离不开人力、物力和社会环境三个支撑，而社科联机关人手少、资金缺、组织资源的手段软，必须借风扬帆、借水行舟、借力发展。我们的优势在一个"联"字，学者是本、学术是根、学会是基，我们就要发挥"联"的优势，把学会、研究会和广大社科工作者组织好，把其积极性调动好。在第23个世界读书日期间，绵阳市社科联联合举办了"绵州飘书香·大众浸阅读""社科书籍进校园、进社区"等活动，向学校、部门、基层免费发送万余册《盐泉苏氏概览》《智库文萃》等社科书籍，深受社会各界和基层干部群众的欢迎。绵阳市社科联除了加强和各学会、研究会的经常性联系外，还建立了绵阳社科专家智库，定期召开座谈会听取绵阳各方面专家的意见和建议，请智慧人才帮我们选主题、想办法，并借助他们的影响力、号召力争取社会支持、组织科研力量。在学术活动的物质保障上，绵阳市社科联一方面积极争取专项资金，一方面注意借助强势单位和有关县区的力量，从而保障了各项活动的开展。

（四）围绕中心，服务大局，充分发挥"思想库"和智囊团作用

近年来，绵阳市社科联在市委、市政府的领导和省社科联指导下，在做好社科成果评奖、开展理论研讨活动、主办学术期刊、社科知识普及、组织队伍建设、对外学术交流与合作等项常规性工作外，紧紧围绕市委、市政府中心工作，充分发挥职能作用，努力当好市委、市政府的"思想库"和"智囊团"，社科研究工作已成为绵阳市社科联发挥作用、提升地位的亮点。作为市委、市政府联系社科界的桥梁和纽带，绵阳市社科联紧紧围绕全面深化改革，努力推动绵阳经济社会发展这一主题，充分发挥了哲学社会科学认识世界、传承文明、创新理论、咨政育人、服务社会的重要功能，为绵阳经济社会全面发展做出了贡献。《绵阳日报》2017年12月5日以《聚智辅政助力绵阳发展，我市大力推进社科界新型智库建设》为题，专题宣传绵阳市社科界新型智库建设典型成效。2018年4月在西南科技大学举行全市社科研究基地与智库建设工作交流会，全市各社科研究基地以及学校社科处50余人参加会议。会上，四川省哲学社会科学重点研究基地民间文化研究中心等8个社科研究基地负责人交流分享了经验做法。目前，全市9个县（市、区）全部成立了社科联，有7个在绵高校成立了社科联，有效促进了绵阳市社科事业蓬勃发展，全市社科工作发展态势良好。在绵高校西南科技大学"军民融合发展研究智库"被确定为四川首批22个新型智库之一。

1. 完善制度，主动作为，提高服务水平

绵阳市社科联高度重视社科新型智库建设，充分发挥社科联"联"和"合"的作用，聚合资源，加强对社科领域社会智库的联系与指导，进一步建立健全了决策咨询制度，初步形成联动相关党政部门、统揽研究机构、联系社科学会协会研究会、构建决策咨询机构等多位一体的新型社科智库体系，为绵阳科学发展、加快发展提供了有力的智力支撑。绵阳市社科联积极建立和完善涉及规划评奖、成果转化和资助出版、社团建设与管理、基地建设与管理等一系列规章制度，提高社科工作的科学性、规范性，努力营造公正、公平、公开和科学、规范、高效的良好学术环境；充分发挥社科联"联"的作用，通过加强交流、举办座谈、提供科研资助等密切同社科界专家、学者的联系，倾听他们的心声，了解他们的需求，主动为他们排忧解难，在工作和精神上给他们以支持和鼓励，让他们有归属感和认同感。绵阳市社科联创新机制，强化管理手段，提高服务水平，通过设立绵阳市规划课题项目，努力培育和提升基层社科研究力量；创办《重要成果专报》，使更多的优秀成果进入决策层；完善优秀成果出版资助管理办法，加大出版资助力度；开展社科普及规划立项工作，推动优秀科普读物出版发行。绵阳市社科联搭建交流平台，提升服务水平，通过举办专题研讨、业务和理论培训、创办学术网站和刊物等多种活动载体和传播载体，加强社科工作者之间的科研信息沟通，畅通社科研究机构之间的学术交流渠道，为社科工作者提高学术研究水平创造有利条件。

2. 认识世界，传承文明，服务经济社会发展

新的历史时期，我国经济社会发生了很大变化，新情况、新问题不断出现，特别是社会结构形式和利益关系的调整，各种矛盾日益凸显，这种现象在基层表现得尤为突出。从理论上把这些问题解释清楚，让广大干部群众思想上清醒，行动上自觉，全身心投入构建和谐社会的实践之中，是社科工作者应尽的职责。为此，绵阳市社科联充分发挥自身优势，组织社科专家、学者，充分利用报刊、电视、网络等载体，通过开设理论专版、开展座谈会、理论宣讲等多种形式，及时对中央、省委和市委重要会议精神开展理论研究和阐释，为干部群众解疑释惑，做了一些富有创造性的工作。充分发挥市委市政府决策咨询委员会办公室作用，运用好社科界资源推动市委市政府最高决策智库建设，初步建立了决咨委调查研究、咨询服务、经费使用管理和日常运行等各项制度。通过重点课题和专项建议，积极为党委政府重点工作建言献策，取得了良好的社会效益。《关于推进绵阳3D打印产业发展的建议》完成后，市领导立即组织有关部门听取课题组汇报；《关于推动装配式建筑产业园建设的建议》成果得到转化落实，产业园选址在江油市双河镇；《关于隧道反光瓷砖推广应用的建议》成果已形成产业效益，在京昆高速秦岭隧道群、绵阳至西充高速隧道等工程中应用，2017年11月20日《成都商报》予以专题报道；指导安州区策划建设"丝路油都"——"世界食用油种植加工体验式博物园"项目，获得国家发改委和粮食局4800万元的资金支持。

3. 创新理论，献计献策，发挥思想库和智囊团作用

加强地方对策性研究，为科学决策提供理论依据和智力支持，更好地促进经济社会的发展，是基层社科工作有为有位的关键所在。近年来，在省社科联指导下，绵阳市社科联承办了一届"成都经济区建设与发展学术交流会"，受到了省内外广泛关注，很多深化区域合作、整合区域资源、构建多点多极支撑发展格局的对策建议，受到省、市党委、政府的高度重视，特别是"转型升级、融合发展"的思路，为进一步促进成都经济区整体协同发展提供了有益参考。在"第八届成都经济区建设与发展研讨会"上，绵阳市社科联获得优秀征文二等奖1项，三等奖1项。绵阳市社科联以"中国科技城·绵阳智库"论坛作为打通学术界和地方党政机关的载体，统揽全市社科研讨会、学术交流会、座谈会等，分方面、分系列开展学术研讨和献计献策活动。协办了国际先进制造业大会，承办了系列高端论坛，包括绵阳·欧阳修国际学术研讨会、中国魔芋产业发展研讨会、中国（绵阳）通航产业发展研讨会、国际防灾减灾学术研讨会和全球旅游网络运营商合作交流会等。

4. 咨政育人，服务社会，提升群众文明素养

让社会科学走进群众，服务群众，提高人民群众的科学文化素质和思想道德素质，是开展社科知识普及活动的出发点和落脚点。绵阳市社科联大力推进新型社科智库建设，形成联动相关党政部门、统揽高校研究机构、联系社科学会协会、构建决策咨询机构等多位一体的新型社科智库体系，发挥聚智辅政作用，为党委政府科学决策、民主决策提供帮助。2011年12月12日，市社科联成功举办了"绵阳市首届社会科学学术年会"，此举开启了四川省二级城市社科联举办社科学术年会的先河。此后，市社科学术年会每年举办一次，至今已连续举办八届。

"雄关漫道真如铁，而今迈步从头越。"绵阳市社科联成立三十多年来，在市委、市政府的直接关怀、支持和领导下，在省社科联和市委宣传部的有力指导下，组织在发展中壮大，工作在创新中拓展，培养出一支有较高素质的科研队伍，出了一批有较高理论水平和实用价值的研究成果，建立了新的社会科学研究管理机制，社科联的知名度在前进中稳步提升，社科联的组织地位和作用在积极作为中得到认同和重视，社科工作者的信心在进取中增强。习近平总书记在全国哲学社会科学工作座谈会上发表重要讲话指出，在新形势下，我国哲学社会科学地位更加重要、任务更加繁重。一切有理想、有抱负的哲学社会科学工作者都应该立时代之潮头、通古今之变化、发思想之先声，积极为党和人民述学立论、建言献策，担负起历史赋予的光荣使命。习近平总书记2019年3月4日在参加全国政协十三届二次会议文化艺术界、社会科学界委员联组会时的讲话指出，中国特色社会主义进入了新时代，新时代呼唤着杰出的文学家、艺术家、理论家，文艺创作、学术创新拥有无比广阔的空间。绵阳

市社科联将持之以恒地以习近平新时代中国特色社会主义思想为引领，按照中央、省委和市委加快构建中国特色哲学社会科学的有关要求，团结带领全市社科工作者，坚持立足绵阳、面向实际，研究绵阳、服务绵阳，勇于担当、积极作为，开拓创新、砥砺奋进，为繁荣发展哲学社会科学事业，为建设国中国科技城和西部现代化强市做出新的贡献！

绵阳市社科联课题组

成员： 何季德、毛晓红、车韵飞、李汰辉

GUANGYUAN SHI PIAN

广元市篇

四 川 哲 学 社 会 科 学 70 年

导言

　　习近平总书记强调：一个没有发达的自然科学的国家不可能走在世界前列，一个没有繁荣的哲学社会科学的国家也不可能走在世界前列……新中国成立70年来，特别是广元建市34年来，广元一直重视哲学社会科学建设，特别是党的十八大以后，市委、市政府把繁荣广元市哲学社会科学作为重要使命来抓，广元哲学社会科学沿着守正创新的发展之路，在机构设置、队伍建设、阵地建设、课题研究、学术交流、理论创新、社科普及上都有建设性、创新性的发展。特别是以广元蓝皮书为平台打造融人才培养、智库建设、成果展示的哲学社会科学建设综合体，得到地方党委政府高度重视，开拓了守正创新繁荣地方哲学社会科学的全新之路。

三

广元市哲学社会科学 70 年概况

（一）组织机构与队伍建设

1. 广元概况

广元，古称利州，古苴国所在地，有 2300 年的建置历史。广元地处四川省东北部、嘉陵江上游、川陕甘三省结合部，广元是巴蜀通向中原的古蜀道核心地段，是中国历史上唯一的女皇帝武则天的出生地，是集古城、古镇、古村寨、古街、古道、古关、古树、古驿铺、古崖、古渡十古旅游的古游圣地，是川陕革命根据地后期首府，是红四方面军长征战略集结地与出发地。"剑门蜀道、女皇故里、古游天堂"是广元通向世界的独有名片。广元南与南充市为邻，西与绵阳市相连，东与巴中市接壤，辖区面积 16319 平方公里。1985 年经国务院批准成立地级市，辖利州、昭化、朝天 3 区和青川、旺苍、剑阁、苍溪 4 县，103 个镇，127 个乡，9 个街道办事处，335 个居民委员会，1289 个居民小组，2401 个村民委员会，15481 个村民小组。2018 年年末，全市常住人口 266.7 万人，登记的户籍人口 300.68 万人。市人民政府驻地广元市利州区。

2. 组织建设

广元哲学社会科学工作至新中国成立起，随着不同时期，哲学社科组织机构形态不尽相同，在各级党委宣传部、讲师团、政策研究室、党校的领导和引领下，一直在努力，一直在奋斗，哲学社会科学成果显著。随着广元 1985 年建市，整合资源后，广元哲学社会科学更是厚积而薄发，开始步入有序科学的繁荣阶段。广元市社会科学界联合会于 2002 年 4 月 27 日召开第一次代表大会，到如今只有 17 年的机构历史。市社科联从 1997 年 5 月开始筹建，确定为正县级单位，由市委宣传部代管。一是基层社科联实现全覆盖。市社科联成立后，通过多方争取，积极协调，在市委、市政府和各县区委、政府的高度重视下，县区社科联相继成立。2004 年 7 月，县区第一个社科联剑阁县社科联宣布成立，核编为正科级群团机构，设正副主席 2 人。2007 年 7 月，苍溪县社科联成立，明确为正科级群团机构，核定编制 3 名，设主席 1 名，秘书长 1 名，工作人员 1 名。2005 年 9 月，旺苍县社科联成立，明确为正科级机构，编制 1 名，设主席 1 名。2004 年 11 月，青川县社科联成立，为县委宣传部管理的正科级机构，设兼职主席 1 名。2007 年 3 月，利州区社科联成立，明确为正科级群团组织，挂靠区委宣传部，核定事业编制 1 人，主席 1 名。2013 年，昭化区社科联成立，社科联主席由宣传部副部长兼任。朝天区社科联成立于 2014 年，设编制 3 名，主席 1 名，副主席 1 名，秘书长 1 名。广元市四县三区均建立了县区社科联组织机构。二是成立两所高校社科联。同时，随着广元高等教育的发展，加强广元高校的社科组织建设也成了重要任务之一。2014 年，川北幼儿师范高等专科学校成立了全市第一家高校社科联。2017 年 9 月，四川信息职业技术学院社科联成立。县区社科联和高校社科联的全覆盖，为广元哲学社会科学繁荣发展奠定了坚实的组织基础（见图 1、表 1）。

图1 四川省基层社科联（广元）培训会

表1 广元市社科组织机构一览表

社科机构	人数	历任主席、驻会副主席	下属学（协）会	社科基地
广元市社科联	5	主席： 何开金（2002.4—2009.6） 向志纯（2010.6—2019.2） 驻会副主席： 罗彦康（2002.4—2011.12） 欧亚（2012.12—2015.8） 彭锦（2016.5至今）	19	省级社科基地4个 市级社科基地9个
苍溪县社科联	2	仲国祥 2012.01—2016.10 赵文勇 2016.11至今	8	市级社科基地1个
剑阁县社科联	3	杨仕甫 2004.05—2012.07 王锡华 2012.07—2015.10 袁小勇 2015.10至今	12	省级社科基地1个 市级社科基地1个
旺苍县社科联	2	张光斌 2006.01—2013.08 康永忠 2013.08至今	7	市级社科基地1个
青川县社科联	4	王武生 2009.04—2012.03 冀泽林 2012.04—2013.03 彭小平 2013.03—2016.08 刘琪 2016.08至今	无	市级社科基地2个
利州区社科联	2	马彪 2004.12—2012.04 马骎 2012.05至今	3	省级社科基地1个 市级社科基地3个
昭化区社科联	2	刘文龙 2013.12—2017.02 肖永乐 2017.03至今	5	省级社科基地1个
朝天区社科联	2	唐淑英 2013.08—2016.12 张清林 2017.01至今	无	无
川北幼儿师范高等专科学校	1	李莉 2014.12至今	1	无
四川信息职业技术学院	1	程远东 2017.09至今	1	省级社科基地1个

3. 学会组织

随着广元市各级社科联组织的建立，市县区都高度重视哲学社会科学各类社科学会、协会、研究会的建设。由市社科联协调、指导，先后成立了市哲学学会、市国学研究会、市动漫协会、市心理学会、市中华传统文化研究会、市周易学会、市金融学会、市钱币学会、市秘书学会、市财政会计学会、市警察协会、市机关党的建设研究会等40多家市级社科组织，并吸收为市社科联的团体会员。2018年，市社科联按照中央、省对加强社团组织管理的要求，在注重新建的同时，坚持有进有出、规范管理，推进团体会员健康发展的原则，会同市民政局，清理注销了不合格的市级社团组织，并按照管办分离的原则理顺民间团体挂靠关系，进一步加强学会的建设和管理工作。经过整顿，截至目前，全市重新登记注册社科类学会、协会、研究会21个，有力促进了各学会、协会、研究会的健康发展。

县区学会经过2018年的整顿，也得到了健康发展。苍溪县有社科学（协）会8个，即党史学会、梨乡文化研究会、教育学会、统计学会、网络文化协会、法律服务协会、易学研究会、川北孔子林孝道文化研究会，现有会员2600余人。剑阁有社科学（协）会12个，现有会员2500余人。旺苍县有7个协会，包括计生协会、卫生协会、会计协会、集邮协会、质量技术监督学会、体育总会和野生动物保护协会7个协会，共有会员700余人。利州区现有区级协会、学会、研究会4个，昭化区现有法学会、哲学协会、林业学会、农业学会等5个。学会、协会、研究会涉及范围大、面广，从一个侧面见证了广元市哲学社会科学的发展现状。

（二）阵地建设与人才培养

1. 阵地建设基本情况

1）市级层面

广元市社科联成立后，注重宣传阵地、研究阵地、理论传播阵地的建设。党的十八大以来，市社科联在办好《广元社会科学》内部刊物的基础上，推出了"社科大讲堂"，基本上每年一次，邀请国家、省社科专家专题授课，从马克思主义到习近平新时代中国特色社会主义思想，从传统文化到红色文化，从经济理论到社科理论，展示前沿社会科学和新的社科理念。尤其是2016、2017、2018年连续三年开展的"社科大讲堂"进贫困村、进景区、进学校系列活动，聚焦决胜脱贫攻坚，有效提振贫困户、贫困村的精气神；聚焦文旅兴市，促进了全市旅游业的健康快速发展；聚焦绿色发展，倡导低碳生产生活方式；在大力普及社科知识的同时，有效地促进了市委市政府中心工作的推动。

在此基础上，借船出海、借鸡下蛋，借用省级刊物刊号，出广元的专刊，推出了3期《蜀道》，全面介绍蜀道的前世今生和业界研究蜀道的最新成果，取得了意想不到的社会效果。为推动市委、市政府中心工作，把广元社科理论工作者的研究成果推向社会，转化为实践应用，2013年市社科联与广元日报社合作，推出了《社科大视野》专刊，每月一期，坚持至今；还积极主动坚持参加每年全省、全市组织的各种科普活动月、活动周、活动日活动，把这样的活动视为哲学社会科学建设的平台与阵地。

同时，市社科普及基地建设为社科重要阵地建设。目前，广元市省级社科普及基地已达4家（包括剑门关古蜀道历史文化社科普及基地、留守儿童心理健康社科普及基地、昭化古城三国文化社科普及基地、广元动漫游戏文化普及基地）。其中2家获"全国优秀人文社会科学普及基地"称号。留守儿童心理健康社科普及基地依托心理咨询专家开展了形式多样的心理健康辅导和讲座，曾吸引了人民网等全国50多家主流媒体关注。2016年年底，市委宣传部、市社科联评估并授牌了天曌山生态康养文化普及基地、红军渡红色文化普及基地、东河口地震遗址地震知识普及基地、鹤鸣山道教文化普及基地、广元动漫游戏文化普及基地等9家市级社科普及基地。截至目前，全市已建成涵盖女皇文化、蜀道文化、三国文化、红军文化、川北民俗文化、道教文化、生态康养文化、地震知识普及等具有广元地方特色文化的省级、市级社科普及基地 13 家。广元还把围绕中心工作开展哲学社会科学活动作为阵地建设来抓，近几年来，围绕广元市"推动治蜀兴川广元实践再上新台阶"、"三个一、三个三"战略体系、"决战从整体连片贫困到同步全面小康跨越"、"加快建设川陕甘结合部区域中心城市和四川北向东出桥头堡"等战略目标开展主题征文活动，并在《社科大视野》重点推出。

2）县区层面

苍溪县社科联在阵地建设上可以说全面开花，现有市级社科普及基地 1 个（红军渡红色文化普及基地）。川北孔子林孝道文化研究会建有"川北孔子林"孝道文化教育基地。县委宣传部、县社科联联手打造有县、乡镇、村（社）三级联动、软硬件配套、区域全覆盖的"百姓大讲堂"180 余所。县社科联主办有学习辅导刊物《学习参考》（季刊），学（协）会主办有《苍溪党史》《梨乡文化》等刊物。剑阁县阵地建设突出重点，以点带面，以剑门关古蜀道历史文化社科普及基地为中心，在剑门古蜀沿线的 13 所学校设立了"剑门关古蜀道历史文化讲坛"，还通过广泛征文，普及剑门关古蜀道历史文化知识。旺苍红军城是川陕革命根据地后期首府所在地，曾有 40 多个党政军主要领导机关驻扎在这里，现已被列为市级社科基地，已经开办"红城讲坛"24 期，发挥着更大的红色基因教育作用。青川人文资源独特，目前已经建成社科阵地两处，分别为唐家河生态康养文化普及基地、东河口地震遗址地震知识普及基地。2012 年 5 月，利州区依托该区大石小学在全市率先成功申报第一个省级社科普及基地——留守儿童心理健康社科普及基地。该基地 2013 年 7 月被授予全国优秀人文社科普及基地，并在 2015 年、2018 年省委宣传部和省社科联对省级社科普及基地的评估中两次被评为"优秀基地"。昭化古城三国文化社科普及基地助推文旅兴市，发挥了龙头作用。朝天区充分利用新闻媒体、报纸杂志、博物馆、农家书屋、各种讲座展演等为阵地加大社科宣传普及。

2. 人才建设基本情况

1）市级层面

广元市属于欠发达地区，人才缺乏，特别是社科人才缺乏，严重制约了广元哲学社会科学的建设与发展。广元党政部门早就认识到这一点，在历年的人才引进中，特别重视社科人才的引进。2016 年广元引进 10 名清华大学等高校博士，其中一名是清华大学专攻马克思主义哲学的博士后。2018 年引进 160 名博士、硕士，其中三分之一是广元市急需的社科人才，缓解了广元社科人才压力，广元智库成果《广元蓝皮书》能成功，引进的社科人才功不可没。据不完全统计，近 5 年广元引进的社科人才在 100 人以上，他们在党校、高校、以及其他部分发挥着骨干作用。同时，广元更加重视本地社科人才的发掘和培养。广元每 3 年一届的学科带头人、科技拔尖人才等，社科人才都占有相当的比例。广元社科联还通过课题研究、成果评奖、基地建设等方式积极发现、培养、扶持各类社科人才。如 2018 年 6 月，中国社科院 7 位专家到广元调研和指导广元蓝皮书工作，对全市 260 多名社科工作者进行了专题培训，其中百余名经过培训的学员，参与了《广元蓝皮书》的研究与编撰工作。2012 年 8 月，在省社联有关专家指导下，召开了全市社科专家信息库建设和网上录入培训工作会议，广元市社科专家信息库共收录社科专家 261 人。2017 年，对全市社科人才再次进行摸底，从下至上，又推荐了有一定成果的社科人才 70 余名，从中选出 30 名纳入青年优秀社科人才培养计划。至此，广元市社科专家信息库收录社科专家人数上 300，从中不乏武则天名人文化、蜀道文化、低碳文化、摩崖石刻文化等方面的专家学者。

2）县级层面

苍溪现有各类学会协会会员 3000 余人，在哲学社会科学建设中，除了依靠学（协）会外，苍溪还广泛发动更多力量从事哲学社会科学建设工作。党的十八大以后，先后 3 次邀请军事专家罗援少将以及 30 余次邀请北京大学、浙江大学、四川大学、四川师范大学教授来苍授课、举办专题讲座。还整合 39 个乡镇的第一书记、选调生、"土专家"、"新乡贤"、致富能手、先进典型等组建宣讲小分队，常年开展面向基层的理论宣讲。旺苍县自 2015 年以来，为专家和协会学会人才发挥作用搭建平台，共吸纳各类社科专家学者、行业资深人士120余名进入县级社科专家库。利州区2012年建立了区社科理论人才库，现有区级社科理论人才35人，推荐市级社科人才4人。目前，其他人才状况不佳的县区，正在想方设法加快人才队伍建设，争取后来居上。

（三）课题研究与成果介绍

党的十八大以来，全市社科系统紧密围绕全市经济社会发展中急需解决的重点问题、热点问题、难点问题开展社科研究。尤其是近年来，围绕"推动治蜀兴川广元实践再上新台阶"、"三个一、三个三"兴广战略，社科研究成果可圈可点，智囊作用更加凸显。

1. 课题研究有用、实际，具有时代特征

围绕广元经济建设、政治建设、文化建设、社会建设和生态文明建设各个方面，全市社科系统积极开展课题研究，先后申报省级、市级课题81项，立项65项，结题65项。其中，省级课题立项15项，结题15项。

围绕生态立市、文旅兴市，助力蜀道申遗，开展了"广元市实施生态立市战略的青川样本研究""剑门关古蜀道文化遗存、遗址""千年古城——剑州古城文化探微""广元'十古'在全国古迹游中的价值与地位研究""广元培育生态经济、建设嘉陵江上游生态屏障研究——广元生态文明建设的发展战略及路径选择""天然宝石·广元珊瑚玉""低碳重建在广元的探索与实践"等课题研究。围绕经济建设"三大主战场"，开展了"盆周山区（以广元为例）深化'两化'互动城乡统筹发展战略研究""剑门蜀道历史文化与四川旅游产业'十三五'增长极培育研究"等课题研究。

针对脱贫攻坚工作中存在的突出矛盾和问题，开展了"等靠要的现状调查与治理路径探析""农村知客宝典""广元灾后重建与跨越提升研究——广元精神家园重建研究报告"等专题调研。针对互联网发展和生产生活日益紧密的现实，开展了"网络管理与网络问政""广元市实施网络一体化管理的探索与对策研究"等课题研究。针对农村留守儿童现状，开展了"农村留守儿童心理健康问题及教育对策研究"等课题研究。

一大批研究成果，得到党委政府和社会肯定和认可。其中，"剑门关古蜀道三国历史文化资源的开发利用探索"课题成果得到时任市委书记马华高度肯定，他指出其"建议具有很强的针对性、建设性"，要求相关部门"认真研究，逐项落实、充实、完善、提升，做好项目落地实施工作。"《寻找广元城市精神的最大公约数》理论文章，获得市委领导肯定性批示，有力促进了广元精神的遴选和产生。省级课题"依靠农民、教育农民、引导农民、服务农民是农村思想政治工作的必由之路"成果在《农村经济》发表并获当年优秀论文奖。在省社科联统一组织下，市社科联牵头，各县区社科联参与，经过三年努力编撰完成了20万字的专著《长征路线（四川段）文化资源研究·广元卷》，详细介绍了红军在广元的转战路线、红军在广元境内开展的重大历史事件、广元地区主要的红色地理标志，系统梳理了红军长征路线广元段丰富多彩的历史文化、宗教文化、特色女性文化、生态文化以及非物质文化遗产。广元市启动了全省市级第一个经济社会发展年度研究报告项目，邀请10多位中国社科院专家到广元调研、培训社科人才和指导《广元蓝皮书》编撰工作。专家认为，《广元蓝皮书》开创了中国西部地区地级市新型智库建设的先河。

特别值得一提的是《广元市志》的编辑出版，它是广元市哲学社会科学研究集大成的又一代表作品之一。《广元市志》从2006年启动，到2017年正式出版，整整用了11年时间。编写《广元市志》，是广元市一项开创性工程，编写人员克服涉及历史长、变化大、资料收集难等困难，历经艰辛，攻坚克难，终于完成。全书250万字，全面展示了广元历史沿革、人文地理、发展过程、经济社会中的特色亮点。2018年，《广元市志》在全省志书评奖中获得一等奖，获得省内最高殊荣。

2. 请进来走出去，广泛开展学术交流

2004年，受中国社科院纪念邓小平100周年诞辰理论研讨会组委会邀请，市社科联组织撰写的理论文章《坚持真理，不辱使命——邓小平同志支持关于真理标准问题的讨论给我们的启示与思考》被组委会采用。2015年10月，广元市哲学学会会长付尹研究撰写的《广元在红军长征中的地位和作用》被四川省"长征精神与川陕革命老区振兴发展学术研讨会"选用并被邀作主题发言。2016年12月，另一篇红色文化研究论文《广元红色文化的价值特征》被"川陕革命老区红色文化研讨会"选用交流。2016年，市动漫协会副会长侯亨帝同志撰写的《开发利用巴文化的广元思路暨广元建设两大创意文化走廊的战略构想》等学术文章，在巴中市举行的巴文化资源保护与共享发展框架协议签字仪式及研讨会上交流，并被收入研讨会论文集。2017年6月，市社科联撰写的《略论红四方面军长征前后与群众意识》交流文章，在泸州召开的省社科联传承与弘扬长征精神研讨座谈会上做了交流。

组织各县区社科联负责人参加每年省社科联组织召开的基层社科联培训会。《建平台　抓载体　广元社科铸就新特色》《把握新常态　担当新使命　推进新发展》《开创社科工作新常态　助力和谐幸福"昭化梦"》《强组织　抓普及　重成果　努力开创旺苍社科工作新局面》等经验交流文章在培训会上作了交流发言，并在《四川社科界》杂志上进行刊载，同时收录入选《四川省基层社科联工作经验交流文集》。

近5年来，组织县区社科联以及各学会、协会、研究会参加全国大中城市社科联工作会议，广元市社科联连续5次荣获全国先进市级社科组织奖，旺苍县、青川县、剑阁县、苍溪县、利州区、昭化区、朝天区社科联分别荣获全国先进县级社科组织奖；王锡华、唐淑英、刘文龙、董红明、罗启等荣获"全国社科工作先进个人"荣誉称号；广元市选送的《搭建平台抓载体　彰显社科新常态》《抓好"六个一"当好脱贫奔康智囊》《围绕中心、服务大局，切实推进基层社科事业繁荣发展》等20余篇社科理论文章，被收入《全国社科工作经验集萃汇编》。市社科联从2003年起坚持编印《广元社会科学》《社会科学重要成果专报》等内部刊物，选登重要社科研究成果，介绍社科动态，普及社科知识，提供决策参考。一些专报得到了省社科联主要领导高度重视和批示。创新工程"Q版武则天"微信表情包用群众喜爱的方式普及和传承古蜀文明，得到省委常委、宣传部部长甘霖的肯定性批示。

3. 精心组织评奖，促进哲学社会科学研究繁荣

市社科联自成立起，把向外推介广元哲学社会科学研究成果作为己任，包括参与各项评奖工作。据不完全统计，建会17年来，向省上推荐申报300余件作品参评，获奖17件（见表2）。其中，市林业经济学会的系列论文成果《林业是山区新农村建设的基础和增长点》获四川省第十三次哲学社会科学优秀成果奖，赵勇同志等人撰写的《循环经济系统论》获第十五次优秀成果一等奖，吴志文同志撰写的论文《林业产业的发展与新经济增长点的培育》获第十五次优秀成果奖，梁永元同志撰写的《武则天正传》获第十六次优秀成果三等奖。

表2　广元市四川省哲学社会科学成果奖一览表

序号	获奖作品名称	作者	时间	奖项
1	《十三峰书屋全集》（古籍整理）	王显春（西南民族学院） 颜继禄（省扶贫办） 何兴明（剑阁县政府）	1995年四川省第七次哲学社会科学优秀科研成果评奖	二等奖
2	《剑门关志》（资料书）	邓元煊（四川师范大学） 张述林（广元市人大常委会） 张述林（广元市人大常委会	1995年四川省第七次哲学社会科学优秀科研成果评奖	二等奖
3	《川陕苏区钱币》（专著）	蒲　龙（剑阁县文管所）	1997年四川省第八次哲学社会科学优秀科研成果评奖	优秀科研成果奖
4	《持续快速健康——县域社会经济改革发展思考》（论文）	杜是桦（中共苍溪县委）	1997年四川省第八次哲学社会科学优秀科研成果评奖	优秀科研成果奖

序号	获奖作品名称	作者	时间	奖项
5	《高中级干部国防教育读本》（科普读物）	张大杰（广元军分区） 赖军（四川省军区） 王新权（四川省军区）	1997年四川省第八次哲学社会科学优秀科研成果评奖	优秀科研成果奖
6	《森林旅游业的发展与新经济增长点的培育》（论文）	吴志文（广元市林业局）	1999年四川省第九次哲学社会科学优秀科研成果评奖	三等奖
7	《黄裳传》（专著）	何兴明（剑阁县志办） 李金河（广元市教委） 杨百艺（剑阁县计委）	1999年四川省第九次哲学社会科学优秀科研成果评奖	三等奖
8	《分类经营与公益林生态效益补偿制度创新》（论文）	吴志文（广元市林业局）	2001年四川省第十次哲学社会科学优秀成果评奖	三等奖
9	《翠云廊大观》（资料书）	朱开天（四川省环保局） 邓光志（广元市人民政府） 张述林（原广元市人大常委会） 周东升（广元市计委） 何兴明（原剑阁县志办）	2001年四川省第十次哲学社会科学优秀成果评奖	三等奖
10	《创建特色生态文明美好家园——广元山水园林型森林城》（论文）	吴志文（广元市林业局） 杨淑军（广元市中区农业局）	2003年四川省第十一次哲学社会科学优秀成果评奖	三等奖
11	《生态庭园经济是贫困山区致富奔小康的成功之路——四川省苍溪县发展生态庭园经济的实践与思考》（调研报告）	董荣德（中共广元市委宣传部） 杨钢（四川省社会科学院） 何开金（中共广元市委宣传部） 赵家兴（中共苍溪县委） 张德清（中共广元市委宣传部）	2003年四川省第十一次哲学社会科学优秀成果评奖	社科优秀成果奖
12	《全面建设小康社会农村思想政治研究工作对策》（对策研究）	罗彦康（广元市社科联） 吴成（剑阁县委宣传部） 邓益平（剑阁县委宣传部） 杨仕甫（剑阁县社科联） 魏新（广元市社科联）	2005年四川省第十二次哲学社会科学优秀成果评奖	社科优秀成果奖
13	《林业是山区新农村建设的基础和增长点》（系列论文）	吴志文（广元市林业局）	2007年四川省第十三次哲学社会科学优秀成果评奖	社科优秀成果奖
14	《协商民主与椭圆视角》（专著）	李后强（四川省委政研室） 邓子强（中共广元市委政研室）	2009年四川省第十四次哲学社会科学优秀成果评奖	二等奖
15	《林业产业的发展与新经济增长点的培育》（论文）	吴志文（广元市林业局）	2012年四川省第十五次哲学社会科学优秀成果评奖	社科优秀成果奖
16	《循环经济系统论》（专著）	赵勇（广元市政府）	2012年四川省第十五次哲学社会科学优秀成果评奖	一等奖
17	《武则天正传》（专著）	梁永元（广元市市志办）	2016年四川省第十六次哲学社会科学优秀成果评奖	三等奖

社科联还认真抓好每年一次的全市优秀精神产品社科类评奖工作，平均每年评出社科类优秀精神产品15件。其中，市哲学学会会长付尹成绩斐然，专著《写好新闻的成功路径与实战技巧》、调查报告《精准扶贫的广元探索》、研究报告《广元"十古"研究》先后获社科类精神产品奖一等奖，研究报告《剑门蜀道历史文化与四川旅游产业"十三五"增长级培育研究》、专著《灾后评论员文章精选》先后获二等奖。市哲学学会会员赵大聪、何代英专著《学习与研究马克思总体范畴》、《川北村社教育简史》获市优秀精神产品奖社科类一等奖。县区报送的《红军遗产研究——关于弘扬长征精神与长征

路线申遗的思考与探索》《利州经验：以农村产权改革助力脱贫奔康的创新性探索》等研究成果，也先后获市优秀精神产品奖社科类一、二等奖。

4. 积极转化社科成果促进广泛应用

四川历史名人文化是中华优秀传统文化的重要组成部分，按照《关于实施四川历史名人文化传承创新工程的意见》，市社科联组织市内文化学者、文化企业策划推出了一批四川历史名人文化传承创新项目，其中具有代表性的，一是创新推出了微信表情包，让历史名人及其文化"活"起来。二是创作出版了《漫画蜀道》科普读物，让广元历史名人文化以"互联网＋"的方式进行传播。同时，围绕脱贫攻坚、项目投资、产业发展、蜀道申遗等全市重点工作，社科系统积极开展形式多样的社科普及活动，助力市委市政府中心工作的顺利推进。

围绕科普活动月、科普活动周、科普活动日等重要时间节点，全市社科系统积极组织科普专家、志愿者等开展科普知识进企业、进农村、进机关、进校园、进社区、进军营、进网络活动，加强社科成果的应用普及。据不完全统计，近5年来全市主办或承办较大规模社科普及活动160余场次，举办各具特色的人文讲坛300余场次。一大批社科成果得到社会转化，有力地助推了地方经济社会发展（见图2）。

图2　广元市社科活动月在剑阁龙源小学启动

广元市推动哲学社会科学繁荣发展的亮点

（一）亮点之一

在研究传统文化精神、红色文化精神、红军文化精神、现代文化精神的基础上形成推出了广元文化精神。

蜀道精神 蜀道线路文化自然文化双遗产申遗，广元是核心区域，更是蜀道遗存保护最完好的主要地段。广元市社科联市县联合，在此研究领域不断组织队伍，不断开辟阵地，不断加强力量，不断创新课题，创建了省级社科基地——剑门关古蜀道历史文化社科普及基地，推出了"剑门关历史文化特征与地位研究""剑门蜀道历史文化与蜀道申遗"等省市社科课题，开展了以蜀道文化研究为主的各种论坛征文活动，在此基础上形成对因封闭险峻而迸发出的坚忍不拔，开拓、开创、开放，敢为人先的蜀道精神的共识。

红军精神 广元是川陕革命根据地后期首府，是川陕革命根据地的重要组成部分，是红四方面军西线主战场，是红四方面军长征的战略集结地和出发地，红军在广元生活战斗长达两年零四个月。红四方面军的训词"智勇坚定、排难创新、团结奋斗、不胜不休"早已成为川陕苏区人民认同的红军精神。在红军精神的激励下，广元人民先后投入抗日战争、解放战争，新中国成立后，无论条件多么艰苦，无论环境多么恶劣，无论遭遇多大的困难，红军精神永远是广元人民奋斗的力量源泉。

现代文化精神 新中国成立70年来，广元的经济社会得到了跨越发展。在中国共产党的坚强领导下，广元人民在为美好生活的奋斗中，用实际行动为蜀道精神、红军精神不断注入现代元素，守正创新，做出了不少引以为豪的成就。20世纪80年代，旺苍创造了"宁可苦干不愿苦熬"的大茅坡精神。"5·12"特大地震，广元市青川县黄坪乡枣树村人发出了"有手有脚有条命，天大的困难能战胜""出自己的力流自己的汗，自己的事情自己干"灾后重建的最强音。在这一自力更生艰苦奋斗精神的激励下，灾后重建又创造了"低碳重建""千佛崖速度""西滨道速度"等让人耳目一新的成绩。

广元精神 党的十八大开创了又一个新时代，广元310万人民献给新时代的礼物就是广元精神。"厚德行广、坚韧自强、创新开元"这一广元精神，继承了传统的蜀道文化精神，弘扬了红船精神、红军精神，又承载了创新开元的新时代要求，成为广元人民新时代再立新功的精神力量。

（二）亮点之二

坚持对以剑门蜀道文化为核心的蜀道文化进行梳理研究总结，推出了大量成果，形成了具有特色的蜀道文化成果体系，为目前正在进行的申遗工作奠定了坚实的史实与理论基础。

弘扬中华优秀传统文化，推动广元优秀传统文化的创新发展和广泛传播，始终是广元哲学社会科学工作者的责任与使命。积极培育地域文化重点研究基地、高水平研究团队，不断加强对传统文化等资源的挖掘、整理、研究和阐释。充分利用四条古蜀道就有三条汇集广元的资源优势，加强了蜀道的相关研究。积极参与古蜀文明传承创新、四川历史名人文化传承创新、古籍文献整理出版等重点工程，发展具有重大文化价值的"绝学"和冷门学科研究。具体成就体现在以下方面：

1. 系统整理了广元历史文化特色与亮点

以市政协文史委为牵头单位，集聚优势人才，广为收集广元文史资料，整理编辑出版了剑门蜀道历史文化丛书，计《古道春秋》《古道轶事》《古道诗文》《古道风情》4本。丛书全面介绍了广元历史、人文地理、民俗风情等。广元四县三区的历史文化也相当厚重，在传统文化的整理研究上也不落后，各县区都收集整理编辑出版了这方面的文史资料。剑阁县大手笔，收集研究编辑出版了剑阁民间文艺丛书4本。苍溪县着眼更高，2018年起开始收集苍溪历来的方志与文史资料，准备编辑成苍溪的"四库全书"，此项工作正在开展中。苍溪县梨乡文化研究会办有《梨乡文化》内部刊物，已出版12期。苍溪县中共党史学会参与编写《苍溪党史》学会会刊近20期，参与编纂出版党史专著《血沃苍山》《玉蕴璞中》《梨乡红霞》《筑梦苍溪》《筑梦苍溪——改革开放40年图鉴》5部。苍溪县川北孔子林孝道文化研究会组织编撰的《忠孝传家》（内部资料）一书，参加全民读书传家、读书济世、改变人生大型读书活动，被评为全国"书香之家"。朝天学者粟顺成对朝天历史文化作了全面系统研究，出版了研究成果《大道朝天》。粟顺成另一社科学术论文《筹笔驿即朝天驿——中国蜀道名驿筹笔驿新考》，用大量的史料有力地论证澄清了一个长期争论不休的问题，在蜀道研究中引起反响。

2. 历史名人文化研究

广元历来重视历史名人文化研究，以此推动国学教育的普及与深入。广元名人文化以武则天为代表，郭沫若通过广政碑、李义山诗《利州江潭作》等大量文物与史料考证，证明一代女皇武则天出生在广元。市哲学社会工作者梁永元据此撰写的《武则天正传》获得很大反响，并获四川省第十六次哲学社会科学优秀成果三等奖。广元市图书馆原馆长陈洋通过深入考查研究，撰写出版了《解密武则天》一书，回答了武则天出生地和从政贡献等大量读者关心的问题，引起反响。广元日报社理论评论部原主任傅尹通过以武则天为代表的广元女儿文化系统研究，得出了武则天名人文化所代表的文化特质就是中国女儿文化特质的观点，并通过《广元蓝皮书·广元经济社会发展报告（2018）》推出，得到广泛认同。广元除武则天以外，还出过不少在全国、全省有影响的人物。市政协文史委2007年广泛征集资料，出版了内部资料《历史人物专辑》，共收录历史人物74人。剑阁县委宣传部原副县级调研员吴诚在深入研究的基础上写出了《剑阁历史文化名人黄裳、赵炳然、李榕评传》。旺苍中学王勇经过多年努力，对广元出生的清代女诗人杨继瑞的诗进行了校注并出版发行，填补了杨继瑞诗词研究的一项空白。在各方的努力下，广元对广元历史文化名人有了全方位的认识和掌握，并形成系统性成果。2019年5月，广元市政协文史学习委广泛征集哲学社科工作者意见，推出了"广元十大历史文化名人"，即武则天、黄裳、赵炳然、李璧、李榕、谯玄、杨继瑞、何易于、曾逢吉、贾儒珍，并推荐至省上。

3. 地方民俗文化研究硕果累累

广元县区也相当重视民俗文化研究。旺苍编辑出版了《川北民间礼仪文化》专题研究成果。专著用通俗的语言、纯朴的文字，全方位梳理了川北地区人民群众在生育、婚姻、祝寿、丧葬、庆贺、节日和语言等方面的礼俗和文化，反映了川北人民的审美、文化、性格、精神和情感。很多民俗已不为人知，不为人晓，研究成果的出版带有抢救、传承的作用，第一次较为系统地将川北民间礼仪文化记录下来。昭化区在社会主义精神文明建设和社会主义核心价值观的学习教育中，重视川北农村传统知客的影响与普济作用，梳理总结了川北农村知客的价值作用，对传统知客宣传的内容进行扬弃，加入了社会主义新农村倡导的价值观与文明常识，编写成《知客宝典》（内部资料），组织全区知客学习，利用农村农户办红白喜事的机会，走村串户，广为宣传教育，《知客宝典》成为农村精神文明建设中不可或缺的重要教材。昭化收集整理了《射箭提阳戏》（内部资料），在申报国家非物质文化遗产中发挥了重要作用。由于重视对民俗文化的研究，广元推出了市级以上非物质文化遗产达54项，其中川北薅草锣鼓、麻柳刺绣、白花石刻、射箭提阳戏被评为国家级非物质文化遗产，产生了广泛的社会影响。

4. 理论联系实际，推动文旅融合发展研究

从实践中来，到实践中去，理论不与实践结合，不去指导实践、推动实践，不在实践中检验，理论就会失去存在的价值。广元市哲学社科工作始终重视理论与实践的结合，注重成果的转化与应用。在广元市文旅融合发展中，哲学社会科学发挥了重要作用。围绕生态立市、文旅兴市，助力蜀道申遗，开展了"剑门关古蜀道文化遗存、遗址研究""千年古城——剑州古城文化探微""广元'十古'在全国古迹游中的价值与地位研究""剑门蜀道在蜀道申遗的地位与对策研究"等课题研究，对实现创国家5A景区目标，形成以剑门关风景区为龙头的蜀道旅游产业奠定了坚实的基础。注重对武则天名人文化的研究，对促进广元女性文化旅游产业也带来相当大的影响。一年一度以纪念武则天为主的广元女儿节越办越兴旺，纪念武则天的皇泽寺客流量不断攀升，还创新推出了"女皇萌萌哒"微信表情包，推出了"舌尖上的女皇味道"系列美食。文以兴旅，旅以促文，通过哲学社会科学促进文旅融合发展在广元得到了生动实践。

（三）亮点之三

坚持对三国文化进行梳理研究总结，推出了大量研究成果，形成了以昭化古城为核心的三国文化研究等亮点。

三国文化是深厚悠长的广元历史文化中的一个重要品牌。三国故事在广元的山水之间广为流传。史书有邓艾偷渡摩天岭直取成都的记载，旺苍木门镇延战街至今流传着魏延大战张郃的故事，朝天筹笔驿传说是诸葛亮筹粮的地方，昭化柏林沟镇传说有关兴的墓……最为重要的三国故事发生地，当属昭化古城和剑门关。刘备当年就是经昭化出白水关夺阳平关收取汉中的，在相当长的时间里，诸葛亮、姜维征伐中原，都以昭化为后方基地。姜维坚守剑门关拒钟会的故事更是家喻户晓。据广元文物部门统计，广元境内三国遗址遗迹多达140多处。广元四县三区成立了多个针对蜀道和三国历史文化的研究会，如市上的中国传统文化研究会、广元国学研究会、剑阁和昭化等县区成立了专门研究三国历史文化的学会，几乎每年都要发起以蜀道和三国历史文化研究的学术征文。仅2017年，昭化就召开了蜀道文化海外传播国际研讨会、蜀道申遗国际研讨会两个大型国际研讨会，致力将蜀道三国文化传播得更远，得到国内外近30家媒体的关注。2015年，中共广元市委宣传部推出了重点课题"剑门关历史文化特征与地位研究"，其中，组织专人对三国历史文化研究成果进行了系统整理，收入《长征路线（四川段）文化资源研究·广元卷》中的"三国文化"部，是广元对三国文化研究成果的精华展示。

（四）亮点之四

坚持对以红四方面军和川陕革命老区为代表的红色文化研究，展示了广元作为川陕革命老区核心区域和红四方面军西线主战场所作出的特别贡献，形成具有广元特色与风格的红色文化研究亮点。

长期以来，不仅市上重视红色文化的传承弘扬，而且县区也相当重视红色文化的发掘整理研究，先后编辑出版了《红四方面军在绵阳广元斗争纪实》、《红军在旺苍》（内部资料）《红军妇女独立师》、《红色记忆》、《漫漫征途》、《红军鏖战剑门关》（内部资料）等大量反映红军在广元的纪实书籍。同时，结合"红船精神"的学习研究，对红军精神也进行了深入研究总结，先后在苍溪红军渡、旺苍红军城建立市级社科普及基地。2016年，配合国家、省社科联重点项目，完成了《长征路线（四川段）文化资源·广元卷》的出版发行。2015年以来，广元联合中央、省、市党史办先后举办了"纪念木门军事会议召开80周年学术研讨会""弘扬伟大红军精神振兴川陕革命老区红色文化研讨会""长征精神与川陕革命老区振兴发展学术研讨会"等全国性、关键性大型会议，对推动川陕革命老区振兴，还原红四方面军历史地位具有里程碑意义。

1. 纪念木门会议80周年学术研讨会

2013年10月19日至20日，中共广元市委、中共旺苍县委在旺苍联合举办了"纪念木门会议召开80周年学术研讨会"。木门军事会议80周年学术研讨会旨在加大学术界对川陕革命根据地研究的力度，以全新的视角研究川陕革命根据地历史问题，以及川陕红色文化与红色旅游的发展。本次研讨会得到了来自中央党史研究室、国防大学、军事科学院、中国人民军事博物馆、中央党校、上海虹口区委党史室、厦门集美大学、天津城市大学、陕西理工大学、西南交通大学、西南民族大学、西华大学、四川文理学院、成都军区政治部编辑室、四川省社科院、四川省委党校、四川省委党史研究室，以及川陕革命根据地各市、县、区的党史、党校、博物馆、文化、教育、旅游、地方志、政协文史委等部门的专家、学者和基层理论工作者的热情参与，共收到6个省市60多家单位的86篇论文。论文研究的范围涉及军事、政治、经济、文化、社会、人物研究等各个方面，主题突出，有很高的学术水准。会上，各位专家充分肯定了木门军事会议的历史地位和重要作用，探讨了川陕苏区肃反问题，对川陕苏区群众路线研究做了精确论述，并以全新的视角研究川陕革命根据地历史问题和川陕红色文化与红色旅游的结合发展的问题。经过广泛的学术交流，专家学者们发表的真知灼见，将木门会议乃至川陕苏区研究推向了一个新视野。会后，评选出来的42篇优秀论文被收入《纪念木门会议召开80周年学术研讨会论文集》，由中共党史出版社出版发行。

2. 长征精神与川陕革命老区振兴发展学术研讨会

2015年10月29日，由中共四川省委党史研究室、四川省社会科学院主办，中共广元市委党史研究室、中共旺苍县委、旺苍县人民政府承办，《毛泽东思想研究》杂志社、《四川党史》编辑部协办的"长征精神与川陕革命老区振兴发展学术研讨会"在旺苍举行。中央党史研究室科研管理部主任黄如军，中央文献研究室第一编研部原副主任、正厅级调研员、研究员张素华，四川省社科院党委书记李后强，四川省委党史研究室副主任李文星，广元市委常委、组织部部长冯磊等领导参加研讨会。研讨会由四川省社科院副院长杨钢主持。会上，四川省社科院党委书记李后强教授作了题为《共和国关乎旺苍》的主旨演讲，从历史和现实两个角度阐释了旺苍在川陕苏区的特殊地位和巨大贡献，并以全新的视角、独到的见解提出了革命老区旺苍振兴发展，特别是大力发展红色旅游产业的路径与举措，受到与会领导和专家学者的高度赞扬。四川省发改委地区处副处长李祖林就川陕革命老区振兴发展规划作了概括说明。在学术论文交流环节，被邀请的10位论文作者分别围绕长征精神、川陕苏区的历史地位和贡献、川陕革命老区振兴发展等主题进行了发言，对长征精神基本内涵、内在逻辑结构及时代价值，对旺苍等川陕革命老区发展红色旅游、实现经济社会振兴发展提出了意见和建议，就实施川陕革命老区振兴发展战略达成了高度契合的共识。会上，讨论通过了《川陕革命老区振兴发展共识》，并在大会上宣读。

3. 弘扬伟大红军精神，举行川陕革命老区振兴发展论坛

2016年12月17日至12月18日，川陕革命老区史上最大论坛"川陕革命老区振兴发展论坛"在川陕革命根据地后期首府旺苍红军城举行，来自全国多个领域的专家、学者，川陕革命老区10市（县）党政领导400余人参加论坛活动。论坛上，四川省绵阳市、广元市、南充市、达州市、巴中市，陕西省宝鸡市、汉中市、安康市、商洛市和重庆市城口县等川陕渝10市（县）签订了《川陕革命老区振兴发展战略合作框架协议》，发表了《川陕革命老区振兴发展论坛广元宣言》。论坛期间，专家学者紧紧围绕"川陕革命老区振兴发展"主题进行了深入讨论，从不同侧面阐述了红四方面军出发长征的重要意义，阐述了川陕苏区在中国革命历史上的重大意义和突出贡献，高度评价了广元人民为红军、为根据地、为中国革命做出的重要贡献，同时就川陕革命老区振兴发展把脉问诊、献计献策。论坛期间，还举行了川陕革命老区合作发展座谈会、川陕革命老区项目推介会、川陕革命老区红色文化研讨会等活动。

（五）亮点之五

基于广元生态绿色底蕴，配合广元市委市政府"生态立市、工业强市、文旅兴市、融合发展"战略发展思路与实践，推出了一批研究成果，形成理论和实践的融合态势。

2008年"5·12"特大地震后，广元率先在四川汶川地震灾区提出低碳重建的理念。在随后的经济社会发展中，根据中央生态文明建设及经济转型和高质量发展要求，结合广元生态资源优势，通过科学分析预判，提出了"生态立市、工业强市、文旅兴市、融合发展"的战略发展思路。广元生态绿色发展实践证明，这条路子是正确的，广元实践印证了习近平"两山理论"的正确性，印证了广元生态立市的方向性是具有无限前景的。2016年，广元市社科联根据市委的安排，成立课题组完成了重点课题"做好'生态＋'，实现绿色崛起"。课题以"创新、协调、绿色、开放、共享"五大发展理念为指导，以"有利于加强生态建设和环境保护，保障长江流域生态安全，促进可持续发展"为前提，结合广元市第七次党代会确立的"绿色发展、绿色崛起"的战略核心，通过广元生态资源优势与特征的例证分析，对如何做好"生态＋"提出了战略和战术上的对策建议。课题完成后，得到市委的肯定并在实践中推广落实。利州区社科联研究阐释全市"文旅兴市"发展思路、建设"美丽广元、幸福家园"奋斗目标的《以大格局、广内涵、小细节推动旅游发展》调研报告，得到市委领导高度评价。

同时，社科联还围绕"绿色发展、绿色崛起"组织征文，借助与《广元日报》合办的理论阵地《社科大视野》分阶段几次推出。2018年，出版发行《广元蓝皮书》，又组织有关单位与专家，对广元的生态立市进行了全方位总结研究，推出了"广元经济社会发展报告——加快川陕革命老区振兴发展的思考与建议""治蜀兴川广元实践方略体系分析报告""灾后重建以来广元低碳发展实践报告""广元建设生态康养旅游名市优势与前景分析"等研究专题，从理论角度分析了广元战略发展思路的可行性与发展前景，又从实践的角度论证了广元战略发展思路的有效性与必然性，还从智库的角度提出了加快广元绿色发展绿色崛起对策建议。通过国家蓝皮书这个平台，向全国推介了作为连片贫困地区的广元的发展经验与发展亮点，也检验了广元哲学社会科学的水平与能力。

（六）亮点之六

历届广元市委市政府都重视哲学社会科学理论建设，为落实中央八项规定，广元出台了"六个带头"，把理论自信、理论带头放在了"六个带头"之首。

2013年初，根据中央的"八项规定"，广元市委出台了"六个带头"。广元市委在"六个带头"的规定中，第一条就是要求带头学习理论。这在当时各地具体贯彻的实施意见中可以说是一枝独秀，可以看出时任广元市委的领导班子的眼光与远见。党的十八大以来，党把理论武装放在了一个更为重要的位置上，强调的"四个自信"中，第二条就是理论自信。正因为历届广元市委重视理论学习，重视理论实践，广元的哲学社会科学才有了质与量的进步。

广元市委领导重视理论，并不是口头上的强调。从2007年到现在，广元已经经历了3任市委书记。据不完全统计，他们带头深入基层搞调研、带头写理论调研文章，先后在《人民日报》、人民网、新华网、《光明日报》、《四川日报》等媒体发表理论文章近20篇。如现任市委书记王菲2019年1月4日在《四川日报》发表的《"翻山越岭"推动民营经济高质量发展》就好评如潮。

市委的重视，为繁荣广元哲学社会科学创造了浓厚的氛围。至少每年一期的蜀道大讲堂、社科大讲堂，加上配合中心工作、专项工作的各种理论文化讲座、论坛等，如女性文化论坛、蜀道文化论坛等，平均每年请著名专家学者来广元传经送宝在10次以上。蜀道大讲堂突出政治、文化、科技等内容，先后邀请了王蒙、余秋雨、李平、魏小安等著名作家、专家、学者授课。2018年10月就广元文旅如何融合发展，请来文化和旅游部党组成员、故宫博物院院长单霁翔以《坚定文化自信，做中华传统文化的忠实守望者》为题进行专题讲授，让广元党员干部受益匪浅。社科大讲堂更是创新形式，把讲堂开进校园、乡村、社区。2019年1月16日，广元社科大讲堂到苍溪县云峰镇"赶场"，带去的社科读物《广元社会科学》《长征路线（四川段）文化资源·广元卷》近500册，不到半小时就被一抢而空（见图3）。在场的广元市社科工作者无不感叹：谁说群众对哲学社会科学没有兴趣？通过这些社科理论普及宣传活动，习近平新时代中国特色社会主义思想、各种先进理念和先进文化思想时时在浸润广元这片红色的土地，不断给广元人民的奋斗加油助力。

图3　社科"赶场"，群众争相索要社科读物

高校、学会和县区的理论学习研究也不甘示弱。四川信息职业学院从2015年起到2018年底，就有542篇涉及各学科的论文发表，其中不乏发表在核心期刊上的论文。该校学术气氛之浓，居广元高校之首。建于2012年的川北幼儿师范高等专科学校，7年来，承担教育部重点课题1项、省级课题96项，出版学术专著和主编教材109部，发表学术论文900余篇。截至2019年上半年，全市党校系统累计创作哲学社会科学理论文章超过1万余篇，其中在公开刊物发表约4000篇。全市党校累计举办各类哲学社会科学理论研讨会30余场，开展各级各类学术活动约100场次。近100篇理论文章在各级各类学术研讨活动中获奖。先后完成科研课题研究300余项，其中省委党校调研课题约100项，其他如省社科院、社会主义学院以及市委党校校级课题等200余项。广元心理学会从2015年至今，推出心理学方面的论文达16篇，有7篇上了国家A级刊物。苍溪在理论学习中创新开展了联组学习方式，在理论宣传中创新搭建了"百姓大讲堂"，已经坚持了12年。自十八大以来，苍溪有200余篇理论调研文章在《社会科学报》《四川日报》《乡村振兴》《当代县域经济》《广元日报》等报刊发表。旺苍各级领导干部在深入调研的基础上，形成调查报告1000余篇，有400余篇在《光明日报》《四川日报》《广元日报》等主流媒体上刊登。青川县级领导干部在《四川日报》《广元日报》等党报发表了理论文章50余篇。利州区推出的论文《推进基层理论宣讲大众化须强化五个环节》，2015年10月被收入国家行政学院出版社出版的《地方领导干部施政学习论文集》大型主题书籍。朝天区领导干部在省级及以上刊物上发表理论文章共46篇，其中，《创新教育模式　根除贫困代际传递》在中共中央政研室主办的《学习与研究》上发表。

（七）亮点之七

创新性地推出以蓝皮书为平台的哲学社会科学人才培养与哲学社会科学成果展示综合体，从而成为推进广元市哲学社会科学繁荣发展的又一条创新之路。

1. 推出《广元蓝皮书》的背景与价值

2018年是中国改革开放40周年的节点，广元在40年的改革开放中特别是建市33年来，在"5·12"震后十年的建设中，在脱贫攻坚中，一直在奋斗，一直在努力，取得了许多创新开元的成就：第一个从四川汶川地震灾区中走出"低碳重建"的路子；第一个成为四川国家低碳试点城市；第一个成为四川全国性气候适应型试点城市；第一个在西部地区确立了"生态立市"的战略发展思路，成为习近平新时代中国特色社会主义思想中"两山理论"的生动实践者；第一个在脱贫攻坚中推出包含有33条非常举措的系统工程……广元的许多第一，在贫困地区，在四川省，在中国西部地区，都具有广元智慧、广元方案、广元经验、广元路径的引领创新价值。进入国家皮书系列，通过蓝皮书的方式对广元改革开放40年特别是建市33年以来的经济社会文化发展作出了全面梳理与总结，以此展示和推动广元哲学社会科学繁荣发展。经过努力争取，广元市以西部连片范例进入国家蓝皮书系列，同时，广元成为四川省进入国家蓝皮书的第一个市，意义非同一般。

2. 开启院地合作新模式

《广元蓝皮书》能够成功面世，离不开中国社会科学院众多专家学者的关心呵护。中国社会科学院学部委员汪同三不仅深入广元指导蓝皮书撰写，还为《广元蓝皮书》作序。汪同三对《广元蓝皮书》的价值作了这样的评价："推出《广元蓝皮书》，不仅仅是向更广范围介绍广元、宣传广元，为广元培养社科人才，更重要的是为广元搭建智库、建设智库，并通过《广元蓝皮书》这个智库平台，讲好广元故事，展示更美广元。《广元蓝皮书》作为广元市的首个经济社会综合研究报告，作用重要，意义重大，不仅仅能够为广元学术与社会发展实践的结合提供展示平台，创新广元发展路径，还能为中国贫困地区脱贫致富提供理论依据。"

2018年6月14日，广元市社科理论人才培训班暨首届《广元蓝皮书》研修班在市委党校开班（见图4）。不仅中国社科院学部委员汪同三院士参加开班仪式并作题为《十八大以来的中国经济社会——当前以及未来的经济形势分析》的专题辅导，还有6位专家来到现场辅导。中国社会科学院一次性有7位专家到一个地级贫困市作学术辅导，实在鲜见。在第一本《广元蓝皮书》的撰写编辑过程中，中国社会科学院先后有20多位专家学者参与了指导和编辑工作。中国社会科学院数量经济与技术经济研究所彭战应邀担任了第一本《广元蓝皮书》的主编，利用业余时间做了大量工作。中国社会科学院农村经济与发展研究所于法稳，不仅参与编辑指导，还承担了专业性很强的分报告撰写工作。可以这样说，《广元蓝皮书》能成功面世是中国社会科学院与地方创新合作的结晶与成果。

图4 中国社会科学院学部委员汪同三（左2）赴广元讲课

3. 既是智库平台又是人才聚集高地

《广元蓝皮书》从策划到成书,一路走来,说来真不容易。广元要有自己的智库报告,第一个困难就是人才问题。在市委市政府全力支持下,市社科联在市内现有和引进的人才中组织了一支有基础并热爱哲学社会科学的专家团队,他们中有博士后、博士、研究生。承担分报告、子报告任务的县区与市级单位,不仅充分调动本单位人才的积极性,还采取请进来走出去的办法,提高课题报告撰写水平,如市财政局、市文广新局、青川县、朝天区等。对基础薄弱又确实缺乏人才的县区与市级单位,编辑部就组织专家团队上门服务,具体辅导。从入选的课题质量来看,这些精心辅导的课题报告均达到或接近国家水平,得到中国社会科学院专家的肯定。《广元蓝皮书》初战告捷,可以说人才发挥了关键作用。

为了让《广元蓝皮书》成为精品,在本地专家和中国社科院专家的反复编写中,3 次提出修改意见,3 次返回主研者修改,作者集体修改 3 次,本地专家集中审稿达 6 次,中国社科院专家 20 余人分 3 批次帮助审稿把关。特邀主编彭战除了参与总报告撰写外,还对多篇重点稿件进行编写把关。在清样出来之后,广元市社科联又组织编辑部成员对文字、内容特别是数据进行了反复核对。在编辑成书过程中,编辑部还反复征求了各级领导和部门领导的意见。

广元第一本蓝皮书内容截止时间本确定于 2017 年底,截至 2018 年 3 月,总报告和分报告基本成稿,但随着省委十一届三次全会和市委七届七次全会的召开,四川的战略目标和市委的战略目标都有所调整与完善。要使《广元蓝皮书》的内容确保与四川省和广元市新的战略目标与战略措施一致,就必须对内容进行修改并充实完善。因此,《广元蓝皮书》编委会重新对总报告进行了定位,第三方对各自分报告的内容也重新进行了调整充实。总报告对广元改革开放 40 年特别是建市 33 年、灾后重建 10 年来所取得的成就与经验进行了梳理,对成功的原因和存在的问题进行了分析总结。站在"两个百年奋斗目标"和加快川陕革命老区振兴发展的高度,提出了具体的构想与措施。各分报告结合加快建设"川陕甘接合部中心城市"和"四川北向东出桥头堡"等重点,完善了新的发展设想与路径。虽然广元蓝皮书出书时间延后,但确保了这本智库报告的真实性、科学性、前瞻性、传承性、指导性。

《广元蓝皮书》作为广元第三方智库平台,既集聚了人才,又培养了人才;既充分发挥了市级专家学者的作用,又充分调动了县区社科人才的积极性。《广元蓝皮书》从准备、启动到形成研究报告,组成了一个由 12 人组成的专家团队,加上各课题组成员,广元蓝皮书的人才队伍达到 120 余人,而且平均年龄只在 40 岁左右,研究生、博士、博士后占五分之一。随着《广元蓝皮书》的成功,一支生机勃勃又充分代表广元哲学社会科学未来的人才队伍就这样诞生了。

4. 《广元蓝皮书》的特色与效果

作为整体连片贫困地区视觉下的广元,如何实现经济社会发展的跨越腾飞,以此在中国西部地区和广大贫困地区形成脱贫致富的标杆效应,《广元蓝皮书》推出广元经验、广元方案、广元智慧就显得意义尤为重大。纵观第一本《广元蓝皮书》,应该达到了此目的。

从整体效果来看,广元经过 40 年改革开放,尤其是灾后重建 10 年和脱贫攻坚,揭示了广元沧桑巨变的根本原因,那就是能够立足于广元本身地域条件和自然环境以及资源优势,转变发展观念,不再片面追求大工业、高速度,而是实施大开放大合作、大保护大转型、大统筹大联动战略,以生态立市、工业强市、文旅兴市、融合发展为总体发展思路,走出了绿色发展、绿色崛起的新路子,成为习近平总书记"绿水青山就是金山银山"在贫困地区的生动实践者,成为党的十八大关于加强生态文明建设精神的积极践行者。

从广元经验来看,灾后低碳重建、生态立市和脱贫攻坚部分应该是《广元蓝皮书》浓墨重彩的部分,特别是脱贫攻坚部分。广元第一个在精准脱贫中推出三十三条措施,形成精准脱贫的系统工程;在健康脱贫、教育脱贫、金融脱贫、产业脱贫、精神脱贫等方面,有的经验在全国处于领先地位,具有很高的实用价值、参考价值与推广价值。实践证明,这些广元方案、广元智慧是成功的。

作为第三方报告,不乏真知灼见者。《建市以来广元文化发展回顾与展望》没有面面俱到,而是跳出总结写研究报告，结合地方实际，从"文化自信""文化自觉""文化自强"三个方面，客观深刻地揭示了广元文化发展的规律与特色之路，显示了独特的个性，为总报告提到的"生态立市""文旅兴市"提供了有力的注脚，给读者留下深刻的印象。《广元建市以来改革开放成就回顾与展望》在全面总结了广元改革开放40年来经济社会发展情况的基础上，对存在的主要问题不回避，不闪烁，如对广元百姓普遍关心的房价与物价长期居高不下的原因进行了颇为深刻的分析，并提出了科学合理的解决建议。《广元治理精神贫困探索实践报告——以创建"道德股份制模式"为例》，就全国脱贫攻坚中普遍存在的精神脱贫难问题提出了解决方案，有事实，有效果，有分析，说服力强，操作性强，其内容与方式开了全国精神脱贫之先河。

一本《广元蓝皮书》，检验了广元哲学社会科学的实力与水平，也为地方的哲学社会科学如何创新发展找到了路径与方向。

广元市推动哲学社会科学繁荣发展的经验启示

习近平总书记指出："一个国家的发展水平，既取决于自然科学发展水平，也取决于哲学社会科学发展水平。"同样，一个地方的发展水平，也取决于自然科学、哲学社会科学的发展水平。广元因为经济社会欠发达等原因，哲学社会科学比起兄弟市州还有差距。

（一）面对不足和各种困难，只要坚持守正创新，坚持培根铸魂，就能达到水滴石穿的效果，精神力量不可小觑

广元市社科联成立以来，始终在思想上、政治上、行动上与党中央保持高度一致，坚持马克思列宁主义，认真学习贯彻毛泽东思想、邓小平理论、"三个代表"重要思想、科学发展观和习近平新时代中国特色社会主义思想，做到"四个意识""四个自信""两个坚决维护"，不急功近利，不求立竿见影，不做表面文章，认真贯彻中央、省委、市委关于进一步繁荣发展哲学社会科学的相关文件精神，一步一个脚印。

党的十八大以来，全市社科界以习近平新时代中国特色社会主义思想为引领，结合"中国梦""三严三实""群众路线教育""两学一做"等主题教育实践活动，采取专家辅导、座谈交流等多种形式，及时学、反复学、深入学、提高学，不断加深对习近平总书记系列重要讲话精神的理解和把握。尤其是习近平总书记在哲学社会科学工作座谈会上的讲话发表后，广元市社科系统在第一时间认真学习，及时研讨，深刻领会"两个不可替代"的思想精髓和核心要义，切实贯彻讲话精神，确保全市社科界在思想上、政治上、行动上始终同以习近平同志为核心的党中央保持高度一致。

广元市社科工作者始终坚持马克思主义在哲学社会科学领域的指导地位，坚持用马克思主义理论发现问题，分析问题，解决问题。市哲学学会会员赵大聪同志经过19年研究，形成了专著《学习与研究马克思总体范畴》，既传承了马克思主义总体思想和中国哲学的合、分观念，又从唯物辩证法角度形成了新的观念体系。由市社科联牵头，市哲学学会会长付尹同志主研的省级社科课题"马克思主义新闻观在新闻写作实践中的应用研究"，结合大量的案例，用马克思主义新闻观分析新闻规律，指导新闻写作实践，有理论，有实践，成为广元市新闻工作者最受欢迎的新闻辅导教材。

（二）哲学社会科学工作要得到地方党委政府重视，先得有为才有位

广元社科联成立较晚，人才不足，经费不足，重视不够，起初影响了市县社科联的建设，也影响了哲学社会科学工作的开展。怎么办，广元社科系统并没因此等靠要，而是创新工作思维，主动作为，取得了有为才有位的成效。

以编撰《广元蓝皮书》为例。2017年初，广元市社科联基于广元作为连片贫困地区，虽然做出了许多的成绩，却少为人知，也就是存在知名度不高的问题，萌发了编撰《广元蓝皮书》的想法，并主动与中国社科院皮书研究院和社会科学文献出版社联系。中国社科院的专家认为，《广元蓝皮书》开创了中国西部地区地级市新型智库建设的先河，也是社科工作的创新与发展。

方案报给市委审批，没想到引起市委的高度重视。2017年8月2日和8月30日分别获得市委书记王菲、市长邹自景签批。王菲批示如下："同意启动广元蓝皮书项目。要努力提高质量，为提升广元知名度和影响力作贡献。"不仅如此，市委书记王菲还带头撰写《广元蓝皮书》的总报告《广元经济社会发展报告——加快川陕革命老区振兴发展的思考和建议》。邹自景在同意立项的基础上提出要求，蓝皮书是本工具书，一定要编好。

2017年9月，广元蓝皮书项目正式立项，由市财政拨付启动经费20万元，2018年起，正式列入财政预算，每年预算经费80万元。2019年，广元市财政困难，在取消各种新的专项开支和广泛压缩开支的情况下，市财政还是挤出了40万元支持2019年《广元蓝皮书》的编辑出版。这就说明，有为才有位，广元社科联的工作之所以得到广泛重视与支持，与主动作为和开拓创新有关。

（三）人才、阵地和平台建设相当关键

在广元发展哲学社会科学的进程中，人才、阵地和平台建设也很关键。中国社科院皮书研究院对2018年蓝皮书系列作出了综合评价，《广元蓝皮书》得到了87分的好成绩。初次亮相，从课题设计到研究质量，从角度选择到提炼表达，史料性、学术性均达到一定高度，《广元蓝皮书》不鸣则已，一鸣惊人。

作为哲学社会科学的综合性成果，《广元蓝皮书》取得不错的成绩，首先与调动、用好、用活各方面人才有关。该书从策划、培训到编撰成书，都离不开中国社科院专家的帮助与支持。中国社科院学部委员汪同三欣然同意担任顾问，中国社科院数量经济与技术研究所副编审、《数量经济技术经济研究》编辑部主任彭战担任实职主编。在培训与修改中，中国社科院前后有20多位各学科专家参与。同时，大胆起用广元引进人才：本书副主编李成葆是哲学博士、清华大学博士后，黄文是中国科学院大学管理学博士，蔡伟是法国里昂国立应用科学院工学博士。在用活本地人才上，还聘请了市委市政府直接掌握联系的高层次人才、长期从事理论研究和编辑并有大量成果的《广元日报》理论评论部原主任付尹担任执行副主编。

广元社科联能在领导与群众中有广泛影响，还与在阵地与平台建设上的创新有关。2013年起，市社科联与《广元日报》理论评论部合作，主办了《社科大视野》，一月一期，一年12期，现已出了78期，加上其他理论版发表的社科理论研究文章（1000篇以上），在广元产生了广泛的社会影响。这一举措，提供了固定的阵地和平台，调动了广元全市哲学社会科学工作者撰写社科理论研究文章的积极性，有力配合了市委市政府中心工作的需要。随着融媒体的发展，广元市社科联主动出击，办起了社科网站，利用微信、QQ等互联网工具，建起了宣传社科理论的阵地，均收到了不错的社会效果。

（本调查报告在调研撰写过程中得到广元市四县三区社科联和高校、党校等单位的鼎力支持，在此表示感谢！）

广元市社科联课题组

SUINING SHI PIAN

遂宁市篇

四川哲学社会科学70年

导言

　　遂宁俗称"斗城"，自东晋大将桓温平蜀后将其定名"遂宁"并建城，至今已有一千六百余年的历史。遂宁地处四川盆地中部、涪江中游，是成渝城市群的重要组成部分，具备较为突出的区位优势，先后成功创建全球绿色城市、国际花园城市、国家卫生城市、全国文明城市等20余张城市名片。遂宁自古人杰地灵，孕育了陈子昂、王灼、黄峨、张鹏翮、张问陶等英才俊杰。新中国成立后，遂宁经历了地、县、市三个时期，1985年建市后，经县、区域调整，定为现有的船山、安居两区和射洪、蓬溪、大英三县，以及国家级经济技术开发区、河东新区、高新区三个园区。

　　1985年遂宁由县改市，随着哲学社会科学事业的蓬勃发展，亟须成立一个组织联合具有哲学社会科学工作任务的机关、事业单位及社科学会（协会、研究会）并服务广大哲学社会科学工作者的核心机构，因此社科界立即着手筹建并于1988年正式成立社会科学联合会。随后成立的社会科学类机关、事业单位还有市委讲师团、市委党校、市经济研究所等部门。此后30余年间，市社科联在全市哲学社会科学界发挥牵头引领作用，从组织建设、阵地建设、社科普及等多方面对各学会（协会、研究会）、高校等社科组织和社科工作者进行指导和帮助，使我市社科队伍由小变大、由弱变强、由势单力薄变为枝繁叶茂。经过全市社科界多年的艰苦奋斗和共同努力，社科领域收获了累累硕果，这得益于党委政府的坚强领导和高度重视，得益于省社科联的关心和支持，也来自广大社科工作者的付出。在新时代背景下，遂宁市社科界将继续坚持马克思主义的立场和方法，在党委政府的领导下，深入基层民众，直面现实问题，争取调研和咨政工作的更大成就，为建设成渝发展主轴、绿色经济强市贡献社科智慧和力量。

三

遂宁市哲学社会科学 70 年概况

（一）组织机构

我市社科组织机构主要包括遂宁市和各县（区）、高校社科联，他们在各级各区域社科工作中开展具体组织、协调工作，发挥核心主导作用。

1. 市、县（区）和高校社科联基本情况

1）市社科联基本情况

遂宁市社科联是由中共遂宁市委、遂宁市人民政府领导，市委宣传部代管，全市社会科学各学会、协会、研究会（以下简称学会组织）联合组成的学术性群团组织。

自 1985 年遂宁建市起，全市社科界一直为成立联合会而准备。经过三年的筹备，1988 年 12 月 16 日，遂宁市社会科学学会联合会成立，定名为"遂宁市哲学社会科学学会联合会"（见图 1）。1992 年 6 月市社科联以遂宁市社科联函〔1992〕3 号文向遂宁市机构编制委员会（简称市编委）呈报学会名称变更的请示，7 月市编委同意将"遂宁市哲学社会科学学会联合会"更名为"遂宁市社会科学界联合会"（简称遂宁市社科联），更名后机构级别与领导职数不变，更名后的称谓保持至今。

图 1　遂宁市哲学社会科学学会联合会第一次代表大会

市社科联成立后，指导带领全市社科界深入学习研究和贯彻落实各级党委政府历届历次党代会和人代会精神，按照繁荣发展哲学社会科学的总要求，积极开展学术理论研究、社科咨询服务和实践探索，加强学会组织管理、社科规划评奖和社科普及等工作。

市社科联迄今已历经六届理事会，现任第七届理事会于 2017 年 1 月选举产生。市社科联历届领

导机构情况见表1所示。

表1 遂宁市社科联历届理事会一览表

届次	任职时间	主席	副主席	秘书长	备注
第一届 (1988—1992)	1988.12—1992.06	李鸿儒（兼）	张廷安、汤群祥（兼）、陈希胜（兼）	王文斗	
第二届 (1992—1997)	1992.06—1995.05	汤群祥（兼）	王文斗、冯良（兼）、袁熙贵（兼）	王文斗	名誉主席：李鸿儒；常务理事14人。
	1995.06—1997.12	冯良（兼）	向来、袁熙贵（兼）	王明华	名誉主席：李鸿儒、汤群祥；常务理事16人，理事60人。
第三届 (1997—2001)	1997.12—2001.11	冯良（兼）	向来、熊高仲（兼）、张维录（兼）	王明华	名誉主席：李鸿儒、汤群祥；常务理事20人，理事61人。
第四届 (2001—2006)	2001.11—2003.05	李小华	谢兰阶、石平（兼）、唐谟友（兼）	梁勤玲	名誉主席：汤群祥、熊高仲；常务理事15人，理事35人。
	2003.05—2006.12	（缺）			
第五届 (2006—2011)	2006.12—2011.12	谢兰阶	邹名海、石平（兼）、李强（兼）、江俊文（兼）		常务理事9人。
第六届 (2011—2017)	2011.12—2013.05	谢兰阶	邹名海、钱春（兼）、姜北（兼）、王金星（兼）	袁媛	常务理事9人。
	2013.05—2017.01	李翎			
第七届 (2017至今)	2017.01—2018.02	李翎	邹名海、易志昂（兼）、姜北（兼）		常务理事8人，理事30人。
	2018.02至今	李翎	易志昂（兼）、姜北（兼）		

根据遂委办〔2001〕215号文件，市社科联内设办公室一个职能科室，其职责是：负责对外联络和对内有关事务的综合协调，负责机关目标管理的制定和检查督促工作，承担机关的文秘档案、机要保密及其他日常工作。

1985年筹办市社科联时，中共遂宁市委即确定编制3名。1988年3月，市编委又以遂编发〔1988〕25号文调减编制1名，此后一段时间内市社科联实有编制2名。2001年机构改革时，中共遂宁市委再次核定市社科联机关事业编制3人，又于2017年增设编制1个。至此，市社科联有参公管理机关事业编制4名。现有主席1名、副调研员兼秘书长1名、正科级干部1名、科员1名。

市社科联的经费来源形式为财政全额拨款，根据《遂宁市社会科学界联合会章程》第十五条规定，除财政拨款外，也包括符合宗旨的社会捐助，但市社科联迄今未收取或接受除财政拨款外的其他任何形式的经费。

2）县（区）、高校社科联建设情况

全市五个县（区）均设立了社科联（见表2），人财物均纳入同级宣传部或单独管理，做到了有编制、有专人、有经费保障、有必要的办公条件。社科工作者相对固定，工作相对独立。目前，主席人选除大英县系宣传部副部长兼任外，其余均系单设，主席职级除安居区按副科职配备外其余均按正科职配备。各县（区）和高校社科联在各自区域、领域做好服务、组织、协调、统筹工作，发挥社科工作的核心作用，保障了基层社科工作有序开展。

表2　2019年遂宁市县（区）和高校社科联情况一览表

名称	成立时间	机构级别	编制数	现任领导班子
射洪县社科联	2007.11	正科级	4个	主席：伍孝贵 副主席：刘荟
大英县社科联	2009.07	正科级	1个	主席：杨俊
四川职业技术学院社科联	2010.01	未定级	无独立编制	主席：王金星 副主席：胡碧玉、邱永成 秘书长：漆明龙
船山区社科联	2010.11	正科级	2个	主席：罗俊 副主席：王秋 秘书长：李聪
蓬溪县社科联	2012.02	正科级	1个	主席：冯毅 副主席：肖雪梅 秘书长：陈果
安居区社科联	2012.12	副科级	2个	主席：杜春芳 秘书长：秦正太

2. 全市其他社科组织机构

除社科学会（协会、研究会）、各级社科普及基地外，市内其他具有社科宣传、教育、研究功能的组织机构主要有市、县（区）各级宣传部，党校（行政学院），政研室，党史研究室，地志办，发改委等部门和驻我市的省管高校四川职业技术学院。各级各部门结合我市实际，开展社科研究，取得了一系列成就。因各级各部门的组织机构和人员配备按市委、市政府有关规定执行，宣传教育和科研成果均按规定报送市社科联汇总，因此不对此类部门、高校进行单独叙述。

（二）人才队伍

联系、团结、服务社科人才和培养社科人才队伍是市社科联的重要职能。市社科联坚决贯彻落实人才兴市战略，不断探索人才工作方式方法，努力把社科联建设成"社科工作者之家"，在遂宁市逐步造就一支规模较大、政治立场坚定、学术水平较高的社会科学队伍。

2010年完成我市社科人才队伍建设调研，建立遂宁市社科人才库，社科人才队伍基本情况见表3所示。

表3　遂宁市社科人才队伍建设情况表

人才信息类别		数量（人）
社科人才队伍总量		10863
部级专家	享受政府特殊津贴人员	3
	国家级教学名师	3
	其他获部级荣誉称号的专家	9
省级专家	省学术和技术带头人	5
	省学术和技术带头人后备人选	7
	省级教学名师	35
	其他获省级荣誉称号的专家	64

人才信息类别		数量（人）
导师类型	博士生导师	1
	硕士生导师	3
职　　称	正高	27
	副高	1404
	中级	6240
学　　位	博士	6
	硕士	128
	学士	1840
学　　历	研究生	174
	本科	6074
	专科	4128
年龄分布	35 岁以下	2758
	36~45 岁	3868
	46~60 岁	1681
	61 岁以上	481
学科分布	马列·社会科学	107
	党史·党建	188
	哲学	75
	经济理论	165
	应用经济	356
	统计学	188
	政治学	563
	法学	83
	国际问题研究	1
	社会学	26
	人口学	10
	中国历史	379
	世界历史	57
	考古学	6
	中国文学	2468
	外国文学	987
	语言学	1066
	新闻学	17
	图书·情报与文献	56
	体育学	326
	管理学	142

人才信息类别		数 量（人）
学科分布	教育学	102
	艺术学	249
	心理学	65

市社科联自1988年12月成立至今，已发展到学会22个，会员两万余人，从事哲学社会科学研究、宣传、教育及社会科学普及教育各类人才多达10800余人。

（三）阵地建设

1. 全市社科学会组织、会员及基层社科联发展历程

全市社科学会组织主要挂靠在各党委、政府部门，会员主要由各相应单位的广大社科工作者构成。1985年市社科联筹备组成立之初，全市只有市农经学会和市审计学会两个社科学会，1988年市社科联成立时已发展到17个学会（协会、研究会）和6个学会筹备组，会员人数达1902人，到1990年9月已发展到23个学会组织和2个学会筹备组。1995年，已发展到24个学会组织和1个筹备组，拥有个人会员（含县级学会会员，下同）18000多人，已初具规模。1998年学会组织数量达到历史最多的26个，联系会员两万余人，此后学会组织数量有所减少，会员数量总量基本稳定。1995年遂宁市社科学会（协会、研究会）基本情况见表4所示。2012年吸收市地方志协会和市国际税收协会为团体会员，社科团队再次壮大，有市级学会26个，会员两万余人。

表4　1995年遂宁市社科学会（协会、研究会）基本情况表

学会名称	成立时间	个人会员数	会长	秘书长
市农业经济学会	1985.07	340	全理生	袁贵德
市审计学会	1986.02	103	唐邦余	赵楷
市教育学会	1986.04	1288	郭祖洪	张泽湖
市商业经济学会	1986.09	192	蒋家福	唐昌茂
市统战理论研究会	1986.10	143	全理生	杨国品
市宣传学会	1987.03	100	汤群祥	陈英杰
市劳动学会	1987.04	221	钱昭明	钱昭明
市哲学学会	1987.05	108	陈希胜	张朝伦
市政治经济学学会	1987.05	90	张廷安	邹清光
市集邮学会	1987.09	2118	张兴泰	向才华
市财政学会	1987.10	60	孟德才	吴建军
市金融学会	1987.11	200	李茂君	杨淮
市卫生系统思想政治工作研究会	1988.03	268	唐治平	杨隆贵
市组织人事工作研究会	1988.11	221	蔡永贵	魏福友
市群众文化学会	1989.01	83	王本杰	郭鲜梅
市新闻学会	1989.01	228	漆丰	何增章
市人口学会	1989.02	43	米光碧	杨素清
市医药职工思想政治工作研究会	1989.03	1680	昝先平	李素荣

学会名称	成立时间	个人会员数	会长	秘书长
市税务学会	1989.04	300	胡雷	王源林
市行政管理学会	1989.09	238	张宜荣	林新
市纪检监察学会	1990.08	100	刘明珍	唐光贵
市粮食学会	1991.08	610	陈中敏	江贵凡
市图书馆学会	1992.08	95	龚丕荣	冯晓蓉
市宗教学研究会	1995.03	52	杨国品	唐乐瑛

因受机构改革、管理办法变更等因素影响，各学会组织或更名，或注销，现保留学会组织 22 个，基本情况见表 5 所示。

表 5　遂宁市现有社科学会组织及挂靠单位情况

序号	学会组织名称	挂靠单位
1	市广播电视学会	市广播电视台
2	市国际税收研究会	市税务局
3	市法学会	市政法委
4	市思想政治工作研究会	市宣传部
5	市新闻学会	
6	市地方志协会	市地志办
7	市内部审计师协会	市审计局
8	市统计学会	市统计局
9	市教育学会	市教体局
10	市图书馆学会	市文广旅游局
11	市新闻摄影学会	遂宁日报社
12	市中医学会	市卫健委
13	市药学会	市食药局
14	市税务学会	市地税局
15	市宗教学研究会	市民宗局
16	市佛教协会	
17	市金融学会	市人民银行
18	市钱币学会	
19	市集邮协会	市邮政局
20	市粮食学会	市发改委（原粮食局）
21	市纪检监察学会	市纪委监委
22	市党建研究会	市委组织部

2. 社科刊物、网络平台和基地建设情况

全市历来重视社科刊物建设，早在 20 世纪 50 年代便开始编辑出版官方刊物。1952 年中共蓬溪县委编辑出版《蓬溪工作》，1955 年停刊后改发《蓬溪简报》，后更名为《蓬溪报》；中共遂宁县委于

1957 年和 1958 年分别创刊《遂宁报》《前锋报》；射洪县委于 1958 年创办《跃进战报》，后更名为《射洪报》。由于经济困难等原因，以上刊物在 60 年代停刊，至 1985 年建市后又发展出《丘陵经济》、《遂宁经济报》（后更名为现在的《遂宁日报》，现在包括一个市级日报和五个区县专刊，并开通手机报和网络版）、《理论教育》、《遂宁工作》等公开发行的各类刊物。与此同时，各学会组织也结合自身工作领域踊跃地编辑出版刊物，主要有《遂宁劳动》《遂宁金融》《遂宁财会》《遂宁法学》等 15 种刊物，后又创办了市委宣传部主办的《涪江论坛》、市社科联主办的《社科前沿》以及市委宣传部和思想政治工作研究会主办的《遂宁宣传》等内部刊物。驻遂的省管高校四川职业技术学院（前身为川北教育学院）在 1987 年已开始创刊《川北教育学院院刊（学报）》，学院合并更名后期刊也随即更名为《四川职业技术学院学报》，其属中国知网收录的双月出版的公开刊物，近年来被人大复印资料全文转载 5 篇、索引 600 余篇，在省内外均有一定影响力。其后部分刊物因各种原因停刊，现仍在办的有《遂宁宣传》《遂宁金融》《遂宁法学》《宗教论坛》《教学与研究》等刊物。

21 世纪以来先后建立起遂宁市委、市政府、遂宁新闻网、市委宣传部（遂宁文明网）、市委党校官方网站和"遂宁发布"微信平台等主流信息平台，历次党委政府重要会议精神和党的路线、方针、政策及研究成果均在以上平台发布。在市委宣传部牵头推动下，市社科联指导中共遂宁市委党校、四川职业技术学院、市图书馆创建社科教学、研究、普及基地，经过抢救性保护和创造性开发，依托旷继勋蓬溪起义、大英盐卤资源、射洪硅化木地质公园等本土特色资源打造了一批省、市科普基地，在社科基地创建工作上取得了重大成绩。

遂宁市推动哲学社会科学繁荣发展的基本实践

（一）市社科联概况

1. 主要职能

遂宁市社科联筹备之初，市委便以遂委发〔1985〕10号文件确定了其性质是中共遂宁市委、遂宁市人民政府领导下的全市社会科学学术性群众团体，主要功能是党和政府联系广大社会科学工作者的桥梁和纽带。2001年12月，中共遂宁市委办公厅又以《遂宁市社会科学界联合会机关机构改革方案》（遂委办〔2001〕215号文件）进一步修订完善市社科联职能职责，主要包括以下几个方面。

遂宁市社科联挂四川省社会科学院遂宁市经济研究所牌子，由中共遂宁市委宣传部代管，主要负责：

（1）指导和协调所属市级社科学会组织的工作，总结推广学会组织工作经验。

（2）负责制定全市社会科学近期、长远规划和普及规划，负责组织全市对国家、省的社科类重点科研项目的申报工作，并对国家、省的重点项目进行管理。

（3）组织社会科学理论研究，开展学术交流；协助制定社会经济发展战略规划，促进社科研究成果向生产力转化。

（4）组织开展每两年一次的全市社会科学优秀成果的评奖活动，推荐申报我市优秀成果参加全国、省的优秀社科成果评奖活动。

（5）综合收集整理社科信息、经济发展信息、资料，分析和研究遂宁社会经济发展水平、发展动态，为遂宁社会经济发展和市委、市政府决策提供参考和建议；接受省社科院指导和下达的课题研究任务。

（6）普及马克思主义基本理论和社会科学知识；制定社科普及工作规划，组织社科知识的普及推广，开展培训、咨询服务工作。

（7）促进社会科学学术团体之间、社会科学界与自然科学界之间的联系和协作。

（8）编辑出版全市性社科类学术刊物，指导各学会（协会、研究会）会刊的编辑出版。

（9）承担市委、市政府及上级主管部门交办的其他事项。

此后，市社科联工作职能职责虽然因社会经济发展而对具体内容有个别调整，但主体内容保持至今。

2. 规章制度建设

1988年遂宁市哲学社会科学会联合会（简称遂宁市社科联）成立大会上即讨论通过了《遂宁市哲学社会科学学会联合会章程》（以下简称《章程》），主要包括性质、宗旨、任务、入会程序、会员的权利、会员的义务、权力机构及其工作规定、名誉主席和顾问、年会制度、经费等十二条内容。

其后在会员代表大会召开时根据经济社会发展需要对《章程》适当修订，第三次代表大会修改为五章19条，第四至六次代表大会修订通过的《章程》为总体内容基本相同的五章17条，第七次代表大会修订时完善了理事会成员管理的条文规定，增为五章18条。

3. 市社科联自身组织机构建设和管理办法

市社科联的重大决定一般是在历次代表大会上议定，特殊情况下理事会或常务理事会也对人事调整作出决议。根据市社科联《章程》规定，代表大会每五年召开一次，理事会每年召开一次，常务理事会每年召开至少两次。代表大会的议程主要包括听取和审议上一届市社科联理事会工作报告、修改市社科联《章程》、选举产生市社科联本届理事会和常任理事会、安排部署市社科联新一届理事会任期内的工作四个方面内容。

在各级党委、政府历次重要会议召开后和 2004 年中共中央印发《关于进一步繁荣发展哲学社会科学的意见》（中发〔2004〕3 号文件，以下简称《意见》）以及习近平总书记 2016 年 5 月 17 日在哲学社会科学工作座谈会上发表重要讲话等重要时间节点，市社科联及时作出反应，学习传达会议、文件和讲话精神，提高政治站位和工作认识；同时作为市社科界的主心骨，积极作为，勇于创新，充分发挥联系学会组织和社科工作者的功能，及时组织理事会、社科学会、科普基地和社科工作者学习、传达、宣传会议精神，围绕党委、政府中心工作，积极开展社科工作，推动会议精神和大政方针的贯彻落实。

新中国成立 70 年尤其是改革开放以来，在党和政府的领导下、在省社科联和市委宣传部的指导下，经过社科组织和工作者的共同努力，全市社科组织机构建设稳步推进，建成了从市级到区县和高校的全方位社科联组织架构，形成了理想信念坚定、能力素质过硬、作风品行优良的社科界核心，服务广大学会组织和社科工作者，指导全市社科界积极发挥科研咨政功能，勇于开拓创新，收获了累累硕果。

（二）人才工作

长期以来，市社科联牢固树立人才是第一资源的思想，努力培养造就一大批政治强、业务精、作风正的专家学者、学科带头人和理论骨干，形成合理的人才梯队；着力深化哲学社会科学人才管理体制改革，进一步建立完善人才选拔、培养和使用机制，建立完善哲学社会科学评价激励机制，坚持社科成果评奖激励制度，努力形成人才辈出、人尽其才的良好局面。"事在人为，人为事成"，一支具有高素质的社会科学人才队伍，是繁荣我市社会科学事业的组织保证。具体而言，市社科联主要开展了以下四个方面的工作：

一是努力提高科研人员的政治思想和业务素质，组织学习历次各级党委、政府重要会议和《意见》（中发〔2004〕3 号文件）以及习近平总书记 2016 年 5 月 17 日在哲学社会科学工作座谈会上的重要讲话精神，贯彻落实各级党委、政府重大决策部署，统一思想认识，切实增强"四个意识"，坚定"两个维护"，努力用科学的世界观和方法论改造主观世界，培养他们运用马克思主义的立场、观点、方法研究新情况、解决新问题的科学态度和创造精神。

二是结合老、中、青年结构层次建立培养机制，使老专家、学者在培养人才、学术研究和咨询决策等方面作出更大贡献，使中年学者承前启后的骨干作用得到充分发挥，向青年人才提供锻炼的平台和机会，促使他们尽快成为社科研究的骨干力量。建立健全老专家对中青年人才"传帮带"的办法和制度，组织开展理论研究、学术交流活动，加强社科人才之间的思想交流、学术交流和各单位间的人才交流。适时召开全市社科管理工作经验交流会，推广学习社科学会先进管理经验。实施"遂宁市社科新秀培育工程"，建立全市社科人才动态数据库，编制全市社科人才规划。结合事业单位人事制度改革，积极推行以聘用制为核心的用人制度改革，充分调动社科工作者的积极性和创造性。

三是坚持弘扬严谨治学、实事求是、民主求实的学风。倡导做人、做事、做学问相统一，追求志存高远、淡泊名利的思想境界，以高尚道德人格和高深学术水平为社会作出表率，使广大社科工作者在实践中成长磨炼、屡出成果。要求社科工作者深入实际，在了解基层和实际问题的基础上进行科学的抽象概括，不断提高工作质量，在调研中锻炼成长，在实践中多出成果。指导基层社科联和学会组织倡导认真钻研理论，善于思考和解决问题，宣传科学精神和科学方法，扩大哲学社会科学研究的人才基础。加强青年社科人才队伍建设，选调优秀社科人才到机关、区县、企业兼任领导职务。

四是做好服务，加大科研资助支持力度和建立健全评奖评优制度。广泛积极联系学会和社科工作者，主动联系、协调学会主管部门，为学会和社科工作者排忧解难，竭诚服务。配合"遂州英才"计划，向全市社科人才尤其是引进的高层次人才提供住房、医疗、子女教育的优先保障服务，已向优秀社科人才发放"遂州英才卡"两批次。坚持每两年评选一次优秀社科成果和向省上历次评奖评优活动推荐优秀成果，使一批中青年社科工作者得到磨砺和鼓励，逐步成为学术带头人和教学、科研骨干。协助组织、宣传、人事部门开展了创新人才、学术和技术带头人及后备人选的推荐工作。

为激励全市社科人才创先争优，市社科联于2007年印发了《遂宁市杰出哲学社会科学人才评选条件》，以评选政治立场坚定、科研成果丰硕的社科人才，对参评成果获奖级别和层次进行了详细界定。2009年，初建"社科理论学习秘书库""社科理论宣讲队伍库""社科理论研究人才库"。市社科联选派工作人员加入省社科联信息员队伍，坚持每年向省社科联和市委办报送社科宣传信息，每年均有数十条信息被采用。同时还要注重挖掘培养青年社科人才，2018年推荐大英县中等职业技术学校陈克乐为四川省优秀青年马克思主义者培养工程首批专业培养对象，为全市广大青年社科工作者塑造了榜样模范。

各县（区）也积极开展了社科人才队伍建设工作，如射洪县社科联坚持按季度召开一次社科联学习会，及时传达学习中央、省、市、县重要会议精神、重大决策部署和省、市社科联安排的各项工作，提高社科工作者的政治站位和政治认识，确保社科工作坚持正确的政治方向。

（三）社科研究工作

社科研究工作是全市社科工作的重心。市社科联成立后，高度重视服务、指导、激励社科研究工作，坚决贯彻落实历次各级党委、政府重要会议和党中央有关繁荣发展哲学社会科学的文件和领导讲话精神，及时针对重要会议和讲话内容开展学习、研究、宣传工作。根据时代发展和社会需要，全市广大社科工作者在马克思列宁主义、毛泽东思想、邓小平理论、"三个代表"重要思想、科学发展观和习近平新时代中国特色社会主义思想指导下，紧紧围绕市委、市政府的中心工作及遂宁经济社会发展实际中的重大理论和现实问题积极开展哲学社会科学研究工作。

1. 社科研究管理办法

建章立制，制定社科研究规划，对社科项目进行规范化管理。2002年，根据《四川省哲学社会科学研究"十五"规划纲要》和《遂宁市社会主义精神文明"十五"规划纲要》，结合当前形势的需要和遂宁实际，制发了《遂宁市社会科学"十五"规划》，提出了"十五"期间社科工作的研究方向、主要措施及安排，在重点课题指南方面改进了调控体系，增强了社科研究的前瞻性、应对性和可操作性。之后每五年参照省、市相关文件制定社科规划，在2006年制发"十一五"社科规划，2011年制发了"十二五"社科规划，总结上一个五年取得的成绩，分析下一个五年面临的形势，明确新阶段的指导思想和方针，提出了主要任务和工作要求，强调要充分发挥规划和评奖的重要作用，从加强领导、增强社科研究队伍、加强优秀成果宣传推广运用和加大经费投入等方面提出了完成目标任务的系列保障措施。社科项目管理方面，于2015年制发《遂宁市社会科学规划项目管理办法（试行）》，对市级课题项目规划、选题、申报、立项、经费使用与管理、成果鉴定与结项等环节进行了进一步规范，明确市级社科研究课题经费补助额度，市级重点课题给予1万~2万元的资金支持，市级一般课题给予0.5万~0.7万元的资金支持。

2. 社科研究工作的主要发展历程

第一、二届理事会期间（1988—1997年），社科研究工作的任务和重点是在市委、市政府的领导下，坚持以邓小平建设有中国特色的社会主义理论和党的十四大精神为指引，坚持"百花齐放，百家争鸣"和理论联系实际的方针，围绕改革开放这一主线，以经济建设为中心，深入研究改革开放和现代化建设中重大理论和实践问题，为遂宁"两个文明建设"服务。由市社科联组织协调各社科学会组织和全市广大社会科学工作者开展应用理论和实用对策研究，在社会主义市场经济、川中丘陵经济发展、农村经济、经济体制改革等方面取得了大量的研究成果，对遂宁的经济和社会发展及党委、政府的决策发挥了积极作用。

市社科联联合市委宣传部、市委讲师团等单位组织区县社科联、市级学会（协会、研究会）及广大社科工作者开展学术交流活动 30 余次，包括"全市生产力标准讨论会和省辩证唯物主义年会""社会主义初级阶段与商品经济理论研讨会""纪念毛泽东诞辰 100 周年暨建设有中国特色的社会主义理论研讨会""纪念抗日战争胜利五十周年理论研讨会""社会主义市场经济理论研究"等较大型的理论研讨活动，交流论文 2000 多篇，参加全国、省、市学术研讨会 1000 多人次，有 30 多篇论文在全国性学术会议上进行了交流并获得奖励。聘请市委、市府领导或市委宣传部、市社科联、市委讲师团等单位的专家、教授做主题报告和讲座共 30 多次。1996 年，我市社科工作者撰写的《社会主义市场经济条件下农村思想政治工作》荣获中宣部"五个一工程"奖。

第三届理事会期间（1997—2001 年），社科研究工作的重点研究方向及领域是贯彻落实党的十五大精神，全市的广大社科工作者坚持以经济建设为中心，发扬理论联系实际的学风，结合遂宁实际进行了大量的应用理论和实用对策研究。1997 年，我市社科工作者撰写的《丘陵地区县域经济发展途径的思考》获省"五个一工程"奖。我市社科联完成重点课题"对江泽民宣传思想的初探"研究，开展"面向 21 世纪建设高素质队伍"笔谈大讨论，报送省级报刊文章近 30 篇。由市委宣传部和市社科联主办的刊物《涪江论坛》刊发各类文章近 300 篇。2001 年 6 月，市社科联与市委宣传部等单位联合举办了"纪念建党 80 周年理论研讨会"，大会收到 105 篇论文，有 60 多篇论文获评各级奖项。市社科联及各学会（协会、研究会）共组织召开应用理论和实用对策研讨会 100 多次，开展专题调查 200 多项，对 300 多个课题展开了研究，取得了丰硕的成果，共出版专著 55 种，在全国、省级刊物上发表论文 1000 多篇；其中全国性刊物 100 多篇，有 30 篇获全国有关单位或研讨会奖励，有 100 多篇论文被党政有关部门采纳，转化为决策。

第四届理事会期间（2001—2006 年），社科研究工作坚持以邓小平理论及"三个代表"重要思想为指导，贯彻落实科学发展观，紧紧围绕市委、市政府的中心工作，围绕改革发展中出现的热点、难点问题，组织开展了多种形式的活动。有针对性地开展了遂宁比较优势研究、发展民营经济研究、遂宁融入成渝经济区战略研究、打造"软环境"研究、"三农"问题研究、遂宁特色文化研究、党的执政能力建设研究等较有影响力的研讨、座谈会，共征集文章 5000 余篇，为推动我市相关的难点热点工作提供了理论支持。与此同时，积极组织优秀社科成果评奖和狠抓课题建设，激发社科工作者多出成果、出好成果的积极性。按照个人申报、初评、复评、终评审定的程序，坚持科学、民主、公正的原则，先后组织第八、九、十次社会科学优秀成果评奖活动，共评出优秀等次成果 150 多项；同时积极推荐成果参加全省社会科学优秀成果评奖活动，《解决"三农"问题的思考与对策》等多项成果获省级奖励。课题建设推陈出新，围绕我市经济社会中的重大理论和现实问题进行深入调研，将形成的有一定理论和实践价值的课题积极送省立项。一些重大课题纳入了市委、市政府领导决策参考并列入了我市经济社会发展的"十一五"规划。我市抓课题建设的经验被省《社科界信息》2006 年第一期以《遂宁市以课题为纽带整合研究资源》为题整期推出。2004 年，为贯彻落实中央和省委印发的关于繁荣发展哲学社会科学的文件，遂宁市委印发了《关于进一步繁荣发展哲学社会科学的意见》（遂委发〔2004〕16 号文件），就巩固和加强马克思主义在意识形态领域的指导地位，推进马克思主义理论研究，科学定位遂宁哲学社会科学繁荣发展的目标、任务、政策和完善哲学社会科学管理体制机制，营造有利于理论创新和学术繁荣的良好环境，培养造就高素质的社科人才队伍提出了明确意见。全市社科界积极开展座谈会，认真组织学习贯彻落实中央、省、市文件精神，2004 年和 2005 年先后召开专家学者专题学习会和四届四次常务理事会及学会秘书长会议，对学习贯彻中央、省、市繁荣发展哲学社会科学工作会议精神进行了具体安排，并加强了督促检查。2005 年组织召开"遂宁市社科界学习贯彻中共十六届五中全会精神""建市二十周年探路实践与发展展望"和"纪念抗日战争及世界反法西斯战争胜利 60 周年"座谈会，并在《遂宁日报》上组织了言论专版。

第五届理事会期间（2006—2011 年），根据市委宣传部、市社科联编制的《遂宁市哲学社会科学研究"十一五"规划》提出的研究目标任务与课题指南，围绕中心工作积极组织课题研究和成果评奖。围绕市委和市政府中心工作，打造"精品课题"，每年确定 20 个市级重点课题，分解到区县社科联和市级学会，组织力量研究攻关，形成的成果为市委、市政府的决策提供了参考，为全市经济社会发展提供了智力支持和理论支撑。围绕以农业原生态、工业可循环、服务业可持续为内涵的"绿色经济"，组织调研课题"遂宁绿色经济发展战略研究"；围绕"打造活力成渝之心，建设现代产业高地"战略，以"遂宁市建设现代产业高地战略研究"为课题，组织力量研究；围绕推进"三个加快"、建设"四个遂宁"，进行联合攻关等。对于在经济社会中有重大价值、具有理性思考的课题，积极推荐申报省级立项课题。市委宣传部和市社科联课题组完成的《社会转型期创新宣传思想工作》在省社科联《重要成果专报》上刊载。市委常委、宣传部部长邓学建主持的《遂宁市文化产业发展战略研究》等多个课题被立项为省级课题并顺利结项。充分发挥激励机制作用，开展了第十、十一次全市哲学社会科学优秀成果评奖活动，共评出等次奖 100 项，由市人民政府表彰奖励。同时积极选送优秀成果参加省上评奖，我市选送的《全球产业转移与区域战略抉择》等多项成果获省等次奖，受到省政府表彰奖励。

第六届理事会期间（2011—2016 年），搭建交流平台，助推课题研究，以"第四届成都经济区建设与发展学术交流会"（以下简称"交流会"）在遂宁举办为契机，邀请西南交通大学区域经济与城市管理研究中心主任、教授戴宾，四川大学马克思主义学院院长、教授、博士生导师蒋永穆等专家莅遂调研，为我市及成都经济区融合与发展献计献策，形成《成都经济圈的发展历程与未来展望》《遂宁产业融入成都经济区发展调研》等 5 个专家课题报告，8 名专家和成都经济区 8 市代表作了学术交流发言。"交流会"收集征文 102 篇，其中省社科联通报表彰优秀征文 24 篇，市委宣传部、市社科联通报表彰优秀征文 33 篇。市社科联编撰的《融合与发展——第四届成都经济区建设与发展学术交流会论文集》由四川大学出版社出版，调研报告《推进文化与现代产业深度融合，加强文化强市建设》在2013 年"第三届成都经济区建设与发展论坛"作为交流代表发言。2016 年，按照《遂宁市社会科学规划项目管理办法（试行）》对市级社科研究课题进行招标立项，组织专家召开评审会议对申报课题进行评审，从 43 项投标课题中确定立项课题 18 项，经专家评审全部结项，将成果编撰为《遂宁市2016 年度市级社科课题集》。整合资源，借力推进课题研究，市社科联与市委宣传部、市委政研室、市委党校、市统计局、市发改委、市金融学会、四川职业技术学院等单位紧密合作，围绕全市经济社会重大问题开展调研，形成多篇调研成果；支持区县社科联和社科学会组织根据地区、部门、行业特点开展调查研究，较好地破解了制约我市社科课题研究的瓶颈。2016 年 7 月 26 日，市社科联与市委宣传部联合召开会议，学习贯彻习近平总书记在哲学社会科学工作座谈会上重要讲话精神，会议传达学习市委书记、市长赵世勇对遂宁市哲学社会科学工作的重要批示，安排部署了全市学习宣传贯彻习近平总书记"5·17"重要讲话精神工作。同年 11 月 18 日，省社科联主席、省人大常委会原代理主任、党组书记席义方率省社科联调研组莅临遂宁调研指导社科工作，对遂宁如何加强社科工作提出了具体要求，并希望各级社科联要紧紧围绕党委和政府中心工作，提高执行力，扩大影响力，发挥好"思想库、智囊团"作用，在全面建成小康社会进程中作出新的贡献（见图 2）。

第七届理事会期间（2017 至今），积极开展市级社科研究课题招标立项工作，召开专家评审会议，对申报课题进行评审。2017 年推荐科普读物《简读射洪》申报省社科规划（科普读物）后期资助项目并顺利结项。2018 年为加强对社科理论阵地的管理，进一步巩固马克思主义在意识形态领域的指导地位，市社科联会同市委宣传部研究制定了《遂宁市关于加快构建中国特色社会科学的实施方案》；同年 12 月组织召开"遂宁市庆祝改革开放 40 周年理论研讨会"。2017 和 2018 年共收到投标课题 101 篇，优选 47 篇立项。经整合后，编印了两年度的《遂宁市社科研究立项课题选编》，发放至市直部门、市级各学会和各县（区），并送请市委、市人大、市政府、市政协领导参阅。

图 2　2015 年 11 月，省社科联主席席义方莅遂调研社科工作

在历次重大会议和伟人诞辰等重要时间节点，市社科联组织召开多次座谈会和研讨会。主要的座谈会情况见表 6 所示。

表 6　遂宁市部分重要社科座谈/研讨会开展情况一览表

时间	主（承）办单位	座谈/研讨会名称	备注
1993 年	市社科联、市委宣传部等 4 个单位	纪念毛泽东同志诞生 100 周年暨建设有中国特色的社会主义理论研讨会	80 人参会，交流论文 101 篇
1996 年	市社科联、市委宣传部	遂宁市邓小平建设有中国特色的社会主义理论研讨会	60 人参会，交流论文 38 篇
2002 年	市社科联	纪念中国共产党成立八十周年研讨会	征集论文 105 篇，评出一等奖 5 篇、二等奖 20 篇、三等奖 35 篇
2003 年	市委宣传部、市社科联	全市"三个代表"重要思想理论研讨会	80 人参会，评出优秀论文 30 篇，推荐 2 篇参与全省"三个代表"重要思想研讨会
2004 年	市委宣传部、市社科联、市委讲师团、市委党校	纪念邓小平100 周年诞辰理论研讨会	30 人参会，交流论文 50 余篇
2004 年	中共遂宁市委	全国"三个代表"重要思想与新时期领导规律理论研讨会学术报告会遂宁分会场	90 人参会
2004 年	市社科联	贯彻《关于进一步繁荣发展哲学社会科学的意见》专题座谈会	17 人参会
2005 年	市社科联	全市社科界学习贯彻十六届五中全会精神座谈会	40 人参会
2005 年	市社科联、市委讲师团	市社科界第五次党代会精神座谈会	20 人参会

时间	主（承）办单位	座谈/研讨会名称	备注
2005 年	市社科联、市委宣传部	"建市 20 周年探路实践与发展展望"和"纪念抗日战争及世界反法西斯战争胜利 60 周年"座谈会	50 人参会，交流论文 37 篇
2005 年	市委宣传部、市社科联	"党的先进性建设与保持共产党员先进性教育""加强党的执政能力建设""提高构建社会主义和谐社会与建设'和谐遂宁'的能力""统筹城乡发展与加快遂宁工业进程面临的问题与思路对策""如何增强执行力""遂宁区域发展战略规划"等 16 个座谈会	500 余人参会
2006 年	省委宣传部、省社科联、市社科联	贯彻中央 3 号文件和省委 13 号文件精神情况（遂宁）片区座谈会	90 余人参会
2007 年	市社科联	"省第九次党代会精神座谈会""遂宁市社科界党的十七大精神学习会""解放思想创新理念，努力推进遂宁跨越发展座谈会""坚持科学发展，推进'四个跨越'座谈会""以良好的作风推进'坚持科学发展、构建和谐遂宁'座谈会""纪念建军 80 周年理论研讨"等学术理论研讨活动 10 次	120 余人参会
2008 年	市社科联	纪念改革开放 30 周年理论研讨会和座谈会	30 余人参会，交流论文 19 篇
2009 年	市社科联	建设马克思主义学习型党组织研讨会	22 人参会
2009 年	市社科联	全市企业思想政治工作暨企业文化建设经验交流会	40 人参会，交流论文 6 篇
2010 年	市社科联	全市学校思想政治工作暨校园文化建设经验交流会	35 人参会，交流论文 5 篇
2012 年	市委宣传部、市社科联	"文化与现代产业深度融合"理论研讨会	45 人参会，5 人交流发言
2014 年	四川省社科联、中共遂宁市委、市政府主办，遂宁市委宣传部、市社科联承办	第四届成都经济区建设与发展学术交流会	200 余人参会，收到论文 106 篇，会上交流 12 篇。集合会议成果《融合与发展——第四届成都经济区建设与发展学术交流会论文集》，由四川大学出版社出版
2016 年	市委宣传部、市社科联	学习贯彻习近平总书记在纪念红军长征胜利 80 周年大会上的重要讲话精神座谈会	50 余人参会，5 个单位代表在会上交流发言
2016 年	市社科联	省社科联主席、省人大常委会原代理主任、党组书记席义方率省社科联调研组莅遂调研社科工作座谈会	30 余人参会，4 个单位代表在会上交流发言
2017 年	市委宣传部、市社科联	全市宣传文化系统暨社科理论界学习宣传贯彻党的十九大精神会议	120 余人参会，9 个单位代表在会上交流发言，并刊登于《遂宁日报》《遂宁宣传》理论专版
2017 年	市社科联	全市社科界学习贯彻习近平总书记在参加十二届全国人大五次会议四川代表团审议时的讲话和省社科联第七次代表大会精神会议；全市社科学会经验交流暨培训会，深入学习贯彻《中共中央关于加快构建中国特色哲学社会科学的意见》和习近平总书记"5·17"重要讲话及省、市社科联换届大会精神	共 100 余人参会

时间	主（承）办单位	座谈/研讨会名称	备注
2018 年	市社科联	七届三次理事会暨全市社科工作会；在全市社科界扎实开展"大学习大讨论大调研"活动	70 余人参会，《市社科联组织社科界积极为遂宁发展贡献社科智慧》在市委办《情况摘报》刊发
2019 年	市社科联	全市基层社科联工作会	船山区、蓬溪县社科联在会上作了交流发言
		全市"强化使命担当，弘扬优良学风"专题学习会	60 余人参会，四川职业技术学院副教授刘光明作专题辅导报告

3. 各级社科课题申报和调研活动

每年在全市范围内开展市级社科课题招标立项评审工作，组织专家组从申报的课题中选取选题合理、有较大理论或现实意义的题目立项并予以补助支持，并组织社科力量积极参与历次省社科规划课题和省社科联市州课题的立项申请，取得了一系列成果，见表 7 所示。

表 7　遂宁市部分重点社科课题一览表

时间	主持及主要参与者	课题名称	立项层级	备注
2004 年	邓学建、骆常非、冯良、邹名海、谢兰阶	遂宁在成渝经济区发展中的战略定位和战略思路若干问题的思考与建议	省级	2005 年结项
2005 年	吴尚贵、陈彪、冯俊、李训、李明亮、侯水先等	中学生心理健康教育针对性与实效性研究	省级	2006 年结项
2005 年	伏元杰	蜀族的起源和变迁	省级	2007 年结项
2005 年	谢兰阶、邹名海、袁媛	培育产业集群 发展县域经济 构建区域和谐	省级	2007 年结项
2007 年	邓学建、谢兰阶、邹名海、袁媛	遂宁市文化产业发展战略研究	省级	2009 年结项
2009 年	何大海、刘辉国、谢兰阶等	遂宁构建现代产业高地的战略研究	省级	2010 年结项
2011 年	市委宣传部课题组	遂宁绿色经济发展战略研究、建设具有遂宁特色的现代产业高地战略研究	市级重点课题	当年结项
2011 年	何大海、刘辉国、谢兰阶、姜北	社会转型时期创新宣传思想工作研究	省级	入选省社科联《重要成果专报》
2011 年	射洪县社科联课题组	射洪县工业发展路径战略研究	省级	
2012 年	市委宣传部课题组	文化与现代产业深度融合路径研究	省级	2013 年结项
2013 年	四川省职业技术学院	跨区域产业创新一体化体系建设研究	省级	
2013 年	大石桥中学	建立健全农村留守儿童关爱服务体系的现实困境与对策研究——以四川省蓬溪县为例	省级	

时间	主持及主要参与者	课题名称	立项层级	备注
2015 年	射洪县社科联	"四个全面"战略布局的县域实践	省级	省社科联"总结十二五 谋划十三五 四川区域发展研究报告"立项课题
		中华酒文化史研究——射洪诗酒文化之乡探源	省级	省社科规划白酒产业发展专项课题
2015 年	王金星、聂彩林、杜春海、周光宁、刘辉、罗莹、曾晓洪	社会主义核心价值体系与观音文化研究	市级重点课题	
2016 年	射洪县社科联	丘陵地区全面建成小康社会路径研究	省、市级课题	省、市社科联联合开展的《贯彻落实"十三五"全面建成小康社会 四川区域发展研究报告》重要选题
2016 年	大英县社科联	借力成都经济区建设大力发展大英旅游产业研究	省级	
2017 年	射洪县社科联	丘陵地区县域经济加快发展的路径研究	省级	入选省社科联《推动治蜀兴川再上新台阶 加快建设美丽繁荣和谐四川——四川区域发展研究报告》重要选题并顺利结项
		科普读物《简读射洪》	省级	申报省社科规划（科普读物）后期资助项目并顺利结项
2018 年	市统计局	工业经济发展研究之遂宁篇	省级	获 2018 四川省社科规划"统计发展专项"立项

（四）社科普及工作

社科普及是推广科学知识、提升民众素质的重要方式。长期以来，市社科联按照中央、省、市关于繁荣发展哲学社会科学意见和《四川省科学技术普及条例》有关规定，采取多种方式努力做好社科普及工作。一是坚持"3月科普月"和"5月科普周"活动常抓不懈，广泛发动有关单位、学校、学会开展专题科普活动，组织以志愿者为主体的社科工作者赴乡镇、街道、社区、学校设立科普宣传站开展科普宣传工作，另外不定期举办讲座、科普展览、科技咨询等活动，年均发放宣传资料近万份，大力宣传党委、政府的历次代表大会精神和路线、方针、政策。二是举办各类学术报告讲座，增强人们学习社科的意识。每年均邀请省内外专家学者来遂做讲座、报告数场，听众达千余人次。三是举办各种培训班次，提高广大社科工作者和干群的社科知识水平、政策理论水平。社科联及所属学会每年举办各种培训班 30 多次，受训人员千余人次，主要学习社科基本知识和党的各个时期的方针、政策。四是大力支持科普读物的编撰和申报评奖，积极推荐《遂宁文化概论》《简读射洪》《让孩子爱不释手的科学童话》等优秀科普读物申报各级各类资助和奖项。

（五）社科阵地建设

社科阵地是社科事业发展的载体和平台，我市一直重视加强社科阵地建设，主要做好了以下几个方面的工作：一是在市委宣传部的协调、领导下，整合全市社科资源，优化资源配置，建立互动式哲学社会科学网络平台，促进哲学社会科学界的沟通与交流，实现资源共享、信息互通。二是加强各级社科联组织建设，发挥其在管理学术团体、编制社科研究和普及规划、社科优秀成果评奖、宣传普及社科知识等方面的作用。三是整合市委党校、市委讲师团、市委党研室、市委政研室及四川职业技术学院等市级研究机构资源，发挥其在社科研究、人才培养、决策咨询等方面的龙头作用。四是抓好社科学会和科普基地的管理，充分发挥对学会和基地的指导、协调、管理、服务职能，指导参与各学会制度建设、活动开展、组织换届工作，督促检查学会、基地调研、咨询、宣传、研讨等活动的开展情况，使其保持活力和凝聚力。五是建立最新成果专报制度，以《学习参考资料》形式不定期推出学习内容或优秀成果，供全市社科工作者学习参考。六是加强对社科刊物和网络平台的建设管理，提高水平，办出特色。七是加强互联网上的马克思主义阵地建设，加强理论武装工作特别是中心组的信息化建设。八是加强与兄弟市州社科联的交流，近年来市社科联多次组织区县社科联、社科学会、科普基地赴绵阳、乐山、雅安等市学习、考察、交流社科工作。

2017年，我市制发《遂宁市哲学社会科学普及基地管理办法》（遂宣通〔2017〕9号），对市级科普基地的申报条件、工作要求、经费使用管理、认定和评估程序进行了详细规定。根据该办法市社科联与市委宣传部一起对已满评估年限的"干部理论教育社科普及基地"共16家市级社科普及基地三年来的工作进行了评估检查，评出优秀基地11家、良好基地3家、合格基地2家。市社科联多次赴"蓬溪起义与老区发展社科普及基地"指导工作开展，帮助其顺利通过6月在成都举行的省级基地评估会现场答辩并获评为"良好基地"。

（六）激励机制建设

1. 建立健全哲学社会科学评奖机制

1988年，遂宁市委市政府以遂委函〔1988〕1号文件规定了哲学社会科学优秀科研成果评奖制度，明确每两年开展一次评奖活动，加强了对评奖工作的领导。坚持高标准、严要求、规范化开展社科评奖活动，历次优秀成果评审均召开专家评审会议，按照申报、初评、复评、终审评定的程序，坚持"公开、公平、公正"和科学的原则择优评选。1998年，制发了《遂宁市哲学社会科学优秀科研成果评奖工作实施细则》，在一段时间内作为开展评奖的书面规范。2017年，首次以市政府名义印发《遂宁市哲学社会科学优秀成果评选奖励办法》（遂府函〔2017〕173号），进一步完善了组织机构，明确评奖标准，规范评奖程序，提高了优秀社科成果奖的权威性和影响力。

为保障市级社科优秀成果评奖活动的开展，我市于1988年成立了"遂宁市哲学社会科学优秀成果评审委员会"，第一届委员会由李鸿儒任主任、汤群祥任副主任。1992年起多次对评委会组成人员作出调整，此后评委会的主任一般由市委、市政府分管领导担任，副主任由市委宣传部分管副部长和市社科联主席担任，成员由市委宣传部、市委组织部、市社科联、市委党校、市委讲师团、四川职业技术学院的分管领导和专家学者构成。

2006年，为进一步规范向省社科联推荐省级社科优秀成果评奖工作，成立了"遂宁市'四川省第十二次哲学社会科学优秀成果初评'评审小组"，负责评审申报优秀社科成果省级评奖工作，由市委宣传部副部长张荣任组长，市社科联驻会副主席谢兰阶任副组长。此后每次视情况需要进行调整，组长一般由市委宣传部分管副部长担任，副组长由市社科联主席担任，成员由市社科联、市委党校、市委讲师团、四川职业技术学院、学会组织等单位的分管领导和专家学者构成。

历次市级优秀社科成果评奖后均于市政府《政务通报》进行表彰，并向省评奖办推荐申报省级优秀成果。基本情况见表8所示。

表8　市级优秀社科成果评奖申报及获奖情况一览表

评审时间	参评成果时间范围	申报数	获奖总数	一等奖	二等奖	三等奖
第一次（1988年）	1985—1987	182	35	3	11	21
第二次（1990年）	1988—1989	181	39	3	12	24
第三次（1992年）	1990—1991	128	42	3	13	26
第四次（1994年）	1992—1993	144	43	6	12	25
第五次（1996年）	1994—1995		40			25
第六次（1998年）	1996—1997	76		3		
第七次（2002年）	1998—2001	184	50	2	11	37
第八次（2004年）	2002—2003	202	45	5	10	30
第九次（2006年）	2004—2005	305	50	1	12	37
第十次（2008年）	2006—2007	454	49	3	13	33
第十一次（2010年）	2008—2009	523	35	3	10	22
第十二次（2012年）	2010—2011	443	18	2	5	11
第十三次（2014年）	2012—2013	544	41	5	15	21
第十四次（2016年）	2014—2015	489	37	4	15	18
第十五次（2018年）	2016—2017	146	65	5	20	40

2. 市财政加大对社科研究的经费投入力度

市委、市政府逐年增加用于社科研究的各项经费，包括课题资助经费和优秀社科成果的评审、奖励经费。2015年起每项市级重点课题资助经费达1万~2万元，一般课题达0.5万~0.7万元；优秀社科成果评奖经费从2014年的5万元增至2018年的50万元，各等次奖励额度均提高数千元，增至一等奖1万元、二等奖8000元、三等奖6000元。

（七）特色工作

特色做法方面，一是自第五届理事会起，时任市社科联主席的谢兰阶提出"大社科"概念，强调在"联"字上下功夫、做文章，扩大联系范围，畅通联系渠道，主动融入"理论武装工程"中，主动服务全市经济社会发展，放开手脚广泛发动社科组织，鼓励社科工作者积极投身社科研究和社科普及等工作中去。拓宽服务和培育社科工作者的范围，不仅着眼于党政机关、事业单位的社科工作者，也推动高校和各类组织外的社科工作者结合我市实际开展研究，鼓励他们与我市有关社科组织合作；同时注意从各地各类组织中发现潜在的社科人才，努力培养社科接班人。二是2010年起开办人文社科讲坛《遂宁讲坛》，邀请众多国内著名专家学者如国防大学教授张召忠、复旦大学教授钱文忠等主讲与遂宁实际紧密结合的专题讲座，并同期在电视台、《遂宁日报》开设专栏刊播论坛开设情况，在社科普及、理论研究、人文交流等方面取得了良好的效果。与此同时，《安居讲坛》也于2010年在遂宁市安居区开办，标志着人文社科讲坛向基层的延伸。三是根据《关于深化人才发展体制机制促进全市创新改革驱动转型发展的实施意见》和《遂宁市"十三五"人才发展规划》积极挖掘培养社科人才，推荐大英县中等职业技术学校的陈克乐成功评为四川省优秀青年马克思主义者培养工程首批专业人才培养对象。

　　特色内容方面，我市结合本地特有的绿色经济开展社科研究、推广宣传、基地打造等工作，做出了遂宁特色。遂宁市委、市政府于2007年提出走绿色发展之路，十余年间，我市组织力量进行研究与实践，广泛宣传推广绿色生活方式。自2012年起每两年召开一次绿色经济会议（见图3），并承办了2018全国绿色发展科技创新大会；成立了遂宁市绿色发展学院和国科大绿色发展遂宁研究中心等科研机构；聘任北京工商大学教授季铸和第三世界科学院院士、中国科学院大学公共政策与管理学院院长、研究员方新担任顾问，壮大了绿色经济研究力量，获得了一系列研究成果，主要包括2010—2011年连载的报告文学《绿色的力量——遂宁市绿色发展模式解密》（后由市委宣传部、遂宁日报报业集团合并印制为单行本），2011年季铸、何燕、孙瑾合著的《绿色发展之路》，2012年杨天宗、季铸出版的《绿色发展丛书：反思城市》，2016年印制的《绿色发展丛书》和国科大绿色发展遂宁研究中心发布的《2018绿色发展和科技创新指数》《2018绿色发展和科技创新人才地图》等。绿色发展研究为我市经济注入了新动力，助力我市走出既要绿色也要发展的特色经济之路，省委在十一届三次全会经济发展布局时给我市定位为"成渝发展主轴绿色经济强市"，给我市未来发展道路进一步指明了方向。

图3　2018绿色经济遂宁会议在我市召开

遂宁市推动哲学社会科学繁荣发展的主要成就

新中国成立70年尤其是改革开放以来,在社科联的组织领导和广大社科工作者的共同努力下,我市在阵地建设、科学研究、社科普及等方面均取得了一系列成就(见图4)。面向新时代,全市社科界倍加珍惜这些已取得的荣誉,决心继承和弘扬艰苦奋斗、努力钻研的科学精神和无私奉献、尽职尽责的工作态度,继续做好各方面社科工作,争取取得更多、更优的成果和更高的荣誉。

图4　部分荣誉资料

(一)社科阵地建设成就

1. 社科组织建设

经过三十余年努力,我市社科界建成了以市社科联领头、五个区县社科联和一个高校社科联为核心的组织架构,联系全市22个学会组织、两万多会员和20多个科普基地,形成了一支基本能满足全市社科工作需要的社科组织体系。市社科联在组织管理工作上不断突破创新,工作成效被全社会广泛认可,多次荣获省社科联评定的"学会管理先进单位"等荣誉。

2. 社科刊物

1988—1995年,全市社科界先后创办有《丘陵经济》《遂宁劳动》《遂宁金融》《遂宁财会》《遂宁商经通讯》《川中审计》《调查与探索》《行政管理》《遂宁农业经济》《粮经与科技》《学习与探索》《宗教论坛》《遂宁组织人事》《党风与廉政建设》《涪江论坛》等15种社科理论刊物,极大地活跃了遂宁的学术研究气氛,加强了遂宁市与外省、市的学术交流。由省农工委和中共遂宁市委合办的省级内部刊物《丘陵经济》,围绕"探索川中丘区经济发展,人民致富的路子"这一鲜明主题办出特色,具有较大的影响力,深受全国各丘陵地、市、县的理论工作者和实际工作者的欢迎,中国社科院和新疆、江苏、浙江、南京等省市给予高度关注,省财政厅双扶办还在该刊开辟了"财源建设"专栏,探讨丘区财源建设问题，并给予了办刊经费资助。该刊从 1991 年至 1994 年连续四年被省社科联评为全省地市州社科期刊编辑一等奖。《遂宁劳动》是理论性和实用性比较强的专业社科刊物，于 1993 年 8 月被吸收为中国期刊协会首批会员单位。《涪江论坛》（双月刊）是 1995 年底由中共遂宁市委宣传部、市社科联联合创办的全市综合性社科理论刊物，在内容上紧紧围绕遂宁市改革、发展、稳定实际，连续开辟"学习十五大""再就业工程"等专栏，始终坚持"二为"方向和"双百"方针，为社科界新人、新作、新观点提供探索争鸣的园地，在栏目设置、版式设计上力求出新，增强可读性，深受读者欢迎。各学会、协会和研究会的会刊也各具特色，成为联系会员的纽带。市商经学会的《商贸参考》、市组织人事工作研究会（已更名为党建研究会，下同）的《遂宁组织人事》、市纪检监察学会的《党风与廉政建设》等学会自办信息交流资料信息量大、声誉高、影响大。2003 年，市社科联以简报形式新开辟了《社科前沿》这一学术交流的园地，及时将报刊、网络信息及省社科联的最新言论、信息在最短的时间内发送至市委、市政府领导及各学会，从而增强领导决策的前瞻性，开阔社科工作者的视野。市社科联和市委宣传部于 2007 年联合创办的刊物《理论学习》（双月刊）主要发送至市级各部门以及区县，供各级领导干部和党委中心组学习使用，反响很好。2010 年再次联合创办《遂宁宣传》杂志。除驻遂高校四川职业技术学院主办的《四川职业技术学院学报》外，现我市各类社科组织仍主办有《遂宁宣传》《遂宁金融》《遂宁法学》《宗教论坛》《教学与研究》等刊物（见图 5）。

图 5　全市各级各类社科组织创办的刊物（部分）

3. 社科基地建设

市社科联于 2010 年开始组织指导全市社科基地建设和"遂宁讲坛"等社科阵地的打造，首批认定四个人文社科基地：四川职业技术学院为"社科研究基地"，市委党校为"社科教育基地"，四川新华文轩（遂宁）连锁和遂宁图书馆为"社科普及基地"，并结合各基地优势和特点，以遂宣通〔2010〕49 号文件对各社科基地具体职能职责分别进行了规定。

此后，全市先后认定一大批市级社科普及基地并持续支持打造省级科普基地。2012 年建成六个社科普及基地：普及宋瓷文化的宋瓷博物馆，普及侏罗纪文化的侏罗纪博览园、展示大唐文化的子昂故里、展示古才女文化的黄娥故里、普及盐卤及康体文化的中国死海、普及红色文化的旷继勋纪念馆。其中四川宋瓷博物馆的"宋代青瓷文化社科普及基地"、旷继勋纪念馆的"蓬溪起义与老区发展社科普及基地"先后被省委宣传部、省社科联认定为"四川省级社会科学普及基地"，被全国社会科学普及工作经验交流会组委会认定为"全国优秀社科普及基地"。2014 年、2015 年蓬溪县社科联申报的"盟遂合作与绿色发展社科普及基地"、市档案局"地方发展史社科普及基地"、遂宁市安居区图书馆的"安居读者体验文化社科普及基地"被分批认定为市级哲学社会科学普及基地。至此，市级科普基地达到 20 个。2016 年，"陈子昂读书台励志教育社科普及基地"被认定为第六批省级社科普及基地。2017年，"蓬溪起义与老区发展社科普及基地"在成都举行的省级基地评估会上通过答辩并获评"良好基地"。2018年，社科联对认定满评估年限的"地方发展史社科普及基地"和"安居读者体验文化社科普及基地"两家市级社科普及基地进行评估检查，评估结果均为良好；指导"射洪硅化木地质文化普及基地"和"宋代青瓷文化社科普及基地"顺利通过省级基地评估。我市迄今有省级科普基地5个，市级科普基地20个。

全市社科基地每年接待、培训大量人员，较好地发挥了社科阵地作用，相关单位也因此获得了荣誉，见表9。

表9 部分先进集体荣誉一览表

获奖时间	获奖单位	荣誉名称	授奖机构
2004—2005年	市社科联	学会管理先进单位	省社科联
2006年	市社科联	先进市州社科联	
2007年	市社科联	学术活动先进单位	
2007年	市社科联	社科信息工作先进单位	
2008年	市社科联	学术活动先进单位	
2008年	市社科联	纪念改革开放三十周年理论征文活动组织工作先进单位	
2009年	市社科联	信息工作先进单位	省社科联、省委宣传部
2009年	市委宣传部	社科普及工作先进单位	省社科联、省科协
2014年	宋代青瓷文化社科普及基地	全国优秀社科普及基地	全国第十六次社会科学普及工作经验交流会组委会
2014年	市社科联	第四届成都经济区建设与发展学术交流会组织工作先进集体	省社科联
2015年	蓬溪起义与老区发展社科普及基地	全国优秀社科普及基地	全国第十七次社会科学普及工作经验交流会组委会
2016年	市社科联	全国社科组织先进单位	全国大中城市社科联工作会议主席团
2016年	市社科联	第六届成都经济区建设与发展学术交流会组织工作先进集体	省社科联
2011—2016年	市社科联	学术活动先进单位、学会管理先进单位	省社科联
2017年	市社科联	组织建设先进单位	
2017年	市社科联	社科普及工作先进单位	
2017年	射洪社科联	区县社科联先进集体	
2017年	安居区社科联、市图书馆学会、市国际税收研究会	全国社科组织先进单位	全国大中城市社科联工作会议主席团
2017年	市社科联	第七届成都经济区建设与发展研讨会优秀征文和组织工作先进集体	省社科联
2018年	市社科联	信息工作先进单位	省社科联、省委宣传部
2018年	大英县社科联、射洪子昂故里旅游区管委会	全国先进社科组织	全国大中城市社科联工作会议主席团

（二）社科研究成就

1. 全市重要社科研究成果

在市社科联组织协调指导下，全市社科界整合资源，组织社科力量，围绕遂宁市经济社会发展的重大问题开展探讨和课题研究，取得了一大批结合遂宁实际、较好服务于遂宁经济社会发展的各类成果（见表10）。

表10　遂宁市部分社科研究重要成果一览表

序号	时间	作者	成果名称	获奖、发表情况
1	1987年	李鸿儒	遂宁市农村家庭企业的调查	被《红旗》《新华月报》和国务院农村发展研究中心编的《农村经济问题论坛》刊载，并于1988年荣获四川省社科院科研成果二等奖和四川省政府第三次社科评奖三等奖
2	1988—1995年	李鸿儒、陈士章、赵大杰、郑书	农业资金投入研究——来自川中丘陵地区遂宁的报告	在《四川日报》《天府新论》和《四川宣传》刊登发表，四川省哲学社会科学"八五"重点科研课题
3		王明华	为市场经济服务，全方位发展社会科学事业	在《四川社科界》上发表
4	1988—1995年	"丘陵地区经济发展，人民致富之路"课题组	农奠基、工立柱、拓商贸、兴科技，城乡结合，协调发展	市委第二次党代会决定将其作为一段时期内我市经济发展的基本战略
5		市农经学会	农村合作经济组织与管理	载入省社科院《经济决策参考》
6		市组织人事工作研究会	坚持改革方向，积极推进干部能上能下	在《组工通讯》以及《中国人才报》《人民日报》等八种报刊上发表
7		市劳动学会	《企业内部分配一百例》《工龄计算，确定革命工作年限问题解答》《岗位技能工资方案设计与实施》	《岗位技能工资方案设计与实施》一书是全国第一本比较全面、系统关于岗位技能工资方面的专著
8		汤群祥 等	社会主义市场经济条件下的农村思想政治工作	中宣部"五个一工程"奖、第五次哲学社会科学优秀科研成果一等奖、省社科重点科研项目
9		覃世惠	组建煤气集团，重振燃料行业雄风	推动市委、市政府决策组建市燃气公司
10	1996年	市组织人事工作研究会	地、县党政领导干部思想政治素质调查	省组织人事工作研究会重点课题
11	1996年	社科联和市委宣传部、市经研所	丘陵地区县域经济发展途径的思考——四川丘陵大县射洪县域经济发展的启示	省第六届精神文明"五个一工程"理论文章奖
12	1997年	川北教育学院	沱牌名酒发展战略	四川省"九五"社科立项课题
13	1999年	陈宗美	遂宁市建制乡镇及地区卫生院经营状况的调研报告	在《中国卫生事业》发表
14	2003年	谢兰阶	"三个代表"重要思想是面向二十一世纪中国化的马克思主义	在市电视台播放和《遂宁日报》刊登

序号	时间	作者	成果名称	获奖、发表情况
15	2004 年	石平	当代中国"三农"问题面临的矛盾及深层次原因剖析	全国党校系统第五届优秀科研成果二等奖、省优秀社科评奖三等奖
16	2004 年	石平、林显宪、谭晓凌、刘旭辉	关于把遂宁建设成为中国西部农村职业技术教育培训基地的研究报告	四川省人民政府一等奖
17	2005 年	袁本朴	解决农业产业化深层次问题的有益探索	在《人民日报》刊登
18	2005 年	邓学建、骆常非、冯良、邹名海、谢兰阶	遂宁在成渝经济区发展中的战略定位和战略思路若干问题的思考与建议	省社科联课题
19	2005 年	市社科联课题组	浅谈陈云经济发展观的特征	入选全省"陈云生平和思想研讨会"并获优秀奖,在《四川社科界》《涪江论坛》全文发表
20	2005 年	市委宣传部课题组	培育和发展我市产业集群的调查与思考	入选省委宣传部、省社科联举办的"构建和谐四川"理论征文活动并在《遂宁日报》刊登
21	2006 年	何大海、刘辉国、谢兰阶等	社会转型期创新宣传思想工作研究	入选四川省哲学社会科学研究项目《重要成果专报》
22	2006 年	市社科联课题组	遂宁市以课题为纽带整合社科资源	《社科界信息》2006 年第一期全文刊载
23	2006 年	市社科联课题组	遂宁市繁荣发展哲学社会科学的调查与思考	上报省委宣传部、省社科联和市委
24	2007 年	吴尚贵、冯俊、陈彪等	《切实加强未成年人道德教育针对性和实效性研究》等四项成果	省第十二次哲学社会科学优秀成果三等奖两项、优秀成果奖两项
25	2008 年	市社科联	新时期人们思想观念的特点及其导向	全省"改革开放 30 周年人们思想观念变化"征文活动三等奖
26	2008 年	市地志办	遂宁市志	在省第十三次社科优秀成果评奖活动中获省人民政府三等奖
27	2009 年	市社科联课题组	遂宁融入成都经济区,搞好产业对接的思考与建议	在首届成都经济区发展战略论坛上交流
28	2009 年	市委宣传部课题组	社会转型时期创新宣传思想工作的思考	省级重点课题调研成果,省委宣传部《宣传工作》刊出,入选省《重要成果专报》
29	2010 年	四川职业技术学院课题组	西部人口、资源、环境与可持续发展研究	省第十四次哲学社会科学优秀成果三等奖
30	2010 年	吴廷友、吴军、梁胜、王勇	为返乡农民工开拓就业创业新天地	省第十四次哲学社会科学优秀成果优秀奖,发表于《求是》杂志 2009 年第 7 期
31	2010 年	陈俊	宪政的价值之维	获省第十四次哲学社会科学优秀成果优秀奖
32	2012 年	石平、谭晓凌、林显宪、袁剑平	地方公共危机应对管理研究	省第十五次哲学社会科学优秀成果优秀奖
33	2012 年	王金星、成镜深、谭国应	黄峨作品注评	
34	2012 年	大英县志办、美丰集团	《大英县志》《四川美丰志》	省级评奖地方志系列三等奖

序号	时间	作者	成果名称	获奖、发表情况
35	2013 年	何大海等	推进文化与现代产业深度融合,加强文化强市建设	入选《第三届成都经济区建设与发展学术交流会论文集》
36	2014 年	市委宣传部	文化的力量	省第十六次社会科学优秀成果三等奖
37		沱牌股份有限公司	标准化整合营销	
38		宋瓷博物馆课题组	遂宁金鱼村南宋窖藏	
39	2014 年	中共遂宁市委政研室	同城化——成都平原城市群崛起的必由之路	"成都经济区建设与发展学术交流会领导小组"通报表彰
40		遂宁市发改委	实施"枢纽拓展计划",加快融入成都经济区同城化进程	
41		遂宁市经信委	遂宁市产业壮大计划课题报告	
42		遂宁市民政局	依托成都平原经济区,加快推进民生改善计划——遂宁"民生改善计划"研究	
43		四川职业技术学院	成都经济区跨市产业合作机制构建探讨	
44		王金星、马莉、刘进	成都经济区高职教育协作现状及对策研究	
45		人民银行遂宁市中心支行课题组	遂宁融入成都经济区发展的定位与路径选择研究——基于对遂宁经济发展环境的 SWOT 分析视角	
46		中共遂宁市委宣传部	遂宁市实施"文化振兴计划"研究——基于成都经济区的视角	
47	2015 年	市金融学会、市社科联	成都经济区促进金融支持产业结构转型升级的思考	"第五届成都经济区建设与发展学术交流会"二等奖
48	2015 年	黄勇(射洪县太乙镇)	新型城镇化背景下成都经济区县域中心小城镇转型升级的思考	"第五届成都经济区建设与发展学术交流会"三等奖
49	2016 年	市委党校、市社科联	成渝城市群中小城市借势发展的战略思考	"第六届成都经济区建设与发展学术交流会"一等奖
50	2016 年	市统计学会	遂宁在成都经济区快速发展的新动力	"第六届成都经济区建设与发展学术交流会"二等奖
51	2016 年	船山区教科所	融入成都经济区大背景,努力推进教育均衡发展	"第六届成都经济区建设与发展学术交流会"三等奖
52	2016 年	人民银行遂宁中心支行	金融精准扶贫模式及政策研究——以遂宁为例	"第六届成都经济区建设与发展学术交流会"三等奖
53	2017 年	市社科联、四川职业技术学院	成遂协同发展,打造成都经济区电子信息产业遂宁增长极	"第七届成都经济区建设与发展学术研讨会"一等奖
54	2017 年	人民银行遂宁中心支行	遂宁与成都经济区融合发展的"三大模式"实践与思考——基于遂宁比较优势	"第七届成都经济区建设与发展研讨会"二等奖
55	2017 年	大英县委党校	遂宁建设省次级综合交通枢纽的思考	"第七届成都经济区建设与发展研讨会"三等奖

序号	时间	作者	成果名称	获奖、发表情况
56	2017 年	市统计局	遂宁市供给侧结构性问题及对策研究	"第七届成都经济区建设与发展研讨会"三等奖
57	2017 年	王金星、杜春海、谭国应、周光宁、胡永康	遂宁文化概论	省第十七次社会科学优秀成果评奖三等奖
58	2017 年	陈历甫	中华姓氏书法大辞典（上、下册）	
59	2018 年	市统计局	遂宁融入成都平原经济区（圈）发展研究	第八届成都平原经济区学术交流会二等奖
60	2018 年	四川职业技术学院、市社科联	大力发展遂宁物流 主动对接天府国际机场临空经济	第八届成都平原经济区学术交流会三等奖
61	2018 年	市统计局	工业经济发展研究之遂宁篇	省社科规划"统计发展专项课题"

2. 全市社科成果评奖评优情况

1988 年，市委、市政府决定每两年开展一次哲学社会科学优秀科研成果评奖，市社科联坚持做好市级社科评奖工作，至今已连续开展十五次，历次评奖的主要成果如下：

1988—1997 年，市社科联向省第三至六次社会科学评奖推荐了参评成果，最终有 7 篇论著获省级成果三等奖，分别是李鸿儒的调查报告《遂宁市农村家庭企业的调查》，张巨三、李超林、郑书、陈士章合著的专著《怎样发展农村经济》，李鸿儒、陈士章、唐平、唐谟友、王洲荣合著的专著《农业投入研究》，《射洪县志》，张廷安的论文《中国内陆农业大县加快工业化进程初探》，张绪根的论文《依靠科技减灾夺取农业丰收》，过杰、傅定国、李劲合著的专著《我国市领导县问题研究》。

1998 年开展的第六次哲学社会科学优秀成果评奖活动，李家顺、邹学荣、陈祥林、孙晓阳、冉宗荣合著的《现代企业市场营销》、张绪根《把握关键环节 加快工业发展》、胡传淮、刘安遇合著的《王灼集校辑》获一等奖；蒋兴国《推进农业产业化有关问题的思考》获荣誉奖。

2002 年开展的第七次哲学社会科学优秀科研成果评奖活动，侯水先《创建名校的思考与实践》，胡传淮《张问陶年谱》两部专著获一等奖；邓学建《深化市情认识，推进遂宁跨越式发展》等 11 篇成果获二等奖；袁媛《建设国有企业经营管理者队伍的几点思考》，肖乾英《浅论科学教学中学生创新能力的培养》，市档案局刘辉《用"三个代表"重要思想指导经济发展》等 37 篇成果获三等奖，另推荐 7 篇参加省第十次社科评奖。

2004 年开展的第八次哲学社会科学优秀成果评奖活动，周可弘《走出家庭贫穷的误区》，丁晴江《人才素质测评研究》，骆常非《试论渝成绵经济区的构建》，覃波、覃润昌、陈彪、康焱、许政《语文新视野》，熊高仲、王金星、聂彩林、李彩萍、王玲《职业道德概论》（均为专著）获一等奖。

2006 年开展的第九次哲学社会科学优秀成果评奖活动，熊高仲、江俊文、代大民《毛泽东思想、邓小平理论和"三个代表"重要思想概论》获一等奖；石平、林显宪、刘旭辉、谭晓凌《关于把遂宁建设成为中国西部农村职业技术教育培训基地的研究报告》（调研报告，2004 年已纳入市委、市政府决策参考），陈彪《切实加强未成年人道德建设的针对性和实效性》，张健、聂兆祝、邓钧、郭德平《金融支持农民增收问题的研究》，邹名海、袁媛《浅谈陈云经济发展观的特征》（后三者为论文）等 12 项获二等奖；张国光《商业银行信贷业务创新与多渠道支持地方经济发展》，姜北《以改革的精神加强党的建设的思考》，贾宪生、彭毅、唐良光《着力构建先进性长效机制的思考》（均为论文）等 37 项成果获得三等奖。

2008 年开展的第十次哲学社会科学优秀成果评奖活动，吴尚贵、冯俊、陈彪、李训、李明亮《超越自我》（专著），刘辉《观音信仰民俗探源——本土观音民俗文化及其传承开发研究》（专著），熊高仲、江俊文、漆明龙、马秋林、刘光明《就业创业成功学》（专著）获一等奖；谢兰阶、邹名海、袁媛《试论朱德军事思想的重要特征》（论文），聂彩林《高校思想政治理论课教学艺术》（专著），杜春海《儿童文学与素质教育》（专著），陈彪《农村中学生心理健康教育的现状及对策》（论文），马兴隆、唐辉荣、蔡斌、王前生、马朝友《基于资本产业份额定量分析民间资本对经济增长与效益的贡献》（论文）等13项获二等奖；杨富荣、杨海莹《药用动植物资源生态危机与环境保护》（论文），邓霞、罗翔《农村土地经营权流转的实证分析》（论文）等33项获三等奖。

2010年开展的第十一次哲学社会科学优秀成果评奖活动，《绿色发展之路——四川省遂宁市发展绿色经济的实践与探索》（专著），《源头创稳定的成功之路》（2009年具有重大影响和决策参考价值专著）以及《西部人口、资源、环境与可持续发展研究》（专著）获一等奖；另有10项成果获二等奖，22项成果获三等奖。

2012年开展的第十二次哲学社会科学优秀成果评奖活动，王金星、成镜深、谭国应《黄峨作品注评》（专著），石平、谭晓凌、林显宪、袁剑平《地方公共危机应对管理研究》（专著）获一等奖；胡碧玉等《成渝经济区二级中心城市复合产业链构建探索》（论文），石平等《四川省十二五"经济社会发展战略"丛书（遂宁卷）》（专著）等5项成果获二等奖；成镜深等《船山诗草全注》（专著），刘辉《中国观音与人文遂宁》（专著）等11项成果获三等奖。

2014年开展的第十三次哲学社会科学优秀成果评奖活动，市委宣传部绿色发展丛书编委会《绿色发展丛书》（专著），李家民《标准化整合营销》（专著），王金星等《论遂宁文化创新力提升的认识基础与基本前提》（论文），邓荣华《城乡统筹发展战略下的新农村建设研究》（专著），黄晓枫、庄文彬等《遂宁金鱼村南宋窖藏》（考古报告）获一等奖；黄远新《3PL企业虚拟资源协同集成化研究》（专著）等15项成果获二等奖；李丽等《遂宁市人口老龄化及养老业发展研究》（论文）等21项成果获三等奖。

2016年开展的第十四次哲学社会科学优秀成果评奖活动，胡碧玉、刘光明、李海燕、漆明春合著的《区域产业体系创新体系建设理论与实践研究》，王金星、杜春海、谭国应、周光宁、胡永康合著的科普读物《遂宁文化概论》，陈历甫《中华姓氏书法大辞典（上、下部）》（工具书）以及胡传淮《张问陶研究文集》（专著）获一等奖；代晓琴《让孩子爱不释手的科学童话（森林卷、海洋卷、蓝天卷、生活卷）》（科普读物）等15篇成果获二等奖，另有18篇成果获三等奖。

2018年开展的第十五次哲学社会科学优秀成果评奖活动，易伟《四川经济活力研究》（专著），王金星、聂彩林、米洪义、杨开明、李永华合著的《职业教育与中国特色新型工业化道路研究》（专著），杨世洪、宋国祥合著的《〈遂宁县志〉（康熙二十九年本）校注》（工具书），姜友维《高职院校思想政治理论课"三维"课堂立体化建设研究》（专著），胡传淮《遂宁历史名人研究》（专著）获一等奖；另有20项成果获二等奖，40项成果获三等奖。

3. 全市其他社科成果、重要活动和荣誉情况

1992—1995年，市社科联及各学会、协会和研究会共组织召开应用理论和实用对策的研讨会20多个，开展专题调研40多项，对50多个课题展开了研究，取得了丰硕的成果，共出版各种专著25本，在全国、省、市刊物上发表论文1000多篇；其中全国性刊物30多篇，省级刊物300多篇，有10篇获全国有关单位或研讨会奖励，30篇获省级奖励，30多篇研究成果被党政有关部门采纳，转化为决策。

1996—1998年，全市社科界召开理论研讨会、座谈会和学会系统的会议共35次，交流研讨会文章875篇，其中在中央、省、市级报刊上发表155篇。为整合各学会组织资源，调动开展理论研究和实用对策研究的积极性，1996年，市组织人事工作研究会开展调研活动61次，完成调研课题103个，其中73个调研成果转化为省、市、县部门决策。调研成果中有一项获中组部二等奖，有一项获省委宣传部一等奖，有19项获省级部门奖励，有8项获市政府优秀社科成果奖。该研究会完成省研究会的重点调研课题"地、县党政领导干部思想政治素质调查"，对我市县以上党政领导干部的现状

和问题提出了对策和措施；课题"机构改革暨推行国家公务员制度"为市委、市政府制定党政机构改革和公务员制度改革提供了参考；《我市交流干部现状的调查》针对新形势下出现的新问题，提出了解决的思路和方法；重点调研报告《国有大中型企业党建工作的现状及对策》和《大中型企业人事管理实施细则》为我市加强企业党建工作和人事管理提供了参考。市粮食学会、市人口学会先后开展了多次调研活动，形成了《围绕市场抓经营，齐心合力创效益》《浅析探索基层粮食企业实现经济增长方式的转变》《饲料工业的困境与出路》《两线运行的现状与思考》《努力实现全市计生工作的两个转变，提高乡镇计生工作质量的调查》《创建计生合格村思路与措施》和《信访老户的成因及对策》等调查报告，针对粮食改革、计划生育等重大问题提出了对策和建议，具有较强的参考价值。市金融学会和市财政学会完成了《基层实行推进两个根本转变的作用和面临的障碍与着力点》《多家金融机构的建立对工商银行经营的影响及对策研究》《浅谈提高农行经营效益的途径》《加强银行经营管理的几点看法》《行政事业收费的现状、问题及对策》《经济建设出硕果，财源建设上台阶》《应当强化个体税征收管理》等60余篇质量较高的研究报告，以"农村信用社向农村合作银行过渡的尝试、困难与思路"完成了省金研所下达的重点研究课题。市商经学会副秘书长覃世惠1995年撰写的论文《组建煤气集团，重振燃料行业雄风》受到市委、市政府的重视，推动了"四川遂宁万通燃气集团有限责任公司"的组建，深化了我市燃气企业的改革。

1999—2000年，全市共出版社科专著50部，其中公开出版15部，内部出版35部；我市社科界召开了理论研讨会、座谈会、学术交流会23次，在省级以上刊物和会议上发表和交流论文1000余篇，其中全国性刊物发表和交流论文150篇，全国性学术交流50篇，有20篇获全国有关单位及研讨会奖励，有50篇被党政有关部门采纳转化为决策，为我市经济和社会发展作出了应有的贡献。我市学会组织的调研成果获中组部一等奖三个，二等奖四个，中华全国教育总工会二等奖一个，省委组织部一等奖六个，省组织人事工作会等次奖23个。《县市区党委、政府及其成员工作实绩考核办法研究》《推进党政领导干部能上能下调查》《建立干部选拔任用工作责任制问题研究》《农村发展党员工作宏观指导研究》《基层党组织建设调查》《建立干部选拔任用工作责任制问题研究》《农村发展党员工作宏观指导研究》《基层党组织建设调查》《整体性人才资源开发研究》《改进和创新老干部思想政治工作方法研究》《遂宁市建制乡镇及地区卫生院经营状况的调研报告》《优化粮品结构，拓展粮食经营》等许多成果被上级决策采用。市教育学会会员撰写《创建名校的思考与实践》和射洪中学教师团队的《子昂故里论教育》论文集均由四川人民出版社出版，在省内外教育界产生了一定影响。

2001—2006年，召开社科界理论研讨会、学术交流会、座谈会100多次，交流论文300余篇，共出版专著53余部，在省级以上刊物和会议上发表交流论文700余篇，有50多篇获有关单位及研讨会奖励，有40多篇被党政有关部门采纳并转化为决策。

2006—2011年，涌现出一大批对遂宁市发展有直接积极影响的成果和高质量的理论文章，如《绿色发展之路——四川省遂宁市发展绿色经济的实践与探索》吸引了全国各地莅遂学习考察遂宁发展绿色经济的做法；《源头创稳定的成功之路》分享的经验在全国维稳工作中推广；《为返乡农民工开拓就业创业新天地》等调研成果分别在《求是》杂志、《人民日报》、《四川日报》等报登载；《试论朱德军事思想的重要特征》入选"纪念朱德120周年诞辰研讨会"，并编入《朱德生平和思想研究》文集；市委原常委、宣传部部长何大海，副部长刘辉国，市社科联主席谢兰阶，副主席邹名海，市委讲师团副教授姜北联合撰写的《社会转型期创新宣传思想工作研究》受到省委宣传部领导的高度评价并入选四川省哲学社会科学研究项目《重要成果专报》报送省委、省政府领导参阅。

2012年6月与宣传部一起组织召开了全市"文化与现代产业深度融合"理论研讨会，同时撰写理论文章《文化与现代产业深度融合的目标、模式、举措和评估体系研究》并在研讨会上交流。会后组织专家对收到的38篇理论文章进行严格评选，共评出二等奖4篇，三等奖6篇，并对这10篇获奖文章予以通报表彰。

2014年承办"第四届成都经济区建设与发展学术交流会"，同时组织100余篇调研文章参加交流会优秀征文的评选，有 8 篇优秀征文获得交流会领导小组通报表彰，另有 18 篇优秀征文获市委宣传部、市社科联联合表彰。市社科联被省社科联评为"组织工作先进集体"。

2015—2017 年，积极参加全省第五、六、七届成都经济区建设与发展学术交流会优秀征文评选活动，共有 8 篇文章获奖，市社科联作为非承办单位曾两次被省社科联评为"组织工作先进集体"。组织我市社科工作者参加两次全国大中城市社科联工作会议（第 27、28 次），两年各有 3 个集体和 3 名个人被评为"全国先进社科组织""全国社科工作先进个人"。2016 年 10 月 27 日，市社科联与市委宣传部一道组织召开全市社科理论界学习贯彻习近平总书记在纪念红军长征胜利 80 周年大会上的重要讲话精神座谈会，全市社科界共 50 余人参加了会议。座谈会上，市社科联、四川职业技术学院、市委党史研究室、市委党校、蓬溪县社科联和大学生代表围绕学习贯彻习近平总书记重要讲话精神，结合工作实际作了交流发言。2017 年市社科联与市委宣传部联合召开了"全市宣传文化系统暨社科理论界学习宣传贯彻党的十九大精神会议"，市社科联、四川职业技术学院、市金融学会等 9 个单位的社科工作者代表在大会上作了交流发言。同时，在《遂宁日报》《遂宁宣传》开设理论专版刊载社科工作者撰写的十九大精神理论文章及解读文章。

（三）社科普及成就

社科普及内容包括制定科普规划、编印科普读物、建设科普基地、开展科普活动。

1. 科普读物

2003 年，市社科联发出编印社科普及读物《西部·遂宁通》的文件通知，《西部·遂宁通》是我市官方组织编印的较早的科普读物之一。2011 年，安居区委、区政府结合黄峨生平、传说和作品，组织力量编印了《黄峨文化丛书》（一套三册：传奇、画册、作品注评）。2014 年，出版了四川职业技术学院教授王金星等 5 人编著的科普读物《遂宁文化概论》、四川职业技术学院龚辉等 5 人合著的科普读物《跟焦虑说再见》。2015 至 2016 年编撰了《中华传统美德》《国家政策与法规》《文化遗产保护与传承（遂宁宋瓷文化概要）》《中华美德（中华民族核心价值观）》《简读射洪》等科普读物。2017 年，配合我市启动实施市州重大出版项目工程，推进我市科普读物出版工作，基层教师代晓琴的专著《5 分钟法律故事》（一套三册：自护篇、维权篇、警示篇）和《大大个子和小大个子的爱》分别于中国法制出版社和新世纪儿童出版社出版。我市至今共撰写编印《简读射洪》等十多部（册）地方科普读物（见图 6）。

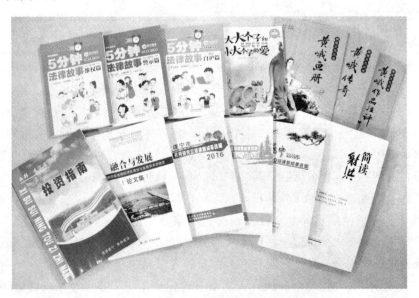

图 6　部分科普宣传读物和成果汇编

2. 科普基地（见表11）

表11 社科普及基地情况一览表

基地名称	申报单位	备注
宋代青瓷文化社科普及基地	四川宋瓷博物馆	省（市）级基地，荣获"全国优秀社科普及基地"
蓬溪起义与老区发展社科普及基地	蓬溪县烈士陵园管理所	
高职学生综合素质训育社科普及基地	四川职业技术学院	省级基地
硅化木地质文化社科普及基地	四川射洪兴盛旅游投资开发有限责任公司	省（市）级基地
陈子昂读书台励志教育社科普及基地	射洪子昂故里投资经营有限责任公司	
干部理论教育社科普及基地	中共遂宁市委党校	市级基地
读书活动与终身教育社科普及基地	遂宁市图书馆	
读者文化与企业发展社科普及基地	四川新华文轩（遂宁）连锁	
龙凤古镇文化社科普及基地	船山区龙凤古镇景区管委会	
素质教育与人的全面发展社科普及基地	船山区教体局、顺南街小学	
激情德育社科普及基地	安居育才中学	
黄峨文化社科普及基地	安居区文化馆	
汉陶文化社科普及基地	大英县文化体育广播电影电视局	
盟遂合作与绿色发展社科普及基地	蓬溪县黑龙凼水库工程建设管理局	
现代传媒与生态文明建设社科普及基地	遂宁市广播电视台	
舍得诗酒文化社科普及基地	四川沱牌舍得集团有限公司	
小学个性教育社科普及基地	遂宁高升实验小学校	
子昂文化与责任教育社科普及基地	射洪县金华镇中心小学校	
书画知识社科普及基地	射洪县书画博物馆	
地方发展史社科普及基地	遂宁市档案局	
安居读者体验文化社科普及基地	遂宁市安居区图书馆	

3. 科普活动

市社科联常年坚持结合年度主题，利用"科普宣传月"和"科普宣传周"活动机会，组织有关单位、学校、学会设立科普宣传站，印发包括科普读物、党委政府的路线、方针、政策文件等在内的科普宣传资料。年均发放资料近万份，每年有数万人受社科普及影响得以提高自身素质。

市社科联自2010年起坚持每年开办《遂宁讲坛》，国家体育总局体科所首席讲师赵之心主讲《健康遂宁·向锻炼要健康》；国防大学教授张召忠做了《国防知识教育》专题讲座；世界经济研究所所长季铸做了《绿色经济》专题报告。《遂宁讲坛》作为市电视台的品牌节目和《遂宁日报》的品牌栏目播放和刊载。《安居讲坛》也于11月5日开坛，标志着遂宁市人文社科普及工作由市区向区县和乡镇的延伸。2011年开办了包括复旦大学教授钱文忠《慈爱文化》在内的六次讲坛。2015年7月16日，在"射洪硅化木地质文化社科普及基地"和"陈子昂读书台励志教育社科普及基地"召开了全市社科普及基地建设现场培训会，省社科联科普部领导和专家对与会者进行了培训，3个省级、4个市级科普基地负责人做了大会交流发言。向广大群众宣传先进文化、实用技术、健康知识，35人次工作人员参与科普活动为广大群众服务，展示科普展品80余件，发放各类科普资料10种4万余份。

2017 年共计 50 余人次工作人员参与科普活动，展示科普展品 60 余件，发放各类科普资料 8 种 5 万余份。2018 年通过图片展览、科技咨询、发放资料等多种形式开展活动，全年发放各类科普资料 3 万余份，社科宣传单 2 万余份，悬挂、张贴、播放社科宣传标语、常识等 8 千余份。

社科普及事业的繁荣发展与科普人才的努力付出和奉献是紧密相连的，我市卓越的社科普及人才主要有四川职业技术学院党委书记王金星教授和基层教师陈克乐、代晓琴等人。其中王金星在 2013 年全国第十五次社会科学普及理论研讨与经验交流会上荣获"全国优秀社科普及专家"称号；市社科联主席李翎、蓬溪县社科联副主席肖雪梅分别在 2015、2016 年全国社科普及工作经验交流会上荣获"全国优秀社科普及工作者"称号，船山区老池乡幼儿园教师代晓琴编著的《让孩子爱不释手的科学童话》获"全国优秀社科普及作品"荣誉，代晓琴同志还曾荣获第二届世界华人科普奖新秀金奖。

遂宁市推动哲学社会科学繁荣发展的经验启示

回顾和总结中华人民共和国成立 70 年、我市建市 34 年，特别是市社科联成立 31 年来遂宁哲学社会科学繁荣发展的历程，我们逐步形成了对哲学社会科学工作的一些带有规律性的认识，积累了宝贵的经验。

（一）70 年的经验启示我们，坚持党的领导，是哲学社会科学繁荣发展的根本保证

党政军民学，东西南北中，党是领导一切的。习近平总书记在 2016 年 5 月 17 日全国哲学社会科学工作座谈会上指出，"加强和改善党对哲学社会科学工作的领导，是繁荣发展我国哲学社会科学事业的根本保证"。70 年来，无论是社会主义建设时期，还是改革开放新时期，历届遂宁市委高度重视、切实加强对哲学社会科学的领导，解决了机构、人才、经费、政策等诸多实际问题，为促进哲学社会科学繁荣发展提供了坚强保障。全市哲学社会科学界也始终高举坚持党的领导这面大旗，坚定正确政治方向，为党著文，为党发声，为党分忧。新时代，我们将牢固树立"四个意识"，切实做到"两个维护"，自觉接受党的领导，在学术导向上、理想信念上、价值取向上，自觉坚持马克思主义的立场原则和方法，在重大原则问题上不彷徨、不动摇，敢于坚持主张、敢于坚持原则，守住底线。自觉把对马克思主义的信仰和中国特色社会主义的信念转化为清醒的理论自觉、坚定的政治追求、科学的思维方法，成为先进思想的倡导者，学术研究的开拓者，社会风尚的引领者，党执政的坚定支持者。

（二）70 年的经验启示我们，以马克思主义为指导，是哲学社会科学繁荣发展的根本要求

习近平总书记强调，坚持以马克思主义为指导，是当代中国哲学社会科学区别于其他哲学社会科学的根本标志，必须旗帜鲜明加以坚持。马克思主义是一个完整的科学体系，它不仅为我们提供了社会主义、共产主义的理论和理想，也为哲学社会科学研究提供了科学的世界观和方法论。70 年来，遂宁广大哲学社会科学工作者坚持以马克思主义为指导，主动地、自觉地学习马克思主义理论及其中国化成果，运用马克思主义立场、观点、方法，聚焦遂宁面临的重大理论和实践问题，提出了许多解决问题的正确思路和有效办法，促进了遂宁经济社会发展。接下来，我们将坚持以马克思主义、毛泽东思想、邓小平理论、"三个代表"重要思想、科学发展观、习近平新时代中国特色社会主义思想为指导，立足遂宁发展实际，把马克思主义的立场、观点和方法贯穿哲学社会科学的各个领域，体现到教学、科研和人才培养的各个环节，渗透到学科体系、学术体系、话语体系等各个方面，切实做到真学、真懂、真信、善用。重点解决在个别领域中马克思主义被边缘化、空泛化、标签化，马克思主义在一些学科中"失语"、教材中"失踪"、论坛上"失声"的问题。

（三）70 年的经验启示我们，坚持围绕中心、服务大局，是哲学社会科学繁荣发展的根本取向

习近平总书记指出，各级党委和政府要发挥哲学社会科学在治国理政中的重要作用。党的十八届

三中全会提出，要加强中国特色新型智库建设，建立健全决策咨询制度。党的十八届五中全会强调，要实施哲学社会科学创新工程，建设中国特色新型智库。70年来，遂宁哲学社会科学界紧密围绕全市各个时期的中心工作，开展学术研究，提出了许多新观点、新思路、新办法，充分发挥了"思想库""智囊团"的作用。特别是2007年以来，历届市委把"绿色发展"作为遂宁"第一战略"，一以贯之，坚持不懈，率先走出了一条绿色生态发展之路。广大哲学社会科学工作者围绕这一战略部署，深入开展相关课题研究，推出了一系列有深度、高质量、影响大的精品成果，如《遂宁绿色经济发展回顾与展望》《绿色发展之路——四川省遂宁市发展绿色经济的实践与探索》等。这充分表明，只有充分依托并服务于党委政府中心大局工作，哲学社会科学工作才有价值和意义，才能出彩。下一步，我们将紧密围绕党的十九大、省委十一届三次全会和市委七届六次全会精神，以服务成渝发展主轴绿色经济强市建设为主线，不断拓展研究方向，广泛开展多学科、多领域、应用型研究，力争多出成果、多出精品，为遂宁、四川乃至全国发展做出新的贡献。

（四）70年经验启示我们，坚持扎根基层、服务人民，是哲学社会科学繁荣发展的根本宗旨

哲学社会科学是人们认识世界、改造世界的重要工具，是推动历史发展和社会进步的重要力量。习近平总书记在看望参加全国政协十三届二次会议的文化艺术界、社会科学界委员时的讲话中指出，文艺创作、学术创新拥有无比广阔的空间，要坚定文化自信、把握时代脉搏、聆听时代声音，坚持与时代同步伐、以人民为中心、以精品奉献人民、用明德引领风尚。70年来，遂宁哲学社会科学界顺应时代召唤，聚焦民生领域，突出问题导向，对关乎人民群众安全感、幸福感、获得感的教育、医疗、就业、养老、治安等课题，进行了深入、持久、系统的研究，推出了一系列研究成果，如《为返乡农民工开拓就业创业新天地》《走出家庭贫穷的误区》《遂宁市建制乡镇及地区卫生院经营状况的调研报告》《组建煤气集团，重振燃料行业雄风》等。这些成果，很多都转化为党委政府改善民生的重要举措。接下来，遂宁哲学社会科学界将牢固树立"以人民为中心"的发展理念，坚持人民立场，满足人民需求，指导人民实践，自觉把个人学术追求同人民群众需求结合起来，瞄准脱贫攻坚、乡村振兴及急难愁盼民生实事，扎实开展对策研究，努力多出经得起实践、人民、历史检验的成果。

（五）70年的经验启示我们，加强人才队伍建设，是哲学社会科学繁荣发展的根本支撑

习近平总书记指出，哲学社会科学领域是知识分子密集的地方，要把这支队伍关心好、培养好、使用好，让广大哲学社会科学工作者成为先进思想的倡导者、学术研究的开拓者、社会风尚的引领者、党执政的坚定支持者。70年来，我们牢固树立"大社科"理念，坚持不为所有，但为所用，切实加强各类社科人才队伍建设，哲学社会科学人才队伍从无到有、由弱到强，初步构建了一只政治过硬、结构合理、专业精湛、学风优良的哲学社会科学人才队伍，有力地支撑和保障了哲学社会科学的繁荣发展。下一步，我们将继续坚持"学者为本、学术为根、学会为基"，切实加强人才库建设，健全完善人才培养激励机制，积极搭建发表研究成果、交流工作经验和评奖评优的平台，着力发现、培养一批中青年学术骨干，构建种类齐全、梯队合理的人才队伍。

（六）70年的经验启示我们，广泛联系，团结协作，是哲学社会科学繁荣发展的根本举措

习近平总书记指出，各级党委要把哲学社会科学工作纳入重要议事日程，加强政治领导和工作指导，一手抓繁荣发展，一手抓引导管理。作为党委政府联系广大哲学社会科学工作者的桥梁和纽带，市社科联成立以来，特别是市社科联第六次代表大会以来，我们积极作为、主动出击，做足做好"联"的文章，广泛开展学术研讨会、座谈会、交流会，以学术活动的形式宣传推广党委、政府的方

针、政策，指导社科学会、科普基地的学术研究活动，向有关部门反映社科工作者的呼声，维护学会、基地和社科工作者的正当利益，与社科学会、科普基地和社科工作者的主管单位、部门对接协调沟通，为他们的学术研究活动创造宽松的环境。下一步，市社科联将不断创新"联"的方式，充实"联"的内容，探索"联"的机制，扩大"联"的范围，充分发挥"大社科"工作格局在推进社会科学事业发展中的积极作用，努力营造和谐、团结、积极、向上的遂宁社科氛围。

当代世界正在发生深刻变动，当今中国正在发生深刻变革。当前，我们党所面临的国内外形势、所肩负的使命任务正在发生重大变化，遂宁发展面临的外部环境、自身条件正在发生着深刻变化。当前和今后一个时期，是遂宁加快建设成渝发展主轴绿色经济强市的关键时期，也是遂宁哲学社会科学界主动出击、发挥作用的大好时期。我们要抓住机遇，乘势而上，高举旗帜明方向，围绕大局找定位，改革创新求发展，积极作为促繁荣，为哲学社会科学事业再创辉煌做出新贡献，为建成成渝发展主轴绿色经济强市续写更加壮丽的篇章！

遂宁市社科联课题组

成员：李翎、袁媛、雍奇易、严成文、代秋彬、姜淑蓉、林珑

NEIJIANG SHI PIAN

内江市篇

四 川 哲 学 社 会 科 学 70 年

导言

　　新中国成立以来的社会变革和发展，创造了人类社会发展史上的奇迹。70年的伟大变革和实践，为中国哲学社会科学的建设和发展提供了极为丰厚的土壤。70年来，尤其是改革开放和党的十八大以来，内江市委、市政府高度重视哲学社会科学事业的繁荣发展，切实加强对哲学社会科学工作的领导，不断健全完善工作体制机制，推动内江哲学社会科学事业繁荣发展。

　　70年来，尤其是改革开放和党的十八大以来，内江哲学社会科学界在市委、市政府的坚强领导和省社科联的关心指导下，始终把围绕中心服务大局作为主攻方向，聚焦内江改革发展稳定全局，开展重大理论和实践问题研究，提供决策参考，促进内江从传统老工业基地向成渝发展主轴重要节点城市和成渝特大城市功能配套服务中心转变跃升；始终把人文社科普及作为义不容辞的社会责任，推动全市人民文明素质和城市文明程度不断提高；始终把拓展社科阵地作为开展理论研究、学术交流、社科普及的重要平台和场所，牢牢把握"两个巩固"根本任务，统筹规划、科学布局；始终把改革创新作为发展动力，创新体制机制，助力内江新型智库建设，推动哲学社会科学各领域创新发展。

　　70年来，尤其是改革开放和党的十八大以来，内江市社科联充分发挥桥梁纽带作用，团结凝聚全市社科界资源力量，坚持守正创新，不断开创内江哲学社会科学发展新局面，为加快构建中国特色四川风格的哲学社会科学贡献内江力量。

内江市哲学社会科学 70 年概况

70 年来，内江哲学社会科学研究与建设同全国各省一样，经历了中华人民共和国成立初期起步、"文化大革命"挫折和改革开放繁荣发展三个时期。新中国成立之初到"文革"前，主要确立马克思主义在哲学社会科学的指导地位，大力普及哲学社会科学理论，提高社会公众的文化素养，初步奠定了哲学社会科学工作基础。"文化大革命"十年，哲学社会科学受"左"的思潮影响，对马克思主义教条化，扭曲"双百"方针，哲学社会科学事业严重滞步。党的十一届三中全会重新确立了马克思主义实事求是思想路线在全党的指导地位，内江哲学社会科学的繁荣发展伴随着改革开放 40 年的历程，经历了三个阶段：开展"实践是检验真理的唯一标准"大讨论，贯彻《全国哲学社会科学规划座谈会纪要》精神，成立市社科联，开展城市经济综合体制改革理论研讨等，开创哲学社会科学事业新局面；学习研究邓小平理论、"三个代表"重要思想和科学发展观，丰富中国特色社会主义理论内江实践，贯彻落实中央和省委《关于进一步繁荣发展哲学社会科学的意见》精神，出台了《中共内江市委关于进一步加快哲学社会科学事业繁荣发展的意见》，推动内江哲学社会科学事业繁荣发展；深入学习研究习近平新时代中国特色社会主义思想，贯彻落实习近平总书记在哲学社会科学工作座谈会上的重要讲话和中央、省委《关于加快构建中国特色哲学社会科学的意见》精神等，出台了《中共内江市委关于加快构建中国特色哲学社会科学的实施意见》，推动加快构建中国特色四川风格的哲学社会科学。

（一）组织机构

内江市社会科学界联合会，简称内江市社科联，是市委、市政府领导下的学术性人民团体。

1984 年 12 月 4 日，内江地区召开哲学社会科学学会联合会第一次代表大会，内江地区哲学社会科学学会联合会正式成立。1985 年 2 月 11 日，内江地区哲学社会科学学会联合会更名为内江市哲学社会科学学会联合会，全市有学会、协会、研究会团体会员 18 个。1986 年 3 月，经市委同意，内江市哲学社会科学评奖委员会正式成立，负责领导评奖工作，市社科联办公室兼作评委会办公室，负责办理参加评奖的具体组织协调工作。是年，批准成立内江市世界语协会等 8 个学会。1991 年 11 月 22 日，内江市哲学社会科学学会联合会更名为内江市社会科学界联合会。

截至 2019 年 6 月，市社科联下属学会、协会、研究会等 28 个，县（市、区）级社科联 5 个，联系高校社科联 1 个，省级哲学社会科学重点研究基地 2 个，省级社科普及基地 2 个。

市社科联主要职责是：①负责制定全市社会科学研究的近期规划和长远规划，拟定全市社会科学研究课题，并组织实施；②负责全市社科界承担四川省社会科学规划、基金课题的申报工作，并组织实施；③组织和推动学术研究，促进和开展学术交流，承担部分社会科学著作出版的资助、协调工作；④组织开展社会科学优秀科研成果的评奖活动，协调部分获奖成果的出版、宣传、推广工作；⑤编制全市社会科学普及规划，组织普及马克思主义基本理论和社会科学知识，开展社会科学培训、咨询服务工作；⑥负责全市社会科学咨询业的行业管理工作；⑦促进社会科学学术团体之间、理论工作部门与实际工作部门之间、社会科学界与自然科学界之间的联系和协作；⑧负责新申报的市级社会科学类学会、协会、研究会的资格审查，指导和协调所属各个学会、协会、研究会的工作；⑨联络和指导县（市、区）社科联的业务工作；⑩协调做好社会科学界知识分子工作和推荐有突出贡献的社会科学专家、社会科学学术带头人及后备人选的工作；⑪贯彻党的方针政策和国家的法律法规，向党和政府反映社会科学界的意见和要求，关心并维护社会科学工作者及其团体的合法权益等。

（二）人才队伍

内江市社科人才队伍主要集中在党政机关和党校、高校系统。市内三所高校人才队伍基本情况如下：

内江师范学院，四川省人民政府举办的全日制普通本科院校。学校于1956年创办高等教育，2000年升本建院。学校现有教职工1145人，正、副高级职称463人，硕、博士学位694人。其中，专任教师830人，有国务院政府津贴获得者、省学术和技术带头人、有突出贡献优秀专家、省教学名师、省优秀教师等11人，内江市首批"三百计划"创新人才、拔尖人才、学科带头人等13人，内江市创新人才团队1个。

内江职业技术学院，2003年4月经四川省人民政府批准，教育部备案，内江市人民政府举办的市属综合类高职院校。学校现有教职工517人，专兼职教师423人。其中，教授11人、副教授136人，具有博士、硕士学位173人，"双师素质"教师276人，"内江市学科带头人"4人，"内江市拔尖人才"3人，"内江市第四届科技顾问团顾问"2人。

川南幼儿师范高等专科学校，2014年经省人民政府批准，教育部备案，内江市人民政府举办的以培养幼儿、小学教育师资为主的全日制普通高等专科学校，是西南地区重要的学前教育师资培养培训基地。学校现有教授、副教授70余人，硕士学位120余人，常年聘有国内外知名客座教授30余人。

（三）阵地建设

社科阵地是开展理论研究、学术交流、社科普及的重要平台和场所。

1. 社科理论研究阵地

20世纪80年代，办报办刊一度盛行，据不完全统计，全市协会、学会、研究会创办社科类报刊累计达10余种，历经数年发展以及几次全国报刊清理整顿，大部分刊物昙花一现。比较有影响力的期刊有以下几种：

《内江新论》。1985年12月创刊，由内江市哲学社会科学学会联合会主办。季刊，自办发行。刊物宗旨：活跃学术理论探讨，繁荣社会科学研究。开辟有政治、经济、社科、市志研究、文化教育、农业研究、内江人物等40多个栏目。1988年3月，经申请获得四川省内部报刊准印证。1994年停刊。

《内江科技》。1980年2月创刊，属公开出版发行刊物。1992年重新登记获得新证。由内江科学技术委员会主办，内江科技编辑部编辑。季刊，16开本64页，每季末月20日出版。主要栏目有科技工作纵横谈、科技政策介绍、科教兴市、专论、科技群团、人才培养与管理、行业技术进步、科技管理动态、科技市场等。

《学习月报》。1983年1月创刊，由中共内江地委宣传部主办。创刊时名为《学习资料》，月刊，32开本32页。宗旨是贯彻中央和省委关于干部理论学习方针政策，为广大基层干部提供理论学习资料，交流学习消息。主要栏目有理论研究、信息波、论苑撷英、学习之窗等。1988年3月，经申请登记，获得内部报刊准印证，同时更名为《学习月报》。1994年，《学习月报》编委会成立，设编辑部。2000年初因内部期刊清理整顿停刊。

《内江党史通讯》。1984年5月5日创刊，由中共内江地委党史研究办公室主办。刊期不定，16

开本，赠阅。1985年1月改为季刊。主要刊登中央领导同志有关党史研究讲话、党史资料、党史回忆、党史人物、革命烈士、名人传、工作研究等。1991年底终刊。

《内江方志》。1984年8月创刊，由内江编史修志工作委员会主办。创刊时名为《内江地方志通讯》，刊期不定，16开本。1986年后，改由内江市地方志办公室主办，定为季刊。1988年更名为《内江方志》。办刊宗旨是指导各县（区）和市级各部门专业志编纂，加强社会主义方志学的研究，交流地方志编纂经验。主要栏目有方志论坛、地方史料、争鸣、任务、信息与动态、大事记等。

《内江税务》。1984年12月创刊，由内江地区税务学会主办。主要栏目有税收理论研究、税制改革、依法制税、征收管理、税收史话、精神文明建设、研讨动态等。读者对象是税务工作者和纳税对象。1988年3月，经申请获得内部期刊登记证，同时改为季刊。1993年初停刊。

《内江师专学报》。1986年9月，学报编委会和编辑室成立。同年12月，学报文科版创刊号出版；1987年6月，学报理科版创刊号出版。该刊系内江师专的综合性学术期刊，分社会科学版和自然科学版。学报读者主要是国内大专院校师生。发行方式为内部交流，交流单位500余家。学报1986年创刊时获得内江市内部期刊登记的批准和正式批复。1987年经全国性的整顿和重新申报后，1990年秋季获得新刊号。

《内江师范学院学报》。2000年，内江师范高等专科学校、内江教育学院（含创立于1905年、1998年并入的内江艺体师范学校）合并组建内江师范学院，学校升本后，《内江师专学报》更名为《内江师范学院学报》，是由四川省教育厅主管、内江师范学院主办的综合性学术理论刊物，国内外公开发行，月刊，A4开本，理科7个印张（112页），文科8个印张（128页），文理科各6期，国际标准刊号为：ISSN 1671－1785，国内统一刊号为：CN 51－1621/Z。该刊主要栏目有哲学·政治、法律·经济、语言·文学、教育·心理、历史·文化、艺术研究、图书·情报·文献、中学教学研究、学生论坛以及理科基础研究、数学、物理、化学、地理、生物和体育等。专题研究栏目：哲学社会科学版有明清小说研究、范长江研究、张大千研究专栏，自然科学版有数学建模专栏。2002年，被列为CNKI期刊全文数据收录期刊，并上中国期刊网。2003年4月，获得中国学术期刊（光盘版）编辑委员会、《中国学术期刊（光盘版）检查与评价数据规范》执行评优活动组织委员会颁发的《CAJ－CD规范》执行优秀期刊奖。经国家新闻出版总署、国务院新闻办审核备案，《内江师范学院学报》定为中国期刊全文数据库全文收录期刊，入选为中国学术期刊综合评价数据库统计源期刊，并在"万方数字化期刊群"全文上网，被《中国核心期刊（遴选）数据库》收录，被《中国知识资源总库》（中国社会科学期刊精品数据库）收录。

《内江调研》。1986年试刊，刊期为季刊。1987年正式出刊，刊期为双月刊。1992年停刊，2005年8月复刊。由内江市委主管、内江市委政研室主办，该刊现设置重要言论、本期特稿、市委委员笔谈、特别策划、调查研究、改革现场、参考文选等7个常设栏目。

《研究与实践》。1988年5月创刊，由内江市思想政治工作研究会（原内江市计经委系统职工思想政治工作研究会）主办。季刊。2019年5月，由市委宣传部主管，市社会科学界联合会和市思想政治工作研究会联合主办。

《内江日报》理论版。2017年5月，市社科联会同市委宣传部依托《内江日报》创办理论专版《观澜》，刊载社科理论研究文章，至今已创办35期。

2. 人文社科宣传普及阵地

"大千讲坛"。2009年4月16日，由市委宣传部、市文广旅局、市社科联主办，市图书馆、市图书馆学会、市科协、大千在线网站承办的内江市人文社科公益讲座"大千讲坛"正式开讲。讲坛邀请省内外专家、学者、知名人士，以内江的历史、名人、文化、艺术、社会经济、民族民俗等为题材，通过生动有趣、深入浅出、通俗易懂的讲解，宣传内江丰富的文化底蕴、营造浓郁的文化氛围，让广大市民了解内江本土文化，提升综合素养。每期《大千讲坛》全程录像并刻盘保存，上线于《大千在线》网站专栏。截至2019年6月，大千江坛10年来，已举办85期，成为了解内江文化的窗口和提升城市文化品位的名片。

"大千流动讲堂"。2019年5月，由市委宣传部、市直属机关工委、市委讲师团、市委党史研究室、市社科联联合创办。旨在深入学习宣传贯彻习近平新时代中国特色社会主义思想，坚持不懈地用党的创新理论武装头脑、凝心聚魂，进一步加强和改进内江理论教育和人文社科宣传普及工作，推动广大党员干部和群众不断增强"四个意识"、坚定"四个自信"、做到"两个维护"。

基层文化宣传阵地。全市现有图书馆6个、文化馆6个，121个乡镇（街道）均建有综合文化站，1983个行政村（社区）均建有农家书屋或综合文化服务中心，全市基层文化阵地基本上实现了全领域全覆盖。

三

内江市推动哲学社会科学繁荣发展的基本实践

70 年来特别是党的十八大以来，内江市注重加强组织机构、人才队伍、社科研究、社科普及、社科阵地、激励机制等方面工作和建设，哲学社会科学事业不断创新发展。

（一）组织机构建设

在市委、市政府大力支持下，市社科联成立后，多措并举推进各级社科队伍发展壮大，强化社科普及基地和社科类学术社团的建设，全市社科工作网络不断健全，功能持续强化，全市社科组织机构建设水平逐步提升。

一是推进县级社科联和高校社科联建设。截至 2012 年底，全市 5 个县（市、区）全部建有社科联，实现县级社科联全覆盖。各县（市、区）社科联人员配备有专兼职人员 1~3 名，属正科级行政单位，挂靠县（市、区）党委宣传部。近年来，县级社科联建设稳步发展，势头向上向好，在 2019 年机构改革中，各县（市、区）社科联均保持了原有的设置。内江师范学院社科联于 2011 年 8 月 10 日，经四川省社会科学界联合会批准，成为省社科联团体会员。

二是加强社科普及基地建设。市社科联积极组织相关单位申报四川省社科普及基地，内江师范学院廉洁文化普及基地和峨眉武术文化普及基地分别于 2012 年、2014 年成功创建为四川省社科普及基地。2018 年，启动市级社科普及基地申报认定工作，全市 27 家单位申报，市社科联按照"严格标准、严格程序、严格评审"的原则，经过初审、实地考察、复审评议等程序，命名"大千文化普及基地"等 11 个基地为"内江市社会科学普及基地"。社科普及基地的建设工作推动了各类社科普及阵地进一步整合资源、凝聚力量，贴近实践、服务社会，推进了社科普及工作的常态化、规范化。

三是进一步强化学术社团建设。市委、市政府制发《关于进一步加强社科理论阵地管理的实施意见》（内宣发〔2019〕2 号），加强对社会科学研究机构和思想文化类学会、协会等社会组织的管理，强化社团领导班子建设，培养选拔马克思主义理论功底深厚、政治意识强的人才进入班子，各社科类研究机构、思想文化类的学会、协会"四个意识"不断增强，"四个自信"更加坚定，践行"两个维护"更加自觉。会同市民政部门，认真指导好各社科学会（协会、研究会）的换届和年审年检工作，指导开展各类理论和现实问题研究，抓好重大活动的报告审批，不断提高学会建设管理的规范化科学化水平。

（二）人才队伍建设

加强哲学社会科学人才队伍建设，造就一支高水平的哲学社会科学队伍，是新时代治蜀兴川内江实践赋予的神圣使命。内江市委、市政府坚持哲学社会科学人才和自然科学人才并重的理念，总体谋划，联合发力，积极探索规律、改进方法、创新机制、营造环境，不断提高哲学社会科学人才队伍建设水平。

一是多措并举，提高各级领导干部哲学社会科学素养。通过采取党委（党组）理论学习中心组学习、常委会（常务会）会前学法、举办各类社科专题讲座等方式方法，努力提高市、县、乡各级领导干部的哲学社会科学素质，提高决策和领导水平。

二是拓宽维度，加大哲学社会类人才引进力度。近年来，内江市把人才引进工作与推动哲学社会科学繁荣发展紧密结合，把具有哲学社会科学优势学科的高端人才，具有四川或内江地域特征的特色学科的专门人才和内江市哲学社会科学的紧缺人才作为引进重点，面向国内外，拓展引才渠道，落实激励举措，明确工作重点，积极推进招才引智工作。自2015年，大力实施"甜城英才人才引进"工程，全市累计引进硕士和副高级以上紧缺型高层次人才816名，极大地充实了内江哲学社会科学人才队伍力量。

三是转变观念，实施高精尖端人才柔性引进计划。不求所有、但求所用，鼓励用人单位柔性用好发达地区高精尖端人才。实施"成都内江、川南一体协同发展"计划，重点吸引周边人才。大力探索人才流动互促互融、人才信息共建共享、人才评价互认互准、人才平台共用共赢等机制，为内江哲学社会科学的理论创新和科研项目提供智力支持、发挥积极作用。

四是立足自身，加强本市哲学社会科学人才培育。在注重招才引智的同时，内江市也高度重视本地哲学社会科学人才的培养、开发与使用，出台《内江市学科带头人管理办法》，大力实施"内江市学科带头人"评选活动，充分发挥"学科带头人"在推进幸福美丽内江建设中的领军作用，推进"人才兴市"战略，夯实全市哲学社会科学人才队伍建设基础。

五是搭建平台，发挥聚才效应。筑巢引凤，平台聚才，出台了《内江市加强市校（院）合作九条政策措施》，加大对市校（院）合作的支持力度。2018年分别与机械科研总院集团、北京工业大学、西北大学、上海航天电子技术研究所签署了战略合作协议。目前和内江签订战略合作协议的高校、科研院所已达30余家。

（三）社科研究工作

内江市充分发挥社科联"联"的作用，把在内高校、党校（行政学院）、地方党政部门、各学术团体等力量凝聚起来，推进全市社科研究纵向扩深度，横向拓宽度。

一是强化对党的创新理论的研究阐释。坚持马克思主义的指导地位，通过发布规划课题指南、举办理论研讨会等形式，先后结合纪念毛泽东100周年诞辰、纪念党的十一届三中全会召开20周年、庆祝改革开放40周年等时间节点，对毛泽东思想、邓小平理论、"三个代表"重要思想、科学发展观、习近平新时代中国特色社会主义思想等党的创新理论开展研究阐释。近年来，重点围绕学习贯彻习近平新时代中国特色社会主义思想和党的十九大精神、习近平总书记对四川工作系列重要指示精神等开展研究阐释。

二是强化应用对策研究。组织广大社科工作者紧扣市委、市政府工作重心及社会热点、难点问题，积极主动开展应用对策研究，为党委政府的施政决策提供了大量可行性对策建议，为内江经济社会发展贡献了社科理论界的智慧和力量。

三是推进学术交流。在社科联的组织指导和统筹协调下，各级学术团体团队作用明显增强，联合攻关，积极开展专题研究，为内江发展献计献策，全市社科界围绕内江改革发展稳定重大理论现实问题联合攻关的格局初步形成。

（四）社科普及工作

2012年《四川省科学技术普及条例》的实施，标志全省社科普及工作自此有法可依、依法推进，社科普及工作迎来了发展新契机。内江市委、市政府高度重视规划协调，有序推进社科普及工作。市社科联围绕中心，服务大局，在社科普及工作中以策划、指导、组织、协调、服务等为抓手，努力推进马克思主义大众化，有效促进了内江市社科普及工作全面发展。

一是积极倡导，明晰社科普及相关理念。社会科学是人们认识世界、改造世界的重要工具，是推动历史发展和社会进步的重要力量。社会科学的巨大作用，只有通过社会科学的宣传和普及，使之为广大人民群众所认识、接受、掌握和运用，才得以充分发挥。社会科学知识的普及，就是要以通俗的形式向社会大众传播文化知识。内江市委、市政府将普及社科知识作为繁荣发展哲学社会科学事业的重要工作，列入经济社会总体发展规划。市社科联创新社科普及工作的方式方法，努力提升公众思想道德素质和科学文化素养，满足广大人民群众的精神文化生活需求。

二是精心策划，搞好社科普及系列活动。市社科联根据省社科联年初安排，结合内江实际，每年认真制定年度社科普及方案，确定社科普及的指导思想、主题和目标任务，并采取切实措施确保社科普及活动的落实。高度重视每年全市"三下乡"、三月"科普之春"活动月、五月"科技活动周"活动，策划好社会科学普及月活动中的义务咨询、基层宣讲等主题活动，借助川剧、戏曲、资中木偶等载体开展人文社科知识进社区、进乡村活动（见图1）。事实证明，形式多样的社科普及活动，能够有效扩大社会科学的影响力，彰显社科普及工作的社会功能。

图1 开展非物质文化遗产"资中木偶"进乡村社科普及活动

三是开设讲坛、讲堂，扩大社科普及影响力。要使社科普及活动吸引更多的人参与并达到预期的宣讲效果，好的活动形式必不可少。经过多年的探索，我们认识到创办一个"接地气"并成为广大基层群众喜闻乐见的讲堂，是开展社科普及工作的有力抓手。我们于2009年、2019年先后创办了"大千讲坛"和"大千流动堂"，受到干部群众的普遍欢迎。

（五）社科阵地建设

社科阵地是开展理论研究、学术交流、社科普及的重要平台和场所。一直以来，内江市牢牢把握"两个巩固"根本任务，全面落实党委（党组）意识形态工作责任，统筹规划、科学布局，积极推动社科理论阵地建设和管理。制发《关于进一步加强社科理论阵地管理的实施意见》，为我市各项事业发展提供强大智力支持和理论服务。

一是用好管好党委（党组）理论学习中心组学习阵地。以市委名义制发《内江市党委（党组）理论学习中心组学习实施办法》（内委办〔2017〕18号），从中心组学习计划制订、学习内容审核、学习活动组织、学习情况通报、学习成效考核等各个环节，依规管理、从严治学。明确党委（党组）书记作为中心组学习第一责任人，确保中心组学习导向正确。党委（党组）中心组学习秘书单位从严从实抓好各项管理制度执行，确保正确导向要求贯穿中心组学习全过程。各级党委（党组）中心组建立主讲报告人审核制度，中心组组长终审把关，对拟邀请报告人身份、政治倾向、授课内容等进行严格审核和评估，绝不给错误思想言论提供传播渠道和平台。

二是建好管好报刊网络理论宣传阵地、社科类期刊阵地。按照《中共四川省委宣传部印发〈关于加强报刊网络理论宣传阵地建设的实施意见〉的通知》（川宣发〔2016〕17号）精神，把报刊网络理论宣传阵地建设作为思想理论工作重要内容，发挥其宣传科学理论的主力军主渠道作用。坚持网上网下"一把尺子量到底"，严把网络新媒体理论宣传阵地政治关、导向关、内容关，切实营造网上主流思想舆论的强大声势。加强对《研究与实践》《内江调研》《沱江论坛》等社科理论刊物的管理，严抓编辑、出版等各个环节，优化审读制度，压紧压实审读责任，绝不给错误思想言论提供传播渠道。

三是建好管好思想文化类学会等社会组织。按照《中共四川省委宣传部关于加强社科类社团和社科类学术报告会、研讨会、讲座、论坛、课堂管理的意见》（川宣〔2006〕139号）精神，强化对社科类社团工作的宏观指导，会同市民政部门做好对社科类社团的登记管理、年度检查和监督检查。市社科联坚持对社科类社团的筹备、成立、变更、注销前的审查及年度检查前的初审，监督指导社科类社团依法依规开展活动。强化思想文化类学会协会的领导班子建设，培养选拔马克思主义理论功底深厚、政治意识强的人才进入班子。各级主管部门党组（党委）对各类民间学会和学术团体从严把关把向。

四是管好社科类学术报告会、研讨会、讲座、论坛。坚持谁主管谁负责和属地管理的原则，对举办各类形势报告会以及哲学社会科学报告会、研讨会、讲座、论坛，实行分级分类归口管理，实行申报、审批备案制度，严格把关，确保各个社科类学术报告会、研讨会、讲座、论坛坚持正确政治导向。

五是管好高校思想政治理论课和哲学社会科学课程教学。市委教育工委、各高校党委全面贯彻落实习近平总书记在学校思想政治理论课教师座谈会上的重要讲话精神以及《中共四川省委四川省人民政府关于加强和改进新形势下高校思想政治工作的实施意见》（川委发〔2017〕18号）精神，从严管理思想政治理论课和哲学社会科学课程教学。坚持学术研究无禁区、课堂讲授有纪律、公开言论守规矩等原则，从教风建设、课程设置、学风建设、教学管理、教学事故认定处理等环节严格规范课堂教学，弘扬主旋律，传播正能量，积极引导学生培育和践行社会主义核心价值观。

（六）激励机制建设

完善评价激励机制，充分调动社科人才队伍的积极性、主动性和创造性。

一是完善人才评价激励机制。强化创新实践能力评价和社会评价机制，建立合理的智力劳动补偿激励机制。规范和完善职称评定制度、岗位聘用制度，探索高层次人才、急需紧缺人才职称直聘办法。加大对领军人才、高端人才、拔尖人才等的评选和支持力度。以增加知识价值为导向，完善收入分配激励机制，激发人才创新创造活力。扩大研究成果后期资助实施范围，探索实行优秀成果购买制度。

二是健全完善社会科学优秀成果评奖机制。充分发挥社会科学优秀成果评奖的指挥棒作用，制定《内江市社会科学优秀成果评奖办法》，逐步健全完善内江市哲学社会科学优秀成果评奖制度，每两年开展一次市级社科评奖，2019年将开展内江市第十二次哲学社会科学优秀成果评奖。

三是推动各地各系统落实激励措施。2002年，内江中级人民法院印发《内江市中级人民法院调研、宣传工作奖励办法》；2011年，内江职业技术学院出台《内江职业技术学院教科研成果奖励办法（修订）》；2012年，内江师范学院出台《科研项目管理办法》；2016年，市中区出台《内江市市中区科学技术奖励办法》等。一系列管理、激励机制的贯彻实施，推动了内江社科事业的繁荣和发展。

（七）特色工作

1. 推进张大千文化研究

张大千（1899—1983年），四川省内江市人，是20世纪中国画坛最为传奇的国画大师，绘画、书法、篆刻、诗词都无所不通，创立了闻名遐迩的大风堂画派，俗称"大千画派"。他被西方艺坛赞为"东方之笔"，与西画泰斗毕加索齐名，被称为"东张西毕"，徐悲鸿曾盛赞张大千为"五百年来第一人"。

内江市把张大千文化研究作为推动社会主义文化繁荣兴盛、加快建设文化内江的一项重要工作来抓。2007年，内江市成立张大千研究中心，共有专职研究员5人，兼职研究员56人，其中教授（研究员、一级美术师）20人，副教授（副研究馆员、副研究员、二级美术师）18人，博士生导师2人，硕士生导师6人，高级技师2人，博士10人，硕士16人，学士23人。张大千研究中心专职人员出版专著3本，发表论文30篇，出版论丛2辑；兼职人员共出版专著22本，发表论文228篇。张大千研究中心已成为内江打造"大千故里，文化内江"城市品牌的重要智库，为地方经济社会发展和文化软实力提升做出了积极贡献。《内江师范学院学报》开设"张大千专栏"，其2014—2017年登载论文情况见表1所示。

表1　2014—2017年《内江师范学院学报》"张大千专栏"登载论文一览表

论文名称	发表时间	作者
清道人年谱（三）	2014.01	曾迎三
摄影艺术对张大千绘画艺术的影响	2014.01	王平
张大千诗歌文化旅游产品开发模式研究	2014.01	王浩、罗宗良
张大千《资中八胜图》文本研读	2014.03	甘光地、王平
试论张大千成才的内在动因	2014.03	廖红、张建华
清道人年谱（四）	2014.05	曾迎三
张大千艺术资源在小学美育课程中的开发与利用	2014.05	龙海霞
《张大千诗词集》部分诗词作者考辨	2014.09	殷晓燕、王发国
论张大千治学及对优秀中国画人才培养的启示	2014.09	廖红
清道人年谱（五）	2014.11	曾迎三
内江土特产包装设计中张大千文化品牌的运用	2014.11	罗毅、罗宗良
中国绘画史中的张大千	2015.01	林木
张大千研究乃有为之举——《内江师范学院学报》特色栏目"张大千研究"研讨会综述	2015.01	于军民
《张大千诗词集》部分对联作者考辨	2015.03	殷晓燕、王发国
张大千和范振绪的敦煌情缘略论	2015.03	徐晓卉
无声处有金声玉振　笔墨中生雷电风云——谢伯子先生的艺术人生	2015.05	林木
新近发现张善孖抗战赈济作品《下山虎》《昂头天外》解读	2015.05	罗宗良
《张大千诗词集》部分断句作者考辨	2015.07	殷晓燕、王发国
张大千"海派"花鸟画艺术风格的形成与特征钩沉	2015.09	吴胜景
论"大千荷"的审美特质	2015.09	白晓宁、毛娟
谢玉岑小传	2015.11	谢建红

论文名称	发表时间	作者
张大千绘画中的西方元素	2015.11	王平
张大千与"海派"的渊源初探	2016.01	吴胜景
从八德园到摩耶精舍——论张大千独特的爱国表现	2016.01	唐波
论张大千画家之画的精神内涵	2016.03	唐波、周芳利
试论张大千诗歌中的生命本真	2016.03	魏红翎
从张大千论笔墨之画语窥其"求真"思想	2016.03	李慧国、高雄山
张大千中西艺术观点研究	2016.05	周芳利、唐波
张大千诗词校勘	2016.05	魏红翎
论张大千与"石涛专家"之名	2016.09	陈丹
张善孖在国内的抗战情怀研究	2016.09	马刚、罗宗良
张大千序跋文字及标点讹误考辨（二）	2016.11	王发国、殷晓燕
浅析张大千海外时期坚守中国画传统的原因	2016.11	刘德会
传统的流变与重构：张大千晚年山水变法考略	2017.01	彭永馨
张大千泼墨泼彩画风演变中的中庸心理	2017.01	刘德龙
张大千临抚赵子昂《马上封侯图》之题识诗文考论（一）——白阳山人题后考论	2017.03	王发国、戴丽松
张大千书画碑刻——四川灌县青城山记	2017.03	杨诗云
张大千的生活情趣	2017.05	何恭上
张大千临抚赵子昂《马上封侯图》之题识诗文考论（二）——巴西邓文原题跋考论	2017.05	王发国、戴丽松
张大千绘画中的"自我复制"特征研究	2017.05	徐斌、周芳利
张大千临抚赵子昂《马上封侯图》之题识诗文考论（三）——赵子昂款识考论	2017.07	王发国、戴丽松
张大千泼墨泼彩绘画的辩证美学研究	2017.07	刘聪
张大千临抚赵子昂《马上封侯图》之题识诗文考论（四）——张大千题识考论	2017.09	王发国、戴丽松
张大千对篆刻艺术的继承和发展	2017.09	刘益明

代表性成果主要有：

《大千艺苑——张大千研究论丛》，现已出版三辑，发表83篇文章，第四辑正在编辑中。

《国画大师张大千评传》，专著，陈丹（"中心"副主任）、王平（专职研究员）合著，收入内江市图书馆"大千文化丛书"第二辑。

《打造芭蕉井张大千出生地遗址文字稿》，政府咨询报告，作者罗宗良（张大千研究中心主任），内容包括"张大千简介""张大千故居遗址简介"等。该报告被内江市市中区区委、区政府采纳并于2015年实施建设，现已常年公开展示。

《张大千江南艺术创作研究》，专著，宋惠兰（兼职研究员）、盛兴军、罗宗良合著。

2. 创办"大千流动讲堂"

2019年5月，由市社科联会同市委宣传部、市直机关工委、市委讲师团、市委党史研究室联合创办，旨在深入学习宣传贯彻习近平新时代中国特色社会主义思想，坚持不懈地用党的创新理论武装头脑、凝心聚魂，进一步加强和改进内江理论教育和人文社科宣传普及工作，创新工作方式，增强工作实效，打造内江理论宣讲和人文社科宣传普及工作品牌（见图2、表2）。

图2 "大千流动讲堂"首批讲师合影

表2 "大千流动讲堂"开讲以来宣讲活动汇总表

序号	时间	地点	名称	参加人员	讲师
1	2019.5.29	东兴区西林街道五星社区	"大千流动讲堂"开讲仪式暨首场宣讲	内江市东兴区五星社区干部群众代表，110余人	刘纬度 李佑进 廖雪莲
2	2019.6.11	市委党校大礼堂	"大千流动讲堂"走进市直机关宣讲活动	"大千流动讲堂"主办单位市委宣传部、市直机关工委、市委讲师团、市委党史研究室、市社科联有关负责同志；市直各部门（单位）分管党建工作的领导或机关党组织负责人、机关干部；二级局或主管局下属单位分管党建工作的领导或党组织负责人、机关干部，230余人	田和平 冯兴慧
3	2019.6.14	威远县税务局会议室	"大千流动讲堂"走进威远县广场街社区	威远县广场街社区党员干部群众，60余名	刘纬度
4	2019.6.18	内江职业技术学院现教中心	"大千流动讲堂"走进内江职业技术学院	"大千流动讲堂"主办单位有关负责同志，内江职业技术学院校、系、班三级学生干部，学生志愿服务者，350余人	廖雪莲 张泽辉
5	2019.6.19	隆昌市委党校	"大千流动讲堂"走进隆昌	隆昌市部分副科级以上干部职工，50余人	林昌宏
7	2019.6.18	隆昌市龙市镇幼儿园	"大千流动讲堂"走进龙市镇幼儿园	全镇幼儿园的200多名家长及老师	冯兴慧
6	2019.6.20	中国农业银行内江市支行	"大千流动讲堂"走进内江农行	内江农行系统等100余人聆听讲座，其中资中、隆昌、威远、直属支行以视频会议形式参加。	李　智
8	2019.6.27	内江农村商业银行	"大千流动讲堂"走进内江农村商业银行	内江农村商业银行干部职工，50余人	申福建

序号	时间	地点	名 称	参加人员	讲 师
9	2019.6.27	威远县农业农村局	"大千流动讲堂"助力"乡村振兴"《振奋精神振兴乡村的思考》	威远县农业农村局领导班子成员和农业技术人员及各股室干部职工,100余人	刘纬度
10	2019.7.5	威远县新场镇五楼会议室	坚持"四个走"做好非遗保护传承	威远县委宣传部、县文化广电和旅游局、县文化馆干部职工；威远县各镇文化站长；威远县省、市、县非物质文化遗产传承人；威远县新场镇干部群众；100余人	曹永胜

内江市推动哲学社会科学繁荣发展的主要成就

（一）社科阵地建设成就

1. 社科组织

截至 2019 年 5 月，内江市现有市级社科学会（协会、研究会）28 个，县级社科联 5 个，高校社科联 1 个。市级社科学会（协会、研究会）分别是：内江市经济管理学会、内江市粮食行业协会、内江市图书馆学会、内江市工商行政管理学会、内江市诗词楹联学会、内江市教育学会、内江市律师协会、内江市新闻工作者协会、内江市思想政治工作研究会、内江市财政会计学会、内江市珠算协会、内江市金融学会、内江市价格协会、内江市政策研究学会、内江市农村金融学会、内江市纪检监察学会、内江市档案学会、内江市国际税收研究会、内江市税务学会、内江市行业保险学会、内江市心理学会、内江市广播电影电视学会、内江市旅游协会、内江市人力资源和社会保障学会、内江市老年书画研究会、内江市扶贫开发协会、内江市内部审计协会、内江市机关党建研究会。

2. 社科刊物

历经变迁，原市社科联刊物《内江新论》于 1994 年停刊。2017 年 5 月，市社科联会同市委宣传部在《内江日报》创办《观澜》理论专版。2019 年 5 月，市社科联整合人力、物力等资源，与内江市思想政治研究会合办刊物《实践与研究》。现市级部门主办的社科刊物主要有：市委政研室主办的《内江调研》，市委党校主办的《沱江论坛》，市内高校内江师范学院主办的《内江师范学院学报》。

3. 社科网站

内江市社科联未建设有官方门户网站，市社科联基本情况可链接四川省社科联官网"市州社科联"栏目（http：//www.scskl.cn/shekezhijia/shizhoushekelian/jianjie/317.html）进行查阅。截至目前，全市涉社科工作的机关、研究机构、高校、学会等建有网站 10 家（见表 3）。

表 3　内江市社科类网站建设情况

网站名称	网址链接	性质
内江市政协	http：//www.njszx.gov.cn	党政机关
中共内江市委党校	http：//swdx.neijiang.gov.cn	党政机关、研究机构
内江市文化广电与旅游局	http：//whj.neijiang.gov.cn	党政机关
内江市方志网	http：//www.scdfz.org.cn	党政研究机构
内江市图书馆	http：//www.scnjlib.com/portal/index.html	党政研究机构
内江市教育局	http：//jyj.neijiang.gov.cn	党政机关
内江师范学院	http：//www.njtc.edu.cn	高校
内江职业技术学院	http：//www.njvtc.edu.cn	高校
川南幼儿师范高等专科学校	http：//www.cnyz.edu.cn	高校

网站名称	网址链接	性质
内江市保险行业协会	http：//www. njbxxh. com/news _ show. aspx? id＝278	社科联团体会员

4. 社科普及基地

为全面落实《四川省科学技术普及条例》，本市以"内江格局、四川特色"为核心理念，科学规划建设社科普及基地。目前，全市有市级以上社科普及基地 13 处（参见表4、图3）。

表 4　全市社科普及基地名单

序号	基地名称	依托单位名称	备注
1	廉洁文化普及基地	内江师范学院	省级社科普及基地（川社联发〔2012〕33 号）
2	峨眉武术文化普及基地	内江师范学院	省级社科普及基地（川社联发〔2014〕24 号）
3	大千文化普及基地	内江大千文化旅游产业园管委会	市级社科普及基地
4	中医药文化普及基地	内江市中医医院	市级社科普及基地
5	优秀传统文化普及基地	内江天立（国际）学校	市级社科普及基地
6	范长江文化普及基地	范长江纪念馆	市级社科普及基地
7	石牌坊文化普及基地	隆昌市外事侨务旅游局	市级社科普及基地
8	资中文庙、武庙文化普及基地	资中县博物馆	市级社科普及基地
9	罗泉古镇文化普及基地	资中县罗泉镇人民政府	市级社科普及基地
10	资中中型杖头木偶戏文化普及基地	资中县木偶剧团	市级社科普及基地
11	罗世文精神文化普及基地	罗世文烈士史料陈列馆	市级社科普及基地
12	无花果文化普及基地	威远县向义镇四方村村民委员会	市级社科普及基地
13	四川崔氏文化普及基地	威远县观英滩镇竹塘村村民委员会	市级社科普及基地

图 3　范长江文化普及基地

5. 社科重点研究基地

目前，内江创建有省级哲学社会科学重点研究基地 2 个：

张大千研究中心。张大千研究中心是 2007 年经四川省社科联、四川省教育厅联合批准成立的"四川省哲学社会科学重点研究基地"及"四川省教育厅人文社会科学重点研究基地"。现有分布于美国、巴西等国家和地区的专兼职研究员 61 人。自成立以来，张大千研究中心共发布《四川省教育厅人文社会科学（张大千研究）科研项目申报公告》及《课题指南》11次，已有200多项科研项目被批准立项。

沱江流域高质量发展研究中心。该中心在成立之初就与内江市委政策研究室共同组建了"西部县域经济研究中心"，围绕国家和省市发展战略，开展了一系列服务地方经济社会发展的规划和研究。2018年12月，组建了"沱江流域高质量发展研究中心"省级学科建设平台，紧紧围绕"流域绿色发展""流域协调发展"两个方向展开学术研究与咨询服务，为沱江流域乃至西南片区区域经济、社会协调发展提供决策咨询和智力支持。

（二）社科学术理论活动

市社科联成立以来，充分发挥"联"的作用，积极组织开展社科理论研讨会、报告会、讲座等60余场，为内江广大社科工作者交流学术思想、推动地方经济社会发展搭建了平台。

1. 组织开展重要研讨活动

1984年12月4日至6日，市社科联召开成立大会暨城市经济体制改革理论讨论会，150多人参加大会。

1985年，市社科联与市委宣传部等有关部门密切配合，先后联合召开全市性的《城市经济综合体制改革理论讨论会》《厂长经理座谈会》《厂矿企业党委书记座谈会》《内江市城市功能与经济社会发展战略讨论会》等会议。

1986年3月，市社科联召开四川省经济区划方案座谈会，组织社科工作者加强调查研究，探讨经济区划问题，提出"川中南经济区"方案，为市委、市政府科学认识内江市在全川经济社会发展中所处的地位、作用、横联关系和发展方向提供了有益的参考。

1986年11月14日，内江市社科联召开《发展社会主义商品经济，完善社会主义民主政治和观念更新理论研讨会》。

1987年7月，市社科联受市委、市政府委托，牵头主持完成《关于调整城、郊行政区划，进一步完善市领导县新体制的报告》并召开座谈会，为市委、市政府确定行政区划调整方案提供了有价值的参考意见。

1989年1月，市社科联会同市委宣传部、市委政研室、市委讲师团、市工商局召开了建立社会主义商品经济新秩序研讨会。

1989年10月25日，"内江市首次哲学社会科学优秀科研成果"授奖大会暨"十年改革回顾与思考"理论讨论会召开。

2008年11月，市社科联会同市委宣传部等部门组织召开纪念改革开放30周年理论研讨会，编印《内江市纪念改革开放30周年理论研讨会文集》。

2009年，市社科联会同市委宣传部等部门联合召开纪念新中国成立60周年理论研讨会。

2014年11月，全省川南片区社科普及基地工作经验交流暨培训会议在内江召开，省社科普及基地四川廉洁文化普及基地、四川峨眉山武术文化普及基地在会上作重点经验交流发言。

2015年，市社科联会同市委组织部、市委宣传部等部门组织开展全市"加强领导班子思想政治建设构建良好政治生态"理论研讨会。

2016年3月8日，由市社科联承办的"内江城市精神"域外专家研讨会在成都举行，听取省内有关知名专家对"内江城市精神"研讨提炼工作的意见建议。省社科联党组书记、副主席赵英到会并致辞，杜肯堂等8位知名社科专家在会上就各自研究成果作阐释发言。

2016年6月24日，内江市社科联举办《大诞生——中国的宇宙起源说（讨论稿）》研讨会。中国科学技术协会研究员丘亮辉、中国科学院研究员董光璧、清华大学教授廖名春等北京、成都等地的著名专家学者参加会议，专家学者为完善《大诞生——中国的宇宙起源说（讨论稿）》积极建言献策。

2016 年 10 月 27 日，市社科联牵头组织召开内江市学习贯彻习近平总书记在纪念红军长征胜利 80 周年大会上的重要讲话精神座谈会。会议围绕"弘扬长征精神、繁荣社科事业""坚定理想信念、严守党规党纪""铭记长征历史、践行长征精神""弘扬长征精神、传承红色文化"等主题展开座谈。

2017 年，市社科联会同市委宣传部组织召开"践行十爱，德耀甜城"研讨会，收到论文 100 余篇。

2. 组织举行重要报告会

内江市委、市政府及市委宣传部、市社科联等部门，围绕分析研究国际国内形势，贯彻落实中央大政方针、省委决策部署和本地党委、政府的中心工作，通过党委理论学习中心组学习等形式，组织开展了多层面的重要报告会（见表 5），为推动地方经济社会持续健康发展，奋力谱写新时代治蜀兴川内江实践新篇章献计献策、凝心聚力。

表 5　内江市重要报告会一览表（2012 年以来）

序号	报告时间	报告主题	主讲人	受众人数
1	2012.04.05	内江发展战略思路	杨继瑞（重庆工商大学校长、教授）	300
2	2012.06.20	认真做人、踏实做事、执政为民	甘道明（省委省政府决策咨询委员会主任、全国人大常委会财政经济委员会委员）	300
3	2012.08.28	"两化"互动、统筹城乡发展战略	刘守英（国务院发展研究中心农村经济研究部副部长）	300
4	2012.09.18	我国周边安全环境与国家安全战略	孟祥青（国防大学教授）	300
5	2012.10.29	依法治市、推进社会管理创新	马怀德（中国政法大学副校长、教授、博士生导师）	300
6	2013.04.18	内江如何在构建"多点多级"支撑中发挥作用	盛毅（省社科院副院长）	300
7	2013.08.12	群众路线与群众工作	祝灵君（中央党校党建教研部教授、政党制度教研室主任）	300
8	2013.08.22	中国梦——从民族救亡到民族复兴	金一南（国防大学教授）	300
9	2013.08.27	十八大后的反腐倡廉的形势与任务	李永忠（中国制度反腐专家、教授）	300
10	2013.11.15	舆情应对与社会管理创新	祝华新（人民网舆情检测室秘书长、《网络舆情》执行主编、人民在线总编辑）	300
11	2014.02.13	智慧城市建设与发展趋势	秦志光（电子科技大学计算机学院与工程学院、示范性软件学院院长，博士生导师、教授）	300
12	2014.03.06	统一思想和推进工作的科学指南——学习习近平总书记系列重要讲话	罗平汉（著名学者，中央党校党史教研部副主任、教授、博士生导师）	300
13	2014.11.12	培育和弘扬社会主义核心价值观	戴木才（中宣部政研所副所长）	300
14	2014.12.12	我国周边安全形势及对策	尹卓（海军信息化专家委员会主任、著名军事专家、少将）	300
15	2015.06.15	公共突发事件应急处置	董关鹏（资深公共关系专家，中国传媒大学媒介与公共事务研究院院长、教授）	300
16	2015.08.06	我国安全环境与国家安全战略	孟祥青（全军著名学者，国防大学战略研究所所长、博士生导师）	300

序号	报告时间	报告主题	主讲人	受众人数
17	2015.08.27	国际视野下的中国道路及前景	张维为（复旦大学中国发展模式研究中心主任、上海社科院中国学研究所所长）	300
18	2016.03.31	深入学习贯彻习近平总书记关于供给侧结构性改革的重要讲话精神	贾康（著名财经专家）	258
19	2016.04.15	坚持总体国家观　切实做好国家安全工作	李郡（四川省国家安全工作领导小组办公室副主任）	210
20	2016.04.22	弘扬周总理精神风范，争做新时期合格党员——在周总理身边工作八年的感悟	纪东（武警指挥学院原副院长、周恩来邓颖超研究中心顾问、周总理生前秘书）	200
21	2016.06.07	习近平的治国理念与未来中国转型发展	汪玉凯（国家行政学院教授、博士生导师）	200
22	2017.04.28	新媒体时代下的宣传工作创新	朱春阳（复旦大学新闻学院教授、博士生导师）	610
23	2017.05.11	中国网络安全大战略解析与舆情处置分析	沈逸（复旦大学教授）	160
24	2018.01.04	学习《习近平谈治国理政》第二卷	王勇（法学、经济学双科博士后，教授，博士生导师，四川省委党校副校长，中央党校党章党规研究中心副主任）	400
25	2018.02.28	乡村振兴战略	宋洪远（农业部农村经济研究中心主任）	400
26	2018.05.31	我国周边安全环境和软实力建设	罗援（军事科学院世界军事研究部原副部长、研究员、博士生导师，中国军事科学学会常务理事兼国际军事分会会长、第十一届全国政协委员、军事科学学会副秘书长、中国战略文化促进会常务副会长）	400

（三）社科研究

自 20 世纪 80 年代以来，全市累计开展课题研究 1000 余项（件），为推动内江社会的发展提供了思想理论和智力支撑。2006 年，市社科联整合社科力量，完成省社科规划课题"打造石牌坊之乡推进内江旅游发展研究"和"四川丘陵地区建设社会主义新农村研究"。2007 年，内江市社科联课题组完成省社科规划课题"四川丘陵地区新农村建设研究——以内江市为例"，四川省繁荣发展哲学社会科学协调小组办公室"重要成果专报"第 14 期（总第 75 期）摘登。2008 年，内江市社科联课题组完成省社科规划课题"欠发达地区发展循环经济的理论和实践问题研究"。2015 年，市社科联主持完成省社科规划研究课题"推进丘陵地区现代农业升级发展研究"和"'新常态'下老工业基地转型发展研究"。2016 年，市社科联主持完成省社科联《贯彻落实"十三五"全面建成小康社会 四川区域发展研究报告》重要选题：《践行"五大发展理念"，推动内江老工业基地调整改造、持续健康发展研究》。2017 年，《内江市"七个突出"破题农业供给侧结构性改革》入选四川省贯彻落实"四个全面"战略布局研讨会会议论文。

内江师范学院广大社科工作者获各级各类科研项目立项 900 余项，发表论文及出版专著等科研成果共计 1000 余篇（项）。其中，承担国家社科基金项目 11 项（见表 6），承担教育部人文社会科学及四川省哲学社会科学规划研究项目 77 项（见表 7）。

表6　内江师院承担国家社科基金项目名录

序号	课题名称
1	礼学精神与古典诗学相关性研究
2	汶川地震灾区农村恢复重建中区域生态体系构建研究
3	泰戈尔梵爱和谐思想对我国早期新诗生态的影响研究
4	新中国成立以来川渝地区城乡关系演变研究
5	权利边界论：当代自由主义之审视
6	中小学教师德育能力提升研究
7	微博舆论场的评价研究
8	全面建成小康社会中西部民族地区与东部发展差距预警研究
9	去产能进程中利益冲突与协调机制研究
10	孙星衍集整理及其生平研究
11	竹内实的中国现代文学研究

表7　内江师院承担教育部人文社会科学和四川省哲学社会科学等省部级项目名录

序号	课题名称	课题来源
1	免费政策下西部农村义务教育投入及使用效率研究——以四川、甘肃为个案	教育部人文社科
2	从《画语录》管窥中国古代绘画中的空间思想	教育部人文社科
3	中国文人画美学思想对中国影视文化创意产业的价值研究	教育部人文社科
4	"十二五"时期包容性增长目标下社会特殊群体就业水平提升问题研究	教育部人文社科
5	由隆昌牌坊对南北牌坊群的文化艺术解读与研究	教育部人文社科
6	传统山水画中光的表现研究	教育部人文社科
7	基于网络热点事件的汉语评价研究	教育部人文社科
8	跨界设计中本土化视觉语境的重构与创新研究	教育部人文社科
9	汉魏晋南北朝石刻文献语素研究	教育部人文社科
10	晚清至五四祭悼文学及其文化转型研究	教育部人文社科
11	高校思想政治理论课教学重点难点问题答案	教育部人文社科
12	敬畏情绪对个体社会决策行为的影响研究	教育部人文社科
13	清代词韵编订的时代特征与编韵理据研究	教育部人文社科
14	四川省农村教师培养机制创新综合研究	四川省哲学社会学科规划办公室
15	四川省工程建筑领域职务犯罪预防机制研究	四川省哲学社会学科规划办公室
16	中晚唐民生诗审美价值取向研究	四川省哲学社会学科规划办公室
17	当代中国农民问题产生原因及解决路径的哲学思考	四川省哲学社会学科规划办公室
18	张大千书法艺术的碑学情节	四川省哲学社会学科规划办公室
19	从张大千绘画看近代中西绘画中空间思想的碰撞与交融	四川省哲学社会学科规划办公室
20	二语习得互动分析实证方法研究	四川省哲学社会学科规划办公室
21	碰撞与交融——张大千绘画艺术中的西方影响研究	四川省哲学社会学科规划办公室

序号	课题名称	课题来源
22	张大千蜀景作品研究	四川省哲学社会学科规划办公室
23	寻找与守望精神家园——中国写意油画的传统文化解读与当代价值研究（专著）	四川省哲学社会学科规划办公室
24	世纪交响百年变异——20世纪西方主流文学研究	四川省哲学社会学科规划办公室
25	张大千泼墨泼彩画风的现代化分析	四川省哲学社会学科规划办公室
26	20世纪初期审美新思潮影响下的张大千书法创作	四川省哲学社会学科规划办公室
27	农村"大院长制"——微观功能组织再造型社区管理体制模式创新的路径切入研究	四川省哲学社会学科规划办公室
28	中国古代"修养"美育思想与当代美育困境的反思研究	四川省哲学社会学科规划办公室
29	体育软实力的价值使命研究	四川省哲学社会学科规划办公室
30	基于卫星账户的四川旅游产业社会经济贡献研究（研究报告）	四川省哲学社会学科规划办公室
31	中国白酒金三角战略背景下的白酒产业区际核心竞争力和协作度提升机制研究（论文、研究报告）	四川省哲学社会学科规划办公室
32	大学生廉洁文化读本	四川省哲学社会学科规划办公室
33	张大千绘画中的苏轼形象研究（论文）	四川省哲学社会学科规划办公室
34	张大千绘画中的颜色研究（论文）	四川省哲学社会学科规划办公室
35	民间美术对张大千绘画的影响研究（论文、研究报告）	四川省哲学社会学科规划办公室
36	澄怀味象、兼容并蓄——从张大千与毕加索艺术中的文化特征比较研究看中西方艺术交融对中国画发展的影响（论文）	四川省哲学社会学科规划办公室
37	范长江诗歌、对联作品研究（论文）	四川省哲学社会学科规划办公室
38	人民币汇率制度的演变与发展趋势研究	四川省哲学社会学科规划办公室
39	张大千生平与艺术	四川省哲学社会学科规划办公室
40	峨眉武术文化读本	四川省哲学社会学科规划办公室
41	峨眉武术文化挖掘与整理研究	四川省哲学社会学科规划办公室
42	管世铭集（专著）	四川省哲学社会学科规划办公室
43	小说《典仪》叙事结构与印第安传统文化的关系研究（论文）	四川省哲学社会学科规划办公室
44	传统的"再阐释"——以张大千对"抽象"概念的理解为例（研究报告）	四川省哲学社会学科规划办公室
45	巴蜀文化与张大千的艺术养成（论文、研究报告）	四川省哲学社会学科规划办公室
46	钱维乔集（专著）	四川省哲学社会学科规划办公室
47	约翰·多恩诗歌中的巴罗克时间主题研究	四川省哲学社会学科规划办公室
48	张大千与艺术市场的互动融通研究	四川省哲学社会学科规划办公室
49	从石涛到宋唐——关于张大千"习古"思路的个案分析	四川省哲学社会学科规划办公室
50	构建市县党委巡察工作长效机制研究	四川省哲学社会学科规划办公室
51	清末"新文体"知识谱系	四川省哲学社会学科规划办公室
52	四川省旅游业供给侧结构性改革及推进路径策略	四川省哲学社会学科规划办公室
53	基于综合量化分析法的高校资助育人效果测度研究	四川省哲学社会学科规划办公室
54	《中州集》整理研究	四川省哲学社会学科规划办公室

序号	课题名称	课题来源
55	英语教学中的中西文化融合与西部地区高中学生国际理解素养和能力培养研究	四川省哲学社会学科规划办公室
56	西部地区师范院校英语专业教师测试理论素养研究	四川省哲学社会学科规划办公室
57	四川彩墨艺术传承与创新研究团队	四川省哲学社会学科规划办公室
58	川南民歌艺术与典型作品欣赏	四川省哲学社会学科规划办公室
59	文化大繁荣背景下张大千名人品牌市场化研究（研究报告）	四川省哲学社会学科规划办公室
60	城市老龄弱势群体社区居家医养结合养老模式研究（论文）	四川省哲学社会学科规划办公室
61	四川彩墨绘画艺术创新性传承研究（研究报告）	四川省哲学社会学科规划办公室
62	基于语料库的两汉碑刻评价语研究（专著）	四川省哲学社会学科规划办公室
63	当代新自由主义正义观批判研究（专著）	四川省哲学社会学科规划办公室
64	清代词韵学发展的内在理路与学术互动（专著）	四川省哲学社会学科规划办公室
65	《师友渊源录》整理	全国高校古委会
66	中国家训研究	全国教育科学"十二五"规划2015年度教育部重点课题
67	砖楼村民族传统体育内源性发展研究	国家体育总局政策法规司
68	四川征地拆迁中的腐败问题及防治腐败对策研究	四川省科技厅软科学项目
69	地方院校电子信息类学生实践动手能力的培养与就业正相关性调查分析	四川省科技厅软科学项目
70	基于大数据背景下的四川教育系统惩治与预防腐败体系建设研究	四川省科技厅软科学项目
71	大学生创新创业的法律保障机制研究	四川省科技厅软科学项目
72	四川高校大学生廉洁教育问题与对策研究	四川省科技厅软科学项目
73	四川财政资金监管中存在的问题及对策建议	四川省科技厅软科学项目
74	基于生态恢复要求的汶川地震极重灾区县域产业体系重构研究	四川省科技厅软科学项目
75	基于建设项目全寿命周期的建筑信息模型（BIM）重构及集成应用研究	四川省科技厅软科学项目
76	建筑信息共享技术推广应用进程中的利益协调机制研究	四川省科技厅软科学项目
77	人工智能与高校德育的融合机制研究	四川省科技厅软科学项目

（四）社科普及

1. 科普课题

近年来，内江市有3项成果列入四川省社科普及规划研究课题（见表8）。

表8　内江市入选省社科普及规划研究课题名录

序号	课题名称
1	张大千生平与艺术
2	峨眉武术文化读本
3	川南民歌艺术与典型作品欣赏

2. 科普读物

近年来，内江市有关部门单位组织编辑出版的重要科普读物，有代表性的是由内江市图书馆、内江市图书馆学会编辑的《大千文化丛书》第一辑，于2012年4月出版发行，包括《大千讲坛》《内江乡土文化探骊》《中国甜城兴衰记》《资中文化面面观》四册，首次以较大规模和篇幅，将内江丰厚的文化资源分系列进行资料的搜集、整理，形成有一定学术研究价值的地方性文化丛书。基层单位组织编辑的科普读物，有代表性的有隆昌市组织编写的《隆昌青石文化》，资中县罗泉古镇推出的科普主题宣传片：《罗泉豆腐》《胡家书楼》《古镇廉韵》《寻廉记》，科普书籍：《罗泉》《辛亥革命》。

3. 人文讲坛

由市委宣传部、市文广旅局、市社科联主办，市图书馆、市图书馆学会、市科协、大千在线网站承办的内江人文社科公益讲座——"大千讲坛"，10年来共举办85期（见表9）。

表9　内江市人文社科讲坛——"大千讲坛"开展情况统计表

序号	时间/地点	主讲人	讲座名称
第1讲	2009/4/10 内江市图书馆	陈涛（内江师范学院文学与新闻传播学院教授）	《内江有文化底蕴，为何缺乏文化氛围》
		何永忠（资中县作家协会主席）	《沱江流域的文化名人》
第2讲	2010/4/16 内江市图书馆	陈涛（内江师范学院文学与新闻传播学院教授）	《内江三大名人及其文化传统》
第3讲	2010/4/23 内江市图书馆	甘光地（内江市中区教师进修校语文高级教师）	《〈内江赋〉赏读》
第4讲	2010/5/9 内江市图书馆	王彤（内江师范学院文学与新闻传播学院教授）	《经典阅读与生命观照》
第5讲	2010/5/28 内江市图书馆	陈代俊（四川政协报副总编辑）	《大千与饮食文化》
第6讲	2010/7/15 内江市图书馆	李尚志（北京航空航天大学理学院院长）	《数学如诗一般美丽》
第7讲	2010/12/24 内江市图书馆	周芳芸（四川师范大学文学院教授）	《自立　智慧　美丽　亲情　友情　爱情——从国徽设计者林徽因谈起》
第8讲	2011/4/23 内江市图书馆	陈涛（内江师范学院文学与新闻传播学院教授）	《内江城市文化与大城市建设》
第9讲	2011/11/15 内江市图书馆	邹建军	《内江文化与内江名人的地理基因解读》
第10讲	2012/5/10 内江市图书馆	邓国军（内江师范学院文学与新闻传播学院院长、硕士研究生导师）	《赵贞吉的哲学思想及当代价值》
第11讲	2012/9/21 内江市图书馆	陈涛（内江师范学院文学与新闻传播学院教授）	《范长江走向新闻巨子的道路》
第12讲	2012/12/6 内江市图书馆	智海法师	《丈雪与内江文化》
第13讲	2013/2/13 内江市图书馆	黄卫东（西北工业大学凝固技术国家重点实验室主任、教授、博士生导师）	《对"真实"的追求》
第14讲	2013/3/29 内江市图书馆	林彬（哲学硕士、副研究员、四川省社会科学院综合研究室主任、四川发展研究中心秘书长）	《骆成骧及其状元文化与内江文化产业发展》
第15讲	2013/6/6 内江市图书馆	刘章霖先生（曾任内江师专政史系主任、内江师范学院高教研究所副所长）	《实业救国 科学救国 革命救国：刘章霖谈喻培伦的救国思想》

续表

序号	时间/地点	主讲人	讲座名称
第16讲	2013/7/1 内江市图书馆	姚伟民（内江师范学院教授）	《文化进军营知识讲座：姚伟民讲摄影》
第17讲	2013/9/24 内江市图书馆	陈涛（内江师范学院文学与新闻传播学院教授）	《文化进军营知识讲座：内江文化纵横谈》
第18讲	2013/10/31 内江市图书馆	戴山高（中国摄影家协会会员、内江市摄影家协会名誉主席）	《怎样才能拍出好照片》
第19讲	2013/12/6 内江市图书馆	陈杰文（四川省作家协会会员，内江市作协副主席，诗人，高级经济师，国际认证高级策划师，四川金科投资咨询有限公司董事长）	《诗歌讲座：诗歌·生活·人生》
第20讲	2014/1/13 内江市图书馆	庹政（内江市青联委员、市中区政协委员、现代网络小说家）	《网络时代的写作与社交》
第21讲	2014/2/18 内江市图书馆	罗锦鳞（中央戏剧学院原副院长、教授、博士生导师，现兼任首都师大科德学院演艺学院院长）	《关于古希腊戏剧和艺术》
第22讲	2014/2/28 内江市图书馆	邵影（四川交响乐团著名手风琴演奏家、诗人）	《行走的孩子——邵影展现歌诗混搭"小型演唱会"》
第23讲	2014/3/31 内江市图书馆	朱章义（我国著名考古学家，四川成都金沙遗址博物馆党支部书记、常务副馆长）	《金沙遗址与古蜀文明》
第24讲	2014/4/14 内江市图书馆	陈志强（《内江日报》资深记者、外宣办主任）	《新闻与写作》
第25讲	2014/4/24 内江市图书馆	曾令维（内江市戏剧家协会荣誉主席，国家二级演员）	《川剧杂谈》
第26讲	2014/5/30 内江市图书馆	翟琨（四川省社会科学院团委副书记、助理研究员，中文核心期刊《中华文化论坛》编辑）	《文化大繁荣与城市现代化建设》
第27讲	2014/6/20 内江市图书馆	李健（四川省医学科学院、四川省人民医院、中国科学院转化医学研究医院、电子科技大学临床医学院全科医学中心主任、教授，美国医学博士，全科专家）	《全科医学——中国医学的新希望》
第28讲	2014/7/25 内江市图书馆	田心伟（四川美术家协会理事、内江市美术家协会副主席兼秘书长、国家二级美术师）	《美术赏析——漫步在美术的世界》
第29讲	2014/8/29 内江市图书馆	田世华（内江市政协书法研究院副院长）	《书法·情怀的线形语言》
第30讲	2014/9/26 内江市图书馆	田和平（内江市著名文化学者）	《甜城文化》
第31讲	2014/10/31 内江市图书馆	陈涛（内江师范学院新闻与传播学院教授）	《旅游的四种文化形态》
第32讲	2014/11/14 内江市图书馆	邓国军（内江师范学院文学与新闻传播学院院长）	《〈易经〉与人生》
第33讲	2014/12/19 内江市图书馆	邱笑秋（四川香格里拉彩墨画研究院院长）	《继承发展大千艺术》
第34讲	2015/1/9 内江市图书馆	姚伟民（内江师范学院范长江研究所所长）	《风花雪月杂谈——风光摄影的创作与鉴赏》

序号	时间/地点	主讲人	讲座名称
第 35 讲	2015/2/19 内江市图书馆	丁鸣（四川省文化厅剧目工作室主任）	《我们为什么需要戏剧——四川戏剧的现状与展望》
第 36 讲	2015/3/27 内江市图书馆	谢晓阳（内江市第一人民医院胸心外科主任）	《微创技术在胸部疾病治疗中的应用》
第 37 讲	2015/4/15 内江市图书馆	康式昭（中国社会主义文艺学会顾问、中国艺术研究院特约研究员、四川省艺术研究院顾问）	《种下民族文化的基因——谈谈我的文学创作之路》
第 38 讲	2015/5/19 内江市图书馆	焕力（内江师范学院政法与历史学院教授）	《事业的成功与用人之道》
第 39 讲	2015/6/26 内江市图书馆	石本秀（四川大学锦城学院教授、硕士生导师、教授）	《新媒体时代自媒体的传播学价值》
第 40 讲	2015/7/28 内江市图书馆	翁礼明（内江师范学院文学院教授，四川师范大学文学院兼职硕士研究生导师，文学博士）	《经典阅读的价值和陷阱》
第 41 讲	2015/9/25 内江市图书馆	黄志权（内江市文化广电新闻出版局党委书记、局长）	《探索大布局、新常态下的内江文化改革发展之路》
第 42 讲	2015/10/13 内江市图书馆	曹永胜（内江市非物质文化遗产保护中心副主任）	《非物质文化遗产保护漫谈》
第 43 讲	2015/11/6 内江市图书馆	赵晓鸿（四川省旅游学校党委书记、校长）	《中国旅游产业发展的得与失》
第 44 讲	2015/12/2 内江市图书馆	陈伯忠（内江市中医院原党委书记、副院长、副主任中医师）	《从中医药学中寻找奥秘应十二时辰养生保健康》
第 45 讲	2015/12/25 内江市图书馆	谢自生（内江市作协会员、内江市聚鑫肉类食品公司总经理）	《内江糖业文化与〈大糖坊〉创作》
第 46 讲	2016/1/28 内江市图书馆	孙智彬（四川省文物考古研究院考古研究所所长）	《考古学视野下的四川新石器文化》
第 47 讲	2016/3/31 内江市图书馆	徐继革（内江市舞蹈家协会副主席，国家二级编导）	《舞蹈艺术鉴赏》
第 48 讲	2016/4/22 内江市图书馆	申福建（中共内江市委党校常务副校长、内江市作家协会副主席）	《道德的基石——诚信的力量》
第 49 讲	2016/5/18 内江市图书馆	王嘉陵（四川省图书馆学会副理事长兼秘书长）	《公共文化服务体系下的公共图书馆服务》
第 50 讲	2016/5/27 内江市图书馆	贾飞（全国青联委员、中国作协会员、四川省青联常委）	《古代廉政文化对当今的启示》
第 51 讲	2016/6/24 内江市图书馆	魏光武（四川省作家协会会员、四川省文艺评论家协会会员、中国散文诗作家协会会员）	《新时期内江诗坛巡礼——兼论新诗的创作和鉴赏》
第 52 讲	2016/7/13 内江市图书馆	张红扬（四川师范大学兼职硕士生导师、内江师范学院科技与学科建设处处长、内江预防腐败研究中心副主任）	《供给侧结构性改革解读》
第 53 讲	2016/9/23 内江市图书馆	肖平（成都市图书馆副馆长、研究馆员，作家，学者）	《湖广填四川》

序号	时间/地点	主讲人	讲座名称
第54讲	2016/10/14 内江市图书馆	陈树（著名音乐人，词曲作家，音乐制作人，中国音乐家协会会员，中国形象歌曲网暨风雅颂（北京）音乐工作室总监，中国企业歌曲、城市歌曲、旅游歌曲、广告歌曲等形象歌曲领域实力派创作专家）	《我的音乐励志人生》
第55讲	2016/11/16 内江市图书馆	傅天琳（一级作家、中国诗歌学会副会长、重庆新诗学会会长）	《我与诗歌》
第56讲	2016/11/25 内江市图书馆	向思宇（中国作家协会会员）	《甜城糖业兴衰》
第57讲	2016/12/23 内江市图书馆	牟真理（二毛）先生（《舌尖上的中国》美食顾问、《天天向上》推介嘉宾、美食作家）	《味的道》
第58讲	2017/1/10 内江市图书馆	李炜先生（四川音乐学院舞蹈学院原院长、一级编剧、硕士研究生导师）	《好看的舞蹈》
第59讲	2017/3/28 内江市图书馆	黎威（四川省现代公共文化服务体系示范县专家组成员、内江市文化馆馆长、内江市作家协会主席、国家一级编剧）	《中华人民共和国公共文化服务保障法》解读
第60讲	2017/4/21 内江市图书馆	甘光地（中国诗词文化研究所研究员、四川省诗词学会会员、内江市诗词楹联学会副会长、内江市作家协会会员）	《寻找范金卿》
第61讲	2017/4/28 内江市图书馆	刘勇（四川交响乐团乐队首席，现任Soriee艺术总监）	《古典音乐入门赏析》
第62讲	2017/5/19 内江市图书馆	周芳芸（国家社科项目评审专家，四川中国现当代文学研究会副会长，成都市情研究会会长，四川师范大学文学院教授、硕士生导师）	《一代才女林徽因》
第63讲	2017/6/9 内江市图书馆	王晓春（四川省档案局副研究馆员，《中国档案报》特邀撰稿人）	《赵尔丰与川滇边务大臣衙门档案》
第64讲	2017/6/16 内江师范学院第五教学楼第一学术报告厅	李勇（新知集团董事长）	《读书、创业与人生》
第65讲	2017/6/20 内江市图书馆	揭晓兮（教育家、成都博达教育集团董事长、四川省著名国学教师）	《和孩子一起成长——从中华优秀传统文化中汲取现代家庭教育智慧》
第66讲	2017/10/27 内江市图书馆	毛建威（内江市政协文史和学习委办公室主任、市政协机关副调研员）	《蜜裹的内江城——抗战时期文化名人的内江记忆》
第67讲	2017/11/17 内江市图书馆	唐建（内江农科院蔬菜所所长）	《碧水青山中的绿色食品》
第68讲	2017/11/30 内江市图书馆	陈杰文（四川省作家协会会员、内江市作家协会副主席、高级策划师、内江市城乡规划委员会委员）	《策划之光——东方智慧与西方科学的瑰宝》
第69讲	2017/12/22 内江市图书馆	蒋蓝（中国作家协会会员、中国作家协会散文委员会委员、成都文学院终身特约作家）	《踪迹史与非虚构写作》
第70讲	2018/1/19 内江市图书馆	彭志强（中国作家协会会员，成都文学院签约作家）	《杜甫，其实是一个记者》

序号	时间/地点	主讲人	讲座名称
第71讲	2018/2/27 内江市图书馆	黄俊华（心本教练研究院创始人、院长，中国教练师协会心本教练研究会会长）	《幸福探寻》
第72讲	2018/3/30 内江市图书馆	罗宗良（张大千研究中心专职研究员、主任，内江市张大千纪念馆原馆长）	《张大千生平与艺术》
第73讲	2018/4/27 内江市图书馆	李光（前中国资深烹饪大师、内江市餐饮烹饪协会会长）	《甜城美食与文化》
第74讲	2018/5/27 内江市图书馆	黎继德（中国戏曲表演学会会长，中国戏剧家协会《剧本》月刊原主编、编审，上海戏剧学院兼职教授，著名戏剧理论家、批评家、翻译家）	《戏剧创作的理论和实践》
第75讲	2018/5/31 内江市图书馆	陈杰文（高级工程师、高级策划师）	《建筑文化及其哲学拷问》
第76讲	2018/6/15 内江市国兴咨询有限公司	张晓芳（四川省档案局政策法规处处长）	《档案法制建设》
第77讲	2018/8/21 内江市政务中心	毛建威（内江市政协文史和学习委办公室主任）	《跨出封闭的盆地：清末参加维新变法运动的内江人》
第78讲	2018/10/12 内江市图书馆	董进波（国家一级编导、国家文化部公共文化服务专家库专家、中国文化馆协会舞蹈委员会副主任、重庆市舞蹈家协会副主席）	《新时代群众舞蹈的创编与实践》
第79讲	2018/11/16 内江市图书馆	罗树远（内江市农广校农业技术推广研究员）	《内江农业专家的非洲传奇》
第80讲	2018/12/28 内江市图书馆	李益彬（内江师范学院经济与管理学院院长、教授）	《千年的记忆：沱江流域文化纵览》
第81讲	2019/3/22 内江市图书馆	王国平（70后代表诗人、作家、张大千再传弟子、巴金文学院与成都文学院签约作家、《芙蓉锦江》副主编、《都江堰文艺》执行主编）	《平生梦结青城宅——内江名人张大千、丈雪通醉、公孙长子与都江堰》
第82讲	2019/4/19 内江市图书馆	林海亮（四川省普通中小学教科研专家库专家、长江出版传媒股份有限公司智库专家）	《西方教育文化简介》
第83讲	2019/4/26 内江市图书馆	李一清（著名作家、四川省作家协会原副主席、南充市作协主席）	《小说之眼——浅谈小说创作中的发现真相》
第84讲	2019/6/6 内江市图书馆	李德鑫（四川博物院青年学者、文博馆员，四川大学近现代史硕士研究生）	《守护革命文物，传承红色基因——四川博物院馆藏珍贵革命文物解读》
第85讲	2019/6/28 内江市图书馆	邱昌军（内江市文化广电和旅游局事业科科长）	《乡村文化振兴》

4.普及基地

内江师范学院的廉洁文化社科普及和峨眉武术文化社科普及两个省级社科普及基地，是全市社科普及基地建设工作的代表和缩影。廉洁文化社科普及基地充分利用本地廉政文化元素，以"文化倡廉"为重点，创新教育载体和方式方法，加大从源头上预防和治理腐败的工作力度，大力推进廉政阵地建设，形成风清气正的廉政氛围（见表10）。

表10　廉洁文化社科普及基地代表性成果

序号	成果名称	成果形式	备注
1	党的三代领导人廉政思想研究	专著	四川省社科联：社科优秀成果
2	四川工程建设领域职务犯罪预防机制研究	调研报告	四川省社科联：四川省哲学社会科学研究"十一五"规划委托项目优秀成果
3	刍议中国特色反腐倡廉道路的公共治理体系	论文	四川纪检监察学会：2014年度优秀理论研究成果三等奖
4	论对主要领导干部行使权力的制约和监督	论文	四川纪检监察学会：2014年度优秀理论研究成果三等奖
5	康区基层干部出现的一些问题值得关注和重视	论文	四川省哲学社会科学评奖委员会：四川省第十四次社会科学优秀成果奖三等奖
6	"庸官懒政"与"为官不为"的归因分析——基于净化政治生态的实践	论文	四川纪检监察学会：2015年度党风廉政建设优秀理论研究成果二等奖
7	基层干部"为官不为"的再认识——基于四川省的调查研究	论文	四川纪检监察学会：2016年度党风廉政建设优秀理论研究成果二等奖
8	大学生廉洁文化读本	专著	全国社会科学普及工作组委会：全国优秀社会科学普及作品
9	襟怀坦白气自华	歌曲	教育部全国高校廉政文化作品大赛：一等奖
10	红色追忆	歌曲	教育部全国高校廉政文化作品大赛：二等奖
11	廉政之歌	歌曲	教育部全国高校廉政文化作品大赛：二等奖
12	《六世廉为本赋》抄录	书法	教育部全国高校廉政文化作品大赛：二等奖
13	山高云淡，清风自来	书法	教育部全国高校廉政文化作品大赛：二等奖
14	廉政LOGO设计	设计	教育部全国高校廉政文化作品大赛：三等奖
15	文天祥正气歌	歌曲	教育部全国高校廉政文化作品大赛：三等奖
16	贪后囚影	视频	教育部全国高校廉政文化作品大赛：三等奖
17	家常菜	视频	教育部全国高校廉政文化作品大赛：三等奖
18	变脸	视频	四川省检察系统廉政宣传短片大赛：一等奖
19	麻将人生	视频	四川省检察系统廉政宣传短片大赛：二等奖

四

内江市推动哲学社会科学繁荣发展的经验启示

新中国成立 70 年，特别是改革开放 40 年和党的十八大以来，内江市哲学社会科学研究与建设取得了历史性的成就，在改革开放和社会主义现代化建设实践中发挥了重大作用，带给我们重要经验和启示。

（一）坚持马克思主义理论指导，保证哲学社会科学研究的正确方向

内江市哲学社会科学研究实践证明，坚持马克思主义理论对哲学社会科学研究的指导，首先要完整准确理解马克思列宁主义、毛泽东思想和中国特色社会主义理论体系，学习、掌握和运用马克思主义的立场、观点和方法，避免形而上学。其次要坚持解放思想，实事求是，不唯书，不唯上，坚持实践检验真理的标准，发现和揭示科学的思想理论。第三，要坚持发展创新的理念，冲破思想僵化和习惯思维的束缚，与时俱进，才能永葆哲学社会科学理论常青。改革开放以来，内江市承担了行政区划调整、同业公会试点、西部大开发、脱贫攻坚、深化监察体制改革试点以及建设成渝发展主轴重要节点城市和成渝特大城市功能配套服务中心等历史重任，内江市哲学社会科学工作者坚持马克思主义理论的科学指导，坚持在改革和建设的实践中创新哲学社会科学的理论，始终不渝地为内江市改革开放和社会主义现代化建设提供理论先导和智力支持。

（二）坚持解放思想、实事求是的思想路线，发扬理论联系实际的学风

内江位于祖国内陆腹地、四川盆地东南边缘，工农业二元经济结构突出，改革开放和社会主义现代化建设难度大，与东部发展差距大。面对这一特殊的市情，哲学社会科学研究唯有坚持理论与实践相结合，投身改革与建设，从实践中探索改革开放和经济建设的新鲜经验，哲学社会科学才能呈现蓬勃生机。新中国成立 70 年，特别是改革开放 40 年和党的十八大以来，内江哲学社会科学工作者发扬理论联系实际的优良学风，深入农村、工厂、学校、社区，广泛开展对策应用研究。特别是结合丘陵经济、川南经济区、老工业基地转型、生态环境保护、西部大开发、乡村振兴等重大课题，深入实际调查研究，推出了一大批科研成果，为地方党委政府提供了有益的决策参考。

（三）坚持加强党的全面领导，推动哲学社会科学的规范化管理

内江市委、市政府高度重视加强对哲学社会科学的领导，出台了《关于进一步加快哲学社会科学事业繁荣发展意见》《关于加快构建中国特色哲学社会科学的实施意见》等系列规范性文件，不断健全完善推动哲学社会科学繁荣发展的体制机制。市社科联加强统筹组织、规划实施，整合哲学社会科学研究"五路"大军力量，以规划课题研究为纽带，以哲学社会科学研究成果评奖为杠杆，有力促进了内江哲学社会科学事业的健康发展。内江市哲学社会科学管理实践表明，加强和改善党对哲学社会科学的全面领导，就能开拓哲学社会科学建设事业健康发展、规范化管理的新局面。

内
江
市
篇

（四）社科理论界要勇于担当好意识形态工作重任

社科理论界处于意识形态领域的前沿，做好意识形态工作是自觉担当的首要职责，必须牢牢把握意识形态工作领导权、管理权和主动权，筑牢意识形态领域防线。内江广大社科工作者充分认识意识形态工作的极端重要性，牢固树立政治意识、大局意识、核心意识、看齐意识，做到守土有责、守土负责、守土尽责。中华人民共和国70年来，全市社科理论界未出现意识形态领域重大失管失控事件。

内江市社科联课题组

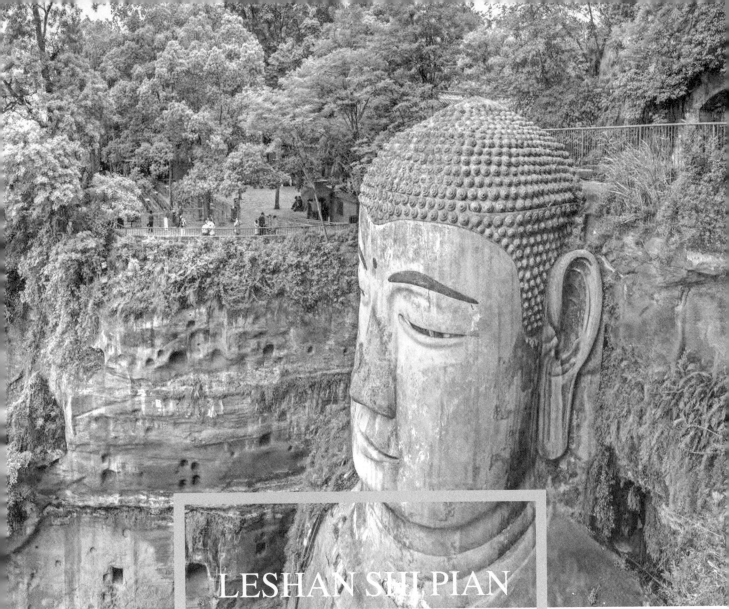

LESHAN SHI PIAN

乐山市篇

四川哲学社会科学70年

导言

　　中华人民共和国成立70年以来，乐山哲学社会科学工作在党委政府的重视关心下，始终坚持围绕中心服务大局，始终坚持"二为"方向和"双百"方针，在改革中创新，在创新中发展，呈现出繁荣发展的良好态势。特别是2012年以来，在乐山市委、市政府的坚强领导下，在省社科联和市委宣传部的有力指导下，全市社科界认真贯彻落实中央、省委和市委关于繁荣发展哲学社会科学的决策部署，主动将其融入全市中心工作，全面推进理论阐释、课题研究、成果评奖、社科普及、学术交流、组织队伍建设等工作，充分发挥了"思想库"和"智囊团"作用，令乐山社科工作再上新台阶。

三

乐山市哲学社会科学 70 年概况

中华人民共和国成立后的很长一段时期，乐山哲学社会科学工作主要由组织、纪检、宣传、党校、讲师团、教育、档案等部门结合自身工作职责组织开展。1983 年乐山地区社联成立，开启了由社科联牵头组织开展哲学社会科学工作的新局面。随着"乐山市社会科学顾问团""四川省社科院乐山分院"的相继建立，乐山逐步形成了具有乐山特色的哲学社会科学组织体系，为繁荣发展乐山哲学社会科学奠定了坚实的组织基础。

（一）乐山市社科联

为加快乐山哲学社会科学事业发展，在乐山地委的直接领导下，1982 年 1 月，乐山地区哲学社会科学学会联合会（以下简称乐山地区社联）筹备组成立（见图 1）。经过周密充分准备，1983 年 1 月 5 日—9 日，乐山地区社联第一次代表大会召开，讨论通过了《乐山地区社联章程》，选举第一届理事会理事 44 人，常务理事 10 人，理事会任期三年。9 日，乐山地区社联正式宣告成立（见图 1），这是继重庆市之后在四川省成立的第二家地区社联。成立大会上，四川省委宣传部赠送了题词为"奋飞"的横幅，理事会决定把会刊定名为《奋飞》。1985 年乐山撤地建市，更名为"乐山市哲学社会科学学会联合会"。1990 年 12 月，理事会任期由三年改为五年。1995 年更名为"乐山市社会科学界联合会"，并沿用至今。

2001 年，市委批准印发了《乐山市社会科学界联合会机关机构编制方案》，进一步明确了乐山市社科联的主要职责、内设机构、人员编制和领导职数，核定办公室、学会工作部 2 个职能部（室），事业编制 8 名，其中主席 1 名，副主席 1 名，科级领导职数 2 名。2006 年在市委的关心下，市社科联增配了专职主席。2011 年，办公室增挂了"规划评奖办公室"牌子。2013 年，市社科联增加市社科联副科级中层领导职数 1 名。

图 1　乐山地区社科联成立大会

1983 年至今，乐山市社科联先后召开了八次代表大会。2018 年 4 月，乐山市社会科学界联合会第八次代表大会暨第十七次哲学社会科学优秀成果颁奖大会召开，选举产生了新一届理事会和领导班子，审议通过了新修订的《乐山市社科联章程》（见图 2）。2019 年 3 月，乐山市社科联八届二次理事会召开，选举产生了新的市社科联主席。

图 2　乐山市社会科学界联合会第八次代表大会暨第十七次哲学社会科学优秀成果颁奖大会

（二）乐山市社会科学顾问团

为促进领导科学决策、开展咨询论证和课题评审，经乐山地委常委会议议定同意，乐山市社会科学顾问团（以下简称顾问团）于 1985 年 11 月成立，这在全国尚属首创。顾问团日常工作由市社联承办，正副团长由市社联正副主席兼任，成员由市委聘请，任期五年，首届聘任了 35 名成员。1991 年，第二届顾问团聘任了 40 名成员。1997 年，第三届顾问团聘任了 15 位成员。此后顾问团逐渐不再履行职责。顾问团在参与乐山经济社会发展重大项目的研究、论证和课题评审方面做了大量积极有效的工作，充分发挥了智囊参谋作用。

（三）四川省社科院乐山分院

为适应社会主义建设和改革开放要求，1988 年乐山市委宣传部向市委提出组建"四川省社科院乐山分院"（以下简称"乐山分院"）的建议。在乐山市委和省社科院的关心下，乐山分院成立大会于 1989 年 4 月召开。乐山分院受市委和省社科院双重领导，以市委领导为主，与市社科联合署办公，正副院长由市社科联正副主席兼任。分院一经成立，就聘请了 18 名特约研究员，确立了专职研究人员与兼职研究人员相结合，专业社科研究机构与实际工作部门相结合，面向实际，实行开放式研究的方针，促使社会科学更好地为乐山经济社会发展服务，为领导科学决策服务。2014 年 3 月，省社科院印发《四川省社会科学院市（州）县院所"1221"工程实施细则》的通知，并指派了乐山分院兼职副院长，加强了工作联系和业务沟通，双方共同开展课题研究，进一步促进了乐山哲学社会科学的发展。

三

乐山市推动哲学社会科学繁荣发展的基本实践

70 年来，乐山市社科联紧紧围绕中央、省委和市委重大决策部署，准确把握社科工作规律，充分发挥桥梁纽带作用，不断推进工作创新和实践创新，走出了一条繁荣乐山社科之路。

（一）有力夯实基层社科组织

1. 县（市、区）社科联实现"全覆盖"

1988 年眉山县社科联成立，开启了乐山县级社科联建设工作。进入 21 世纪，为贯彻落实中央和省委、市委繁荣发展哲学社会科学的决策部署和市委关于"各区市县要建立社科联"的要求，乐山市社科联按照"统一规划、分步实施、积极推进、成熟一个发展一个"的思路，积极推动县级社科联建设。2005 年，指导成立了沙湾区社科联。至 2007 年年底，11 个县（市、区）社科联相继成立，实现了"满堂红"。2012 年，着力推动基层社科联职能建设，促使各县（市、区）社科联按照有机构、有编制、有独立办公场所、有经费保障的"四有"标准，在专职人员配备、经费保障、条件改善等方面切实得到加强。在各县（市、区）党委、政府的关心支持下，乐山市 11 个县（市、区）社科联组织建设稳步推进，专兼职社科干部队伍力量不断增强，部分县（市、区）社科联有了单独编制、专兼职人员和工作经费，五通桥区、峨眉山市、沐川县、峨边彝族自治县等县（市、区）社科联配备了专职主席或副主席。县（市、区）社科联先后 12 次被评为全国先进社科组织和全省先进社科联，近 20 人次被评为全国和全省社科工作先进个人。

2. 高校社科组织建设稳步推进

为发挥乐山高校智力汇聚的优势，乐山市社科联积极推进高校社科联建设，于 2009 年 12 月，先后成立了乐山师范学院社科联、乐山职业技术学院社科联。同时，加强对西南交大峨眉校区、成都理工大学工程技术学院科研处的指导，推动校地合作，组织开展社科课题研究，为推动乐山经济社会发展发挥了重要作用。

3. 社科学会建设巩固提升

20 世纪 80 年代初，乐山部分地级单位在省上一些学会的促进下先后组建学会组织，至 1982 年年初，已组建四川省档案学会乐山会员小组、四川省统计学会乐山分会筹备小组、农村金融学会、财政会计学会、郭沫若研究会等 8 个学会组织，会员约 500 人。随着改革开放的不断深入，学会组织不断发展壮大，到 1983 年 1 月乐山地区社联成立时，已有 12 个学会组织，当年又成立了 3 个学会筹备组，共 15 个学会组织，拥有团体会员 93 个（651 人），个人会员 1507 人。1989 年建立了学会审批制度，加强了对学会的管理。到 1996 年，市社科联已拥有 60 个团体会员，不少学会建立健全了学会活动网络体系，学会片区活动、会员小组活动、专业委员会活动日趋活跃。2004 年制定的《乐山市社科联学会管理办法》，对学会的成立、活动、任务、制度以及学会和成员的奖惩做了明确规定，使学会管理工作更加科学规范。2016 年，乐山市社科联探索非公社科组织建设和管理途径，指导成立了乐山市心理咨询师协会。目前，乐山市社科联团体会员中有社科学会（协会、研究会）30 个，还有数量众多的县级、高校社科学会，涉及理论、党建、教育、金融、文化、法学等诸多领域。乐山市社科联着力强化市级社科学会（协会、研究会）的管理，推进职能建设，加强队伍建设，2012 年以来指导市邓小平理论研究会、市哲学学会、市档案学会、市法学会、市教育学会、市国际税收研究会等十余个市级社科学会成功换届，指导召开年会和学术活动，组织学会会员参与课题调研、成果评奖、学术交流等工作，使得学会活力不断增强，其作用得到有效发挥（见表1）。

表1　乐山市基层社科组织一览表

组织类别	组织名称
县（市、区）社科联	市中区社科联、五通桥区社科联、沙湾区社科联、金口河区社科联、峨眉山市社科联、犍为县社科联、井研县社科联、夹江县社科联、沐川县社科联、峨边彝族自治县社科联、马边彝族自治县社科联
高校社科联	乐山师范学院社科联、乐山职业技术学院社科联
市级社科学会（协会、研究会）	市教育学会、市图书馆学会、市群众文化学会、市心理咨询师协会、市哲学学会、市邓小平理论研究会、市警察学会、市地理学会、市青少年研究会、市野生动植物保护协会、市新闻工作者协会、市宣传学研究会、市法学会、市语言学会、市金融学会、四川省郭沫若研究会、市税务学会、市地方志学会、市统计学会、市档案学会、市机关党的建设研究会、市纪检监察学会、市翻译工作者协会、市农村金融学会、市青年企业家协会、市青年志愿者协会、市国际税收研究会、西南交大峨眉校区邓小平理论研究会、乐山二野军大校史研究会、中国人民解放军西南服务团乐山团史研究会

（二）课题研究成果丰硕

乐山市社科研究始终坚持围绕市委、市政府中心工作，发挥哲学社会科学"思想库""智囊团"作用，逐步探索出一条具有乐山特色并行之有效的科研路子。

1. 课题规划立项力求精准

乐山市社科联成立之初，课题研究主要围绕党的中心任务，通过举办理论讨论会的形式开展。1986年报请市委审定下达了市社联与市社科顾问团四个研究课题，开启了课题规划工作。2005年成立了乐山市社会科学规划办公室，制定了《乐山市社会科学规划项目研究工作的意见》《乐山市社会科学规划项目管理办法》和年度课题研究指南，试行重大课题专项津贴制、专家负责制和委托研究相结合的社科研究新机制，2011年又在乐山市社科联办公室增挂"规划评奖办公室"牌子，使课题规划工作步入了正轨，并逐步实现按国家级、省级、市级和学会自定课题四个层次分级管理。2012年以来，进一步健全完善了市级社科课题规划立项工作，每年结合中央、省委和市委决策部署，制定《课题申报指南》下发全市社科组织和市级有关单位开展课题征集，并积极争取国家社科基金项目和省级课题立项，指导基层社科组织进行课题规划。制发《乐山市哲学社会科学理论研究项目管理办法》，对课题申报、立项、评审和结题明确了相关要求，增强了课题规划研究的导向管理。2019年在开展市级课题申报前，向全市社科组织和市级有关单位进行了选题征集，力争规划立项更加精准。

2. 社科研究路子独具特色

乐山市社科联成立时，课题研究即实行了领导干部、理论工作者和实际工作者相结合的方式。1986年形成了"三为主、三结合"的科研方针，2004年发展为"四为主、四结合"：坚持基础理论研究与应用理论研究相结合，以应用理论研究为主；超前性问题研究与现实性问题研究相结合，以现实性问题研究为主；各类现实性问题研究与影响本地经济社会发展问题研究相结合，影响本地经济社会发展问题研究为主；发挥本地社科理论骨干作用与借助"外脑"请省上专家学者联合攻关相结合，经济社会发展重大问题与党委政府关注的重要问题研究，以党委政府关注的重要问题研究为主。2012年以来，为适应新时代哲学社会科学的发展，在市级社科课题规划中，坚持以应用性课题研究为主，适当向基层一线倾斜，对重点课题给予经费资助。2019年又明确提出，课题研究要着眼于推动乐山高质量发展的决策部署，注重全局性、战略性和前瞻性，鼓励社会科学各学科交叉研究，鼓励社会科学与自然科学相互渗透，鼓励专家学者之间、理论工作者与实际工作者之间、社科组织与相关部门之间、高校与地方之间开展合作研究，确保形成研究合力，力争多出精品力作。

3. 重点领域研究成果显著

乐山市重点社科领域研究始终坚持把握学术前沿，勇立时代潮头，开展前瞻性和开创性的课题研究，发挥理论研究的先导作用。乐山旅游发展一直是乐山社科研究的重中之重，1986 年乐山地区社联就组织讨论并提出了发展乐山旅游经济的概念，三十多年来相关研究成果极为丰硕，一大批成果转化为市委、市政府决策。20 世纪 90 年代，组织开展了股份制和股份合作制课题研究，推动了乐山股份制和股份合作制健康发展，助推峨眉山金顶集团股份有限公司成为西南首家在异地上市的公司。21世纪初，组织开展了《中国国有土地供给模式研究》，填补了国有土地资源经济学的空白。2012 年以来，乐山市社科联组织全市社科界，组织开展了一系列前瞻性、战略性的课题研究，一批社科研究成果获得了省委书记等省领导和市委领导的批示肯定，成果得到有效转化。2018 年，在代市委拟定《关于加快构建中国特色哲学社会科学的实施意见》中，进一步提出了八个重点研究领域，包括习近平新时代中国特色社会主义思想研究、世界重要旅游目的地研究、全省区域中心城市研究、促进平稳充分发展研究、生态文明研究、乡村振兴研究、军民融合发展研究、中国特色社会主义文化研究等，努力为乐山"旅游兴市、产业强市"提供坚实的理论支撑和智力支持。

4. 社科研究基地不断壮大

一是建立政府性研究机构。先后建立了乐山市委、市政府决策咨询委员会，乐山市经济社会发展研究中心等研究平台。二是推动高校社科研究基地建设。乐山师范学院建成 2 个四川省哲学社会科学重点研究基地（四川旅游发展研究中心、四川郭沫若研究中心），1 个省级社科普及基地（四川世界遗产普及基地），2 个四川省高校人文社会科学重点研究基地（四川特殊教育发展研究中心、四川基层公共文化服务研究中心），1 个四川省旅游局遗产旅游重点研究基地，以及预防职务犯罪研究中心等 23 个校级研究机构。三是打造国际化科研合作平台。为形成全方位的开放格局，助力"一带一路"发展战略，依托乐山师范学院建立了跨喜马拉雅旅游文化研究中心、老挝研究中心 2 个国别（区域）研究中心，先后与缅甸高端智库国际与战略研究中心（CSIS）、尼泊尔战略研究院（NISS）和瑞典安全与发展政策研究所（ISDP）等互动交流、开展联合研究，极大开阔了国际视野。

5. 校地合作研究创新推进

组织并引导市内高校社科组织创新研究模式，加强校地合作，与实际工作部门一道开展联合研究，不少研究成果被各级党委政府部门采用。

乐山师范学院坚持研究乐山，服务乐山，积极构建校地合作平台，创新合作机制，推进科研成果转化。2017 年与地方对接合作项目 35 个，近三年来为乐山各级政府、部门提供发展规划、专项规划近 20 个，决策咨询报告 19 个；与京东集团、洲际集团、开元集团等单位共建校外教育实践基地 117家，共建实验室、实训基地、实验基地等达 166 个；先后与峨眉山市、沐川县、沙湾区、马边彝族自治县等县（市、区）签订合作协议，为地方社会经济发展提供智力支持。成都理工大学工程技术学院积极推进校企校地合作，近年来分别与乐山国家高新区、夹江县、马边彝族自治县和市级相关部门建立良好合作关系，在学术交流、课题研究以及地方产业发展等方面开展合作，开展夹江县"五大产业调研"、马边文旅融合发展、尚甲公司形象宣传策略应用等研究，进一步提升了服务地方经济的能力。

（三）社科平台建设纵深发展

乐山市积极推进社科平台建设，切实加强社科载体建设，打造社科理论宣传阵地。

1. 社科刊物形成品牌

1983 年乐山地区社联成立时即开展了会刊《奋飞》的编撰工作，当年编印 6 期，其被列入了全国文献情报资料收集刊物之一，同时出刊《社科简讯》。1989 年四川省社科院乐山分院成立时，《奋飞》改由市社科联与省社科院乐山分院联合主办，下半年由季刊改为双月刊，开辟"要文要论""区域经济研究""改革纵横""教育论坛""旅游经济""农村经济"等具有本地特色的栏目，每期约7万字，在本地内部发行的同时与全国200多个社科单位交流。2003年《奋飞》按照有关规定停刊。各社科组织积极创办理论刊物和会刊，创办了《郭沫若学刊》《中共乐山市委党校学报（新论）》《嘉州财会》《嘉州粮食》《乐山税务》《农村金融》《农经学会会刊》《中专教育动态》《乐山金融》《政工研究》《乐山师范学院学报》等，县（区）社科联也创办了《社科调研》《社科研究》等内部刊物。其中四川省郭沫若研究会创办的《郭沫若学刊》，是全国唯一专门研究郭沫若的学术刊物，在国内外公开发行，在全国都有较大影响，2018年被列为国家级核心期刊。《中共乐山市委党校学报（新论）》是目前市一级党校系统仍在面向全国公开发行的三种期刊之一。

2. 思想理论工作平台建设特色鲜明

积极发挥《乐山日报·理论版》《中共乐山市委党校学报（新论）》《乐山师范学院学报》等期刊的社科理论阵地作用，每年组织全市社科理论工作者撰写理论研究文章刊发。为适应互联网等新媒体发展，乐山市委讲师团于2010年建成"乐山理论网"，开设高层要论、理论前沿、内部专区、中心组学习、嘉州论坛、理论成果等栏目。2015年，由乐山市委宣传部牵头主办，市委党校、市委讲师团、市社科联、乐山新闻网共同承办的微信公众平台"学与思"正式开通，致力于"关注理论前沿 服务改革创新"，构建起理论学习宣传的新媒体平台。"乐山师范学院教师在线学习"网络平台也相继建成运行，较好地满足了广大社科工作者交流学习的需要。

（四）推进社科普及常态化

乐山市社科联认真贯彻落实《四川省科学技术普及条例》，着力构建常态社科普及机制，加强社科普及阵地网络建设，广泛组织开展特色鲜明的社科普及活动，有力提升了广大群众社科素养和人文素质。

1. 社科普及基地形成网络

2009年，乐山探索开展了社科普及基地建设工作，至2010年，犍为文庙、沐川县凯德小学、沙湾区"嫘祖蚕文化陈列馆"、峨眉山市大庙飞来殿相继挂牌社科人文基地。

（1）市级社科普及基地建设加快推进。2013年，乐山市社科联与市委宣传部联合制发《乐山市哲学社会科学普及基地管理办法（试行）》，推动了市级社科普及基地建设工作。截至目前，全市共开展了2批市级社科普及基地认定工作和1次对建成满三年的市级社科普及基地的评估工作，建成"三江讲坛"社科普及基地、铁道兵博物馆社科普及基地、马边彝族自治县烟峰彝族文化普及基地、乐山市国学普及基地、丰野现代农业发展研究普及基地、雕塑艺术与农家乐文化普及基地等6个市级哲学社会科学普及基地。

（2）省级社科普及基地建设实现突破。组织条件成熟的市级社科普及基地积极申报省级社科普及基地。2013年以来，省社科联领导多次深入沐川、犍为等地实地调研指导社科普及基地建设工作，有力推动了乐山基地建设。截至目前，乐山先后建成沐川县农耕文化社科普及基地、根书艺术普及基地、四川世界遗产普及基地、犍为文庙儒家文化普及基地等4个省级社科普及基地。2018年又向省社科联申报了郭沫若纪念馆、金口河铁道兵博物馆2个省级社科普及基地。

（3）县级社科普及基地建设稳步发展。2013年以来，乐山市社科联按照"一个县域一个基地，一个基地一个特色"的工作思路，加强了对县级社科普及基地建设的指导，并明确要求申报市级社科普及基地的单位必须先建成县级社科普及基地。截至目前，全市已建成11个县级社科普及基地，其中五通桥区2个，沙湾区1个，峨眉山市1个，井研县4个，夹江县3个（见表2）。

表 2 乐山市社科普及基地一览表

基地级别	基地名称	基地位置	建成时间
省级	沐川县农耕文化社科普及基地	沐川县	2013 年
	根书艺术普及基地	五通桥区	2014 年
	四川世界遗产普及基地	乐山师范学院	2014 年
	犍为文庙儒家文化普及基地	犍为县	2016 年
市级	"三江讲坛"社科普及基地	市图书馆	2013 年
	铁道兵博物馆社科普及基地	金口河区	2013 年
	马边彝族自治县烟峰彝族文化普及基地	马边彝族自治县	2016 年
	乐山市国学普及基地	乐山师范学院	2016 年
	丰野现代农业发展研究普及基地	乐山职业技术学院	2016 年
	雕塑艺术与农家乐文化普及基地	五通桥区	2016 年
县级	巾帼英雄文化社科普及基地	五通桥区	
	抗战内迁社科普及基地		
	碧山乡中桥村蚕桑文化社科普及基地	沙湾区	
	大庙飞来殿社科普及基地	峨眉山市	
	竹园"成都战役　首战遗址"红色教育科普基地	井研县	
	千佛雷畅故居耕读文化社科普及基地		
	熊克武故居辛亥革命文化社科普及基地		
	家风家训社科普及基地		
	夹江县水情教育基地	夹江县	
	夹江县年画研究所		
	夹江县康中坝农家大院		

　　（4）社科普及基地作用发挥明显。各级社科普及基地主动加强阵地建设，组织开展形式多样、内容丰富、特色鲜明的社科普及活动。犍为文庙儒家文化普及基地常年举行成人礼、开笔礼、成童礼、祭孔礼、拜师礼、诵读国学经典等儒家传统体验活动仪式，普及中华优秀传统文化（见图3）；沐川县农耕文化社科普及基地打造具有地域特色的科普品牌——《乌蒙沐歌》实景剧；四川世界遗产普及基地坚持以"传播世界遗产，弘扬遗产地文化"为核心任务，建立基地"社区阅读中心"，招聘30名学生和留学生加入志愿者队伍开展服务，组织编撰《世界遗产知识读本丛书》。近年来，各级社科普及基地已免费接待机关干部、学生、企业员工、群众等逾30万人次，受到了广大干部群众的认可和好评。根书艺术普及基地让根书艺术走出国门，远赴新加坡、马来西亚、韩国、美国、意大利、丹麦等国家和地区开展文化交流。

图3　犍为文庙儒家文化普及基地举行成人礼

2. 人文讲坛品牌效应凸显

2007年，市社科联与市图书馆学会联合举办乐山人文社科讲坛"三江讲坛"，开启了乐山市建设社科人文讲坛的序幕。"三江讲坛"建立之初，即明确了讲坛的主要形式：邀请国内社科、文化界知名专家学者，采取专题讲座的形式，向干部群众宣传阐释传统文化、先进文化、社会科学等方面的新知识，每月开讲一期，每期一个主题或专题。自成立以来，"三江讲坛"先后邀请著名辞赋家梅隆雪川、台湾辅仁大学教授姚纪高、著名学者流沙河、国家图书馆原馆长詹福瑞等专家做专题讲座。

积极推动各级社科组织加强人文讲坛建设。2009年，犍为文庙设立"金犍讲坛"，成为全市第一家县级人文讲坛。2011年，建成"金口河讲坛"、沙湾区"沫若讲坛"等。2012年以来，逐步规范了县级人文讲坛建设，又建成五通桥区"通才讲坛"、沐川县"竹乡讲坛"、马边彝族自治县"边河讲坛"、市直机关工委"机关大讲堂"、乐山职业技术学院讲坛等，市中区社科联还建立了首个心理沙龙"嘉州心理健康沙龙"。

各级社科组织以人文讲坛为依托，不断创新工作形式，组织开展讲坛、讲座、报告会等，宣传中央、省委和市委重要会议精神和重大决策部署，传承弘扬优秀传统文化，培育践行社会主义核心价值观。犍为文庙儒家文化普及基地邀请央视《百家讲坛》走进犍为文庙，让国学大师、复旦大学教授钱文忠和中南大学教授杨雨设坛讲学。市社科联与"三江讲坛"邀请著名作家、中央党校国学签约人张建云，为全市纪委、宣传部、社科联系统干部和高校师生作"读论语，话家风"专题讲座，推动了全市"传家训、立家规、树新风"活动的开展。

3. 科普读本发挥积极作用

社科普及读本以其实用性强的特点，在社科普及活动中受到了干部群众的普遍欢迎。1986年以来，乐山市社科联先后组织社科专家学者编辑了《普法小册子》《农村政策法规100问》《"三个代表"重要思想的理论与实践》等科普读物或理论专著。2005年，成功将社科普及经费立项，制定《社科普及中长期发展规划及社科普及规划项目管理办法（试行）》，对科普读物给予必要扶持，使社科普及工作逐步向规范化、制度化迈进。先后组织编辑了《农民工维权手册》《中学生心理健康读本》《农村政策与法规》《珍爱生命保护自己——应对灾害事故的自救互救常识》《道家养身与长寿知识》《税法基本知识读本》《健康知识读本》等一批社科普及读本。2012年，进一步加大了对社科普及读本的编辑力度，组织编写《文坛巨匠郭沫若》《常态下培养最好的孩子》《乐山市革命遗址通览（1921—1949）》《"两学一做"学习教育党员读本》《乐山优秀家规家训集》《马克思主义著作精选导读》等社科普及读本，并积极争取省级社科规划项目。全市各社科组织也结合自身优势和特点纷纷编辑社科普及读本，在社科普及活动中免费向干部群众发放，为提升群众文明素养和社科素质发挥了积极作用。

4. 推进重大社科普及活动

把握"三下乡""科普活动月""科技活动周""全国科普日"等重大活动和重要节假日时机，每年组织全市社科组织、社科普及阵地参加集中科普活动，并结合自身特点，组织社科专家学者和社科工作者送科普知识到机关、学校、企业、乡村、社区、军警营、特殊群体等。特别是 2012 年以来，在"三下乡""科普活动月"中，乐山市社科联组织市级社科学会（协会、研究会）、高校社科联、社科普及基地参加集中科普宣传展示活动，向当地乡镇捐赠电脑、社科普及读本等物资，开展宣传咨询、社科讲座、义诊义检等活动，受到干部群众的喜爱和好评。

5. 创新社科普及形式

一是加强社科组织合作。促进学会（协会、研究会）与社科普及基地、社科普及基地之间合作，丰富社科普及宣传内容，创新社科普及宣传形式。2015 年，乐山根书艺术普及基地与成都文理学院书法艺术普及基地结为友好基地，共同推动基地建设；2016 年 3 月，乐山市金融学会（中国人民银行乐山市中心支行）与"三江讲坛"（市级科普普及基地）签署诚信文化教育合作备忘录，推出征信系列专题讲座；四川世界遗产普及基地和沐川农耕文化普及基地联合开展社科普及交流活动等。二是拓展社科普及活动形式。四川世界遗产普及基地携手乐山市市中区白塔街社区，建立"乐山师范学院四川世界遗产普及基地社区阅读中心"，组织科普志愿者对社区儿童进行导读服务。沐川县农耕文化社科普及基地打造具有地域特色的科普品牌——《乌蒙沐歌》实景剧；根书艺术普及基地先后与成都锦途教育培训机构、成都泡桐树中学、重庆市北碚区三圣镇初级中学、乐山市中区实验小学等 4 所学校合作开展研学活动，与五通桥区教育局合作开展"根书艺术讲坛走进校园"活动，和韩国映像大学开展"致敬国学"等传统文化之旅研学活动，传播优秀传统文化。

（五）加强人才队伍建设

人才队伍是哲学社会科学的基础和保障，乐山市社科联着力壮大社科人才队伍，不断提升人才队伍素质，努力培育高素质哲学社会科学人才队伍。

1. 抓好阶段性人才队伍培养工作

中华人民共和国成立以后至 20 世纪 80 年代初的很长一段时期，乐山市社科联举办乐山地委干部训练班、理论班、轮训班、中青年干部班、读书班、县干班、宣干班等 232 期，培训积累了一大批政治素质过硬、理论功底深厚的社科人才。

2. 大规模集中培训人才队伍

改革开放以后，针对干部群众中存在的思想认识问题，发展社会主义市场经济出现的问题，乐山社科联通过理论研讨、学术研究、讲习班、外出学习考察等形式培养社科人才，先后组织召开了社会主义精神文明建设和现阶段阶级斗争问题理论讨论会、建设有中国特色的社会主义理论研讨会、发展乐山社会主义市场经济研讨会、四川省建设社会主义新农村研讨会、"关贸总协定"讲习班等，为繁荣发展社会科学事业奠定了人才基础。1988 年，市社科联建立了"四川省函授辅导中心乐山工作站""西南政法大学法律专业自考函授辅导站乐山分站"，开始为培养大专人才服务，到 1995 年培养大专人才 1500 余名。随着全国高校扩招，市社科联大专教育、干部函授教育逐步退出历史舞台。

3. 培育高素质哲学社会科学人才队伍

2012 年以来，采取多种形式进一步加强社科人才队伍建设。

（1）实施哲学社会科学人才工程。实施以育人育才为中心的整体发展战略，构筑学生、学术、学科一体的综合发展体系。实施马克思主义领军人才计划、巴蜀文化名家暨"四个一批"人才工程、"社科菁英"等人才培养引进计划，扎实推进"嘉州英才"和"十个一批"行动。

（2）建立哲学社会科学培训制度。通过召开代表大会、理事会、常务理事会、秘书长工作会，采取专项培训、学习考察、研讨交流等形式，努力提高社科人才的学习能力、研究能力、实践能力和创新能力。2012年以来，先后选派社科工作者50余人次参加全省基层社科联片区培训会，推荐5名社科工作者参加省委党校哲学社会科学教学科研骨干研修班学习，先后承办了多次省级培训班、交流会等，如全省基层社科联工作培训会、全省基层社科联学习贯彻党的十九大精神（乐山片区）培训班（见图4）、省社科联专题培训会、"第五届成都经济区建设与发展学术交流会"。

图4　全省基层社科联学习贯彻党的十九大精神（乐山片区）培训班

（3）加强学术道德和学风建设。大力弘扬崇尚精品、严谨治学、注重诚信、讲求责任的优良学风，营造风清气正、互学互鉴、积极向上的学术生态。加强科研诚信建设，建立健全责任体系和工作机制，教育引导哲学社会科学工作者树立良好学术道德。

（4）推进乐山新型智库建设。统筹推进党校（行政院校）智库、高校智库、社会智库等各类智库协调发展，加强市级智库建设，努力打造定位明晰、特色鲜明、规模适度的乐山智库群，构建优势互补、资源共享、成果同创的工作格局。通过系统构建结构合理的哲学社会科学人才体系，努力培养一批具有清醒政治头脑、扎实理论功底、锐意进取、勇于创新的社科理论专家、学科带头人和中青年学术骨干。

（5）建设乐山社科专家数据库。2005年开展了社科人才、社科顾问团成员和社科学术委员会成员的推荐、资料收集工作。收集人才资料114人（份），其中政法类42人，经济类33人，人文类39人，初步建起了乐山社科人才库。目前，乐山社科专家数据库入库专家共计681人，其中经济类50人、法学类22人、教育类94人、政史类37人、文化类132人、自然学科类19人、综合类49人、区县254人，社科联24人。市社科联加强了对入库专家的分类指导和管理工作，充分发挥了社科专家学者的作用。

4.加强人才激励和奖励措施

（1）规范对社科高层次人才的评定工作。与市级相关部门共同做好了哲学社会科学拔尖人才、学术带头人及后备人选评定工作。2018年，建立起由市社科联牵头组织推荐社科高层次人才的工作机制。

（2）坚持开展乐山市社科联系统先进评选活动。1984年，开展了学会先进集体和学会工作积极分子评比工作，评选出5个先进集体、30名学会工作积极分子，由此开始了两年一次的"双评"活动。2012年以来，坚持了一年一次的社科联系统先进评选活动，评选先进县（市、区）社科联，评选学术工作、组织建设、科普工作、学会管理、信息工作单项先进，评选学会（协会、研究会）先进单位和社科系统先进个人。2018 年将对县（市、区）单项先进的评选工作调整为对学术工作、科普工作、学会管理和信息工作。

（3）加大奖励和资助力度。一是明确对社科优秀成果获奖作者的政策支持。2002 年《乐山市社会科学优秀成果评奖办法》发布施行时，就明确了对获奖项目给予奖金奖励，并把获奖通知书装入本人档案，作为考核、晋级、评定专业技术职称以及享受有关待遇的重要依据。2012 年以来，经市社科联积极争取，对奖金实行了逐步上调，高校社科联（科研处）、部分县（市、区）社科联、市级社科学会（协会、研究会）对获奖成果也相应给予奖金奖励。二是对市级社科课题实行经费资助。2004年，争取到社科科研经费，实行了重大课题专项津贴制，重点扶持国家级、省级和市级重大课题。2012 年，对市级社科研究重点课题和社科普及课题给予经费资助。高校社科联（科研处）、部分县（市、区）社科联、市级社科学会（协会、研究会）也对研究课题给予了配套资金。特别是乐山师范学院高校实施了《科研奖励与资助办法（修订）》《乐山师范学院科研工作奖励办法》《乐山师范学院科研奖励与资助办法（试行）》，加大奖励力度，大大提高了全校科研工作者的积极性。三是对社科普及基地给予经费资助。自开展市级社科普及基地认定工作以来，对经认定的市级社科普及基地均资助了一定的建设和活动经费。

乐山市推动哲学社会科学繁荣发展的主要成就

（一）社科成果得到有效转化

全市社科界坚持有为才有位、有质量才有权威的社科工作理念，着眼于服务市委、市政府中心工作，切实加强课题研究，力促成果转化。2012年以来，社科联指导并组织开展了11个国家社科基金项目、118个省部级社科课题和415项市级课题研究。市社科联编辑《重要成果专报》38期，受到省、市领导和省社科联主要领导批示29人次，相关对策建议得到积极采纳和有效转化。2012年以来，市社科联共编辑《重要成果专报》38期，受到省、市领导和省社科联主要领导批示29人次，相关对策建议得到积极采纳和有效转化。在乐山市第十五次、十六次、十七次哲学社会科学优秀成果评奖工作中，共评选出社科优秀成果286项，其中市政府奖186项，社科优秀奖100项。全市社科界获省政府奖12项，四川省社会科学院市（州）县院所优秀科研成果11项，充分展示了乐山社科界的学术研究水平。

1983年以来，乐山社科研究成果成效显著。《振兴农村经济的当务之急——开发农村智力》在青岛国际学术会议上交流受到好评，在亚太地区160多个国家和地区采纳和推行。专著《乐山市经济科技社会发展战略研究》被省政协副主席评价为"全国少见、全省第一。社科部门为经济建设服务走出了新路"。《中国国有土地供给模式研究》有关内容填补了国土经济学的空白，提出的政策法规建议被《国务院关于深化改革严格土地管理的决定》和国土资源部采纳。《社会主义初级阶段商品经济的理论与实践》是十三大召开前省内最早比较系统论述社会主义初级阶段基本特征和初级阶段商品经济的专著。《乐山市人才资源向人才资本转变研究》《乐山市企业人才资源向人才资本转变的对策思考》《峨眉山——"中国第一山"国际旅游研究》《关于进一步推动民间资金向民间资本转化研究》《创建学习型城市研究》《乐山市民众创业的对策研究》等成果均转化为市委市政府重大决策。《乐山旅游业发展中的问题与对策》研究成果获副省长批示。

2012年以来，社科研究成果丰硕。2014年开展了省级重大课题"加快建设国际旅游目的地的对策研究"研究，为乐山建设世界重要旅游目的地提供了理论支撑。《城市病成因及对策研究》为乐山城市建设发挥了积极作用。《普通党员坚定理想信念的路径探索》受到省委书记和省委常委、宣传部部长批示。配合省社科院开展流域经济调研，为此形成的《关于成都、乐山、德阳三市共建"成都港"的建议》，推动了乐山港航电建设。《乐山景观农业旅游开发研究》获市委书记、市长和省社科联主要领导批示。2018年，在代市委拟定《关于加快构建中国特色哲学社会科学的实施意见》中，市社科联在全市社科界组织开展了专题调研，形成调研文章《进一步繁荣发展全市哲学社会科学的思考》，提出的建议意见被市委采纳。

（二）世界重要旅游目的地研究系统深入

乐山市社科联始终坚持把乐山旅游发展作为一项重要研究，组织全市社科工作者广泛开展课题研究，为乐山旅游发展做出了突出贡献。2018年，省委赋予了乐山建设世界重要旅游目的地的定位，在市委提出"旅游兴市、产业强市"后，乐山市社科联在代市委拟定《关于加快构建中国特色哲学社会科学的实施意见中》，将"加强世界重要旅游目的地研究"作为了当前和今后全市社科界的重要研究领域之一。

1. 形成旅游研究合力

积极推动旅游研究基地建设，依托乐山师范学院高层次人才汇聚优势，建成四川旅游发展研究中心、四川省旅游局遗产旅游重点研究基地、四川世界遗产普及基地等。同时，充分发挥课题规划的导向作用，加大旅游课题立项，倡导联合攻关模式，服务全市旅游发展。2012年以来，规划开展了五十余项市级相关课题研究，推出了一系列社科研究成果。

2. 加强前瞻性课题研究

1986年，市社科联就提出了发展乐山旅游经济的概念，报请市委下达了"乐山市旅游经济发展战略"课题研究任务，并召开了研讨会，省级相关部门领导和成都、重庆、贵州、杭州、桂林等风景名城代表一百多人参会，为乐山旅游发展献计献策。会后整理33条建议，向市委、市政府和有关部门提出书面报告。至1994年，先后组织开展了3次大型理论研讨和专题研究，出版《乐山旅游发展战略》《乐山旅游与地方文化》《乐山旅游经济发展研究》《乐山市文化产业研究》等论文集。2014年围绕省级重大课题"加快建设国际旅游目的地的对策研究"，组织相关专家学者赴11个县（市、区）、市级有关部门和景区实地调研，召开座谈会掌握第一手资料，形成了高质量的研究成果，为乐山建设世界重要旅游目的地提供了理论支撑和智力支持。围绕文旅融合发展，构建旅游新业态，推动全域旅游，先后组织开展了"乐山发展医疗旅游的可行性及对策研究""积极发展创意旅游　加快乐山国际旅游目的地建设""做活'水'文章　建设风景区""提升乐山旅游品牌形象的文创产品设计研究""基于旅体融合的乐山体育赛事品牌塑造与推广研究""基于'互联网＋'的乐山乡村智慧旅游研究""乐山'三江汇'音乐产业基地建设思考"等课题研究。《乐山景观农业旅游开发研究》获市委书记、市长和省社科联主要领导批示。

3. 服务市委市政府重大决策部署

1996年，围绕峨眉山－乐山大佛申报世界文化与自然遗产，出版了《天下名山峨眉山》等系列读本。2003年，《峨眉山——"中国第一山"国际旅游研究》成果转化为市委市政府重大决策，推动了"中国第一山"建设。2006年，围绕把旅游大市建成旅游强市，组织开展了"乐山旅游业发展中的问题与对策"研究，并获副省长批示。2012年以来，围绕建设世界重要旅游目的地，组织开展了"国际旅游目的地背景下提升乐山旅游目的地形象的对策研究""以旅游综合改革为牵引推进峨眉山市国际旅游目的地建设""乐山市旅游先行区发展对策研究""发展全域旅游　建设四川旅游首选地"等课题研究。围绕办好四川国际旅游交易博览会，组织开展"四川旅游会展对区域发展的影响研究""乐山国际旅游博览会参展商满意度研究""乐山会展经济发展对策研究""旅游博览会背景下乐山市志愿者组织的项目化管理模式研究"等课题研究，并与市委宣传部、市旅游体育委等6部门联合开展"旅博会之后乐山旅游如何发展"大家谈征文活动，编撰《乐山旅游文化科普读本——乐山地方名小吃（中英文对照）》发放与会领导和嘉宾，受到肯定和好评。

（三）沫若文化研究特色彰显

乐山积极打造沫若文化品牌，发挥四川省郭沫若研究会、四川郭沫若研究中心、《郭沫若学刊》、乐山沫若书院、郭沫若纪念馆各自的优势，加强校地合作，深入开展沫若文化研究，取得了显著成效。

1. 建立四川郭沫若研究中心学术阵地

四川郭沫若研究中心前身为成立于1983年的乐山师专郭沫若研究室，为全国较早成立的郭沫若研究机构之一，是集郭沫若文化研究和开发为一体的科研实体，由四川省社科联、省教育厅和乐山师范学院共同建设，2005 年 11 月建成四川省教育厅人文社会科学重点研究基地，2007 年 10 月建成四川省哲学社会科学重点研究基地。

（1）坚持以创建"郭沫若学"为目标。四川郭沫若研究中心始终坚持以学术为根本，以学术活动为中心，以学刊为载体，以学者为依托，以质量为保证，实现郭沫若研究学术活动形式的多样化，高起点、高质量推进和深化了郭沫若研究。每年对外发布郭沫若研究课题，团结了国内外一大批郭沫若研究专家学者，2014 年以来，中国社会科学院、清华大学、中国人民大学、复旦大学、武汉大学、南京大学等近 60 家国内外高校及科研机构承担课题项目 102 项。

（2）推出了一批重要研究成果。完成了"清末民初启蒙读物对郭沫若成长影响研究""日本视域下郭沫若文论的话语转型研究""文化碰撞中的郭沫若旧体诗词研究"等国家级、省部级郭沫若研究课题十余项，出版了《郭沫若家世》《郭沫若文艺与史学思想新论》等专著，多篇研究文章被中国人民大学复印报刊资料《中国现代、当代文学研究》《历史学》《郭沫若研究年鉴》等全文转载。其中《郭沫若研究文献汇要》作为郭沫若研究的一项继往开来的基础性工作，既保存了以往郭沫若研究的重要文献，又为将来的郭沫若研究打下坚实的基础，2014 年荣获四川省第十六次社会科学优秀成果二等奖。

（3）扩大了中心的学术影响。与中国郭沫若研究会等科研机构和高校紧密合作，承办了"首届巴蜀文化名人与巴蜀地域文化学术论坛""民族复兴视野中的郭沫若""鲁迅、郭沫若与近代以来的民族复兴运动"等 5 次高水平的学术研讨会。加强国际国内学术交流，组织参加"郭沫若全集补编"编辑体例讨论会、"抗战中的郭沫若与茅盾"、"郭沫若与新文化运动——中国郭沫若研究会首届青年论坛"、"北伐前后的郭沫若——中国郭沫若研究会第三届青年论坛"、"第二届大西南文学论坛"、"第五届国际郭沫若学会国际研讨会"等学术研讨交流活动。

2. 提升四川省郭沫若研究会学术影响力

1982 年 11 月成立"郭沫若研究学会"，1985 年与"四川省郭沫若研究学会"合并为"四川郭沫若研究学会"，2012 年更名为"四川省郭沫若研究会"。四川省郭沫若研究会自成立以来，坚持面向全国、立足四川、扎根乐山，以弘扬沫若文化为己任，主办或承办、协办了"郭沫若与爱国主义""抗日战争时期的郭沫若""郭沫若与传记文学""郭沫若与中外文化""郭沫若与传统文化""郭沫若与中国科学文化""郭沫若与新中国""郭沫若与新世纪"等重大学术会议。特别是 2007 年在乐山召开了"当代视野下的郭沫若研究"国际研讨会，来自日本、韩国、德国和全国高校、科研机构的郭沫若研究专家近 100 人参会；2012 年郭沫若 120 周年诞辰之际，召开了"郭沫若与文化中国——纪念郭沫若诞辰 120 周年国际学术研讨会"，来自中国、韩国、德国、斯洛伐克、克罗地亚等国的 120 余位专家学者参加，在国内外产生了较大影响（见图 5）。

3. 形成《郭沫若学刊》办刊特色

《郭沫若学刊》创刊于 1987 年，是全国唯一公开发行的以郭沫若为研究对象的专业学术刊物，学刊被中国核心期刊（遴选）数据库、中国知网、万方数据知识服务平台、维普期刊资源整合服务平台等数据库收录，2018 年入选中国社会科学院《中国人文社会科学期刊 AMIA 综合评价报告》核心期刊目录，迄今连续出版 128 期。

学刊始终坚持实事求是、公正严谨的学术原则，致力于发掘郭沫若创造的宝贵精神文化财富，注重凸显《郭沫若学刊》的办刊特色。近五年来，对郭沫若重要生平和重大历史事件，以专栏形式组织《纪念中国人民抗日战争暨世界反法西斯战争胜利七十周年》《〈甲申三百年祭〉发表七十周年纪念》《纪念郭沫若归国抗战 80 周年》等系列研究文章进行探讨，为当前正在进行的《郭沫若年谱长编》《〈郭沫若全集〉集外补编》等学术工程提供了丰富的史料基础。并相继推出《〈讲真话的书〉出版二十五周年》《纪念艾芜逝世二十四周年》《纪念敬隐渔诞辰 115 周年》等系列纪念专栏。

图 5　郭沫若与文化中国——纪念郭沫若诞辰 120 周年国际学术研讨会

4. 推动沫若文化阵地建设

2017 年成立的乐山沫若书院，以"崇文弘德，成风化人，凝聚人才，厚植文脉，兼容并蓄，传承创新"为宗旨，主要承担传承国学文化、深化学术研究、举办论坛讲座、创办文化沙龙、开展培训交流、组织游学研习等六项工作任务，具有传承、学术、讲学、服务四大功能，设有郭沫若研究组、文学艺术组、地方文史组 3 个小组，先后邀请谭继和、蔡震、宁强等著名专家学者走进"沫若讲堂"，作中国传统文化、巴蜀文化、郭沫若等方面的专题讲座，编辑出版《沫若书院》院刊，传承中华优秀传统文化，弘扬乐山地域文化。为发挥沙湾郭沫若故居作用，沙湾区近年来重建了郭沫若纪念馆，2017 年举办了纪念郭沫若 125 周年诞辰系列活动。2018 年，中国社科院把郭沫若纪念馆作为"中国社会科学院青年人文社会科学研究中心研究基地"。

（四）社科评奖持续推进

1. 抓好市级社科优秀成果评奖

乐山市社科联自 1983 年成立以来即开始了社科优秀成果评奖工作，当年便组建了地区评奖委员会和评审小组，制定评奖办法，评选出 78 个获奖项目。1992 年起，乐山社会科学优秀成果评奖实行定性与定量相结合、学会评审与专家评审相结合、学术性与社会效果相结合的三结合原则，使评奖更具有民主性、科学性、权威性。2002 年，乐山市人民政府第 41 次常务会议审议通过了《乐山市社会科学优秀成果评奖办法》，以《乐山市人民政府令》第 13 号发布施行，这在乐山尚属首次，在全省各市地州也是第一次。2018 年，乐山市印发了《中共乐山市委关于加快构建中国特色哲学社会科学的实施意见》，进一步明确了坚持每两年一次的乐山市哲学社会科学优秀成果评奖。目前，乐山已组织开展了 17 次哲学社会科学优秀成果评奖。在 2017 年第十七次哲学社会科学优秀成果评奖中，共评选出 62 项市政府奖，其中一等奖 4 项，二等奖 23 项，三等奖 35 项。2019 年启动了第十八次哲学社会科学优秀成果评奖。

2. 积极组织参加省上评奖

一是组织参加四川省社会科学优秀成果评奖。1983 年市社科优秀成果评奖后，从获奖项目中推选出 22 个参加全省评奖，并获得了 12 个项目的省政府社会科学科研成果奖，包括二等奖 2 个，三等奖 8 个，四等奖 2 个。由此，我市每次均积极组织参加四川省社会科学优秀成果评奖。2012 年以来，进一步规范了四川省社会科学优秀成果评奖乐山初评工作，确保推荐的社科成果更能代表乐山的学术水平，先后组织参加了四川省第十五次、十六次、十七次社会科学优秀成果评奖，获省政府奖 12 项，包括二等奖2项，三等奖10项。二是组织参加省社科院评奖。2011年以来，组织参加省社科院市（州）县院所优秀科研成果评奖4次，获一等奖1项，二等奖5项，三等奖5项。

3. 推进基层社科组织评奖工作

犍为县、沐川县、五通桥区等组织开展了县级社会科学优秀成果评奖；市邓小平理论研究会、市教育学会、市纪检监察学会、市税务学会、市金融学会、市法学会等市级社科学会（协会、研究会）也组织开展了社科优秀成果评奖。乐山师范学院社科联自2000年起，不断完善《乐山师范学院科研成果评奖办法》，坚持每两年开展一次哲学社会科学科研成果评奖。

4. 通报表扬哲学社会科学优秀成果

为营造哲学社会科学工作的浓厚氛围，乐山市政府在每次评奖结束后，均召开授奖或颁奖大会，并对获奖项目予以通报表扬。特别是在2012年，比照市两会规格隆重召开了乐山市社科联第七次代表大会暨第十四次社会科学优秀成果颁奖大会，通报表扬了60项市政府奖获奖项目，市政府主要领导出席大会并为获奖作者代表颁奖（见图6）。此后于2014年、2016年、2018年召开了3次乐山市哲学社会科学优秀成果颁奖大会。

图6　乐山市社科联第七次代表大会暨第十四次社会科学优秀成果颁奖大会

（五）学术影响不断扩大

乐山学术活动始终把握研讨课题与党委政府的中心任务和部门的业务工作相结合，参加研讨交流的人员由领导干部、理论工作者、实际工作者三方面结合，理论讨论与献计献策相结合，以丰富的形式和富有成效的成果，扩大了乐山社科学术的影响。

1. 坚持请进来开阔视野

坚持理论研讨紧紧围绕中央和省委、市委重要会议精神重要决策部署来开展，邀请知名专家学者来乐，通过举办专题讲座、报告会和国际国内学术研讨会开阔视野，促进人才成长，推进学术研究。1983年以来，先后邀请美国著名教授英格尔斯，以及中国人民大学、北京大学、四川大学、西南交通大学、省社科院的知名专家教授来乐进行了"人和社会的现代化问题""马克思主义哲学与现代化""郭沫若与考古"等专题学术报告。2017年，市社科联与"三江讲坛"邀请著名作家、中央党校国学签约人张建云，为全市纪委、宣传部、社科联系统干部和高校师生开展"读论语，话家风"专题讲座。

市内高校开设法律讲堂、国学讲堂和"成都理工大学工程技术学院学术大讲堂"，创办"百咖讲堂"学术讲座品牌,先后邀请韩国经济学学者、尼泊尔驻华大使利拉马尼·鲍德尔,以及来自西南交通大学、南京审计学院等的知名专家学者来乐开展专题讲座,面向师生举办了旅游发展与乡村振兴战略、中国传统管理学术思想等学术讲座,准确把握学科前沿发展方向,促进了我市哲学社会科学相关研究领域的发展。

2. 繁荣市内学术活动

市社科联成立以来,围绕学习宣传贯彻党的路线方针政策,组织召开了建设有中国特色的社会主义理论讨论会、"三个再认识"讨论会、纪念真理标准讨论 20 周年座谈会等。会同省社科联、省社科院和四川大学,先后在乐山举行了"第五次全国社会主义社会辩证法学术研讨会""社会主义社会认识论讨论会""非洲史讨论会""爱国主义研讨会"等全国性学术理论讨论会。

2012 年以来,进一步加强了理论研讨工作。配合开展提炼"乐山精神"表述语大讨论活动,2012 年两次牵头组织召开社科专家座谈会,2013 年组织全市社科界举办"乐山精神"研讨座谈会,深入阐释宣传"乐山精神",为"乐山精神"表述语的出台做出了贡献。2015 年,乐山市社科联成功承办了"第五届成都经济区建设与发展学术交流会"(见图 7),来自成都经济区 8 市的社科专家学者纷纷交流献策,会后整理形成学术成果报告,提出对策建议,获市委、市政府主要领导批示,组织工作和学术研究工作得到省社科联和市领导肯定。与市委宣传部联合开展"深化从严治党的乐山实践,构建良好政治生态"征文活动,有力推动了全市中心工作。2017 年,与市委宣传部联合召开乐山城市形象宣传语专题研讨会,组织社科专家学者为提炼"乐山城市形象宣传语"建言献策。2018 年,与市委宣传部联合召开了"乐山市庆祝改革开放 40 周年理论研讨会",评选出 10 篇优秀征文,1 篇征文入选四川省庆祝改革开放 40 周年理论研讨会。

图 7　第五届成都经济区建设与发展学术交流会

乐山市社科联指导高校社科联、市级学会(协会、研究会)结合自身特点,积极开展学术研讨交流活动。2012 年以来,市内社科组织举办了"干在实处　走在前列""嘉州法治建设学术交流会""四川旅游发展研究中心 2016 年学术年会——第四届旅游高峰论坛""转型升级·乐山经济发展论坛"等理论研讨会、学术交流会、论坛两百余场次,活跃了学术氛围,提升了学术水平。

3. 走出去扩大影响

改革开放以来,市社科联和市内部分学会,分期分批地组织学会干部到省内外的一些先进地区、沿海特区考察学习,开阔眼界,解放思想。邀请和接待了全国各地的社科联、学会干部来乐交流经验,探讨社科联工作,促进了我市社科工作。

2012 年以来，市社科联组织市内社科组织、社科专家学者积极撰写理论文章和交流材料，参加了 5 次"全国大中城市社科联工作会"、5 届"成都经济区建设与发展学术交流会"，以及"全国省（区）市社科联中国——东盟经济发展研讨会""乡村振兴战略与中国特色古镇建设研讨会""2015 年四川省党风廉政建设专题理论研讨会""川南文化论坛"等学术交流活动共 20 余次，在会上做交流发言，一大批社科研究成果获奖，有力提升了乐山社科学术研究水平。2018 年参加全国大中城市社科联工作会时，乐山市社科联受邀作了"践行社会主义核心价值观　助力地方文化建设"主题发言，取得了较好反响。

四

乐山市推动哲学社会科学繁荣发展的经验启示

70 年来，特别是党的十八大以来，乐山的哲学社会科学繁荣发展取得了丰硕成果，同时也积累了宝贵的经验，为进一步繁荣发展全市哲学社会科学提供了重要借鉴和启示。

（一）党的坚强领导是哲学社会科学繁荣发展的政治保障

乐山市社科联的成立，以及社科开展的每一项工作，所取得的每一项成绩都和市委、市政府的重视和关心密不可分。市社科联召开代表大会时，市委书记或市长都到会做重要讲话，对全市社科组织和社科工作者提出期望和要求。2002 年市政府以《乐山市人民政府令》第 13 号发布施行《乐山市社会科学优秀成果评奖办法》，使乐山哲学社会科学优秀成果评奖工作有了政策保障，在《办法》中更是要求把获奖者的获奖通知书装入本人档案，作为考核、晋级、评定专业技术职称、享受有关待遇的重要依据，充分体现了市委、市政府对社科工作者的关心厚爱。在我市开展的哲学社会科学优秀成果评奖工作中，市委、市政府分管领导分别担任评委会主任、副主任，积极协调解决困难问题；召开颁奖大会时，均有市领导出席会议并发表讲话，为获奖作者颁奖，他们为乐山社科事业的发展倾注了大量心血。特别是党的十八大以来，习近平总书记发表了"5.17"重要讲话后，中央、省委相继出台了《关于加快构建中国特色哲学社会的意见》和《实施意见》，市委也庚即出台了《关于加快构建中国特色哲学社会的实施意见》，成为繁荣发展新时代乐山哲学社会科学的纲领性文件。正是各级党委政府对社科事业的重视和关心，才有了乐山社科事业今天的成就。

（二）坚定政治方向是哲学社会科学繁荣发展的根本保障

哲学社会科学工作作为意识形态工作的重要组成部分，坚持正确的政治方向是首要的政治任务，也是全市哲学社会科学繁荣发展的根本保障。乐山市社科联始终坚持以马克思主义为指导，坚定以习近平新时代中国特色社会主义思想统揽社科工作，通过开展党的群众路线教育实践活动、"三严三实"专题教育、"两学一做"学习教育等，不断增强"四个意识"，坚定"四个自信"，做到"两个维护"，时刻牢记社科工作的重大使命，毫不动摇地坚持正确的政治方向。全面落实意识形态工作责任制，切实增强责任意识、风险意识、阵地意识，提高对意识形态风险预判防控的能力，加强对社科组织、社科阵地的指导和管理，坚持用中国化马克思主义武装全市社科工作者，坚持把中国特色社会主义理论体系贯穿到学科建设、人才培养、科学研究、教材编写、学术评价等环节，落实到各个方面。制定了意识形态工作的相关文件，与市级社科学会（协会、研究）、县（市、区）社科联、高校社科联（科研处）和省、市级社科普及基地签订了意识形态责任承诺书，确保了责任落实。加强对社科规划评奖的政治把关和导向管理，加强对社科类学术报告会、研讨会、讲座论坛等的管理，牢牢掌握了意识形态工作的领导权管理权话语权，使全市社科工作始终沿着正确的方向前进。着力让党的创新理论"飞入寻常百姓家"，面向全市干部群众，广泛深入开展习近平新时代中国特色社会主义思想宣传阐释，组织全市社科界通过网络对话、基层宣讲、学术讲座、科普活动、征文研讨等活动，引导全市干部群众把智慧和力量凝聚到实现党委、政府确定的各项任务上来，打牢全市干部群众共同奋斗的思想基础。

（三）服务中心大局是哲学社会科学繁荣发展的根本要求

坚持围绕中心、服务大局，坚持以人民为中心，是哲学社会科学工作的使命职责和根本要求，也是哲学社会科学事业的努力方向和价值体现。乐山市社科联始终牢牢把握"坚持以精品奉献人民"的要求，大力弘扬崇尚精品、严谨治学的优良学风，引导全市社科工作者围绕全市中心工作，着眼于党委、政府关注的重大理论问题和现实问题，着眼于广大人民群众关心的热点和难点问题，深入调查，潜心钻研，提真知灼见，献务实之策，推出了一大批有影响、有价值的社科研究成果，服务了全市经济社会发展。着眼于满足人民群众日益增长的美好生活需要，构建常态社科普及体系，积极打造社科普及阵地，广泛开展社科普及活动，努力提升广大群众社科素养和人文素质，切实增强了社科工作的影响力。

（四）创新是推进哲学社会科学繁荣发展的不竭动力

改革创新是时代精神的核心，也是社科工作的动力源泉。只有坚持创新，才能走出一条与时俱进、繁荣发展的哲学社会科学之路。乐山市社科联始终把握新形势下社科工作发展的特点和规律，选准工作的切入点，积极探索新机制、新办法，取得了良好效果。如在全市积极构建常态社科普及体系，探索开展了市级社科普及基地认定工作，深入推进各级人文讲坛建设，形成了三级社科普及阵地，为常态科普奠定了坚实基础；力促"学会＋基地"的社科普及形式，丰富了社科普及内容，有力提升了社科普及实效。始终注重发挥社科联"思想库""智囊团"作用，形成具有乐山特色又行之有效的科研之路，积极引导落实理论工作部门与实际工作部门的联合攻关机制，积极推进校地、校企合作，有效整合了全市社科研究力量，攻关重大课题，推出了一大批精品力作，为各级党委政府科学决策提供了参考，成果得到有效转化。

（五）团结组织服务广大社科工作者是社科联工作的重要职责

市社科联是市委、市政府联系广大社会科学工作者的桥梁和纽带，是全市社会科学界的联合组织，承担着组织动员全市干部群众为完成市委、市政府的中心任务而共同奋斗的重大责任。团结和组织全市广大社科工作者，为全市广大社科工作者服务，是市社科联的一项重要的工作。乐山市社科联切实加强"四力"建设，贯彻落实习近平总书记"四个坚持"的要求，努力承担起"培根铸魂"的神圣职责，不断提高团结引领、联络协调、服务管理的能力，增强社科联的吸引力、引导力和凝聚力。充分发挥社科联"联"的功能和"合"的优势，在全市社科界营造既坚定正确导向又有学术自由，既管理到位又充满人文关怀的氛围，努力为社科工作者办实事、办好事、解难事，真正把市社科联建成"社科工作者之家"，为全市广大社科工作者提供施展才华、发挥作用、展示自身的平台。

乐山市社科联课题组

成员：蒋勤勇、张曦、王震宇、叶翔苓、唐玉洁、代文婷

NANCHONG SHI PIAN

南充市篇

四 川 哲 学 社 会 科 学 70 年

导言

　　中华人民共和国成立以来，中国特色哲学社会科学在南充从无到有，蓬勃发展，取得了可喜成就。在组织机构和阵地建设方面，南充市社科联配备了专门的编制、人员、经费，各县（市、区）社科联也有专（兼）职人员和工作经费，一大批社科团体如雨后春笋纷纷成立。在人才队伍培养方面形成了规模适中、专业过硬的社科管理人才队伍、社科研究人才队伍和社科普及人才队伍，为社科管理事业、研究事业、普及事业的顺利开展打下了坚实的人才基础。在社科工作方面，社科课题研究、社科学术交流、社科普及活动常态化开展，频率高、规模大、影响广。70年来，涌现了一大批高质量的基础理论研究成果和应用对策研究成果，为我国社科理论创新做出了贡献，也为南充全面建设小康社会、开创有中国特色社会主义事业新局面提供了思想保证、精神动力和智力支持；70年来，全市哲学社会科学研究水平不断得到提高，产生了一大批全市乃至全省、全国知名的社科专家；70年来，南充市人民群众的社科文化素养不断提高，社会主义思想和文化深入人心，社科知识的广泛普及为全市上下一心、共谋发展、共创辉煌起到了统一思想、凝心聚力的作用；70年来，各地社科工作者在挖掘本地特色地域文化方面做出突出贡献。阆中的春节文化、蓬安的相如文化、仪陇的朱德文化驰名全省乃至全国，已成为一张张城市名片，在树立良好城市形象、打造独特城市品牌、吸引投资、发展旅游、增强城市竞争软实力方面发挥了重要作用。

三

南充市哲学社会科学 70 年概况

（一）组织机构

1989 年 4 月成立"南充地区哲学社会科学学会联合会"，南地编发〔1989〕117 号文件明确社科联机关编制 4 人；南地编发〔1991〕180 号文件明确社科联为正县级行政单位，内设编辑部为区科级。1993 年 10 月南充撤地建市，社科联更名为"南充市社会科学界联合会"。1994 年起市委决定市社科联设专职副主席 1 名（1994 年前均为兼职副主席）。南委厅〔1997〕36 号文件明确市社科联为正县级行政单位，内设 1 个中层机构为南充市哲学社会科学规划评奖办公室。1998 年市社科联机关"入轨"公务员系列管理体制。2001 年市委批准（南委办〔2001〕80 号）建立市社科联党组，核定机关事业编制为 4 名。其中，党组书记、专职副主席 1 名，科级领导职数 1 名。主席、副主席、秘书长按章程选举产生。2011 年经市委机构编制委员会同意增设综合科，增配正科级领导职数 1 名；增核事业编制 2 名。2013 年经市委机构编制委员会同意，增设科普部，增核副主席（兼秘书长）领导职数 1 名、正科级领导职数 1 名、事业编制 2 名。目前，市社科联机关事业编制 8 名，其中，党组书记、主席 1 名，党组成员、副主席兼秘书长 1 名；内设机构 3 个，正科级领导职数 3 名。

（二）人才队伍

南充市社科联建立之初，社科人才队伍主要集中在教育领域，由高校系统、党校系统、中初等教育系统组成，随着视野的扩大和应用研究的需要，又把党政部门研究系统纳入了社科人才队伍之中。在党的十一届三中全会精神指引下，一批社科学会、协会、研究会纷纷成立。2008 年后，县级社科联陆续建立。目前，全市社科人才队伍由高校系统、党校系统、党政部门研究系统、社科学术团体系统、中初等教育系统"五路"社科大军构成，总人数十多万人，各层次社科人才四万多人。

（三）阵地建设

《南充社科论坛》是南充市社科联的会刊，由先前的《南充社会科学》更名而来。

《重要成果专报》是南充社科界为地方党政科学决策提供智力支持的阵地。根据社科研究成果情况，适时向市委、市政府或相关职能部门报送。

其他社科刊物：《决策与实务》（中国共产党南充市委员会主办）、《南充机关党建》（中共南充市直机关工作委员会主办）、《南充建设》（南充市住房和城乡建设局主办）、《西华师范大学学报（哲社版）》等。

网站："南充市社会科学界联合会"网站。

社科研究基地 15 个：国家体育总局研究基地 1 个（体育文化研究基地），四川省哲学社会科学重点研究基地 3 个（四川省教育发展研究中心、四川省大学生思想政治教育研究中心、西部区域文化研究中心），四川省教育厅重点研究基地 1 个（四川基层卫生事业发展研究中心），南充市哲学社会科学重点研究基地 10 个（南充历史名人研究中心、乡村振兴发展研究中心、名老中医医案研究中心、心理健康教育研究基地、学前教育发展研究中心、革命老区留守儿童研究基地、体育公共发展研究中心、电商物流发展研究中心、现代职业教育发展研究中心、宗旨教育研究中心）。

社科普及基地 14 个：四川省哲学社会科学普及基地 5 个（川北历史文化普及基地、春节文化普及基地、朱德故里革命传统教育普及基地、司马相如普及基地、健康文化普及基地），南充市哲学社会科学普及基地 9 个（德乡文化和两德精神传承普及基地、丝绸文化普及基地、张澜思想教育基地、陈寿暨《三国志》普及基地、红色文化教育基地、会计文化普及基地、落下闳文化普及基地、应急救援知识普及基地、廉政文化普及基地）。

三

南充市推动哲学社会科学繁荣发展的基本实践

（一）组织机构建设

根据《南充市社科界联合会章程》规定，市社科联的最高权力机构为会员代表大会。会员代表大会每5年召开1次，目前共召开代表大会5次。代表大会听取和审议上届委员会工作报告，决定社科联的工作方针和任务，制定和修改章程，选举产生新一届委员会。委员会为会员代表大会闭会期间的执行机构，由会员代表大会选举产生，任期5年，可连选连任。委员会选举主席1人、副主席兼秘书长1人、兼职副主席若干人和常务委员若干人，组成常务委员会；同时，推举名誉主席和聘请顾问。在委员会闭会期间，常务委员会主持会务工作。委员会每年召开1次，听取工作汇报，制订工作计划，决定重要事务。常务委员会每年召开2—3次，听取主席和秘书长的工作汇报，讨论决定社科联的重大事项。

南充市社科联机关为南充市社会科学界联合会的办事机构，承担南充市社科联的日常工作。

◆ 南充地区哲学社会科学学会联合会代表大会

1989年4月8日，南充地区哲学社会科学学会联合会首届代表大会在南充邮电礼堂举行。地委、地人大工委、地区行署、地政协工委、地纪委的领导出席大会，会议由地委委员、地委宣传部部长杨元生同志主持，地编委副主任敖济川同志宣读关于成立南充地区社科联的批示，地委副书记赵培善同志致开幕词，地委宣传部副部长彭书同志代表筹备组作地区社科联筹备工作报告，省社科联副主席陈国志同志到会祝贺并讲话。大会129名代表审议通过了《南充地区哲学社会科学学会联合会章程》，选举产生了南充地区社科联组织机构。

主　席：赵培善

副主席：杨元生　龙显昭　彭书

秘书长：莫尚富

常务理事会（35人）、理事会（93人）

◆ 南充市社科界第一次代表大会

1994年12月28日，南充市社科界第一次代表大会暨市人民政府第一次社科优秀成果颁奖大会在市北湖宾馆隆重举行。参会的有南充市辖九县（市）区和所属学会、协会、研究会以及驻市大专院校与有关单位的代表共逾160人。市委、市人大、市政府、市政协的领导出席大会。市委常委、宣传部部长杨元生同志致开幕词，市委书记李正培同志做了题为《进一步繁荣和发展社会科学，努力开创我市改革和建设新局面》的书面讲话，受大会主席团委托，市社科联专职副主席王绍维同志做了《振奋精神，发挥优势，再创繁荣》的工作报告，副市长、市社科评奖委员会主任王正忠同志做了评奖工作总结报告，省社科联副主席王金明同志到会指导并讲话。大会审议通过了《南充市社会科学界联合会章程》，选举产生了第一届委员会（参照外地经验，理事会改为委员会，其职能不变），最后市委副书记、市社科联第一届委员会主席蒲显福同志致闭幕词。

名誉主席：李正培　向阳

顾　问：杨元生　佘正松　张春霞　曾宪平　张家光

主　席：蒲显福

副主席：周太荣　王绍维（专职）　龙显昭

秘书长：王绍维（兼）

常务委员会（25人）、第一届委员会（85人）

◆ 南充市社科界第二次代表大会

2000年2月25日，南充市社科界第二次代表大会在市北湖宾馆举行。出席大会的代表共141人。市委、市人大、市政府、市政协的领导亲临大会指导。大会由市委宣传部副部长罗文荣同志主持，市委常委、宣传部部长张世金同志致开幕词。受大会主席团委托，市社科联专职副主席赵东同志做了《抓住机遇，同心同德，真抓实干，再创辉煌》的工作报告，省社科联党组副书记王金明出席大会并讲话。大会审议通过了《南充市社会科学界联合会章程》，选举产生了第二届委员会。最后，市委副书记、市社科联第二届委员会主席陈荣仲同志致闭幕词。

主　席：陈荣仲

副主席：董保真　谭辉旭　杨士中　罗文荣　宋先钧　赵　东（专职）

秘书长：王　军

常务委员会（23人）、第二届委员会（76人）

◆ 南充市社科界第三次代表大会

2005年12月5日，南充市社科界第三次代表大会暨市人民政府第六次社科优秀成果颁奖大会在市北湖宾馆隆重举行。出席这次盛会的有南充市辖九县（市）区和市级各学会、协会、研究会以及获奖成果代表与有关单位的代表共120余人。市委常委、市政府常务副市长、市社科评奖委员会主任蒋辅义，市委常委、宣传部部长勾春平，市人大副主任余善卫，副市长谢华国，市政协副主席李盛文等领导同志出席大会，省社科联副主席梁守勋、省社科联党组副书记何其知同志到会祝贺并讲话。大会由市长助理朱家媛同志主持。勾春平同志做了《把握战略机遇，坚持科学发展观，努力开创我市哲学社会科学工作新局面》的讲话。蒋辅义同志做了评奖工作总结报告。受大会主席团委托，市社科联党组书记、副主席赵东同志向大会作了《履职尽责，不断创新，为繁荣发展我市社会科学贡献智慧和力量》的工作报告。大会审议通过了《南充市社会科学界联合会章程》，选举产生了市社科联第三届委员会，组成了新的领导班子。

2008年5月，因工作需要，市委对市社科联领导班子主要领导进行调整，任命蒲春梅同志为市社科联党组书记。按照市社科联的章程，2009年7月25日，召开了南充市社科联三届二次常委会议，会议投票表决，选举市社科联党组书记蒲春梅同志为市社科联主席；增补市委宣传部副部长何永康、市教育局局长周继琼、中国人民银行南充市中心支行行长唐明刚、西南石油大学人文学院副院长张小飞等同志为市社科联第三届常委会委员；任命周毅、胡明德、贾英同志为副秘书长。

主　席：赵　东（至2008.5）蒲春梅（2008.5－2013.10）

副主席（兼）：朱世宏　凌保东　聂应德　杨凤林　宋先钧

秘书长：王　军

常务委员会（25人）、第三届委员会（85人）

◆ 南充市社科界第四次代表大会

2013年10月10日，南充市社科界第四次代表大会在市委会议厅召开。省社科联党组副书记、副主席罗仲平，市委常委、宣传部部长喻小广，市政府副市长朱家媛，市政协副主席王晓贤参加会议。大会选举产生了南充市社会科学界联合会新一届领导班子，常务委员会23人，委员会99人。任毅当选南充市社会科学界联合会第四届主席，赵东、聂应德、杨凤林、张明泉、刘兆东、李成军当选南充市社会科学界联合会第四届副主席。

2017年4月，根据市委人事安排，喻淑蓉同志任市社科联党组书记，提名为主席人选，5月16日市社科联第四届常委会选举喻淑蓉同志为市社科联第四届委员会主席。

2018年2月，根据市委人事安排，罗勤同志任市社科联党组成员，提名为副主席兼秘书长人选。3月9日市社科联四届常委会选举罗勤同志为副主席兼秘书长。

主　席：任　毅（2013.10—2017.4）喻淑蓉（2017.4—今）

副主席兼秘书长：罗　勤（2018.2—今）

副主席（兼职）：聂应德　李成军　赵　东　刘兆东　杨凤林　张明泉

◆ **县（市、区）社科联**

▲ 顺庆区社科联：2012年12月成立。

▲高坪区社科联：2013年8月成立。

▲嘉陵区社科联：未成立。

▲阆中市社科联：2008年7月挂牌成立，彭莉同志任阆中市社科联主席，与阆中市文联两块牌子、一套人马、合署办公。

▲南部县社科联：2014年成立。

▲西充县社科联：2014年5月28日，西充县社科联第一次代表大会召开，唐晓勇同志被选举为西充县社科联主席。

▲仪陇县社科联：2019年6月13日，仪陇县社科联第一次代表大会召开，周军虎同志被选举为仪陇县社科联主席。

▲营山县社科联：未成立。

▲蓬安县社科联：2008年4月，蓬安县社科联第一次代表大会召开，选举时任县委常委、宣传部部长王超同志为社科联主席，选举王昌志同志为常务副主席。

◆ **南充市级学会（协会、研究会）**

<u>2016年清理前</u>

1. 南充市统计学会
2. 南充市会计学会
3. 南充市农村金融学会
4. 南充市粮食经济学会
5. 南充市组织人事工作研究会
6. 南充市新闻工作协会
7. 南充市图书馆学会
8. 南充市教育学会
9. 南充市税务学会
10. 南充市供销合作经济学会
11. 南充市保险学会
12. 南充市金融学会
13. 南充市统战理论研究会
14. 南充市经济学会
15. 南充市党史学会
16. 南充市群众文化学会
17. 南充市企业家学会
18. 南充市青年企业家学会
19. 南充市哲学学会
20. 南充市商业经济学会
21. 南充市职成教学会
22. 南充市地方志协会
23. 南充市建筑业协会
24. 南充市钱币学会
25. 南充市审计学会
26. 南充市文艺评论家协会
27. 南充市秘书写作研究会
28. 南充市伦理学会
29. 二野军大南充校史研究会
30. 南充市计划生育协会
31. 南充市心理学会
32. 南充市档案学会
33. 南充市干部教育学会
34. 南充市老年学学会
35. 南充市卫生系统思想政治工作研究会
36. 南充市劳动和社会保障学会
37. 南充市烟草学会
38. 南充市人大制度研究会
39. 南充市警察学会
40. 南充市检察官协会
41. 南充市质量管理协会
42. 南充市企业管理协会
43. 南充市集体经济联合会
44. 南充市预算会计研究会

45. 南充市广播电视学会　　　　　　46. 南充市纪检监察学会
47. 司马相如研究会　　　　　　　　48. 川北医学院社科研究会
49. 南充市民俗学会　　　　　　　　50. 南充市建设系统思想政治工作研究会
51. 南充市党校系统邓小平理论研究会　52. 南充市"三农"工作研究会
53. 南充市思想政治工作研究会　　　54. 嘉陵江新诗研究协会

2016年清理后

1. 南充市哲学学会　　　　　　　　2. 南充市统计学会
3. 南充市会计学会　　　　　　　　4. 南充市金融学会
5. 南充市钱币学会　　　　　　　　6. 南充市民俗学会
7. 南充市心理学会　　　　　　　　8. 南充市应用心理学会
9. 南充市教育学会　　　　　　　　10. 南充市策划艺术协会
11. 南充市文化科普协会　　　　　　12. 南充市伦理学会
13. 南充市创意产业协会　　　　　　14. 南充市图书馆学会
15. 南充市党史学会　　　　　　　　16. 南充市建筑业协会
17. 南充市地方志协会　　　　　　　18. 南充市审计学会
19. 南充市文艺评论家协会　　　　　20. 南充市秘书写作研究会
21. 南充市档案学会　　　　　　　　22. 南充市烟草学会
23. 南充市新闻工作协会　　　　　　24. 司马相如研究会
25. 南充市党校系统邓小平理论研究会
26. 南充市思想政治工作研究会
27. 嘉陵江新诗研究协会

（二）人才队伍建设

1. 建立社科"人才信息库"，构建社科"五路大军"队伍

为加强社科队伍建设，充分发挥社科人才的作用，早在20世纪，市社科联就建立了南充社科"人才信息库"。坚持人才资源是第一资源的思想，认真落实省、市委关于人才工作的政策措施，制定哲学社会科学人才培养规划，建立健全人才培养激励机制，坚持社科研究与本职工作相结合，把社科人才培养纳入我市人才培养整体规划之中。通过理论学习和社科实践活动，促进了社科队伍的发展壮大。目前，全市已建立起较大规模的由高校系统（5所高校，科研教学人员3 753人）、党校系统（市、县党校10所，科研教学人员150余人）、党政部门研究系统（专兼职研究人员17 983人）、社科学术团体系统（专兼职研究人员3.8万人）、中初等教育系统（学校3471所，教学研究人员54 002人）组成的"五路"社科大军。全市有省级社会科学基金课题评审专家5人，省级社科基金项目同行评议专家10人，享受国务院特殊津贴专家25人，享受省政府特殊津贴专家35人，省人文社会科学学术带头人6人，学术带头人后备人选15人，市学术带头人52人，市拔尖人才114人，还涌现出一大批富有创新精神的中青年理论骨干。同时形成了一定的学科优势，现已建成省上划分的14个学科，包括省级重点人文学科4个，厅局级重点学科7个，其中区域经济学、教育学、历史学、古代文学等学科研究在全省处于领先地位。巴蜀文化研究，特别是三国文化研究，自成体系，具有独特优势，在国内外产生广泛影响。通过学科建设已培养出一批具有开拓精神的学科带头人，通过他们再培养出一批优秀社科人才。

2. 开展以建设中国特色社会主义理论为主线的学习教育活动，提高社科队伍的理论素养和政治素质

坚持把学习马列主义、毛泽东思想、邓小平理论、"三个代表"重要思想、科学发展观、习近平

新时代中国特色社会主义思想与学习党在不同历史时期的大政方针政策、党的十四大、十五大、十六大、十七大、十八大、十九大精神紧密结合起来，同社科战线的思想和工作实际紧密结合起来。通过学习，在三个方面收到一定效果：一是引导社科工作者树立马克思主义的世界观、人生观、价值观，坚定共产主义远大理想，坚持走中国特色社会主义道路的信念，提高政治思想觉悟，坚持正确的政治方向；二是引导社科工作者进一步解放思想，更新观念，认识新事物，适应新形势，研究新问题，跟上时代步伐，投身于改革开放和现代化建设的伟大实践，以丰硕的研究成果，促进经济发展和社会的全面进步；三是引导社科工作者树立求真务实的学风，坚持敬业奉献、著书育人、潜心专研，把做事、做人与做学问统一起来，使严谨的学术研究与生动活泼的学术讨论有机结合起来，围绕党和人民关心的重大问题，围绕马克思主义基本理论及其在中国的创新发展，创造出一大批有利于国家、有利于人民的科研成果。

3. 精心组织各类社科实践活动，提高社科队伍的科研能力和学术思想水平

根据社科队伍的实际，主要抓了三个方面的实践活动：一是组织全市性的重大学术研讨活动逾350次，参会的社科工作者共计逾 22 400 人次。这些活动实际上是给社科工作者压担子，加任务，加强研究人员之间、研究人员与实际工作者之间的联系与沟通、交流与协作，充分发挥老专家、老学者的"传、帮、带"作用，促进了中青年干部的成长。二是参加全国、全省性和国际性的学术交流会以及地、市、州协作会共一百多次，先后组织三十多个学会去广州、深圳、珠海、海南等地学习考察，推动了跨单位、跨地区、跨学科、跨领域、跨国界的开放式研究，有力促进了学术研究水平的提高。三是组织社科规划和社科评奖，激励和推动社科人才培养。由于课题研究与社科评奖要求高，难度大，迫使社科工作者在实践中努力学习，深入调查研究，从而提高科研能力和学术思想水平。实践证明，社科规划和社科评奖既是对社科人才智力价值的充分肯定，又是一种把理论成果转化为现实生产力的有效手段，同时也是一种培养社科人才的激励机制和重要举措。通过各种媒体宣传社科工作的学术思想、科研成果和突出成绩，营造尊重知识、尊重人才、尊重劳动、尊重创造的浓厚社会氛围，极大地调动了社科工作者的主动性和创造性，推动了社科队伍的不断发展与壮大。

（三）社科研究工作

1. 社会科学基础研究精品迭出

基础研究既是南充社会科学持续发展的坚实基础，也是南充由社科资源大市向社科资源强市转变的重要支撑。南充人才荟萃，科研实力雄厚，在哲学社会科学基础理论研究方面取得了可喜的成绩，推出了一批具有原创性和开拓性的社会科学精品，如《中国女子教育通史》《明清散曲史》《高适研究》《从〈资本论〉的"细胞理论"看政治经济学社会主义部分的逻辑起点》《现代新儒学发展的新阶段及其问题》《唐诗史》《巴蜀佛教碑文集成》《巴蜀文学史》《邓小平理论发展史》《西方民主自由研究》《中国古代作家的文化心态》等在学术界产生了重大影响。特别是《中国女子教育通史》和《明清散曲史》先后获得省政府的相关最高奖项。

获得省政府第七次社科优秀成果一等奖的《中国女子教育通史》（专著），选题意义重大，学术价值高，填补了我国女子教育通史研究的空白。该书以历史为线索，以教育为轴心，不仅重点论述了中国历代女子的家庭教育，而且介绍了中国历代女子的学校教育、社会教育；不仅论述了世俗女子教育，而且研究了宗教（道教、佛教、基督教）女子教育；不仅系统地研究了汉族的女子教育，而且研究了少数民族的女子教育；不仅论述了统治阶级的女子教育，而且探讨了劳动人民的女子教育。在此基础上，该书较为全面、深入地探讨了历史上中国妇女物质生活和精神生活的各个方面，从而勾画出中国历代妇女的特有风貌。该书出版后，产生了重大的学术影响，有专家评价："该书开拓了我国历史研究的新的领域。"

获得省政府第十三次社科优秀成果一等奖的《明清散曲史》（专著），对明清散曲五百多年的发展

历史做了全面系统论述，对明清散曲发展演变中的一些重要史实的考证均有不少新的认识和突破。在研究方法上，既立足散曲文本，又紧密结合明清社会文化背景、时代思潮和其他文体的演变，并在大量的作家个案研究的基础上，通过对南北不同地域和不同时代的散曲作家群体的研究，以及对不同时期散曲创作的阶段性特征和散曲发展演变的历史脉络的把握，澄清了明清散曲发展史上的一些基本事实，突破了以往就散曲论散曲的诸多局限，填补了明清文学分体断代史研究方面的一项空白。该书作为国家社科基金项目的最终成果，已在学术界产生重大影响。该项目阶段性成果的10余篇论文已先后在《中国社会科学》《文学评论》《文学遗产》《文学研究》《学术月刊》《戏曲艺术》等重要刊物上发表，被国内同行专家鉴定为"优秀成果"，并被选入国家社科基金成果文库，凡入该"文库"的成果，均被认为"代表国家社科研究的最高水平"。

2. 社会科学应用对策研究成果丰硕

南充社科界紧密结合南充经济、政治、文化、社会建设的实践，以研究重大现实问题为科研主攻方向，不断推出优秀成果，如《党建工作要适应社会主义市场经济的需要》《丘陵地区农村经济发展与探索》《城市化进程中的中国女童教育——我国小城镇女童教育研究》《农村留守儿童教育问题研究》《农村初中目标导学综合教改实验报告》《蚕业纵横谈》《现代市场经济与马克思劳动价值论》《现代德育理论与实践研究》等作品，为市委、市政府不同阶段的战略决策提供了直接的理论依据和不可或缺的智力支持。

获得省政府三等奖、市政府一等奖的《党建工作要适应社会主义市场经济的需要》一文，就是作者立足于发展社会主义市场经济，在对三十多个乡镇和企业党组织现状进行深入调查研究、掌握大量第一手材料的基础上撰写的。文章从分析党的建设与社会主义市场经济相适应的必要性和重要性出发，全面系统地论证了当前党建工作不能回避的新课题。同时有针对性地提出了在发展社会主义市场经济条件下加强党组织建设的五个方面的新思路。该文在《探索》杂志发表后，被《新华文摘》、人大报刊复印资料《中国共产党》、中宣部《党建》杂志专门加编者按给予充分肯定，并获中共四川省委宣传部组织的全省精神文明建设"五个一工程"奖，在省内外产生很大影响。《四川党的建设》将该文在"党性教育"专栏中向全省党员干部推荐。市委按照文中提出的党建工作新思路，研究制定了《关于加强领导班子思想作风建设五项规定》下发各级党组织实施。

同期，获得省政府三等奖、市政府荣誉奖的《丘陵地区农村经济发展与探索》一书，以川北南充这块大丘陵为着眼点，站在全国农村丘陵地区经济发展的高度，运用辩证唯物主义的观点和社会主义市场经济理论，对丘陵地区农村经济发展的现状与特征、未来发展的方向、思路与对策做了系统的分析和研究，市委、市政府采纳了该书中的许多观点，用以指导丘陵地区经济建设，从而对我市农村经济发展起到了促进作用。

2009年，由南充市高坪区教育局组织编写的《农村留守儿童教育问题研究》一书，荣获省政府第十三次社科优秀成果三等奖。该成果紧紧围绕当前农村留守儿童的教育热点问题，立足于教育实际，抓住对农村留守儿童实施有效教育这一突破口，创新了研究的思路和方法。研究成果具有很强的针对性、实效性和可操作性，运用到具体的教育活动中后产生了很大的社会效益。

社科联注意发挥独特的理论智能库功能与知识密集的特长，坚持主动开展各种专题性理论研究，注意从基层工作需求出发，突出应用性、对策性、论证性研究，服务科学决策，咨政为民。特别是在2001年至2005年四年里，市社科联组织驻市社科专家参与全市性区域经济发展战略与发展定位的重点课题的系列研究工作，取得了突出的成果。仅在2003、2004两年间就先后召开了如何构建川东北区域中心城市小型研讨会3次。围绕"加快建设川东北区域中心城市动力机制研究""川东北区域中心城市功能选择与完善""区域中心城市产业特色研究""新兴大城市形象的设计与选择性行为研究"等专题进行了广泛、深入的理论探讨，形成了一批有见地的理论成果，所提出的研究对策和结论，直接转变为党委政府的决策依据，不少重要观点和建议被直接采纳或吸收，受到市委、市政府领导的充分肯定和表扬。

（四）社科普及工作

面向党政干部、企事业单位职工以及社会公众开展社科知识普及、咨询活动，不仅对于培养人文精神，提高广大人民群众的科学水平和科学素质，帮助其正确认识社会、改造社会，实现社会的和谐稳定与健康发展有着重要意义，而且也是推动南充由社科资源大市向社科强市转变的重要举措。南充社科界积极开展多种形式的科普活动，进行科普宣传，举办培训班，参与企业决策，编写科普读物等，为南充改革和建设培养人才，提供智力支持和精神动力，取得明显成绩。

1. 社科理论宣讲与培训

1995—2000年，市委举办社会主义市场经济理论和"双纲"（《邓小平建设有中国特色社会主义理论学习纲要》和《我国国民经济和社会发展九五计划暨2010年远景目标纲要》）学习班，我市社科专家学者承担了整个学习辅导任务。同时先后深入工厂、学校、企事业单位举办向职工宣讲市场经济基础知识、邓小平理论、三讲教育和"三个代表"重要思想等活动295场，听众达16.81万人次。

2001年，市委专门组织10个"七一"重要讲话宣讲团，市社科联部分常委参加宣讲团，到全市9个县市区和机关企事业单位作了巡回演讲12场，听众达一万余人。党的十六大召开后，社科界积极开展宣传，深入市区城乡作"学习十六大精神""保持党员先进性教育""入世"等专题宣讲报告61场，听众达1.23万人次。2007年，为贯彻党的十七大精神，我市社科界部分专家学者参加了市委统一组织的宣讲团，为机关企事业单位举办科学发展观、构建和谐社会、党的先进性建设等专题讲座逾270场，听众达13.56万人次。2008年社科界先后开展了"社会公共事业发展与建设""地方政府职能转变与服务型政府的完善""抗震救灾重建家园""工业发展与产业结构调整"等各类专题辅导报告96场，听报告的党员干部群众达4.35万人次。南充市社科联及所属学会、协会、研究会，先后举办市场经济基本知识、新会计制度及电算化、经济人及家政服务、证券与股份制知识、税收业务、税收法规知识、计算机操作等各类培训班逾360期，培训各类专业人员7.14万人次。通过上述培训，对提高干部群众的思想道德素质和科学文化素质起了重要作用。

"5.12"汶川大地震发生后，市社科联与市科技局在北湖公园广场举办了以"抗震救灾、灾后重建、食品安全、疾病防控"为主题的科普周宣传活动，向市民发放抗震救灾科普读物逾2000册。市社科联还向全市广大社科工作者发出倡议书，号召社科界为灾区人民捐款捐物，奉献爱心，市劳动和社会保障学会积极响应，远赴灾区绵竹，送去劳动保障系统干部职工捐助的16万现金和价值1万余元的生活日用品，同时提供逾1500个就业岗位。二野军大南充校史研究会、青年企业家协会等向灾区捐款捐物，组织志愿者上灾区。二野军大南充校史研究会创作出《在地震废墟上铸就英雄丰碑》《大爱无疆的警花》《伟大的母爱》《大智大勇英雄》等诗歌、报告文学作品。

2. 参与重大政策咨询活动

21世纪以来，市社科联组织专家学者直接参与市委、市政府及相关部门举办的重大经济政策咨询活动，主动提建议、献良策。先后参与了南充市"十五""十一五"规划基本思路论证会、南充市"十一五人才规划"座谈会、建设川东北区域中心城市献计献策座谈会、南充文化发展战略论证会、建设创新型社会座谈会、科技创新与产业发展座谈会、坚持科学发展构建和谐南充座谈会、中国茧丝绸高峰论坛、南充商贸经济形势分析会、南充工业形势分析会、南充金融财政税收运行情况分析会等，均提出切实可行的政策性建议和意见，大都得到党政的重视和采纳，为我市改革开放和现代化建设提供了理论支撑和智力服务。

南充市社科界一些专家学者还被不少企业聘为顾问，他们主动进入企业，尤其是到亏损企业中去，用科学的理论指导企业改革和发展，直接参与决策，实现企业扭亏增盈。如南充市畜产品加工厂，领导工作乏力，管理混乱，连续亏损，400多位工人吃饭都成问题。社科专家在实际调研中主动向主管部门推荐一位年轻有为的同志担任厂长，并满腔热忱地帮助厂里制订规划，落实目标管理，发展第三产业，实行人员分流等，使该厂有了转机，实现了扭亏增盈，工人工资全部得到兑现，150多位退休人员的待遇全部得到落实。21世纪以来，社科界专家学者深入企业召开座谈会、形势分析会、研讨会共商企业发展大计。2008年，部分社科专家重点对南充中小企业实际情况进行调查分析与研究，提出应对金融危机需采取的对策与举措，老总们纷纷表示："有政府的关怀，又有社科专家为我们把脉问诊，我们完全有信心走出低谷，再创辉煌。"

3. 开展科普月（周）宣传活动

开展科普宣传活动是基层社科联的一项重要职能，在历次科普月宣传活动中，市社科联及其所属学会、协会、研究会，根据自身的特点和工作实际，开展了形式多样的社科知识普及、咨询活动，成效突出。

市税务学会常年坚持社科服务，组织会员走上街头进行税法宣传，设咨询站630个，接受税法咨询逾4500人次，出动宣传车400台次，挂税法宣传幅标逾6600条，散发宣传资料逾15 000份，制作展板近300块，组织问卷调查10 400份，在《南充日报》开辟税收专栏，在电视台、电台播放税收宣传广告，开展职业道德、"三爱一树立""文明征税"等宣传教育活动。

不少学会丰富活动载体，探索社科普及宣传的新途径、新方法，收到了良好的效果。税务学会在城区开展了以"依法诚信纳税、共建小康社会"为主题的诚信纳税万人签名活动，发放宣传资料一万余份、税收知识漫画扑克五百余副。市档案学会举办了"家庭建档——提高文明程度，构建和谐社会"专题讲座。还有一些学会开展送科技法律下乡的活动，如市图书馆学会送科技下乡，向贫困的西充县永清乡送去了实用农业方面的科技图书35种逾2000册。市检察学会到扶贫点村举办为期三天的送法下乡大型法律咨询活动，颇受农民好评。市烟草学会开展烟草专卖法制宣传，播放《烟草专卖法》宣传片，散发《烟草专卖法》知识问答宣传资料上千份，并分别设立烟草专卖法律咨询和假冒卷烟鉴别宣传台，接待咨询群众逾2600人次，在社会上产生了较大的反响。市心理学会在市文化路设立咨询服务台，就"智力测量、个性测量、教育心理、犯罪心理、医学方法鉴定"等方面的内容，进行教育咨询、心理咨询，引导人们掌握科学知识，帮助其排除心理的一些不良障碍，有利于社会稳定。市卫生局、市卫生政研会组织市内各大医院的知名医生、教授在市区街头开展多次义诊活动，共接待病人和咨询者逾4200人次，深受群众的好评。市计生协会出动宣传车八十多台，印发资料二十多万份，贴标语三万多条，办科普专栏五百多期，向市民宣传优生优育、人口与生育、生殖生理健康、孕育期卫生等科普知识，有利于提高国民人口素质。市钱币学会走上街头，寓反假币知识于小品《审钱》之中，所开展的科普宣传让百姓有听的——听讲解，有看的——看文艺节目，有拿的——拿宣传资料。同时还举办了以"研究中国钱币的意义"为题的钱币知识讲座，从货币与其他学科、中国古代钱币的光辉几个方面，对研究钱币的意义进行了讲解，参会人员反响很好。市广播电视学会举办读书报告会，七名同志登台交流了读书心得体会，并把体会文章发表在《南充人民广播电视报》上。市金融学会举办报告会，并在《南充日报》辟专栏开展金融科普宣传。市青企协会在每年的"青年志愿者日"，组织市区部分中小学生观看科教电影，参加科技小发明、科技知识竞赛等，丰富了中小学生的校外活动，激发了他们学科学、讲科学、爱科学的热情。这些活动，既为咨询者服务，也使广大社科工作者和广大青少年从中受到教育，得到提高。

为了使科普宣传更广泛、更快速、更接近群众，市社科联领导多次在南充电台开设了专门的谈话节目，与媒体人员一起共同探讨青少年心理健康与成才、家庭教育的困境、储蓄与健康等话题，采取观众提问，社科专家解答、点评，台上台下互动的形式进行，把广播谈话节目推向一个又一个高潮。谈话节目在电台一播出，不少学生家长、老师和市民打来电话，要求反复播出。为此，市电视台新闻综合频道专门制作了一期新专题，进一步采访打进热线的听众，受访者对谈话节目给予了高度评价。市社科联牵头组织学会开展了"坚持科学发展观，构建和谐南充"的主题教育活动，举办了包括报告会、研讨会、专题笔谈、电视对话节目、网上交流、专题宣讲、文艺表演等七大板块的活动97场，受到社会各界的关注和好评。

4. 开辟社区课堂

随着构建和谐社会目标的深入推进，提升市民素质，维护城市社区安全稳定，树立优良的城市形象变得越来越重要。市社科联领导和部分常委通过在城市街道（社区）举办理论讲座、专题辅导、知识问答、难点释疑等多种形式开展通俗易懂的科普宣传活动，听众达 6750 人次。"社区课堂"这一新的社科普及形式，成为社科界向广大群众宣传党的路线方针政策、咨政育人、服务社会的重要阵地，也成为党委政府与社区群众之间沟通交流的桥梁和纽带。开辟社区课堂这一做法，既受到群众的热烈欢迎，也得到地方党委和政府的充分肯定。

5. 编写科普读物

南充市社科界专家学者，坚持面向中国特色社会主义的生动实践，深入研究干部群众关注的热点、难点问题，有针对性地编写推广科普书籍，如《古代诗歌选》《企望洁净家园》《华蓥山游击队》《相如故里文化旅游丛书》《迷路——心理学故事选》《怎样同银行打交道》《伟人之初——朱德》《赋税学入门》《会计入门》《巴中红军歌谣》《巴中红军标语》《巴中红军故事》《达州红军故事》《建设美丽乡村政策法规》《建设美丽乡村十大模式》《四川美丽乡村》《美丽乡村文学故事》《大熊猫传奇》《运山古城》《落下闳》《陈寿》《司马相如》《国家级川北非物质文化遗产系列——川北皮影》《国家级川北非物质文化遗产系列——川北大木偶》《国家级川北非物质文化遗产系列——川北灯戏》《画说阆中春节》等。还以南充风光为主题整理出版"南充风光诗系列丛书"，目前已出版有《嘉陵山水古今吟》《灵山奇水南部吟》《朱德故里古今吟》等作品，给社会大众提供了喜闻乐见的精神食粮，适应了各方面人员学习与工作的需要。

（五）社科阵地建设

1989 年市社科联成立以前，有南充地区统计学会、南充地区金融学会等 36 个社科类学会、协会、研究会，其日常管理工作主要由南充地区科协代管。1989 年 4 月南充地区社科联成立后，这些学会均成为地区社科联的团体会员。1990 年一届三次常务理事会议制定了《南充地区哲学社会科学管理暂行条例》，根据条例对所属学会进行了登记注册和颁发会员证的工作。1993 年 10 月，南充地改市后，按照市委、市政府的统一要求和部署，社科联各学会、协会、研究会又顺利实现了工作的有序衔接，使学会工作逐步规范化、制度化。

市社科联对所属各学会的日常管理和业务指导，主要是通过做好以下几项工作去具体展开的：

（1）经常深入学会，开展调查研究，积极参与指导各学会的换届大会、年会、学术研讨会等活动，及时掌握学会工作情况，发现问题及时协调、帮助解决。

（2）有计划、有针对性地组织各学会开展课题研究、理论研讨、学术交流、成果评奖、社科知识普及、咨询服务及其他各类活动。

（3）每年不定期召开各学会负责人或秘书长会议，传达中央和省、市有关会议精神，部署学会工作任务，使学会工作始终保持正确的政治方向。

（4）对新申请成立的市级社科类学术团体，均按中央和省上的有关规定，根据我市社会科学各学科发展的情况，对其进行严格的资格审查，把好入口关、年审关。

（5）从 1990 年开始，市社科联先后开展了七次"双评"活动，通过表彰先进、交流经验等活动，充分发挥先进集体和先进个人的带头作用，推动了学会的发展。

（6）围绕新时期学会管理工作、学会组织机构建设、学会思想政治工作、学会改革创新等方面开展调查研究，总结经验，为进一步搞好学会工作提供了理论指导和具体对策。

各社科学术团体根据自身特点，以积极配合主管部门重点工作为工作切入点，分别相继举办了不少专题研讨活动，以活跃学会学术氛围，展现作用与影响。市组织人事工作研究会坚持开展学术活动，先后有 35 篇调研报告在省级以上刊物发表，有逾 60 项成果获得省、市政府的奖励，有逾 310 项对策建议转化为党委政府的决策。市教育学会有逾30项科研成果受到教育部和省教育厅的表彰和奖励。市金融学会举办了"实施西部大开发与金融业协调发展"等十多次专题研讨会。市人大制度研究会每年都坚持围绕一个主题召开研讨会或年会，使地方人大制度的理论研究与基层人大制度建设实践和具体工作创新得到了有效的结合，收到了预期的效果。市卫生政研会、市计划生育协会、市质量管理协会、市物业管理协会、市统计协会、市哲学学会、市企业职工思想政治工作研究会、市青年企业家协会、市钱币学会、市职教学会、二野军大南充校史研究会等社科团体，分别从本行业、本学科的实际出发，组织会员积极开展学术研讨活动，召开小型专题研讨会或年会，印发交流研讨工作文章和资料等。这些活动的有效展开，有力地促进了各部门工作，加强了学科建设，使各学会的学术活动质量和研究水平有了明显的提高。

哲学社会科学会刊是重要的社会科学资源，办好会刊是提供理论服务、科普宣传的一个重要阵地，也是全市理论工作者和实际工作者交流社科研究成果的一个平台。1989年地区社科联成立后，先后创办了《南充社会科学》（后更名为《南充社科论坛》）、《南充社科信息》、《重要成果专报》等会刊，这些会刊贯彻"双百"方针，鼓励学术争鸣，把政治标准与学术标准有机统一起来，抓重点栏目和重点选题，在文稿质量上狠下功夫。截至2019年《南充社会科学》（后更名为《南充社科论坛》）共出刊116期，累计发行逾226 400册。会刊质量不断提高，主要发挥了三个方面的作用。一是突出党的基本理论和党的大政方针的宣传育人作用。根据党在不同时期的中心任务设置和编发学习宣传邓小平理论、"三个代表"重要思想、坚持科学发展观、习近平新时代中国特色社会主义思想和党的十四大、十五大、十六大、十七大、十八大、十九大精神等方面的栏目和专题文章，对推动我市广大干部群众的理论学习和提高理论素养起了积极作用。二是突出服务经济、服务社会、服务决策的"三服务"作用。着力于应用性研究，结合南充改革和建设的实际，根据市委、市政府的工作重点，编发南充经济、政治、文化、社会发展方面的对策性论文和调研报告，为党政领导科学决策提供重要参考。三是突出社科信息传递和交流的作用。主要编发学会工作经验，学会活动动态，社科战线的各种新观念、新思想、新创见等方面的信息，达到互相交流、共同提高的目的。刊物主要在社科学术团体和各县（市）区党政、宣传思想部门、驻市高校、科研单位中发行。刊物与全国逾170个社科期刊建立了交流关系，收到省内外社科团体回赠期刊上百种。

为使会刊办得更具特色，我们将原《南充社会科学》更名为《南充社科论坛》。每期的基本栏目有卷首语、党史党建、经济研究、城市建设、社会治理、三农研究、生态文明、教育研究、社科动态等。新改版的《南充社科论坛》信息量更大、应用性更强、可读性更高，受到了广大读者的好评。市劳动和社会保障学会、市人大制度研究会、市新闻工作者协会、市党校系统邓小平理论研究会、市组织人事工作研究会、嘉陵江民俗学会等社科团体也利用自身的会刊和信息快报等资源，积极服务部门工作，宣传行业政策，交流工作经验，普及社科知识和宣传先进典型。

（六）激励机制建设

南充市社科联主要通过社科规划和社科评奖两种手段激励社科工作者奋发有为、多出成果。

1. 社科规划工作成效突出

精心组织社科课题立项和研究工作，是市社科联的重要任务。它对推动理论创新、优长学科建设、促进地方经济社会发展具有重要意义。为加强社科研究的规划、协调和管理，1997年，成立了南充市哲学社会科学规划评奖办公室，落实了专职人员，并先后制定了南充市哲学社会科学"九五""十五""十一五""十二五""十三五"规划纲要和《南充市哲学社会科学规划项目管理办法（试行）》，对课题申报、评议评审、批准立项、验收结项，以及成果宣传、出版、推广等都做了明确规定。在社科规划工作中，坚持面向社会，公平竞争，专家评审，择优立项的原则。每年课题申报开始时，市社科联向各学会和有关单位印发了关于做好规划课题申报工作的通知，使之明确申报立项的要求、申报程序以及有关注意事项。同时，深入学会、学校和科研单位与社科工作者一起调查研究，在认真分析改革和发展中出现的新情况、新问题、新任务的基础上，设计题目，开展课题研究，有力地促进了我市社科规划工作的顺利进行，确保课题质量，按期完成了立项课题的验收结项工作，并取得显著成绩。同时，市社科联还按照省社科规划办的统一安排部署，积极组织申报四川省社科规划课题和国家社科基金课题。南充获准省以上立项课题数，历年稳居全省市州前茅，充分显示了"社科大市"的雄厚实力和研究水平。

总结近年来社科规划研究的立项课题有以下一些特点：一是课题申报和立项数量呈持续上升趋势。如：2008年全市课题立项80项，2018年高达270项，为2008年的三倍多。这说明广大社科工作者申报课题的积极性越来越高，参加研究的人员不断增加。二是学科布局合理，重点突出。立项课题中涉及马列、文史、教育、党建、经济、法学、行政管理、民生与社会保障等八大类的众多学科领域。紧扣南充改革和发展现实的应用对策研究课题占立项总数的90%，突出了重点和主攻方向。《南充经济方式转型研究》《南充招商引资与发展环境研究》《川东北区域中心城市产业支撑与技能人才开发研究》《新农村背景下农村居民公共服务参与意识机制研究》《南充走新型工业化道路的战略思考》《南充农业规模经营现状及对策分析》《关于丘陵大县文化旅游产业发展与对策研究》《加快西部区域中心城市建设的对策研究——以四川省南充市构建川东北区域中心城市为例》《南充嘉陵区发展现代物业研究》《金融危机下中小企业的融资问题研究》《南充天然气开发与地方发展共赢模式研究》等课题成果，为南充改革与发展提供了理论和智力支持，为党政领导提供了决策依据。三是经费资助力度逐步加大。资助经费由几百元提高到上千元，有利于调动社科工作者的积极性，促使他们扎扎实实开展社科研究工作，高质量地完成课题研究任务。

2. 社科评奖（评定）工作规范运作

从1990年开始，由南充市人民政府组织的社科优秀成果评奖活动每两年开展一次，后来形成了比较规范的制度。评奖工作分三步进行，即广泛发动申报科研成果，组织专家评审，颁奖和表彰。为做好评审工作，制订了评奖工作细则，组建了市评奖委员会和6个学科专家评审组，采取学会（单位）初评，各学科组专家评审，评奖委员会审定，经公示无异议，最后报市政府批准、授奖的基本程序。

在组织实施历次评奖过程中，市社科联始终坚持三条基本原则。一是坚持评奖全程公开、公平、公正的原则，认真执行评奖工作细则，严格标准，好中选优，注重质量，宁缺毋滥。二是评奖范围开放性原则，将我市作者与外地作者合作研究我市经济政治文化和社会等方面的成果纳入评奖范围，这对吸引更多的外地作者参加研究我市经济社会重大理论、实践问题，具有特别的意义。三是坚持评奖程序规范化原则，实行严格的回避制度，凡有参评成果的专家学者均不参加本学科专家评审组工作；专家学科评审组推荐的一、二等奖纳入复审范围；完善奖项公示制度，经市评奖委员会审定的奖项均在《南充日报》等公众媒体上公示，接受为期一月的社会监督，从而保证评奖质量和社会公信度。

从1990年至2012年，先后组织了12次社科优秀成果评奖活动，共评选出市（地）政府奖874项，市社科界优秀奖796项。

1990年，南充地区第一次社会科学优秀科研成果评奖，评选出政府奖84项，其中荣誉奖4项，一等奖12项，二等奖18项，三等奖50项。

1992年，南充地区第二次社会科学优秀科研成果评奖，评选出政府奖84项，其中荣誉奖4项，一等奖5项，二等奖14项，三等奖29项，青年社科奖32项。

1994年，南充市第一次社会科学优秀科研成果评奖，评选出政府奖55项，其中荣誉奖5项，一等奖5项，二等奖13项，三等奖32项。还评出市社科界优秀奖84项。

1996年，南充市第二次社会科学优秀科研成果评奖，评选出政府奖63项，其中荣誉奖1项，一等奖5项，二等奖12项，三等奖45项。还评选出市社科界优秀奖127项。

1998年，南充市第三次社会科学优秀科研成果评奖，评选出政府奖61项，其中一等奖6项，二等奖 19 项，三等奖 36 项。还评出市社科界优秀奖 90 项。

2000 年，南充市第四次社会科学优秀科研成果评奖，评选出政府奖 52 项，其中一等奖 4 项，二等奖 15 项，三等奖 33 项。还评出市社科界优秀奖 100 项。

2002 年，南充市第五次社会科学优秀科研成果评奖，评选出政府奖 71 项，其中荣誉奖 2 项，一等奖 5 项，二等奖 15 项，三等奖 49 项。还评出市社科界优秀奖 108 项。

2004 年，南充市第六次社会科学优秀科研成果评奖，评选出政府奖 66 项，其中荣誉奖 1 项，一等奖 6 项，二等奖 14 项，三等奖 45 项，还评出市社科界优秀奖 92 项。

2006 年，南充市第七次社会科学优秀科研成果评奖，评选出政府奖 77 项，其中荣誉奖 2 项，一等奖 10 项，二等奖 20 项，三等奖 45 项。还评出市社科界优秀奖 97 项（见图 1、图 2）。

图1　南充市第七次社会科学优秀科研成果颁奖大会（一）

图2　南充市第七次社会科学优秀科研成果颁奖大会（二）

2008 年，南充市第八次社会科学优秀科研成果评奖，评选出政府奖 81 项，其中特等奖 1 项，一等奖 10 项，二等奖 20 项，三等奖 50 项。还评出市社科界优秀奖 98 项。

2010 年，南充市第九次社会科学优秀科研成果评奖，评选出政府奖 79 项，其中一等奖 6 项，二等奖 26 项，三等奖 47 项。

2012 年，南充市第十次社会科学优秀科研成果评奖，评选出政府奖 101 项，其中荣誉奖 1 项，一等奖 6 项，二等奖 28 项，三等奖 66 项。

此后由于受有关政策影响，市级社科优秀成果评奖被叫停。

2019 年，经过市社科联的努力争取，由市政府常务会议、市委常委会审定同意，3 月 22 日市人民政府印发了《南充市社会科学优秀成果评定办法》，从 4 月 22 日起实施。2019 年 4 月 22 日市社科优秀成果评定委员会办公室印发了申报社科优秀成果的通知，《南充市社会科学优秀成果评定办法》进入实质性实施状态。

从 1984 年至 2017 年，市社科联先后组织南充社科界参加四川省社科优秀成果评奖 17 次，共获四川省政府奖 247 项，四川省社科界优秀奖 51 项，获奖项目数位居全省各市州前列。其中：

第一次四川省政府社科优秀成果奖 25 项。

第二次四川省政府社科优秀成果奖 7 项。

第三次四川省政府社科优秀成果奖 4 项。

第四次四川省政府社科优秀成果奖 7 项。

第五次四川省政府社科优秀成果奖 14 项，其中获省政府荣誉奖 1 项。

第六次四川省政府社科优秀成果奖 16 项。

第七次四川省政府社科优秀成果奖 12 项，其中获省政府荣誉奖 1 项、一等奖 1 项，四川省社科界优秀奖 4 项。

第八次四川省政府社科优秀成果奖 13 项，四川省社科界优秀奖 5 项。

第九次四川省政府社科优秀成果奖 13 项，四川省社科界优秀奖 6 项。

第十次四川省政府社科优秀成果奖 13 项，四川省社科界优秀奖 4 项。

第十一次四川省政府社科优秀成果奖 10 项，四川省社科界优秀奖 12 项。

第十二次四川省政府社科优秀成果奖 12 项，四川省社科界优秀奖 14 项。

第十三次四川省政府社科优秀成果奖 15 项，其中获省政府一等奖 1 项，四川省社科界优秀奖 6 项。

第十四次四川省政府社科优秀成果奖 22 项。

第十五次四川省政府社科优秀成果奖 17 项。

第十六次四川省政府社科优秀成果奖 24 项。

第十七次四川省政府社科优秀成果奖 23 项。

纵观历次获奖成果，所涉及的学科和领域广泛，内容丰富，包括哲学、法学、科社、经济、历史、语言文学、教育、新闻文化等各个学科，充分体现了南充社科研究的新发展，显示了我市社科事业日益繁荣的好形势。具体说来，有以下几个特点：

（1）面向改革开放和社会主义现代化建设，研究重大理论与现实问题的成果较多。在各类获奖的成果中，研究改革开放和现代化建设现实问题的成果，占获奖总数的 60% 以上，这些成果，对解决当前经济、政治、文化、社会发展中的一些理论问题和实际问题有一定的指导意义。获省政府二等奖的《政治哲学导论》，系省教育厅哲学社会科学规划重点项目。该书采用真善美统一这样一种新的政治哲学研究范式，沿着求善—求真—求美这样的思维路径展开了对马克思主义政治哲学的系统阐释。在研究视角上新颖独特，在理论体系的构建上有所创新，尤其是在政治价值理论、政治文明建设等重大理论问题上，提出了一些富有创新精神的学术观点，产生了较大的社会反响。该书以学术论文形式发表于《云南社会科学》，先后被人民大学复印资料《社会主义论丛》全文转载，《新华文摘》刊发论文摘要，中国社会科学院、武汉大学等网站也全文转载。该书出版后，受到国内政治学界一些专家的好评。读书对于当前正在进行的政治体制改革和社会主义政治文明建设的伟大实践，具有一定的参考价值和指导意义。

获省政府三等奖的《当前贯彻执行民主集中制的难点及对策》，是作者以邓小平理论为指导，联系当前党建工作实际，对党的思想建设、组织建设、作风建设进行了比较深入的研究，尤其对健全民主集中制、提高党员素质、改善党的领导等方面提出了一些富有创建性的观点，对深入学习邓小平党建理论，加强基层党组织建设，具有现实指导作用。还有《股份制改造》《小城镇劳动管理问题研究》《政法干部晋升资格考试研究》《农村新跨越之路——产业化经营》《四川省丘陵地区新农村建设投融资机制研究》《嘉陵江流域水环境的现状调查与保护建议——以南充段为例》等成果，针对性、适用性强，为党政领导科学决策献计，为经济社会发展服务，起到了良好的作用。

（2）向未知领域大胆探索的理论成果不断涌现。从历次评选的获奖成果看，我市社会科学工作者不仅有求实的科学态度，而且有敢于向未知领域开拓、探索的大无畏精神，因而涌现了一批学术价值高的创新成果。获省政府二等奖的《毛泽东独立自主思想的历史发展》，是国家社会科学基金课题暨省社科规划重点课题。该书史论结合、虚实并举，融历史与逻辑、实践与理论为一体，从理论和实践两方面论述了独立自主原则的极端重要性，并且在很多问题上提出了独到的见解，为我们在今天的国际交往和社会主义经济建设中坚持独立自主原则提供了理论与事实上的依据。获省政府二等奖的《当代中国政治发展论——邓小平政治思想研究》，系省社科规划重点项目。该成果选题意义重大，视角新颖独特，以发展为主线，对邓小平政治思想观点进行了全面梳理、归纳概括和分析阐发，弥补了邓小平理论研究的薄弱环节，尝试构建了中国社会主义发展政治学框架。该书出版后，《四川师范学院学报》《中国图书评论》进行专文介绍和评价，一些高校还将该书作为政治和行政管理、马克思主义原理和思想政治教育专业的本科生、研究生的学习参考资料。还有《江泽民党建思想研究》《马克思主义人学理论与实践研究》《真善美的现代反思》《论马克思主义实践人学思想》等专著和论文，都在各自的研究领域有所突破、创新，能发人之未发，获得学术界的高度评价。

（3）集体攻关成效显著。从历次获省市奖的成果来看，集体合作成果所占比例呈上升趋势。这既包括本市学会与学会之间、部门与部门之间的合作，同时也包括本地作者与省内外异地作者之间的合作研究。这充分表明我市社会科学研究在集体攻关方面迈出了新的步伐，取得了新的成绩。凡集体攻关项目，由于集中各方面人才，发挥集体智慧和各自专长，团结合作，共同探索和研究问题，大大提高了研究质量，推动了学术活动的开展。

（4）具有南充地方特色的研究成果受到好评。诸如《营山县志》《阆中县志》《辉煌四十年》《南充蚕丝之最》《川北大木偶艺术》《川北皮影戏》《朱德思想研究》《张澜文集》《三国文化历史走向》《南充市文化志》《仪陇县志》《中国共产党川北区历史》等成果是我市社科工作者立足南充、研究南充、振兴南充的科研成果。特别是获得第十六次四川省政府社科优秀成果奖一等奖的《清代南部县衙档案研究》和《清代县域民事纠纷与法律秩序考察》享誉全国，具有极高的学术水准和极重要的学术和史料价值。这类成果获奖将引导带动全市广大社科工作者开发具有南充地方特色的科研课题，以此来宣传南充，提高南充的知名度，使家乡人民更加热爱南充、外界人士更加了解南充，从而推进南充各项事业的蓬勃发展。

（5）获奖的面较宽。从整个获奖成果看，涉及面较宽，调动了各学科、各阶层、各部门社科工作者的积极性。从获奖项目的学科类别看，有哲学、经济、科社、政治、法学、史学、社会学、教育学、文化、文艺理论、外语翻译等多种学科。从获奖的作者和工作部门来看，有高校、中初等学校的教授、教师，有党政机关的领导、工作人员，有企事业单位从事实际工作的同志。从获奖作者的年龄来看，有年过花甲的老专家、老教授，也有一大批活跃在我市理论界的中青年理论工作者，还有一批崭露头角的年轻社科工作者。特别是党政领导、部门负责人、厂长经理占了获奖人员的一定比例，说明理论研究与实际工作越来越相互依存，紧密结合。实际工作部门的同志善于接受理论的指导，并把自己的工作经验概括上升为理论思想，参加理论学术探索、课题研究，极大地加强和充实了我市社会科学科研队伍，使我市理论研究工作深深地扎根于社会现实之中。

（七）特色工作

特色工作一：遵循习近平主席关于"构建人类命运共同体"的讲话精神，在留学生中举办"汉语桥"活动，展示南充的历史文化风貌和城市魅力，在"一带一路"沿线国家培养"知华友华"的国际人士。

（1）活动的基本情况。"汉语桥"活动由市社科联和四川省川北历史文化基地联办，自2017年3月举办以来，已有近40期。活动以宣传"中国气派、巴蜀特色、南充风格"文化为主旨，成绩突出，效果显著，广受好评。2018年9月在河北承德召开的全国大中城市社科联第二十九次工作会议特邀我市社科联就此项工作做了专题交流发言，并将发言材料收入《全国大中城市社科联第二十九次工作会议交流材料汇编》。

（2）活动的创新点。①含有国际元素，针对的主要对象是在南充学习的留学生群体。有来自印度、孟加拉国、巴基斯坦、尼泊尔、老挝、津巴布韦、科特迪瓦、乌干达、坦桑尼亚、尼日利亚、几内亚、埃塞俄比亚等十余个国家的留学生。②含有本国元素，主要内容是中华优秀传统文化和南充地域特色文化。③采取的方式以交互式体验为主。比如在"汉语桥"中的"了解端午文化，纪念屈原大夫"活动、"海上生明月，天涯共此时"中秋活动、"情暖夕阳"端午活动、"绸都雅韵，旗袍芳华"丝绸文化活动等活动现场，在场的留学生都亲身体验包粽子、诵《离骚》、着旗袍，切身感受中华优秀传统文化的魅力（见图3）。

图3　第一届"汉语桥"一带一路中外学生

（3）活动的影响和作用。①多家国内媒体进行了宣传。"四川社科在线""四川省社会科学界联合会官网""四川在线""南充宣传网""南充新闻网""华西都市报""南充日报""南充晚报""南充市广播电视台""南充零距离""腾讯网""国际在线"等进行了宣传报道。②多家外国媒体进行了宣传。③参加活动的留学生纷纷通过手机将活动图片发回国内。④培养了"知华友华""知南友南"的国际人士。⑤把南充声音传向世界，提高了南充的知名度、美誉度，在海外树立了南充的良好形象。

特色工作二：评审命名南充市哲学社会科学重点研究基地。

（1）评审命名南充市哲学社会科学重点研究基地的原因：汇聚全市各相关学科高层次人才，打造南充特色新型智库，达到整合全市社科研究力量、凝聚全市社科智慧的目的。

（2）南充市哲学社会科学重点研究基地的主要研究方向：既搞好基础理论研究，通过国省部立项来彰显南充社科实力；又搞好应用课题研究，切实为南充"成渝第二城"、争创"全省经济副中心"服好务。

（3）评审命名情况：从2018年1月启动，历时近一年，经过层层筛选，最终由社科专家评审委员会根据各申报单位的研究力量、研究成果、运行情况等条件确定，由市社科联和市教体局联合授牌。

（4）作用和影响：南充市哲学社会科学重点研究基地的成立，充分体现了"集中力量、集中智慧办大事"的精神，使我市社科研究能力得到几何级的提升，大大加快了重大社科课题突破的步伐，此举措也得到市委肯定，《每日要情》以标题新闻进行了刊载。在南充市哲学社会科学重点研究基地的带动下，我市今年国家级、省部级立项取得重大突破，达到31项，位居全省第2位。同时涌现出了一批切合南充现实问题研究的重要社科成果，如《大数据视域下南充市推进改革社会治理》《南充实施"155发展战略"研究——解码汽配产业》《"互联网＋"背景下南充市农产品网络营销体系构建研究》《生态文明对南充的机遇和挑战》《南充市基层领导干部作风建设研究》《智能技术在南充市工业经济发展中的作用》《南充有机农业发展现状与对策研究》《南充市农村电商现状及发展思路分析》《低碳经济环境下南充中小企业生存的困境及发展路径选择研究》等。

三

南充市推动哲学社会科学繁荣发展的主要成就

（一）社科阵地建设成就

南充市有市级社科联 1 个，县级社科联 7 个，社科学会 27 个，社科网站 1 个，社科普及基地 14 个，社科重点研究基地 15 个。市级社科联即南充市社科联做到了组织机构、人员编制齐全，财务独立核算，是正县级事业单位。县级社科联中阆中市社科联、顺庆区社科联做到了组织机构、人员编制齐全，财务独立核算，是正科级事业单位。社科普及基地和社科重点研究基地都有一定的经费和人员保障，市社科联制定了社科普及基地和社科重点研究基地管理的相关办法，并给予适当的经费资助和业务指导。

（二）社科学术理论活动

南充市社科联根据学科体系建设、社科理论创新的需要，遵循"立足地方，面向实际，重在运用"的科研原则，围绕建设中国特色社会主义这个总题目，针对经济、政治、文化、社会建设中亟须解决的重大问题，组织开展了形式多样、富有实效的学术活动逾 350 次，极大地活跃了学术氛围，推进了学科建设与学术研究，使全市社科界充满生机，空前活跃。

1. 围绕改革和发展开展学术活动

南充市社科联与相关部门先后组织了"中国共产党的领导和社会主义道路是现代中国历史性选择理论研讨会""朱德学术讨论会""解放思想、转变观念，加快改革开放步伐研讨会""文经结合研讨会""社会主义市场经济理论研讨会""南充市产权制度改革学术交流会""金融改革与企业生存发展研讨会""邓小平理论研讨征文活动""邓小平生平与思想理论研讨会""'三个代表'与改革开放理论研讨会""南充经济金融形势及发展战略研讨会""南充民营经济发展理论研讨会""振兴南充工业理论研讨会""南充实施西部大开发战略研讨会""南充招商引资理论征文活动""南充着力'三推进'，建设川东北区域中心城市理论研讨会"等学术活动，在不同时期从不同侧面、不同角度提出对策建议，为党委、政府的科学决策提供了重要的参考。

1996 年 7 月，由市社科联牵头，西南石油学院、四川师范学院、市经济学会等联合召开了"实现两个转变与南充经济发展研讨会"，参会逾 40 人，收到论文 31 篇。与会者结合南充的实际，就中小城市和地区两个转变如何起步的重点问题进行研讨。会后，以南社联发［1996］12 号文件，向市委、市政府报送了实现两个转变的建议性专题报告，受到市委主要领导的高度重视，采纳了该报告中的建议内容。四川省社科联将此专题报告以《社科界信息》送省上主要领导参阅，并向省级学会和各市地州社科联进行通报。省委办公厅又以《经济专报》送省委常委参阅，并上报中央办公厅。

2000 年 9 月，市社科联与市委宣传部、市人大财经委等联合举办"南充市实施西部大开发战略研讨会"，到会逾 80 人，收到论文 38 篇。市委副书记陈荣仲，市委常委、宣传部部长张世金等领导同志到会指导。与会者分别从产业结构调整、基础设施建设、农业产业化经营、招商引资、新的投资融资体制、科技人才优势开发等方面在西部大开发中的地位、作用、发展潜力等进行了深入研讨。会后，编辑了研讨会的观点综述和论文专集，供领导及有关职能部门决策时参考，受到社会各界的好评。

2008年6月，市社科联、市委党校、营山县委、县政府在营山县召开了"实施'三推进'建设川东北区域中心城市理论研讨会"。收到论文55篇，评选出优秀论文32篇。与会代表围绕会议主题开展了讨论和交流。这次研讨会主题突出，理论联系实际，获奖论文有一定深度，分析问题较透彻，为市委决策提供了好的建议。

2009年7月，市委党校、市社科联、蓬安县委在蓬安县相如饭店联合召开了"深入学习实践科学发展观，推进体制机制创新理论研讨会"。市委党校、市社科联、蓬安县委、县政府和市委组织部、市委宣传部、市人事局的领导同志、各县（市区）委党校和蓬安县有关单位的负责同志以及入选论文的作者逾80人出席研讨会。省委党校副校长周治滨教授，市委常委、市国资委党委书记冯斌同志亲临大会指导并做重要讲话。研讨会评选出论文一等奖3篇、二等奖8篇、三等奖14篇、优秀奖11篇。与会者以科学发展观为指导，围绕体制机制创新进行了交流发言。会议结束时还参观了蓬安县近年来经济社会发展的主要成就和蓬安县渊源厚重、钟灵毓秀的历史人文自然景观。

2. 围绕"三农"问题开展学术活动

南充是全省第一农业大市、第二人口大市，"三农"问题始终是市委、市政府关注的重大问题，也是南充社科界联合攻关的重点课题。早在1996年5月，市社科联就策划组织了相关的研究工作，在此基础上，与市委宣传部、市粮食经济学会、市商业经济学会以及相关自然科学工作者联合开展了"实施玉米丰收工程"征文及其研讨活动。着重围绕玉米的生产、加工、流通等问题进行研讨。历时两个月，共征集论文36篇。并印发《玉米全身都是宝》等宣传资料逾5000份，还组织学会会员走上街头，利用板报、举办实物展览等形式向群众宣传实施玉米工程的重要意义。这次征文活动推出的专题论文、调研报告，就玉米的转化问题提出了很多好的建议。诸如大力发展养殖业、搞酿造业、医药、食品、工艺品等，这使各县（市）区普遍重视玉米的深加工，拓宽了玉米的销售市场，解决了农民担心玉米丰收后如何销售的问题。本次系列研讨活动得到了市委、市政府分管领导的肯定和职能部门的好评。在此之后，又相继组织了丘陵地区扶贫开发、农民增收、深化农村改革等研讨活动，很好地配合了党委、政府的中心工作，促进了农村经济的发展。

2007年7月，由市委宣传部牵头，市社科联、南部县委联合相关部门在南部县召开了"南充市社会主义新农村建设理论与实践研讨会"，各县（市）区委宣传部、文化局、市农口系统领导以及论文作者逾110人参会。市委常委、宣传部部长马道蓉同志出席会议并做重要讲话，与会专家和实际工作者，着重围绕如何用科学发展观统领新农村建设、新农村建设的目标任务、发展模式、建设重点、建设途径、创新机制等方面，开展了深入的研讨。会后，由市社科联编辑了《南充市社会主义新农村建设研讨会优秀论文集》，印刷逾1000册，发到市级相关部门及县区党政部门。市委分管领导还以《南充：关注民生的重点应始终是"三农"问题》作为该论文集的代序，对研讨会给予了高度评价：这次研讨会实际是一次汇集民智、启迪思维的过程，也是一项关注民生、关注"三农"的过程，同时还是为我市新农村建设营造声势、提供理论支撑的过程。其主要特点是：主题鲜明，交流充分；形式新颖，现场感强；专家点评，观点独到；具有极强的针对性，对我市新农村建设有现实指导意义。

3. 围绕精神文明建设和民生建设开展学术活动

南充市社科联与相关单位先后组织了"社会主义市场经济与职业道德建设研讨会""南充市社会主义精神文明建设理论征文活动""南充市家庭美德建设研讨会""南充教育与城市发展研讨会"等学术研讨活动。

1997年4月，市社科联与市委宣传部、市妇联等单位开展了"南充市家庭美德建设研讨会"。会前，组织力量对农村封建迷信和毒品违法活动对家庭的影响开展了专题调查；就农村家庭美德建设的现状作了摸底调查，发放上万份"农村家庭婚姻调查表"，并到37个乡镇进行问卷调查；对市辖三区法院立案的42件赡养纠纷案进行了剖析研究。参会代表42人，有18篇论文在会上进行交流，主要联系社会现实，围绕家庭美德建设在社会主义精神文明建设中的地位作用、基本内容、主要特点及对策措施进行了深入探讨。会后，向市委、市政府报送了《南充家庭美德建设研讨会提出五条建议》，受到市委领导的高度重视和赞扬。

为进一步落实科学发展观，增强全社会的环境保护和可持续发展意识，2005年年初，与市人资环委、市环保局、南充炼油化工总厂等联合召开"环境保护与可持续发展有奖征文活动"，共收到理论文章和调研报告65篇。这些文章主要对南充嘉陵江流域水资源、水环境保护问题、环境保护与经营城市、环境保护与社会公正、环境保护的投入与手段、环境保护与提高市民素质、环境保护与严格执法、文明执法等问题进行了深入研究，并提出了既有现实性又有前瞻性的建议和构想，对促进全市经济社会和人口资源环境的协调发展有着重要的参考价值。会后，由《南充社科论坛》编辑部出增刊1期，印刷上千册，发至县（市）区的乡镇党政部门和有关单位参阅、实施。

为推进我市和谐社会建设工作，2007年1月，与市委宣传部等单位召开了"全市构建社会主义和谐社会理论研讨会"，会议围绕构建社会主义和谐社会的重大意义、科学内涵和主要任务，紧密联系我市经济社会发展的实际，进行了广泛深入的研讨和交流。研讨会共收到论文逾30篇。会后，编辑印发了《社会主义和谐社会的理论与实践》专辑，汇集了重要的理论成果。

4. 围绕重大历史事件或重大历史纪念日开展专题学术活动

21世纪以来，围绕毛泽东同志110周年诞辰、邓小平同志100周年诞辰、抗日战争暨世界反法西斯战争胜利60周年、陈云同志100周年诞辰、朱德同志120周年诞辰、建党80周年、改革开放30周年、中华人民共和国成立60周年等一系列重大历史事件或重大历史纪念日，全市社科界各高校、科研单位、学术团体均通过研讨会、座谈会、专题报告、专家讲演等形式，研究革命领袖的生平和历史，研讨重要历史事件的相关问题，既发挥了哲学社会科学"咨政育人、服务社会"的独特功能，又为哲学社会科学的繁荣发展做出了积极的贡献。

2008年12月，市社科联与市委宣传部、市委政研室、市委党史研究室、市委党校联合举办了"纪念南充改革开放30周年理论征文活动"，成功召开了"纪念南充改革开放30周年理论研讨会"，组织专家对征集到的80篇论文进行精心评审，有《四川工业的回顾与未来发展之路》等35篇优秀论文获得表彰。同时将理论研讨会的成果在《南充日报》《南充社会科学》上开辟专栏，进行专题报道。市社科联的《调查与思考——改革开放30周年来，人们精神面貌、思想观念发生的重大变化》（调查报告）在四川省社科联系统专题调研报告评比中获得二等奖。这些活动对推动干部群众新一轮思想观念大解放，促进南充新一轮经济大发展、文化大进步起了积极作用。

5. 对外学术交流不断扩大

学术交流是社会科学学术团体的生命所系，各学会、协会、研究会根据自身的特点，采取"引进来、走出去"的方式，开展了丰富多彩的学术交流活动。

首先，利用南充独特的历史文化和地域文化，如三国历史文化名城、"将帅"故里、张澜故居、司马相如故乡等优势，积极开展爱国主义和革命传统教育。由南充市、仪陇县、蓬安县以及市党史学会、市地方志学会、市历史学会等，先后与中央和省级有关部门联合举办了朱德生平及学术思想研讨会、陈寿及三国文化国际学术研讨会、张澜生平与思想学术研讨会等。特别是陈寿及三国文化学术研讨会、"司马相如与文化中国"研讨会（见图4）、嘉陵江文化与区域发展学术研讨会（见图5），不仅有来自国内的专家学者，还有美国、法国、德国、加拿大、日本、韩国的专家参加。国内外专家学者汇集南充，开展学术交流，对提升南充的知名度、扩大南充对外宣传的影响产生了积极的作用。

图4　"司马相如与文化中国"研讨会

图5　嘉陵江文化与区域发展学术研讨会

　　同时，市社科联还积极组织专家学者参加全省、跨区域、全国和国际学术研讨活动。1994年10月，省社科联、省精神文明办在德阳召开"四川省社会主义市场经济与社会主义精神文明建设理论研讨会"，市社科联提交《浅探精神文明建设适应市场经济的新思路》一文，并在大会上做了交流。1995年10月，在江西九江召开的"全国市场经济与精神文明建设研讨会"上，市社科联提交的《坚持合力论，做到两手硬》一文被评为优秀论文，相关作者在大会上做了发言，引起与会者的关注，此文被收入《中国"八五"科技成果选》。2005年11月，市图书馆学会推出的《浅谈公共图书馆在爱国主义教育中的作用》《浅谈图书馆管理的创新》《网络环境下图书馆藏文献信息资源建设》等论文在陕西宝鸡举办的川陕毗邻地区图书情报协作网年会暨学术交流会上分别获一、二、三等奖，相关作者做了发言。

　　坚持开展理论研讨活动，促进新成果的应用转化。结合市委市政府确定的文化强市战略，搭建文化交流和引领的共享平台，举办嘉陵江文化学术研讨活动。2012年8月9日省政协常委、省社科联党组书记王均，省政协常委、省侨联主席冯文广，市委常委、市委宣传部部长喻小广，市人大常委会副主任李小松、李南春，市政协副主席王晓贤以及来自全国各地的一百多名专家学者参加研讨会。会议以"嘉陵江地理及历史沿革、嘉陵江流域经济研究、嘉陵江流域文化研究"为主题，开展了一系列学术交流活动，成为研究嘉陵江流域的首次研讨会，为建设文化强市、推动嘉陵江文化向纵深发展做出贡献，并准备公开出版《嘉陵江文化与区域发展》论文集，用以促进研究成果的应用转化。

市社科联所属学会还积极跨出国门，参加国际学术交流。如：老年学会推出的《建立离退休老龄人社会安全服务保障网络的设想》一文于1994年入选第四届亚洲及大洋洲地区老年大会，该文作者参加了在日本横滨召开的亚太地区老年大会，并在会上宣读了论文。该文作者是我省出席此次大会的唯一代表。2004年7月，党校系统邓小平理论研讨会推出的《当前市县国家公务员培训的现状及对策》一文，被第二十六届国际行政管理大会选中，该文作者应邀参加了由国际行政管理科学联合会和韩国公共管理学院联合在韩国汉城召开的国际行政管理大会，并在会上就论文内容进行了交流。

（三）社科研究

2013年获国家社科基金立项6项，其中西华师范大学5项，川北医学院1项；获省部级社科基金立项24项，其中西华师范大学23项，川北医学院1项。全市社科工作者积极踊跃参与我市社科课题研究，全市共收到申报社科规划课题147项，市社科联按照《南充市哲学社会科学研究"十二五"（2011—2015）规划》确立的研究目标、主要任务、重点研究领域和研究课题指南，对申报课题进行了认真论证和评审，立项社科规划课题107项，其中重点课题8项、一般规划课题55项、青年课题35项、县（市、区）课题9项，课题申报数和质量都较往年有了较大的提高。

2014年共立项社科规划课题98项，其中重点课题6项、一般课题55项、青年课题31项、县（市、区）项目6项。加强课题立项工作的管理，严格按照《南充市哲学社会科学规划项目管理办法（试行）》的规定，聘请驻市各高校从事科研管理的专家对申报的项目进行评审。立项课题涉及19个一级学科（政治学、经济学、历史学等），有力地促进了南充社科研究不断发展。根据《四川省社科联关于开展四川省第十六次社会科学优秀成果评奖的通知》（川社联发〔2014〕5号）要求，我会组织开展了我市的初评工作，报请市委、市政府批准，成立了以市委、市政府分管联系社科工作的领导负责，相关专家学者和领导同志任委员的评委会承担此次评审工作。积极协调驻市各高校推荐学科组评审员，成立了6个学科评审组，聘请30名专家学者任评审员，并报评委会批准开展相关工作。历时4个月，经过组织申报、评委会审定评审员名单和评审数、各学科组评审、评委会终审等程序，从全市申报的逾200项成果中，推荐出30余项成果参加全省第十六次社科评奖。我市获奖24项，其中《清代南部县衙档案研究》和《清代县域民事纠纷与法律秩序考察》两项成果荣获一等奖，另获二等奖5项、三等奖17项，取得了我市参评省社科奖历史最好成绩，名列各市州前茅。

2015年共受理全市"十二五"社科规划2011年度1项重点课题、2项一般课题、2项青年课题；2012年度1项一般课题、2项青年课题；2013年度1项重大委托课题、1项重点课题、9项一般课题、7项青年课题、1项县（市、区）课题；2014年度3项重点课题、25项一般课题、7项青年课题和1项县（市、区）课题的结题申请，并依照《南充市哲学社会科学规划项目管理办法（试行）》的规定进行审核，同意这63项课题符合相关结项规定，批准结题。市社科联认真搞好2015年年度课题立项工作。坚持把南充改革发展的重大现实问题研究作为地方哲学社会科学研究的主攻方向，紧紧围绕市委、市政府的中心工作，按照南充"十二五"社科规划确立的各学科重点研究方向和课题研究范围，积极开展立项工作，下发《关于申报南充市"十二五"社科规划2015年度课题的通知》（南社联〔2015〕13号），共收到全市社科界申报课题163项。市社科联创新评审机制，严格按照《南充市哲学社会科学规划项目管理办法（试行）》的规定，运用建立的专家库，抽取专家25名，分5个学科组分别对申报的项目进行评审，提升了课题立项评审的专业性和科学性。为充分展示南充社科界的研究水平，市社科联还积极组织市内相关院校、研究团体参加国省部社科课题的申报。今年我市共立项国省部课题31项，其中国家社科基金项目9项，教育部、国家发改委、国家体育总局社科研究项目和省社科规划项目22项。编辑了《关于加快推进南充产业融资平台建设的思考》《南充市"十三五"经济社会发展的对策思考》等重要成果专报，报送市委、市政府相关领导，为市委、市政府的决策提供意见和建议。印发了《关于开展"四个全面"战略布局理论征文活动的通知》，在全市社科界开展论文征集活动。围绕"'四个全面'战略布局"这一主题，深入研究"四个全面"战略布局的重要意义、科学内涵、精神实质和实践要求，深入研究如何结合南充实际协调推进"四个全面"战略布局，为实现中华民族伟大复兴中国梦和谱写"'四个全面'战略布局"的南充篇章，认真做好"两个跨越"的南充答卷，提供理论支撑和智力支持。征文由社科专家评选，并在社科刊物上开辟专栏刊载。课题成果《政府应对网络舆情能力探析》为顺庆区政府舆情管理中心舆情管理工作提供现实借鉴作用。课题成果《川东北中心城市文化产业可持续发展刍议》为顺庆文化产业发展提供了理论依据和现实方法。张澜纪念馆的青少年教育活动、顺庆文联的文化活动、顺庆文化产业园区的建设、顺庆网络会所和音像文化制品的监管都遵循了该文章的一些理论并选用了文中介绍的一些方法。课题成果《川东北丘陵地区未成年人德育环境建设研究》已成功转化，使南充市顺庆区在未成年人德育环境建设方面取得了初步成效，家庭教育的重要地位受到重视，学校教育主阵地作用得以发挥，社会整体德育环境不断改善。蓬安社科联在调研的基础上，撰写的6篇理论文章引起了市委的重视，被市委刊物《决策与务实》选用，此刊物主要送市委领导研究本市当前的热点难点问题。其中《检察机关引导合理合法表达信访诉求的思考》《适应新常态　谋求新作为　努力提升基层法院司法公信力》被我市检察系统和法院系统学习和选择性采纳。《建设蓬安火车站商贸经济圈的思考》为蓬安县委、县政府推进火车站沿边的经济建设提供了很好的思路。

2016年积极组织社科工作者申报省社科项目。全市社科界共立项国家及省部级项目36项，其中国家社科基金项目19项、教育部人文社科研究项目2项、四川省社科规划项目15项。共受理全市78项结题申请，包括"十二五"社科规划2011年度1项重大委托项目、1项青年课题，2012年度1项重点课题、2项一般课题、2项青年课题，2013年度10项一般课题、6项青年课题，2014年度2项重点课题、11项一般课题、9项青年课题，2015年度1项重点课题、15项一般课题、17项青年课题，并依照《南充市哲学社会科学规划项目管理办法（试行）》的规定进行审核，同意这78项课题符合相关结项规定，批准结项并发放结项证书。根据《四川省社会科学评奖委员会办公室关于开展四川省第十七次社会科学优秀成果评奖的通知》及《四川省社会科学评奖委员会办公室关于规范开展四川省第十七次社会科学优秀成果评奖初评工作的通知》的要求，报请市委、市政府领导批准，组织成立南充市社会科学优秀成果评奖委员会开展四川省第十七次社科优秀成果评奖的初评工作。历时近三个月，经过组织申报、网上审核、学科组评审、评委会终审等程序，从全市社科界申报的120余项社科成果中，推荐出26项成果参加全省评奖，共获奖23项，居全省各市州第二位。其中荣誉奖1项（《龙显昭学术论文集》）、一等奖2项（《中国农村社区建设：制度、功能和文化》《完善我国高水平竞技体育人才培养的"体教结合"模式研究》）、二等奖2项、三等奖18项。成果涉及哲学、政治学、管理学、经济学、统计学、历史学、文学、艺术学、教育学、体育学等学科。刊发了《南充市领导干部法律信仰调查研究》等一批有价值有影响的文章。特别是《南充市生活垃圾处理方式及对策研究》引起有关方面的重视，被市领导单木真、贾德华批示，转请相关单位阅研。

2017年全市社科界共立项国省部项目28项，其中国家社科基金项目11项（重点项目1项），省部级社科基金项目17项。市社科联共受理了来自全市各方面申报的本年度社科规划项目271项，市社科联规划评奖办组织有关方面的专家对申报项目进行了认真评审，经市社科联党组审定，决定立项社科规划项目240项，其中重点项目11项、一般项目140项、青年项目89项（其中经费自筹项目37项）。市社科联坚持为市委、市政府重大决策服务，积极发挥组织协调、科研引导功能，利用专家智慧，努力为全市的经济社会发展建言献策。一是通过课题立项，积极推动市委开展的三场攻坚战。立项了"利益关系视野下精准扶贫参与机制创新研究——基于南充市扶贫开发实践"等课题推动扶贫攻坚战。立项了"'南充十三五'工业产业布局研究"等课题推动项目攻坚战。立项了"南充作为'一带一路'重要节点的思路与路径研究"等课题推动改革开放攻坚战。二是通过举办研讨会积极推动市委开展的三场持久战。如我们召开了党风廉政建设社科专家学者座谈会,鼓励社科专家为南充如何做好党风廉政建设测评工作和平安建设测评工作献计出谋。我们还建立了社科重要成果专报制度。对紧密切合南充社会现实,可操作性强的社科论文,不定期向市委、市政府有关领导和有关部门报送。今年专注扶贫攻坚和网络经济等重点热点问题,连续刊发了《南充市实施精准扶贫现状及对策建议》《构建南充市现代农业经营体系的对策和建议》《"互联网+"背景下南充实体经济发展的对策和建议》等一批有价值有影响的文章。

2018年市社科联积极与高校联系,组织高校社科专家申报、推荐重大社科项目,取得辉煌成绩。今年我市国家级、省部级社科立项达31项,居全省第2位,其中国家社科基金项目立项10项,教育部人文社科项目立项5项,四川省社科规划项目立项16项。我会进一步加大了对社科规划立项的支持力度,规划立项的数量、涵盖学科、项目资金都较往年有大幅增长。在激励机制增强的情况下,广大社科研究者踊跃申报项目,与2017年相比,今年收到的申报项目数量明显增多、质量明显提升。经专家评审委员会的认真评审,全市共立项南充市社会科学研究规划项目270项,其中重点项目12项,一般项目168项,青年项目90项。我会积极引导社科专家学者从事应用型社科研究,对问题导向明确、应用型操作性较强、研究水平较高的论文给予充分鼓励、支持,并择优向有关部门及领导呈送,以供资政参考。一年来,涌现了大批切合南充现实问题研究的重要社科成果,如《大数据视域下南充市推进改革社会治理》《南充实施"155发展战略"研究——解码汽配产业》《"互联网+"背景下南充市农产品网络营销体系构建研究》《生态文明对南充的机遇和挑战》《南充市基层领导干部作风建设研究》《智能技术在南充市工业经济发展中的作用》《南充有机农业发展现状与对策研究》《南充市农村电商现状及发展思路分析》《低碳经济环境下南充中小企业生存的困境及发展路径选择研究》。

(四)社科普及

2012年,全面加强"嘉陵江论坛"品牌建设。制订"嘉陵江论坛"年度计划,开发拓展内容版块和专题系列,新创立了"嘉陵江论坛·周末课堂",充分利用本土各大专院校和党政部门的人才资源,使讲座常态化,定时定点,成为南充文化建设的又一个重要阵地。"嘉陵江论坛·周末课堂"邀请仲呈祥、魏雪峰、冯文广、葛晓非、傅宗洪等专家学者主讲了"文化化人 艺术养心""中国艺术美的追求""南充城旁白""职场上升之道""诗歌与音乐的比较分析"等主题讲座(见图6),受众达数千人次。嘉陵江论坛还根据学生的心理生理特点,开展了校园巡讲活动,帮助学生健康快乐成长(见图7)。南充电视台也专门开设哲学社会科学普及专栏,极大地扩大了社科知识的覆盖面,提高了普及率,市民的参与面不断扩大,参与水平也不断提高。我市发挥自身优势,通过社科普及宣传扩大影响力。加强对社科社团的指导和管理,鼓励市社科界的专家学者进行科普读物的撰写和宣传,推出了一批有针对性、现实性、通俗易懂的科普读物,如《守望吾乡吾土》《跳动的文化——川北民俗集萃》《司马相如故事集》《数码摄影技艺指要》等。各基层学会和社科组织也积极开展了丰富多彩的科普活动。阆中市社科联利用"春节文化园"景区设置了社科普及中心,并被省委宣传部和省社科联评为四川省社科普及基地,围绕古城旅游的主题,陆续推出了《春节文化之源》《秘境天宫》等科普读物,为当地经济建设发挥了积极作用。蓬安县社科联编辑出版了《司马相如故里在蓬安》等多种文化旅游图书,摄制了旅游形象宣传片《嘉陵第一桑梓》,还在挖掘整理研究地方非物质文化遗产的基础上编排了大型歌剧《相如长歌》,为推进科普宣传工作探索了新路子,积累了新经验。各社科团体纷纷举办宣传和义务咨询服务,为近十万人提供各类知识和服务,获得广泛好评。

图6 "嘉陵江论坛·周末课堂"现场

图7 嘉陵江论坛校园巡讲活动现场

　　2013年，逐步夯实社科普及工作，稳步提高市民社科素养。一是利用科普宣传月，开展形式多样的活动。为了进一步弘扬我市传统抒情诗文化，推动新诗普及，市社科联、市文联、嘉陵江新诗协会联合举办了"首届南充高校情诗大赛——让诗歌走进校园"。我市采取了情诗原创征集、诗歌朗诵、结集出版等形式来实现南充"打造文化强市品牌"的工作思路。市企业家协会在西充开展"服务企业千家行"活动，市社科联副主席宋先钧教授做了专题报告，就当前国际国内经济形势进行了分析并对南充企业转型升级提出了建议。蓬安出版的社科专著《大文豪司马相如》，是研究司马相如的重要成果，作为中小学生课外阅读重要读本被列入蓬安中小学乡土文化教材。蓬安还组织本土作家分别从历史名人、名特小吃、风景名胜等方面选材撰文讲述当地传奇故事，以《画说蓬安》为总题，以连环画丛书形式全面反映蓬安厚重的历史文化和独特的风土人情。出版了《司马相如》《河舒豆腐》《百牛渡江》三套，每套首印1万册。阆中编辑出版了乡土教材《春节文化教育读本》《落下闳·落阳山·长公殿》《思依雄镇》《中华始母华胥》，以图文并茂的形式进行社科普及宣传，受到人们的青睐，收到了很好的社会效果。二是利用好"嘉陵江论坛·周末课堂"平台，普及社科知识。市社科联与市妇联在市政务中心会议室联合举办"嘉陵江论坛·现代女性大讲坛"。此次讲座不仅能让广大妇女更好地了解和掌握自身疾病的防治知识，树立早发现、早诊断的防范意识，还能倡导全社会共同关爱女性健康，促进家庭和社会和谐。三是利用好社科阵地，提供决策咨询服务和社科知识普及服务。《南充社科论坛》和《南充社科简报》按照省市规定，对相关工作进行了规范，发挥社科界思想库、智囊团的集成创新作用，增进了与专家学者的学术联系与科研合作，务实、灵活、及时地提供高质量的决策咨询服务。西华师范大学图书馆被省委宣传部和省社科联评为川北历史文化社科普及基地。阆中春节文化园专门成立了"落下闳研究会""落下闳故里古天文科普教育中心"。中国（阆中）首届落下闳春节文化博览会在阆中顺利举办（见图8），由光明日报社主办的国内大型讲坛——光明讲坛专程赴南充主讲"春节老人落下闳：一位影响世界的杰出天文学家"（见图9）。

图8　中国（阆中）首届落下闳春节文化博览会

图9　"春节老人落下闳：一位影响世界的杰出天文学家"讲坛现场

2014年，市社科联以"社联主导、借力发挥、整体联动"的工作思路，积极调动全市社科界力量，开展社科普及知识宣传。一是科普宣传走街头。4月2日，市社科联和川北历史文化社科普及基地联合主办的系列主题科普宣传活动在南充市北湖公园广场成功拉开帷幕。活动主要以主题图片展览、专家现场宣传咨询、大学生讲解员现场讲解、有奖知识问答等形式展开，市民十分踊跃地参与了活动。二是科普宣传进社区。4月12日和15日市社科联和川北历史文化社科普及基地、西华师范大学图书馆联合主办的科普宣传活动，走进了南充市高坪区都京镇和市铁欣路社区金鱼街道居民区，大力宣传"中国梦""社会主义核心价值观""党的群众路线教育实践"的内涵与精神。本次活动除了继续以主题图片展览、图片讲解、组织村民有奖问答为活动内容外，还创新了走街入户的方式——志愿者们带上宣传材料、展览图片，到都京镇的百姓家中，宣传社科新知识。市社科联和嘉陵江新诗研究协会举办了"送科普进社区"活动，为居民免费赠送《群众路线读本》3000册，深受群众的喜爱和好评。三是科普宣传进校园。3月27日，市社科联和南充市金融学会、市钱币学会在南部县伏虎中学开展了送金融知识进校园活动，在现场开展了金融知识有奖竞答活动，同学们积极参与，现场气氛热烈。四是科普宣传进农村。3月5日，市社科联和市金融学会、市钱币学会、人行阆中支行在阆中市沙溪办事处金鼓村开展农村金融教育活动。活动中，人行阆中支行的干部职工对农户关心的新农村建设、专业合作社、城乡统筹、农村产权融资和助农取款有关金融扶持政策一一做了解答。市社科联和市图书馆学会利用农村春耕生产的时机，及时组织会员开展送科技图书下乡活动，在乡村队举办技术培训班，为农民讲解"科技兴农"，把先进实用技术送到田间地头，为农业增收调结构做出贡献。五是科普宣传上媒体。市社科联组织社科专家吴晓川、杨小平在南充电台的《南充人话南充》节目中主讲"舌尖上的南充之南充美食探秘"系列讲座，节目播出后引起观众浓厚兴趣，应观众要求反复播出。南充电视台文娱频道为此专门制作了一期新专题，进一步采访了打进热线的听众，受访者对该节目给予了高度评价。

2015年3月开展了科普宣传月。3月6日市社科联与市文体局一道举办游百病春节民俗文化活动，进一步传承了民俗项目，丰富了市民体育文化生活。3月13日、14日、24日，市社科联与省川北历史文化普及基地组织高校法学教授、大学生志愿者以小分队的形式在南充市顺庆区搬罾镇、嘉陵区木老乡、嘉陵区三会镇开展了主题为"全面推进依法治国——践行社会主义核心价值观"的乡村普法系列宣传活动。3月26日在春节文化科普基地负责人彭莉的带领下，社科普及志愿者和落下闳春节文化研究会同志到阆中桥楼乡向当地民众进行了春节文化的宣传普及。3月28日，市社科联组织川北医学院科普志愿者前往顺庆区北湖社区，在家门口为社区居民免费提供常规医疗服务。在科普宣传月中，司马相如文化社科普及基地与县科技局、县农牧业局、县司法局联合开展"文化科技卫生"三下乡暨科技进万家活动，为各乡镇送上以科普知识创作的小品、魔术、评书、散打等类型的科普类知识普及节目。5月开展了科普活动周，市图书馆组织图书馆志愿者服务队启动新购流动图书车进入西山文化广场、北湖公园广场，进行了4天图书馆服务宣传与书展。流动图书车进行了现场图书办证和借阅活动，接待市民逾2000人次。市社科联还与南充市三所幼儿园共同举办了"书香润童心，好书伴成长"活动，安排幼儿园小朋友逾400名参观市图书馆，了解图书馆，激发小朋友对读书的兴趣。市社科联组织社科民俗研究专家编写了社科民俗普及读物《中华传统美德》《川北灯戏》《川北大木偶》《川北饮食》《金钱板与南部评书》《中华传统美德·孝文化》《川北剪纸》等。蓬安县社科联邀请四川知名评书家李伯清在相如文化普及基地开展了为期一个月的评书专家活动，先后近万名游客和市民参与了该活动，使相如文化与民俗文化得到了有效普及。按照省社科联要求，以弘扬人文精神、发展公共文化、丰富市民生活、提升精神品位为宗旨，"嘉陵江论坛"继续在坚持社会主义核心价值观、传播先进文化上下功夫，在博采众长、汇集百家上下功夫，在精益求精、提高质量上下功夫，大力拓展讲坛的覆盖面和品牌效应，让讲坛真正成为听众参与、听众享用的文化殿堂。"天府人文讲坛·嘉陵江论坛"走进嘉陵区三会镇，邀请了四川省前侨联主席冯文广教授现场与当地两百余位村民，面对面交流了三会镇特色民俗蛤蟆节的来源与寓意。今年共举办"天府人文讲坛·嘉陵江论坛"

6 场次，"科学与读书——周末课堂" 6 场次，"研究生——百姓讲堂" 112 场次，"听君一席话" 9 场次，"嘉陵江大讲堂" 36 场次，"历代名人与蓬安"系列知识讲座 4 场次，听众达五万多人次。阆中市社科联邀请了天文学者"新动力"理论研发者——王笑冬先生深入中小学校开展天文文化讲座。王笑冬先生有针对性地以深入浅出、图文并茂的教学方式，到城西小学、附小、桥楼乡小学校等十多所学校普及天文常识，取得了显著成效，填补了孩子们对天文知识的空白，在相关学校掀起天文学热潮。蓬安县社科联邀请了四川师范大学、四川民族大学、西华师范大学历史学院等有关省市专家、学者开办首届"书香蓬安·相如文化大讲堂"。围绕"相如研究与辞赋写作""赋体浅说"等主题举办专题学术报告会议，四川省相如研究会以及县级相关部门近 200 人参与报告会，该活动的开展，进一步弘扬了相如文化和巴蜀文化，扩大了相如文化的影响。阆中启动了古天文科考项目工作，并与中国社科院签订了科研合同；启动了"惜字塔"文化挖掘保护工作，组织人员奔赴桥楼、水观等乡镇，搜集、撰写了三万余字的惜字塔相关史料；以春节文化科普基地为平台，组织人员采集春节民俗文化资料，进行春节文化知识的推广宣传，计划成立"四川省落下闳及传统文化研究基地"。春节文化园"正月十六游百病"被国家体育总局评为体育项目非物质文化遗产。2015 年 2 月 19 日中央电视台中文国际频道拍摄节目《传奇中国节·春节》将阆中独特的春节民俗文化向世人展示，大大提升了阆中春节文化的影响力。阆中桥楼乡春节民俗节目《赶年》被中央电视台中文国际频道拍摄并播放。省科技厅高度重视桥楼乡青少年天文科普基地的工作，现已将该项目纳入省科技厅，预计每年拨付科技经费 100 万元。电影剧本《回家》，以红色文化和春节文化资源为依据，彰显了"家、国一体"的民族情怀，丰富和满足了广大人民群众的精神需要，已改编成广播剧，被评为四川省第十三届"五个一工程奖"获奖作品。川北王皮影是春节民俗文化的一枝奇葩，2015 年，在第十二届民间绝技演艺大赛中，川北王皮影艺术团代表四川省参赛并荣获金奖。蓬安司马相如故里编写了 90 分钟时长的电视纪录片《寻找司马相如》在央视《探索·发现》栏目播出，视频在多家网站上线。6 月，蓬安社科联协助央视科教频道栏目组，拍摄《百牛渡江》专题纪录片，多层面、多角度展示了蓬安的山水风情和博大精深的相如文化。中国科学院组成的专家团在北京天文台副台长李勇带领下，考察了阆中春节文化园，认为阆中春节文化园正逐步成为"国际古天文圣地""全国青少年科普教育基地"。

2016 年市社科联将科普活动工作重点放在三月科普宣传月活动中，3 月 23 日至 26 日，与川北历史文化普及基地联合启动科普活动月系列活动。23 日，组织西华师范大学、川北医学院科普志愿者小分队，赴南充市嘉陵区曲水镇开展了丰富多彩的科普宣传活动。小分队在场镇街上，布置了节能环保、健康卫生等主题的宣传展板，图文并茂地宣传科普常识，很快就吸引了众多的村民前来观看，小分队的志愿者师生们为村民们进行了现场讲解。同时，志愿者们还向村民们散发了"中华民族传统美德""国家非物质文化遗产保护""绿色低碳生活常识"等主题的科普宣传手册，前来观看展览的村民和镇小学的小学生很快就把数百本手册领光了。24 日，科普活动月系列活动走进了顺庆区共兴镇，科普宣传小分队在共兴镇政府大院布置了节能环保、非遗文化保护等主题的宣传展板。因为共兴镇是南充市有名的非遗"蛴蟆节"之乡，展览中，村民们对非遗保护话题的热情很高，志愿者的宣传在村民们那里很快得到了热烈的呼应。宣传中，志愿者们不失时机地发放了"国家非物质文化遗产保护"等科普宣传手册。25 日，科普宣传小分队走进南充市高坪区走马乡，进行中华孝文化宣传，志愿者甚至还直接到村民家里去进行面对面的宣传。26 日，科普小分队走进顺庆区新复乡。科普小分队根据前几天的经验，一开始就把宣传活动化整为零。除了在乡场交通要道布置好宣传展板，并派几个志愿者负责讲解外，其余志愿者都带上宣传资料，两三人一组，到乡场和周围村民家里去进行面对面宣传。本次宣传，还专门邀请了西华师范大学环境科学与工程学院"环境教育与科普基地"的师生一同前往，既宣传社科方面的科普知识，又宣传"果树栽培""林下家禽养殖"等农业实用技术。本次宣传一共发放了《中华民族传统美德》《孝文化》《国家非物质文化遗产保护》《绿色低碳生活常识》《共建生态文明、共享和谐社会》《环保科普宣传手册》六种宣传手册数百本。西充县社科联与相关单位联合开展科普宣传月活动，共举行各种活动 38 场次，发放宣传资料十万余份，赠送各种图书一万余册，免费义诊、咨询接待群众两万余人次。一是每个单位结合行业特点印发了《知识产权法》《安全生产法》等法律法规和《饲养技术》《大棚蔬菜重点病虫害防治技术》《常见猪病的诊断与防治》《果蔬种植技术》等知识手册，以及疾病预防知识、优生优育知识手册等；二是深入社区、村社、企业、学校举办各种讲座，先后邀请省农科院南充蚕研所副所长张洪友、西充县政府事务所法律顾问左国民律师等分别做了题为"蚕桑栽种技术""大球盖菇科学种植和栽培""知法守法切实维护个人合法权益"等专题讲座；三是切实开展免费义诊体检和咨询服务；四是送文化下乡，先后组织老兵文艺队、夕阳红文艺队等开展以法律、农技、环保、伦理等为内容的文艺演出 10 场次；五是通过宣传展板、标语、校园黑板报等形式进行科普知识宣传。通过科普宣传月活动，进一步增强了机关干部、城乡居民、中小学生的科普意识，掀起了人们学科学、用科学的热潮。阆中市社科联在三月科普活动月期间，在春节文化主题园开展了赠送《春节文化教育读本》，邀请春节文化社科专家普及及宣讲春节文化知识，安排志愿者在春节文化园进行义务讲解等活动，为南充和世界架设友谊的桥梁，为国际文化的交流提供平台。6 月 7 日晚，由南充市社科联、省川北历史文化普及基地主办，川北医学院国际教育交流学院、西华师范大学国际教育学院、西华师范大学文学院、西华师范大学图书馆、南充市科学文化普及协会承办的南充市第一届"汉语桥——南充历史文化"科普系列活动启动仪式在川北医学院高坪校区图书信息大楼学术厅隆重举行，中外学生两百余人参加了本次活动。活动开始前，两校学生志愿者与各国留学生进行了交流。启动仪式结束后，吴晓川教授为留学生们做了题为"文化交流背景下南充饮食探源"的讲座。他从孔子、《论语》开始，从文化交流的历史背景上，为留学生们讲述了南充饮食习惯、口味的变迁。在讲座互动环节中，留学生们积极参与，争先抢答，用中英文回答了南充饮食种类、南充饮食口味等问题，整个会场笑语掌声不断，洋溢着欢乐的气氛。讲座结束后，两高校的志愿者向留学生们赠送了精美的陶瓷小瓶——平安瓶，寓意是祝福大家"平平安安"，在南充快乐地学习、生活。6 月 13 日，南充市社科联与川北历史文化普及基地联合开展"社科宣传"系列宣传活动。该活动的同名系列节目在广播电视台 1004 广播频率上播出，每天一期，早上 8：05—8：10，晚上 19：15—19：20，共播出两次。截至目前，《社科宣传》系列节目在 1004 广播频率共播出 168 期，336 次。2016 年，按照省社科联要求，以弘扬人文精神、发展公共文化、丰富市民生活、提升精神品位为宗旨，"嘉陵江论坛"继续在坚持社会主义核心价值观、传播先进文化上下功夫，在博采众长、汇集百家上下功夫，在精益求精、提高质量上下功夫，大力拓展讲坛的覆盖面和品牌效应，让讲坛真正成为听众参与、听众享用的文化殿堂。3 月 23 日至 24 日，"天府人文讲坛·嘉陵江论坛"以"中华孝文化，关爱农村空巢老人"为主题于在嘉陵区、高坪区三个乡镇举办了两场讲座，各乡镇党委、政府班子和镇、村干部、村民群众共计三百多人参加了讲座。讲座主讲人西华师范大学文学院杨小平教授从古代"二十四孝"讲到现代新"二十四孝"，并指出孝是中华民族的传统美德，随着社会的发展，孝在不同的时代的具体表现形式有所不同，但其核心思想是不变的，我们应做到与时俱进，结合新的时代条件传承和弘扬中华优秀传统文化，传承和弘扬中华美德。3 月 25 日，邀请西华师范大学图书馆副馆长吴晓川教授在嘉陵共兴镇政府礼堂，为镇党委、政府干部及镇村民们作了"保护和挖掘'蛴蟆节'非遗文化遗产"的讲座。为了满足市民的需求，10 月，市社科联与川北历史文化普及基地联合举办"嘉陵江论坛·周末课堂"，每周五晚 7 时，聘请高校及社会组织的专家、教授担任讲师，利用社会听众集中的各种场所，以开放的讲座形式为市民进行"古代女性文学之魅力""敦煌赋漫谈""汉唐服饰与文学发展""故事说长征""清代南部县衙档案揭秘""清代州县档案的保存整理与研究"等内容的讲解，现已开办 10 场，听讲者逾 3000 人次。市社科联组织川北历史文化普及基地联手南充市广播电视台文娱频道，开办系列节目《南充人话南充》，讲述南充历史，传播南充文化。

2017 年市社科联紧密结合当前党委政府的重要工作，组织学会一道开展系列扶贫扶智感恩教育活动。如走进南充市嘉陵区金宝镇开展"感恩奋进、自强脱贫"宣传教育活动，走进阆中市河溪镇开展 2017 年南充市社科系统 10·17 减贫扶贫献爱心活动，走进蓬安县骑龙乡黄金桥村开展走基层献爱心惠民生活动。与川北历史文化普及基地联合开展一系列科普活动。一是深入老君镇凌云山、新复乡、同仁乡、金山乡（西充）、龙桂乡、李家镇、金宝镇、七宝寺镇、岳池同兴小学、岳池同兴镇韩坡坳村、高坪区高坪镇十三村，开展了形式多样的"三下乡"社科普及宣传活动共11次。活动形式有科普宣传挂图、展板展示，科普音像作品播放，志愿者科普知识宣讲，组织观众进行社科普及知识问答，面向观众进行社科普及知识咨询，发放科普宣传手册等。二是面向南充市小学生举办了参观师大动物标本馆活动，同时举办"我们和动物共有一个家园——地球"科普讲座。三是在师大北湖、华凤两校区图书馆的报栏橱窗开展了面向广大在校大学生的"创新中国"主题科普宣传展览，引起强烈反响。一万多名学校师生及社会群众参观了展览。与川北历史文化普及基地、南充市文化科学志愿者协会共同举办"汉语桥"系列活动12场，组织驻市高校两百多名留学生参加凌云山文化考察、戏曲表演交流晚会、民乐表演交流、汉式婚礼展览、川菜指导交流、"HSK"趣味游园会指导、摄影展、中国书法交流、中国戏剧表演与交流、汉式婚礼微电影拍摄、主题演讲交流等活动，让留学生更多地了解了中国传统文化。与南充市广播电视台通过1004南充综合广播频率联合开办了《社科宣传》专题栏目，以南充美食文化、客家文化系列、南充方言系列、非遗留存系列、节庆民俗系列、民间故事系列、南充名人系列等30个方面的内容为基础，制作了两百多个通俗易懂、生动有趣、独具特色的宣传音频，宣传信号覆盖市辖九县市区和遂宁、广安、达州以及重庆合川等地区。积极发挥论坛讲堂优势，大力传播社科知识。"嘉陵江大讲堂"组织本土社科专家深入各县（市、区）乡村、社区、校园，举办"村民必晓的土地政策""人人都有夕阳红，代代相承敬老情""留守儿童暑期安全教育""校园之痛——青少年隐性暴力""扶贫必扶智"等讲座66场次。举办"嘉陵江论坛"24场次，"研究生——百姓讲堂"208场次，"科学与读书——周末课堂"18场次，"听君一席话"27场次，"历代名人与蓬安"系列知识讲座6场次等，听众近20万人次。组织社科专家编写可读性强的科普读物，利用"三下乡"和"五进"科普宣传广泛发放。主要发放的科普读物有《巴中红军歌谣》《巴中红军标语》《巴中红军故事》《达州红军故事》等"川北红色系列"丛书和《建设美丽乡村政策法规》《建设美丽乡村十大模式》《四川美丽乡村》《美丽乡村文学故事》等"川北美丽乡村系列"丛书。

2018年市社科联开展"科普之春"集中示范活动，举办"书香天府·社科阅读"——"万卷南充·阅行乡村"等活动，各地开展科普活动的具体情况如表1所示（参见图10、图11）。

表1 南充市各地开展科普活动情况表

项目活动名称	项目规模数量	开展时间	活动地点	受众人数
一、人文讲坛				
1. 嘉陵江大讲坛	35场	全年	流动	5000人次
2. 嘉陵江周末课堂	12场	全年	西华师范大学	2000人次
二、社科普及读物				
1. 司马相如	1000册			
2. "大学习大讨论大调研"三大活动读本	100册			
3. 南充社科论坛	1800册			
三、其他社科普及活动				
1. "科普之春"集中示范活动	1场	3月27日	嘉陵区金凤镇	500人次
2. "扶贫扶智感恩教育"系列科普活动	5场	全年	阆中市河溪镇白堡村，蓬安县骑龙乡黄金桥村	600人次

项目活动名称	项目规模数量	开展时间	活动地点	受众人数
3."辉煌中国"宣讲普及活动	12场	全年	老君镇、高坪镇、新复乡、同仁乡、金山乡、龙桂乡、李家镇	3000人次
4.南充市四高校心理科普知识竞赛	预赛决赛共5场	5月12日	西华师大等	3800人次
5.南充高中心理科普	全体初高中学生,1场	5月25日	南充高中嘉陵校区体育场	4500人次
6.阆中河溪中学"点亮自身优势,拥抱幸福人生"心理科普	初二学生、教师,1场	10月17日	阆中河溪中学	50人次
7.高坪区心理辅导员培训	各校心理老师,3场	11月10日	高坪教师进修校	150人次
8.西华师大附小六年级学生"沟通与协作"	1天	3月5日	凌云山心理行为训练基地	480人次
9.大北街小学五年级学生"时间管理与团队沟通"	1天	3月30日	凌云山心理行为训练基地	430人次
10.西华师大附小二年级家长"亲子沟通技巧"	1场	3月31日	西华师大附小报告厅	70人次
11.西华师大附小四年级家长"表扬的技术与积极关系"	1场	10月30日	西华师大附小报告厅	66人次

图10 2018年南充市社科联系统"科普之春"活动月集中示范活动

图 11 "书香天府·社科阅读"——"万卷南充·阅行乡村"导读活动

四

南充市推动哲学社会科学繁荣发展的经验启示

（一）坚持党对社科工作领导是我市社科事业发展的根本保证

南充社科联从成立到现在，一直得到党委政府的重视和亲切关怀。市委、市政府领导不仅经常给社科联工作提要求、下任务，而且还亲临社科工作会议并做重要讲话，特别是在财政较为困难的条件下，对社科成果评奖、规划课题研究、大型理论研讨会、学会"双评"表彰会以及创办理论刊物都给予了必要的经费支持。市委、市政府领导根据党的大政方针和中心工作对社会科学发展的目标任务、社科理论研究的指导方针和原则、社科队伍建设等重大问题都做了明确的指示，经常参加社科联及所属学会召开的理论研讨会、学术交流会、形势分析会等各种活动，了解情况、指导工作，深入高等院校和相关研究部门，组织专家学者座谈会、专题论证会，通报市委市政府工作思路，听取大家的意见和建议，这一切对社科工作者是极大的信任和鼓舞。尤其可贵的是，南充市历届领导同志都积极参与社会调查，进行课题研究，精心撰写专著和论文，因其调查的深入、认识的深刻、观点的新颖在多次省、市社科成果评奖中获得重要奖项，从而在提高理论思维能力和用于指导我市改革和建设方面起了很好的示范带动作用。市级各部门、各县（市）区的领导同志也重视和关心社科工作，热心社科理论研究，主动参与社科学术活动，在决策民主化和科学化方面迈出了一大步，有力促进了我市改革开放和现代化建设的发展。

（二）加强社科人才队伍建设是推进我市社科事业发展的关键

一支数量较大、具有较高研究能力水平的专家学者人才队伍和热心社科普及工作的志愿队伍，是我市社科事业发展的关键支撑力。南充如果没有几所驻市高校的专家学者所组成的这支人才队伍的支撑，社科事业发展是不可能有今天的成就的。

（三）大力开展社科活动是增强社科联凝聚力、向心力的有力抓手

生命在于运动，组织在于活动。社科联及其团体经常开展社科研究、科普活动，在活动中彰显了社科组织的作用，展示了社科人才的成就，增进了社科工作者之间的友谊。流水不腐，户枢不蠹，只有动起来，社科联及团体才会充满蓬勃生机和活力，社科组织才能不断发展壮大。

现在南充社科联已站在一个新的历史起点上。回顾过去，我们沐浴着改革的春风，探索前进，日臻成熟，春华秋实，硕果累累。立足当前，机遇与挑战并存，困难与发展同在，我们必须勇于开拓，无畏攀登，越过险阻，不断奋进。展望未来，我们豪情满怀，信心百倍，在建设中国特色社会主义的伟大实践中，将继续团结全市广大社科工作者，发挥优势、补齐短板，为南充社科事业的繁荣和发展再创辉煌，为南充经济社会发展实现新跨越再立新功。

南充市社科联课题组

成员：喻淑蓉、罗勤、吴中石、谢林宏、胡明德、李宗宇

YIBIN SHI PIAN

宜宾市篇

四 川 哲 学 社 会 科 学 70 年

导言

宜宾地处川滇黔结合部，是长江上游重要的生态屏障，是金沙江下游水电梯级开发的后勤基地城市，是四川南向开放门户、沿江开放高地和国家级交通枢纽。宜宾历史悠久，人文荟萃，生态独特，资源丰富，有着3000多年种茶史，4000多年酿酒史，2200年建城史，是国家历史文化名城；境内三江（长江、岷江、金沙江）交汇，九河纵横，享有万里长江第一城之美誉；宜宾历代名人辈出，养育了李硕勋、赵一曼、阳翰笙、唐君毅等无数革命先烈和文坛大师；宜宾文化底蕴深厚，长江文化、酒文化、僰苗文化、哪吒文化、抗战文化、民俗风情文化等在这里积淀。

截至2017年底，宜宾市有博物馆9个，文物保护管理机构10个，全国重点文物保护单位15个，省级文物保护单位43个，市、县级文物保护单位221个，国家级非物质文化遗产名录4项，省级非物质文化遗产名录27项，市级非物质文化遗产名录86项。历史与文化荟萃，自然与人文交融，滋养了诚信、包容、创新、图强的宜宾儿女，塑造了这座国家历史文化名城的品格和风采。

全市辖3区7县，面积为1.33万平方公里，总人口达552万。70年来，宜宾经济社会不断发展进步，成就辉煌。2018年全市地区生产总值2026.37亿元、居四川省第4位。宜宾是四川省的工业重镇，经过多年发展，形成了以"中国酒业大王"五粮液、全国创新型企业丝丽雅等行业领军企业为核心，以智能制造、轨道交通、汽车、新材料等为特色的现代产业体系，现正在紧紧围绕加快建成长江生态第一城、长江上游区域中心城市、区域性教育科技医疗文化中心、区域性现代服务业中心、区域性数字经济中心、区域性金融中心、国际旅游休闲目的地等重点任务，推动宜宾各项事业实现超常规、高质量发展，力争2021年全市经济总量达到3000亿元，建成全省经济副中心。

2019年是新中国成立70周年。70年披荆斩棘，70年风雨兼程，中国70年的社会变革和发展，创造了人类社会发展史上的奇迹，其中最根本的标志和成就，就是创立、坚持和发展了中国特色社会主义。社会大变革的时代，一定是哲学社会科学大发展的时代。70年的伟大变革和实践，为哲学社会科学的发展繁荣提供了肥沃土壤。70年来，哲学社会科学领域坚持马克思主义的指导地位，坚持为人民服务、为社会主义服务，坚持百花齐放、百家争鸣，立足中国、借鉴国外，挖掘历史、把握当代，关怀人类、面向未来，充分体现了继承性、民族性、原创性、时代性、系统性、专业性，创新发展哲学社会科学。现在，我国哲学社会科学学科体系已基本确立。

70年来，宜宾市哲学社会科学工作紧扣时代脉搏，与经济社会发展同步，立足市情和地方优秀传统文化沃土，坚持问题导向、目标导向，勇于开拓创新，在不同历史时期都涌现出大量优秀成果，取得较大成绩，促进了党的理论、党的路线方针政策的学习与宣传贯彻，促进了宜宾政治、经济、文化、社会和生态文明建设，促进了宜宾改革开放和经济高质量发展，促进了社会主义核心价值观的践行和精神文明建设。

三

宜宾市哲学社会科学 70 年概况

新中国成立后，宜宾同全国其他城市一样，在党的领导下进行了社会主义革命和建设的实践探索，这既推动了宜宾哲学社会科学的创新发展，也为宜宾的解放思想、改革开放起了理论和思想先导作用。

1978 年召开的十一届三中全会开启了中国改革开放和社会主义现代化建设的伟大征程，开辟出了一条实现国家富强、民族振兴、人民幸福之路，推动宜宾经济社会发生了巨大变革，也推动宜宾哲学社会科学进入发展繁荣时期。这一时期哲学社会科学的创新发展是以解决改革开放和经济发展、物质文明建设和精神文明建设中的理论和实践问题为导向的，社科研究也从注重政治理论的定性研究扩展到以关注现实问题为主的实证研究，社科研究成果对改革开放和经济发展理论的诠释与实践的指导作用得到增强。

1992 年邓小平同志发表南方谈话，党的十四大明确提出建立社会主义市场经济体制的改革目标。随着改革开放进一步深化，哲学社会科学的创新发展也进入一个新阶段。宜宾开始注重加强社科组织建设和人才队伍建设，围绕建立和完善社会主义市场经济体制等主题开展宣传与研讨。

进入 21 世纪，改革开放步伐进一步加快，经济全球化、改革开放、科学发展等成为宜宾社科研究的重点。宜宾社科组织和人才队伍迅速壮大，社科成果转化率有了明显提高，资政育人作用进一步增强。

党的十八大以来，中国特色社会主义进入新时代，宜宾社科工作主要围绕学习贯彻习近平新时代中国特色社会主义思想，贯彻落实新发展理念、"四个全面"战略布局、"五位一体"总体布局等课题进行宣传阐释和研究，围绕树牢"四个意识"、坚定"四个自信"，践行"两个维护"等进行宣传阐释和研究，围绕社会主要矛盾转化、构建人类命运共同体、"一带一路"、精准扶贫、公共服务均等化、建立健全社会保障体系等课题开展研究，为宜宾改革发展建言献策、提供智力支持。社科工作在学术研究、学科建设、教学科研、队伍建设等方面不断取得进步，学科体系、学术体系、话语体系不断完善，宜宾哲学社会科学进入了一个新的发展繁荣时期。

近几年来，宜宾市社科工作全面贯彻党中央关于发展繁荣哲学社会科学的战略部署，深入贯彻落实习近平总书记在哲学社会科学工作座谈会和纪念马克思诞辰 200 周年大会上的重要讲话精神、中共中央关于加快构建中国特色哲学社会科学的意见、中共四川省委关于加快构建中国特色哲学社会科学的意见、中共宜宾市委关于加快构建中国特色哲学社会科学的实施意见，加强社科联、社科组织和社科队伍建设，努力夯实社科工作基础；构筑社科平台，建好工作载体，推动宜宾哲学社会科学发展繁荣；协调指导全市"国家社科基金项目""四川省社科课题"的申报和研究，按照《宜宾市社会科学优秀成果颁奖办法》（宜宾市人民政府令第 7 号）开展社科优秀成果评奖，实行社科课题年度规划立项制度，社科成果涌动"三江"。宜宾社科联积极开展应用对策研究，形成《社科成果专报》报送市委、市政府，一些重要成果分别得到国家部门采纳、省市领导批示、四川省社科联《重要成果专报》选用，服务大局作用彰显。宜宾开展了市内外学术交流与研讨活动，促进了学科间的联系与协作，学术氛围日益活跃；实施《四川省科学技术普及条例》，建设"省社科普及基地" 2 个、"市社科普及基地" 16 个，开展人文讲坛和社科下基层活动，社科普及活动蓬勃开展；出版发行市级社科类期刊 40多种、市社科联《三江新论》 83 期，社科苑里繁花似锦。

三

宜宾市推动哲学社会科学繁荣发展的基本实践

（一）组织机构的历史及其沿革

1. 宜宾市社会科学界联合会

宜宾市社会科学界联合会是中共宜宾市委、宜宾市人民政府领导下的学术性人民团体，是党和政府联系社会科学工作者的桥梁和纽带，是全市社会科学界的联合组织，是发展哲学社会科学事业、繁荣社会主义先进文化的重要力量。

1997年宜宾市社会科学界联合会（简称宜宾市社科联）的成立，标志着宜宾市社科工作进入了新的发展繁荣时期。自1997年10月宜宾社科联成立至今，宜宾市共召开了3次市社科联代表大会。

1997年10月27日至28日，宜宾市社科联第一次代表大会在宜宾酒都饭店隆重举行。宜宾市社会科学界210名正式代表参加了大会。宜宾市委、市人大、市政府、市政协和军分区领导出席了大会；宜宾市级机关有关部门、各区县和驻宜部队的领导应邀列席大会。四川省社科联党组副书记王金明一行代表省社科联到会祝贺。大会认真学习了江泽民总书记关于高举邓小平理论伟大旗帜、发展繁荣哲学社会科学方面的重要论述、时任宜宾市委书记高万权作了题为《高举旗帜、解放思想，进一步繁荣和发展我市社会科学事业》的重要讲话、制定了章程、选举产生了第一届理事会和常务理事会、审议通过了第一届理事会工作报告。大会选举理事103名、常务理事36名。理事会选举徐国华为主席，尹德宏、邬书俊、刘宁、毛克强、罗永康、郑耀银、饶玉中为副主席，侯敏为秘书长。第一届理事会决定，聘请时任中共宜宾市委书记高万权、时任宜宾市人民政府市长李敦伯二位同志为宜宾社科联第一届理事会顾问。

宜宾市社科联机关人员编制人数为7人（公务员6人、工勤人员1人），设专职党组书记、常务副主席各1人，党组成员、副主席各1人，副调研员1人，办公室主任1人。宜宾市社科联主席由宜宾市委分管领导兼任，徐国华、梁熙扬、吕晓莉、游开余曾先后兼任过宜宾市社科联主席，现任宜宾市社科联主席为市委常委、宣传部长李敏；尹德宏、葛燎原、邬书俊、马平、刘晓晨兼任过宜宾社科联副主席；今市政府副市长王力平负责联系宜宾市社科联。罗永康2003年任宜宾市社科联党组书记、副主席；肖金虎2005年任宜宾市社科联党组成员、副主席，2006年任宜宾市社科联党组副书记、副主席，从2008年起任宜宾市社科联党组书记、常务副主席至今。冉华森从2013年起任宜宾市社科联党组成员、副主席至今。

2. 市级社科团体

宜宾社科联下辖3个直属学会：宜宾市历史学会、宜宾市唐君毅研究会、宜宾市哲学学会；管理指导的市级社科团体有50余个。宜宾市各级各类社科团体有会员10万多名，已形成了覆盖全市哲学社会科学各条战线、各个学科、各个方面的组织体系。

3. 市级社科资源单位

宜宾市级社科资源单位主要有宜宾市委宣传部、市委组织部、市"四大班子"研究室、市发改委、市教育局、市委市政府决策咨询委员会、中共宜宾市委党校、宜宾市广播电视大学、中共宜宾市委讲师团、中共宜宾市委党史研究室、宜宾档案馆、宜宾博物院、宜宾新力经济研究院等。

4. 高校

有宜宾学院、宜宾职业技术学院、四川轻化工大学宜宾校区、西华大学宜宾校区、电子科技大学研究生院宜宾分院，拥有在校学生 5.3 万人。

5. 县区社科联

宜宾市现辖 7 县 3 区，2003 年至 2008 年相继建立了县（区）社会科学界联合会，同县（区）委宣传部合署办公。

（二）社科人才队伍现状

新中国成立 70 年来特别是改革开放四十年来，宜宾市已形成了一支讲政治、精专业、出成果的社科人才队伍。他们中，有的就职于党政机关，从事政治、经济、文化、社会建设工作；有的就职于高校、科研院所并从事教育教学与学术研究工作，具有丰富的实际工作经验和理论功底与修养。他们已成为宜宾市社科工作的领军人物。

宜宾学院现有教职工 1101 人，其中有高级职称人员 368 人，博士、硕士 722 人，有四川省学术和技术带头人、四川省突出贡献专家、四川省高等学校教学名师等 9 人，四川省学术和技术带头人后备人选 14 人，宜宾市学术技术带头人、拔尖人才、优秀教师、师德标兵等 40 余人。另聘有特聘教授、客座教授、教授级高级工程师等校外专家 220 余人。

宜宾职业技术学院现有校内专任教师 565 名，"双师素质"教师 283 名，享受国务院政府特殊津贴专家、四川省学术技术带头人后备人选、宜宾市学术带头人和拔尖人才 12 人；现有机电一体化技术、生物技术及应用、化工应用技术 3 个省级教学团队；有校外兼职教师 175 名。

2017 年，宜宾市委宣传部、宜宾市社科联建立了宜宾市社科专家智库。经评审确定，首批入库专家有 25 人。

承前启后，薪火相传，一批又一批宜宾社科工作生力军的涌现和崛起，推动着宜宾市社科事业不断向前。

（三）社科阵地建设现状

自宜宾社科联成立以来，经过 20 多年的努力，至 2018 年，团体会员已发展到 50 余个。

多年来，宜宾市社科联逐步理顺与社科类学会（协会、研究会）之间的关系，建立了联系制度，积极配合民政部门做好学会（协会、研究会）登记管理工作，帮助各学会（协会、研究会）建章立制，认真指导学会开展活动。社科类学会（协会、研究会）已成为推动社科事业发展的主阵地。

宜宾市委宣传部、宜宾市社科联联合开展了市级社科普及基地创建活动，经评定，（翠屏区）李庄抗战文化社科普及基地、（南溪区）党史知识普及基地、五粮液酒文化博览馆、赵一曼故居——"赵一曼精神"社科普及基地、余泽鸿烈士故居、国立剧专史料江安陈列馆、（珙县）"有思想"的桥、（宜宾职业技术学院）大学生思想政治教育教学中心、（四川轻化工大学外语学院）川南地方特色文化对外传播普及基地、（叙州区）横江古镇历史民俗文化社科普及基地、（叙州区）九彩虹乡村孝道文化普及基地、（南溪区）裴石镇巴蜀家风传承基地、（筠连县）腾达镇春风村科普示范基地、（屏山县）中都镇"古夷人文化"教育基地、（兴文县）石菊古地社科普及基地、兴文三坤农业发展有限公司、（翠屏区）邱场云辰生态文化普及基地、宜宾云辰乔木园林有限公司等 16 个基地成为"宜宾市社科普及基地"。

宜宾市推动哲学社会科学繁荣发展的主要成就

（一）加强组织和队伍建设，夯实社科工作基础

社科组织和社科人才是社科工作的重要支撑力量。宜宾市委、市政府高度重视社科组织和社科人才队伍建设，坚持把人才队伍建设作为宜宾市社科事业发展的基础性工作，不断增强社科组织的实力。

2011年12月30日，中共宜宾市委四届二次全会通过的《中共宜宾市委关于加快建设文化强市的决定》明确提出，要大力加强市县（区）文联、社科联、讲师团、政研会组织建设和队伍建设，支持文联、社科联、讲师团、政研会依照有关规定建立健全组织体系，确保人员、经费、场地与工作任务相适应。

《宜宾市"十二五"文化发展规划》（宜府办发〔2012〕15号）明确了"社科联组织建设"的目标任务为进一步加强市、县（区）社科联组织建设，做到"四有四到位"：有编制、有机构、有人员、有经费，编制人员到位、工作职能到位、工作经费和办公条件到位。

2019年1月，宜宾市委《关于加快构建中国特色哲学社会科学的实施意见》强调，坚持培育发展市、县（区）社科组织，选好配强社会科学研究单位和学会（协会）领导班子，加强党的作风建设、组织建设、制度建设和干部队伍建设，夯实社科建设基础；加强高校和企业社科联建设，加强市、县（区）级社科类学会能力建设。同时强调，加强哲学社会科学人才队伍建设，实施马克思主义领军人才计划，继续实施文化名家暨"四个一批"人才工程，建设宜宾理论社科专家库，大力实施社科人才培养引进计划；建立规范的哲学社会科学培训研修制度，办好哲学社会科学教学科研骨干研修班、高校思想政治理论课骨干教师研修班；加大教学研究人员到党政机关或基层挂职锻炼力度，推动各学科教学研究人员与相应部门干部的双向交流。

现今，宜宾市社科联"联"的功能、"合"的优势，以及党委和政府联系社科工作者的纽带作用得到较好发挥，全市已培养集聚了一批有马克思主义理论素养的专家学者，一批理论功底扎实、勇于开拓创新的学科带头人，一批年富力强、锐意进取的中青年学术骨干。一支种类齐全、梯队衔接、特色鲜明的高素质社科专家队伍和研究团队基本建立。

（二）构筑平台载体，推动社科工作创新发展

宜宾市在工作实践中，建立和完善了工作载体，构筑起推动社科工作创新发展的大平台。

1. 思想理论平台

深入推进马克思主义理论研究和建设工程，办好各级各类社科讲坛、宣讲会、报告会、讲座，坚持不懈地传播马克思主义及马克思主义中国化的最新成果——习近平中国特色社会主义理论，打造思想理论研究、宣传的坚强阵地。加强社科报刊、网络理论宣传阵地建设，形成有影响力的媒体理论宣传阵地。宜宾市社科联主办的《三江新论》，是理论性、学术性、科普性社科期刊，自1998年创办以来不断改进创新，设置了《前沿调研》《党建工程》《发展视野》《政论之窗》《区县广角》《民生港湾》

《管理丛林》《法治天空》《教育之窗》《文化大观》《教育园地》《传媒领域》《史海钩沉》《思想长廊》《社科简讯》等栏目，推出了许多具有原创性、深刻性、实践性的重大理论学术成果，在理论研究、学术交流、思想引领、成果转化、社科普及、对外宣传等方面发挥了重要作用，获得市领导和全市社科界的好评。

2. 社科规划立项课题平台

宜宾市社科联联合宜宾市委办、市委宣传部，多年开展年度社科课题规划立项和评审工作，每年发文提出课题申报要求，每年从申报的300多个课题中遴选120余个作为立项课题下达。课题年初下达，年底完成，当年组织评奖。

3. 社科重点课题立项研究平台

积极支持社科专家学者攀登学术高峰，承担市级以上社科课题。每年都有一批课题成功申报为国家社科基金课题、省社科规划课题、国家教育部课题、省教育厅课题、省委党校课题等。承担课题研究的人员主要为县（区）领导，市级部门领导，宣传系统、社科单位、高校、企业等战线的社科工作者。2018年，社科招投标课题工作启动，当年确定了8个招投标课题。

4. 社科优秀成果评奖平台

为贯彻落实中央、省委和市委繁荣发展哲学社会科学的部署要求，鼓励社会各界积极参与哲学社会科学研究，更好地为宜宾改革发展服务，宜宾市政府设立了社科优秀成果奖项，并制定了《宜宾市社会科学优秀成果评奖办法》。该奖项每两年评定一次，每次评定特别奖、一等奖、二等奖、三等奖、优秀奖和组织工作奖。宜宾市社会科学优秀成果评奖至今已评定十一次。在宜宾市第十一次社会科学优秀成果评奖中，11项成果获特别奖，4项成果获一等奖，28项成果获二等奖，39项成果获三等奖，46项成果获优秀奖，27个单位获组织工作奖。

6. 社科成果专报平台

2006年，宜宾市社科联为及时向各级领导和有关部门传送社科研究重要成果信息，促进社科成果的转化应用，创办了《重要成果专报》。第一期《重要成果专报》为中共兴文县委宣传部和兴文县社科联共同调研的《大元村富民治村战略对建设社会主义新农村的启示》。该专报引起时任宜宾市委书记的高度重视，批示："大元村的经验值得肯定。"近些年来，《重要成果专报》又推出了一批宜宾市领导、县领导、专家学者和社科工作者组织的有影响、有力度、有成果的社科课题，为党政决策提供了有益的参考。这些课题包括《建设绿色宜宾生态文化》《构建长江上游生态屏障与实施长江经济带战略的思考》《宜宾融入"一带一路"与长江经济带发展战略对策研究》《加快"绿色宜宾"建设的对策建议》《大力发展第三产业，着力打造生态经济强县》《用大思路实现大突围大发展》《打造清洁能源基地，加快建设"绿色宜宾"》《构建绿色GDP2.0核算体系，助推长江上游生态屏障与长江经济带共发展》《紧扣五大发展理念，厚植文化发展优势》《推进页岩气勘探开发，打造长江经济带新引擎》《关于建设生态城市的实践与思考》《宜宾建设国际生态旅游目的地优势与对策》《全力打造长江上游国际生态山水园林城市核心区》《用实践论矛盾论引领煤炭资源县转型发展》《长江上游经济带港口群货源结构分析》《把宜宾打造成长江上游一颗璀璨的明珠》《放大生态资源优势，发展特色生态产业》《努力把宜宾建设为经济繁荣生态良好的宜居城市》《发展向家坝景区旅游急需大力植树造林》《生态科技特色农业转型创新发展方向》《拉伸产业发展链条，做深产业集聚文章》《浅谈宜宾城市园林文化建设》等。

7. 社科期刊平台

时代催生学术，学术呼唤期刊。宜宾改革发展的生动实践和社科事业的繁荣发展，为社科期刊的孕育、成长提供了肥沃土壤。目前，宜宾市社科联机关办有《三江新论》期刊，市级社科学会（协会、研究会）主办的期刊共有40多种，涉及党建、思想政治、法律、哲学、经济、历史、文化、旅游、教育等学科领域。宜宾的社科期刊始终坚持正确政治方向，服务党政大局，顺应时代潮流，关注现实热点，更新办刊理念，创新办刊思路，刊物质量不断提高。宜宾社科期刊已成为展现学术成果的重要平台、引领思想文化的重要阵地、推进学术进步的重要载体。

此外，宜宾市还搭建了社科组织平台、学术交流平台、社科普及平台，通过平台建设促进社科工作的落实和创新发展。

宜宾社科联实现了同四川省社科联的全面对接，在社科研究、社科评奖、社科普及、社科学会管理等方面探索出了许多好办法、好经验。

（三）开展社科研究，发挥思想库和智囊团作用

坚持围绕中心、服务大局，坚持问题导向，围绕宜宾市委、市政府重要战略、重大部署和人民群众重点关注问题，聚焦宜宾改革发展面临的理论和现实问题，加强应用对策研究，引领经济社会发展，构建区域社科研究高地。

1992年以来，宜宾全市各级干部和广大社科工作者每年出版社科类书籍、撰写调研报告和理论文章均在2000篇（册）以上，其中在省级以上报刊发表文章达500余篇。全市社科类学会、协会、研究会，每年完成调研课题100余个，撰写调研文章1500余篇。同时，还完成了一批国家级、省级重点科研课题，取得了一大批有影响力的丰硕成果，为宜宾市改革发展提供了积极的理论指导和智力支持。

上世纪90年代，时任宜宾市委书记高万权所著的《西部地区经济发展理论与实践》公开出版发行，引起很大反响，受到国家有关部门的高度重视，《人民日报》《光明日报》《经济日报》《四川日报》等分别对其进行了专门报道并刊载了书评。四川轻化工学院、西南师范大学部分专业还把该书选作教材。1997年上半年该书获四川"大象社会科学进步奖"一等奖。

2007年，在宜宾市社科联的协调下，宜宾市委、市政府和四川省社科联联合举办了"向家坝电站建设与宜宾经济社会发展"理论研讨活动，整合省市社科资源，结合地方经济发展中的重大突出问题，有针对性地开展专题调研。研讨活动由时任宜宾市委书记杨冬生任领导小组组长，由四川省社科联领导王均、梁守勋、何其知、唐永进、谢世谦和宜宾市委、市政府领导吴光镭、陆振华、葛燎原、吕晓莉任领导组副组长。2007年3月9日宜宾市委、市政府召开了动员大会启动该项活动。此项活动共形成调研课题31个。在省、市社科联的协作下，这项成果被提炼成10个专题，汇编成《向家坝电站建设对宜宾经济社会发展的影响及对策措施研究》。

在活动开展中，宜宾市社科联组织邀请了辛文、林凌、杜肯堂等11名知名专家赴宜宾调研，形成了《关于向家坝电站建设与宜宾经济社会协调发展的建议》，该调研报告受到了省、市领导的高度重视，时任四川省委书记杜青林、省长蒋巨峰、副省长王宁作了批示。杜青林的批示为："向家坝调研组反映的建议很有价值。要增强机遇意识，提高抓住机遇的本领，借助水电站建设推动当地经济发展，要尽快拿出对策，切实解决遇到的实际问题，落实相关责任。请巨峰同志并冬生、光镭同志阅酌。"蒋巨峰的批示为："请王宁同志研处，并将相关问题分别摘送各有关部门研处，限期处置。"王宁的批示为："省发改委并解洪同志：请你委牵头，与相关部门和宜宾市政府一道，就所提出的问题与建议按照青林书记、巨峰省长的批示要求，认真逐条研究并提出具体的解决方案报省政府，望抓紧办理。"

四川省发改委按四川省委、省政府领导的要求，将专家的提出的建议细化分解为14个具体问题，如适当放宽项目用地审批，争取移民特殊优惠政策，库区资源综合开发规划，实施移民对口帮扶，加大财政支持力度，协调优惠电落地，加速上马向家坝灌区工程等，由省政府下达给有关单位落实。在整个研讨活动中，召开全市性动员会1次，调研座谈会8次，情况通报会2次，发《重要成果专报》3期，发简报9期。《向家坝电站建设对宜宾经济社会发展的影响及对策措施研究》汇编成果荣获四川省哲学社会科学优秀成果一等奖。

2007年，由于宜宾经济发展不平衡，强市弱县问题突出，时任宜宾市委书记杨冬生牵头进行了

《以非常之力见非常之功——加快县域经济发展》课题调研活动。通过深入的调研，调研组提出了工作重心下移，项目下县，企业下迁，加强财政扶持力度，增强县（区）造血功能等具体措施。通过两年的努力，宜宾全市 10 个县（区）财政税收大增，实现了收支平衡，初步扭转了宜宾市强市弱县，发展不平衡的局面。

2008 年，针对宜宾农业产业化程度低，农民增收困难的实际，宜宾市社科联组织宜宾经济研究院、宜宾市炎黄食品文化经贸促进会的专家学者深入全市 10 个区县和广大农村，历时两个多月，走访 44 户农产品加工企业，向宜宾市委提交了《关于发展宜宾食品经济的建议》（以下简称《建议》），受到了市委的高度重视。《建议》提出：一、进一步提高食品经济在建设宜宾经济强市中的地位和作用的认识；二、政府及有关部门抓紧制定和出台发展食品经济的引导政策；三、政府和相关部门应积极引导和规划食品经济发展。时任宜宾市委书记杨冬生作出了重要批示："请振华同志阅批。我市气候温和，物产丰饶，食品加工潜力巨大。几条建议好，请酌。"市委副书记陆振华将建议转批给有关部门贯彻落实，较好地解决了制约宜宾食品经济发展的瓶颈问题，增强了政策支持和改革力度，为宜宾食品经济发展开辟了广阔的空间。

2009 年起，围绕市委提出的把宜宾建设成为长江上游川滇黔结合部经济强市的战略目标和宜宾建设"一枢纽，两中心，四基地"的战略部署，宜宾社科联组织开展了广泛深入的调研活动，完成调研课题 160 余个。在组织开展的《宜宾沿江经济带发展研究》调研活动中，时任宜宾市委书记杨冬生、市长吴光镭、常务副市长徐进带头完成调研课题。调研活动共完成了 23 个课题，全方位、多层次对宜宾利用沿江岸线打造产业园区、发展岸线经济进行了深入研究和充分论证。在此基础上，宜宾市委、市政府作出了建设临港经济区的决定，沿长江岸线划出 135 平方公里的土地，规划建设 6 个码头、9 个产业园区，作为对外开放的窗口、承接产业项目的基地。这是宜宾经济发展中的重大创举，充分发挥了社科研究的资政功能，充分体现了社科研究的科学性、创造性和前瞻性，为宜宾对接成渝经济区发展奠定了坚实的基础。由时任宜宾市委书记杨冬生牵头，宜宾社科联组织撰写的《把宜宾打造成为川滇黔结合部交通枢纽》《宜宾建设长江上游重要生态屏障的思考》，先后被四川省社科联《重大成果专报》刊发。副省长陈文华对宜宾建设长江上游重要生态屏障的思考》作了批示："文章内容丰富，数据详实，对宜宾市落实科学发展观，承担长江上游生态屏障的历史责任，建设生态产业的思路明晰，请省环保厅研究（晓亭、谢天同志负责），积极支持宜宾生态系列建设。"

2011 年，由中共宜宾市委办公室发布宜办（2011）3 号文，成立《金沙江水电梯级开发下宜宾生态产业集群研究》编辑委员会，由时任宜宾市委书记杨冬生任主任，宜宾市社科联牵头组织了宜宾市委党校、市旅游局、宜宾学院等的 10 位专家学者高标准、高质量地完成了调研课题。课题调研中，时任宜宾市委书记杨冬生、市委常委宣传部长游开余专门召集课题负责人会议，就推进宜宾科学发展的重要作用、现实意义和带来的发展机遇以及坚持生态文明理念，加快转变经济发展方式，调整优化产业结构，着力建设资源节约型、环境友好型社会，实现经济建设和生态建设协调发展提出要求。

2012 年 6 月，由宜宾市社科联组织编写的《金沙江水电梯级开发背景下宜宾生态产业集群发展研究》出版发行，全书在围绕金沙江水电梯级开发的背景下，宜宾发展生态产业集群发展机遇与挑战的主题，结合宜宾能源产业、酒类食品产业、机械装备产业、化工产业、旅游产业等产业的基础和现状，研究未来发展思路和方向，把"生态文明"的理念贯彻于全书。该成果荣获宜宾市第九届哲学社会科学优秀成果一等奖。中共宜宾市委办公室宜办（2012）77 号文转发了《市委宣传部、市社科联关于开展〈金沙江水电梯级开发下宜宾生态产业集群发展研究〉学习活动的通知》。

2012 年，宜宾市社科联牵头组织宜宾市委党校经济研究所完成了《国家级临港经济开发区政策环境研究》的调研、撰写工作。

同年，宜宾市社科联牵头组织宜宾经济研究院等相关单位完成了《关于小南海水电站对长江上游城市经济社会发展影响的调研报告》。2012 年 3 月 29 日，重庆小南海水电站"三通一平"工程开工。这个项目的建设，受到全国环保专家、新闻媒体等社会各界的强烈关注。时任宜宾市委书记的杨冬生，站在长江上游全局长远发展的高度，勇于担当、不畏责难，指示宜宾社科联组织社科界专家学者开展小南海水电站项目对长江上游经济社会生态影响的调研。

在时任宜宾市委常委、宣传部长、宜宾市社科联主席游开余的直接领导下，由宜宾市社科联具体组织，成立了由市政协原主席、经济研究院院长魏在禄任组长，时任宜宾市委宣传部副部长、宜宾市社科联副主席周世纯和宜宾市社科联党组书记、常务副主席肖金虎任副组长，市级有关单位领导、有关社科专家为成员的课题调研组。调研组召开座谈研讨会8次，查阅相关资料150万字，最后形成15000字的调研报告，结论是小南海水电站应停建。关于停建的观点，调研报告用大量的数据和事实进行了论证。

在课题调研结题时，正逢国家发改委"关于充分发挥长江水运优势"的调研组到宜宾调研。宜宾向调研组送交了"停建小南海水电站"的书面意见。杨冬生在调研报告上批示："送徐进同志阅。我们要向各级领导反映停建意见。"2014年6月，时任宜宾市委书记王铭晖（现任四川省委常委、秘书长）调阅了该调研报告，再次要求向上级反映"停建"意见。时任宜宾市政府市长徐进在2015年初出席全国人民代表大会期间，以人大代表的名义再次向国家发改委提出应停建小南海水电站。

国家环保部2015年3月印发的《关于金沙江乌东德水电站环境影响报告书的批复》称："不得在向家坝水电站坝址至三峡水利枢纽库尾长江干流河段和支流岷江、赤水河河段等自然保护区范围内，再规划和建设小南海水电站、朱杨溪水电站、石硼水电站及其他任何拦河坝（闸）等涉水工程。"这表明重庆小南海水电站项目遭到环保部的否决，将不再被允许建设。

争议不断的小南海电站被停建，体现了国家环保部、发改委等部门听民声、顺民意的作风和实事求是、科学决策的精神，也体现了宜宾社科界调研成果的重大作用。

2016年3月中旬，按照时任宜宾市委书记王铭晖的要求，及时开展"拜水长江·养心宜宾"研讨活动。活动共收到文章106篇，评出获奖作品64篇，并将其中57篇文章汇编成册。6月13日召开宜宾市"拜水长江·养心宜宾"主题研讨暨优秀成果颁奖会。3月11日，宜宾市社科联牵头组织召开宜宾市供给侧结构性改革调研座谈会，市长杜紫平出席会议并讲话。5月9日，宜宾市社科联与四川省社科联、宜宾日报社、长宁县社科联联合举办了"宜宾建设长江上游生态屏障与实施长江经济带战略"研讨会，时任省社科联党组书记、副主席赵英出席会议并讲话。

2016年上半年，省级社科规划"市州项目"立项课题《宜宾融入"一带一路"及长江经济带发展战略对策研究》完成，该课题由时任宜宾市长徐进任组长，宜宾社科联牵头，宜宾市发改委、市委党校、宜宾学院等单位支持配合。该课题同时入选2016年度宜宾市重点科技项目，并入选四川省委宣传部有关课题成果。2016年省级社科规划"市州项目"立项课题《成贵高铁驱动下川滇黔结合部产城园融合发展研究》有序推进。

除此之外，在长期的实践探索中，还形成了一大批有影响、有作用的社科研究成果：

2000年8月，宜宾市委宣传部、市农委、市科协、市社科联以及市科教兴农领导小组办公室联合组织召开了宜宾市"科教兴农"战略研讨会暨实施"科教兴农"战略十周年纪念会。研讨会共收到论文160余篇，印发在会上交流的获奖论文78篇，其中一等奖4篇、二等奖10篇、三等奖22篇、优秀奖42篇。

2001年6月，宜宾市社科联会同市委宣传部、宜宾市委党校等联合召开"纪念中国共产党成立80周年理论研讨会"，共收到研讨文章210篇。

2002年，《对党政机关实施效能建设的研究》等28项市级重点社科研究课题完成。9月，中共宜宾市委宣传部、市委党校和宜宾社科联共同主办了"宜宾市应对入世战略研讨会"，研讨会共收到文章145篇。其中，38篇获优秀奖。

2004年6月，宜宾市社科联与宜宾市委宣传部等联合召开西部大开发战略研讨会。与会人员紧紧围绕中央实施西部大开发战略的意义、重点、目标及宜宾市实际，分析了宜宾面临的机遇与挑战，提出了如何进一步解放思想，抓住机遇，加快发展的具体思路、主要措施及需要解决的突出问题。研讨会共收到论文 160 篇，经专家认真评审，评出特别奖论文 9 篇，优秀奖论文 30 篇，入选奖论文 62 篇。同年，宜宾市社科联组织编写的《南溪县探索"股田制"的调查与启示》被确立为四川省"五个一"重点工程课题。

2005 年，重点开展了 36 个市级重点课题研究工作。《筠连县建设绿色煤都构想》等 5 个课题荣获一等奖。

2007 年，宜宾市社科联组织承办了"理论社科界学习十七大精神座谈会""美食文化发展战略研讨会""创新思想政治工作，促进社会和谐发展论坛""美好新宜宾与城市文明座谈会""企业家队伍建设论坛""商品房中的法律问题研讨会"等活动，社会反响良好。

2007 年，宜宾市社科联组织承办了"推动宜宾加快发展、科学发展、又好又快发展"理论研讨活动。研讨活动围绕"一枢纽、一城、两中心，把宜宾建成长江上游川滇黔结合经济强市"，确立了51 个课题。经过专家评审，评出特别奖、一等奖、三等奖文章。时任宜宾市委书记杨冬生的文章分别在《求是》《四川日报》和四川省社科联《重大成果专报》、四川省政府研究室《调研决策》上刊发。宜宾市社科联与宜宾市委宣传部、市委政研室、市委党校等单位联合举办纪念改革开放 30 周年理论研讨会，研讨会收到近 100 篇具有较高学术和理论价值的文章，有 36 篇优秀文章受到大会表彰，其中肖金虎撰写的《关于解放思想的思考》被新华网和《四川社科界》全文转载。

2008 年，宜宾市哲学研究会、宜宾学院邓小平理论研究会、四川思想家研究中心联合召开了以"坚持真理标准，推动科学发展"为主题的纪念改革开放 30 周年理论研讨会。

2008 年，四川省政府下达的地市州重点研究课题《向家坝水电站建设对宜宾经济社会发展的影响及对策研究》和《影响煤矿安全生产的非技术因素分析与化解对策研究》完成。《公立医院绩效评价体系的研究》被列为 2009 年度省级重点社科课题。

2009 年，《宜宾酒产业发展研究》结题，《西部留守儿童社会工作综合服务体系研究》和《优选论视野下的汉语韵律语法研究》成功申报为国家社科基金课题。宜宾市第一人民医院和宜宾社科联共同申报的《公共卫生服务模式的发展与创新——城乡数字化协同医疗在公共卫生服务中的价值分析及应用研究》被列为四川省哲学社会科学研究"十二五"规划 2011 年度课题。

2011 年，宜宾经济研究院完成了《借势成渝核心加快建设亚核心——关于宜宾在成渝经济区定位与发展的战略研究调研报告》，宜宾市社科联、宜宾经济研究院联合向宜宾市委提出了关于借势成渝核心区加快宜宾亚核心区发展的建议。宜宾市党建研究会在纪念建党 90 周年之际完成了《宜宾党的建设科学化探索》一书。宜宾市思想政治工作研究会组织收集了调研文章 177 篇，其中五粮液集团公司的《实施企业思想动态管理制度的做法》被评为全国优秀思想政治工作研究成果。宜宾市律师协会在"西部律师论坛"中荣获论文二等奖。宜宾社科联、宜宾经济研究院联合开展了"产业宜宾"论坛，深入高县、珙县等地，结合实际，为宜宾经济社会发展建言献策。

2011 年，宜宾社科联、宜宾学院举办许京元专著《社会主义"东方道路"论纲》出版发行座谈会。《社会主义"东方道路"论纲》由四川人民出版社出版发行，专著用辩证、求实的观点看待近百年的社会主义运动，见解独到、精辟，具有很大的学术价值。

2012 年，宜宾市成功申报 2 个国家基金课题：《中国现代哲学主体意识重构问题研究》《低碳政策体系优化及演进路径研究》，获西部项目资助，总经费 30 万元；同时还成功申报了 1 个四川省社科基金课题《四川省城市低收入群体对物价上涨承受能力的研究》。

同年，根据宜宾市委要求，宜宾市社科联牵头组织宜宾经济研究院、市委党校联合完成了《服务业是转型升级发展的新引擎——关于宜宾加快发展服务业实现"三产互动"研究》课题，以及《城乡统筹发展的必由之路宜宾县大力发展乡镇经济的经验调查》课题，为宜宾探索城乡统筹发展之路总结了一系列经验。

2014 年，《川西南生态特色农业差异化发展研究》课题获 2014 年四川省省级社科规划"市州项目"立项，2013 年度省级社科规划立项课题《构建和发展地方生态文化》通过评审，并获得 2014

宜宾市科技局软科学课题立项。宜宾市社科联与宜宾经济研究院合作的调研报告《筠连县转型发展调查报告》《用现代方式发展现代农业——对宜宾构建新型农业经营体系的战略研究》皆获得市领导的肯定性批示。2014年下半年，《川南四市区域一体化创新联动发展路径研究》获准立项为四川省社科研究"十三五"规划2016年度课题。

2015年，由四川省社科联、宜宾市社科联、宜宾日报社、长宁县社科联主办，开展了"建设长江上游生态屏障与实施长江经济带战略"有奖征文活动，在《宜宾日报》开辟专栏，选登优秀学术论文32篇。

2016年6月，宜宾市委党校常务副校长、市社科联副主席兰亚宾教授主持的国家社科基金项目《农村基层党组织负责人能力和素质提升研究》顺利结项。

2017年，宜宾市社科联牵头开展"进一步更新思想观念、转变工作作风，推动宜宾新一轮大发展"研讨活动；同宜宾市依法治市办联合举办"增强法治意识·建设法治宜宾"主题研讨活动；指导筠连县"打赢脱贫攻坚战·共圆筠连小康梦"主题研讨活动，编写了《筠连县脱贫攻坚探索与实践》，四川省社科联主席杨泉明为该书作序。

2017年，在国家社科基金课题方面，由宜宾市社科联组织、宜宾学院崔凤暴主研的《低碳政策体系优化及演进路径研究》结题，陈世海的《留守儿童关爱保护的社会政策研究》、刘宇统的《少数民族音乐文化失忆与重构问题研究——以僰人音乐文化为例》成功立项。省级课题方面，宜宾市社科联承担的《宜宾融入"一带一路"及长江经济带发展战略对策研究》结题并入选市级重点科技项目，《成贵高铁驱动下川滇黔结合部产城园融合发展研究》结题，《川南四市区域一体化创新联动发展路径研究》《向家坝水电站罐区农业供给侧结构性改革与一体化发展研究》等完成撰写提交送审，《西部欠发达地区扶贫开发规律性探索与实践》成功立项。

2017年，宜宾市社科联向市委报送了部分社科专家的《关于"双城"建设认识问题的思考》《"双轮驱动"产业发展战略内涵及其重大理论与实践意义》《南丝绸之路上的时代壮歌——筠连县脱贫攻坚工作调查报告》等有参考价值的研究成果，多篇文章获得市委书记刘中伯、市长杜紫平、市委副书记邓正权的肯定性批示。

（四）推进学术交流，增强哲学社会科学创新力

充分讨论、碰撞火花，相互学习、取长补短，是提高哲学社会科学工作质量，增强哲学社会科学创新力，推动哲学社会科学发展繁荣的重要途径。宜宾市高度重视学术交流工作。

2001年9月18日至21日，四川省市（州）社科联工作研讨会在宜宾召开，会议研讨了社科工作如何为地方经济社会发展服务这个中心议题。

2005年10月20日至23日，由四川省民俗学会和宜宾市社科联合主办、四川怡安投资集团和宜宾碎米芽菜有限责任公司协办的"四川城镇民俗文化传承与创新学术研讨会"在宜宾召开，到会代表近百名，收到论文47篇。研讨会围绕"城镇民俗文化传承与创新""城镇民俗与旅游""古镇的保护""李庄古镇及文化精神"等进行学术交流。会议期间，与会专家学者还参观考察了李庄古镇、滇南会馆、宜宾五粮液酒厂。

2005年11月18日至22日，第一届"儒家伦理与东亚地区公民道德教育论坛"在宜宾市隆重召开。此次论坛由国际儒学联合会与香港中文大学教育学院联合主办，宜宾学院和宜宾市社科联承办，香港中文大学新亚书院、北京东方道德研究所、宜宾市教育局、宜宾学院四川思想家研究中心、宜宾学院唐君毅研究所、宜宾唐君毅学术思想研究会协办。第四届"中华美德教育行动师资培训班"同时开班。

2009年5月23日，由四川省社科联、宜宾市政府、宜宾学院主办，宜宾学院、宜宾市社科联承办的唐君毅先生诞辰100周年纪念大会隆重举行。时任宜宾市委书记杨冬生，省社科联党组副书记、

副主席唐永进出席会议并讲话。宜宾市领导吕晓莉、游开余、张乃富、刘晓晨、李发存等出席会议。宜宾学院主要负责人，省、市相关部门负责人，各地专家学者及宜宾学院师生共计 400 余人参加了大会。

2011 年 10 月 11 日，由宜宾市社科联、宜宾学院、宜宾市历史学会联合主办的纪念辛亥革命 100 周年座谈会在宜宾学院隆重举行。时任宜宾市委常委、宣传部部长、社科联主席游开余出席会议并讲话，时任宜宾学院党委书记、宜宾市历史学会会长屈川出席会议并讲话，会议由时任宜宾市社科联党组书记、常务副主席肖金虎主持。40 余名专家学者共聚一堂，畅所欲言，缅怀孙中山先生等伟大民主革命先驱的光辉事迹，深入分析辛亥革命发展的过程、辛亥革命对近代中国民主革命的历史意义、辛亥革命对建设中国特色社会主义的现实启示与激励作用。

2012 年 9 月 23 日，第二届川南文化艺术节的重头活动"川南文化论坛"在酒都剧场多功能厅举行。来自宜宾、泸州、自贡、内江、乐山 5 市的 60 多名社科界专家学者相聚在宜宾，以"传承　创新　繁荣"为主题，发表真知灼见，碰撞思想火花，共同为发展繁荣川南文化、建设区域文化高地建言献策。时任四川省社科联党组书记、副主席王均，时任宜宾市委常委、宣传部部长、社科联主席游开余出席并致辞；宜宾市委老领导袁承禧、时任四川省社科联学会学术部部长胡毅出席。论坛邀请省文物考古研究院高大伦教授、四川大学文学与新闻学院江玉祥教授分别就"宜宾市文化遗产的发现和利用"和"宜宾市的非物质文化遗产保护工作"作了主题报告。9 位专家学者作了专题演讲，分别对"张大千文化""僰文化""自贡方言说唱艺术""唐君毅文化""嘉阳河帮菜文化""李庄抗战文化""泸州集邮文化""宜宾酒文化""宜宾传统民俗文化"等提出了精辟见解。本次论坛得到了宜宾市社科界人士的积极响应和泸州、自贡、内江、乐山四市社科联的大力支持。

2014 年 11 月 25 日至 29 日，宜宾市社科联邀请中国社科院西亚非洲研究所杨光等一行 6 人来宜宾开展"一带一路"发展战略课题调研，为宜宾融入国家"一带一路"发展战略提出建设性意见。2015 年 4 月，宜宾市社科联邀请中国社会科学院西亚非洲研究所杨光等一行来宜宾，到翠屏区、江安县、长宁县和兴文县考察调研宜宾融入"一带一路"和长江经济带发展战略情况，并召开学术交流会。之后，宜宾市成立了"一带一路"和长江经济带发展战略课题组，由时任宜宾市长徐进任组长，课题成果在四川省委宣传部等部门召开的"四个全面"研讨会上进行了交流。

2015 年 10 月 15 日至 16 日，由宜宾市社科联承办的以"适应新常态、推动新发展"为主题的全国大中城市社科联第 26 次工作会议，在宜宾召开。会议交流了社科工作的新做法、新经验、新贡献，探讨了社科研究、社科普及、社科组织建设等方面的新问题、新举措，研究了社科界更好地发挥思想库、智囊团作用，社科工作更好服务经济社会发展的新思路、新途径。会上，宜宾市社科联等 50 个单位作经验交流，授予 348 个单位"全国先进社科组织"荣誉称号，授予 309 名同志"全国社科工作先进个人"荣誉称号。

2017 年 7 月 24 日至 25 日，四川省社科联主办的"传承和弘扬地方优秀传统文化学术研究座谈会"在宜宾市召开。四川省社科联主席杨泉明出席会议并讲话。省社科联党组书记、副主席姜怡主持会议并讲话。宜宾市委常委、宣传部长、市社科联主席李敏出席会议并致辞。四川省社科联党组成员、秘书长、副巡视员李泽敏出席会议。宜宾市委书记刘中伯，市委副书记、市长杜紫平，市委副书记邓正权，市政府副市长王力平会见了与会代表。

2018 年，四川省社科联举办的学习贯彻党的十九大精神培训会在宜宾市南溪区举行，培训会由宜宾市社科联承办。

（五）深化社科普及，为社会大众、地方发展服务

哲学社会科学是人类认识世界和改造世界的思想武器。思想的武器，只有真正被人民群众所掌握，才能转化为巨大的物质力量。宜宾市社科联把宣传普及哲学社会科学知识，用科学思想、科学方

法和科学精神宣传哲学社会科学作为重要的职责。

1. 推进宜宾市哲学、社会科学普及工作的大众化、社会化和经常化

多年来，宜宾市整合社科普及资源，建立联席会议制度等相关制度，由社科联牵头，有关部门参加，组织协调市、县（区）哲学社会科学普及工作的开展；建立哲学社会科学普及工作先进集体、先进个人表彰奖励制度；建立哲学社会科学普及宣传月、宣传周、宣传日活动制度，组织宜宾市社科界开展声势浩大、形式多样的普及宣传活动；建立了哲学社会科学普及宣传协调合作制度。

2. 开展"十百千万"普及社会科学城乡联动系列活动

宜宾市委办以（2006）37号文件转发了《宜宾市社科联关于开展"十百千万"普及社会科学城乡联动系列活动的意见》，对指导思想和目标要求、普及内容和活动方式、活动步骤和时间安排、组织领导都提出了具体意见。2008年9月19日，时任宜宾市社科联党组书记、常务副主席肖金虎在四川省社科联科普工作会上作了《"十百千万"搭平台社科普及展新貌》的交流发言。

"十百千万"活动与自然科学的普及、城乡精神文明建设、未成年人思想道德教育相结合，重点宣传普及了科学发展观、构建和谐社会、建设社会主义新农村、市场经济知识、法律常识、心理健康知识、社会主义荣辱观等方面内容。活动以市、县（区）为主导，以乡镇、村社为主体，以家庭为基础，形成城乡联动普及网络；以办培训班、讲座的形式培训骨干；以报告会、巡回宣讲、读书活动、知识竞赛等形式覆盖到家庭；以课题调研、专家访谈、专题辅导、研讨会、座谈会等形式解疑释惑，指导人们运用科学理论和科学方法解决实际问题。同时，广泛利用电影、电视、广播、报纸、期刊和网络进行宣传。

3. 全方位联动推进社科宣传普及活动

科普月社会宣传与《三江新论》刊物宣传结合，现场宣传与媒体宣传结合，专题宣传与普及宣传结合，讲坛宣传与院坝宣传结合，通过形式多样、寓教于乐的宣传，使社科宣传普及有更好的教育效果。

与此同时，办好"天府人文讲坛"宜宾分坛、南溪分坛、兴文分坛，宜宾大讲堂，三江人文大讲坛等社科讲坛。宜宾市社科专家深入各县（区）各级社科组织开设社科讲座、报告会，大力宣传普及习近平新时代中国特色社会主义思想，学习贯彻中央、省委、市委重要会议精神。

在讲坛中，中国著名经济学家、全国政协常委、国务院发展研究中心研究员、宜宾市科技顾问吴敬琏教授应宜宾市委、市政府邀请，专程来宜宾作学术报告。著名经济学家、北京大学刘伟教授作了题为《十八大后中国宏观经济形势分析》的讲座。金一南教授为宜宾市党政军领导干部和驻宜部队官兵作了国防教育报告。北京师范大学于丹教授以《感悟中国智慧，构建和谐心灵》为主题，为宜宾干部群众上了一堂精彩的"人生"课。

宜宾市委组织部举办的《名家讲坛》，先后邀请了中科院院士刘宝珺、清华大学教授史永翔、著名经济学家辛文、四川省社科院研究员盛毅、深圳市委党校教授王鑫等专家学者来宜宾主讲，全市副县级以上领导干部6000余人次听课。

（六）健全工作机制，激发社科工作者积极性创造性

坚持党管意识形态、党管人才。建立联系知识分子的制度，落实意识形态工作责任制，牢牢把握社科界意识形态的领导权、主动权和话语权。

宜宾市委《关于加快构建中国特色哲学社会科学的实施意见》强调，加强人才激励和奖励，完善人才评价激励机制，强化创新实践能力评价和社会评价，建立合理的智力劳动补偿激励机制，规范和完善职称评定制度、岗位聘用制度，加大对领军人才、高端人才等的支持力度。以增加知识价值为导向，完善收入分配激励机制，激发人才活力。扩大研究成果后期资助实施范围，探索实行优秀成果购买制度。

宜宾市社科联建立年度工作评选制度，对年度工作成绩优异的县（区）社科联、市级学会（协会、研究会）和社科工作者给予通报。1999年，有30个学会被宜宾市社科联评为市级社科类先进学会。2005年12月27日，宜宾市社科联表彰全市先进学会及先进学会工作者，22个学会荣获2005年度先进学会奖，32位同志被评为2005年度先进学会工作者。

宜宾市社科联提出了"真求实、重创新、善谋划、求到位"的社科工作基本要求，以激励鞭策广大社科工作者为宜宾社科事业贡献力量。真求实，就是要一切从实事出发，干实事、求实效、百折不挠，坚定信念，不弃不悔；重创新，就是在工作方法、思想方法、目标定位上都要有新意，富有预见性、前瞻性，顺应事物发展的客观规律，把握时代发展潮流；善谋划，就是要坚持有所为，有所不为，积极争取领导和上级的支持，争取有关单位的认可，争取社科界的积极响应，善于调动各方面的积极性，全面整合社科资源，把钢用在刀刃上；求到位，就是要正视社科联是小单位的现实，要得到别人的承认，就必须把工作做得更出色、更深入、更到位。

宜宾社科工作在宜宾市委、市政府的领导下和四川省社科联的指导下，经过全市社科工作者的共同努力，获得较多殊荣。

2002年，宜宾市财政学会、市珠算学会被评为"全国社科联先进学会"。

2005年，宜宾市社科联荣获2004—2005年度四川省社科联系统先进集体一等奖。宜宾市职工民主管理协会、宜宾市新闻工作者协会荣获2004—2005年度四川省社科系统先进学会奖。

2007年度，宜宾市社科联荣获"全国先进社科联"称号，在四川省社科联系统"双先"评选中荣获一等奖，并获得四川省社科联"社科普及工作先进单位""学术活动先进单位""社科信息工作先进单位"等荣誉称号。

2007年，由宜宾市委、市政府同四川省社科联联合牵头，宜宾市社科联具体组织实施的重大社科成果《向家坝水电站建设与宜宾经济社会协调发展研究》荣获四川省第十四次哲学社会科学优秀成果一等奖。

2008年，时任四川省人大党组书记、省社科联主席席义方视察宜宾社科工作，对宜宾社科工作给予充分肯定。

2008年，宜宾市社科联在第十次四川省先进社科联评选中被评为先进集体。同时，宜宾市社科联在省社科年度综合考评中荣获优秀，位居全省第一。宜宾市社科联还被四川省社科联评为2008年度社科普及工作先进集体和社科信息工作先进单位，屏山县社科联、兴文县社科联、宜宾县社科联、筠连县社科联同时被四川省社科联评为2008年度社科信息工作先进单位。

2013年9月，在绵阳市召开的全国大中城市社科联工作会第24次会议上，宜宾市社科联、哲研会、党的建设研究会，筠连县社科联，兴文县社科联被评为"全国先进社科组织"。通过现场陈述与大会主席团投票，宜宾市社科联获得2015年全国大中城市社科联第26次工作会承办权。

2015年，五粮液思想政治研究会、宜宾市社科联、宜宾经济研究院、宜宾市历史学会、翠屏区社科联、宜宾县社科联6个社科组织被授予"全国先进社科组织"荣誉称号。

2017年3月，在全国大中城市社科联第28次工作会议上，宜宾市社科联、翠屏区社科联、兴文县社科联和屏山县社科联被授予"全国先进社科组织"荣誉称号。

2017年8月，《宜宾融入"一带一路"及长江经济带发展战略对策研究》入选由四川省委宣传部牵头组织，省委党校、省委教育工委、省社科联、省社科院联合举办的四川省贯彻落实"四个全面"战略布局研讨会文章，课题责任人肖金虎受邀参会并作主题发言。

2018年8月，在四川省委宣传部、省委党校、省科技厅、省社科联等7个单位联合组织召开的四川省"四个全面"战略布局研讨会上，宜宾市社科联主持的课题《宜宾融入"一带一路"和长江经济带发展战略研究》入选交流会，这篇文章荣获宜宾市第十一届哲学社会科学优秀成果一等奖。

2018年9月，《高端谋划，彰显特色，把宜宾建成长江生态第一城》入选第十七届中国西部国际博览会论文，这篇文章还荣获宜宾市庆祝改革开放四十周年研讨会一等奖。

2005 年以来，宜宾市社科联完成了 13 个省级社科课题。针对宜宾经济社会发展中的重点问题，主持研究了《宜宾转型升级高质量发展的实践探索》《把宜宾建设成为四川南向开放的经济走廊研究》等 50 余个重大课题。《小南海电站对长江上游城市经济社会发展的影响》得到杨冬生、王铭晖、徐进等领导的批示，课题关于停建小南海电站的建议，得到国家有关部门的采纳。该议题后来在全国人代会上受到采纳。

从 2018 年 7 月起，宜宾市社科联在"大学习、大调研、大讨论"活动中，先后 3 次组织宜宾市老领导和省市社科专家赴宜宾云辰集团调研，提交的报告《关于支持云辰红色博物馆建设的建议》得到袁承禧、魏在禄、尹德宏、葛燎原、卢仁江等老领导的签名认可，受到杜紫平市长的肯定性批示，这个报告经四川省社科院党委书记李后强加工修改后送省政府，分别得到尹力省长和杨兴平副省长的批示。尹力省长 5 月 23 日在四川省社会科学院呈送的《关于加强非国有文物保护、研究和利用的建议——以宜宾云辰园林公司为例〉的报告》上批示："请兴平同志阅研。"杨兴平同志 5 月 27 日批示："请允康、王毅同志研究提出意见。"

2019 年 3 月 8 日，宜宾建设四川南向通道经济走廊研究课题评审会召开，四川省社会科学院党委书记李后强在会上表示，《四川南向通道经济走廊研究》课题成果依据充分、调研深入、观点新颖、思路科学、举措可行，是有深度、广度、高度、信度的报告。

《国有老工业企业转型升级的典范——天原经验调研》《民营经济挑重担，早日建成副中心》《南丝绸之路上的时代壮歌》《把握新常态，推进新发展》《宜宾供给侧结构改革调研》等 20 余个课题得到王铭晖、刘中伯、杜紫平等市领导的肯定性批示。

宜宾市社科联连续 14 年在四川省社科联年度考评中，获得综合考评优秀，其中 2008 年和 2016 年排在全省第一，整体工作水平处于全省第一方阵。

四

宜宾市推动哲学社会科学繁荣发展的经验启示

（一）坚持正确的政治方向

哲学社会科学必须坚持马克思主义的指导，坚持党的领导。提高政治站位，坚持正确的政治方向，始终同党中央保持高度一致，是搞好社科工作的根本立足点和出发点。坚持以习近平新时代中国特色社会主义思想为指导，坚持"四个意识""四个自信""两个维护"，并贯彻落实在社科工作的各个方面。建立意识形态责任制，把加强意识形态管理贯彻到社科工作的各个方面，牢筑宜宾社科界的思想防线。

（二）服务党委政府工作大局

社科工作必须贯彻党政决策部署、服务党政工作大局，才能找准职责方位。必须有所为有所不为，用实实在在的成绩彰显地位作用。如：积极参与四川省社科联组织的对《四川省科普条例》进行修改的工作，新出台的《四川省科学技术普及条例》把哲学社会科学的内容增加了进去。经宜宾市社科联争取，繁荣发展社会科学的具体内容、工作经费保障被写进了中共宜宾市委《关于文化强市的决定》，为宜宾市委出台《关于加快构建中国特色哲学社会科学的实施意见》、市政府出台《宜宾市哲学社会科学优秀成果评奖办法》提出了合理化的建议。2013年，四川省政协委员视察四川省社科联，肖金虎应四川省社科联的安排，向政协委员们作了《围绕中心，服务大局，为推动地方经济社会发展作贡献》的发言，受到了与会人员的肯定。2014年1月，时任四川省社科联党组书记、副主席赵英同志在宜宾市社科联党组书记、常务副主席肖金虎撰写的《宜宾市建立领导干部经济社会重大社科课题研究平台的实践与思考》上批示："宜宾社科研究围绕地方经济社会发展而谋划，具有创新意识。请规划办对地方重点课题给予关注和协调支持。"

（三）发挥社科人才荟萃的优势

宜宾社科工作取得的成绩，得益于广大社科工作者的积极参与和奉献。这支队伍人才荟萃，宜宾市社科联在社科研究、普及等各项工作中，注重各学科社科人才资源的整合，发挥各学科之间的互补作用，从而增强了社科研究与普及的科学性、实践性、针对性、实效性。如：《关于向家坝电站建设与宜宾经济社会协调发展的建议》课题，就是由水文、气象、经济、环保、社会等多门学科的专家教授联合攻关，才如期高质量完成的。

（四）内联外引，开放发展

繁荣发展社科事业，必须坚持走群众路线，内联外引，加强同市内外社科资源单位和社科人士的紧密联系，寻求多方面的支持。宜宾市社科联同中国社科院保持了良好的联系，同下属的法学所、西亚非研究所有工作交流，同全国各地社科联经常有交流协作。宜宾市社科联同四川省社科联、省社科院、四川省委党校、四川大学等省级社科资源单位建立了很好的工作关系，四川省社科联领导多次到宜宾指导工作；同宜宾市"四大班子"研究室、市委党校、市决咨委、宜宾学院、四川理工学院、宜宾职业技术学院、市政法委、市科技局、市双城办、市发改委等社科资源单位实现了紧密联系，宜宾市社科联负责人先后在宜宾市政协理论研究会、市法学会、市决咨委、市新型智库办公室等单位兼有工作职务。同时，加强对县（区）社科联的指导，经常同市级社科资源单位和县（区）社科联互动，相互支持，形成合力。

积极发挥"联"的作用，联合四川省社科联和省社科资源单位组织开展了《向家坝水电站建设与宜宾经济社会发展研究》《金沙江水电梯级开发背景下宜宾生态产业集群发展研究》《"拜水长江．养心宜宾"研讨》《纪念红军长征胜利80周年》《庆祝改革开放40周年研讨》《庆祝改革开放40周年摄影展》《欣欣向荣的临港摄影展》《长江上游生态建设与产业发展研讨》《让竹林成为一道亮丽的风景线研讨》《扶贫攻坚的实践与探索调研》等20多项社科活动，每年同宜宾市依法治市办联合举办一次依法治市有奖征文活动，通过这些活动充分展示宜宾市社科资源单位、市级学会和县区社科联的社科能力，展现全市广大社科工作者的社科风采。特别注意在社科课题研究、市级课题评奖工作中，把名额指标向县（区）社科联倾斜，调动和保护基层的积极性。为了加强对工作的指导，更好地服务基层，宜宾市社科联在自身工作经费不宽裕的情况下，每年都要省出10多万元的经费来支持各县（区）社科联和市级学会。

2019年，国家大事多、喜事多。放眼未来，宜宾社科界将进一步解放思想、开拓创新、奋发有为、不辱使命，以坚如磐石的信心、只争朝夕的劲头、坚韧不拔的毅力，围绕中心服务大局，深化和拓展社科工作的深度和广度，为把宜宾市建设成为社科强市而努力奋斗！

宜宾市社科联课题组

GUANGAN SHI PIAN

广安市篇

四川哲学社会科学70年

导言

　　广安历史悠久，有记载的文明史可追溯到三千多年前。南朝梁时期，置始安县。北宋开宝二年（969年），取"广土安辑"之意设广安军，后历朝历代均在此建府设州置县，"广安"之名沿袭至今。

　　广安同时又是一座年轻而充满魅力的城市。1993年7月设立地区，1998年7月撤地设市，辖广安区、前锋区、华蓥市、岳池县、武胜县、邻水县，幅员6339平方公里，总人口470万。广安先后获得全国文明城市、中国优秀旅游城市、国家卫生城市、国家园林城市、国家森林城市、全国双拥模范城等荣誉称号。

　　伟人故里、滨江之城、川东门户、红色旅游胜地是广安的四张名片：广安是中国社会主义改革开放和现代化建设总设计师邓小平同志的家乡；嘉陵江与渠江合抱广安，双江呈祥，滋养广安全域；广安位于四川省最东面，紧邻重庆；广安是四川红色旅游的龙头和全国红色旅游的重要目的地。

　　中华人民共和国成立的70年，也是广安经济社会全面发展的70年。70年来，特别是1998年广安撤地设市以来，历届广安市委、市政府领导高度重视哲学社会科学事业发展，不断健全社会科学工作体制机制，加大经费投入力度，重视人才队伍建设，实现基层社科组织全覆盖，全市哲学社会科学事业发展呈现欣欣向荣局面。

广安市哲学社会科学 70 年概况

广安哲学社会科学事业发展分为三个阶段：第一阶段是 1993 年以前，哲学社会科学工作主要由川北行署、南充地区、达县地区的宣传部门主抓；第二阶段是 1993 年至 1997 年，哲学社会科学工作主要由广安地委宣传部主抓；第三阶段是 1997 年以后，广安地区社科联成立，特别是 1999 年广安市社科联成立至今，哲学社会科学工作主要由广安市社科联牵头揽总。

（一）广安市社会科学组织机构概况

1. 广安市社科联历史沿革及职责

1995 年 3 月，广安地委设立广安地区社会科学界联合会。1996 年 11 月，机构改革明确广安地区社科联为正县级事业单位，属学术性群众团体。1997 年 8 月，广安地区社科联成立暨第一次代表大会召开，广安地区社科联主席、副主席名录见表 1。

表 1　广安地区社科联主席、副主席名录

姓名	职务	性别	任职起止年月	备注
陈茂全	主席	男	1997 年 8 月—1999 年 5 月	兼职
傅　琳		男	1997 年 8 月—1999 年 5 月	兼职
杨　勇	副主席	男	1997 年 8 月—1999 年 5 月	兼职
李勇明		男	1997 年 8 月—1999 年 5 月	兼职

1999 年 5 月，广安地区社会科学界联合会改名为广安市社会科学界联合会。同年，广安市社科联召开成立大会暨第一次代表大会（见图 1），并选举了第一届理会事主席、副主席，见表 2。

图 1　广安市社科联成立暨第一次代表大会、首届社科优秀成果颁奖大会现场

表 2　广安市社科联第一届理事会主席、副主席名录

姓名	职务	性别	备注
陈茂全	主席	男	兼职
傅　琳	副主席	男	兼职
李勇明		男	兼职

2007 年 7 月，广安市社科联第二次代表大会召开，选举第二届理事会，第二届理事会主席、副主席名录见表 3。

表 3　广安市社科联第二届理事会主席、副主席名录

姓名	职务	性别	所在单位及时任职务	备注
刘诗玉	主　席	女	广安市社科联主席（2007 年 7 月—2012 年 2 月）	专职
毛宜南	主　席	女	广安市社科联主席（2012 年 2 月—2012 年 6 月）	专职
刘兴汉		男	广安市财政局局长	兼职
刘贤述		男	广安市政府副秘书长	兼职
朱朝忠		男	中共广安市委副秘书长	兼职
宋小华		男	广安市公安局指挥中心主任	兼职
李　勇		男	广安市药品食品监督局局长	兼职
李　超		男	中共广安市委宣传部副部长	兼职
李明平		男	四川爱众投资控股集团董事长	兼职
吴金泉	副主席	男	广安市检察院副检察长	兼职
杨德术		男	中国农业银行广安市分行行长	兼职
邹建平		男	人民银行广安市中心支行行长	兼职
张泽湘		男	中共广安市委党校副校长	兼职
陈全禄		男	广安市教育局局长	兼职
唐云峰		男	广安日报社常务副总编辑	兼职
蒲长文		男	中共广安市纪委副书记	兼职
魏建民		男	四川移动广安分公司经理	兼职

2012 年 6 月，广安市社科联第三次代表大会召开，产生第三届理事会，第三届理事会主席、副主席名录见表 4。

表 4　广安市社科联第三届理事会主席、副主席名录

姓名	职务	性别	所在单位及时任职务	备注
毛宜南	主席	女	广安市社科联主席（2012 年 6 月—2019 年 6 月）	专职
易佑文	主席	男	广安市社科联主席（2019 年 6 月至今）	专职
邵平福	副主席	男	广安市社科联副主席（2016 年 6 月至今）、秘书长（2012 年 6 月至今）	专职

姓名	职务	性别	所在单位及时任职务	备注
王　宏		男	广安市财政局局长	兼职
刘贤述		男	中共广安市委副秘书长、惠民办主任	兼职
刘登宏		男	广安市经信委主任	兼职
杨春明		男	广安市政府副秘书长	兼职
何良涛		男	广安市民政局局长	兼职
邹来云		男	邓小平图书馆馆长	兼职
陈永龙	副主席	男	广安职业技术学院院长	兼职
罗庆红		男	四川爱众投资控股集团公司党委书记、董事长	兼职
钱　奇		男	邓小平故里管理局局长	兼职
唐云峰		男	广安日报社总编辑	兼职
曾长东		男	广安市教育局局长	兼职
谢清涛		男	中共广安市委宣传部常务副部长	兼职
蒙焱雄		男	中共广安市委党校常务副校长	兼职

广安市社科联主要职责：①负责全市社会科学研究的近期规划和长远规划，拟定全市社会科学研究课题，并组织实施；②负责全市社科界承担四川省社会科学规划、基金课题的申报工作，并组织实施；③编辑出版发行市委机关刊物《金广安》；④组织和推动学术研究，促进和开展学术交流，承担部分社会科学著作出版的资助、协调工作；⑤组织开展社会科学优秀科研成果的评奖活动，协调部分获奖成果的出版、宣传、推广工作；⑥编制全市社会科学普及规划，组织普及马克思主义基本理论和社会科学知识，开展社会科学培训、咨询服务工作；⑦负责全市社会科学咨询业的行业管理工作；⑧促进社会科学学术团体之间、理论工作部门与实际工作部门之间、社会科学界与自然科学界之间的联系和协作；⑨负责新申报的市级社会科学类学会、协会、研究会的资格审查，指导和协调所属各个学会、协会、研究会的工作；⑩联络和指导县区社科联的业务工作；⑪协调做好社会科学界知识分子工作和推荐有突出贡献的社会科学专家、社会科学学术带头人及后备人选的工作；⑫贯彻党的方针政策和国家的法律法规，向党和政府反映社会科学界的意见和要求，关心并维护社会科学工作者及其团体的合法权益等；⑬承办市委、市政府交办的其他事项。

2. 其他主要社科工作机构历史沿革

广安市委党史研究室

中共广安市委党史研究室属正县级参公事业单位，是市委党史研究部门，也是市委主管党史业务的工作部门。1994年5月，广安地委设立中共广安地委党史办公室。1996年11月，广安地委批准成立广安地委党史研究室。1998年，更名为中共广安市委党史研究室。2016年增挂广安党史馆牌子。

广安市地方志办公室

广安市地方志办公室是市政府直属正县级参公事业单位，主管全市地方志工作。1994年5月，广安地区地方志办公室成立。1999年1月，更名为广安市地方志办公室。

邓小平图书馆

邓小平图书馆是全世界唯一以邓小平姓名命名的、集专业性和公共性功能于一体的现代化综合性图书馆，于2005年10月在广安市图书馆基础上挂牌运行，属中共广安市委管理的正县级事业单位。馆藏图书及多媒体资料达120万册（件），其中有关邓小平及广安地方文献等特色文献资料近30000册（件），特色文献电子数据170万条，已初步建成全国较全面的"邓小平文献资料库"。

广安市委党校

中共广安市委党校是市委直接领导下培养党员领导干部和理论干部的学校。1993 年 12 月，中共广安地委党校成立。1998 年 11 月，中共广安地委党校更名为中共广安市委党校。

广安职业技术学院

广安职业技术学院是由广安市人民政府主办，教育部、四川省、广安市共建的全日制公办普通高等学校。2004 年，经四川省人民政府批准，由四川省岳池师范学校独立升格。设有 10 个二级学院，47 个高职专业、9 个中职专业；现有专兼职师资队伍 600 余人，其中副高级及以上职称 152 人，博士、硕士研究生 177 人。

广安市文管所

广安市文管所是广安市文物保护、研究和普及部门，成立于 2005 年 12 月，挂广安市博物馆、广安市"三线"工业遗产陈列馆牌子。

邓小平研究中心

邓小平研究中心是开展邓小平研究的学术研究机构，2010 年 9 月成立，系中共广安市委直属正县级事业单位。

广安邓小平职业教育思想研究所

广安邓小平职业教育思想研究所于 2014 年 8 月成立，是挂靠于广安职业技术学院的非营利性科研机构。研究所立足于小平故里职教发展，以邓小平职教思想研究为特色，深入挖掘当代职教理论渊源，探索邓小平职教思想的实践，致力于职教现实问题的解决，围绕邓小平职教思想及其实践、职业教育发展与职教体系构建、专业课程与教学改革、职业素养与公共基础课改革、高职学生教育与管理、高职师资队伍建设等当代职业教育的热点难点问题开展研究与实践探索，推动当代职业教育发展。

小平干部学院

小平干部学院成立于 2018 年 10 月，被中央组织部列入全国干部党性教育基地备案目录。是习近平新时代中国特色社会主义思想与邓小平理论学习研究基地、邓小平精神传承基地、干部党性教育基地、红色文化研究基地。

（二）社科人才队伍情况

社科研究人才。广安市建市较晚，缺少大专院校（仅有一所高职院校），缺乏科研院所，社科工作基础较差，社科人才较为匮乏，缺少高水平的社科专家和学科带头人。本土社科人才主要集中在广安职业技术学院、广安市委党校、广安市地志办、广安市党史研究室、广安市社科联、邓小平研究中心、邓小平故里管理局、邓小平图书馆、广安市教科所等与社科工作相关的单位，同时一些社科人才零散分布在市委政研室、市政府研究室，以及教育、统计、财政、司法、文化等部门。近年来，广安市委、市政府高度重视人才工作，认真落实党管人才原则，大力推进"人才强市"战略，从 2009 年开始实施"小平故里英才计划"，大力引进高学历、高职称人才，建立起一支与经济社会发展相适应的高素质社科人才队伍。引进经济、金融、法律、管理、教育、社会、历史、语言文学等社科类学科高层次人才 200 名以上，其中拥有正高级职称和博士学位人才 20 名。

社科工作队伍。专职的社科工作队伍主要集中在市、县社科联，其中广安市社科联有专职工作人员 5 名，各区市县社科联、广安职业技术学院社科联有专职工作人员 2~3 名。

（三）社科阵地建设情况

1. 社科刊物

（1）党委机关刊物。1998年以来，广安市、各区市县先后创办党委机关刊物。市委机关刊物为《金广安》，区市县委机关刊物有《学习与实践》《新前锋》《和谐岳池》《学习与探索》（见图2），党委机关刊物一览表详见表5。

图2　广安市、县党委机关刊物

表5　党委机关刊物一览表

刊物层级	刊物名称	主办单位	承办单位
市级	金广安	广安市委	广安市社科联
县级	学习与实践	广安区委	广安区委宣传部、区社科联
	新前锋	前锋区委	前锋区委宣传部、区社科联
	和谐岳池	岳池县委	岳池县委宣传部、县社科联
	学习与探索	邻水县委	邻水县委宣传部、县社科联

（2）部门理论刊物。广安市相关部门先后创办机关内部理论刊物，主要有广安市政协《广安政协》、广安市中级人民法院《广安审判》、广安市检察院《广安检察》、广安市公安局《广安警察》、广安市档案馆《广安档案》、广安市林业局《绿色广安》、广安市文化馆《文化广安》等。

（3）学术刊物。广安职业技术学院《广安职业技术学院学报》，后改名为《邓小平职教思想研究与实践》杂志；广安市委党校《广安论坛》。

2. 社科普及基地

2012年新修订的《四川省科学技术普及条例》颁布实施后，广安市加快社科普及基地建设步伐。目前全市共有省级社科普及基地1个，市级社科普及基地3个，县级社科普及基地26个，见表6。

表6　广安市内省级、市级、县级社科普及基地数量统计表　　　　　单位：个

省级社科普及基地	市级社科普及基地	县级社科普及基地
1	3	26

3. 社科学会

1994 年 11 月，广安地区第一家社科学会（协会、研究会）广安地区质量管理协会成立。1998 年广安撤地设市以来，广安市公路学会、广安市女检察官协会、广安市个体私营经济协会、广安市政协理论与实践研究会等相继成立。各区市县的社科学会（协会、研究会）也得到了发展。截至 2019 年 6 月，广安市共有市级社科学会（协会、研究会）36 家，县级 67 家，见表 7。

表 7　广安市社科学会（协会、研究会）数量统计表

层级	数量（家）
市级	36
县级	67

4. 社科论坛、讲坛、学术研讨会

广安重视学术交流工作，常年举办社科论坛、讲坛、讲堂、学术研讨会等。2011 年以来，广安市委、市政府与中央文献研究室（现中央党史和文献研究院）联合主办的"邓小平理论研讨会"，每年举办一次，是全国性学术研讨会。市内长期举办的社科论坛、讲坛、讲堂中，影响力较大的有广安市委主办的"賨州讲坛"，广安职业技术学院主办的"渠江论坛""学术讲坛"，广安市委宣传部主办的"四力讲坛"，邓小平图书馆主办的"思源大讲堂"，人行广安市中心支行主办的"金融讲堂"等；各区市县举办的有影响力的社科论坛、讲坛、讲堂，主要有邻水县的"邻州讲坛"、广安区的"紫金论坛"、岳池县的"干部讲堂"。图 3 为 2018 年 12 月，广安举办"改革开放与新时代坚持和发展中国特色社会主义理论研讨会"的现场。

图 3　2018 年 12 月，广安举办"改革开放与新时代坚持和发展中国特色社会主义理论研讨会"

三

广安市推动哲学社会科学繁荣发展的
基本实践与主要成就

（一）组织机构建设及成就

1. 广安市社科联机关组织建设

从广安市社科联成立到现在，市社科联不断加强机关组织建设，机关组织架构和职能不断完善，主要经历三个发展阶段。

（1）第一阶段：1999年至2007年。1995年，广安地委批准设立广安地区社科联。1997年8月，广安地区社科联第一次代表大会召开。1999年5月，广安地区社科联更名为广安市社科联，召开第一次代表大会，广安市社科联正式成立。2002年3月，广安市委办公室印发《广安市社会科学界联合会机关机构改革方案》：规定广安市社科联主要职责；内设办公室，负责机关日常管理工作；机关事业编制3名，其中，主席1名（正县级，兼职），科级领导职数1名；由市委宣传部代管，机关机构编制、人事和后勤管理由市委宣传部负责。因市社科联主席为兼职，加之编制少，内设机构不健全，工作力量偏弱，虽然在推进社会科学事业发展上做过一些工作，但总体成效不明显。

（2）第二阶段：2007年至2012年。2007年7月，广安市社科联第二次代表大会召开。新一届理事会着力推进机关组织建设，主动向市委领导汇报市社科联机关编制少、领导属于兼职不利于社科工作开展的实际情况，积极争取市委的重视和支持。2007年10月，市委同意将市社科联主席1名（正县级，兼职）调整为县级领导职数1名（按市委规定配备），并增加市社科联机关服务人员事业编制1名。2009年，鉴于市委机关刊物《金广安》（当时已是月刊）编印任务繁重，专职编辑人员力量弱，市社科联大力推进设立《金广安》杂志社编辑部，虽然未能成功，但在2010年1月，市委同意增加1名事业编制，市社科联机关工作力量有所加强。

（3）第三阶段：2012年至今。2012年6月，广安市社科联第三次代表大会召开，如图4所示。当年，省人大常委会修订通过《科学技术普及条例》，广安市社科联认真落实《科普条例》精神，向市委、市政府领导汇报《条例》精神。2012年8月，市委同意市社科联机关增设社科普及科，增加正科级领导职数1名，增加事业编制1名。图5为广安市社科联机关组织架构图。2015年9月，市委同意市社科联增加副主席领导职数1名（副县级）。至此，广安市社科联有内设机构2个，即办公室、社科普及科；参公事业编制5名，其中，正县级领导职数1名、副县级领导职数1名、正科级领导职数2名、科级非领导职数1名。广安市社科联机关人员编制、内设机构变化情况详见表8。

图4 2012年6月，广安市社科联第三次代表大会召开

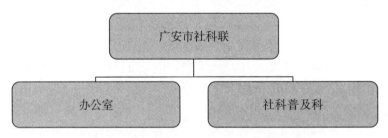

图5 广安市社会科学界联合会机关组织架构图

表8 广安市社科联机关人员编制、内设机构变化情况一览表　　　　单位：名

年度	正县级领导	副县级领导	正科级领导	编制数	工勤	内设机构
2002年	1（兼职）	0	1	3	0	办公室
2007年	1（专职）	0	1	3	1	办公室
2009年	1	0	1	4	1	办公室
2012年	1	0	2	5	1	办公室社科普及科
2015年	1	1	2	5	0	办公室社科普及科

2. 广安职业技术学院社科联成立

2016年11月8日，广安职业技术学院党委批准成立广安职业技术学院社会科学联合会，暂无单独编制，挂靠科研处，与科研处一起办公。2016年11月，广安职业技术学院社科联召开成立大会暨第一次代表大会，选举产生第一届理事会。

3. 基层社科联组织成立与发展

广安市十分重视基层社科联组织建设，县级社科联组织建设始终走在全省前列。1986年，邻水县社科联成立。2005年开始，广安市加大了基层社科联组织建设力度，当年5月，武胜县社科联成立。2007 年，广安区、华蓥市、岳池县相继成立了社科联。2013 年，广安市行政区划调整，前锋区设立，当年 12 月，前锋区社科联成立，标志着广安市基层社科联组织实现了全覆盖。六区市县社科联均为正科级参公事业单位，属学术性群众团体，分别有参公事业编制 2～3 名。除邻水县社科联实现单设以外，其他 5 家县级社科联均与所在地党委宣传部合署办公，实现了工作经费单列、办公场地固定、工作人员专职、活动开展经常、影响力逐步凸显的目标。表 9 为广安市六区市县社科联组织情况一览表。

表 9　广安市六区市县社科联组织情况一览表

类别	广安区社科联	前锋区社科联	华蓥市社科联	岳池县社科联	武胜县社科联	邻水县社科联
单位级别	正科级	正科级	正科级	正科级	正科级	正科级
单位性质	群众团体	群众团体	群众团体	群众团体	群众团体	群众团体
编制性质、数量	参公 1 名	参公 2 名	参公 2 名	参公 3 名	参公 2 名	参公 2 名
专职工作人员	2 人	2 人	2 人	2 人	2 人	3 人
是否独立办公	否	否	否	否	否	是
是否有预算经费	有	有	有	有	有	有
已召开代表大会	3 次	2 次	3 次	2 次	2 次	3 次

4. 基层社科学会建设

各区市县均成立有社科学会，六区市县社科学会数量情况详见图 6。

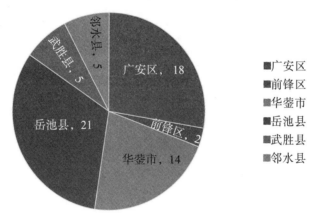

图 6　广安市六区市县社科学会数量图（单位：个）

（二）人才队伍建设及成就

2010 年，为建立全市社会科学优秀人才库，广安市下发《关于开展社科人才现状调查建立社科专家数据库的通知》和《关于推荐社会科学优秀人才的通知》，召开全市社科人才现状调查建立社科专家数据库工作会议，经各地各单位推荐遴选，广安市社科联最终确立广安市优秀社会科学人才 36 名。2017 年，广安市社科联与中国人民大学联合举办培训班，全市 30 名社科工作骨干在中国人大参加了为期一周的业务培训。2018 年，广安加快社科专家库建设步伐，广安市哲学社会科学专家库现有入库专家 52 名，其中拥有正高职称专家 7 名、副高职称专家 26 人。

（三）社科研究工作及成就

广安市社科人才少，社科研究基础薄弱，有重大影响力的社科成果不多。党的十八大以后，广安市在开展社科研究工作时将重点放在规划科学、选题精准、侧重应用研究、整合力量集体攻关、突出质量上，推出了一批有影响、有价值的研究成果，赢得了市委市政府的肯定。

1. 社科研究规划工作

2006 年，广安市首次启动市级社科规划项目立项工作。每年年初，面向全市征集选题，围绕当年中心工作，征求有关部门领导和专家意见，制定出台《社科研究规划选题指南》，为申报课题提供参考。鼓励各区市县、社科学会（协会、研究会）和市级有关单位申报市级社科研究规划项目，组织社科专家开展立项评审，报市委领导审定后确定立项。2013 年以来，广安市每年收到市级社科研究规划项目申报课题均在 260 项以上，立项市级社科研究规划项目均在 50 项以上。从 2006 年到 2019 年，广安市社科研究规划项目立项课题总体上呈上升趋势，见图 7。

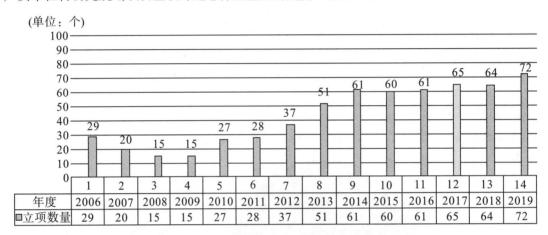

（单位：个）

年度	2006	2007	2008	2009	2010	2011	2012	2013	2014	2015	2016	2017	2018	2019
立项数量	29	20	15	15	27	28	37	51	61	60	61	65	64	72

图 7　广安市社科研究规划项目立项课题数量图（2006—2019）

广安市积极组织市内资深社科工作者申报省级社科研究规划项目。2004 年以来，全市获得省社科联社科研究规划立项项目 8 项。广安市获得的省级社科研究立项项目情况见表 10。

表 10　广安市获得省级社科研究立项项目一览表

序号	项目名称	年度
1	"致富思源，共建广安"成功实践的启示	2004
2	关于乡镇负债问题的研究	2006
3	农村"留守儿童"问题亟需关注和重视	2007
4	广安文化软实力研究	2010
5	深化川渝毗邻地区合作互动研究	
6	广安巴文化研究	2014
7	新时期广安承接重庆产业转移竞争环境研究	
8	新媒体背景下突发事件应急处置与危机公关研究	2015

2. 社科优秀成果评奖工作及成就

（1）市级社会科学优秀成果评奖工作。1998 年，广安开展首届哲学社会科学优秀科研成果评奖活动。2002 年，广安开展第二次社会科学优秀成果评奖活动。2007 年 7 月，广安市完成第三次社会科学优秀成果评奖活动。2007 年 11 月之前，广安市没有出台规范性评奖文件，没有形成规范的评价制度和政策体系，前三次市社科奖评奖活动均是根据当时工作需要开展，评奖年度、奖项设置数量等不固定。广安市前三次社科奖评奖情况详见表11。

表 11　广安市前三次社科奖评奖情况表 单位：项

届次	评奖时间	特等奖	一等奖	二等奖	三等奖	优秀奖
第一次	1998	6	6	11	18	28
第二次	2002	4	10	20	40	
第三次	2007		所有等次共 74 项			

2007 年 11 月，广安市出台《广安市社会科学优秀成果评奖办法》，正式建立社科成果评奖制度。从 2008 年开始，广安市社会科学优秀成果评奖活动严格按照《评奖办法》开展，主要流程为：成立以市政府分管联系领导为主任的广安市社会科学优秀成果评奖委员会→组织全市有关单位和社科工作者申报参评市社科奖→收集、甄别筛选、分类参评成果→组织初评→专业组评审→综合组评审→市级媒体公示→市政府常务会议审定→印发获奖成果表扬通报→召开社会科学优秀成果表（彰）扬大会。截至目前，广安市已开展 9 次社会科学优秀成果评奖活动（参见图 8），广安市第四次至第九次社科奖评奖数量情况详见表12。

图 8　广安市第八次社会科学优秀成果表彰大会现场

表 12　广安市第四次至第九次社科奖评奖数量情况表 单位：项

届次	评奖时间	特别奖	一等奖	二等奖	三等奖	优秀奖
第四次	2008		2	4	6	10
第五次	2010		2	4	6	10
第六次	2012		2	5	12	22
第七次	2014		2	6	12	50
第八次	2016	1	3	10	27	39
第九次	2018	1	4	14	25	30

（2）组织参加四川省社会科学优秀成果评奖工作。广安市社科联成立以来，积极组织市内优秀研究成果申报参评省社会科学优秀成果奖，图9为荣获四川省第十六次、第十七次、第十八次社会科学优秀成果奖著作。从1999年至今，广安市已参加10次省社科奖评奖活动，共斩获奖项20项，其中二等奖1项，三等奖8项。1999—2017年广安市参评省社科奖获奖成果详见表13。

图9 荣获四川省第十六次、第十七次、第十八次社会科学优秀成果奖著作

表13 1999—2017年广安市参评省社科奖获奖成果一览表

序号	获奖成果名称	作者	获奖等次	获奖届次
1	刑法分则结构及其理论基础	文海林	三等奖	1999年，四川省第八次哲学社会科学优秀科研成果评奖
2	经济欠发达地区实施农业产业化面临的困境与出路	吴开平	优秀奖	
3	转变经济增长方式与企业"转制"的思考	彭前元	优秀奖	
4	反腐败也是解放生产力、发展生产力	李成轩	优秀奖	
5	抓好农村基层组织建设关键在于加大投入	黎均平	优秀奖	
6	呼唤现代派——刑法研究方向性思考	文海林	三等奖	2001年，四川省第九次哲学社会科学优秀成果评奖
7	创建新机制 重塑新形象	陈绪凯 刘习飞	优秀奖	
8	邓小平故乡广安	陈茂全 仲绍文 徐怀林 李超	优秀奖	
9	西南地区农村初中素质教育目标导学体系研究	姚云 王元勇 周静平	二等奖	2003年，四川省第十次哲学社会科学优秀成果评奖
10	关于筹集西部大开发所需巨额资金的建议	于南 张文斌	三等奖	
11	西部大开发与观念更新	谭力	优秀奖	

序号	获奖成果名称	作者	获奖等次	获奖届次
12	三分刑法史	文海林	三等奖	
13	中国出了个邓小平	中共广安市委宣传部	优秀奖	2005年，四川省第十一次哲学社会科学优秀成果评奖
14	绵阳出土西汉木胎漆盘纹饰识读及其重要意义	王先胜	优秀奖	
15	以目的为主的综合刑法	文海林	三等奖	2007年，四川省第十二次哲学社会科学优秀成果评奖
16	关于乡村负债问题的调查与研究	邱 夏 张 莉 杜建琼	优秀奖	2009年，四川省第十三次哲学社会科学优秀成果评奖
17	四川丘陵地区转变经济发展方式研究	侯晓春	优秀奖	2013年，四川省第十五次哲学社会科学优秀成果评奖
18	广安川渝合作示范区建设研究	邓万琼 朱显林	三等奖	2015年，四川省第十六次哲学社会科学优秀成果评奖
19	岳池农家文化志	岳池县党史县志办公室	三等奖	2017年，四川省第十七次哲学社会科学优秀成果评奖
20	"一带一路"背景下四川省内陆开放型经济发展研究	孙婷婷 徐洪海 练 江 陈 瑜	三等奖	2019年，四川省第十八次哲学社会科学优秀成果评奖

（3）区市县社科评奖工作的开展。6个区市县相继出台本级社会科学优秀成果评奖办法，并修订完善，增加奖项数量，提高奖金额度，扩大成果参评范围，激发了社科工作者创作研究热情。组织开展社会科学优秀成果评奖活动，实现了广安全域县级政府社科奖评奖工作制度化、常态化。

邻水县成立社科联时间最早，开展社科评奖活动最早，已开展6次评奖活动。广安区已开展4次，华蓥市和岳池县分别已开展3次，武胜县已开展2次，前锋区已开展1次（见图10）。

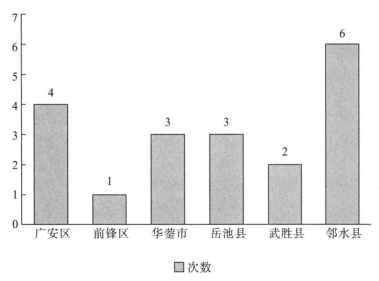

图10　广安市六区市县开展社会科学优秀成果评奖活动情况（单位：次）

3. 社科研究成果

广安市社科研究项目坚持问题导向、实践导向和需求导向，围绕事关广安改革发展的重点问题和广大干部群众关心的热点难点问题开展前瞻性、针对性的对策研究，充分体现为市委、市政府决策和广安经济社会发展服务的基本要求。2006年至今，每年规划一批研究课题，加强对课题研究的追踪和管理，组织社科专家对申请结题项目进行结项评审。截至2019年，共结项市级社科研究课题481项。2006—2019年广安市社科研究规划项目课题数量情况见图11。

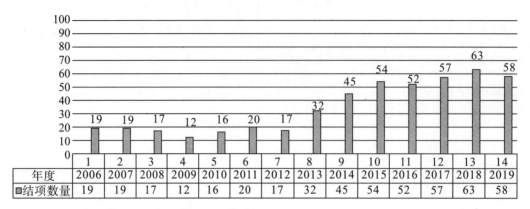

图11　广安市社科研究规划项目结项课题数量图（2006—2019年）（单位：项）

广安市注重研究成果的转化应用，党的十八大以来，一批重要研究成果相继出版。比较有影响力的专著有《"一带一路"背景下四川省内陆开放型经济发展研究》《岳池农家文化志》《广安川渝合作示范区建设研究》《邓小平与共青团》《广安家风》《广安纪事》《广安古代廉吏》《广安史话》《加快构建新型农业经营体系的理论与实践研究》《即将逝去的记忆》《人民政协工作概论》《广安历代治地沿革考》《广安方言与民俗词典》《邻水百家姓》《高职校园文化建设概览及实务》《广安县抗战史略》《岳池史海拾零》《中印高职教育比较研究》《广安方言与民俗词典》《"一核三维五元"校园文化育人模式初探》《广安龙门阵》《邓小平理论活的灵魂研究》等。

（四）社科普及工作及成就

党的十八大以来，广安市社科普及工作坚持贴近基层、贴近群众、贴近生活，突出针对性，注重实效性，创建一批社科普及基地，编印一批社科普及读物，开展一系列大型社科普及宣传活动，赢得了基层干部群众的点赞。

1. 创建社科普及基地

2012年，以邓小平图书馆为依托的邓小平理论教育和实践社科普及基地成功创建为省级社科普及基地。2014年，广安出台《广安市哲学社会科学普及基地管理办法》《广安市哲学社会科学普及基地评估办法》，印发《关于开展申报2014年度广安市哲学社会科学普及基地的通知》，出台举措鼓励支持申报创建市级社科普及基地，全面启动实施市级社科普及基地建设，同时将社科普及基地创建工作纳入市委对区市县社科工作考核范畴。2015年，成功创建市级社科普及基地3个。县级社科普及基地创建工作也在区市县同步开展，目前共建成县级社科普及基地26个。广安市各级社科普及基地情况见表14。

表14　广安市各级社科普及基地一览表

序号	基地名称	依托单位（所在地）	级别
1	邓小平理论教育和实践社科普及基地	邓小平图书馆	省级
2	"三线精神"学习传承普及基地	广安市博物馆	市级
3	川剧文化教育与传承普及基地	广安区厚街小学	
4	广安市乡村振兴实践基地	武胜县农业园区管委会	

序号	基地名称	依托单位（所在地）	级别
5	留守儿童性教育基地	广安区（3个）	县级
6	青少年书法艺术教育基地		
7	社会主义核心价值观教育基地		
8	诗词文化传承基地	前锋区（2个）	县级
9	红色文化教育基地		
10	华蓥山游击队纪念馆	华蓥市（4个）	县级
11	华蓥市图书馆		
12	安丙公园		
13	华蓥山文学院		
14	岳池县农家文化传承社科普及基地	岳池县（2个）	县级
15	岳池县青少年文学艺术社科普及基地		
16	红岩爱国主义教育基地	武胜县（5个）	县级
17	四川省统一战线宣传教育基地		
18	武胜中小学生综合实践基地		
19	华蓥山起义革命烈士纪念馆		
20	中国共产党武胜县历史展览馆		
21	邻水县城乡规划文化保护传承基地	邻水县（10个）	县级
22	邻水县非物质文化遗产保护传承基地		
23	邻水县干群素养培训提升基地		
24	邻水县红色文化培育与保护基地（八耳镇）		
25	邻水县红色文化培育与保护基地（观音桥镇）		
26	邻水县红色文化培育与保护基地（太和乡）		
27	李准陈列馆爱国主义教育普及基地		
28	大屋基农耕文化教育实践基地		
29	邻水县历史及文物教育普及基地		
30	国家非物质文化遗产（川剧）传习普及基地		

2. 编印社科普及读物

比较有影响力的社科普及读物有广安市社科联编印的《大社科·小知识》，广安职业技术学院编印的《渠江吟诵》，邓小平管理局编印的《走进邓小平故里》，广安市巡察办编印的《广安古代巡察官员故事集》，广安市地志办编印的《广安古代廉吏史》，武胜县编印的《武胜好家风》，邻水县编印的《南海英雄李准》。

3. 开展社科普及宣传

广安市的集中社科普及宣传活动主要有"三下乡"集中示范服务活动、三月"科普活动月"、五月"科技活动周"、五月"社科活动月"、"4·23"世界读书日、"国家宪法日"等活动。广安区举办的"科普大篷车"、邻水县举办的"科普橱窗""邻州讲坛"已在市内形成有影响力的社科普及品牌。

（五）社科阵地建设及成就

1. 高质量编印市、县党委机关刊物

1998年3月，广安市社科联创办社科理论季刊《金广安》。1999年，《金广安》改为双月刊。2000年，广安市委决定把《金广安》改为市委机关刊物。2005年，《金广安》改为月刊。截至2019年6月，共编印214期。多年以来，《金广安》已成为展示、交流和转化广安市社会科学研究成果的重要平台，也是开展社科普及宣传的重要载体。

区市县委机关刊物全部由区市县社科联承办。2007年，岳池县创办县委机关刊物《和谐岳池》（季刊），已出刊49期；2008年，广安区创办区委机关刊物《理论与学习》，后更名《学习与实践》（季刊），已编印52期；2010年，邻水县创办县委机关刊物《学习与探索》（原为季刊，现为双月刊），已出刊48期；2015年，前锋区社科联创办区委机关刊物《新前锋》（季刊），已编印18期。如表15所示。

表15　广安市、县党委机关刊物一览表

序号	地区	刊物名称	刊期	已编印期数
1	广安市	金广安	月刊	214
2	广安区	学习与实践	季刊	52
3	前锋区	新前锋	季刊	18
4	岳池县	和谐岳池	季刊	48
5	邻水县	学习与探索	双月刊	49

2. 社科学会建设

广安市社科联扎实推进社科学会管理服务，形成学会工作合力。充分发挥"联"的作用，主动加强与社科学会的联系，做好市级社科学会工作指导与服务，引导学会发挥专业特长和智力优势，开展学术交流活动，举办论坛讲座，申报省市社科研究规划项目、省市社科奖，普及宣传社科知识，积极为广安经济社会发展服务。截至目前，广安共有36个市级社科学会。广安市级社科学会、协会、研究会情况见表16。

表16　广安市级社科学会、协会、研究会一览表

序号	名称	主管单位
1	金融学会	人行广安市中心支行
2	粮食行业协会	广安市发展改革委
3	检察官协会	广安市人民检察院
4	女检察官学会	
5	计划生育协会	广安市卫生健康委
6	医学会	
7	青年企业家协会	共青团广安市委
8	公路学会	广安市交通运输局
9	警察协会	广安市公安局
10	国际税收研究会	广安市税务局
11	税务学会	

序号	名称	主管单位
12	新闻工作者协会	广安市委宣传部
13	思想政治工作研究会	
14	光彩事业促进会	广安市委统战部
15	环境保护学会	广安市生态环境局
16	基层法律服务工作者协会	广安市司法局
17	市律师协会	
18	质量管理协会	广安市市场监督管理局
19	个体私营经济协会	
20	市图书馆学会	邓小平图书馆
21	扶贫开发协会	广安市扶贫开发局
22	红色文化研究会	广安市党史研究室
23	中共党史学会	
24	天主教爱国会	广安市民宗局
25	土地矿业学会	广安市自然资源和规划局
26	气象学会	广安市气象局
27	纪检监察学会	广安市纪委监委
28	人大制度研究会	广安市人大常委会办公室
29	政协理论与实践研究会	广安市政协办公室
30	企业家协会	广安市经信局
31	建筑业协会	广安市住建局
32	职业教育联合会	广安市教育和体育局
33	收藏家协会	广安市文广电旅局
34	旅游协会	
35	中报协邓小平新闻思想研究会	广安日报社
36	女法官协会	广安市中级人民法院

（六）广安市社会科学工作激励机制建设及成就

1. 广安市社会科学优秀成果评奖机制的建立与完善

为激发广安广大社科工作者开展社科研究的积极性、创造性，创作更多社科研究精品力作，广安市对建立健全社会科学优秀成果评奖激励机制进行了三个阶段的探索和实践，最终在社科评奖机制建设上迈入全省前列。

（1）社科评奖机制的初步建立。1998 年，广安撤地设市后，广安市社科联下发《广安市首届哲学社会科学评奖工作安排意见和实施办法》，出台《广安市哲学社会科学优秀科研成果评奖实施细则》。2007 年，广安市出台《广安市社会科学优秀成果评奖办法》，确定广安市社会科学优秀成果奖为广安市政府奖，是广安市社会科学领域最高奖项，每两年评选一次，社科评奖制度正式建立。《评奖办法》明确参评成果范围、评奖依据、奖项设置、奖励标准等，设置一等奖 2 项、奖金 5000 元/项，二等奖 4 项、奖金 2000 元/项，三等奖 6 项、奖金 1000 元/项，优秀奖 10 项、奖金 500 元/项。

（2）修改社科评奖机制。2013 年，针对市社科奖奖项数量少、奖金额度低，不能充分调动社科工作者工作积极性的实际，广安市修订出台《广安市社会科学优秀成果评奖办法》，奖项数量由 22 项增加到 70 项，奖金总额由 2.9 万元增加到 12.4 万元，一等奖 2 项、奖金 10000 元/项，二等奖 6 项、奖金 5000 元/项，三等奖 12 项、奖金 2000 元/项，优秀奖 50 项、奖金 1000 元/项。

（3）完善社科评奖机制。随着时间推移和工作形势的变化，2013 年出台的《广安市社会科学优秀成果评奖办法》存在的奖项数量偏少、奖金额度偏低、政治激励机制缺失、评奖程序不够完善等问题，日益突出。2016 年 10 月，广安市再次修订出台《广安市社会科学优秀成果评奖办法》，见图 12。新修订的《评奖办法》增加奖项数量，设一等奖 5 项、二等奖 15 项、三等奖 30 项、优秀奖 50 项；翻倍提高奖励标准，奖金总共 47 万以上，一等奖、二等奖、三等奖、优秀奖奖金分别为 20000 元/项、10000 元/项、4000 元/项、2000 元/项；增设特别奖，奖金 30000 元/项；细化评奖标准，减少评委自由裁决权，提高评奖工作的公信力；对精神奖励进行创新，首次明确获奖者的政治待遇，规定特别奖获得者的先进事迹可载入广安市志，推荐申报市劳动模范称号；《评奖办法》由过去以市政府办公室的名义印发实施，改为以市人民政府的名义发布施行。历次《广安市社会科学优秀成果评奖办法》奖励设置情况见表 17、图 13、图 14。

表 17　历次《广安市社会科学优秀成果评奖办法》奖励设置情况一览表

印发时间	奖项设置	奖项数量（单位：项）	奖金标准（单位：元/项）	政治奖励	发文单位
2007 年	一等奖	2	5000	无	广安市人民政府
	二等奖	4	2000		
	三等奖	6	1000		
	优秀奖	10	500		
2013 年	一等奖	2	10000	无	广安市人民政府办公室
	二等奖	6	5000		
	三等奖	12	2000		
	优秀奖	50	1000		
2016 年	特别奖	若干	30000	特别奖获得者的先进事迹可载入广安市志，由市社科联向市人民政府推荐申报市劳动模范称号	广安市人民政府
	一等奖	5	20000		
	二等奖	15	10000		
	三等奖	30	4000		
	优秀奖	50	2000		

广安市人民政府文件

广安府发〔2016〕24 号

广安市人民政府
关于印发广安市社会科学优秀成果
评奖办法的通知

各区市县人民政府，广安经开区、枣山园区、协兴园区、华蓥山景区管委会，市级各部门：

《广安市社会科学优秀成果评奖办法》已经四届广安市人民政府第 83 次常务会议审议通过，现印发你们，请遵照执行。

2016 年 10 月 17 日

—1—

广安市社会科学优秀成果评奖办法

第一条　为全面贯彻落实习近平总书记在哲学社会科学工作座谈会上的讲话精神和中省市繁荣发展哲学社会科学相关要求，鼓励科技创新创造，强化科技成果转化应用，充分调动和发挥社会科学工作者的积极性与创造性，促进我市经济社会转型发展、科学发展，参照《四川省社会科学优秀成果评奖办法》（四川省人民政府令第 142 号）、《四川省社会科学优秀成果评奖实施细则》等有关规定，结合广安实际，制定本办法。

第二条　社会科学优秀成果评奖坚持"为人民服务，为社会主义服务"的方向，贯彻"尊重知识、尊重人才、尊重劳动、尊重创造"的方针，遵循公开、公平、公正的原则，促进社会科学学科体系、学术观点和科研方法创新，更好发挥新型智库作用。

第三条　广安市社会科学优秀成果奖是广安市人民政府设立的社会科学最高奖，评奖活动每两年进行一次。

第四条　广安市社会科学优秀成果奖评奖范围图：哲学、政治经济学、科学社会主义、社会学、经济管理、党建、法学、教育教研等。

第五条　设立广安市社会科学优秀成果评奖委员会（简称市评奖委员会），由从事社会科学的专家、学者和有关单位负责人组成，其中，具有高级专业技术职称的人数不少于总人数的三分之二。市评奖委员会组成人员每两年调整一次，其成员由市社科

—2—

图 12　2016 年，广安市修订出台《广安市社会科学优秀成果评奖办法》

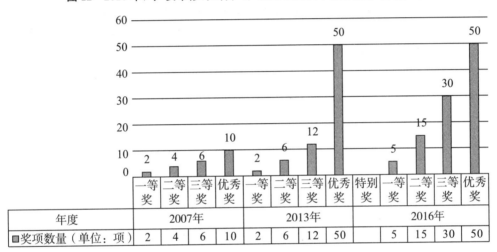

年度	2007年				2013年					2016年			
	一等奖	二等奖	三等奖	优秀奖	一等奖	二等奖	三等奖	优秀奖	特别奖	一等奖	二等奖	三等奖	优秀奖
奖项数量（单位：项）	2	4	6	10	2	6	12	50		5	15	30	50

图 13　历次《广安市社会科学优秀成果评奖办法》奖项设置数量变化柱状图

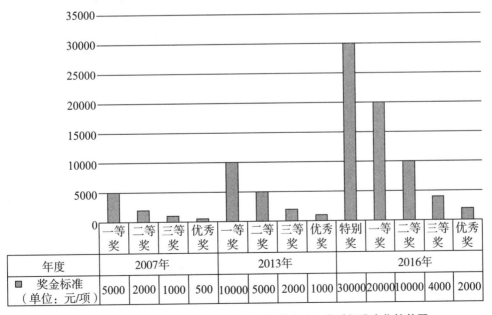

年度	2007年				2013年					2016年			
	一等奖	二等奖	三等奖	优秀奖	一等奖	二等奖	三等奖	优秀奖	特别奖	一等奖	二等奖	三等奖	优秀奖
奖金标准（单位：元/项）	5000	2000	1000	500	10000	5000	2000	1000	30000	20000	10000	4000	2000

图 14　历次《广安市社会科学优秀成果评奖办法》奖励标准变化柱状图

2. 建立社会科学事业繁荣发展指导机制

为深入贯彻习近平新时代中国特色社会主义思想和党的十九大精神，贯彻落实习近平总书记在哲学社会科学工作座谈会上的重要讲话和在全国政协文艺界社科界联组会上的重要讲话精神，全面贯彻党中央关于繁荣发展哲学社会科学的战略部署，推动我市哲学社会科学繁荣发展，根据中共中央印发《关于加快构建中国特色哲学社会科学的意见》（中发〔2017〕8号）、《中共四川省委关于加快构建中国特色哲学社会科学的实施意见》（川委发〔2017〕38号）精神，2018年6月，广安市组建《中共广安市委关于加快构建中国特色哲学社会科学的实施意见》起草组，起草广安的《实施意见》。2018年12月，广安市委全面深化改革领导小组会议审议通过《实施意见》。2019年1月，《中共广安市委关于加快构建中国特色哲学社会科学的实施意见》（广委发〔2019〕2号）正式印发实施。《实施意见》共分为总体要求、重点任务和主要举措、组织领导和工作保障三大部分，计8000余字。在文件主要内容上，既严格遵循中央、省委文件精神，又充分体现广安市情，力求提出的指导思想、主要目标、重点任务、工作举措、组织领导、工作保障能对今后一个时期广安市哲学社会科学的发展在宏观层面提供根本遵循，在微观层面提供具体指导。

3. 社会科学研究激励机制的建立和完善

为激励社科工作者开展社科研究的积极性，广安市社科联对结项的社科研究课题给予一定的资助经费，如图15所示。2014年，重点项目资助经费标准为1000元/项，一般项目资助经费标准为500元/项；2015年，重点项目资助经费标准提高到1500元/项目，一般项目资助经费提高到800元/项；2017年，再次提高课题资助经费标准，结项的重点项目为2000元/项，一般项目为1000元/项。

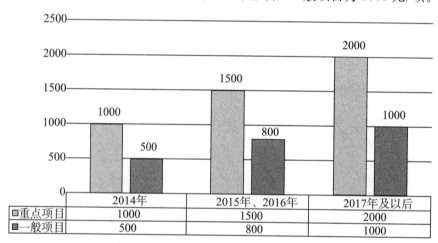

	2014年	2015年、2016年	2017年及以后
重点项目	1000	1500	2000
一般项目	500	800	1000

图15　广安市社科研究规划项目经费资助标准（单位：元）

4. 区市县社会科学激励机制建立和完善

随着各区市县社科联相继成立，县级社科评奖、社科研究等相应激励机制逐步建立起来，并逐步完善。

（1）社会科学优秀成果评奖机制的建立与完善。党的十八大以来，广安市六区市县全部出台《社会科学优秀成果评奖办法》，均明确社会科学优秀成果奖是本区市县人民政府设立的社会科学最高奖。部分区市县对不符合新形势的《评奖办法》进行修订：2014年，前锋区出台该区《评奖办法》，并在2017年进行了修订完善，增加奖项设置数量，提高奖金额度；邻水县在2017年也对该县的《评奖办法》进行了修订完善，奖励标准居六区市县之首。广安市六区市县社会科学优秀成果评奖办法奖项设置情况详见表18、图16、图17。

342

表 18　广安市六区市县社会科学优秀成果评奖办法奖项设置情况表

区市县	奖项	数量（单位：项）	奖金额度（元/项）
广安区	特等奖	1	10000
	一等奖	2	5000
	二等奖	6	3000
	三等奖	10	1000
	优秀奖	20	500
前锋区	一等奖	2	10000
	二等奖	6	5000
	三等奖	12	2000
	优秀奖	30	1000
华蓥市	特等奖	1	视贡献而定
	一等奖	1	5000
	二等奖	2	3000
	三等奖	3	1000
	优秀奖	10	500
岳池县	一等奖	1	5000
	二等奖	2	3000
	三等奖	3	1000
	优秀奖	10	500
武胜县	特等奖	1	10000
	一等奖	2	5000
	二等奖	6	3000
	三等奖	10	1000
	优秀奖	20	500
邻水县	特等奖	若干	20000
	一等奖	2	15000
	二等奖	6	8000
	三等奖	10	3000
	优秀奖	15	2000

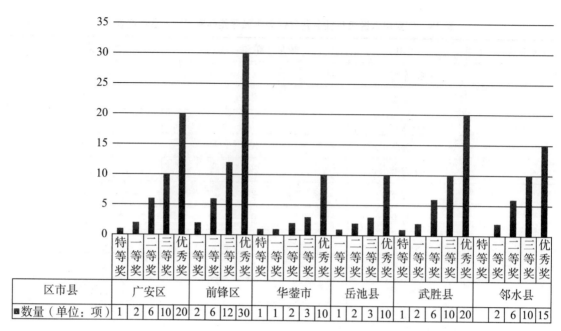

区市县	广安区					前锋区					华蓥市					岳池县					武胜县					邻水县				
	特等奖	一等奖	二等奖	三等奖	优秀奖	特等奖	一等奖	二等奖	三等奖	优秀奖	特等奖	一等奖	二等奖	三等奖	优秀奖	特等奖	一等奖	二等奖	三等奖	优秀奖	特等奖	一等奖	二等奖	三等奖	优秀奖	特等奖	一等奖	二等奖	三等奖	优秀奖
■数量（单位：项）	1	2	6	10	20		2	6	12	30	1	1	2	3	10		1	2	3	10	1	2	6	10	20		2	6	10	15

图16　广安市六区市县社会科学优秀成果奖奖项设置情况（单位：项）

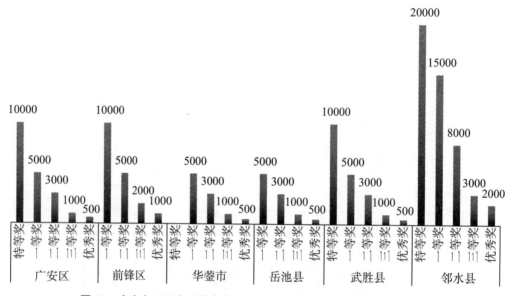

图17　广安市六区市县社会科学优秀成果奖奖励标准（单位：元/项）

（2）社科研究课题经费资助机制的建立。近年来，随着各区市县社科工作者研究热情的不断提高，大部分区市县社科联都制定了社科研究规划项目研究经费补助标准，如表19所示。武胜县的社科研究课题经费补助标准为800元/项或1200元/项，前锋区为1000元/项，岳池县为500元/项或1000元/项，广安区、华蓥市分别为500元/项，邻水县为300元/项或500元/项。2017年，广安区出台《广安市广安区社会科学规划课题管理办法（试行）》，在六区市县中率先以制度形式建立社科研究课题经费资助机制。

表19　广安市各区市县社科研究经费补助标准情况表　　　　　　　　　　　　　单位：元/项

区市县	经费资助标准
广安区	500
前锋区	1000
华蓥市	500

区市县	经费资助标准
岳池县	重点项目 1000
	一般项目 500
武胜县	重点项目 1200
	一般项目 800
邻水县	重点项目 500
	一般项目 300

（七）特色工作

1. 推进邓小平研究

1）举办邓小平理论研讨会

2011 年以来，为落实中央文献研究室"希望今后每年都在小平同志的家乡举办一次全国性的邓小平理论研讨会"要求，在中央文献研究室的指导下，广安已成功举办 7 届邓小平理论研讨会，如图 18 所示。每次研讨会都紧扣时政主题，汇集了全国在研究党的文献，研究邓小平生平、思想、理论方面最杰出、最具代表性的专家、学者。每届研讨会的成果，代表全国当年研究邓小平的最高水平，广安举办全国性邓小平主题研讨会情况见表 20。截至目前，研讨会所收录的论文，已结集出版论文集《邓小平与当代中国》7 本。

图 18　2011 年 8 月，广安举办"学习邓小平理论 努力提高党的建设科学化水平理论研讨会"

表 20　广安举办全国性邓小平主题研讨会一览表

研讨会主题	召开时间	主办单位
学习邓小平理论，努力提高党的建设科学化水平理论研讨会	2011 年 8 月	中共中央文献研究室第三编研部、中共广安市委、广安市人民政府、四川省社会科学院、江西省社会科学院、深圳市社会科学院
纪念邓小平同志提出"建设有中国特色社会主义"30 周年理论研讨会	2012 年 9 月	中国中共文献研究会、中共四川省委宣传部
邓小平"三个面向"教育思想暨教育改革发展研讨会	2013 年 9 月	中共中央文献研究室、教育部、四川省人民政府

研讨会主题	召开时间	主办单位
学习邓小平同志崇高品格风范，践行社会主义核心价值观学术研讨会	2015年9月	邓小平思想生平研究会、中共广安市委
全面建成小康社会与践行新的发展理念理论研讨会	2016年4月	邓小平思想生平研究会、邓小平与小康社会建设研究实践基地、中共广安市委、广安市人民政府
学习党的十九大精神理论研讨会	2017年12月	中共中央文献研究会邓小平思想生平研究分会、中共广安市委、广安市人民政府
改革开放与新时代坚持和发展中国特色社会主义理论研讨会	2018年12月	邓小平思想生平研究会、中共四川省委党史研究室、四川省社会科学院、中共广安市委、广安市人民政府、邓小平与小康社会建设研究实践基地

2）开展邓小平研究

广安是一代伟人邓小平的故里，具有独特的人文资源。广安以推进邓小平思想生平研究基地建设为契机，突出以邓小平思想生平研究为重点，着力在邓小平研究的学术体系、话语体系等方面充分反映广安特色、体现广安水平。

（1）多形式合作研究。广安坚持开门搞研究，加强与中央文献研究室、邓小平思想生平研究会、江西省社科院、深圳社科院、同济大学、四川省社科院等社科机构、领袖纪念地及馆室的汇报、联系，结合广安经济社会发展的实际，共同开展或参与邓小平思想生平研究。同济大学与广安联合成立邓小平与小康社会建设研究实践基地，基地着重研究邓小平理论，并把邓小平理论与中国特色社会主义理论体系结合起来，与中国小康社会建设的实践结合起来，于2017年12月推出论文集《全面小康建设中的新理念和新实践》，该书收录《从改革开放的"历史长时段"看邓小平的历史地位》《邓小平生平思想研究广安成果》《邓小平党风廉政建设思想评述》等多篇邓小平研究论文。为打造宣传推介广安践行邓小平理论和习近平新时代中国特色社会主义思想理论平台和特色品牌，2015年9月，广安与四川省社科院合作创刊《邓小平研究》杂志，如图19所示，现已成为邓小平思想、理论和生平研究的重要阵地，成为展示世界邓小平研究最新成果的学术窗口。广安市委与人民网、中国社科院合作开通邓小平纪念网，世界各国人民通过点击瞻仰、留言献花等方式访问，每天点击量达80多万人次；在中央文献研究室对网站的指导下，广安及时更新网站内容，增强了邓小平纪念网理论研究水平和时效性。中共广安市委与中央文献研究室、省委宣传部、峨眉电影集团联合摄制《邓小平遗物的故事》，通过亲历者、见证者的回忆、评说，借助影视、照片和档案文献资料，集中讲述一件件遗物和它背后的故事，揭示出一代伟人的卓越风范，使广大观众了解遗物背后的感人故事，全面、真实地展现一代伟人崇高的精神风范、鲜明的革命风格、高尚的品德情操和独特的人格魅力。

（2）集中力量攻关研究。广安市在搭建好研究邓小平理论的平台上着力，立足邓小平研究中心、小平故里管理局、邓小平图书馆、广安市委党史研究室、小平干部学院等本地研究机构，整合邓小平研究力量，建设一支研究邓小平的"广安队伍"，出版一批邓小平研究著作（见表21），公开发表一批邓小平研究论文（见表22）。

表21　广安出版邓小平研究著作一览表

序号	研究成果	编著作者	出版社	出版时间
1	永远的纪念：亲历邓小平百年诞辰	马福	中央文献出版社	2005年5月
2	广安好风光	马福	中央文献出版社	2009年9月

序号	研究成果	编著作者	出版社	出版时间
3	邓小平职业教育思想研究论文选	陈永龙、周华银	西南交通大学出版社	2012 年 6 月
4	邓小平理论活的灵魂研究	中共广安市委党校、邓小平图书馆、广安市社科联、中共邻水县委	四川人民出版社	2014 年 7 月
5	邓小平职业教育思想研究与实践	广安职业技术学院	西南交通大学出版社	2014 年 8 月
6	广安出了个邓小平	马福	中央文献出版社	2014 年 8 月
7	邓小平光辉历程地图集	钱奇、姜淑萍	中国地图出版社	2014 年 8 月
8	追寻小平足迹	广安日报社	中央文献出版社	2015 年 8 月
9	邓小平职业教育思想概论	周华银	西南交通大学出版社	2016 年 4 月
10	邓小平与广安	广安市委党史研究室	中央文献出版社	2017 年 4 月
11	邓小平与共青团	共青团广安市委	中央文献研究室	2017 年 7 月
12	邓小平教育科技理论与实践研究	邓小平图书馆、邻水经济社会发展研究会	西南交通大学出版社	2017 年 12 月
13	邓小平人民政协理论与实践研究	广安市人民政协理论与实践研究会、邓小平图书馆、中共邻水县委、邻水经济社会发展研究会	四川人民出版社	2018 年 2 月
14	邓小平青年岁月	梁文化、袁祖洪	广西人民出版社	2018 年 12 月

图 19　部分邓小平研究著作、杂志

表 22　部分发表在公开期刊、报纸或收录进研讨会论文集的邓小平研究论文（2009—2018 年）

序号	成果名称	录用成果的期刊、报纸、研讨会论文集名称	刊期或出版时间
1	重温邓小平"四有"新人思想，用社会主义核心价值观培育社会主义建设人才	邓小平与当代中国——学习邓小平同志崇高品格风范 践行社会主义核心价值观学术研讨会论文集	2018 年 11 月
2	学习邓小平同志品格风范，培养新时代好干部	邓小平与当代中国——学习邓小平同志崇高品格风范 践行社会主义核心价值观学术研讨会论文集	2018 年 11 月
3	邓小平为民情怀文化渊源初探	四川党校报	2018 年 10 月
4	邓小平文艺思想研究	邓小平研究	2018 年第 4 期
5	浅论邓小平军队国防教育理论	纪念刘邓大军千里跃进大别山 70 周年学术研讨会论文集	2018 年 5 月
6	邓小平与人民解放战争——试论邓小平在人民解放战争中的"合格"品质	纪念刘邓大军千里跃进大别山 70 周年学术研讨会论文集	2018 年 5 月
7	邓小平思想政治教育研究	智富时代	2018 年 5 月
8	邓小平的家庭观及其当代价值	传承	2018 年 4 月
9	邓小平对晋冀鲁豫抗日根据地的历史贡献	晋冀鲁豫抗日根据地与中国抗战文集	2017 年 12 月
10	以邓小平职教思想为指导深度推进高职文化育人	教育科学论坛	2017 年 7 月
11	邓小平对小康社会建设的历史贡献研究	加强党的建设推进全面建成小康社会	2017 年 5 月
12	邓小平对《新华日报》的历史贡献及现实启示	邓小平研究	2017 年第 4 期
13	论邓小平的实干精神	胜利油田党校学报	2017 年第 3 期
14	略论中央对邓小平和邓小平理论的认识和评价	邓小平研究	2016 年第 5 期
15	论邓小平坚持人民观的品质风范	四川党史	2016 年第 1 期
16	近十年来邓小平职业教育思想研究综述	继续教育研究	2015 年第 9 期
17	邓小平对《新华日报》的历史贡献	缅怀邓小平 坚定改革路——四川省党校系统纪念邓小平同志 110 周年诞辰论文集	2015 年 6 月
18	试论邓小平改革策略	缅怀邓小平 坚定改革路——四川省党校系统纪念邓小平同志 110 周年诞辰论文集	2015 年 6 月
19	邓小平对丰富和发展党的群众路线的重要贡献	缅怀邓小平 坚定改革路——四川省党校系统纪念邓小平同志 110 周年诞辰论文集	2015 年 6 月
20	邓小平文化指导下的高职校园文化建设实践	亚太教育	2015 年第 3 期
21	论邓小平"三个面向"的教育思想	西江月	2014 年第 12 期
22	论邓小平改革开放思维的坚定性	四川省纪念邓小平同志诞辰 110 周年学术研讨会论文集	2014 年 11 月
23	邓小平"三个面向"教育思想对加强和改进思想政治教育的启示——纪念邓小平"三个面向"题词 30 周年	邓小平教育思想暨教育改革发展研讨会论文集	2014 年 8 月
24	对邓小平"三个面向"教育思想的几点思考	邓小平教育思想研究会论文集，广安论坛	2014 年 8 月

序号	成果名称	录用成果的期刊、报纸、研讨会论文集名称	刊期或出版时间
25	对邓小平"三个面向"思想的内涵与指导意义的再认识	邓小平教育思想研讨会论文集	2014 年 8 月
26	邓小平"教育要面向未来"思想研究	邓小平教育思想研讨会论文集	2014 年 8 月
27	浅论"三个面向"教育思想与现代职教体系的构建	四川省纪念邓小平同志诞辰 110 周年学术研讨会论文集	2014 年 8 月
28	邓小平文化指导下的高职校园文化建设实践	纪念邓小平同志诞辰 110 周年暨百色起义 85 周年学术研讨会论文汇编	2014 年 8 月
29	毛泽东邓小平法制思想之异同	山东青年	2014 年第 8 期
30	邓小平职业教育思想之人才观探析	领导科学论坛	2014 年第 6 期
31	论邓小平"为人民服务"文艺思想的意义	教师教育研究	2014 年第 5 期
32	邓小平"社会主义市场经济"理论探析	理论与改革·增刊	2013 年 12 月
33	邓小平"快速发展"思想的成因分析	邓小平与当代中国	2013 年 5 月
34	邓小平"社会主义市场经济"思想研究	邓小平与当代中国	2013 年 5 月
35	邓小平共同富裕思想与渝广同城共富	邓小平与当代中国	2013 年 5 月
36	坚持"三个面向",办好高职院校	青春岁月	2013 年第 16 期
37	"三个面向"和高校思想政治理论课建设研究	山东青年	2013 年第 7 期
38	邓小平职业教育思想研究新进展	继续教育研究	2012 年第 11 期
39	邓小平共同富裕思想与渝广同城共富	中共成都市委党校学报	2012 年 6 月
40	邓小平与党的思想路线	邓小平与当代中国——"学习邓小平理论 努力提高党的建设科学化水平"理论研讨会论文集	2012 年 3 月
41	邓小平法治思想形成的条件	唯实	2011 年第 12 期
42	论邓小平职业教育思想的特点	学理论	2011 年第 11 期
43	邓小平职业教育思想的形成与发展	职业教育研究	2010 年第 3 期
44	论邓小平职业教育思想的基本内容	中国电力教育	2009 年第 7 期

广安市在每年的市级社科规划项目立项工作中向"邓小平研究"课题倾斜,推出一批邓小平研究成果,见表 23。

表 23 广安市社科研究规划项目"邓小平研究"课题统计表(2012—2019 年)

序号	项目名称	项目类别	年度
1	论邓小平法制思想	重点项目	2012
2	邓小平理论活的灵魂研究	重点项目	2013
3	邓小平"三个面向"教育思想在广安教育改革和发展试验区建设中的指导性作用研究	重点项目	2013
4	邓小平"三个面向"教育理论研究	一般项目	2013
5	邓小平职业教育思想研究与实践	一般项目	2013
6	邓小平与共青团	一般项目	2013

续表

序号	项目名称	项目类别	年度
7	邓小平风范蕴含的德育资源研究	重点项目	2014
8	毛泽东邓小平法制思想比较研究	重点项目	2014
9	论邓小平的人民观	一般项目	2014
10	邓小平政治体制改革的历史考察和现实思考	一般项目	2014
11	邓小平人民政协理论与实践研究	重点项目	2015
12	邓小平农村改革思想与广安农村改革实践研究	重点项目	2016
13	新时期邓小平廉政思想及现实启迪	一般项目	2016
14	邓小平精神文明建设思想与巩固全国文明城市成果研究	重点项目	2017
15	邓小平教育科技理论与实践研究	一般项目	2017
16	邓小平党风廉政建设思想研究	一般项目	2017
17	邓小平南方谈话与广安实践研究	一般项目	2017
18	邓小平故里爱国主义教育产品开发对策研究	一般项目	2017
19	邓小平故里党性教育资源与功能发挥研究	一般项目	2017
20	邓小平改革开放的理论与实践研究	重点项目	2018
21	邓小平机构改革思想对当前机构改革的启示与借鉴	一般项目	2018
22	邓小平和广安人民对抗美援朝的贡献研究	一般项目	2019
23	美国邓小平研究述评	一般项目	2019
24	邓小平生态文明思想视角下广安生态文明建设的实施路径研究	一般项目	2019

（3）转化邓小平研究成果。注重邓小平研究成果转化和展示，在市委机关刊物《金广安》上开设"邓小平生平与思想研究"栏目，2012年以来，刊用邓小平研究论文41篇，如表24所示。《广安论坛》杂志开设"邓小平研究"栏目，2012年至今，刊用邓小平研究论文13篇，如表25所示。

表24　《金广安》刊用邓小平研究论文一览表（2012—2019年）

序号	论文标题	刊用时间
1	邓小平文化思想与社会主义文化大发展大繁荣	2012年第8期
2	邓小平"两手抓、两手都要硬"思想研究	2012年第8期
3	邓小平"社会主义市场经济"思想研究	2012年第8期
4	我们走在大路上——写在邓小平同志提出"建设有中国特色社会主义"30周年之际	2012年第9期
5	邓小平同志文风浅析——以《在扩大的中央工作会议上的讲话》为例	2012年第9期
6	以邓小平理论为指导 建设内陆对外开放示范窗口	2012年第9期
7	学习胡锦涛同志重要讲话精神沿着中国特色社会主义伟大道路奋勇前进	2012年第9期
8	对邓小平同志提出"建设有中国特色社会主义"重大命题的一点认识	2012年第9期
9	邓小平"快速发展"思想的成因研究	2013年第3期
10	以超常规跨越发展献礼小平同志110周年诞辰	2013年第4期
11	感恩小平做贡献 文明创建起新程	2013年第5期
12	"三个面向"是邓小平价值思考的重要成果——"三个面向"的价值取向初探	2013年第6期

序号	论文标题	刊用时间
13	政协委员要勇当小平家乡发展的排头兵	2013 年第 8 期
14	推进转型跨越 加快底部崛起 以焕然一新的面貌迎接邓小平同志诞辰 110 周年	2014 年第 2 期
15	深化改革创新 促进转型跨越 以焕然一新的面貌迎接邓小平同志诞辰 110 周年	2014 年第 3 期
16	邓小平协商民主思想的启迪——论平衡与协商民主制度的健全	2014 年第 3 期
17	深入实施"三大战略" 奋力推进"三大跨越" 以优异的成绩迎接邓小平同志诞辰 110 周年	2014 年第 5 期
18	试论邓小平理论"活的灵魂"	2014 年第 7 期
19	牢记小平同志嘱托 谱写中国梦广安篇章	2014 年第 8 期
20	论邓小平改革开放思维的坚定性	2014 年第 8 期
22	邓小平社会主义初级阶段定位的确立	2014 年第 8 期
23	感恩小平 谱写好"中国梦"广安篇章	2014 年第 8 期
24	论邓小平中国特色社会主义文化建设思想及其指导作用	2015 年第 8 期
25	邓小平理论的精神实质及方法论启示	2016 年第 8 期
26	邓小平党风廉政建设思想对推进全面从严治党的思考	2016 年第 9 期
27	邓小平改革开放思想的形成、核心思想及启示	2016 年第 10 期
28	邓小平先富、后富与共同富裕的辩证关系	2016 年第 11 期
29	继续解放思想 激发改革动力——"南方谈话"精神引领广安向全面小康经济强市跨越	2017 年第 2 期
30	广安邓小平家族优良家风传承的启示	2017 年第 2 期
31	用邓小平创新思维引领党校党性教育工作	2017 年第 3 期
32	广安精神体现邓小平理论在为人故里的生动实践	2017 年第 4 期
33	"南方谈话"与广安实践	2017 年第 6 期
34	试论邓小平党建思想的当代价值	2017 年第 10 期
35	坚持邓小平法治思想 推进检察改革发展	2018 年第 1 期
36	邓小平与机构改革	2018 年第 4 期
37	深刻把握我国社会主要矛盾转化	2018 年第 8 期
38	论邓小平的实干精神	2018 年第 8 期
39	浅析邓小平文艺思想	2018 年第 9 期
40	邓小平财税改革思想在广安的实践与启示	2019 年第 1 期
41	习近平论邓小平对改革开放的历史性贡献研究	2019 年第 4 期

表 25 《广安论坛》刊用邓小平研究论文一览表（2012—2018 年）

序号	论文标题	刊用时间
1	浅论邓小平军队国防教育理论	2018 年 6 月
2	邓小平的家庭观及其当代价值	2018 年 4 月
3	从"十个如果"看邓小平改革开放的初心	2018 年 8 月
4	邓小平为民情怀文化渊源初探	2018 年 1 月

序号	论文标题	刊用时间
5	邓小平的品格风范对新时代党性教育的启示	2018年12月
6	以改革创新精神打造邓小平精神风范及思想理论教育新高地	2018年12月
7	邓小平的品格风范对新时期党性教育的启示	2016年3月
8	学习"邓小平聚精会神抓党建"理论　坚持改革创新推进党建新工程	2015年3月
9	邓小平"三个面向"教育思想对加强和改进思想政治教育的启示——纪念邓小平"三个面向"题词30周年	2015年8月
10	邓小平对党的群众路线理论的新贡献——纪念邓小平诞辰110周年	2014年4月
11	邓小平与当代中国的"解放思想、实事求是"	2013年6月
12	邓小平"快速发展"思想的成因分析	2012年3月
13	邓小平"社会主义市场经济"思想研究	2012年3月

3）开展邓小平主题普及活动

广安是小平同志的家乡，社科普及工作也突出小平特色。影响力较大的有邓小平诞辰100周年纪念活动、邓小平诞辰110周年纪念活动、邓小平珍贵文献巡展活动、邓小平专题影片放映展播、庆祝改革开放40周年邓小平文献展、邓小平诞辰系列纪念活动、邓小平逝世系列纪念活动、邓小平同志生平思想知识竞答赛、邓小平生平油画展、邓小平专题集报展、改革开放总设计师邓小平专题展、邓小平经典图片展、邓小平故居陈列馆馆藏精品展、我是中国人民的儿子——邓小平同志经典图片展、邓小平生平事迹讲座、平凡至伟——邓小平夫人卓琳专题展、邓小平生平事迹及"两学一做"学习教育知识竞赛、春天的故事——邓小平生平业绩图片展等。

2. 推进广安历史名人研究

广安历史底蕴深厚，文化资源富集。党的十八大以来，广安对历史文化名人研究更加重视，加大对李准（晚清维护南海主权的广东水师提督）、王德完（明代谏臣）等广安籍历史名人资源文化内涵的挖掘，立项一批历史名人研究项目，出版广安历史名人李准研究著作四部（《南海主权第一人李准故事》《广东水师提督李准》《张人骏、李准与南海史料汇编》《南海英雄李准》），在社会引起强烈反响。广安市社科研究规划历史名人研究项目情况见表26。

表26　广安市社科研究规划历史名人研究项目

序号	项目名称	年度
1	试论王德完民生思想	2015
2	邻水李准与中国南海	2016
3	王德完历任官职考	2017
4	王德完监督朝政、弹劾奸贪的研究	2018
5	证明中国政府对南海行使管辖权的历史依据——李准著《广东水师国防要塞图说》探析	2019
6	王德完的历朝疏奏研究	2019

广安市推动哲学社会科学繁荣发展的经验启示

（一）坚持党的领导是哲学社会科学繁荣发展的根本保证

习近平总书记指出，"加强和改善党对哲学社会科学工作的领导，是繁荣发展我国哲学社会科学事业的根本保证。"党的坚强领导，是各项事业取得胜利的根本保证，哲学社会科学工作也不例外。只有加强和改善党的领导，哲学社会科学才能坚持正确方向、保持强大动力、不断繁荣发展，从而更好地为坚持和发展中国特色社会主义服务，为实现中华民族伟大复兴服务。中华人民共和国成立以来，特别是广安市设立以来，广安市委高度重视哲学社会科学工作，成立广安市繁荣发展哲学社会科学工作协调小组，加强对社科工作的政治领导和工作指导；支持社科联组织建设，成立市县社科联组织，不断健全社科联机关机构设置，加强领导班子建设，优化机关干部队伍结构，不断夯实广安社会科学工作组织基础；关心社科联业务工作，市委将社科研究规划工作纳入对区市县工作的考核内容，市委领导定期听取市社科联工作汇报、审定市级社科研究规划项目、出席社科工作相关会议等；市委出台《关于加快构建中国特色哲学社会科学的实施意见》等政策性文件，为广安哲学社会科学事业发展提供遵循。广安市社科界始终坚持在党的领导下开展社会科学工作，坚持以马克思主义为指导，贯彻落实习近平新时代中国特色社会主义思想，特别是贯彻落实习近平总书记关于构建中国特色哲学社会科学的重要论述，牢牢把握正确政治方向、学术导向和价值取向，严格落实意识形态工作责任制，树立"四个意识"，坚定"四个自信"，做到"两个维护"，始终做到守土有责、守土负责、守土尽责。广安市社科联组织机构从无到有再到逐步健全，社科工作队伍和人才队伍不断发展壮大，社科研究成果不断涌现，广大干部群众的科学素养不断提高，全市社科界未发生涉及意识形态领域重大安全事件。正是加强和改善党对哲学社会科学的领导，广安哲学社会科学事业才得到繁荣发展。

（二）发挥主观能动性、积极争取党委政府的重视和支持是哲学社会科学繁荣发展的基本前提

社会科学工作既要顺势而为，又要主动作为，最终做到有所作为。党委、政府对社科工作的支持不是"等"出来的，是自己主动"争取"来的。一直以来，广安市社科联积极主动争取市委、市政府对社科联工作的支持：市社科联组织建设不断强化，工作职能更加优化，干部队伍结构更加合理化；市社科奖评奖机制不断完善，2013 年以来，两次修订《广安市社会科学优秀成果评奖办法》，评奖标准更科学，奖项设置更多、更合理，奖励标准大幅度提高，奖励措施含金量更高；工作经费投入更大，社科研究经费、社科普及经费、《金广安》编印经费纳入财政预算，社科工作业务经费不断提高，社科普及基地建设经费将从 2020 年开始纳入财政预算；优秀社科成果不断涌现，一大批社科研究专著出版，许多对策研究被市委、市政府和有关部门采纳。正是因为广安市社科联树立"有为才有位，有位更有为"思想，主动作为，善于作为，争取到市委、市政府对社科联工作的强力支持，广安社会科学工作才取得了实实在在的成绩：2012 年以来，市社科联每年被评为全省"先进市州社科联"，单项工作多次被省社科联评为先进，多名社科联干部被省社科联评为先进个人，连续 4 次参评省社会科

学优秀成果评奖均有获奖。因此，发挥主观能动性，积极争取党委、政府对社会科学工作的重视和支持，是推进哲学社会科学繁荣发展的基本前提。

（三）发挥好社科联"联"的作用是哲学社会科学繁荣发展的有效载体

社科联是党委和政府联系广大哲学社会科学工作者的桥梁和纽带，是促进哲学社会科学事业繁荣发展的重要力量。社科联作为群团组织，最大的特点就是"联"。因此，只要发挥好"联"的优势和作用，联系上下，贯通左右，就能不断推进社会科学事业繁荣发展。多年以来，广安市社科联在"联"上下功夫：一是加强与省社科联的联系，争取省社科联对广安市社会科学工作的工作支持和业务指导；二是加强与兄弟市州社科联的联系，强化社科工作交流，大力学习兄弟市州社科工作的有益经验，不断补齐广安社科工作短板，固强社科工作弱项；三是加强与市委、市政府的联系，争取市委、市政府加强对社科联的领导，加大对社科联工作的投入；四是加强与广安职业技术学院、市委党校、邓小平研究中心等社科研究部门，以及市内社科专家的联系，集聚研究人才，优化资源配置，增强研究力量；五是加强与市级社会学会（协会、研究会）和基层社科联的联系，指导其按照章程规定定期开展社科活动，更好服务本地（本单位）经济社会发展。因此，只有充分发挥好社科联"联"的优势作用，哲学社会科学事业发展才能充满生机与活力。

（四）服务党委政府中心工作是哲学社会科学繁荣发展的最终目的

哲学社会科学是党领导下的重要事业，社会科学战线是党委政府的"思想库"和"智囊团"。围绕党委政府的工作重心，服务经济社会发展，是哲学社会科学工作的终极目标。广安哲学社会科学始终坚持围绕中心、服务大局，立足广安市情，聚焦市委、市政府关心的全局性、战略性、前瞻性课题和干部群众普遍关注的热点问题，整合力量，联合攻关，推出一批有分量、有深度、有价值的研究报告，提出许多有针对性、前瞻性和可操作性的对策建议，被市委、市政府和相关部门采纳，为市委、市政府科学决策、民主决策提供了较好的智力支持和理论支撑，赢得了市委、市政府的肯定。广安社会科学70年的发展历程昭示我们：只有服务大局、服从大局，始终围绕党委、政府中心工作开展社科规划研究、优秀成果评奖、社科普及宣传、社科学会管理、社科咨询服务等工作，社科联组织才能更好彰显自身的价值和影响力，社科工作者才能获得更加宽广的施展才华的舞台。

广安市社科联课题组

成员： 易佑文、邵平福、王曲波、周胜强、付蒨、吉勇

DAZHOU SHI PIAN
达州市篇
四 川 哲 学 社 会 科 学 70 年

导言

　　哲学社会科学是人们认识世界、改造世界的重要工具，是推动历史发展和社会进步的重要力量。习近平总书记指出："一个没有发达的自然科学的国家不可能走在世界前列，一个没有繁荣的哲学社会科学的国家也不可能走在世界前列。"哲学社会科学的发展水平体现着一个国家和民族的思维能力、精神状态和文明素质。在中华人民共和国成立70周年之际，回顾达州哲学社会科学70年的风雨历程，审视改革开放以来达州哲学社会科学的经验教训，总结党的十八大以来达州哲学社会科学发展的巨大成就，对于开启达州哲学社会科学发展的新征程，谱写新时代达州哲学社会科学的新篇章，意义重大、影响深远。

三

达州市哲学社会科学 70 年概况

回顾中华人民共和国成立 70 周年以来达州哲学社会科学事业发展历程，前三十年属于初步发展阶段，这个阶段有这样一些特点：

1. 哲学社会科学人才缺乏

由于时代局限，改革开放前，在原达县地区专门从事哲学社会科学事业的人才十分稀少，主要散见于原地委宣传部、行署教育行政部门和科技管理部门，还没有形成一支专职研究队伍。

2. 组织机构不健全

这一时期，还没有建立起与哲学社会科学事业相适应的组织机构。全地区的哲学社会科学事业发展领导组织协调工作主要由原地委宣传部负责，各县和市级部门也没有建立相应的组织机构或学会。

3. 社科研究和社科普及活动开展比较少

由于从事哲学社会科学人才缺乏，社科研究力量薄弱，加上组织机构还没有建立，这一时期，基本没有开展社科研究和社科普及活动。

党的十一届三中全会以来，特别是党的十八大以来，达州市哲学社会科学迎来了新的发展机遇，组织机构逐步建立健全，哲学社会科学人才不断荟聚达州，社科普及活动蓬勃开展，哲学社会科学研究成果丰硕，涌现出一批在各学科有代表性的专家学者，广大哲学社会科学工作者为达州经济社会发展贡献了智慧和力量，很好地起到了"智囊团"和"思想库"的作用。达州市社会科学界联合会（以下简称达州市社科联）是党和政府直接领导下的学术性群众团体，是哲学社会科学学术研究、学术交流的组织者和协调者，是社会科学界的联合组织，联系着高校系统、党校系统、党政部门研究机构等各路哲学社会科学队伍，是政府联系广大社会科学工作者的桥梁和纽带，充分发挥了社科联"联"的作用，为达州哲学社会科学发展做出了新的贡献。我们回顾 70 年来哲学社会科学发展历程，全市社科联系统是一条主线。

（一）组织机构发展历史及现状

1. 市县社科联成立情况

党的十一届三中全会以后，达县地区（今达州市）哲学社会科学事业迅猛发展，成立了四川省最早的县级社科联——万源社科联，四川省最早的市级社科联——达县地区社科联，各种学会、协会、研究会和各县市区社科联相继成立，成为当时全省各地（市、州）中唯一全市建立了县级社科联的地区。

（1）1979 年 8 月 18 日，达县地区社科联的前身——达县地区社会科学研究学会成立，成为四川省最早建立的地（市、州）社科研究学会。1979 年 10 月 24 日，《关于成立四川省达县地区社会科学研究学会的通知》（达地委宣〔1979〕10 号）文件（见图 1）出台，经地委同意，四川省达县地区社会科学研究学会召开了成立大会。1983 年 3 月 15 日，成立达县地区哲学社会科学学会联合会。1994 年 3 月更名为达川地区社会科学界联合会，简称为达川地区社科联。1999 年 12 月，根据国务院〔1999〕51 号《批复》，达州撤地建市，达川地区改建为达州市，达川地区社科联相应更名为达州市社会科学界联合会（简称达州市社科联）。

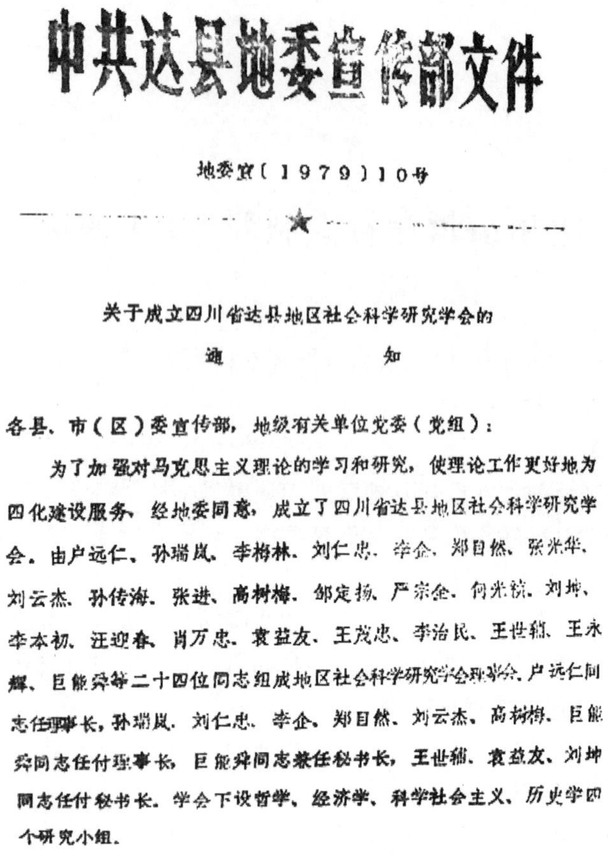

中共达县地委宣传部文件

地委宣〔1979〕10号

———————————★———————————

关于成立四川省达县地区社会科学研究学会的

通　知

各县、市（区）委宣传部，地级有关单位党委（党组）：

为了加强对马克思主义理论的学习和研究，使理论工作更好地为四化建设服务，经地委同意，成立了四川省达县地区社会科学研究学会。由户远仁、孙瑞岚、李梅林、刘仁忠、李企、郑自然、张米华、刘云杰、孙传海、张进、高树梅、邹定扬、严宗金、何米稣、刘坤、李本初、汪迎春、肖万忠、袁益友、王茂忠、李治民、王世辅、王永辉、巨能舜等二十四位同志组成地区社会科学研究学会理事会。户远仁同志任理事长，孙瑞岚、刘仁忠、李企、郑自然、刘云杰、高树梅、巨能舜同志任付理事长，巨能舜同志兼任秘书长，王世辅、袁益友、刘坤同志任付秘书长。学会下设哲学、经济学、科学社会主义、历史学四个研究小组。

图1　关于成立四川省达县地区社会科学研究学会的通知

（2）1979年4月，成立万源县大山区生产研究学会。9月，成立万源县社会科学研究学会，是四川省最早成立的县级社科研究学会。1981年12月26日，万源县哲学社会科学研究学会改称万源县哲学社会科学联合会。

（3）1980年成立"渠县哲学社会科学研究会"。1985年9月，在"渠县哲学社会科学研究会"基础上成立"渠县哲学社会科学学会联合会"。1997年6月召开第二次全县代表大会后，更名为"渠县社会科学界联合会"。

（4）1981年3月5日，宣汉县成立社会科学研究会。1985年10月21日，成立宣汉县社会科学联合会。1986年1月28日，成立宣汉县社会科学学会联合会，简称社科联。2017年12月，更名为宣汉县社会科学界联合会。

（5）1981年8月，成立大竹县哲学社会科学联合会。1985年1月，更名为大竹县哲学社会科学联合会。

（6）1982年4月21日，成立达县市（今通川区）社会科学研究学会。1984年5月10日，达县市成立社会科学联合会。1983年12月26日，成立开江县哲学社会科学联合会。

（7）1984年5月，成立达县社会科学联合会。

2. 市县社科联组织发展概况

市县社科联成立之后，按照《市县（区）社科联（学会）协作会章程》按期开展理事会的选举与换届，每年召开一次年会，积极做好组织发展工作。

1）达州市社科联发展历程

1979年10月24日在成立大会上通过了《四川省达县地区社会科学研究学会章程》，并选出24位同志组成地区社会科学研究学会理事会，扈远仁同志任理事长，孙瑞岚、刘仁忠、李企、郑自然、刘云杰、高树梅、巨能舜同志任副理事长，巨能舜同志兼任秘书长，王世辅、袁益友、刘坤同志任副秘书长。

1986年6月18日—20日，召开"达县地区社科联第二次代表大会暨思想政治工作理论讨论会"，选举达县地区第二届理事会，盛永堂同志为名誉主席，扈远仁同志任主席，张一军（常务）、秦继国（专职）、孙瑞岚、陈光华同志任副主席。

1994年3月召开达川地区哲学社会科学学会联合会第三次代表大会。

1995年达川地区社科联举行第四次代表大会，建立了学会秘书长定期办公会议制度，增加学会工作人员，健全财务制度，健全学会工作机制，选举了名誉主席、主席、副主席7人，秘书长、副秘书长2人。

1997年，达川地区社科联进行机构改革，单位级别定为正县级，明确了9个方面的工作职能，人员编制增加为7人，内设办公室和学术学会部，挂设地区社会科学评奖办公室和地区社会科学规划办公室两块牌子。同时达川地委决定在地区社科联建立党组并设纪检组长。

1999年8月19日，达川地区社科联召开第五次代表大会，选举产生第五届领导班子成员，通过了《达川地区社会科学界联合会章程》，张格民同志为第五届名誉主席，熊清明同志（兼）任主席，王绍琪（兼）、石俊（兼）、周代志（兼）、向自强同志任副主席，谭德海同志任秘书长，下设常务理事19人，理事61人。为适应达川地区社会科学事业发展的新形势，参照省社科联和其他市地州社科联做法，1999年在常务理事会下设五个专业工作委员会。专业工作委员会主任分别由副主席兼任，成员由常务理事和专职干部组成。五个专业工作委员会分别是学术工作委员会、学会工作委员会、规划评奖工作委员会、普及工作委员会、县市社科联工作委员会。

2004年12月下旬，达州市社科联第一次代表大会召开，市社科联领导班子换届顺利进行，选举产生达州市社科联第一届理事会、常务理事会、主席、副主席和秘书长。

2005年4月，召开达州市社科联第二次代表大会，推举市政协主席康莲英同志为名誉主席，第二届理事会理事65人，常务理事24人，杜泽九同志任主席，杨会国同志任党组书记、副主席，杨春艳同志任秘书长兼学会学术部部长。

2009年12月30日，达州市第十次哲学社会科学优秀成果颁奖大会暨市社科联二届四次理事会议在达州宾馆隆重举行。

2013年11月27日，达州市社科联第三次代表大会暨第十二次社会科学优秀成果颁奖大会在达州宾馆举行，市委书记焦伟侠为获得优秀成果奖的代表颁奖并讲话。同日，召开大会选举产生第三届理事会，邓瑜华同志任名誉主席，陈东（兼职）同志任主席，杨会国（驻会）、李怀兵（驻会）、杨春艳（驻会）、王洪波（兼职）、谭盛刚（兼职）、潘传中（兼职）、傅忠贤（兼职）、邓杰（兼职）、覃清（兼职）同志任副主席，杨春艳同志（兼任）秘书长，理事会成员68人，常务理事会成员32人。

2）万源市社科联发展历程

1981年12月26日，万源县哲学社会科学联合会第一次会议，选举产生第一届理事会，设理事长1人，副理事长2人，理事19人。

1984年第二届理事会召开，县委书记李伯俊被选为名誉理事长，设理事长1人，副理事长6人，理事43人。

1986年7月，县社科联第三届理事会召开，出席会议代表185人，会议总结第二届理事会工作，选出万源县社科联第三届理事会，设理事长1人、副理事长6人，理事会重新审核登记社科联所属各学会会员。

2001年7月23日，万源市社科联恢复成立大会召开，8个学会会长、理论骨干代表共155人，讨论通过市社科联章程，选举产生万源市社会科学界联合会主席团，设主席1人、副主席6人、秘书长1人。

3）渠县社科联发展历程

1985年9月召开第一次代表大会，代管渠县文艺界社团6个。

1997年6月召开第二次全县代表大会后，与县委宣传部合署办公，在县委政府的领导和上级社科组织的指导下围绕不同时期的中心工作，全面开展工作，助推经济社会全面发展。

2013年4月，召开渠县文联第一次代表大会暨社科联第三次代表大会，郑六秋同志任主席，孙琴同志任副主席。

4）宣汉县发展历程

1981年3月5日召开理事会，县委宣传部部长杨顺钊任理事长，挂靠宣汉县委党校。

1983年3月27日，第二届理事会改选，理事13人，郭显祝同志任理事长。

1986年11月成立唐甄思想研究小组，郭显祝任组长。12月11日，首次配备专职干部罗清华。

1991年1月31日，县社科联召开第二次代表大会，选出理事54名，常务理事13名，王吉安、李明宗同志为名誉主席，陈明伦同志为主席，副主席5名，秘书长1名。

1993年3月15日，成立"宣汉县社会科学实业开发公司"。1998年6月25日，县社科联召开第三次代表大会，选举产生理事65名，常务理事23名，陈联德同志为主席，副主席5名，王盛辉同志为专职副主席兼秘书长。

2004年8月4日，县社科联召开第四次代表大会，审议通过县社科联《章程》修改草案，选举产生县社科联新一届领导班子，理事60名，常务理事38名，徐代琼同志为主席，副主席5名，彭必文同志为专职副主席兼秘书长。

2009年3月11日，配合县委组织部、县委宣传部组建"科学发展观理论辅导组"。

2010年3月12日，组织召开县社科联第五次代表大会，审议并通过县社科联第四届理事会工作报告和《章程》（修改草案）。

5）大竹县社科联发展历程

1985年1月，第四届年会决定，更名为"大竹县哲学社会科学联合会"，何珍杨、苟必伦同志为名誉理事长，胡奇祥同志为理事长。

6）通川区社科联发展历程

1982年4月21日，选举产生理事11人，杨廷开同志任理事长，杨树春、李文德同志任副理事长，刘国唐同志任秘书长。孙尚坤同志任副秘书长。

1992年1月8日，达县市（今通川区）社科联召开第二届代表大会，选举产生第二届社会科学联合会成员。

2000年，通川区社科联召开第三届代表大会，选举产生第三届社会科学联合会成员。

2015年区社科联、区文联和区委宣传部合署办公，周明忠任副主席，彭仁贵同志任主席。

7）开江县社科联发展历程

1983年12月27日召开第一届理事会，选举理事长1人，副理事长3人，理事31人。

1985年12月，县社联召开年会选举产生第二届理事会。县委书记刘昌喜同志任名誉理事长，政协副主席孙仁藩同志担任顾问，选出理事长1人，副理事长2人，其中1名副理事长兼任秘书长，副秘书长2人，理事23人。

1986年5月，召开社科联第二次代表大会，推举名誉理事长1名，聘请顾问1名，选举理事长1名、副理事长2名。12月成立社科联常务理事会（9人），负责处理日常工作。

1988年6月，召开社科联第三次代表大会，推举名誉理事长1名，聘请顾问2名，选举理事长1名，副理事长3名，理事会理事31名，其中有专职干事2名。

2002年6月25日，召开社科联第四次代表大会，选举理事65名，常务理事18名，其中主席1名，副主席5名，常务理事会负责处理日常工作。第六届主席张静，副主席李宣波，理事13名。

8）达川区社科联发展历程

2001年4月24日，达县社会科学界联合会（2013年更名为达川区）召开第三次代表大会，吴传全同志任主席，王明珍、杨天仁、胡家烈、张仲明、柏晓雄同志任副主席。

3. 市县社科联组织机构现状

社科联是社会科学界学术性社会团体的联合组织，是各级党委领导下的人民团体，是党和政府联系本地社会科学工作者的桥梁和纽带，是党和政府的"思想库"和"智囊团"。市社科联定为正县级单位，县（市、区）社科联定为正科级单位，由县（市、区）党委宣传部代管。

（1）达州市社科联现有在职干部职工 10 人（超编 1 人），党组书记（兼驻会副主席）1 人，驻会副主席 2 人，正县级干部 1 人，副调研员 1 人，中层干部 2 人，副主任科员 1 人，工勤人员 2 人，其中研究生学历 3 人，本科 5 人，专科 1 人。副高职称 1 人，中级职称 1 人。机构设置为办公室、学会学术部（对外分别挂达州市哲学社会科学规划办公室和达州市社会科学评奖办公室牌子）、理论研究室。

（2）万源市社科联现核定参公事业编制 1 名，现有主席 1 名、秘书长 1 名。

（3）渠县社科联现核定参公事业编制 2 名，现有驻会主席 1 名。驻会副主席暂无，驻会兼职副主席 5 名，驻会秘书长暂无，有专兼职副秘书长 5 名，专兼职工作人员 4 名。社科工作者 48 名，高级职称 6 人，中级职称 12 人，初级职称 30 人。

（4）宣汉县社科联现核定参公事业编制 2 名，现有主席 1 名，副主席 1 名，工作人员 2 名，社科工作者 973 名，高级职称 324 人，中级职称 486 人，初级职称 811 人。

（5）大竹县社科联现核定事业编制（参照公务员管理）3 名，副主席 1 名，工作人员 2 名，暂无主席和秘书长。社科专家 19 名，高级职称 14 人，中级职称 3 人，初级职称 2 人。

（6）通川区社科联现核定事业编制 2 名，主席 1 名，副主席 1 名（兼），副主席 1 名，工作人员 1 名。

（7）开江县社科联现核定事业编制 1 名，现有主席 1 名。

（8）达川区社科联现核定事业编制 1 名，现有主席 1 名，副主席 1 名。

（二）人才队伍的历史发展及现状

经过 70 年的发展，达州市哲学社会科学研究队伍不断扩大，活跃在政治、经济、文化、教育、新闻等领域，几乎包括了社会生活的各个方面。人才队伍中既有专职专业人员，也有兼职业余爱好者；既有市县级领导干部，也有基层一般干部；既有中青年骨干，也有年过花甲的退休教授，他们努力为哲学社会科学的发展贡献着自己的光与热。

1. 人才队伍的发展历史及现状

市县社科联成立之初，普遍存在着缺乏专职人员的现象，20 世纪八九十年代县级社科联组织编制普遍只有 1 人，大部分是兼职工作者，随着哲学社会科学影响力的增加，此现象得到了改善。

（1）达州市社科联：1979 年 8 月 18 日达县地区社科联成立之初，专职人员 2 人，有 24 位理事会成员，下设哲学、经济学、科学社会主义、历史学四个学会，会员 200 多人。1982 年理论研究小组 16 个，会员 403 人（见表 1）。1993 年，地级学会、协会、研究会 50 个，会员 13000 多人。2002 年市级学会、协会、研究会 43 个，会员 15000 余人。2009 年，市社科联所属市级学会共 44 个，会员 3 万余人。

表1 达县地区理论研究队伍名册

	系统	单位个数	人数	理论研究小组个数	理论研究小组人数	专职理论干部	党校教员
地级	大中专	10	40	10	38		
	地委党校	1	25	3	18		18
	地委机关	19	23	1	2	2	
	行署机关	5	7	1	3		
	宣传	29	37	1	7	3	
	农工	31	32				
	财贸	37	37				
	经委	47	52			3	
	建委	9	10				
	计委	15	18				
	科委	5	5				
	政法	13	13				
	学会	6	11				
	合计	227	310	16	68	8	18
县（市、区）	宣传部	13	25			22	
	党校	13	78				53
	合计	26	93			22	53
	总计	253	403	16	68	60	71

（2）万源市社科联：1979年下设哲学、科学社会主义、政治经济学、教育、文学创作、音乐等11个学会，会员152人。1982年底，下属学会、协会、小组19个，会员315人。1985年底，学会、协会、小组增至47个，会员发展到2000人，设城守、官渡、罗文三个分会，分会会员258人。1986年全市有学会48个，会员1500余人。2001年恢复后下设哲学、科学社会主义、经济、教育、人口与计划生育、宣传、科学技术、法学8个学会，会员517人。

（3）渠县社科联：1985年有学会、协会等团体会员10个，会员551人。

（4）宣汉县社科联：1981年3月5日，成立之初下设经济研究组和历史研究组，会员38名。1983年下设哲学、政经、科社、历史4个研究小组，会员增至68名。1985年10月21日整顿学会后，会员3261人。1991年，组织发展到32个学（协）会和129个分会、651个研究小组，2万余名会员。2005年底，学会、协会、研究会发展到23个，有129个分会、651个研究小组，会员达2万余人。

（5）大竹县社科联：1981年下属只有教育学会，会员200多人。到20世纪90年代末，有下属学会22个，会员300多人。

（6）通川区社科联：1984年有学会15个，会员850人。

（7）开江县社科联：1983年底有基层学会、协会17个，会员1000多人。

2. 学会人才队伍的现状

（1）达州市社科联：1979年，在原达县地区社科联成立时，就成立了哲学、经济学、科学社会主义、历史学四个研究小组，在此基础上，哲学、经济学、科学社会主义、历史学学会相继成立，此后，达州市级学会、协会、研究会如雨后春笋不断涌现出来。这几十年来，随着时代的变迁，学会发展呈现出不平衡现象，现保持组织机构完整并经常开展活动的学会、协会、研究会共 38 个，分别是：市人大制度研究会、市政协理论研究会、市纪检监察学会、市统战理论研究会、市科学社会主义暨机关党建研究会、市检察官学会、市警察学会、市审计学会、市内审协会、市财政学会、市会计学会、市金融学会、市钱币学会、市农村金融学会、市税务学会、市价格学会、市工商行政管理学会、市劳动学会、市教育学会、市卫生学会、市体育学会、市粮食学会、市供销学会、市计生学会、市统计学会、市党史学会、市红色文化研究会、市档案学会、市法学会、市邓小平理论研究会、市工运理论研究会、市文化发展研究会、市新闻工作者协会、市心理学会、市图书馆学会、市乡镇建设学会、市群众文化学会、市历史学会、市新闻摄影协会、市收藏家协会、市报纸副刊研究会、市大中专政治理论研究会和市二野军大校史研究会。全市社科联系统所属学会拥有会员 20000 人。

（2）万源市社科联：现有学会 14 个，分别是红色文化研究会、马克思主义研究学会、教育学会、科技学会、电教学会、哲学学会、宣传学会、农业学会、法律学会、人口与计划生育学会、审计学会、民俗学会、经济学会、畜牧学会，会员共 500 余人。

（3）渠县社科联：现有学会、协会、研究会共 24 个，分别是：工程师学会、个体私营经济协会、收藏家协会、棋类协会、心理咨询师协会、奇石根雕协会、集邮协会、集报协会、畜牧兽医学会、价格学会、财政学会、林学会、卫生经济学会、审计学会、教育学会、法医学会、铸石学会、法学会、人民政协理论研究会、政策研究工作者协会、党史研究会、史志研究会、新闻工作者协会、党校理论工作者协会，有分会会员 3380 名。

（4）宣汉县社科联：现有学会、协会、研究会 14 个，分别是：马克思主义理论研究会、统一战线理论研究会、人民政协理论研究会、教育学会、陶行知研究会、工运理论研究会、人民代表大会制度研究会、土家文化研究会、巴人文化研究会、林业协会、农业学会、统计学会、财政学会、农村金融学会，会员 1622 人。

（5）大竹县社科联：现有学会、协会、研究会、小组 21 个，分别是：教育学会、计生协会、安全生产协会、工商学会、哲学学会、粮食学会、会计学会、历史学会、法学研究会、档案学会、金融学会、社科学会、党史学会、新闻协会、秘书协会、统战学会、组织人事研究会、图书学会、党建学会、老干部关心下一代工作委员会、人民政协理论与实践研讨会，会员 240 余名。

（6）通川区社科联：现有学会、协会、研究会共 15 个，分别是：通川区红十字会、通川区林学会、通川区医学会、通川区环境科学学会、通川区国家级青少年俱乐部、通川区检察官学会、通川区劳动保障协会、通川区老区建设促进会、通川区审计协会、通川区教育教研协会、通川区医疗保障协会、通川区政务服务学会、通川区会计学会、通川区人大制度研究会、通川区青少年思想道德研究会，会员 850 人。

（7）开江县社科联：现有学会、协会、研究会共 6 个，分别是：统战理论协会、中小学德育研究会、卫生计生协会、教育学会、粮食协会、易经研究会，会员 70 余人。

（8）达川区社科联：现有学会、协会 3 个，分别是：法门武术协会、达川电教协会、达川医学会，会员 56 名。

另外，四川文理学院现有学生社团 38 个。

3. 人才引进

达州市从 2012 年初开始实施"千名硕博进达州"行动，计划用三年时间引进 1000 名具有硕士研究生及以上学历学位或副高及以上职称的高层次人才，以及"两化"互动急需紧缺人才。为深入实施人才强市战略，加快"四川东出北上综合交通枢纽和川渝陕结合部区域中心城市"建设，2018 年，中共达州市委、达州市人民政府决定将"千名硕博进达州"行动更名为"达州英才计划"。各县（市、区）也分别出台了引进专门人才、急需和特殊岗位人才的实施办法。"千名硕博进达州"和"达州英才计划"为市县两级社科联充实了专业人才，有力衔接了全市哲学社会科学人才梯队，提升了全市哲学社会科学的专业素质和研究水平，为全市哲学社会科学事业发展提供了坚实的人才支撑。

4. 建立市级社科专家库

为更好地发挥哲学社会科学工作者"智囊团""思想库"的作用，为达州经济社会发展献计献策，经市委领导同意，市社科联从全市副高职称以上的专家学者和具有相关专业理论水平的副县级以上党政干部推荐名单中，遴选了部分专家干部组成社科专家库。专家库的建设为达州市哲学社会科学事业发展积蓄了力量，为哲学社会科学人才队伍建设发挥了"传帮带"的作用。

（三）阵地建设的历史发展及现状

20世纪80年代，达州市各县社科联组织已经普遍成立，但大多数组织没有专职学会干部和专门的办公地点，如1992年达州市24个学（协）会中，设有专职干部和固定办公地点的只有2个，占总数的8.3%，各县（市、区）社科联往往依附于各级党校或者各级宣传部门，成为党委宣传部的一个科室。2014年底，市社科联通过与县（市、区）领导沟通，积极争取，目前实现了7个县（市、区）社科联都有机构、编制、专职工作人员、办公场所和经费。

1. 创办会刊

（1）达州市社科联1980年2月创办会刊《学习与研究》。1985年，因会刊《学习与研究》与北京的《学习与研究》同名，更名为《社科论坛》。2002年1月25日，市社科联办公会议讨论通过将《社科论坛》更名为《达州社会科学》。

（2）万源市社科联曾办《普及与探索》《莪山文艺》《万源科普》《科普创作》《地方志》《教务通讯》《影讯》《万源新潮》《文史选项辑》《万源新风》等内部刊物和地方报刊。

（3）宣汉县社科联1984年7月创办会刊《学习与参考》。1986年5月4日，创办会刊《东乡文史》，5月31日，创办会刊《东乡社科》。

（4）大竹县社科联有内部刊物《社会科学资料》《大竹社科报》《大竹宣传》和《理论与实践》。

（5）通川区社科联有内部刊物《社科园地》《财政与会计》《史志通讯》《会员通讯》。

（6）开江县社科联有内部刊物《社联通讯》《社科初探》。

另外，市级部门中现有达州市委政研室《达州通讯》、达州市委党校《达州新论》、达州市委党史研究室《巴渠党史》《党建与党史》等主要内部刊物。

2. 社科普及基地

（1）达州市社科联目前有1个省级社科普及基地——四川文理学院青少年文学艺术社科普及基地；截至2012年底，有8家市级社科普及基地。

（2）万源现有市级科普基地1家，即万源市进修校基地。

（3）渠县有县级社科研究基地和科普基地5家，分别是贵福红色纪念园研究基地、汉阙土溪城坝历史文化研究基地、賨人谷文旅研究基地、安北柠檬产业暨乡村振兴研究基地。

（4）大竹县有市级社科普及基地大竹中学1家，科普教育基地5家：全国科普教育基地1家，大竹中学；省级2家，大竹中学、竹北乡中心小学；市级2家，大竹县渔人部落、大竹县青少年活动中心。

（5）通川区有科普基地7家：市级1家，张爱萍故居（神剑园）爱国主义教育基地；县级6家，分别是梓桐红三十军政治部旧址爱国主义教育基地、碑庙李中权将军陈列馆爱国主义教育基地、北山诗歌文化陈列馆、磐石农耕文化陈列馆、梓桐镇红军小学、蒲家五高小。

（6）开江县有市级科普基地2家，分别是开江中学、开江县职业中学。

（7）达川区有县级社科研究基地2家，分别是区委党校、区委政策研究室。县级科普基地2家，分别是区图书馆、区职业高中。

3. 巴山大讲堂

2018年6月，达州市委创办巴山大讲堂，旨在为全市党政领导干部搭建一个名家荟萃、百家争鸣的学习交流互动平台，通过对全市发展中面临的一些重点、热点和难点问题开展学习研讨，帮助大家拓展视野、更新知识、提升能力，更好地推进达州转型升级，加快发展。

4. 巴渠讲坛

达州市社科联 2007 年创办社科普及活动"气都讲坛"，2016 年"气都讲坛"改为"巴渠讲坛"。

5. 重要成果专报

为更好的服务达州经济社会发展，充分发挥参谋和助手的作用，市社科联 2013 年创办智库平台《重要成果专报》。

6. 达州社科在线

2014 年建立网络信息平台"达州社科在线"。

7. 科普活动

自 1995 年开展"科技之春"科普活动以来，达州市社科联每年 3 月组织市级相关学会和县（市、区）社科联联合开展社科普及工作。现每年 3 月"科普活动月"、5 月"科普活动周"、9 月"科普活动日"等科普宣传活动已成为常规活动。

达州市推动哲学社会科学繁荣发展的基本实践

达州市哲学社会科学事业跟随改革开放的步伐不断发展，在壮大自身队伍、加强阵地建设的同时，紧密围绕中央和省委、市委重要会议精神和重大决策部署，积极开展社科研究和社科普及活动。

（一）人才队伍不断壮大

人才队伍建设是组织发展的基础，为适应经济社会发展需要，达州社科联努力壮大人才队伍，提升人才素质，不断规范各类学会和研究会。社科人才的发展成为达州社会科学繁荣发展的重要力量。

1. 积极引进高层次社科人才

2012年达州市制定落实《"千名硕博进达州"行动实施意见》，计划用三年时间引进1000名具有硕士研究生及以上学历学位或副高及以上职称的高层次人才，以及"两化"互动紧缺人才。为深入实施人才强市战略，加快"四川东出北上综合交通枢纽和川渝陕结合部区域中心城市"建设，2018年，中共达州市委、达州市人民政府决定将"千名硕博进达州"行动更名为"达州英才计划"。市委领导亲自带队到北京大学、清华大学、复旦大学、上海交通大学、浙江大学、中国人民大学、四川大学和西南大学等全国知名大学引进博士人才到达州各县（市、区）、市级部门和市属国有企业任职或挂职，这其中有一部分是优秀社会科学高层次人才，一定程度上提升了全市哲学社会科学人才队伍学历水平和专业水准。

2. 实施社科人才培训计划

1991年，达川地区下发《关于组织社科联、学会专兼职干部培训的通知》，分期分批组织团体会员单位的专兼职干部参加由吉林省社科联学会研究所在河北承德市举办的社科联学会工作理论与实践研讨班。

2010年7月28日，由省社科联主办、达州市社科联承办的四川省社科联工作（达州）培训会在达州市召开，来自达州、广安、雅安、遂宁、绵阳、南充、广元、巴中8个市社科联及36个县（市、区）社科联的100余人参加培训。

2012年9月，开展基层社科联专职人员业务培训，市社科联组织各县（市、区）社科联工作人员学习《关于加强县级社科联工作的指导意见》《四川省科学技术普及条例》等文件，进一步提升基层社科联工作人员的业务能力和水平。

2017年7月和8月，组织全市理论宣讲骨干到兰州大学、中国人民大学培训。

2017年11月，组织各县（市、区）社科联，市级各学会、协会、研究会主要负责人参加学习贯彻党的十九大精神培训班。

2018年6月，市委宣传部举办全市基层理论宣讲骨干培训班2期，来自全市的500余名基层理论宣讲员参加了培训。

2018年8月，市委宣传部与《演讲与口才》杂志社合作，举办了达州市理论宣讲骨干培训班。

（二）社科研究工作深入推进

达州社科联以社科理论发展和经济社会实际问题为基础，每年召开各类研讨会和座谈会，积极主持国家、省级和市级课题讨论，社科研究工作持续繁荣发展。

1. 社科研究初始发展阶段

1979 年至 20 世纪 90 年代初，达州市社科联组织各学术团体和会员，就经济建设和改革开放中重大政治、经济、社会、文化问题进行研究讨论。

第一，围绕重大理论问题进行研究。1983 年 3 月达县地区举行了为期三天的纪念马克思逝世一百周年学术讨论会，共收到纪念马克思逝世一百周年的论文 53 篇。1986 年，四川省包括达县地区社科联在内的八个单位在达县市联合举办了我国首次"唐甄思想研讨会"，对唐甄的哲学思想、政治思想、军事思想、富民主张等进行了广泛讨论。1988—1992 年，先后召开了"纪念十一届三中全会 10 周年""农村社会主义精神文明建设""纪念毛泽东'在延安文艺座谈会上的讲话'发表 50 周年"等理论研讨会。

第二，围绕改革开放进行理论探讨。1983—1985 年，先后召开"建设有中国特色的社会主义""全区农村经济体制改革""提高经济效益"等理论讨论会。1986—1992 年，先后开展了达县地区经济社会发展战略研讨会、组织了"学习贯彻邓小平视察南方讲话"等座谈会。各学会还分别就"关于生产力标准""关于有计划的商品经济""社会主义初级阶段理论与实践""新时期的思想政治工作"等重大理论和实际问题开展了研讨活动。

2. 社科研究稳步发展阶段

1993 年至 20 世纪末，哲学社会科学界的理论和实践研究范围更广泛，产生的影响也更大，且研究方向始终与国家重大战略决策和方针政策保持一致，主要集中在解放思想、发展市场经济和促进农村农业发展方面，以探讨解决经济社会发展中的实际问题为主。

第一，在解放思想方面进行了热烈讨论。例如，1995 年 5 月 23 日召开了纪念抗日战争胜利及世界反法西斯战争胜利 50 周年学术研讨会，引起社会强烈反响。1998 年 5 月举行了由地级系统、部门和各县、市宣传部门的领导和社科理论界代表参加的"纪念真理标准理论二十周年理论"座谈会，座谈会以进一步解放思想，创新观念，抓住机遇，加快达川地区发展为主题进行热烈讨论，在社会上产生了较大影响。

第二，组织社会科学工作者和各学会召开关于市场经济建设和农村农业发展的研讨会。例如，1995 年深入调查研究，完成"农民走向市场"课题，并编辑出版《农民走向市场》文集。1996 年，开展以发展内陆山区经济问题作为重点的课题调研，其调研报告在省社科联《天府新论》1996 年第六期全文发表。1998 年，达川市社科联（今通川区社科联）撰写的《立足本地、走出本地——关于加快达川地区农业产业化进程的思考》论文，在地区"纪念党的十一届三中全会召开 20 周年"学术研讨会上，获三等奖。

3. 社科研究迅速发展阶段

21 世纪以来，达州社科研究工作如火如荼开展。

第一，红色文化和巴文化研究成果突出。2006 年 8 月 2 日，市社科联与市委党史研究室在宣汉县联合召开"达州市党史学界纪念红军长征胜利 70 周年理论研讨会"。同年，编辑完成《四川长征路线文化资源研究系列丛书·达州分卷》一书。在研究红色文化的同时，巴文化研究也在如火如荼开展。2003 年 8 月宣汉县主办第一届"罗家坝文化研讨会"。2014 年 11 月 21 日在四川文理学院莲湖校区共同举办了"新常态下革命老区发展暨巴文化研究"全国性的学术交流会，来自国内高等院校、科研机构、党政机关、文化单位的专家学者 100 余人参会（见图 2）。2016 年 11 月通川区主办了"全国巴文化高峰论坛"。2017 年 11 月，四川文理学院和达州市文化体育广播电视新闻出版版权局联合举办了"巴文化与南方丝绸之路"学术研讨。2017 年 11 月，由中国社会科学院考古研究所和四川省文物考古研究院联合主办，达州市委、市政府承办，宣汉县委宣传部、宣汉县社科联协办的"罗家坝遗址与巴文化学术研讨会（中国·宣汉）"，在宣汉县召开，来自全国考古文博机构近七十位专家学者参加了本次会议。

图2　2014年"新常态下革命老区发展暨巴文化研究"学术交流会

第二，经济社会发展研究成果显著。2000年3月，市社科联与中共达州市委宣传部等联合召开了"西部大开发，达州怎么办？"理论研讨。5月，召开"西部大开发与达州市经济可持续发展理论研讨暨课题研讨定稿会"。7月，与人民银行达州市分行等联合召开"西部大开发与建设川渝鄂结合部经济强市理论研讨会"。完成《西部大开发中的达州经济发展战略问题研究》《从大城乡实践看农业产业结构调整对农民增收的建议》《经济学视野中的区域经济强市建设》等三项重点课题，研究成果分别被《天府新论》2000年第6期、《工作通讯》2000年第10期、《社会科学研究》2000年第12期登载。2010年市委党校主持开展"深入实施西部大开发融入重庆达州大发展"研讨会。从2008年起，开展达州哲学社会科学规划课题立项工作，重心是围绕市委、市政府中心工作开展应用性调查研究。

第三，理论研讨效果明显。2003年5月，召开了"川渝鄂陕区域合作论坛"；2006年7月25日，召开了全市社科理论工作者"学习胡锦涛总书记七一讲话"座谈会。2007年11月13日，组织社科理论界30余名专家学者参加了"达州市社科理论界学习十七大精神"座谈会。2010年10月26日，市社科联与市委宣传部、市委党校联合召开达州市社科理论界学习贯彻十七届五中全会精神座谈会。2012年11月28日，组织全市社科理论工作者召开学习贯彻党的十八大精神座谈会。之后，分别召开了全市社科理论界学习党的十八届三中、四中、五中和六中全会精神座谈会。2015年9月，召开了全国新农村文化发展研究研讨会。2018年5月，召开了全市社科理论界"大学习、大讨论、大调研"座谈会。12月，召开了达州市社科理论界庆祝改革开放40周年理论座谈会。2019年1月，召开了全市社科理论界学习贯彻达州市委四届七次全会精神座谈会。

达州市党校系统也积极开展了各类理论学习活动。2008年达州市党校系统开展"学习贯彻党的十七大精神"的论文征集活动，收到党校系统社科研究工作者的文章52篇，经过评审，将40篇文章编辑成书籍出版。2014年和2016年市委党校在全市党校系统分别召开了达州市党校系统深入学习贯彻党的十八届三中、五中全会精神理论研讨会。2008年12月市委党校召开了"达州市党校系统纪念改革开放30周年理论研讨会"。

第四，体制机制建立健全。2001年，达州市社科联在广泛征求各学科专家、各部门领导意见的基础上，经市委同意，制定了《达州市哲学社会科学"十五"规划纲要》。2008年制定了《达州市哲学社会科学研究规划项目管理办法》。2018年重新修定了《达州市哲学社会科学优秀成果评奖实施细则》。

（三）社科普及工作有力开展

1. 强化社科普及人才智力支撑

积极培训社科人才，为社会建设提供智力服务。仅1990年开江县社科联下属县农经学会举办专业技术培训班就有14期，培训专业人员5220人次。县统战理论学会配合司法局在开江县举办20多期普法培训班，共培训干部职工2000人次。2018年市委宣传部举办全市基层理论宣讲骨干培训班2期，来自全市的500余名基层理论宣讲员参加了培训。

2. 大力开展社科普及活动

大力开展每年3月"科普活动月"、5月"科普活动周"、9月"科普活动日"等科普宣传活动。自1995年开展"科技之春"科普活动以来，达州市社科联每年3月组织市级相关学会和县（市、区）社科联联合开展社科普及工作。为做好"科普宣传月"活动，达州市社科联要求：一是建立科普宣传月活动领导责任制，二是广泛动员社科界各学会、协会、研究会和各县级社科联积极投入科普宣传月活动，三是建立科普宣传月活动检查考核机制，明确提出将科普宣传月活动开展情况作为评选先进集体和先进个人的重要条件之一。

科普宣传活动主要开展以下几类：

第一，组织开展基层理论宣讲活动。组织7～10个宣讲团深入乡镇、机关、学校、医院、企业、村（社区）开展关于中央和省委、市委重要会议精神的宣讲活动。2013年配合省委宣讲团先后深入达州市七个县（市、区）的乡镇、机关、学校、医院、企业、村（社区）等基层一线面向群众宣传党的十八大精神。2017年党的十九大召开后，市社科联组织全市社科专家、学者撰写了25篇学习解读文章，在《达州日报》分五期每周一整版刊登，得到了市委领导的肯定和广大人民群众的欢迎。

第二，参与开展科技、文化、卫生"三下乡"活动。社科联组织法学会、金融学会、图书馆学会、卫生学会等社科学会，组成"达州市社会科学界下乡服务团"分别深入到乡镇开展科普赶场活动。各学会结合自身实际宣传科普知识，开展科普咨询，为群众送去实用书籍，将理论、政策、法律法规、文化、科技、卫生、信息、健康知识送到农民群众手中。市、县社科联会同市、县农委等部门开展了"百场"科技知识、种养技术、动植物病虫害防治、农业机械使用、乡风文明等各类培训。

第三，开展"百场文化下乡"活动。将社科理论知识宣传普及融入"百场文化下乡"活动的小品、快板、表演等文艺作品当中，在乡镇场镇、农村院坝、居民社区、学校等演出。达州市社科联与文联联合创作的音乐歌曲《竹源新曲》《和谐大家园》、小品《好吃狗》《除夕夜》《岔路口》《村官过生》《习惯不能成自然》、大型舞蹈《呼唤绿荫》《绣春》、儿童音乐剧《温暖阳光》等精品社科节目引起了社会各界的普遍关注并获得了良好反响。

第四，创新开展社科理论服务活动。根据达州市地域广、山高坡陡、居住分散的特点，创新开展社科理论服务，组建"挎包宣讲队""竹之声宣讲队""小喇叭宣讲队"等数百支宣讲小分队，在企业、乡镇、社区、学校，开展践行科学发展观、社会主义荣辱观、中国特色社会主义理论学习、社会主义核心价值观、公民文明言行100条、党的十八大精神、党的十九大精神、脱贫攻坚、乡村振兴等内容的宣讲。

第五，专题开展社科普及宣传活动。设摊摆点，做好街头宣传。例如，开展优生优育宣传活动，万源市、宣汉县、大竹县、渠县、开江县计划生育协会也走上街头设点摆摊开展宣传活动，为群众散发资料，为育龄妇女提供义诊。开展"3·15科学消费，共筑诚信"的宣传咨询服务活动，出动宣传车宣传科学消费的内涵及意义，向广大消费者传授如何识别假冒伪劣商品等，散发有关法律法规和科学消费宣传资料，免费提供咨询服务和现场受理消费者投诉案件。

（四）社科阵地不断巩固

达州市社科联和县（市、区）社科联都重视自身阵地建设，积极创办会刊和报刊，为社会科学工作者、爱好者进行理论研究和学术交流提供了园地，对社科普及和社会经济发展也有一定促进作用。

1. 市级社科阵地建设扎实有效

（1）1980年2月，达县地区社会科学研究学会创办会刊《学习与研究》，1984年，达县地区社科联为进一步办好刊物，提高刊物质量，决定从1985年起将《学习与研究》更名为《社科论坛》。2002年更名为《达州社会科学》，每年创办4期。同年对《达州社会科学》进行改版，将版面扩大为16开，彩色套印封面，改版后，刊物的主要栏目除保留原来的传统优势栏目外，还增加了《西部大开发》《决策参考》《专家论坛》《巴渠大地》《信息网站》以及《刊中刊》等栏目内容。2001年编辑刊发了《社科界信息》，每年保持编辑12~15期，及时反映市内外社科研究和学术交流的最新动态信息，为领导科学决策服务提供了重要参考。市人大常委会"人大理论研究会"、市政协"政协理论研究会"积极开展研究，每年都召开理论研讨会，为达州经济社会发展出谋划策。

（2）编辑《重要成果专报》。《重要成果专报》创办于2013年，截至2019年6月已编辑37期。《重要成果专报》将每年社科评奖优秀课题、论文、决策咨政文章报送市委、市政府领导和全市相关部门参阅，为全市各级各部门科学决策提供了参考。

（3）建立哲学社会科学专家库。专家库目前有150余名专家，其成员由全市拥有副高及以上职称和副县级以上党政干部中拥有相关专业理论知识的人员组成，专业涵盖了哲学、政治学、经济学、历史学、管理学、社会学、法学、新闻学、传播学等各个社会科学领域。建立专家库一是作为党和政府的"智囊团"和"思想库"，为市委、市政府的重要决策部署提供参考意见；二是参与每年社科课题立项和结项工作；三是为社科评优评奖活动提供专业意见，评选出真正高质量的课题和文章；四是对各类征文进行评审；五是对中央和省委、市委重要会议精神进行解读并发表解读文章。专家库的成立进一步强化了社科阵地，为达州哲学社会科学的发展贡献了重要力量。

（4）建设其他社科阵地。达州市委党校于1988年创办内部刊物《巴山党校论坛》作为党校系统、社科爱好者和研究者的学术交流园地，编辑包括毛泽东思想、哲学、马克思主义理论、经济理论和实际、管理学等栏目在内的重要文章。2000年将其更名为《达州新论》（见图3），更名后每年出版4期，至今已出版70余期。其中，2006年的《达州新论》刊登的文章《公开选拔领导干部中面临的问题及对策》被人大复印资料在2007年第5期转载。2009年开始每年评审党校系统各类社科研究优秀课题，编辑书籍《优秀课题汇编集》，供党校系统内部和全市社科研究者阅读。中共达州市委办公室、市委政策研究室和四川省社会科学院达州分院承办的《达州通讯》是党政机关刊物，在2011年全国城市党刊研究会第20届年会上被评为"全国城市优秀党刊"。四川文理学院于1987年创办的内部刊物《师专教育研究》，后使用过《达县师专学报》《川东学刊》等刊名。1999年经国家新闻出版总署批准，更名为《达县师范高等专科学校学报》，改内刊为公开刊物，刊期为季刊。2003年，为适应刊行的国际化趋势，学报的开本由小16开改为大16开。2004年，经四川省新闻出版局批准，刊期由季刊改为双月刊。2008年11月，经国家新闻出版总署批准，更名为《四川文理学院学报》，系中国学术期刊综合评价数据库来源期刊、《中国核心期刊（遴选）数据库》收录期刊、《中文科技期刊数据库》全文收录期刊、《中国学术期刊（光盘版）》全文数据库收录期刊。获得全国首届《CAJ-CD规范》执行优秀期刊、全国第三届优秀社科学报、全国地方高校优秀学报等称号，并入选2018年度中国人文社会科学期刊AMI综合评价核心期刊扩展版。

图3　《达州新论》封面

2. 县（市、区）社科阵地蓬勃发展

万源市社科联与科协、大山区生产研究学会于1981年主办了《普及与探索》《莺山文艺》《万源科普》等期刊，坚持定期出版，与全国六十多家单位进行交换阅读、学习，对万源社科理论发展、社科普及和社会经济发展有一定促进作用。

达县市社科联（今通川区社科联）1986年创办理论刊物《社科园地》作为学术交流阵地，内容丰富，涉及面广，把达县市不同行业职工思想统一到十一届三中全会以来的路线、方针、政策上来，尤其是为配合对1989年政治风波的学习和教育，及时出版了一期专辑，刊登了"认清社会主义初级阶段民主，坚决而稳妥地建设民主政治""浅谈社会主义初级阶段民主建设长期性的原因"等文章，对于当时稳定达县市社会局面，澄清模糊认识起了一定的作用。

开江县社科联1986年编印内部刊物《社科初探》，每季度出刊一期，选载会员有一定学术价值和供领导参考的文章，为开江县理论工作者和实际工作者提供了一块发表心得、交流信息及科研成果的园地。

宣汉县社会科学学会联合会1986年成立后，《东乡社科》随之应运而生，它是宣汉县哲学、社会科学工作者、爱好者进行理论研究和学术交流的一个园地，旨在宣传、普及马列主义、毛泽东思想的基本理论，鼓励广大理论工作者和实际工作者不断探索、创新。

3. 积极拓展社科普及基地

达州市社科联目前有1个省级社科普及基地，即2012年6月授予四川文理学院"四川省青少年文学艺术社科普及基地"称号，并举办首场社科普及活动。2012年底组织专家对申报市级社科普及基地的单位进行了资格审查，并评选出8个市级社科普及基地（见表2）。县级社科研究基地和科普基地7个，其中，渠县社科联5个，分别是贵福红色纪念园研究基地、汉阙土溪城坝历史文化研究基地、賨人谷文旅研究基地、安北柠檬产业暨乡村振兴研究基地。达川区社科联2个，分别是区图书馆、区职业高中。

表2 达州市首批市级社科普及基地名单①

序号	基地名称	依托单位
1	达州市社会主义新农村文化社科普及基地	达州职业技术学院
2	达州市青少年素质教育社科普及基地	四川省大竹中学
3	达州市积极老龄化教育社科普及基地	四川文理学院管理系
4	达州市红色文化教育社科普及基地	达州市神剑园
5	达州市社会科学普及图书馆示范基地	达州市图书馆
6	达州市继续教育社科普及基地	万源市教师进修学校
7	达州市青少年文学创作社科普及基地	四川省开江中学
8	达州市职业技能教育社科普及基地	开江县职业中学

（五）建立和完善激励机制

社科活动的繁荣发展离不开有效的激励机制，通过社科评奖活动和"五个一"活动，充分调动了社科工作者的积极性和创造性。

开展四川省和达州市社科优秀成果评奖工作。一是开展省社科评奖初评推荐工作，市社科联根据省上分配的指标，组织有关专家学者进行认真初评，送省社科联参评。二是开展市社科优秀成果评奖活动。市哲学社会科学评奖工作自1984年起至今已开展15次，它由市社科联组织，由各县（市、区）党委宣传部初审，上报市哲学社会科学规划评奖办公室，经过各专业评审小组初评、复审组复审、市社科联党组审定、市委宣传部部务会审核、市评奖委员会审议、公示等程序，评选出达州市政府优秀哲学社会科学成果一、二、三等奖。

（六）创新工作灵活有效

哲学社会科学事业发展要植根于当代，植根于中国特色社会主义伟大实践，在社科理论研究中要勇于创新、突出特色。达州是革命老区、巴人故里，围绕着红色文化和巴文化进行研究，达州哲学社会科学事业走出了适合自身特点的新路子。

1. 围绕中心开展专题研究

哲学社会科学事业要围绕党委、政府的中心工作深入开展研究。结合达州经济社会发展实际，市委重大课题研究和市社科联年度规划课题。在项目规划中，围绕市委"12335"总体部署开展社科规划，围绕党的建设、"6+3"产业发展、打好"三大攻坚战"、生态保护、"四城同创"、全国巴文化高地建设、乡村振兴等中心工作设置课题，市委、市政府领导亲自担任市委重大课题组负责人，开展基础性、对策性和前瞻性研究，为实现"两个定位"、努力争创全省经济副中心提供了决策参考。

2. 积极推进全国巴文化高地建设

达州有两大巴文化遗产，一个是宣汉罗家坝遗址，这是川东北乃至全国现存最大的巴文化遗存；另一个是渠县城坝遗址，这是罕见的汉代甚至更早的城池遗址，在1991年5月被四川省人民政府公布为第三批省级文物保护单位。这两处遗址表明达州是巴人活动的腹心区域，是巴文化起源和发展中心之一。市委、市政府高度重视巴文化研究工作，积极组织专家对巴文化遗址进行发掘和保护。在1999年、2003年、2007年和2016年，四川省文物考古研究院、达州市文物管理所和宣汉县文物管

---

① 数据来源于达州市社科联提供的内部资料。

理所先后对罗家坝遗址实施了四次联合考古发掘。2005年3月至6月四川省文物考古研究院对渠县城坝遗址进行发掘，发现有木椁墓、土坑竖穴墓、灰沟、井、灰坑等遗迹；出土有铜器、漆器、铁器、陶器等。市委、市政府将巴文化研究纳入全市重点工作"大盘子"进行安排部署，2016年10月，在中共达州市第四次党代会上，把全国巴文化高地建设作为文化强市的重要目标。在2018年《中共达州市委关于构建中国特色哲学社会科学事业实施意见》中，对巴文化的研究作了战略规划，专门出台了有关全国巴文化高地建设规划实施办法，建立了专门的领导机构，成立了达州市巴文化研究院，稳步推进巴文化创意交流中心、巴文化遗址博物馆和非遗展览馆等一批哲学社会科学基础设施建设。达州市巴文化研究院目前正向社会推行巴文化达州标识、巴文化达州故事和巴文化达州名人的征集活动。为全方位宣传、展示达州巴文化，达州创新宣传模式，以舞台剧等形象生动的方式介绍巴文化。例如，2006年以演绎宏大神秘巴文化为主要内容的超时空歌舞剧《梦里巴人》在全国范围巡演。2019年宣汉县制作的大型演艺剧目《梦回巴国》以实景演出为主，受到市民广泛好评。

3. 努力打造红色文化研究品牌

达州是革命老区，是川陕革命苏区的核心区，现有红色文化纪念馆5处；革命遗迹500多处；爱国主义教育基地37处；馆藏革命文物2295件。其中主要的、具有代表性的红色文化资源7处更是成为达州红色文化的亮点。达州市委、市政府将红色文化作为文化产业建设的重要内容，不断加以传承、弘扬和创新，为建设幸福美丽达州提供强大的精神动力。市社科联发挥专业人才优势，多措并举挖掘、保护、打造、宣传、传承丰富而宝贵的红色遗产，形成了《川陕苏区红色文化研究》《万源保卫战战略意义研究》等影响广泛的社科课题，出版了《固军坝起义》《红三十三军》等研究专著，推出了《社科论坛》等研究刊场（见图4）。切实打造红色文化研究品牌，用真功夫、真干劲、真实绩来提升达州红色文化在全省全国的知名度和影响力，将红色文化资源优势转化为文化教育旅游产业优势。

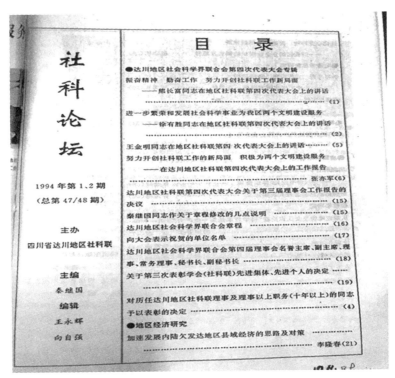

图4　《社科论坛》目录

4. 助力乡村文化振兴

农业农村农民问题是关系国计民生的根本性问题，我们党始终把解决好"三农"问题作为全党工作重中之重。党的十九大作出实施乡村振兴战略的重大部署，坚持农业农村优先发展，按照产业兴旺、生态宜居、乡风文明、治理有效、生活富裕的总要求，建立健全城乡融合发展体制机制和政策体系，加快推进农业农村现代化。达州是名副其实的农业大市，物产资源禀赋丰厚，享有"中国苎麻之乡""中国黄花之乡""中国乌梅之乡""中国富硒茶之都"等众多美誉，是国家商品粮生产基地和国家农业综合开发重点地区。在乡村振兴的过程中，市委、市政府高度重视发挥传统的礼仪、习俗、建筑、器具等农耕文化的重要作用，通过继承和发展农耕文化助力乡村振兴。

研究保护利用农耕文化资源是实现乡村振兴的重要前提。党的十八大以来，全市社科系统就保护好、利用好农耕文化文物、历史建筑（群）、文化遗址等物质文化遗产开展了专项调研，并就通过保护利用川剧、戏曲、绘画、雕刻、刺绣、剪纸、武术等非物质文化遗产，将农耕文化资源与现代社会生活有机结合起来进行了专题研究，撰写了《达州市优秀传统农耕文化开发利用研究》《达州段荔枝古道开发利用研究》《达州市非物质文化遗产传承发展研究》等文章，向市委、市政府提出了"大力发展特色农耕文化产业，使富有地方特色的农耕文化资源优势转化为产业优势"等专题建议。建议市委、市政府划定乡村建设的农耕文化保护线，保护好文物古迹、传统村落、民族村寨、传统建筑、农业遗迹、灌溉工程遗产，支持农村地区优秀戏曲曲艺、少数民族文化、民间文化等传承发展，通过保护利用独特的农耕文化资源大力发展特色乡村文化产业，助推乡村文化振兴。

三

达州市推动哲学社会科学繁荣发展的主要成就

70 年来特别是改革开放 40 年来，达州市哲学社会科学事业在市委、市政府的领导下，在省社科联和市委宣传部的指导下，高举中国特色社会主义伟大旗帜，以马列主义、毛泽东思想、邓小平理论、"三个代表"重要思想、科学发展观和习近平新时代中国特色社会主义思想为指导，认真贯彻落实中央和省委、市委重大决策部署，切实履行职能职责，紧密团结全市广大社会科学工作者，解放思想，开拓进取，全市社会科学工作呈现出社科资源不断整合、学术活动深入开展、社科普及扎实推进、组织建设规范有序、体制机制日趋完善的良好态势，紧紧围绕中心、服务大局，为经济社会发展充分发挥"思想库""智囊团"作用，为达州市哲学社会科学事业繁荣发展做出了积极贡献。

（一）深入推进全国巴文化高地建设

达州是巴人故里，巴文化是中华文化的源头之一，有着悠久而漫长的历史，是内涵极其丰富和复杂的文化圈层。《山海经·海内经》记载，"西南有巴国。大皞生咸鸟，咸鸟生乘厘，乘厘生后照，后照是始为巴人"。从夏商到秦汉，达州就是巴人活动的中心地带，创造了璀璨的巴国文明，留下了丰厚的历史文化遗存。从历史的形态来看，巴文化包含了巴国、巴地、巴人等群属含义，与蜀文化、秦文化、楚文化及中原文化等都有衍替和交集。在新石器时代巴人就在达州范围内开始了族群文化交流，周秦时期文化的交流加剧，在多次的民族迁徙中，巴文化不断得以沿途传播，并与其他族群文化发生密切交流，从而与其他各亚文化圈共同构建了中国传统文化的繁荣。

1. 宣汉罗家坝遗址改写了长江上游人类文明史

罗家坝遗址位于宣汉县普光镇进化村，总保护面积 103 万平方米。罗家坝遗址地处秦、楚、巴、蜀交界地，据初步推断，距今 5300—2000 年，是 20 世纪末发现的面积最大、保存最完整、内涵最丰富的巴文化遗址，是国务院批准的第五批全国重点文物保护单位，是我国研究巴文化的重要基地，被誉为"继三星堆、金沙之后，古巴蜀文化的第三颗璀璨明珠"。1999 年、2003 年、2007 年和 2016 年，四川省文物考古研究院、达州市文物管理所和宣汉县文物管理所先后对罗家坝遗址实施了四次联合考古发掘，发掘面积总计 1300 平方米，发现了包括当时人的生活居址和墓地等在内的大量的巴文化遗址，出土各类文物 1400 余件。宣汉罗家坝遗址的发现，证明了古代巴人曾在川东北地区创造了灿烂的文化。在此前几十年中，考古工作者还没有找到一处像罗家坝遗址这种公认的、大规模的古代巴人中心遗址，它同广汉三星堆、成都金沙遗址一样，改写了长江上游人类文明史。2000 年，该遗址的考古发掘被评为"1999 年四川省十大文物工作成果"。2001 年 6 月，罗家坝遗址被列为国家重点文物保护单位。

2. 渠县城坝遗址被列入 2018 年全国十大考古发现入围候选名单

城坝遗址位于四川省渠县土溪镇城坝村，又名宕渠城遗址，是賨人文化遗址。城坝遗址包括土溪镇天府村、城坝村全部及流溪乡新华村、洪溪村部分，总面积约 230 万平方米。

2005 年 3 月至 6 月四川省文物考古研究院进行发掘，发现有木椁墓、土坑竖穴墓、灰沟、井、灰坑等遗迹；出土有铜器、漆器、铁器、陶器等。通过 5 年不间断系统性的考古发掘，基本厘清了城坝遗址功能分区，初步构建了遗址自战国晚期至魏晋时期年代序列，是西南地区目前发现的保存最好、内涵最丰富的汉晋县城遗址之一。

1991年5月,城坝遗址被四川省人民政府公布为第三批省级文物保护单位。2006年5月,被国务院公布为第六批全国文物保护单位。2016年11月,被国家文物局列入"十三五"期间重要大遗址名单。2018年10月,获中国考古学会田野考古奖一等奖。中国社科院考古研究所副所长白云翔说:"城坝遗址的考古研究,对多民族国家的形成问题和多元文化如何统一的问题,有重大意义。"

3. 巴文化研究硕果累累

四川文理学院2014年7月成立巴文化研究院,研究院先后主编《巴文化研究》《巴文化研究论丛》《巴域文明·巴文化研究动态》三种学术刊物。其中《巴文化研究》辑刊是目前国内唯一公开发行的巴文化研究专刊。2017年11月,四川巴文化研究会和四川文理学院巴文化研究中心联合达州市文体广新局召开了"巴文化与南方丝绸之路"高端学术研讨会;时隔不久,在中国社会科学院考古研究所、四川省考古院的鼎力支持下,"罗家坝遗址与巴文化学术研讨会"在宣汉县召开(见图5)。与会学者分别就罗家坝遗址及出土文物、巴蜀符号、周边区域的考古发现与研究、巴文化的历史内涵以及文化遗产保护等方面问题进行了深入的交流和研讨,并最终形成了《宣汉共识》。鉴于本次会议的成功召开,特选取其中具有代表性文章结集出版了《宣汉罗家坝遗址与巴文化研究》论文集(见图6)。论文集主编、四川省文物考古研究院院长、研究员高大伦介绍到:"论文集是与成果报告配套的学术研究书籍,在国内一百余个大遗址中,既出报告又出论文集的遗址屈指可数。"社科院考古研究所研究员高炜称:"巴人是中华民族祖先中的重要一支,四川发现罗家坝巴人遗址,使人们对古蜀历史的看法有了历史性转变。"

图5　罗家坝遗址与巴文化学术研讨会开幕式

四川省文化厅成立了四川省巴文化研究会,达州市成立了巴文化研究院,为正县级事业单位。全市各级文博单位通过"千名硕博进达州"引进了一批巴文化研究的专门人才,吸收了省内外研究单位、大专院校的巴文化研究者参与研究达州巴文化。先后举办了"通川论道""巴文化与南方丝绸之路""罗家坝遗址与巴文化学术研讨会"等全国性学术交流研讨会并出版了论文集,出版了《巴人文化初探》《巴文化史话》《賨人与賨人文化》《巴文化纵横》等一批全国有影响力的巴文化研究著作,并先后在全国中文核心期刊《中华文化论坛》发表巴文化研究论文多篇。

2016年10月,达州市第四次党代会提出了建设全国巴文化高地的战略目标。2018年初达州市委出台《达州市推进全国巴文化高地建设实施方案》,围绕"全国巴文化高地"建设目标,制定了巴文化高地建设"12359"战略,明确了建设任务和保障措施,部署实施巴文化遗址保护发掘、学术研究、成果展示运用"三大工程",确保将达州建成全国巴文化"考古发掘中心、遗址保护示范中心、研究中心、展示中心、旅游中心"。2018年8月召开的达州市委四届六次全会作出了"深度挖掘和展示巴文化,同步发展文化事业和文化产业,加快建设文化强市"的决定,锐意将巴文化这张名片擦得更亮，力争在 2030 年把达州建成名副其实的全国巴文化高地。

图6　《宣汉罗家坝遗址与巴文化研究》论文集封面

（二）传承红色基因，打造"红色达州"品牌

　　达州市是典型的革命老区，是川陕革命根据地的重要组成部分，革命战争时期，有 8 万多人参加红军，2 万多人为国捐躯，涌现出了徐向前、李先念、许世友等老一辈无产阶级革命家，张爱萍、陈伯钧、向守志等 50 多位共和国将军。在中国共产党的领导下，达州人民开展了长期的艰苦卓绝的革命斗争，对中国民主革命的胜利和中华人民共和国成立作出了不可磨灭的贡献。红色文化分外璀璨，内容丰富、革命遗址多、文献资料保存较完整，具有时间跨度大、内容涉及广等特征。达州红色文化是巴渠文化的重要组成部分，是达州城市的重要名片，是提升达州城市形象的重要软实力。

　　达州红色文化资源丰富、底蕴深厚。就物质形态而言，据初步统计，目前达州市境内共有革命陈列馆、纪念馆 5 处；革命遗迹 500 多处；爱国主义教育基地 37 处；馆藏革命文物 2295 件。其中主要的、具有代表性的红色文化资源 7 处，成为达州红色文化的亮点，包括：位于万源市驮山公园的万源保卫战战史陈列馆，是纪念中国工农红军第四方面军战史上规模最大、战斗最艰苦、战绩最辉煌的一次重大战役的专题性纪念馆，同时被列入全国 100 个红色旅游经典景区、全国爱国主义教育示范基地；达州红军文化陈列馆与张爱萍故居；宣汉县项山公园内的王维舟纪念馆；达县区河市镇陈伯钧纪念室；"中国红色第一街"——达川区石桥列宁街；渠县苏维埃纪念馆；通川区梓桐红三十军政治部旧址；通川区蒲家镇英烈园等。其中，通川区梓桐红三十军政治部旧址门上的一副石刻楹联："斧头劈开新世界，镰刀割断旧乾坤"，在 20 世纪 50 年代被中国人民革命军事博物馆作为国家一级文物征集收藏。出生河市镇的陈伯钧将军，参加过秋收起义、三湾改编，然后随毛泽东 1927 年 10 月上井冈山，参加过长征，戎马一生，其《陈伯钧日记》是学术界公认的研究军史的重要依据。张爱萍将军在长征中参加娄山关战役后，留下了若干文字特别是若干诗篇，在遵义会议纪念馆、娄山关战役纪念馆都有重要展出。开江籍的徐彦刚曾经追随毛泽东上了井冈山，在井冈山革命根据地纪念馆内也有他的名字与籍贯的陈列。

我市党史工作队伍不断增强，党史研究工作扎实有力、研究成果丰硕、党史宣教多彩多样、成果转化成效显著。编纂出版了《中国共产党达州历史》（一至三卷，1921—2002）、《中国共产党达州历史大事记》（1919—2012）、《中共达州市委执政实录》（2014—2017）等党史基本著作8部。编纂出版了《神剑将军张爱萍》《开国将军陈伯钧》《李香山传》《巴山英烈传》《巴渠英杰》《烈火映红的青春》《心中的丰碑》《达州革命史人物大典》《达州历任市（地）级领导干部名录》《李家俊传》《熊国炳传》等党史人物传记10余部。编撰出版了《川陕革命根据地斗争史》《抗日战争时期达州人口伤亡和财产损失》《三线建设在四川·达州卷》《四川革命遗址通览·达州卷》和《达州红军石刻标语精选》等10余部。

（三）创新宣讲模式　破解基层理论宣讲难题

达州市结合新时代新任务新形势不断探索，总结出一套行之有效的理论宣讲模式，使党的创新理论走入千家万户，进入百姓心中。

根据基层理论宣讲面临的现实问题，达州市创新实施并不断拓展"三级三讲"和"团队员"宣讲模式，进一步将这种模式系统化，制定出台《达州市基层理论宣讲员管理办法》和《基层理论宣讲要点》。为基层理论宣讲的有效开展提供了坚强的制度保障。全市组建了"挎包宣讲队""竹之声宣讲队""小喇叭宣讲队"等数百支宣讲小分队，选聘基层理论宣讲员5965名。组织市委宣讲团、宣讲小分队、基层理论宣讲员开展党的十九大、省第十一次党代会等理论宣讲15800余场次，直接受众达150万人次。

达州市在2018年7月30日至31日举办了全市基层理论宣讲员培训会，200余名基层理论宣讲员代表参加了培训。2018年8月12日至15日，组织开展全市理论宣讲能力提升训练班，市委宣讲团成员、基层理论宣讲员代表等30多人参加培训。还选派宣传骨干到北京、兰州、武汉和上海进行培训，进一步提升宣讲骨干的专业水平。

在基层理论宣讲新模式的实践过程中，涌现出"坝坝讲坛""院坝课堂""百姓微课堂""手机课堂"等宣讲品牌。"坝坝讲坛"被《人民日报》头版头条宣传推介。2016年达州市委宣传部获邀参加学习贯彻党的十六届六中全会精神中央宣讲团动员会，并作为全省唯一被中宣部表彰为"全国基层理论宣讲先进集体"市州。2018年2月大竹县作为四川唯一代表在全国"推动习近平新时代中国特色社会主义文化思想深入人心、落地生根理论工作座谈会议"上作交流发言。2018年6月达州市作为三个市州之一在全省《习近平新时代中国特色社会主义思想三十讲》学习宣传发行工作会议上作交流发言。2018年11月万源市"新时代巴山挎包宣讲队"被中宣部表彰为"全国基层理论宣讲先进集体"，是该年度四川省唯一一个先进集体代表。

（四）整合科研资源　推动社科研究繁荣发展

社科理论研究工作作为哲学社会科学工作的一项重要内容，对于地方的经济社会发展具有十分重要的作用。达州市社科联充分发挥"联"的作用，搭建哲学社会科学科研大平台，整合达州市社科专家、学者和一线工作者等科研力量，以社科规划课题和社科优秀成果评奖为主要形式，推动达州社科理论研究水平不断提高，社科研究工作迈上了新台阶。

1. 社科规划课题研究成果喜人

达州市社科联主要负责两个方面的社科规划课题，一方面是国家社科基金课题和省社科课题的初审推荐工作，另一方面是达州市社科规划课题工作。经历了十一年的发展，特别是十八大之后，社科规划立项工作年度申报、评审、立项、公示的机制也随之建立起来。

1）国家社科基金课题和省社科课题

2011年以来，达州市社科理论专家和实际工作者联合攻关，国家社科基金课题获准立项10项，省社科课题获准立项155项，获奖6项。

2）达州市社科规划课题

达州市社科联以规划科研选题为抓手，对达州市社会科学研究事业进行引导、组织和协调，支持鼓励全市哲学社会科学工作者围绕我市经济社会发展中的重大理论和现实问题开展研究，系统谋划达州高质量发展。每年都有一大批成果获得市级以上领导批示，或以专著、核心期刊论文形式结项，为争创全省经济副中心发挥了重要的"思想库"作用。达州市社科研究规划课题概况见表3、图7。

表3　达州市社科研究规划课题概况统计表（2012—2018）

	申报（项）	立项（项）	结项（项）
2012年	63	50	48
2013年	107	53	53
2014年	140	69	69
2015年	228	82	82
2016年	241	89	86
2017年	202	80	80
2018年	179	95	95

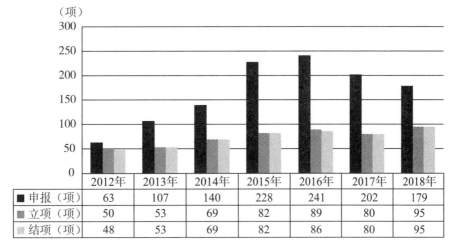

图7　达州市社科研究规划课题分析图（2012—2018）

达州在课题规划研究中呈现出鲜明的特点：一是市委领导亲自牵头参加课题研究。市委从2007年起，每年就经济社会发展的重大课题进行调研，形成调研报告。在"大学习、大讨论、大调研"活动中，市委书记牵头的调研课题"建设四川东出北上综合交通枢纽"，其调研成果被四川省委采纳，写入四川省委十一届三次全会决定中。二是课题研究涉及面广。结项课题中包括了对习近平新时代中国特色社会主义思想、经济学、法学、社会学、管理学、教育学、心理学、历史学等诸多学科的研究；三是课题研究重点突出。广大课题研究人员紧紧围绕市委、市政府中心工作开展研究，例如社科规划重点课题《达州争创全省经济副中心调查研究》和《川陕革命老区乡村振兴重点、难题和推进思路研究——以达州市为例》就是围绕乡村振兴和争创全省经济副中心这两项中心工作进行研究，这种应用型导向的社科研究工作为达州经济社会发展持续提供决策参考和智力支持；四是课题研究能力有较大提升。从结项的成果来看，一些具有实际工作经验，又有一定的理论研究能力的大学和党校教授、专家学者和市县部门领导依然是课题研究的主力军，其研究成果站位高，理论与实际的贴合度较高，课题的政策转化率高；同时，一批大学和党校年轻教师和机关工作人员从课题研究的参与者逐步成长为课题的主研人员和课题负责人，新的课题研究力量正在不断成长，这是一个可喜可贺的现象，也预示着达州哲学社会科学研究工作会更加蓬勃兴旺。

2. 社会科学优秀成果评奖

由达州市人民政府主办、市社科联承办的达州市社会科学优秀成果评奖从1984年开始至今已经举办了十四届。每两年开展的社科评奖是对达州市哲学社会科学研究成果的一次检阅，是对哲学社会科学工作者创造性劳动的一种肯定，更是对搞好哲学社会科学研究的一种激励，从而进一步促进达州市哲学社会科学事业的繁荣和发展，更好地为市委市政府的中心工作服务。

近些年来，达州市哲学社会科学优秀成果评奖工作成果喜人，呈现出如下特点：一是选题内容更加广泛。社科优秀成果申报的内容涵盖政治、经济、文化、社会、生态各个方面，更加注重与达州经济社会发展实际相结合，成果内容更加具体，成果更具前瞻性、针对性、指导性，能更好地为市委、市政府提供具有参考价值的对策建议。二是申报成果数量和质量不断提高。开展两年一度的社科优秀成果评奖是为了遴选出一批紧密结合达州当前经济社会发展，更好地为党和政府决策提供参考决策的优秀社科理论成果。从申报材料看，优秀成果申报在数量和质量上均有大幅度提升。三是优秀社科理论人才不断涌现。得益于我市"千名硕博进达州"的开展，并依托四川文理学院、职业技术学院等地方院校师资力量，以及通过学习、培训、传帮带等方式，全市社科理论人才呈现井喷现象，一大批新人崭露头角，研究课题和水平日趋精进。四是评审更加严格规范。因上届评审组成员工作变动及年龄原因，市社科评奖委员会决定对评审组成员进行调整，并增设复审组。从社科评奖工作开展十四次以来，共评出荣誉奖5项，一等奖70项，二等奖200多项，三等奖共1300余项。第十一次至第十四次达州市社科优秀成果评奖情况见表4。

表4 第十一次至第十四次达州市社科优秀成果统计表

	申报（项）	参评（项）	一等奖（项）	二等奖（项）	三等奖（项）	优秀奖（项）
第十一次	233	169	4	15	46	49
第十二次	238	153	4	15	38	38
第十三次	260	186	4	17	73	
第十四次	257	192	4	19	80	

注：从第十三次社科优秀成果评奖开始将优秀奖纳入三等奖一并表彰。

在省第十七次社科优秀成果评奖中，我市共有4项获得三等奖，包括四川文理学院曹红梅的社科优秀成果《引导与建构：当代大学生性道德教育研究》、四川文理学院傅忠贤牵头的社科优秀成果《区域特色农产品加工产业集群的培育与提升——产业链视域下对达州的审视》、四川文理学院刘长江的社科优秀成果《中国封建司法行政体制运作研究》、四川文理学院黄培森的社科优秀成果《中国特殊教育史略》。这代表我市哲学社会科学研究成果得到省级部门的高度肯定，是我市近年来社科研究成果取得成绩的突出代表。第十五次至第十七次四川省社科优秀成果评奖初评推荐工作情况如表5所示。

表5 第十五次至第十七次四川省社科优秀成果评奖初评推荐项目情况表

	申报（项）	推荐（项）	获奖（项）
第十五次	30	5	3
第十六次	33	6	3
第十七次	22	5	4

3. 社科成果转化新突破

达州市社科联不断探索社科成果转化运用途径，着力将《重要成果专报》打造成社科成果转化的重要平台，精心挑选紧密结合达州市经济社会发展实际的高质量社科研究成果，编辑成《重要成果专报》，并报送到市委、市政府领导和市级部门手中，促进成果转化为实际应用。

到目前为止，共编辑《重要成果专报》37 期。2018 年共编发 6 期，其中第 3 期《巴文化的传承利用现状及对策探究》，第 5 期《川陕革命老区乡村振兴重点、难题和推进思路研究——以达州市为例》，第 6 期《关于建立脱贫户返贫风险防控机制的对策思考》得到四川省人大常委会副主任、市委书记包惠同志肯定性采纳批示。

4. 提炼和发布"达州城市精神"

经达州市委决定，由市社科联在全市范围内深入开展的"达州城市精神"大讨论活动，自 2012 年 6 月启动以来，引起了社会上广泛的关注。共收到"达州城市精神"表述词和解读文章 127 篇。2012 年 10 月，通过征求专家学者、人大代表、政协委员、市民代表共 80 多人的意见，从 127 篇来稿中评选出意见较为集中的 20 条表述词。2013 年 3 月到 5 月又多次召开专家讨论、评议会议，对意见较为集中的表述词进行总结提炼，形成了三套"达州城市精神"表述词方案。2013 年 7 月中旬以来，在全市范围内开展了"达州城市精神"征求意见活动。经过广泛征求意见，绝大多数人对达州城市精神表述词"通达开放、诚义创新"表示赞同。经市委研究，决定将"通达开放、诚义创新"作为"达州城市精神"表述词对外发布，"达州城市精神"的发布为达州经济社会发展提供了强大的精神动力。

（五）搭建科普平台 助推文明城乡建设

社科知识普及工作是社科联工作的一项重要职责。为了深入贯彻落实党的十九大精神，认真领会习近平新时代中国特色社会主义思想，引导人民群众贯彻新发展理念，助推乡村振兴战略实施，达州市社科联在市委、市政府的领导下，按照省社科联的安排部署和要求，紧紧围绕市委、市政府的中心工作，充分发挥社科界人才荟萃、知识密集、学科齐全、联系广泛的优势，结合达州实际，广泛动员，精心组织，开展了一系列以"弘扬科学精神、普及科学知识、传播科学思想，倡导科学方法"为主要内容且形式丰富多彩的社科知识普及宣传活动，收到了良好的社会效果，有力地促进了达州市经济社会的发展。

1. 科普活动形式丰富多彩

社会科学普及的目的和任务，就是在全社会传播社会科学知识，倡导科学方法，弘扬科学精神，全面提高人们的思想道德修养和科学文化素质。达州市社科联作为达州市科普领导小组成员单位，充分发挥人才广泛、智力密集的优势，积极组织并参与科普宣传活动。

1）开展文化、科技、卫生"三下乡"活动

积极参加文化、科技、卫生"三下乡"活动。达州市社科联积极组织参加"三下乡"活动，紧紧围绕坚持服务农业、农村、农民的宗旨，贴近农业发展、农村进步、农民需求的实际这一主题，进一步加大送理论、送政策、送文化、送教育、送科技、送信息的力度，以实际行动履行脱贫攻坚职责和支持乡村振兴战略落地。主要采取发放宣传资料及科普读本、现场咨询、义诊等形式，将理论、政策、法律法规、文化、科技、卫生、信息、健康知识送到农民群众手中。并把习近平同志来川视察重要讲话精神、省委十一届三次全会和市委四届六次全会精神宣讲到院坝和每一个农户。

2）开展"科技之春"科普宣传活动

达州市社科联以组织开展"科普活动月""科普活动周""科普活动日"等科普宣传活动为抓手，深入扎实开展科普宣传活动。在 2018 年第二十四届"科技之春"科普宣传月活动中，达州市社科联积极组织市级相关学会（协会）组成"达州市社会科学界科技下乡服务团"，分别深入万源市黄钟镇，渠县青龙镇开展以"助力乡村振兴、全力脱贫奔康"为主题的科普活动。活动现场接受咨询群众4000 余人，义诊 3000 多人，发放科普读物（资料）5 万多册（份）。在 2018 年的科普活动周和科普日期间，市社科联组织相关学会分别深入开江县普安镇和大竹县石桥铺镇开展科普赶场活动，深受当地群众欢迎和好评。

2. 举办巴渠讲坛

巴渠讲坛是由达州市社科联和市图书馆共同举办的具有达州特色的人文社科讲坛。巴渠讲坛的前身是创办于2007年的"气都讲坛",这是达州市社科联与达州市图书馆学会为进一步探索社科普及的新形式、新途径而共同推出的社科普及活动项目。"气都讲坛"荟集社科界专家学者,围绕达州经济社会发展中的热点、难点问题,释疑解惑、服务大众。该讲座不定期走进社区、校园、农村和警营。2016年"气都讲坛"改为"巴渠讲坛"。2017年达州市图书馆新馆建成并投入使用,为巴渠讲坛提供了良好的固定场所开展讲座。从2016年开始"巴渠讲坛"每年固定举办24期,2016年8月19日,国家"千人计划"专家、加拿大籍华人博士薛钢在达州巴渠讲坛为大众创业青年作题为《激情创业》主题演讲,薛博士此次回乡以青年"双创"沙龙为平台开讲,既以实战经验解决了青年创新创业的不少困挠,也让青年触摸到世界创新创业的脉搏。

截至目前,"巴渠讲坛"已经举办了120余场,听众达到30000余人次。"巴渠讲坛"将继续围绕达州市经济社会发展中的热点、难点问题,更加注重理论与实践的结合,专业性与普及性的结合,从不同角度、不同层次选题来满足不同人群对社科知识的需求,进一步丰富人民群众的文化生活,提升达州市民的科学文化素养。

3. 创办巴山大讲堂

2018年,市委决定创办巴山大讲堂,旨在为全市党政领导干部搭建一个名家荟萃、百家争鸣的学习交流互动平台,通过对全市发展中面临的一些重点、热点和难点问题开展学习研讨,帮助大家启迪思想、拓展视野、更新知识、提升能力,更好地推进达州转型升级、加快发展。分别邀请了商务部培训中心李左东教授作题为《十九大后的中国经济发展与转型》的专题讲座;朱德元帅外孙刘建、达州籍开国少将李中权之子李洋受邀为市级各部门(单位)党建工作分管领导、机关纪检负责人上了一堂以"不忘初心·牢记使命"为主题的红色专题教育。中共中央党校研究生院原党委书记,教授、博士生导师段若鹏以《全面加强机关党建若干问题探讨》为题,为来自我市各县(市、区)、达州经开区、市直部门(单位)300余名党务工作者进行了精心解读。2019年,举办巴山大讲堂"乡村振兴"系列专题讲座(见图8),主要借助"达州市新时代学习频道(智慧党建平台)"视频会议系统,采取市县乡村四级联训的方式,为全市党员干部群众搭建一个学习交流互动平台,通过对乡村产业振兴、人才振兴、文化振兴、生态振兴、组织振兴的深入解读,帮助广大党员干部群众启迪思想、拓展视野、更新知识、提升能力,更好地推进幸福美丽达州建设。

图8　第1期巴山大讲堂

四

达州市推动哲学社会科学繁荣发展的经验启示

同全国哲学社会科学的发展历程一样，中华人民共和国成立70年来，特别是改革开放以来，尤其是党的十八大以来，达州哲学社会科学事业走过了非同寻常的发展道路，取得了丰硕的成果。达州的哲学社会科学事业显现出根深叶茂的繁荣景象，积累了非常宝贵的经验，取得了前所未有的成就，这些经验和成就为推动达州哲学社会科学的进一步发展奠定了良好的基础，同时对全国全省发展哲学社会科学事业有重要借鉴和启示意义，主要有五个方面。

（一）党的领导是根本

回顾达州市哲学社会科学发展历程和发展成就，坚持党的领导是发展繁荣的根本保证，这是被我市哲学社会科学历史和实践证明的一条不变真理，一条成功经验。

一是党的领导是打开哲学社会科学发展新局面的根本保证。70年以来特别是改革开放四十年来，达州市哲学社会科学逐步建立健全了市委统一领导、党政齐抓共管、宣传部门组织协调、相关部门分工负责、社会力量共同参与的工作格局。这都得益于市委的坚强领导。一直以来，市委坚持做到把哲学社会科学工作作为"一把手"工程，市委书记亲自审定重大社科课题，亲自审定社科规划，亲自牵头重大课题研究，亲自出席社科工作会议；市委坚持做到"五个纳入"，把哲学社会科学工作纳入市委全委会报告、纳入市委常委会重要议事日程、纳入党建工作责任制、纳入意识形态工作责任制、纳入年度目标绩效考核，主动放进全市工作"大盘子"进行安排部署，切实加强政治领导和工作指导，一手抓繁荣发展，一手抓引导管理。一方面市委每年预算哲学社会科学科研经费和优秀成果资助经费年均40余万元，加强对哲学社会科学事业发展的支持，为哲学社会科学搭好"舞台"，营造良好的哲学社会科学发展氛围，形成全社会支持哲学社会科学发展的合力。另一方面，市委开展的"千名硕博进达州""达州英才行动"，拿出一定比例招聘硕博人才，充实到哲学社科队伍中来，并加大力度鼓励支持硕博人才参与重大社会科学课题研究，并非常注重哲学社会科学人才队伍的培养，做到政治上充分信任、思想上主动引导、工作上创造条件、生活上关心照顾，多为他们办实事、做好事、解难事。

二是党的领导是取得哲学社会科学发展新成就的根本保证。达州市社科联是四川省市州一级社科联成立最早的，万源市社科联是四川省县（市、区）一级成立最早的。在这一良好基础上，达州市社科研究、科普基地、科普教育、理论宣传都走在了全省前列，诸如巴文化研究、红色文化研究、农耕文化研究、基层治理研究、党委（党组）中心组学习研究都在全省占据一定分量，都产生了很大影响，对达州市统筹推进"四个全面"、协调推进"五位一体"战略起到了助推作用。正是因为在市委的领导，在长期实践探索中，达州哲学社会科学事业发展才取得了长足进步，才产生了这些巨大成就。无论是在革命、建设，还是改革开放乃至进入新时代等不同的历史时期，我们始终坚持马克思主义基本原理同达州具体实际相结合，运用马克思主义立场、观点、方法研究解决各种实践问题，才不断让哲学社会科学事业产生巨大社会效益和经济效益。也正是因为市委的坚强领导，始终坚持以马克思主义为指导，达州的哲学社会科学事业才不至于失去灵魂、迷失方向，才与时代发展同步同轨，才与社会合韵合拍，才能在经济社会发展中发挥哲学社会科学应有的作用。

三是党的领导是取得哲学社会科学发展新突破的根本保证。达州哲学社会科学事业发展虽然取得了很多成绩，但发展中也难免会存在一些问题，难免会有挫折阻碍或困境沟坎。比如经费保障问题、人才队伍问题、阵地建设问题、活动载体问题，但是在市委、市政府和相关部门的大力支持下，这些问题都逐步得到解决。并且经过我们不断的摸索与实践，达州哲学社会科学事业发展取得了新的土壤，体制机制不断完善，经费保障逐年提高，学科体系不断健全，研究队伍不断壮大，研究水平和创新能力不断提升，理论研究和实践效果取得丰硕成果。同时，面对新时代新发展带来的哲学社会科学领域还存在诸如发展战略还不十分明确、教育培训体系不健全、人才队伍总体素质亟待提高、理论研究有待深化提高等方面问题，市委、市政府正从各个方面加以研究、下大力气解决。总之，正是因为市委、市政府的坚强领导，才充分调动广大哲学社会科学工作者的积极性、创造性，才能够在解决影响哲学社会科学发展的突出问题上取得明显进展，才能够推动哲学社会科学事业取得新突破。

（二）精准定位是关键

达州哲学社会事业取得长足进步、突破发展的关键，就是在党的坚强领导下，精准定位方位、定位角色、定位职责。主要有三点经验值得总结和推广。

一是坚守政治定位，努力建设社会主义意识形态重要阵地。牢牢把握哲学社会科学研究工作的政治属性和意识形态阵地的政治使命，不断增强"四个意识"，坚定"四个自信"，做到"两个维护"。第一，高度重视夯实意识形态基础建设。坚持用马列主义、毛泽东思想、邓小平理论、"三个代表"重要思想、科学发展观、习近平新时代中国特色社会主义思想培育学术之根、浇铸政治之魂。同时结合达州实际，在理论武装上突出抓好"四进"：即进班子建设，抓好党委（党组）理论学习中心组学习的表率示范；进科研工作，召开科学发展观、群众路线、三严三实、纪念改革开放40周年理论座谈会等理论研讨会议，举办巴渠讲坛、巴山大讲堂，采取请进来与走出去相结合的方式开展理论研究与学术报告；进党报党刊，在达州日报开辟了"习近平新时代中国特色社会主义思想研究""省第十一次党代会""市委四届六次七次全会"等理论专栏；进教学课堂，在中小学校打造科普基地，坚持开展系列讲座，增强了理论武装的常态性、系统性、实效性。第二，重视加强意识形态风险防控。认真落实"党委专题研究、专题报告"制度要求。年度工作按时报告，重大事项及时报告。制定管控防范和应急处置措施，特别是对涉外学术交流交往，涉及党的最新理论政策的"讲座、论坛、研讨会、座谈会、报告会"，严格落实意识形态纪律要求、提醒谈话和文章言论审查把关。不断完善责任体系，工作责任落实到岗到人，纳入年度述职、考核体系。第三，重视发挥意识形态职能作用。加强理论和时政的研究宣传，在舆论引领上充分发挥专业队伍作用，利用各类对外交流平台正面宣传达州，开展基层理论宣讲，组织四川文理学院、党校、干部学院等专家学者开展义务下基层宣讲等活动，关注研究解决基层现实问题，在意识形态建设上发挥了专长，尽到了专责。

二是明确发展定位，努力建设全省一流地方社科组织。确定"实现一个总体目标、突出四个战略重点、构建八个有力支撑"的发展思路，倾力在三大体系建设上进行突破。第一，强化学科体系建设。形成"1+7+N"工作格局，以市社科联为龙头，以7个县（市、区）社科联为支撑，以全市各部门为点位，覆盖经济、政治、社会、文化、生态文明五大领域的科研体系；构建了以老、中、青三代人才梯队为主体架构，以巴文化、红色文化、富硒文化、生态文化为学术引领的学科群，推动了学术成果全面提升。第二，强化学术体系建设。巩固传统优势，保持在巴文化、红色文化研究上的学术领先；突出考古研究，扩大在古巴人文明、地方志、地方史上的学术影响；提升特色研究，保持富硒文化、生态文化研究等领域的学术地位，持续推进重大项目。巴文化研究实施20年来，累计完成著作30部（册），推出一批填补省内、国内空白的力作，带动了学术水平提高和学术体系建设。第三，强化话语体系建设。着力构建达州市学术话语平台，打造了全国新农村文化建设论坛、罗家坝遗址与巴文化学术（中国·宣汉）研讨会、国家治理高峰论坛暨达州·达川基层社会治理创新高峰会等高层次、高规格论坛，以省级专家和学科带头人为代表的专家学者品牌。在学术研究、建言咨政、舆论引导上发出达州声音、贡献达州思考、体现达州智慧。

三是提升功能定位，努力建设达州振兴发展新型智库。达州市社科联处于省级社科联和县级社科联中间地带，属于上下交集环节。因此达州市社科联充分认识到这一点，精准定位所处方位和在此前提下的功能，那就是既没有创新出台理论资质，不做宏观上的理论研究，也不具备研发能力，不做微观上的技术研究。而是从中观层面，做好理论阐释、提供决策参考、指导实践、助推发展。所以这就是达州市哲学社会科学事业取得发展的又一秘诀：主动把握哲学社会科学发展的新趋势新要求和所处方位，上接"天气"、下接"地气"，以理论为指导，以实践为参考，以应用为导向，积极推进新型智库建设。第一，精准定位研究思路。坚持对策研究与学术研究并重发展、相互促进，推出学理性、专业性与应用性、操作性相统一的智库成果；创新组织架构，整合科研资源，建立理论智库、政策智库、问题智库、实践智库四个智库；改进评价考核体系，强化智库建设导向。第二，精准定位合作机制。根据达州市市情和地理区位，除了加强与国际智库、国家智库、四川智库的合作以外，尤其注重与达州毗邻三省一市智库的合作机制。第三，精准定位研究方向。达州市是人口大市、农业大市，同时又是巴文化的核心区，也是川陕苏区重要组成部分，所以达州市哲学社会科学研究将农业农村、脱贫攻坚、乡村振兴、基层社会治理、巴文化、红色文化作为研究重点和主要方向，因地制宜加以研究，因地施策助推发展，这是达州哲学社会科学繁荣发展的关键所在。

（三）文化自信是核心

文化自信是更基本、更深沉、更持久的力量。达州市哲学社会科学界始终把坚定文化自信作为推动哲学社会科学事业发展繁荣的核心，作为培根铸魂的要义。在此基础上，让全市哲学社会科学研究体现中国特色、时代特色、地域特色，体现继承性和民族性、原创性和时代性、系统性和专业性，让达州哲学社会科学研究成为体现达州人知识智慧和理性思辨、延续红色文化精神血脉、阐发巴文化基因的标志性工程。这是达州哲学社会科学发展繁荣的要义，是70年来实践经验。

一是坚定文化自信，始终坚持以马克思主义理论为指导。百年马克思主义中国化实践，更使得马克思主义的立场、观点、方法成为中国文化自信的重要组成部分。缺失了马克思主义指导的哲学社会科学，其立场、观点、方法的科学性值得怀疑。70年来，达州市社科联始终坚持以马克思主义理论指导达州哲学社会科学事业的发展。尤其是党的十八大以来，达州市哲学社会科学事业同步迈进新时代，以学习贯彻习近平新时代中国特色社会主义思想为主线，开展哲学社会科学研究与普及工作。相继开展了达州市哲学社会科学界学习贯彻党的十八大精神座谈会、达州市哲学社会科学界学习贯彻习近平总书记系列重要讲话精神研讨会、达州市基层理论宣讲员专题培训、全市理论宣讲骨干宣讲能力提升训练、达州市哲学社会科学界庆祝改革开放40周年暨学习习近平总书记在庆祝改革开放40周年大会上的重要讲话精神座谈会等，旨在教育引导哲学社会科学工作者把学习贯彻习近平新时代中国特色社会主义思想作为重要政治任务，坚定对马克思主义的信仰，坚持和巩固马克思主义在意识形态领域的指导地位，始终做到以科学决策指导科学研究，以科学研究指导科学决策，以科学决策指导科学发展，真正确保了全市哲学社会科学事业发展方向不偏、发展动力不减、发展目标不变。

二是坚定文化自信，深入挖掘中华优秀传统文化伦理品质。达州是巴人故里，巴文化历史厚重、红色文化浓郁、农耕文化悠久，全市哲学社会科学工作者历来坚定文化自信，植根历史文化，以文化自信培根铸魂。一方面，立足达州现实，与时代同频共振，更好地记录时代、讴歌时代，反映现实、烛照现实。比如，达州市社科联围绕党的群众路线教育实践活动、"三严三实"主题教育活动、"两学一做"学习教育活动、"不忘初心、牢记使命"主题教育活动以及庆祝改革开放40周年、中华人民共和国成立70周年、达州建市20周年等开展了主题理论征文活动，鼓励全市哲学社会科学工作者立足达州实际、关注时政热点，把巴文化内核、红军精神、地域农耕文化优秀品质与各项主题教育紧密结合，以达州发展印证改革开放取得的巨大成就。另一方面，通过哲学社会科学年度课题规划和优秀哲学社会科学成果奖评选，引导全市哲学社会科学工作者充分汲取巴文化、红色文化等中华优秀传统文化中的仁爱、民本、守信、和合、正义、大同等精神品质，创造性转化、创造性发展红色文化、巴文化、农耕文化等中华优秀传统文化精神资源。比如，万源市社科联基于万源保卫战、固军坝起义、红军标语、革命遗址遗迹等红色文化资源，深入开展了红色文化研究，编辑出版了《川东游击军史》《川陕革命根据地斗争史》《川东固军坝起义60周年》《万源保卫战纪念文集》《巴山女红军》《李家俊传》《熊国炳传》《血战大巴山》《巴山血》等研究专著，并召开了纪念万源保卫战胜利80周年座谈会，充分挖掘红色文化、红军精神感染人、教育人、启迪人的精神感召作用，充分发挥红色文化资源优势，将红色文化与旅游产业有机融汇，将红色旅游与绿色旅游有机结合，做到了文旅融合、产学研结合。

三是坚定文化自信，扬弃西方哲学社会科学的历史成果。达州市以高度的文化自信推动全市哲学社会科学事业发展，除了以当代中国马克思主义理论为指导，不断挖掘汲取中华优秀传统文化营养，同时还以开放的心态和批判的眼光对待西方哲学社会科学的历史成果，以期全市哲学社会科学在吸收借鉴、兼容并蓄中繁荣壮大。文化自信不是倡导文化自大、文化盲信。全市哲学社会科学研究坚持不排斥其他国家和民族在哲学社会科学领域的研究成果，在观照和批判中，使他国、他民族的优秀成果为我所消化、吸收和再造，使得哲学社会科学的民族性更符合达州发展实际、更符合现时代的发展要求。同时，对于西方哲学社会科学的话语、概念、理论、方法，认真辨别和区分，对于适用于达州市情和发展现状的，大胆拿来使用，比如山区县市基层治理研究、达州段荔枝古道研究、川渝陕结合部生态文明示范区建设研究，等等，借鉴吸收了世界上优秀文明成果的研究方法，同时又坚持做到绝不简单移植或生搬硬套，确保达州哲学社会科学始终彰显有地域性、实效性和时代性。

（四）联系服务是宗旨

沟通联系、围绕中心、服务大局、资政参谋是哲学社会科学的本职工作，是宗旨。70年来，尤其是党的十八大以来，达州哲学社会科学事业之所以能够取得长足发展，就是始终不忘服务初心，牢记宗旨使命，始终坚持这个宗旨不变，围绕这个宗旨用功，充分发挥了达州哲学社会科学"思想库"和"智囊团"的作用，这是达州市哲学社会科学事业繁荣发展的传家宝。

一是围绕中心，服务大局。比如，党的十八大以来，达州市哲学社会科学界始终坚持紧紧围绕学习贯彻党的创新理论，在研究阐释、宣传宣讲、教育普及上下功夫，推动习近平新时代中国特色社会主义思想在巴渠大地落地生根、深入人心。紧紧围绕庆祝改革开放40周年、中华人民共和国成立70周年，立足40年、70年来达州取得的巨大成就和发生的沧桑巨变开展学术研究，以小见大、见微知著，深刻反映40年、70年来党和人民的奋斗实践，深刻解读新中国历史性变革中所蕴藏的内在逻辑；紧紧围绕市委"12335"总体部署，围绕全市发展大局，聚焦达州实现"两个定位"、争创全省经济副中心发展目标，聚焦经济高质量发展、乡村振兴、打好三大攻坚战、县级融媒体中心、新时代文明实践中心建设、"四城同创"、全国巴文化高地建设等市委中心工作，统筹开展基础性、对策性、前瞻性研究，不断提炼出有学理性的新举措、概括出有规律性的新实践、总结出有启发性的新经验，为达州推动高质量发展贡献社科力量。

二是担当责任，服务人才。作为川渝陕结合部区域中心城市，达州必须以宽广的视野、开放的胸襟、包容的姿态、有效的机制，营造有利于哲学社会科学发展的良好环境。因此，达州市充分依托各县市区社科联、各级学会、协会、研究会、高校和研究机构等众多的优势，发挥好达州市社科联的桥梁纽带作用，完善驻达高校、研究院所、部门单位等领域的社科人才沟通联系机制，建立"达州市哲学社会科学人才库"，最大限度整合资源、汇聚力量；推动四川文理学院和达州职业技术学院以及各县市区社科联、各级学会、协会、研究会建立研究基地，为社科人才集聚、研究、交流创造良好环境；树立"不求所有、但求所用"的观念，通过课题委托、项目合作、顾问咨询等方式，积极争取国内外知名社科专家，共同为达州经济社会发展献计出力；根据达州市经济社会发展实际，逐步加大财政对哲学社会科学事业的投入，在机构改革任务繁重，人员编制十分紧张的情况下，成立达州市巴文化研究院，为正县级事业单位，归属市委宣传部领导。稳步推进巴文化创意交流中心、巴文化遗址博物馆、非遗展览馆等一批哲学社会科学基础设施，重点扶持了实现"两个定位"、争创全省经济副中心、川渝陕结合部区域中心城市建设、"6+3"产业发展、"四城同创"、打好三大攻坚战和乡村振兴等一批重大哲学社会科学科研课题项目，努力改善哲学社会科学发展的基础条件；认真贯彻哲学社会科学"双百"方针，努力营造一个宽松的学术环境，鼓励学术研究和理论创新，注意区分和把握思想认识问题、学术问题和政治问题的界限，充分发挥他们的积极性、主动性和创造性。推动我市哲学社会科学事业迈步新时代、迈上新台阶。

三是突出导向，服务群众。习近平总书记指出，哲学社会科学工作者肩负着启迪思想、陶冶情操、温润心灵的重要职责，承担着以文化人、以文育人、以文培元的使命。70年来，市社科联坚持引导全市哲学社会科学工作者坚守高远志向、良好品德、高尚情操，做有信仰、有情怀、有担当的学问家，用明德引领风尚；牢固树立以人民为中心的研究导向，为人民创作、为人民立言、为人民解惑，推出更多与时代相匹配、群众喜爱青睐的社科精品，更好地教育群众、启发民智、凝聚力量；聚焦人民实践创造，定期实地调查研究，从人民群众对美好生活的新期待中挖掘研究素材，推出更多直面现实热点问题、回应人民群众关切的理论成果，真正把课题写在大地上、把研究写进群众心坎里；精心组织开展"三下乡"、科普示范活动月等各类社科主题活动，在通俗化、大众化、普及率、到达率上下功夫，推动社科研究成果"飞入寻常百姓家"，更好地影响群众、熏陶群众；密切关注时代变革对人们的影响，向市委、市政府积极反映人民群众的呼声期盼，研究提出符合群众需要的政策思路和对策建议，不断增强人民群众的获得感幸福感，真正从群众中来，到群众中去，切实发挥了哲学社会科学服务群众、推动发展的功效。

（五）守正创新是出路

哲学社会科学事业是党的事业的重要组成部分。发展哲学社会科学事业，守正是前提、是基础，创新是引擎、是源泉。70年来，达州市始终坚持守正创新，不断推动全市哲学社会科学事业繁荣发展。

一是守正是发展基础。毫不动摇坚持党对哲学社会科学工作的领导，真正把"两个维护"内化于心、外化于行，围绕维护意识形态领域安全、把握引领经济高质量发展、全面深化改革、提高社会治理能力、防范和化解重大风险等重大理论和实践问题，充分发挥好哲学社会科学"五路大军"的作用，建设具有达州特色的新型智库，积极开展政策研究、决策评估、理论阐释等工作，努力做好统一思想、凝聚力量工作，促进全市社会形成团结奋进的浓厚氛围和强大合力，让广大社科工作者成为先进思想的倡导者、学术研究的开拓者、社会风尚的引领者、党执政的支持者，为新时代达州经济社会发展营造了良好的思想理论氛围。

二是创新是发展引擎。一方面，创新体制机制。认真贯彻落实党的知识分子政策，在全社会形成尊重劳动、尊重知识、尊重人才、尊重创造的良好风尚。着眼于解决投入与产出不成正比的问题，全方位创新组织管理、立项审批、经费支持、成果评价、推介转化、薪酬激励、职称评定、人才引进、干部遴选等政策措施，以改革精神解决哲学社会科学事业发展进程中存在的突出问题，真正建立起能上能下、能进能出、奖罚严明、高效灵活、充满活力的制度环境，比如市委出台了《中共达州市委构建中国特色哲学社会科学事业实施意见》等规范性文件，最大限度地调动全市哲学社会科学工作者的积极性、主动性、创造性。同时推动各级党委要切实肩负起领导、推进哲学社会科学繁荣发展的历史重任，大力支持社科联系统的组织建设和职能完善，大力培养造就结构合理、素质优良的社科创新人才队伍，全面开创新时代全市哲学社会科学工作新局面。另一方面，创新工作举措。为了加强全市优秀哲学社会科学成果奖评选，创新设立"四审"把关办法。第一，引进网络查重系统，对每项参评社科成果，坚持查重，凡是抄袭的三年内不纳入全市哲学社会科学成果申报、评奖范围，凡是引用超过一定比例的取消参评资格。第二，建立全市哲学社会科学优秀成果奖评审专家库，抽签决定评审专家，匿名盲评参评成果。第三，专家初评后，经复审组专家评审，社科联党组研究，上报市委宣传部部务会进行审核。第四，成立达州市哲学社会科学优秀成果奖评奖委员会，市委常委、宣传部部长任组长，市政府分管副市长任副组长，相关职能部门负责人为成员，评奖委员会集体投票决定成果最终等次。"四审"评奖办法确保了全市哲学社会科学成果的权威性、真实性和公正性，最大限度激发了哲学社会科学工作者的积极性、主动性和创造性，最大限度发挥了优秀哲学社会科学的理论指导价值和实践参考意义。

达州市社科联课题组

成员： 黄龙德、杨登述、唐敏、刘扬、蒋明远、王开仓、邓良智

BAZHONG SHI PIAN

巴中市篇

四 川 哲 学 社 会 科 学 70 年

导　言

　　巴中市位于四川省东北部，东汉永元 3 年（公元 91 年）置汉昌县，据今已有一千九百余年。中华人民共和国成立后隶属于原达县地区，1993 年建立巴中地区，2000 年撤地设市，总面积 12292 平方千米，辖两区（巴州区、恩阳区）三县（南江县、通江县、平昌县），人口 380 万。巴中历史悠久，人文积淀丰厚，文化名人众多。

　　巴中是巴文化中心。巴文化是巴蜀文化的重要组成部分，有以米仓古道、南龛石窟、恩阳古镇及巴灵台、擂鼓寨、月亮湾、阳八台等为代表的巴文化遗迹，特别是以巴山背二歌、翻山铰子、巴中皮影等为代表的非物质文化遗产被称为活态的巴文化，是泛巴区域巴文化遗存保存最为丰富完整的地区。忠勇节义、豪放包容的巴人精神，增强了新一代巴中人的文化自信。

　　巴中是川陕苏区首府。1932 年 12 月，红四方面军在通江两河口入川，迅速建立起以通江、南江、巴中为中心区域的川陕革命根据地。当年有 12 万巴中儿女参加红军，4 万多人为革命献出了宝贵生命。1934 年 1 月，毛泽东在中华苏维埃共和国第二次全国苏维埃代表大会的报告中指出："川陕苏区是中华苏维埃共和国的第二个大区域，川陕苏区有地理上、富源上、战略上、社会条件上的许多优势，川陕苏区是扬子江南北两岸和中国南北两部间苏维埃革命发展的桥梁，川陕苏区在争取新中国伟大战斗中具有非常巨大的作用和意义。"川陕革命根据地现存红四方面军总指挥部旧址、毛浴古镇、红军烈士陵园、红军石刻标语等大量红色文化遗址。红四方面军在巴中建立川陕革命根据地时期，重视社会科学研究，在政权建设、党群组织建设和军事斗争中，特别是在政治宣传和政治动员中非常重视马克思主义大众化、马克思主义地域化的研究、探索和实践，党的政策主张与马克思主义的基本观点通过各种符合川陕革命根据地老百姓易于、乐于接受的灵活多样的方式方法得以传播。红四方面军提出的"智勇坚定、排难创新、团结奋斗、不胜不休"的红军训词内涵丰富，在今天仍然具有积极的现实意义和指导作用。

　　巴中是晏阳初故里。巴中是中国平民教育家和乡村建设奠基人晏阳初先生的故乡。晏阳初先生自十九世纪二十年代开始致力于平民教育七十余年，被誉为"世界平民教育运动之父"，1943 年和爱因斯坦等人一起被评选为"现代世界最具革命性贡献的十大伟人"。此外，巴中还有张思训、张必禄、吴镇、刘伯坚、吴瑞林、董修武、"三李父子"（李蕃、李钟壁、李钟峨）及章怀太子等历史文化名人。

　　巴中自撤地设市以来，经济、社会、文化事业飞速发展，建区设市之期，形成了享誉全省的"宁愿苦干、不愿苦熬"的巴中精神，被誉为全国"八七"扶贫攻坚的一面旗帜。巴中市委深入贯彻党的十九大精神，确立了"加快建设川陕革命老区振兴发展示范区，奋力走出秦巴山区脱贫攻坚绿色发展新路子"的总体思路，明确了实施"六大突破"、强化"六个推进"的战略举措和实现"六个走在前列"的发展目标，以脱贫攻坚为统揽，以绿色崛起为路径，以产业强市为支撑，以改革创新为动力，以从严治党为保障，抢抓机遇、乘势而上，苦干实干、创新创造，各项事业再添佳绩，从"宁愿苦干、不愿苦熬"到"苦干实干、创新创造"，社会主义建设先进文化得到不断发展。

巴文化中心、川陕苏区首府、晏阳初故里这三张文化名片和巴中社会主义建设先进文化筑就了巴中社会科学研究和社科普及的丰厚土壤。巴中市社会科学界联合会（以下简称为巴中市或地区社科联）作为全市社会科学界的联合组织，充分发挥桥梁作用，着眼本土、深入实践，围绕中心、服务大局，履职尽责、主动作为，在坚守中求进取，在发展中求突破，在开拓中求创新，取得了较为突出的成绩，为巴中的经济社会发展发挥了"思想库""智囊团"作用。

巴中市哲学社会科学 70 年概况

中华人民共和国成立以后一直到 1993 年，巴中市现所辖的三县两区（当时为通江、南江、巴中、平昌四个县）隶属于原达县地区，哲学社科工作也在原达县地区社科联的领导和指导下开展。中华人民共和国成立初期，通江、南江、巴中、平昌四县哲学社会科学人才匮乏，组织机构不健全，相关研究和社科普及活动开展相对较少，学术成果少。1993 年巴中地区成立后，巴中哲学社会科学迎来了一个新的发展时期，组织机构不断完善，社科人才队伍不断壮大，学术成果日渐丰富，取得了较为突出的成绩，为巴中的经济社会发展发挥了"智囊团"作用，为巴中的哲学社会科学发展做出了新的贡献。

（一）组织机构建设

1. 巴中地区社会科学界联合会

1994 年 3 月，巴中地区成立才四个多月，在地委主要领导支持下，由时任地委委员、宣传部长提议并牵头成立了地区社科联筹备领导小组，1994 年 4 月 4 日在地委会议室召开了组建社科联的专门会议，地级机关各部门和所属三县一市的宣传部、社科联的负责同志参加了会议，时任地委分管副书记和四川省社科联副主席出席会议并讲话。会议审议通过了社科联章程，民主选举产生了地区社科联第一届理事会，时任地委分管副书记为社科联主席，组织部长、宣传部长、行署副专员、地区政协工委副主任等为副主席，理事会的主要成员由地委行署各部委室校局及各县、市委宣传部、党校主要负责人组成。

2. 巴中市社会科学界联合会

2007 年 6 月，经巴中市编委研究，市委常委会议决定，同意成立巴中市哲学社会科学界联合会，巴中市社科联为市委、市政府领导下的全市社会科学的学术性团体，为全市性社会科学学会、协会、研究会的业务管理部门，由市宣传部代管，核定定额（定项）事业编制 3 名，为正县级群团组织，其中党组书记按正县级配备。同年 12 月，巴中市编委根据市委二届 29 次常委会议精神，印发《关于巴中市社会科学界联合会领导职数设置的批复》，同意设主席 1 名（兼），专职副主席 1 名（按正县级配备），副主席 3 名（按副县级配备）。2008 年 11 月，巴中市委组织部印发《关于党委系统部分直属事业单位和人民团体、部分群众团体首批列入参照公务员法管理的通知》，明确巴中市社科联为参照公务员法管理的人民团体。2008 年 1 月，巴中市社会科学界联合会第二次代表大会召开，选举产生了领导班子，设理事 28 名，常务理事 11 名，主席 1 名（兼职），专职副主席 1 名（兼职），副主席 3 名（兼职）。2012 年 6 月调入 1 名工作人员任专职副主席（驻会）。2017 年 8 月，巴中市社会科学界联合会第三次代表大会召开，出席代表 108 名，巴中市委书记、四川省社科联领导出席并讲话，大会修改了《巴中市社会科学界联合会章程》，选举产生了新一届领导班子，设理事 45 名，常务理事 21 名，主席 1 名（兼职），专职副主席 1 名（驻会），副主席 2 名（驻会），副主席 6 名（兼职）。2019 年 4 月，召开三届四次理事会议，选举产生副主席 1 名（驻会）。自此，巴中市社科联领导班子全部配齐。

3. 各区（县）社会科学界联合会

巴中市所辖巴州区、恩阳区、南江县、平昌县、通江县 5 个区（县）都成立了社科联或相应组织机构。巴州区（巴中地区建立以前为巴中县）社科联成立于二十世纪五十年代末，后由于主要领导变更，于1991年进行变更登记，拥有直属团体会员35个，曾出版理论刊物《学习与探索》。2007年7月，根据省、市、区要求，恢复成立巴州区社科联。巴州区社科联为正科级事业单位，核定事业编制2名，现有在编干部2人，设专职副主席1名、副主席1名、秘书长1名。恩阳区社科联于2014年2月正式成立，为恩阳区委宣传部直属事业单位，现有事业编制2名，设主席1名，专职副主席1名。平昌县社科联成立于2008年12月，有事业编制7名，设主席1名（按照正科级配备）。南江县社科联成立于2008年3月，有编制3名。通江县社科联成立于2009年4月，有编制3名。各区（县）社科联均与宣传部合署办公。

4. 地市级社科组织

自1994年3月巴中地区社科联成立以后，地市级社科组织如雨后春笋般蓬勃发展，在一年的时间里先后成立了地区组织人事学会、纪检监察学会、计划生育学会、教育学会、卫生学会、邮电学会、钱币金融学会等地级社科组织15个。当时在巴中地区的不少部门和单位，遇到重大问题，都采取通过社科组织召开研讨会的方式，借助"外脑"、"延脑"帮助民主决策、科学决策，社科组织发挥了较大作用。此外，这些地级社科组织还积极参与跨地区社科学会研讨交流，例如川陕毗邻地区工运理论研讨会于1994年8月在巴中南江县召开，由巴中地区工会和南江县总工会承办。巴中市自社科联第二次代表大会以来，成立了市人大制度研究会、市机关党建研究会等，市级社科组织发展到22个。2012年以来，巴中市社科组织建设取得新的发展，在巴中市社科联的指导下，相继成立了市法学会、市人民政协理论与实践研究会、市政协文史资料研究会、市土地矿业学会、市优秀传统文化教育学会等8个社科组织。截至目前，巴中的市级社科组织达到34个（见表1）。

表1　巴中市级社科组织名录

序号	巴中市级社科组织名称	序号	巴中市级社科组织名称	序号	巴中市级社科组织名称
1	市人大制度研究会	13	市政协理论与实践研究会	25	市组织人事研究会
2	市纪检监察学会	14	市党建研究会	26	市法院生态环境与法制保障研究会
3	市法学会	15	市检察理论与实务研究会	27	市钱币学会
4	市社会治安综合防控体系研究会	16	市金融学会	28	市思想政治工作研究会
5	市律师协会	17	市法制教育研究会	29	市卫生学会
6	市教育学会	18	市公路学会	30	市图书馆学会
7	市工商学会	19	市土地矿业学会	31	市集邮协会
8	市会计学会	20	市税务学会	32	市岳飞文化研究会
9	市史志学会	21	市统计学会	33	市晏阳初研究会
10	市区划地名学会	22	市群众文化学会	34	市优秀传统文化教育学会
11	市红色文化教育学会	23	市国学会		
12	市家庭教育学会	24	市政协文史资料研究会		

（二）阵地建设

1. 四川红军历史文化普及基地

巴中市社科联从2013年起，着手建设社科普及基地，经申报评选，巴州区图书馆于2014年10月被四川省委宣传部、省社科联联合认定为第五批四川省社会科学普及基地，2015年1月8日正式授牌，普及主题为红军历史文化。该基地以巴中市社科联为主导，巴中市巴州区图书馆为依托，巴中市、区文化馆、晏阳初史迹展览馆、川陕革命根据地博物馆等单位为成员单位，是以收集红军史料、书籍、影像资料，研究红军历史文化，传播红军精神为主要目的的人文社会科学普及工作的联合机构。该基地主场地位于巴中市巴州区大堂坝街魁星楼广场8号，总面积3020平方米（含分馆），其中社科宣传、音像视频播放场地420平方米。该基地有社科普及工作人员9人，其中专职5人、兼职4人，另有志愿者20余人；电脑、摄影仪、摄像机、复印机、打印机、传真等电教设备齐全；有《长征在川大事记》、《小平蜀乡情》、《毛泽东长征在四川》、《邓小平与四川》等各类红军历史文化的图书300余册；有新中国成立以来各历史时期的各类报纸100余万份；线装古籍珍（善）本3000多册；总藏量达120万余册（件）。

　　2.《当代巴山》理论刊物

　　1994年8月，巴中地区社科联创办了理论刊物《当代巴山》（见图1），8月28日正式出刊，为季刊，采用与巴中地委宣传部、地委党校联办的方式，原四川省委副书记杨超题写刊名，时任地委书记韩忠信撰写发刊词，编委会由地委书记、行署专员担任顾问，地委委员、宣传部长卢耸岗担任主任，21名地级相关部门主要负责人担任委员，宣传部（社科联）分管副部长担任主编，设有"改革与发展"、"地区经济研究"、"思想政治工作"、"理论研讨"、"工作交流"等16个栏目。后巴中地委办公室、行署办公室加入成为主办单位，《当代巴山》成为巴中地委机关理论刊物。至2002年停刊时，《当代巴山》共刊发各类文章600多篇。近年来，巴中市社科联办有《社科成果专报》，巴中市法学会、市土地矿业学会、市图书馆学会等市级学会均办有内部资料性社科刊物。

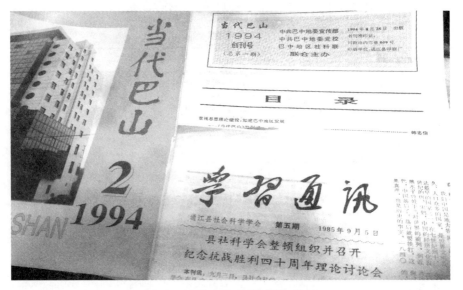

图1　巴中市理论刊物和学习资料

（三）人才队伍

　　在2014年前，巴中由于没有高等院校，专职社科人才相对缺乏。近年来，巴中市委、市政府高度重视人才工作，三届市委第29次常委会议对社科人才的引进作了研究，市人才办在年度人才引进工作中，每年将研究生学历以上的管理、法学、教育等专业人才纳入专业人才库，这些社科人才在机关、事业、企业单位发挥着重要的职能作用。巴中职业技术学院自成立以来，招聘引进本科、研究生学历以上社科类专业教师16名。目前，巴中市博士或正高级以上社科人才达到10名以上。

三

巴中市推动哲学社会科学繁荣发展的
基本实践与主要成就

自成立以来，巴中市各级社科联和社科学会、协会、研究会，都始终坚持"打基础、聚力量、求突破、创特色、上台阶"的理念，社科工作一直呈现向上向好的发展局面。特别是党的十八大以来，巴中市社科联在市委、市政府的领导和市委宣传部的管理下，在四川省社科联的指导关心下，以习近平总书记关于哲学社会科学的系列重要讲话精神为指导，立足巴中实际，着眼发展大局，举旗帜、聚民心、育新人、兴文化、展形象，加快构建巴中特色哲学社会科学，积极谋划建设"巴中应用型智库"，以智库建设统揽社科工作，推出了一批有价值的社科成果，取得了良好的社会影响和社会效益，为巴中经济建设和社会发展起到了智力支持作用。

（一）抓好课题研究　加强学术交流

1. 深入调研出思路

为使社科研究更具战略性、应用性、针对性，为领导科学决策提供有价值的参考，巴中市社科联历来重视调查研究工作，勤于谋划，深度思考，组织社科联干部多次到外地考察学习和到基层调研，并在此基础上形成较有深度的报告。巴中市社科联会同巴中市政协文史委组织文史界的社科工作者，对蜀道（米仓古道）申遗的文化资源进行全面、系统的调研，调研了米仓道三条主线和两条支线上的古琉璃观、二洞桥石刻、皇柏林、阎王砭、碑坡古道、古白石县城、黄花溪古道、恩阳古镇，以及三李故居、得汉城、平梁城、小宁城等遗址遗迹，系统梳理了文化资源，并以此为素材撰写了课题报告《蜀道申遗最重要的文化支撑——米仓古道线路文化研究》。

《世界一流·中国第一——巴中市"3+N"打造山地运动休闲度假旅游目的地研究》课题报告中论证的观点和规划的项目得到时任市委书记、市长的充分肯定，得到市规划部门、体育部门、林业部门的有效采纳，巴中城区及县城、重点镇（村）、风景名胜区、"巴山新居"聚居点等20多处山地运动休闲基础设施（网球场、自行车赛道、健康步道等）陆续投入建设。

2. 立项课题出成果

巴中市社科联从2017年起，每年及时发布年度课题指南，通过评审立项、公示、召开课题备课会、评审结项、呈送领导和相关部门参阅等方式，推动课题研究工作常态化开展。2018年，巴中市社科联发布了《川陕革命老区振兴发展示范区建设研究》《乡村振兴治理与脱贫攻坚大背景下"道德银行"建设的探索与实践研究》《巴文化及巴中历史名人文化资源开发研究》等重点课题指南8项，其中，由重庆大学承担的重点研究课题《乡村振兴战略背景下"道德银行"运行机制优化路径研究——以南江县小田村为例》，其成果4.6万余字，得到了巴中市委和市委宣传部主要领导的肯定性批示，被《半月谈》和国家级社科核心刊物《中国行政管理》杂志登载。2017年12月，巴中市委宣传部成立巴文化研究院，市委书记为巴文化研究院授牌，巴中社科研究增添了新的专项平台载体。该院主要负责拟定巴文化考古调查、基础研究、保护利用、文艺创作、产业发展规划，深入巴文化研究，弘扬巴人精神、红色文化、时代精神，传承巴文化基因；推进巴文化和蜀道申遗工作；组织协调泛巴文化区域文化学术研究和对外交流，拓展巴文化影响，推动形成秦巴文化旅游大环境；建立巴文化研究、考古、创作、产业等领域专业人才资源信息库，试点推进跨区域人才交流等工作。两年多来，单独立项的巴文化研究课题达30多项，巴中市社科联取得了一批重大研究成果，并成功承办了巴人文化艺术节巴文化研讨会，举办了巴文化展览，提升了巴中"活态巴文化"在泛巴区域的影响力。

3. 成果转化出效益

巴中市社科联根据时任市委宣传部主要领导的要求和安排，积极跟进，主动作为，通过购买咨询服务的方式，聘请四川省社科院专家进行研究，形成了《世界一流·中国第一——巴中市"3+N"打造山地运动休闲度假旅游目的地研究》《巴中山地狩猎及其产业发展研究》等重大课题成果（见图2），受到巴中市委、市政府主要领导的充分肯定；提交三届市委全会做出的"努力把巴中建成山地运动休闲度假旅游目的地"的决策，获得巴中市科技进步三等奖；环中国国际公路自行车赛、平昌全国摩托车越野锦标赛等大型体育赛事成功举办，以城际交流合作和全民健身为目的的网球赛事活动蓬勃开展，健康向上的业余休闲生活理念成为巴中人的共识。巴中市优秀传统文化教育学会的研究成果《巴人文化探究》《巴国史话》中首次提出了巴中古代建国的十大理论依据，以现存于世的古巴国遗址、遗物给予有力佐证，引起了巴中市政府、市政协和市县相关部门的高度重视。南江县元潭镇抓住时机将申报遗址所在地熊家坝村更名为"太平寨村"，并在沿线建起了玫瑰、芍药产业园区，加快了当地脱贫致富的步伐，社科成果得到转化应用。

图2　巴中市社科课题研究成果

（二）开展社科普及　打造文化名片

1. 科普活动有声势

巴中市社科联注重社科理论成果的宣传、普及，开展了党的路线方针政策和巴中市委的重大发展战略"进社区、进农村、进企业"活动，让市委、政府的决策部署走进群众心里，弘扬社会正能量，构建社会主义核心价值体系。近年来，巴中社科联先后与巴中电视台等单位联合举办了巴中市深入实施创新驱动发展战略知识竞赛和以"秦巴中心城、财富新引擎"为主题的"乐湾首府·巴中首届财富峰会——走进经开区"活动；与市科知局等单位联合举办了巴中市科技创新驱动知识竞赛活动；与团市委等单位联合举办了"书香巴中·诗语青春"巴中市首届青少年诗词大赛活动；与巴中市委党史办等单位联合举办了"不忘初心·知史爱党"党史知识竞赛活动等，都取得了良好社会效果。按照巴中市委的安排，巴中市社科联积极主动参与巴人文化艺术节，承办了第六届巴人文化艺术节"话语巴山——晏阳初新村建设实验暨乡村振兴发展研讨会"，邀请国内外专家学者100余人，编印论文集《回望与前行》，收录晏阳初乡村建设与振兴研究论文60余篇，受到参会专家学者的充分肯定。2016年5月，巴中市社科联在通江县毛浴镇举办了红军精神与社会主义核心价值观学术研讨会，学术成果形成了专题文集。

2. 基地建设有发展

四川红军历史文化普及基地一直致力于为弘扬传承红军文化、推动社会文明与进步服务。自基地建立以来，常态化开展以红军文化为载体的科学、文明、健康的群众性、社会性红军知识培训、讲座、演讲比赛、有奖竞猜、重走长征路、万人签名、参观红军史料展馆等社科普及活动，开展丰富多彩的进校园、进机关、进企业、进街道、进社区、进农村社会科学普及教育活动，扩大了社会影响力，受到社会各界的关注和好评。近年来，共开展培训、讲座、演讲比赛、有奖竞猜、知识竞赛等活动20余场次，活动涉及巴州区23个乡镇、200余个村社，老百姓反映良好。其中影响较大的活动有6场次，如2015年9月开展的革命老区红色文化进社区系列活动；2016年8月在全市范围内开展的红军历史文化知识有奖答题活动；2017年4月在巴中市第三中学开展的"读红军书籍·讲红军故事"演讲比赛活动等，参与人数达20000多人次。基地积极向省委宣传部、四川省社科联报送三年工作评估参评材料，参加"三年认定"评估答辩测评，被四川省委宣传部、省社科联评估认定为"优秀基地"。巴中市社科联负责同志被评为全国优秀社会科学普及工作者。

3. 知识宣讲有特色

积极发挥学会作用，指导各市级学会认真开展科普宣传。近年来，巴中市优秀传统文化教育学会组建了共产党员宣讲小分队，在全市妇联系统开展了"好家风·好家训"专题巡讲活动53场，有效推动了社会科学进机关、进企业、进学校、进社区、进家庭；巴中市国土资源学会开设了振兴讲堂，举办了"机构改革面临的机遇挑战——聚焦改革前沿、活跃学术交流、建言自然资源"大型科普讲座；市法学会开设了"政法大讲堂"，举办了以"宪法修正案"为内容的大型讲座活动2场；市金融学会开展了秦巴金融讲堂等活动。在创建全国文明城市活动中，巴中市社科联充分发挥社科组织直接联系群众的优势，注重向市民宣传山地休闲运动与"全民健身、全民阅读、全民守法"的相关知识，指导基层社科组织在社区、企业、学校开设"道德讲堂"，"爱护环境，文明登高"等社科宣传活动10余次，得到社会各界的认同。

4. 科普读本有水准

为更好推动科普宣传，巴中市社科联组织编写了《巴中红军历史文化知识1000问》《长征路线（四川段）文化资源研究·巴中卷》等，由四川人民出版社出版（见图3）。《巴中红军历史文化知识1000问》全书35万多字，是首部巴中地方红军历史文化知识综合性科普读本，对巴中红军文化进行了系统深入的研究，进一步提升了巴中红军文化资源在全省红军文化资源中的价值禀赋。《长征路线（四川段）文化资源研究丛书·巴中卷》是四川省社科院、省社科联启动的全省重点文化工程项目，巴中是全省红军文化资源最丰富的地区和长征线路文化的重要组成部分，巴中市社科联积极落实人员编写，圆满完成了任务。

5. 名片打造有成效

当前，巴中市正以巴文化中心、川陕苏区首府、晏阳初故里三张文化名片为重点，以实施文化建设"四大工程"（巴文化名家精英工程、文化繁荣精品工程、巴人巴风巴俗荟萃工程、巴中文化名片创建工程）为抓手，着力讲好巴中故事，为文化强市建设提供文化支撑。

1）巴文化中心文化名片

巴文化是巴蜀文化的重要组成部分，巴中处于巴文化中心区域，是远古中华文明的发祥地之一，据史料记载，巴中一直处于巴国之中，巴人英勇善战、能歌善舞、刚毅雄健，"忠勇节义、豪放包容"的古代巴人精神是我们巴中人的文化本色。打造巴文化中心就是要向外界讲清楚巴中与巴文化的关系，讲清楚巴中的文化基因，讲清楚文化传承谱系，把优秀的历史文化传承下去。隋唐四龛佛城和恩阳古镇属于广义上的"巴文化"范畴，千年米仓道见证了昔日巴人的辉煌，历史上为南北政治、经济、文化交流发挥了重要作用。米仓古道沿线现在还保存有古代巴人的遗址、遗迹，隋唐四龛和恩阳古镇作为米仓古道上两个非常重要的节点，属于巴文化中心的文化名片。接下来，巴中将继续深入挖掘隋唐四龛和恩阳古镇所蕴含的文化内涵，积极做好其保护利用工作，把巴文化中心做大做强，为巴中市申报历史文化名城增添文化自信。

图3　巴中市社科普及读本

2）川陕苏区首府文化名片

巴中是全国第二大苏区——川陕革命根据地的中心，拥有全国最大的红军将帅碑林、红军烈士陵园、红军石刻标语群，红色资源十分丰富。当年，从这里走出了27位共和国将军，446位开国将军浴血巴山，留下了可歌可泣的红色传奇，形成了"智勇坚定、排难创新、团结奋斗、不胜不休"的红军精神，巴中为新中国的诞生作出了不可磨灭的贡献。巴中现有不可移动革命文物382件，可移动革命文物3万余件，红色主题博物馆8个，国家级爱国主义教育基地4个，省级爱国主义教育基地2个，5个4A级景区被列入全国经典红色旅游景区。打造川陕苏区首府文化名片，就是要讲清楚巴中在中国革命历程中的重要地位，让巴中人"不忘初心，坚定自信，继续前进"；打造川陕苏区首府文化名片，就是要整合区域优势资源，加强红色文化交流，扩大全市红色博物馆（纪念馆）的社会影响力，促进巴中文化事业的健康蓬勃发展，推动川陕苏区红色文化走出革命老区、走进大众生活、走向更广阔的市场。

3）晏阳初故里文化名片

巴中是世界平民教育运动之父晏阳初先生的故里。晏阳初从这里走向了世界，与陶行知先生并称"南陶北晏"，是巴中人的杰出代表。打造晏阳初故里名片，就是以晏阳初为切入点，向世界讲清楚从古至今的巴中人，为中华民族乃至全人类的发展作出的巨大贡献。为纪念、学习、推广从巴中走向世界的历史性伟人晏阳初先生的平民教育思想，巴中市社科联积极参与巴中晏阳初故里文化名片打造，参与制定了实施方案。方案的主要内容有以晏阳初出生成长、求学成才、蜚声海外、传承纪念为脉络，以巴州区三江水乡、第四小学、巴中中学（云屏书院）、晏阳初博物馆（纪念公园）等为轴线建成一批晏阳初文化创新传承中心（基地），形成保护、传承、展示、发展晏阳初文化的核心地带，打造"阳初故里·三江水乡"文化旅游项目。规划建设晏阳初主题文化产业园区，新建晏阳初主题产业园（体验园区），融入农耕和民俗文化、乡村建设人才培养、乡村生态建筑研究、历史乡建文献收集、当代乡建案例开发和公众可持续参与等元素，推动晏阳初文化产业做大做强。对晏阳初成长遗迹组织开展广泛学术讨论，对确认的重点文化遗迹开展抢救性保护、修复工作，重点重（扩）建晏阳初故居、云屏书院、三江晏氏祖墓、祖宅。开展各种文化展览展示和志愿服务活动，建成全国青少年教育基地、全国青少年实践基地、优秀传统文化教育示范基地。复建晏阳初小学、中学，建设晏阳初特色街区。推动晏阳初博物馆和晏阳初研究会建设，筹备建立晏阳初乡村建设学院，开办晏阳初大讲堂，举办晏阳初文化节活动（见图4），编纂出版一批校本教材、乡土教材，建成官方网站及掌上客户端，拍摄一批主题电视剧、电影。利用巴人文化艺术节等大型节庆活动，举办晏阳初研讨会和文化展览，形成晏阳初学术研究的"巴中共识"。将晏阳初"文艺教育治愚、生计教育治贫、卫生教育治弱、公民教育治私"的平民教育思想作为建设幸福美丽巴中的重要抓手，广泛开展晏阳初主题群众文化活动，厚植晏阳初名人文化群众根基。将晏阳初思想运用到乡村建设上，实现乡村建设实践与特色农业发展相结合，突出打造晏阳初文化产业链，大力促进传统产业优化升级和特色文化产业创新发展。实施晏阳初文化产业项目，提升晏阳初博物馆陈列布展水平，打造集中展示"晏阳初故里"形象的城市地标性建筑群，将晏阳初文化元素融入城市建设。

图4 晏阳初文化展板

　　逐步建成晏阳初文化艺术长廊、晏阳初文化广场、晏阳初街道、晏阳初学校等地标性文化工程。在此基础上，积极进行实践，召开了晏阳初文化名片塑造专题座谈会，在第四届巴人文化艺术节上，大型晏阳初史迹图片展在巴中市政大楼前广场展出5天，艺术节嘉宾及参观人数达3000多人次，这是巴中第一次举办晏阳初史迹图片展，对打造晏阳初故里文化名片起到较大推动作用。在第六届巴人文化艺术节期间，由四川省农工委、省社科院、菲律宾乡村建设学院和巴中市委、人民政府主办，市委宣传部、市文广新局、市社科联等单位承办的"话语巴山·晏阳初乡村建设暨乡村振兴战略研讨会"取得圆满成功。巴中市在成功创建省级文明城市和正在进行的创建全国文明城市活动中，在各乡镇、各企事业单位、新农村开办晏阳初道德讲堂，开展以晏阳初乡建思想为主要内容的各种讲座活动。巴中市人民银行2014年9月成立了晏阳初金融志愿服务队，该服务队有14个银行机构支队和3个县域分队，登记金融志愿者达420人。巴中市巴州区以打造晏阳初故里文化名片为主线，充分挖掘整合晏阳初文化资源，把晏阳初文化元素与巴河三江景区有机融合，为加速"四区同建"、决胜脱贫攻坚、实现全面小康和振兴崛起提供了坚强有力的产业支撑。该区成立了以区委副书记、区长任组长，区委常委、常务副区长任副组长，相关部门和单位主要负责人为成员的晏阳初故里景区打造规划工作领导小组，切实加强对此项工作的组织领导，形成了"主要领导总揽、分管领导统筹、职能部门负责、责任人员落实"的工作格局。巴中市社科联负责人先后3次受邀请参与专家论证和规划讨论，目前概念性总体规划已形成，各项工作正有序推进。

（三）构建长效机制，凝聚力量人才

1. 出台文件强化领导

2004年9月，中共巴中市委印发了《关于进一步繁荣发展哲学社会科学事业的实施意见》。在党的十八大以来，中央、四川省委《关于加快构建中国特色哲学社会科学的意见》下发后，《中共巴中市委关于加快构建中国特色哲学社会科学的实施意见》《巴中市社会科学优秀成果表扬办法》出台，为推动哲学社会科学健康发展奠定了坚实基础。《中共巴中市委关于加快构建中国特色哲学社会科学的实施意见》提出了主流思想凝心聚力、学科建设加快推进、学术创新取得突破、人才培育卓有成效的目标，提出了坚持马克思主义在哲学社会科学领域的指导地位、加强哲学社会科学组织及阵地建设和管理、提升哲学社会科学学术研究水平、统筹建设巴中特色应用型智库、加强哲学社会科学人才队伍建设、创新哲学社会科学工作体制的举措，提出了建设优秀传统文化研究基地、革命文化研究基地、川陕革命老区振兴发展示范研究基地、生态文明研究基地、乡村振兴战略研究基地的任务，并对建立优秀成果表扬制度和社科事业发展基金、统筹规划建设巴中社会科学馆等提出了明确要求。2015年，巴中市委宣传部、市社科联联合印发了《巴中市哲学社会科学重点理论研究项目管理办法（试行）》，使巴中社会科学重点研究项目管理有了制度规范。

2. 建立表彰制度

早在建立巴中地区以前，通江、巴中等地的社科联和社科工作者就积极申报原达县地区行政公署的哲学社会科学优秀科研成果奖，王端朝等同志的《必须十分注重发展社会生产力》《浅谈思想政治工作的立体化方法》等文章获得三等奖。1994年2月，中共巴中地委宣传部面向各区县委宣传部、市级各部门印发了《关于积极开展哲学社会科学优秀科研成果评选工作的通知》，同年4月，原达县地区行政公署向县、市人民政府、地级各部门印发《巴中地区行署关于成立巴中地区哲学社会科学评奖委员会的通知》，时任地委副主记为评奖委员会主任，宣传部长、组织部长、行署副专员、政协工委副主任为副主任，成员有地委宣传部、地纪委、地委办、行署办、地计委、地科委、地财政局及各县、市委宣传部、党校主要负责同志，共21人。评奖委员会开展了两届哲学社会科学优秀科研成果评选表彰工作。2001年2月，中共巴中市委宣传部印发了《关于申报2000年度"五个一工程"优秀理论文章暨1997—2000年度哲学社会科学优秀成果的通知》。2004年10月，表彰了优秀成果一等奖4篇、二等奖13篇、三等奖26篇。2012年以来，中共巴中市委宣传部设立"绮罗精品工程奖"，巴中市社科联具体承办社科类成果评选的日常工作，推出了《"全域扶贫"接轨"新型城镇化"——巴中市居民农村就近城镇化调查》《巴中市脱贫攻坚现状调查报告》等重要成果。2018年6月，四届巴中市人民政府第64次常务会议通过了新的《巴中市社会科学优秀成果表扬办法》，将社科表彰上升到以巴中市人民政府为表扬主体的层面，规定按专著、研究课题报告、论文和调研报告三个大类每两年

开展一次表彰活动。巴中市社科联积极推荐申报作品参与四川省哲学社会科学优秀成果评奖，巴中市电视台干部彭从凯编著的《中国古代茶法概述》荣获四川省第 16 次社会科学优秀成果二等奖（见图5）。在社科评奖工作中，巴中市社科联树立打造精品工程的理念，建立助推机制，当党委政府对某项研究有需求或社科工作者有意向时，及时掌握情况和把握规律，对有价值的选题通过召开作品研讨会、按规定给予适当课题经费补助等方式进行助推，初步形成社会科学精品成果需求分析、调研规划立项、素材采集与加工、成果形成、成果论证结题、成果发布与转化的基本流程。

图 5　巴中市社科获奖作品及证书

巴中市推动哲学社会科学繁荣发展的经验启示

今年是中华人民共和国成立 70 周年，巴中市（地区）社会科学界联合会也已走过了 25 年的岁月。回顾 25 年来发展的历程和耕耘的足迹，总结巴中社会科学发展的成就，反思存在的差距，探讨在新时代进一步繁荣社会科学的光荣使命，巴中市社科联尤感责任重大。巴中虽然经济发展落后，但哲学社会科学资源较为丰富，人民探索求知、追求真理、崇尚信仰、守正创新的思想观念依然浓厚，这给我们增添了做好哲学社会科学工作的信心和底气。特别是 2012 年以来，巴中市委更加重视社科联的工作，首次配备了专职负责社科联工作的领导干部，市委宣传部给社科联压担子、出题目，在人员、经费等方面强化了保障，巴中市社科联在巴中市委、市政府和市委宣传部的领导和管理下，在四川省社科联的指导下，紧密团结巴中市广大社会科学工作者，解放思想，开拓进取，围绕全市发展大局，紧贴宣传思想文化中心工作，强化责任担当，巴中市社科工作取得了开拓性进展，呈现出社科资源不断整合、学术活动深入开展、社科普及扎实推进、组织建设规范有序、体制机制日趋完善的良好态势，巴中市社科联的成果不断涌现，声音不断放大，形象不断提升，发挥出认识世界、传承文明、创新理论、咨政育人、服务社会的职能作用，为促进巴中经济社会发展提供了有力的理论支持和智力服务，也由此逐步积累了一些经验，形成了一些带有规律性的认识和体会。

（一）谙熟科学理论并实践，坚持用中国特色社会主义思想武装头脑，指导实践

哲学社会科学是立德树人、培根铸魂的重要工程，是宣传思想工作的前沿阵地，不管是社科组织还是组织中的社科工作者，都要不断加强学习，具有一定的理论政策水平，用党的创新理论特别是习近平新时代中国特色社会主义思想武装头脑，提高思想境界，并坚持学用结合，做到学以致用，努力把学习成效转化为精准发力、破解难题的科学思维方法和工作方法，转化为开拓创新、攻坚克难的能力和本领，转化为履职尽责、做好工作的实际行动。巴中市社科联干部坚持在干中学，在学中干，积极参加党委中心组、机关党支部的各种学习活动，参加学习培训、学术交流，不断提升理论政策水平和业务能力。社会科学涉及政治、经济、法律、管理、教育、金融、文学等方面，社科联工作面宽、工作量大，业务性很强，其工作人员须在文字功底上、理论水平上有较高水准，还要对课题研究的程序、科普宣传的内涵、学术交流的规律性进行把握，特别是对党的政策理论要有深入的掌握，谙熟于心并实践于行，只有这样，才能把社科工作干好。近年来，巴中市社科联干部按照"大学习、大讨论、大调研"的相关要求，赴达州、广安、绵阳学习考察，积极参加了四川省委党校举办的哲学社会科学教学骨干研修班、全国中大城市社科联工作会议、四川省社科联系统的学习贯彻习近平新时代中国特色社会主义思想专题培训班、繁荣发展新时代哲学社会科学等专题培训班学习，切实提升能力水平。2016 年 4 月，省社科联基层社科联培训班在巴中举办，巴中、泸州、德阳、绵阳、遂宁、乐山、南充、广安、达州、甘孜、凉山市（州）社科联及所属县（市、区）社科联和巴中市市级部门的 180 余人参会。培训班邀请了四川省社科院专家作了专题学术报告，学习中央、省委群团工作会议精神，参会各市（州）社科联及所属县（市、区）社科联进行了工作交流。这次会议对提升巴中市社科干部的政策理论水平和业务知识、提振做好社科工作的信心起到了积极作用。近年来，巴中市社科联还编印党的十九大精神等学习资料 1000 余本。

（二）坚持本土化观念和应用性方向，深入研究推出学术成果，服务于经济社会发展大局

社会科学本土化，基于多种维度的类型学框架，根据成果形态的展开方式，分为本土理论问题研究型、本土社会状态认识型、本土社会问题解决型和修正创新型。社会科学研究范畴面宽，但社会科学研究的终极目标是为当地党委政府决策和经济社会发展服务的，这个服务的对象应融乡土、接地气，体现鲜明的地域特色。巴中社科研究注重在改革开放的大局中寻找着眼点，在解决具体问题上寻找支撑点，所研究的对象和由此产生的学术成果要能为巴中经济社会发展服务，体现应用价值。我们经过分析研判，认为在巴中发展繁荣社会科学，不宜走"高深、冷门"的方向，而要走"解渴管用"的道路，"有所为有所不为"，因此，不论在课题立项上，还是在社科表彰方面，都应避免纯理论式，注重联系实际，因地制宜，对具体的、与经济社会生活密切相关的实际问题进行调查、分析，注重对巴中经济社会发展全局性的研究，寻求问题的解决方案，能提出切实可行的、具有操作性的高质量的对策建议，让社会科学成果能为党委政府的工作服务。巴中市社科联组织研究推出的《世界一流·中国第一——巴中市"3＋N"打造山地运动休闲度假旅游目的地研究》《乡村振兴战略背景下道德银行运行机制优化路径研究——以南江县小田村为例》《关于推进"巴山新居"发展的思考与建议》《文明城市建设常态化：破解行人闯红灯治理困局的思考和对策——基于对行人"囚徒困境"效应和"破窗"效应两种理论模型的解析》，以及今年正在研究的《脱贫攻坚"巴中样本"的探索和实践》等课题，站位都较高，但落点都很实，既"架天线"，又"接地气"，都具有较强的战略性、前瞻性、应用性和可操作性。从这个意义上讲，社科的软实力作用得以体现，社科工作服务发展大局的作用得以彰显。在巴中市社科联的组织、带动、影响下，巴中的学术氛围逐步形成，巴中市党委政研室和政府、人大、政协研究室、党校、党史办、教科体局、文化旅游局、日报社等党政机关单位和职业技术学院作为社会科学研究的主体单位，成果丰硕，涌现出了一批热爱社科事业、热心社科研究的专家学者。彭从凯同志的《中国古代茶法概述》获四川省第 16 次社会科学优秀成果二等奖。田清旺同志与人合著的专著《国家治理——中国政府转型》、李本钦同志与人合著的《精准扶贫理论与实践研究——以四川巴中残疾人开发式扶贫为例》、黄政钢同志的《政钢警学四编》等都有较大的影响。巴中市教育学会、市金融学会社科研究成绩突出。巴中职业技术学院近四年来，211 名教师参与写作论文 231篇；承担科研项目课题 42 项；编著教材 32 本。

（三）重视组织建设，保证正确的政治方向，不断增强社科联的影响力和凝聚力

巴中市社科联成立于 1994 年巴中设地建市后，较之于四川省其他地市州社科联起步较晚，经历了 1994 年成立至 2007 年定编、2007 年至 2012 年稳步推进、2012 年至今快速发展三个时期。原巴中地区社科联多年来一直面临人员少、经费不足等实际困难，工作开展难度大。由于人员变化，一些重点工作、重要制度如社科评奖等没能很好沿续下来。2007 年，单位级别和职能职责得以明确，巴中市社科联为市委、市政府领导下的全市社会科学的学术性团体，是市委、市政府联系全市广大社会科学组织和社会科学工作者的桥梁。同年，召开了巴中市社会科学界联合会第二次代表大会，全市社科工作逐步走入正轨，组织建设得到巩固，理论研究成果越来越多。2012 年至今，特别是近五年来，巴中市社科组织建设深化发展、各项工作和活动水平大幅提升，巴中市社科联的影响力、凝聚力和在各单位、各社科组织、社科工作者中的认同度得到加强，巴中市社科联已成为党委政府联系社科工作者的桥梁，成为促进全市社科人才成长的重要平台，成为全市社科工作者之家。2012 年 8 月 3 日，巴中市召开建地设市以来首次哲学社会科学专题工作会议。时任巴中市委常委、市委宣传部长出席会议并讲话，巴中市社科联的同志提出了切合实际的打基础、求突破、建机制、聚力量、上台阶的思路和"十个一"的工作打算。同时，针对巴中没有高校、社科研究力量薄弱的实际情况，提出按照习总书

记关于智库建设"六路大军"的讲话精神，把重点定位于党政机关相关部门，除要求正常运转、务实推动工作外，还特别注重思想意识形态工作。特别是对具有一定民间性质的学会组织，应通过召开专题会议和印发专门文件等方式加强引导和指导，在保证其工作积极性、发挥其职能作用的同时，牢牢把握正确的政治方向，严守政治纪律，确保不出现意识形态问题。加强学术交流，组织市内社科学术沙龙20余次，四川省社科联基层社科联干部培训会、省文献影像技术协会、省高等学校档案工作协会年会等会议在巴中召开，提升了巴中社科工作的对外影响力。

（四）坚持党的领导，发挥"联合"职能，增强信心

社科事业要繁荣发展，党委政府的重视是关键，自身努力是基础。1994年3月，巴中地区成立才四个多月，各项任务繁重，宣传思想工作面临统一认识、解放思想、凝聚人心的艰巨任务。在这样的背景和环境下，地委把成立市哲学社会科学的工作提上了议事日程。时任地委领导同志指出，巴中地区是新建地区，同时又是革命老区，加快改革开放的步伐、促进社会的进步和经济腾飞，离不开直面现实。抓好社会科学，是当前地区不可或缺的大事。哲学社会科学工作处在意识形态的前沿阵地，最重要的原则就是坚持马克思主义的指导地位，坚持用马克思主义中国化最新成果武装头脑、指导实践、推动工作，始终坚持正确的政治方向和党对意识形态领域的领导，这是政治底线，来不得半点含糊。巴中市社科联和各社科组织坚持用习近平新时代中国特色社会主义思想统领学科建设、理论研究、学术交流，认真抓好党的十九大会议精神的学习贯彻，认真落实发展哲学社会科学的新部署、新要求，不断增强广大社科工作者的政治意识、大局意识、核心意识、看齐意识，落实意识形态工作责任制，旗帜鲜明地抵制错误思潮和观点，认真做好社科界的稳定政治方向、舆论导向、价值取向工作。同时，发挥好"联"和"合"的职能，营造齐心协力促发展的良好氛围，探索建立"大社科"工作格局，营造出了和谐、团结、积极、学风端正的学术氛围，认真履行社科联职能，积极搭建资源整合、学科建设、学术交流、成果评价、人才培养、咨询服务、普及传播等平台，发挥社科工作者认识世界、传承文明、创新理论、咨政育人、服务社会的重要作用。巴中市社科联同志不忘初心、牢记使命、无私奉献、认真做事，增强信心，主动作为，有较强的责任感，在人手少、经费短缺的情况下，正视发展差距，起步即是奔跑，推动全市社科工作取得较大发展。近年来，巴中市社科联连续5年获得四川省社科联"课题研究"、"科普宣传"、"学术交流"等单项工作先进集体。

今后巴中的社科工作，要继续坚持夯实基础与创新创造并重的思路，重点在《中共巴中市委关于加快构建中国特色哲学社会科学的实施意见》中提出的建设优秀传统文化研究基地、革命文化研究基地、川陕革命老区振兴发展示范研究基地、生态文明研究基地、乡村振兴战略研究基地上着力。2016年5月，习近平总书记在哲学社会科学工作座谈会上的重要讲话中指出，一个没有发达的自然科学的国家不可能走在世界前列，一个没有繁荣的哲学社会科学的国家也不可能走在世界前列。坚持和发展中国特色社会主义，哲学社会科学具有不可替代的重要地位，哲学社会科学工作者具有不可替代的重要作用。习近平总书记这两个"不可替代"的重要论述，意义深远而重大，为哲学社会科学工作者增添了无限的信心。事业是干出来的，只要不忘初心，牢记使命，在巴中市委、市政府的领导下，巴中社科事业一定会取得更大的成就！

巴中市社科联课题组

成员：李先国、李国军（执笔）、刘丹、石惠蓉、何晓利

YAAN SHI PIAN

雅安市篇

四川哲学社会科学70年

导言

　　雅安位于长江上游、四川盆地西缘，距成都120公里，辖六县二区，幅员面积1.53万平方公里，总人口157万，有汉、藏、彝等39个民族。雅安全域是革命老区，1935年中央红军长征途经雅安，书写了"强渡大渡河""翻越夹金山"的光辉篇章。

　　雅安生态优良、风光秀美，森林覆盖率达64.8%，居全省第一，境内有6个风景名胜区和18个国家4A级旅游景区。第一只大熊猫从雅安走向世界，茶祖吴理真在雅安开创了人工种茶的先河。雅安是中国优秀旅游城市、中国十佳魅力城市、中国生态气候城市、国家生态文化旅游融合发展试验区、国家首批生态文明先行示范区和国家首批医养结合试点市。

　　雅安早在旧石器时代晚期就有人类活动，为古青衣羌国地域；先秦时代纳入中央政府管辖，是南方丝绸之路的门户、千年川藏茶马古道的源头；两汉文化历史底蕴深厚，熊猫文化、茶文化、女娲文化、三雅文化在雅安交相辉映。

　　2008年到2013年，短短五年间雅安连续遭受"5·12"汶川特大地震和"4·20"芦山强烈地震袭击。灾后重建使雅安灾区发生了翻天覆地的变化，充分彰显了中国特色社会主义制度的巨大优越性，彰显了习近平总书记提出的"重建新路子"在实践中的强大生命力，也充分展现了雅安人民的巨大力量。灾难铸就风骨，困苦砥砺精神，"坚韧"和"感恩"同抗震救灾、恢复重建和发展振兴进程如影相随，已深深融入雅安人民的血液中，成为雅安的文化基因和"震不垮""打不倒"的精神特质，成为推动雅安未来发展的强大动力。

　　独特的区位环境，悠久的发展历史，灾难的艰辛磨砺，成就了雅安历史和现实的资源优势，为雅安哲学社会科学的发展、繁荣提供了坚实、厚重的滋养。

　　新中国成立70年来，雅安哲学社会科学坚持马克思主义的指导地位，把握正确的政治方向，主动融入雅安市委、市政府中心工作和雅安经济社会发展大局，坚持为人民服务、为社会主义服务和百花齐放、百家争鸣的方针，发扬理论联系实际的学风，积极推进应用研究、社科普及、学术活动和组织建设等工作，在服务全市经济、政治、文化、社会和党的建设中不断成长进步。

　　70年来，雅安哲学社会科学事业发展可划分为两个阶段：一是新中国成立至雅安市社科联成立，二是社科联成立至今。新中国成立至社科联成立阶段，雅安哲学社会科学工作由宣传部门承担，以马克思主义理论、毛泽东思想的学习宣传为主。由于资料缺失等原因，本文着重从社科联成立以来，特别是党的十八大以来的实践入手，将雅安市社科联的工作做一梳理。

三

雅安市推动哲学社会科学繁荣发展的基本实践

诞生于改革开放大潮中的雅安市社科联成立于 1988 年 11 月 29 日，现有社科学会（协会、研究会、中心）48 个，雅安市六县二区全部成立了社科联。雅安市各级社科组织以中国特色社会主义理论为统领，认真贯彻落实中央、省委、市委关于发展哲学社会科学、构建中国特色哲学社会科学的一系列部署和要求，坚持围绕中心、服务大局，为促进全市经济社会发展做出了积极贡献。

（一）以服务雅安经济社会发展为工作取向

发展是党执政兴国的第一要务，是社会生活的主旋律。党的执政方式和领导方式的科学化、民主化转型，催生了以经世致用为特征的应用对策研究需求。

1. 与中心工作同频共振

雅安社科工作紧扣发展这个主题，搭上了社科工作与党委政府中心工作相联系的"顺风船"，逐渐成长为党委政府贴心的建设性专业意见思想库，咨政、理政、善政的好帮手。

雅安社科工作紧紧咬住区域经济社会发展的重大理论和实际问题，着力探索经济发展战略，着力探索关系全局的改革发展稳定问题，着力探索区域核心价值塑造，着力探索党的建设新的伟大工程，从而形成了一系列颇具地方特色的适应区域经济社会发展的社科成果，源源不断地给党委、政府决策提供了可资借鉴的思想观点和操作方案。

在区域发展战略研究上，围绕"建设一个什么样的雅安和怎样建设雅安"的基本问题，雅安先后形成商品经济发展战略、资源启动型经济发展战略、欠发达地区跨越式发展战略、"11421"发展战略性思路、"科学发展、奋进跨越"战略、"1485"总体发展思路，每一次新的研究成果都是对过去成果的升华。

2. 探索党建发展新模式

在党的建设上，雅安发挥党内基层民主"试验田"[①] 特殊作用，配合扩大党内民主的探索实践，在党代会常任制、党代表任期制等制度创新方面形成一批研究成果，为党内民主带动人民民主提供了鲜活的范例，在全国产生了重大影响。社科成果服务党委政府决策后，又通过社科宣传把党委、政府的决策用群众喜闻乐见的方式传递到群众中，并在与群众的互动中解疑释惑，帮助群众将其转化为共同意愿，在全社会凝聚共识。

3. 促进经济社会新发展

在关系全局的改革发展稳定问题上，雅安加强农业地区社会主义新农村建设，统筹城乡发展，转变经济发展方式，培育水电、旅游、农产品深加工等自主优势特色产业，使区域经济融入成都经济圈，加强在民族走廊上"反藏独、促和谐、保平安"的社会建设研究。

服务雅安地方经济社会发展使雅安市社科工作有了用武之地，使社科理论与地方实际找到稳定长效的结合点，为雅安社科工作的发展开辟了光明的前景。

---

① 《四川雅安：党内基层民主"试验田"》，《人民日报》2008 年 2 月 19 日第 13 版。

（二）以构建大社科工作体系为基础

雅安整体社科研究资源量小质弱，如果各自为政，画地为牢，势必捉襟见肘，无所作为。为克服弊端，雅安外引内联，以繁荣发展大社科事业的共识、共责、共任为基础，以经济社会发展研究联席会制度为纽带，积极探索构建大社科工作体系。

1. 扩大与深化同中央和省级社科组织、知名社科专家的合作

著名学者李君如、刘伟、牛文元、赵长茂、刘福垣、吕政、王长江、王逸舟、李雪峰、李晓西、秦刚、丁学良、杜肯堂、胡光伟、郑景骥、杨继瑞、林凌、过杰、李明泉等应邀来雅安讲学、调研，先后形成《社科研究与区域经济发展》《荥经经济跨世纪发展战略研究报告》《大熊猫保护与雅安旅游经济发展研究》《"4·20"芦山强烈地震应对案例研究——对各级政府应急响应的描述分析与反思》《重建新路——"4·20"芦山强烈地震灾后恢复重建的理论与实践》等重要的社科学术文章、专著，有力地推动了雅安经济社会发展。

2. 市校合作引领大社科发展

雅安市社科联与四川农业大学、四川省农村发展研究中心签订了合作协议，积极开展雅安农村、农业、农民问题及社会主义新农村研究，共同为党委、政府决策服务，为地方经济社会发展服务。雅安市社科联牵头，四川农业大学、雅安职业技术学院、雅安市委党校和市委、市人大常委会、市政府、市政协、市委组织部、市纪委、市委宣传部的研究机构等11家单位联合建立了雅安市经济社会发展研究联席会，从而整合了市级社科研究的主体力量，实现了资源共享、抱团取暖、协力攻关、做强成果的目的。"十指捏成双拳"，总量上的劣势转化成局部优势，进而以点带面，突破全局。开展了《雅安地区国有企业改革与发展的思考》《雅安地区支柱产业的培育与发展研究》《关于移民新村的社会主义新农村建设研究》《雅安文化产业发展研究》《雅安退耕还林情况调研报告》《瀑布沟电站库区后续跨越发展与长治久安研究》《突发公共事件新闻传播与舆论引导研究——基于"4·20"芦山强烈地震救灾重建的实践》等数百个课题研究。

在构建大社科工作体系中，雅安放大视野，通过成立雅安蒙顶山国际茶文化研究会和雅安大熊猫国际生态文化研究会，发起成立四川省大熊猫生态与文化建设促进会，搭建起与国内外专家、学者、爱好者的交流桥梁，把雅安社科的触角延伸到广袤的世界。现在，一个涵盖广泛、参与众多、规模庞大、特色鲜明、普及与提高结合得较为完善的社科工作体系已基本形成。

3. 内引外联承办各类学术会议与活动

在雅安召开的全国性重要学术会议有：学习贯彻党的十七大精神理论研讨会，学习贯彻习近平总书记重要批示精神、探索"4·20"芦山强烈地震恢复重建新路子研讨会，雅安市生态文明建设研讨论证会，雅安国家生态文化旅游融合发展专家咨询会，生态文化旅游融合发展区域合作圆桌会议等。在雅召开的省重要学术会议有：四川省盆周山区县域经济暨天全县搞活国有工业企业理论研讨会、四川省第四届社会主义新农村建设理论研讨会、第六届成都经济区建设与发展学术交流会等（见图1）。

雅安市社科联与相关部门联合召开的重要学术活动有：生态经济与雅安新跨越研讨会、融入成都经济圈研讨会、西部大开发、四川大跨越、雅安大发展解放思想研讨会、"雅安精神"座谈会、走向世界的蒙顶山茶文化研讨会、川藏茶马古道论坛、构建和谐雅安研讨会、社会主义新农村建设有关问题座谈会等200多场次。

图1　第六届成都经济区建设与发展学术交流会（2016.11）

（三）以社科成果应用转化为关键

社科成果从潜在生产力向现实生产力的转变，需要一定的平台，雅安市社科联为此作了积极探索。

1. 建立激励机制

制定《重要成果专报管理办法》，建立激励机制，倾力打造高质量研究成果服务雅安市委、市政府决策的"直通车"，为决策提供参考。同时，与《雅安日报》通力协作，开辟社科理论专版，大力宣传推介研究成果，提高专家学者知名度，扩大社科研究成果的影响。据不完全统计，党的十八大以来，雅安市社科工作者在全国性期刊包括 SSCI、CSSCI 等核心期刊发表论文 700 篇以上。雅安市社科工作者的多项研究成果如雅安市人大主任杨水源同志撰写的《雅安退耕还林调研报告》，分别被雅安市哲学社会科学《重要成果专报》2006 年第 1 期和四川省《重要成果专报》2007 年第 31 期刊登，受到了国家林业局，四川省委、省政府，雅安市委、市政府领导的高度重视，其"延长退耕还林补助年限"的建议被采纳，国家出台了延长退耕还林补偿的相关具体政策；雅安市社科联撰写的《瀑布沟电站库区后续跨越发展与长治久安研究》成果，获四川省委主要领导肯定性批示，要求省、市相关部门积极落实；四川农业大学吴秀敏教授、周伟博士、赵智晶博士共同完成的《提升四川食品药品基层监管能力的对策建议》获省政府主要领导肯定性批示。四川省农村发展研究中心受成都市发改委和雅安市发改委委托，主持的《西南现代生态农业示范区规划》被列入四川省"十二五"重点项目。

2. 建立社科普及基地

社科成果融入民间生活，才能绽放出活力。雅安市社科联、市委宣传部联合印发《雅安市哲学社会科学普及基地管理办法》，积极开展市级社科普及示范基地创建工作，推荐优秀市级基地创建省级社科普及基地。迄今，雅安市共有省级社科普及基地 4 个、市级社科普及基地 13 个，省市县三级社科普及基地网络已基本形成，广泛传播最新社科成果，普及适用科学技术，得到社会的强烈回应，3个省级社科普及基地被评为全国优秀社会科学普及基地。

3. 倾力打造群众贴心喜爱的"百家讲坛"——雅州讲坛

雅州讲坛创办于 2007 年 3 月，并在各县（区）组建了分坛，在雅安市建行、市司法局、雅安职业技术学院等市级部门和系统设立了雅州讲坛举办点，坚持每月一讲，以丰富充实的内涵和生动活泼的形式，零距离对接群众关注焦点，四川省委宣传部、《四川日报》、《现代领导》、《四川农村日报》、四川新闻网、《四川社科界》对其进行了报道。"我们身边的百家讲坛"①是雅安市民对雅州讲坛的称呼，也是最好的评价。雅州讲坛已经成为雅安社科理论大众化和精神文化建设"民生工程"的标志性品牌（见图2、图3）。

图2　雅州讲坛开讲仪式（2007.3）

图3　光明讲坛、雅州讲坛蒙顶山茶文化专题讲座（2015.3）

4. 加强社科成果转化跟踪

对《雅安市退耕还林调研报告》《瀑布沟电站库区后续跨越发展与长治久安研究》等社科研究成果领导批示的落实情况进行跟踪，及时收集整理承办单位贯彻落实领导批示、采纳研究成果的情况，积极推进社科研究成果在实际工作中的有效运用，把跟踪与展示结合起来，更好地推进社科成果转化，服务经济社会科学发展。

———————————

① 文铭权：《雅安有个"百家讲坛"》，《四川农村日报》，2008年1月7日。

（四）以团结、激发社会各界参与社科活动为源泉

社科工作是诉诸人的精神世界的工作，充分调动社科工作者参与社科活动的积极性、主动性、创造性十分重要。

1. 发挥社科规划项目的杠杆作用

雅安市社科联发挥国家社科基金和省、市社科规划项目的杠杆作用，建立和完善《雅安市社科研究规划项目管理办法》等相关制度，动员广大社科工作者围绕改革开放、经济社会发展、生态文明建设等重大理论和实践问题，深入开展调查研究，发挥哲学社会科学的决策参考和智力支持作用，为党委、政府决策提供科学依据。

十八大以来，雅安社科工作者共获得国家社科基金项目24项、四川省哲学社会科学研究规划项目50余项，雅安市哲学社会科学研究规划项目450多项。许多较高质量的课题研究成果，在《人民日报》《学习时报》《中国人民大学报刊复印资料》等核心刊物及《天府新论》《四川社科界》等刊登、转载。

2. 发挥社科评奖的激励引导作用

自1988年至2019年，雅安哲学社会科学优秀成果评奖共进行了15次，四川农业大学、雅安市委党校、雅安职业技术学院、地（市）级各部门、各县（区）踊跃参与，来稿数量多，质量高。市政府设特别奖3项，一等奖47项，二等奖130项，三等奖252项，优秀奖39项。截止2016年，共获得四川省政府社科奖一等奖1项、二等奖11项、三等奖36项、优秀奖16项。各区县也积极建立了县级社科优秀成果定期评选表扬制度，如石棉县自2010年以来，开展了5次社会科学优秀成果评奖工作，聘请雅安市社科优秀成果奖评审专家组成员担任县上的评审专家，共评选出250项县级优秀成果。

此外，雅安市社科联组织编写的《理论与实践》于1999年荣获全区首届"五个一"工程奖，参与撰写的《从雅安地区实践看社会科学研究与区域经济发展》一文获四川省和雅安地区"五个一"工程奖。对优秀的社科成果的奖励，激励了社科工作者关注雅安市经济社会发展的重大现实问题的研究，激励了一大批优秀社科人才的成长，推进了雅安市哲学社会科学事业的发展和繁荣。

（五）以社科基层组织和人才队伍建设为动力

"联"是社科联的优势和生命力，我们需要发挥学术性人民团体的组织优势，建好队伍，凝聚广大社科工作者的智慧力量。

1. 构建社科网络体系

雅安市编委办以2007年37号文件发出《关于成立各县（区）社科联机构的通知》，不到一年时间，全市8个县（区）社科联组建完毕，基层社科工作实现有机构、有阵地、有人员、有经费、有载体，蓬勃发展。雅安市社科联坚持每年组织县区社科联工作人员参加全国大中城市社科联工作会、四川省社科联基层社科联培训，召开县区社科联主席会、社科工作现场会、推进会等，开展业务培训，提高员工工作水平。2个县区获全国先进社科组织称号，雨城、石棉还向云南、河南等省（市、区）社科工作考察团作了县级社科工作经验介绍。石棉县在全国率先按人均科普经费0.5元的标准设立社会科学普及专项经费，纳入财政预算，用于社会科学宣传普及基地建设和组织大众化科普活动，开创了全国先河；在全省率先建立并坚持了县级社科应用研究规划项目管理制度、县级社科优秀成果定期评选表扬制度、县级社科应用研究优秀成果转化制度和县级《社科应用研究论文集》编辑制度。

2. 凝聚社科人才队伍

在雅安这样人才相对欠缺的地方，识别、培育、留住、使用人才显得格外重要。工作中，雅安着

力打造平台，发展培养本土人才，建立市内社科人才库，形成开放稳定、有一定实力的社科研究队伍。设立雅安市社科学术带头人，市委宣传部、市社科联联合评选经济、党建、管理、思想政治和教育等学科的领军人物，激励优秀社科工作者不断涌现，促进了全市社科人才队伍建设。建立雅安市社科专家智囊团，有效整合市域内的社科人才资源，设置智囊团，围绕市委、市政府中心工作述学立论、建言献策（见图4、图5）。

图4　雅安市社科工作汇报会现场（2009.6）

图5　雅安市社科专家智囊团成立（2013.11）

（六）以加强党对社科工作的领导为根本保障

社会科学的发展离不开党的领导，离不开社会主义核心价值观的指导，离不开全党、全社会的共同努力。雅安市社科联一直在党的创新理论的指导下主动融入市委、市政府中心工作和雅安经济社会发展实际，争取市委的科学领导、正确领导。

1. 坚持以马克思主义为指导

雅安市委中心组召开学习讨论会，专题学习习近平总书记在哲学社会科学工作座谈会上的重要讲话精神，要求全市上下增强导向意识，深化对哲学社会科学的认识，认真把握哲学社会科学的地位和作用，坚持以马克思主义为指导，从坚持和发展中国特色社会主义的高度，更加重视哲学社会科学事业发展，更加重视发挥哲学社会科学作用，更加重视哲学社会科学的宣传与普及教育，以高度的政治责任感和使命意识，推动习近平总书记的重要讲话精神在雅安落地，认真履行党委（党组）意识形态工作责任，努力开创全市哲学社会科学工作新局面。

2. 认真贯彻落实中央和四川省委关于繁荣发展社科工作的部署

2006 年，雅安市委以 2006 "一号文件"的形式认真贯彻落实中央、四川省委关于繁荣发展哲学社会科学的重要部署，要求加快县区社科联建设步伐，整体推进全市社科事业发展（见图 6）。2018 年，雅安市委以雅委发〔2018〕8 号印发《中共雅安市委关于加快构建中国特色哲学社会科学的实施意见》，提出推进构建体现中国特色、雅安特点的哲学社会科学，增强雅安的文化软实力，提高雅安的知名度。

图 6　中央 3 号文件、省委 13 号文件片区座谈会（2006.6）

3. 构建指导协作机制

雅安党委、政府及党委宣传部专题研究社科工作，安排部署社科工作任务，直接指导重大社科活动，提出严格要求，帮助解决具体问题。党组织对社科工作的关心、支持和帮助，与社科界的真诚沟通和互动，已成为雅安社会科学昂扬向上的激励力量。

雅安市推动哲学社会科学繁荣发展的主要成就

社会科学是"软科学",需要"虚"功"实"做,"软"件"硬"抓,用"软实力"争取"硬实力",再用"硬实力"保障"软实力"。雅安社科工作的实践,形成了四大服务体系:以《重要成果专报》为主要介质的决策服务,以雅州讲坛为主要抓手的大众服务,以社科专家智囊团为主要平台的整合服务,以社科学术带头人为主要载体的人才服务,雅安社科工作就此走上良性循环轨道,开创了事业发展的新局面。

(一)推进了马克思主义中国化成果落地落实

雅安市社科工作者着眼于马克思主义新的实践和新的发展,用马克思主义中国化最新成果引领社会思潮,推出了一批具有创新价值的优秀理论成果,为建设社会主义核心价值体系、增强社会主义意识形态的吸引力和凝聚力提供了强大的理论武器,把雅安市的马克思主义理论研究提高到新的水平。

1. 推出一批具有创新价值的优秀理论成果

《党内权力科学配置体制机制创新研究》系列论文,从党的领导制度建设入手,着力探索党内权力的科学化配置和规范化运作,研究管党治党的根本方略,有很强的学说前沿性,思想超前特征明显。论文发表后被中央纪委收入反腐败文选,产生了一定的学术影响和社会影响。《党内民主制度建设的生动实践——四川党代会常任制调研》,通过对面积大、类型多、影响大的四川党代会常任制试点的深入调研证明,"党代表大会常任制试点工作取得了明显成效"。党代会常任制度的建立和完善,进一步推动了党内民主的发展、党的执政能力提高和先进性建设,促进了政治体制改革的深入。这是一轮生动的党内民主的体制创新。报告对试点存在的问题作了理性思考,提出了深化试点的原则性意见,为党代会常任制的试点提供了参考思路和对策,得到了上级党委、党代表和党建专家的肯定和好评。《党代表任期制:扩大党内民主的重要平台》调研报告,是追踪研究雅安抓住十六大"选择部分市县开展党的代表大会常任制试点"机遇,开展在全国第二轮党代会常任制试点的系列成果之一,基本代表雅安党建研究的现实水平。成果充分反映十七大精神,诠释和佐证中央组织部领导"正是雅安等地的实践,为十七大报告写入'实行党代表任期制'提供了实践依据"的论断。2008 年 10 月 28 日该文在中央党校《学习时报》发表,收录入人民大学报刊资料复印中心,在业界产生良好反响。《高校师生核心价值观的构建与实践》,深刻剖析了当前高校师生价值观的实际情况,论述了以社会主义核心价值观引领高校师生价值观构建的现实性、紧迫性和必要性,探索培育、弘扬、践行社会主义核心价值观的有效路径。选题针对性强,成果对深化创新高校师生特别是大学生思想政治教育,推动社会主义核心价值观进教材、进课堂、进头脑有重要现实意义,其设计的路径依赖也有重要参考价值。其入选四川大学出版社 2014 年重印图书馆馆配发行图书目录,成为高校政治教育专业硕士研究生的重要参考文献,受到广泛好评,产生较大社会影响。此外,《雅安跨越式发展的理论与实践》,着眼于通过理论创新提高领导干部的理论思维能力和执政能力,推进雅安跨越发展,在全面建设高水平小康方面具有创新性和超前性,被选为市委党校干部教育培训教材;《民主政治与依法治权》一文,选题新颖,史论结合,观点独到,文章在《马克思主义与现实》杂志上发表后,受到好评。

2. 积极推进马克思主义大众化

聘请李君如、赵长茂等知名专家学者及雅安市社科学术带头人紧密结合雅安市情，精心设计宣讲内容，宣传普及党的创新理论，深入解读党的重大理论成果，着眼群众需要解疑释惑、阐明道理，讲清楚中国特色社会主义道路、理论、制度、文化优势，用中国理论解读中国实践，为党和人民继续前进提供强大精神激励，较好地发挥了社科界的思想库和智囊团作用，推进新时代哲学社会科学发展。

（二）丰富了灾后重建学科建设

雅安在五年时间里，作为"5·12"汶川特大地震重灾区、"4·20"芦山强烈地震极重灾区，抗震救灾和灾后重建，为社科工作者提供了重要素材、展示舞台、发展平台。

1. 聚焦灾后重建主战场

广大社科工作者围绕习近平总书记关于"探索出一条中央统筹指导、地方作为主体、灾区群众广泛参与的恢复重建的新路子"的重要批示精神，深入灾后重建主战场积极开展灾后重建新路子研究，2015年立项总数38.3%的项目与灾后重建有关，展示了社科工作者的使命担当。

2. 协作开展重建新路研究

雅安市社科联与四川省社科院合作完成40多万字的《重建新路——"4·20"芦山强烈地震灾后恢复重建的理论与实践》专著审议稿，总结了重建过程中具有雅安特色的规律，为国家层面研究出台灾后恢复重建统一指导政策和法规做了基础工作；雅安市社科联汇编全市社科界以智力优势和资源投入灾后重建新路子的雅安实践研究，形成30余万字的《"4·20"芦山强烈地震灾后重建研究论文集》审议稿，初步总结提炼了雅安市干部群众创新体制，推进灾后重建取得的初步成效和经验。

3. 优秀成果服务灾后重建决策

关于"5·12"汶川特大地震的《"5·12"地震灾后农房重建的实践与启示》，属比较全面系统思考和总结地震灾后农房科学重建的优秀调研成果，被中央党校、国家地震局、四川省地震局及《四川社科界》采用，被有关部门评价为"灾后重建'四川模式'的很好注释"；《雅安灾后重建推进科学发展的实践经验研究》，是"极其特殊、极不平凡"时期最重要的实践课题，为党委政府决策提供了参考。《新形势下雅安市经济社会发展战略的研究报告》，获雅安市委专题会研究，得到市委市政府领导肯定，为市委确定雅安经济社会发展战略提供了及时而重要的决策参考。此外，《基层党组织应急机制创新的实践与启示》获全国党建研究会调研课题优秀成果二等奖，《灾后重建雅安新村聚居点治理路径研究》被雅安市维稳办推荐、四川省维稳办参阅。

（三）促进了经济社会发展

雅安社科成果的相当一部分已经或正在成为各级党委、政府决策的依据或参考，有的正在应用和实践中，并已产生积极效果，体现了雅安市哲学社会科学工作者关注现实的价值取向。

1. 聚集社会难点问题

《瀑布沟电站库区后续跨越发展与长治久安研究》得到四川省委书记和雅安市委书记的重要批示，"30%留电"等多项政策建议被省政府采纳，获得多种正面效应。《雅安农村面源污染防治对策调研报告》对策研究，分析了雅安市农业面源污染源的原因，提出了控制污染、促进持续健康发展的对策建议，得到雅安市委书记的重要批示，市委出台了加强农村面源污染防控治理，改善农业生态环境和农村人居环境，打造富有地域特色、宜居宜业宜游的生态人居环境的实施意见。

2. 聚焦农业产业化

《四川省农业自主创新能力评价与发展对策研究》对农业自主创新能力影响因素的定性、操作性定量分析和农业自主创新能力评价标准及体系建立，均有方法论意义，文章发表于原农业部核心期刊，成果被政府部门采用，赢得较好的社会效果。《现代化进程中农业园区制度结构研究》被中国学术期刊网重点博士论文数据库收录，其提出的一些观点被应用在遂宁市川中农业科技示范园区总体规划等地方农业科技园区总体规划的设计中。《抓住现代农业示范区建设契机　积极谋划西南现代生态农业示范区战略》分析了雅安争取建成西南现代生态农业示范区的条件，提出了相关对策措施，得到雅安市委、市政府主要领导表扬，基本观点被政府部门采纳，作为编制《西南现代生态农业示范区规划》的依据或参考。

3. 聚焦区域经济发展

《县富论》以典型山区县宝兴为具体分析对象，从系统工程的理论高度，论述了县域经济在我国经济发展中的战略地位和作用，探寻揭示了山区县脱贫致富的规律，提出了发展山区县域经济的指导思想和战略措施，在发展社会主义有计划商品经济的社会实践中，对山区县乃至其他县都具有相当的现实指导意义和参考价值。《四川省"十二五"经济社会发展战略丛书·雅安卷》，分析了雅安基本市情和经济社会发展阶段性特征，总结了"十一五"时期雅安经济社会发展的成就和经验，对"十二五"时期雅安经济社会发展的战略作了解读，被选为雅安市各级党校主体班学员教材，对帮助干部群众理解雅安市委的战略意图有积极作用。

4. 聚焦脱贫攻坚

《雅安少数民族地区"精准扶贫、精准脱贫"对策研究》《依托精准扶贫工作探索雅安农业产业化发展的路径》《土地改革助力扶贫开发》被雅安市委宣传部、市扶贫移民局推荐参加全省学习贯彻习近平总书记扶贫开发战略思想研讨会。《改革开放四十周年视域下新时代人民利益观的超越性重塑——以四川藏区精准扶贫工作为例》获四川省社科界庆祝改革开放40周年征文三等奖。

（四）弘扬了雅安本土文化

雅安市社科工作者以特色鲜明的雅安传统文化为对象，深入挖掘整理，在弘扬雅安本土文化方面，推出了一批优秀成果。

1. 注重红色文化的挖掘传承

修编完成了《中国共产党雅安历史》第一卷、第二卷，完成了《从大渡河到夹金山》等反映红军长征在雅安的著作，启动了《雅安通史》编纂工作。《中国共产党芦山县历史大事记（1935—2011）》资料书，比较系统全面地梳理了自红军长征途中在芦山建立革命根据地和红色政权到芦山强烈地震前76年芦山党史的重大事件，是看成败、鉴得失、知兴替、咨政育人的重要载体，对芦山抓住灾后重建历史机遇，实施后发追赶战略、打硬仗、补欠债有"精神补钙"作用。《长征路线（四川段）文化资源研究·雅安卷》，梳理了雅安市红军长征文化资源及长征路线雅安段的文化多样性，提出了创新保护和开发的对策，在四川省社科联、省社科院大力支持下公开出版，为"弘扬长征精神，传承长征文化，以长征路线申请世界文化遗产"做了基础性工作。

2. 注重雅安茶文化的挖掘研究

《蒙山茶事通览》，记述了蒙山茶悠久而丰富的文化，有史事的记载，有俚语的佳话，有诗词的颂扬，有丹青的描绘，更有生产技术的论述，被各级各类图书馆珍藏。《蒙顶山茶文化说史话典》，力求恢复蒙顶山茶文化的本来面目，弘扬先辈茶文化遗产，为更多的有识之士提供信息服务，被评为全国优秀社科普及读物。《蒙顶山茶文化》三部（《蒙顶山茶文化读本》《蒙顶山茶文化史料》《蒙顶山茶文化丛谭》），阐释了蒙顶山茶文化的内涵和精髓，是一本内容通俗易懂的蒙顶山历史文化专著，是一本了解蒙顶山历史文化的科普读本，促进了蒙顶山茶知识的普及提高和蒙顶山茶文化的推广。《雅安藏茶的传承与发展》，较全面介绍了雅安藏茶悠久的历史、深厚的文化底蕴和广阔的发展前景，"为产业发展、品牌建设和国家级非物质文化遗产的挖掘、弘扬、保护、传承做出了积极贡献"。

3. 开展以大熊猫文化为代表的生态文化研究

20余万字的市级社科课题《彼岸的眼光——近代外国人在雅安考察与生态文明建设的研究》，从文献（主要是近现代官方文档、方志）中记载的进入雅安的阿尔芒·戴维等外国人和史实入手，与国外文献互证，梳理、分析他们在雅安境内的考察路线、考察活动地域、考察发现和结果等内容，为雅安生态文化提供了相应的理论支撑。雅安市社科联组织编写的《大熊猫史话1869—2019》将大量珍贵史料、图片、文献呈现给读者，是研究与宣传普及大熊猫文化不可多得的工具书和科普读本，被列为纪念大熊猫科学发现150周年活动重点推荐图书，被省长办公室点名送阅。

4. 挖掘传承丰富的民族文化

《雅女内涵与特质研究》研究报告，从史证视角对雅女及其文化形成进行了深入分析，对进一步丰富雅安的地域文化内涵、打造雅安城市品牌、推动雅安旅游发展、促进雅安经济文化进步都有重要意义。雅安市社科联、石棉县社科联积极支持对纳入省级非物质文化遗产保护名录的木雅、尔苏藏族语言文化进行抢救性挖掘，社科规划项目资助了《尔苏藏族日常用语汉字翻译辅导读本》《木雅藏族日常用语汉字翻译辅导读本》的出版。

（五）锤炼了社科人才队伍

对雅安经济社会发展重大现实问题的理论关注、研究、宣传的核心力量是人，关键在人才。

1. 社科队伍不断壮大

经过70年的实践，雅安市已锻造了一支涵盖高校、党校（行政学院）、中职学校、党政部门人员等在内的社科人才队伍。他们把社会责任放在首位，明方向、正导向，严肃对待学术理论的研究、宣传和阐释的社会效果，自觉践行社会主义核心价值观，出精品、育人才，积极为雅安立德立言，为时代明德，做真善美的追求者和传播者，以深厚的学识修养赢得尊重。今天，推进建设绿色发展示范市的伟大实践，为这支理论功底扎实、勇于开拓创新、善讲雅安故事的社科人才队伍做大学问、做真学问、成就自我、实现价值提供了宽广舞台。

2. 中青年社科工作者不断成长

从年龄结构看，既有老专家、老教授，又有崭露头脚的青年学者、实践经验丰富的党政部门骨干，中青年社科工作者已具独挡一面的能力。从领域分布看，涉及中国特色社会主义建设各方面，触及经济、政治、文化、社会、生态文明和党的建设和学科建设的热难点问题。从成果类型看，既有理论专著、论文或调研报告，又有社科科普读物、资料收集整理等。从政府社科奖情况看，中青年占获奖作者的75%；专著占获奖成果总数的17%，论文占50%，研究报告占20%。

雅安市推动哲学社会科学繁荣发展的经验启示

新中国成立以来，伴随计划经济向市场经济、封闭经济向开放经济的体制转型，适应地方区域经济和社会发展的客观要求，雅安社科工作逐渐规范化，并在创新中得到发展。特别是改革开放以来，雅安社科工作机构从无到有、人员从散到聚、任务从少到多、水平从低到高，逐渐发展为推动雅安经济发展和社会进步的重要力量。雅安社科事业发展的历程，昭示了基层社科事业发展的一些成熟的经验。

（一）坚持马克思主义的指导地位

坚持马克思主义在哲学社会科学领域的指导地位，是近代以来中国社会发展所赋予的内在规定性。习近平总书记指出，当代中国哲学社会科学区别于其他哲学社会科学的根本标志，就是坚持以马克思主义为指导，否则哲学社会科学就会失去灵魂、迷失方向，最终也不能发挥应有作用。一是必须解决真懂真信的问题，核心要解决好为什么人的问题，必须坚持历史唯物主义和辩证唯物主义的基本原理和思想方法论，以人类文明的思想智慧和科学方法论为指导，运用马克思主义立场、观点、方法，聚焦党长期执政和雅安经济社会发展面临的重大理论和实践问题，提出解决问题的正确思路和有效办法。二是构建中国特色哲学社会科学雅安篇章，就是要用马克思主义中国化最新成果武装雅安党员、干部和群众，用中国特色社会主义共同理想凝聚全市人民力量，牢牢掌握意识形态工作主动权。三是自觉从政治上观察和处理问题，密切关注推进绿色发展示范市建设以及在全面建成小康社会征程中雅安社会思想动态和社科发展趋势，着力提高驾驭复杂局面、引导社会思潮的能力。

（二）坚持把哲学社会科学作为党和人民事业的有机组成部分

一是毛泽东同志、邓小平同志、江泽民同志、胡锦涛同志对哲学社会科学之于党和人民的事业有许多重要论述，习近平总书记进一步提出，哲学社会科学事业是党和人民的重要事业，哲学社会科学战线是党和人民的重要战线，要着力构建体现继承性、民族性、原创性、时代性、系统性、专业性的中国特色哲学社会科学，做好培根铸魂的工作，为中国特色社会主义的伟大实践服务。举旗帜、聚民心、育新人、兴文化、展形象，雅安社科工作要主动融入中心工作，积极作为，找准定位，在服务市委、市政府各项事业的发展中，在服务全市干部群众崇尚科学精神、人文精神中，在服务社科界述学立论中，走出一条繁荣发展雅安哲学社会科学的金光大道。二是党中央、四川省委和雅安市委对繁荣发展哲学社会科学、加快构建中国特色哲学社会科学的战略部署，为新时代雅安哲学社会科学事业的发展指明了前进方向。社科战线要坚持党性和人民性的统一，勇立潮头，自觉担负新时代社科工作者的崇高使命，响应时代的呼唤，坚决完成雅安市委、市政府的部署。三是紧密联系国家、四川和雅安改革开放和经济社会发展的理论和实践问题的积极探索，推进哲学社会科学更好地为雅安经济建设、政治建设、文化建设、社会建设、生态文明建设和党的建设服务，为党委、政府决策服务。

（三）雅安社科工作服务地方经济社会发展必须处理好几种关系

一是服务领导和服务社会的关系。应用对策性研究成果被党委、政府决策采纳，往往立竿见影，效果直接，影响深邃，意义最大。应用对策性社科成果进入决策程序，是社科成果价值形成和实现的关键环节。从终极层面来说，服务社会才是社科成果的目的，从群众中来的领导决策，需要回到群众中去接受实践检验。二是公益性与市场化的关系。社会科学本身具有公益性质。在社会主义市场经济条件下，基于市场主体的不同，社科研究、信息技术的需求方和供给方为了补充开发成本、维续生产与再生产而进行必要的市场交换，本身无可厚非。但目前社科成果的生产和使用基本以公共事务的科学管理服务为目标，有些甚至是意识形态斗争的需要，不可能简单地进入市场。三是创新与普及的关系。科学研究的特点是创新。没有对前人、对别人、对自己的超越，创造、完善、修正既有的思想、观念和做法，就谈不上科学研究。科学研究成果的普及运用，其特点是社会化，追求的是简易、晓喻、可行。实现两者的有机结合，就能在普及中创新，上水平、上档次、上绩效。四是量力而行与尽力而为的关系。能力有限是雅安社科实力的基本特征，如果面面俱到，必然样样不全，要选择一些有基础、有前景的"园地"进行"耕耘"，精心"种"好"自留地"。在脚踏实地做力所能及事情的同时，也要志存高远，敢于得陇望蜀，循序渐进走上新的高度。

（四）雅安社科工作必须坚持"以人民为中心"

社会科学发展的主体力量是人民群众，人民群众是社会科学的需求者，也是社会科学生产条件的提供者，为民服务是社会科学工作的出发点和落脚点。社会科学只有和最广大的人民群众结合，才能转化为巨大的社会生产力。一是以雅安干部群众的需要、满意度和雅安经济社会发展的适用性、有效性作为主要依据，以切实研究和解决全市层面重大理论与现实问题，推动经济社会科学发展为根本。二是以我为主，促使研究、应用、检验、评估一体化，着眼于可持续发展和长效机制的建立。三是贴近民生，夯实社会科学的社会基石，自觉地深入群众，关注民生，了解民情民意，问计于民，依靠于民，社会科学才能源源不断地获得营养，根繁叶茂。

（五）坚定政治立场，当好市委、市政府的智囊团

一是牢牢守住意识形态的理论阵地，坚持正确政治方向，坚持马克思主义的指导地位，增强意识形态工作的责任感和紧迫感，始终站稳政治立场。二是注重研究规划，抓好引领方向，以雅安市哲学社会科学研究规划项目管理为抓手，以年度课题指南为方向，为市委、政府决策建言献策。三是以雅安绿色发展示范市建设的重大现实问题为主攻方向，找准定位，开展基础性、战略性、前瞻性研究，为党委政府科学决策、民主决策提供更加有力的支持。四是努力占领哲学社会科学研究的学术高地，形成高水平的应用研究成果、基础理论成果和社科普及成果，为雅安经济社会发展提供高质量的智力支撑。

（六）坚持建设一支德才兼备的社科队伍

一是必须按照政治强、业务精、作风正的要求，造就一批用马克思主义武装、适应新时代要求、学术原创能力强、善讲雅安话的社科大家，造就一批理论功底扎实、勇于开拓创新、会讲雅安话的学科带头人，造就一批年富力强、政治和业务素质良好、锐意进取、能讲雅安话的青年理论骨干。二是必须以科学的态度对待哲学社会科学工作，既要坚持正确的政治方向，又要尊重规律、认识规律、把

握规律；既要抓繁荣发展，又要抓引导管理；既要加快构建具雅安特质的哲学社会科学，又要重视培养用马克思主义武装起来的理论工作者。三是围绕培根铸魂的根本任务，拓宽视野，创新体制机制，打破壁垒，扫除障碍，不断优化人才发展环境，打造社科工作者成长成才、施展才华的舞台。四是完善激励机制，对优秀的社科成果给予奖励，激励社科工作者关注雅安市经济社会发展的重大现实问题的研究，激励优秀社科人才的成长，带动雅安社科人才队伍的壮大，推进全市哲学社会科学事业的发展和繁荣。

雅安市社科联课题组

课题组成员：吴爱平、杨铧、王玲、廖云松（执笔）

MEISHAN SHI PIAN

眉山市篇

四 川 哲 学 社 会 科 学 70 年

导言

眉山古称眉州，位于四川盆地边缘，有 1500 多年城市建制历史，是宋代大文豪苏东坡的故乡，享有"千载诗书城"的美誉。面积 7140 平方公里、人口 350 万。1997 年 5 月 30 日，由当时的乐山市划出眉山县、仁寿县、彭山县、洪雅县、丹棱县、青神县建立眉山地区。2000 年 6 月 10 日，经国务院批准，撤销眉山地区，设立地级眉山市；同年 12 月 19 日正式挂牌，辖一区五县（东坡区、仁寿县、彭山县、洪雅县、丹棱县、青神县），眉山市人民市政府驻东坡区。2014 年 10 月，彭山撤县建区。眉山是国家级天府新区、成都经济区和大峨眉国际旅游区的重要组成部分，是"三苏"故里，是全省最年轻的市之一。眉山市建立于我国改革开放的重要阶段，欣逢盛世，因改革开放而生，因改革开放而兴，因改革开放而强。

眉山哲学社会科学坚持以马克思列宁主义、毛泽东思想、邓小平理论、"三个代表"重要思想、科学发展观、习近平新时代中国特色社会主义思想为指导和灵魂，在市委、市政府的坚强领导下，搭上了国家改革开放和全市经济社会健康快速发展的顺风车，不断就促进哲学社会科学繁荣发展进行探索和实践。特别是党的十八大以来，坚持以提高服务市委、市政府决策和服务大局的能力与水平为目标，坚持把"建设环成都经济圈开放发展示范市，全面推动眉山高质量发展"作为繁荣发展哲学社会科学的着力点，以改革创新为动力，不断完善研究机制，激发工作活力，积极推进决策咨询能力建设、社科项目创新研究体系建设、人才高地建设，在社科组织建设、阵地建设、学术理论、社科普及等方面贡献了社科界的智慧力量，取得了辉煌成就，对促进全市经济社会健康、持续、快速发展做出了积极贡献。

按照省社科联开展课题研究的要求，结合眉山实际，课题组着重对眉山建区设市 22 年来推进哲学社会科学繁荣发展的基本实践和取得的成就进行了较为全面的梳理，并进行了相应的分析研究，听取了有关方面的意见，撰写了此调研报告，力求通过全面总结，分析眉山通过繁荣发展哲学社会科学助推眉山经济社会持续健康发展的做法、成就、启示等，进而在哲学社会科学工作中坚持成功处，完善不足处，为推动眉山经济社会进一步快速、健康发展做出更大贡献。

三

眉山市哲学社会科学 70 年概况

（一）组织机构历史及沿革

1. 历史简述

1）中华人民共和国成立之初至眉山地区成立前的概况

1950 年 1 月，国家设眉山专区，辖 10 个县。在当时眉山地委为数不多机构中，有地委政策研究室，可以说是眉山最早主要从事应用研究、政策研究的专门研究机构，也可以说是眉山最早的社科研究组织。1953 年，眉山专区被撤销，其所辖 10 个县分别被划入成都、乐山两地。眉山现在所辖的 6 个区县，在当时乐山地（市）委、行署（政府）领导下先后兴办了党校，从事思想政治、经济社会理论方面的研究。20 世纪 80 年代初期，随着我国改革开放的推进，哲学社会科学工作受到各级的重视。1981 年，四川省成立了省社科联。1983 年 1 月 9 日，乐山地区成立了社科联，与地委宣传部合署办公，指导各县开展社科研究工作。1988 年，眉山县社科联成立，是当时乐山 17 个区、市、县中唯一一个成立县级社科联的县，拉开了乐山县级社科联建设工作序幕。其余未成立社科联的区县，社科研究工作由县委宣传部代理。这种组织管理模式一直延续到 1997 年。其间，1984 年底，乐山地区的 17 个区县先后在县委机构中增设了县委政研室，各种社科类社团组织发展较快，对促进社科活动的开展以及社科课题的研究等起到了积极作用，取得了一些成果。

2）建立眉山地区以来的概况

1997 年 8 月 26 日，眉山地区正式挂牌成立。1997 年 8 月 28 日，中共眉山地委第一次全委扩大会议召开。地委、地区人代工委、行署、地区政协工委的组成部门领导、工作人员陆续到位。当时地委宣传部的职责之一就是承担地区社科联的工作，并着手筹备成立地区社科联。1998 年 9 月，经地委批准，正式设立眉山地区社科联，由地委副书记、地委宣传部部长卓明安任地区社科联主席。1999 年 7 月，眉山地区社科联第一次代表大会召开。撤地建市后，2001 年初，地区社科联更名为眉山市社科联，并核定行政编制 1 人；2002 年 8 月，眉山市社科联第一次代表大会召开；2004 年 12 月，经市委批准，增设 1 名驻会社科联副主席；2006 年 9 月，眉山市社科联第二次代表大会召开；2007 年 12 月，眉山市社科联从市委宣传部中分离出来，设立党组，成为单独群团序列机构；2012 年 3 月，眉山市社科联第三次代表大会召开；目前，相关机构正积极筹备召开眉山市社科联第四次代表大会。此外，各区县社科联在 2008 年底之前全部成立，实现市、区县社科联组织机构全覆盖，走在全省前列。

2. 市社科联建制沿革

1）1999 年 7 月至 2002 年 8 月　眉山地区社科联第一届理事会

1999 年 7 月 30 日，眉山地区社科联第一次代表大会召开。出席会议代表共 50 人；地区主要领导及地委、地区人代工委、行署、地区政协工委、省社科联有关领导出席了会议。会上，地委书记李吉荣作了题为《把握时代主题，面向创业实践，努力推进眉山地区社会科学事业的繁荣发展》的重要讲话。大会选举产生了地区社科联第一届理事会理事 38 名、常务理事 20 名。第一届理事会主席：卓明安；副主席：徐井万、赵志明、李中毅、刘川眉、王华清；秘书长：徐井万。

2001年1月，由于工作调整，卓明安不再担任市社科联主席，由市委常委、宣传部部长王影聪担任市社科联主席。

2）2002年8月至2006年9月　眉山市社科联第一届理事会

2002年8月，撤地建市以后眉山市社科联第一次代表大会召开（见图1）。出席会议代表共120人，特邀嘉宾20人，市委、市人大、市政府、市政协主要领导及相关领导、省社科联有关领导出席了会议。市委书记晏永和发表了重要讲话。大会选举产生了眉山市社科联第一届理事会理事35名、常务理事25名。第一届理事会主席：王影聪；副主席：徐井万、赵志明、李中毅、王华清、刘川眉；秘书长：涂勇。

图1　眉山市社会科学界联合会第一次代表大会会后留影

2004年12月5日，市委批准市社科联增设一名专职副主席。

2005年9月，根据《关于提名周成仕、王影聪同志任免的通知》（眉委〔2005〕64号），市委提名周成仕同志任市社科联主席，王影聪不再担任市社科联主席。在市社科联第一届会议理事会第三次会议上，调整补选了主席：周成仕；副主席：李显平、林晓、刘晓琼。

3）2006年9月至2012年3月　眉山市社科联第二届理事会

2006年9月14日至15日，眉山市社科联第二次代表大会胜利召开。出席大会正式代表共200人，特邀嘉宾20人；省社科联党组书记、副主席王均到会并致辞；市委、市人大、市政府、市政协相关领导，以及省社科联有关领导出席了大会。市委书记蒋仁富作了题为《繁荣哲学社会科学，推进眉山经济社会协调发展》的重要讲话；市委副书记苏灿作了题为《加强领导，扎实工作，积极开展哲学社会科学研究》的讲话。大会选举产生了眉山市社科联第二届理事会，其中理事35名、常务理事29名。第二届理事会主席：周成仕；副主席：李显平、徐井万、赵志明、林晓、刘晓琼、涂勇；秘书长：涂勇。

2006年12月7日，根据《关于提名马湘君同志任职的通知》（眉委〔2006〕472号），市社科联第二届理事会第二次会议选举马湘君为市社科联副主席。

2007年9月2日，眉山编办〔2007〕242号《关于市文联和市社科联机构编制事项的批复》明确：市社科联领导为2名，其中党组书记1名（正县级），专职副主席一名（副县级）。

2007年10月17日，市委组织部《关于同意成立市社会科学界联合会党组的批复》（眉市组通〔2007〕189号）同意成立中共眉山市社会科学界联合会党组。

2008年3月10日，根据《关于马湘君同志任职的通知》（眉委〔2008〕92号），马湘君任市社科联党组书记。

2011年2月，由于工作调整，市委决定周成仕不再担任市社科联主席。

4）2012年12月至今　眉山市社科联第三届理事会

2012年3月24日至25日，眉山市社科联第三次代表大会胜利召开。出席大会正式代表共150人，特邀嘉宾30人；市委、市人大、市政府、市政协主要领导、分管领导及省社科联有关领导出席了大会。省社科联党组成员、机关党委书记张平良致辞；市委书记李静作了题为《繁荣发展哲学社会科学，奋力推进眉山跨越发展》的重要讲话。大会选举产生了眉山市社科联第三届理事会，其中理事40名、常务理事35名。第三届理事会主席：李酌；驻会副主席：马湘君、李广平；兼职副主席：王军、徐井万、刘川眉、余明德、刘晓琼、涂勇、胡永恒、方永江；秘书长：郑有毅。

2015年6月4日，根据《中共眉山市委关于提名周孝平同志任职的通知》（眉委〔2015〕60号），市社科联第三届理事会第三次会议选举周孝平为市社科联第三届理事会主席。

2016年12月23日，根据《中共眉山市委提名付庆一、周孝平同志职务任免的通知》（眉委〔2016〕337号），市社科联第三届理事会第四次会议选举付庆一为市社科联主席。

2018年8月15日，根据市委相关决定，市社科联第三届理事会第五次会议表决免去付庆一市社科联主席的职务。

2019年1月，根据《中共眉山市委关于王继、马湘君同志职务任免的通知》（眉委〔2019〕40号），王继同志任市社科联党组书记，免去马湘君同志市社科联党组书记的职务。

（二）社科人才队伍的历史与现状

1. 社科人才队伍的历史概况

眉山社科人才队伍的历史概况可分成3个阶段：

第一阶段：社科人才呈分散状态的阶段。眉山地区建立前，当时的6个县委党校、县委政研室、县委宣传部等单位和部门聚集了一些从事社科研究的人员；一些部门、单位、学校中有一些兼职从事研究的人员；各有关部门、单位成立的学会、研究会等汇集了一些喜爱研究的人员。总之，社科人才虽有一定的数量，但总体呈分散分布的状态，并未形成真正意义上的社科人才队伍。

第二阶段：社科人才队伍较快发展阶段。在此阶段中，眉山地区社科联成立。1999年7月，眉山地区社科联第一次代表大会召开；2002年8月、2006年9月又先后召开了眉山市社科联第一次、第二次代表大会。其间，党中央和省委、市委都作出了加快哲学社会科学繁荣发展的重大决策。因此，社科发展得到了重视，人才队伍建设被提上了各级党委的重要议事日程，眉山社科人才队伍迎来了发展的春天，呈现出较快发展的势头，人才队伍的集聚力增强，社科人才队伍的研究优势逐渐显现。

第三阶段：社科人才队伍快速发展阶段。党的十八大以来，社科工作得到高度重视，社科人才队伍建设力度空前加大。特别是随着眉山市一系列"人才强市"重大举措的推出，社科人才队伍建设环境得到明显改善，社科人才队伍不断扩大，社科人才总量不断增加，社科人才素质不断提高，社科人才参与社科研究的积极性不断提高，社科人才队伍的支撑力明显增强。

2. 眉山社科人才队伍现状分析

1）涵盖各个领域、各个学科的社科人才队伍日益壮大

据2010年底的摸底调查，眉山市有各类社科人才近4000人。2018年底，眉山各类社科人才数量增加到8000多人，主要分布在4类机构：一是市、区县社科联。市、区县两级社科联代表大会有代表近1000人，理事300多人。人数虽不多，但汇集的都是眉山社科人才中的精英骨干。他们不仅是社科工作、社科课题研究的主要参与者，而且其中大多数人是眉山社科工作、社科研究、社科普及的组织者，是眉山社科人才队伍的中坚力量。二是各级党委政研室、政府研究室、党校及各部门、各机关。从每年市、区县开展社科课题研究和每年市、区县两级社科研究成果评奖的情况看，这类社科人才有2000多人。三是市、区县社科类学会、研究会、协会。这类社科人才有3000多人。四是高

校。目前眉山有 13 所高校，数量在全省与绵阳市并列第二。拥有任职老师 5000 多人，其中有博士学位者近 200 人，硕士学位者 1500 多人，省学术带头人 2 人。经估算，这类社科人才有近 2000 人。

2）社科人才队伍的主要问题和不足

总体上看，眉山社科人才队伍仍显得总量偏小，且高层次、高素质人才尤其是在省内、国内有影响力的学科带头人非常紧缺。主要有 4 个方面的不足：一是社科人才队伍的创新能力尚欠缺，对于经济社会发展重大理论及重大现实问题的研究能力还不足。二是社科人才库的建设滞后，对已有人才的结构、层次尚未完全掌握。三是高校社科人才队伍作用的发挥还存在政策、需求、动力、通道等方面的"瓶颈"，人才队伍及其研究成果还很难走出校园。四是社科组织作用的发挥还存在不足。以市社科联为例，目前有编制 5 个，在编 5 人，其中领导两人。其任务繁重，如组织社科年度课题研究、年度社科成果评奖、社科普及活动、重大社科活动等，难有余力组织开展更多、更深入的社科工作。

（三）阵地建设的历史及其现状

1. 历史简述

社科阵地在我国改革开放以前对人们来说是比较陌生的概念。党的十一届三中全会吹响推进我国改革开放的号角以后，党和国家为哲学社会科学开辟了广阔的繁荣发展的空间。四川省于 1981 年建立了省社科联，乐山地区于 1983 年建立了社科联。社科阵地作为开展社科活动的重要载体和平台，得到了各级党委、政府的高度重视，其建设工作是社科组织高度重视且必须下功夫做好的事情。1988 年，眉山县成立社科联，成为乐山市县级社科联建设的先行者。当时各类社科学会发展较快；但从总体来看，县级社科阵地建设相较于省级、市级阵地明显滞后。眉山地区建立以后，特别是 1998 年地区社科联成立以后，将加强社科阵地建设提上了重要议事日程。眉山社科阵地建设围绕筑牢思想阵地、研究阵地、组织阵地、科普阵地这四大阵地发力，逐步形成了包括社科组织、高校、社科刊物、网络、科普基地、社科研究基地等的社科有形阵地，较好地适应了眉山繁荣发展哲学社会科学的需要。

2. 阵地建设的现状

经过建区设市以来的努力，眉山市已初步构建起市、区县上下贯通，机关、学会（协会、研究会）组织、高校分工合作，基地、场馆、媒体融合发展，全方位、宽领域、多层次、全覆盖的社科阵地框架，为服务中心，服务市委、市政府决策提供了智力支持和理论支撑。

3. 阵地建设的主要问题

一是省级学会建设刚起步，全省省级学会共 184 个，眉山只有 1 个；二是省级重点研究基地还是空白，全省省社科联审定的省级重点研究基地共 59 个，眉山没有；三是省级社科普及基地数量少，省委宣传部与省社科联共同命名、共同管理的省级社科普及基地共 66 个，眉山只有 2 个；四是网络、新媒体的应用略显滞后，如市社科联尚未建立自己的网站。

三

眉山市推动哲学社会科学繁荣发展的基本实践

（一）着力加强社科组织建设，筑牢推动哲学社会科学繁荣发展的基础

社科组织是繁荣发展哲学社会科学的基础和组织保障，是推动学术繁荣的重要载体和联系广大社科工作者的纽带。加强社科组织建设，构建完善的涵盖各个领域和市、区县的哲学社会科学组织机构体系，是繁荣发展哲学社会科学的重要支撑和具体体现。眉山在推动哲学社会科学繁荣发展的实践中，始终把加强社科组织建设放在突出位置。

1. 不断推进市社科联组织建设

眉山地区于 1997 年 8 月底挂牌成立以后，地委即把筹备成立眉山地区社科联提上了重要议事日程，要求地委宣传部提出方案。1998 年，地委批准成立地区社科联，并决定由地委副书记卓明安任社科联主席。1999 年 7 月，眉山地区哲学社会科学第一次代表大会召开。2001 年，眉山撤地建市以后，将地区社科联更名为眉山市社科联。2002 年 8 月、2006 年 9 月、2012 年 3 月分别召开了眉山市第一次、第二次、第三次社科联代表大会。2007 年底，眉山市社科联机构单列，设立了党组，配备了领导，明确了 4 个编制，设置了中层机构，落实了办公场所，经费财政预算单列。2010 年，眉山市社科联增加编制 1 个，总数达到 5 个。随着眉山市社科联组织建设的不断推进，眉山社科工作不断深入开展。

2. 切实抓好区、县社科联组织建设

眉山地区成立以后，区、县都没有成立社科联，区、县社科工作由区、县委宣传部组织开展。这导致区、县社科工作水平参差不齐。2007 年，市社科联机构单列以后，眉山将推进、指导、协助区县尽快成立社科联并力争机构单列作为重要工作来抓。一是积极争取市委及市委分管领导的支持，在文件中将之明确作为党委、政府目标考核内容，在讲话中要求，在调研中询问，促进区、县尽快成立社科联。二是市社科联主动作为，深入到区、县，同区、县委主要领导、分管领导协调、协商社科联成立与建设的相关问题，收到明显成效。到 2008 年底，全市 6 个区、县都成立了社科联，实现了市、区县社科联组织全覆盖，走在全省前列。三是积极指导区、县社科联开展工作。首先是抓区、县社科联负责人培训工作，组织其参加省社科联每年召开的基层社科联负责人培训会。采用市内举办培训会及以会代训等方式，加大对区、县社科联领导班子及工作人员的培训力度，有力、有效地提升了区、县社科联领导班子及工作人员开展社科工作的能力和提高其素质。其次是引导区、县社科联开展各项社科活动。四是在确定全市年度社科研究规划课题时，适当向区、县倾斜，引导区、县开展社科课题研究工作。五是积极指导区、县开展年度社科课题研究，促其形成制度。

3. 切实加强社科类社团组织建设

社科类社团组织是哲学社会科学组织的重要组成部分和重要支撑，担负着繁荣发展哲学社会科学的重任。眉山地区成立后，十分重视社科类社团组织的建设。尤其是市社科联成立后，将抓好市级社科类社团组织作为工作重点。一是明确市社科联是社科类社团组织的业务主管单位。二是规范管理。出台了有关学会（协会、研究会）等社团组织开展活动的管理办法，确保其正确的政治导向和学术方向，指导社团组织培育和践行社会主义核心价值观。三是积极引导社科类社团组织树立正确工作理

念。坚定"依法办会、管理强会、外联壮会"的发展理念和"学术立会、智力兴会、服务强会、按章办会"的工作理念，使之争做理论创新的先锋队，服务社会的智囊团，交流合作的中心站。四是鼓励支持社科类学会开展"三个一"活动。每年至少开展一次贴近实际的社科普及活动、开展一项社科课题研究活动、开展一次学术交流活动。鼓励社科类学会申报社科成果评奖，调动其开展社科活动的积极性。五是积极会同民政部门认真清理、整顿社科类学会组织。经过清理、整顿，市级社科学会由原来的 33 个调整为 24 个。数量虽然减少，但社科活动更加活跃，这有力地促进了社科类学会组织的健康发展。

4. 抓好高校社科组织建设

高校是社科研究的重要阵地。眉山建立地区时，仅有眉山广播电视大学一所成人高等学校。2002年，眉山职业技术学院成立。2006年，四川大学锦江学院入驻眉山。党的十八大以后，眉山大力引进高校。到 2018 年底，全市已有高校 13 所，高校数量与绵阳市并列全省第二。共有专业学院 50 多个，本科专业 80 余个，专科专业近 200 个。拥有任职教师 5000 多名。2018 年底，共有在校大学生近 7 万人。随着高校的发展，眉山十分重视高校的社科组织建设和社科工作。政府加强同高校的联系，支持高校组织建设社科组织，开展社科研究，参与市上的年度社科课题研究。2017 年到 2019年，眉山高校参与眉山社科课题研究 41 项，涉及学校 7 所。在近几届的社科评奖中，都有高校的成果获奖。目前，眉山职业技术学院增挂了四川省社会科学院眉山分院的牌子；已有 2 所高校成立了社科联。

（二）大力加强社科人才队伍建设，构建推动哲学社会科学繁荣发展的人才体系

社科工作谋事在人，成事也在人。22 年来，眉山始终把加强社科人才队伍建设作为推进社科工作开展的根本点，着力培养一支不断适应眉山经济社会发展需要的种类较全，梯队衔接，政治、思想、业务、作风都较好的社科人才队伍。

1. 加强对社科人才队伍的政治引领，确保正确的政治方向

习近平总书记强调"坚持以马克思主义为指导，是当代中国哲学社会科学区别于其他哲学社会科学的根本标志"，作为社科工作者必须旗帜鲜明地加以坚持。一是积极引导社科人才强化理论学习。树立政治意识、大局意识、核心意识、看齐意识，始终在思想上、政治上向以习近平同志为核心的党中央看齐，坚定党的理论、路线、方针、政策不动摇。特别是教育引导社科人才队伍中的党员干部强化对党忠诚、为党分忧、为党尽职、为民造福的政治担当，始终把贯彻落实上级社科联和市委、市政府重大决策部署作为社科工作的主线，带领广大社科工作者投入到治眉兴眉的生动实践之中。二是引导社科人才队伍坚定自觉举旗帜，牢牢把握意识形态工作的领导权。眉山各级社科组织始终绷紧意识形态斗争这根弦，认真落实意识形态工作责任制，贯彻落实市委办、市政府办《眉山市举办讲座、论坛、研讨会、报告会管理办法》，切实加强对各级各类社科学会（协会、研究会）开展社科类讲座、讲坛、研讨会的监管，确保正确的政治方向和学术方向。三是正确把握舆论导向。引导社科工作者做合格的宣传者，引导社科工作者在社科活动中理直气壮地用主流声音传播主流思想，大力宣传党的基本理论、基本路线、基本方略；大力宣传中央和省委、市委的重大战略部署；唱响主旋律，进一步把全市人民的士气鼓舞起来、精神振奋起来、力量凝聚起来。

2. 加强对社科人才的激励和奖励，不断增添社科人才队伍的活力

一是高度重视激励、奖励对社科人才队伍建设的重要性。在总的指导思想上，牢固树立哲学社会科学与自然科学并重的观念。在研究自然科学人才队伍建设的同时研究哲学社会科学人才队伍建设；在研究引进、培育自然科学人才队伍激励政策的同时研究引进、培育哲学社会科学人才队伍的激励政策；在研究市级智库建设时，将哲学社会科学人才列为智库建设的重要内容；在评选市级拔尖人才

时，将在哲学社会科学工作中做出突出贡献的人才列入评选范围；在确定市政府评奖项目中，将哲学社会科学优秀成果奖和科学技术奖、东坡文学艺术奖、体育突出成就奖作为全市政府 4 个奖项之一，有效地激励和调动了广大社科工作者的工作热情和研究激情。二是实施哲学社会科学人才工程。积极参与四川巴蜀文化名家暨"四个一批"人才工程和"天府学者""社科菁英"等人才培训引进计划。积极筹备建设眉山市社科人才库，逐步形成较为健全的社科人才管理和信息平台。通过人才工程建设促进了社科人才的涌现，激发了社科研究人员奋勇争先、争创社科优质研究成果和社科普及推进的热情。三是明确扶持激励政策。眉山先后出台了《眉山市杰出人才贡献评奖办法》《眉山市有突出贡献的拔尖人才选拔管理办法》《眉山市哲学社会科学成果评奖办法》等。在人才引进方面，实施了"眉州天府英才工程"，设立专门基金，重点对高学历、高职称、有突出贡献者、紧缺急需人才的引进给予鼓励，并从安家、生活方面给予补助。

3. 切实加强社科人才队伍的学术道德和学风建设

通过组织形式多样的学术道德和学风教育培训会、学习会、研讨会等，促进社科工作者、研究者树立良好的学术道德、优良学风。组织社科工作者深入到基层、深入到大众之中开展调查研究，让社科之风吹进农村、企业、社区、学校，促进社科人才牢记为人民做学问、把学问写进群众的心坎里的重大使命，坚持与时代同步，坚持以精品奉献社会，坚持以优秀成果服务大局和服务市委、市政府决策，坚持以明德引领风尚，树立良好的学术道德和学风。

（三）大力开展社科课题研究，打造推动哲学社会科学繁荣发展的硬实力

哲学社会科学课题研究是哲学社会科学的生命力所在。社科联的硬实力在于"果"，即社科课题研究成果。近年来，眉山围绕中心、服务大局，坚持以全市重大发展战略要求为导向，聚焦全国、全省，立足治眉兴眉、开放创新的发展需要，加强具有全局性、前瞻性、针对性的应用性社科课题研究，将着力推出一批在全市、全省乃至全国有影响力的社科课题研究成果作为眉山社科工作的主要目标。

1. 精心编制社科课题研究规划指南

长期以来，眉山十分重视社科课题研究规划工作，尤其是市社科联单列以后，将编制社科规划及年度规划指南列入重要议事日程。一是成立社科课题研究规划立项工作小组，由市委分管领导任组长。二是在指导思想上明确社科课题研究以应用研究为主攻方向。三是建立社科研究课题项目的设计、评审、立项、结项、补助等管理机制。四是精心编制课题研究指南。每年年初，市社科联都要按上述工作思路，组织专人根据市委、市政府有关经济社会发展的重大部署和市委、市政府领导的要求、市级有关部门的意见等，编制年度社科课题研究指南，由市委宣传部、市社科联联合印发天府新区眉山党工委，市委各部委，市级各单位、部门党组（党委），各区、县委，各区、县政府，各部门，各高校，各级学会，按照市上《指南》要求，结合自身实际，确定各自年度社科研究课题，同时确定申报课题研究项目。

2. 认真审定年度社科研究课题项目

对于各方面申报的研究课题，市社科联集中时间、集中力量组织专门研究。一是对申报研究课题进行分类研究和初步筛选。二是将分类课题分送市社科联相关副主席，听取意见。三是召开课题工作会议，由与会者提出年度社科研究课题立项建议，审定年度重大、一般研究课题。四是联合发文。市委宣传部、市社科联联合印发年度"社会科学研究立项课题目录"，通知各相关方面。通知中明确重大课题、重点课题，课题工作小组成员分别联系各立项课题，明确课题研究的要求、结项时间、补助办法等。

3. 积极争取和参与省社科联年度社科规划课题研究项目

近些年来，眉山十分重视争取省级年度社科课题规划项目。一是及时了解省年度社科研究课题规划的方向、重点、思路、时间安排等信息，及时掌握省上的要求，争取省上的项目。二是按省上的要

求和思路，并结合眉山年度社科课题研究项目，组织有关方面编制符合省上要求的课题研究项目，组织专人进行审查甄选并进行申报，收到良好效果。近10年，眉山每年都有省社科研究项目，有的年度，眉山有2至3个项目被列入省社科规划立项。三是认真组织、按时完成省上确定的社科研究任务。对省社科研究立项课题，眉山都落实专门领导和专门人员，加强指导和督促，确保按时按要求高质量完成。近些年来，眉山承担的课题都按时结项，得到省社科联的肯定。四是积极参与省社科联牵头组织的社科研究活动。如省社科联牵头的成都经济区8城市参与的"成都经济区城市建设与发展论坛（研讨会）"至今已举办八届，每年眉山市社科联都要牵头组织市委政研室、市发改委等有关部门和单位，根据当年眉山发展实际和成都经济区发展趋势，确定当年参加论坛的研究课题，形成课题研究报告并提交论坛，获得了较高的评价并获奖。同时，积极争取省上的社科研究成果，其中相当部分被转化成眉山市委、市政府的决策。

4. 加强对年度社科立项课题研究的指导与服务

一是市社科联着力牵好头。市社科联除了完成自身的年度课题研究任务外，同时还落实专人负责联系各课题组，及时掌握课题组研究的进展。二是实行社科课题研究联系责任制。对立项课题实行项目化、精细化管理，让市社科课题小组成员分工联系指导年度各立项课题，对立项课题进行跟踪、服务、指导，并对课题质量进行把关，最后完成对课题成果的审阅签字以后报送市社科联，如此，有力地促进了各课题组在研究中深入调查研究、掌握实情，努力使研究成果既有理论高度，又有更好的实践性、可操作性，有利于促进研究成果转化为决策。

5. 严格课题报告的审查、审核、审定与结项

对于各课题组上报的课题研究报告，市社科联采取先分送课题联系指导人与后开会集中研究两者相结合的审查、审核和审定方式。主要审查课题的研究成果是否符合立项要求，所列的情况是否符合实际，提出的思路、对策和建议是否符合党和国家的大政方针，是否符合市委、市政府的重大战略部署和市委、市政府的年度工作重点的要求，是否具有较强的可操作性等，确保课题成果的质量。

6. 努力拓宽课题研究成果的应用渠道

社科课题研究绝不是为研究而研究，研究的根本目的在于实践指导工作。眉山围绕课题的应用，一是及时编印《社科研究成果专报》，对于审定的课题研究成果中对当期经济社会发展具有一定指导作用和影响力的项目，市社科联按一项成果一次专报的形式及时将成果主要内容及对策建议编印入《社科研究成果专报》，呈送市委、市政府主要领导、有关领导、有关部门参阅，提高社科成果的转化效率。二是将一些有一定社会影响力的社科研究成果在《眉山日报·理论版》《眉州学刊》刊发，增强社科研究成果的社会影响力。三是编印《年度社科立项课题成果选编》，供市委中心学习组参阅，供市级各部门及各区、县参考，有力地推进了社科研究成果的转化。

（四）大力开展社科普及工作，营造推动哲学社会科学繁荣发展的氛围

习近平总书记在2016年5月17日哲学社会科学工作座谈会上的讲话中指出："哲学社会科学是人们认识世界、改造世界的重要工具，是推动历史发展和社会进步的重要力量，其发展水平反映了一个民族的思维能力、精神品格、文明素质，体现了一个国家的综合国力和国际竞争力。一个国家的发展水平，既取决于自然科学发展水平，也取决于哲学社会科学发展水平"。22年来，眉山始终坚持围绕主线大力开展社科普及工作。

1. 明确社科普及工作指导思想

近些年来，国际形势风云变幻、波诡云谲、暗潮涌动，社会思想观念和价值取向日趋活跃，主流与非主流并存，社会思潮纷纭激荡。习近平总书记强调"意识形态工作要把领导权牢牢抓在手里""意识形态决定文化前进方向和发展道路"。社科普及工作是党和政府联系广大人民群众的重要纽带。社科普及就是利用各种媒体以浅显的，公众易于理解、接受和参与的方式向公众介绍社会科学，推广

应用、倡导科学方法、传播科学思想、弘扬科学精神。社科普及是社科工作的一项重大任务，也是推动哲学社会繁荣发展必不可少的重要环节。鉴于此，眉山在社科普及工作中坚持习近平新时代中国特色社会主义思想，紧紧围绕经济建设中心和改革发展稳定大局，深入开展以科学理论武装人的宣传教育，广泛普及马克思主义时代化、中国化、大众化内容，普及哲学社会科学的基本知识、科学思想、科学精神和科学方法，帮助人们树立正确的世界观、人生观、价值观。通过搭建各种平台，开展内容丰富、形式多样的活动，引导广大人民群众始终坚持党的领导，站稳政治立场，在重大原则问题上时刻保持清醒头脑，在大是大非面前始终旗帜鲜明。

2. 广泛深入学习宣传《四川省科学技术普及条例》

《四川省科学技术普及条例》（以下简称《条例》）于1999年经省大人常委会审定颁发，又于2012年经省人大常委会修订后重新颁发。《条例》为开展社会科学普及提供了有力的法律依据。《条例》赋予了社科组织、社科工作者开展社科普及的重要使命。眉山坚持学习、宣传、贯彻落实《条例》，充分利用各种媒体、印发相关资料、举办各种活动，广泛深入地开展学习宣传活动。全市上下学习《条例》、掌握《条例》、运用《条例》，形成了社会各方面上下联动、多方呼应、齐抓共管、协调配合、广泛开展社科普及工作的良好氛围。

3. 打造平台，推进社科知识普及

一是举办面向百姓的讲坛。让讲坛、讲堂走进机关、走进学校、走进企业、走进社区、走进乡村，既向大众宣传国家、省、市的重要会议精神、重大政策，又抓住关乎老百姓切身利益的民生问题、老百姓关注的热点问题，进行宣传释疑，使讲坛、讲台成为传承文化、传播正能量的社科普及平台。二是搭建各种活动平台。多年来，眉山每年都要定期开展"社科三下乡""科普活动月""科技活动周"等活动，市、县联动，多方配合参与，通过科普展览、科技咨询、文艺演出、讲解指导等方式，发放科普资料，开展为民咨询，收到实效（见图2）。三是充分发挥社科类学会社科普及的平台作用。社科类学会是社科普及的重要平台。眉山积极引导社科类学会发挥自身优势，在科普工作中创造性地开展活动。四是积极推进社科普及基地平台建设。社科普及基地是社科普及的重要载体和场所。社科普及基础建设对于社科普及由集中式开展社科普及活动向社科普及的经常化、日常化发展，具有十分重要的现实意义。五是打造好社科普及宣传平台。《眉州学刊》是眉山社科普及的主要阵地之一。该刊物在坚持引领好社科界思想理论建设的同时，在社科普及上增加内容，扩大社会影响。眉山市相关部门充分利用《眉州日报》开办的社科普及专栏、专刊及广播、电视等媒体，开展社科普及知识宣传；同时积极探索发挥网络的优势，开展社科普及宣传。

图2　眉山市2019年"三下乡"暨文化下乡启动仪式

4. 着力建立、完善社科普及工作机制

社科普及工作是一项社会公益事业。做好社科普及工作是一项重要的系统工程，需要全党、全社会共同努力。眉山在实践中不断探索、建立和完善社科普及工作机制。一是领导管理机制。形成党委、政府领导，各相关部门分工负责的社科普及工作领导机制。各级各部门按市委、市政府要求研究和制定了支持社科普及及宣传的工作计划和安排，落实专门领导、专门人员组织实施，做到尽心尽力尽责。二是建立社科普及协调工作机制。建立了由各级党委宣传部门牵头、社科联具体负责组织协调的社科普及机制，有效地调动和发挥了各部门、各单位及社会各界参与社科普及工作的积极性，使科普力量得到合理配置，科普资源实现有效共享；促进各相关部门根据各自工作职能，利用多种渠道、采取多种形式开展社科普及工作；促进各类学校、科研机构、社科类学会等组织积极自觉地开展各类社科普及活动。三是建立社科普及评价激励机制。表彰奖励在社科普及工作中作出突出贡献的组织和个人，将社科普及工作列入精神文明建设考核体系并纳入目标管理。

（五）切实加强社科阵地建设，打造推动哲学社会科学繁荣发展的坚实载体

社科阵地是开展理论研究、学术交流、课题研究、社科普及的重要载体与场所。22年来，眉山一直十分重视社科阵地建设。

1. 切实加强社科思想阵地建设

哲学社会科学是耕耘思想的事业，对"举什么旗""走什么路""铸什么魂"肩负重要责任。眉山在社科思想阵地建设中，一是不断深化理论武装工作。认真学习习近平新时代中国特色社会主义思想和系列讲话精神，在强化"四个意识"，坚定"四个自信"，做到"两个维护"上持续用力，引导广大干部群众不断强化思想认同、理论认同和感情认同。二是坚定自觉举旗帜。引导全市社科界始终绷紧意识形态这根弦，认真落实意识形态工作责任制，努力做到守土有责、守土尽责、守土负责。三是把正确的政治方向与学术导向统一起来。引导社科工作者理气壮地用主流声音传播主流思想，寓马克思主义"道理"于"学理"之中。切实加强对社科学会、讲座、论坛（讲堂）的监管，确保正确的政治导向和学术方向。四是坚持正确的舆论导向。大力宣传党的基本理论、基本路线、基本方略，宣传中央、省委和市委的重大战略部署，唱响主旋律，传递正能量。自觉把新时代中国特色社会主义理论体系转化为清醒的理论自觉、科学的思维方法、坚定的政治信念。

2. 切实加强社科研究阵地建设

近些年来，眉山坚持以社科研究阵地为依托，全面提升社科理论研究与决策应用研究水平。眉山在推进社科研究阵地建设中，一是积极搭建以各种社科论坛、研讨会等为代表的社科研究平台，为全市社科工作者提供社科研究成果展示和交流的平台，也为省内、国内甚至国外的社科研究者提供相互交流、展示社科研究成果的平台，共促眉山社科研究的深入发展。二是积极探索新型社科智库建设方法。牢牢抓住服务决策这个根本点，突出提高质量、推动内容创新这个重点，探索建立健全智库协作、共享、激励、监督、评价管理机制的方法。三是办好《眉州学刊》《社科研究成果专报》《眉山日报》社科理论专栏专刊、相关互联网平台，引导社科研究方向，展示社科研究成果。四是打造品牌，培育具有眉山特色的研究阵地和研究品牌。

3. 切实加强社科组织阵地建设

22年来，眉山着力推进社科组织阵地建设，夯实社科根基。一是持续推进市、区县社科联组织建设。眉山以打通主干道为着力点，于2007年底实现市社科联机构、编制、领导职数、内设机构、财政预算、办公场所全部单列；2008年底，6个区、县全部成立社科联，有机构、有编制、有办公场所、有经费、有活动。二是推进高校社科组织建设。2018年底，眉山已有两所高校建立了社科联，眉山职业技术学院增挂了"四川省社会科学院眉山分院"的牌子。三是支持社科类学会加强自身建

设，按照章程开展工作。通过举办学会联席会、学术交流会等，搭建活动平台，实现社科课题研究合力攻关。四是严格社科类学会组织管理，引导其种好管好意识形态"责任田"，不给"杂音""噪音"提供传播渠道。

4. 切实加强社科普及阵地建设

一是积极推进省、市、区县社科普及基地创建活动。眉山通过多年努力已形成了一批有影响力的社科普及基地，社科普及基地的引领示范作用已凸显。二是构建合作联动的社科普及新格局。通过整合高校、社科类学会、社会各有关方面资源，建立联系、联动工作机制，充分利用广播电视、报刊、博物馆以及各种讲坛、论坛等传统渠道，推进社科普及工作。同时，探索利用互联网、微博、微信等新媒体传播手段，扩大社科普及面。三是丰富社科普及载体。丰富"社科三下乡""科普活动月""科技活动周"等载体的活动内容、活动形式，受到基层各方面的欢迎。四是积极推进人文示范基地的创建。持续推进市、区县人文社科示范基地"三级联创"工作，推进群众性、公益性、经常性的人文社科活动的开展。

（六）建立健全哲学社会科学工作激励机制，为推动哲学社会科学繁荣发展增添活力

眉山自建地区始，就非常重视探索建立健全哲学社会科学工作激励机制的路径，将其作为调动各级社科联组织、社科学会组织、高校以及广大社科工作者开展社科课题研究、社科普及工作的积极性、创造性，提高哲学社会科学研究成果的质量和数量，提高哲学社会科学的声誉和地位，实现各项社科工作目标的重要途径和举措。

1. 营造良好的工作环境激励机制

一是从宏观政策上激励。2004 年 1 月 5 日，中共中央印发《关于进一步繁荣发展哲学社会科学的意见》。同年 4 月，省委印发了相关的文件。眉山市委迅速研究制定印发了《中共眉山市委关于努力发展哲学社会科学事业的意见》，以响应中央、省委的号召。中央、省、市的一系列重大决策，给哲学社会科学繁荣发展送来了春风，很大程度上改变了社科工作的困境。2018 年，为贯彻中央和省委有关构建中国特色哲学社会科学的决策，市委印发了《中共眉山市委关于加快构建中国特色哲学社会科学的实施意见》，明确了眉山社科工作的指导思想、目标、措施，为眉山社科工作营造了更好的环境。二是从工作条件的改善上激励。努力推进市、区县社科联组织机构单列，并从党组设置、领导配备、中层机构设置、人员编制、办公场地、经费保障等方面给予有力的支持。同时，各级各部门、各有关方面努力为社科工作创造条件，提供支持。三是舆论宣传激励。利用各种媒体、采取各种形式广泛深入宣传中央、省委、市委有关繁荣发展哲学社会科学的重大决策，宣传习近平总书记有关哲学社会科学繁荣发展的一系列重要讲话精神，宣传哲学社会科学对于促进经济社会持续、稳定、健康发展的重要作用，宣传社科研究、社科普及所取得的重大成效、成果，宣传在社科工作中作出重要贡献的社科组织、社会团体和个人，营造了良好的舆论环境，收到了很好的效果，有效地调动了广大哲学社会科学工作者的积极性、创造性。

2. 营造良好的社科课题研究成果评奖激励机制

评奖激励是一种目标激励，可以有效激励有研究能力的组织和社科工作者主动申报市社科课题研究立项，主动开展课题研究，并下功夫将工作做好，形成优秀研究成果。一是把社科优秀成果奖明确为市政府奖项。眉山从 1998 年开始，每两年组织一次社科评奖活动。2010 年，在总结前几次评奖工作的基础上，市政府修订印发了《眉山市哲学社会科学优秀成果评奖办法》，并确定从 2010 年起，每年开展一次社科优秀成果评奖活动。2016 年，市政府再次修订印发《眉山市人民政府关于印发眉山市哲学社会科学研究课题管理和优秀成果评奖办法的通知》，明确每年安排 50 万元作为社科课题补助和成果评奖专项资金。二是抓好成果收集、整理工作。三是认真审查、评定。成立市委分管领导任主

任的眉山市哲学社会科学优秀成果奖评审委员会，成员由市社科联有关领导、有关人员担任，并组成若干学科评审小组，统筹评奖工作。具体工作步骤为：首先将申报成果按学科分类，由各评审小组认真评审，确定获奖等次建议；其后由评奖办组织学科组组长会商，召开市评审委员会会议审定评审结果。四是社会公示。在政府网站及《眉山日报》等平台上面向社会进行为期15个工作日的公示，听取各方声音。五是市政府发文并召开颁奖大会。邀请市委、市政府领导参与大会和讲话，并向获奖代表颁发证书和奖金，收效甚好。

3. 积极探索建立健全人才队伍激励机制的路径

一定的激励手段，可以有效地激发社科工作者的热情和潜力。眉山坚持把事业留人、感情留人与适当激励留人有机结合起来。一是市委、市政府高度重视。将哲学社会科学人才队伍建设纳入全市人才队伍建设统筹规划。市委、市政府领导主动与社科专家、学者打交道、交朋友、出课题、听建议，还深入社科组织开展调研，询问情况、解决问题。二是探索建立健全社科人才队伍建设长效激励机制的路径。实施人才工程，积极参与省社科人才引进计划，对社科人才引进与其他方面人才引进一视同仁。三是以社科优秀成果评奖为杠杆，撬动和激发社科研究人员的研究热情。

（七）打造眉山社科特色工作，为推动哲学社会科学繁荣发展增色添彩

1. 坚持不懈地开展以东坡文化为核心引领的眉山社科课题研究

眉山作为历史文化名城，积淀了深厚的文化底蕴，熔铸了宝贵的地域人文精神，结出了丰富多彩的文化硕果。眉山钟灵毓秀，俊杰辈出，人文资源极其丰富，是"唐宋八大家、眉山居其三""诗赋传千古、峨眉共比高"的北宋大文豪苏洵、苏轼、苏辙三父子的故乡。两宋期间，眉山曾出甲乙两科进士886人，宋仁宗曾赞叹"天下好学之士皆出眉山乎"。在历史长河的积淀中，东坡文化成为眉山优秀传统文化的核心和基础，孕育了眉山独特的人文特质。2000年，法国《世界报》组织评选世界"千年英雄"，苏东坡位列其中。东坡文化千年不衰，苏东坡成为眉山对外交往中一张含金量非常高的名片。眉山从建地区开始就十分重视东坡文化的深度挖掘研究，并立足东坡文化，实施文化立市战略，推动文化立城、立业、立人。根据市委、市政府的重大战略决策，眉山社科界、社科工作者持之以恒地开展相关研究并提出对策建议。

1）切实加强以东坡文化为核心的文化传承研究

一是重点抓好东坡文化传承基地建设。重点抓好三苏祠国家一级博物馆建设，使之成为研究传承三苏文化尤其是东坡文化的"一心三地"（全国三苏文化传承发展中心与具有很高知名度的人文旅游胜地、世界历史文化名人拜谒圣地、文化产品开发创新基地）。二是建立东坡学术研究基地。成立三苏文化研究院，并挂牌"中国苏轼研究会"。先后出版发行《苏轼全传》及系列研究成果（学术专著）1200多部（见图3）。组织专家学者深刻阐释三苏文化，突出东坡生平、功绩和思想；争取公开刊号，编辑文化典籍和学术专著。三是打造东坡文化传习基地。以东坡文化为基础，依托三苏祠、苏轼公园、苏辙公园、苏洵公园、苏母公园、东坡竹园、东坡城市湿地公园等，构建优秀传统文化传习基地，吸引中小学生、广大市民、各方人士来基地感受东坡文化。

2）切实开展优秀传统文化培育及创作研究

一是积极创作一批优秀文学艺术作品。以东坡的生平、著作、诗词、功绩、精神为题材，用喜闻乐见的艺术形式演绎东坡、宣传眉山，形成了一批有一定影响力的文学艺术作品。比如，话剧《苏东坡》成功申报国家艺术基金2018年舞台艺术创作项目，在全国巡演中受到高度评价。二是积极开展打造东坡文化品牌的相关活动。广邀国学大师、苏学专家、国内外友好城市代表，将东坡文化节、东坡文化国际高峰论坛打造成集文化性、学术性、国际性为一体的重大节庆活动，使之成为权威性强、影响力大、认同度高的学术品牌。

图 3　《苏轼全传》

　　3）大力开展东坡文化融合发展研究

　　将东坡文化融合于产业发展之中。一是将东坡文化融合于旅游产业之中。挖掘东坡文化，打造东坡文化旅游线路，将三苏祠、苏坟山等遗址遗迹有机整合起来，形成鲜明的东坡文化主题，打造精品文化旅游线路。积极争取使东坡文化研学游等主题线路进入各种国际、国内旅游节庆与交流活动。二是将东坡文化融合于文创产品的开发之中。培育组建文创主体，围绕东坡文化，构建眉山文创产品开发、利用专业智库。扶持一批文创企业，形成东坡文创产品的品牌效应，增强文化的软实力和硬支撑。三是将东坡文化融合到地方产业之中。在食品产业中融合东坡文化，打造以东坡泡菜为龙头，包括东坡肘子、东坡肉、东坡鱼在内的"东坡味道"产业。

　　将东坡文化融合于城市的建设之中。这些年来，眉山将东坡文化融合到城市的规划建设之中，塑造城市特质。一是在城市规划中融合东坡文化元素。充分挖掘东坡文化内涵，按照"产城一体、文城一体、景城一体"思路，专门出台了《东坡文化布局整体规划》等 11 个城市规划文件，绘制了具有东坡文化特色的城市发展蓝图。二是在城市建设上生动体现东坡文化元素。以东坡文化为城市灵魂，建成了东坡宋城、苏洵公园、苏轼公园、苏辙公园、苏母公园、东坡竹园、东坡湿地公园等项目，增加了城市的历史厚重感，使城市文化特色更加鲜明。三是以东坡文化为城市名片。成立了三苏文化研究院，中国苏轼研究学会永久会址也设在眉山，以苏东坡头像为城市标识，采用东坡诗词名句命名街道、建筑等，大大提升了眉山的对外影响力。

　　将东坡文化融合于市民教育之中。眉山在培育和践行社会主义核心价值观时融合了东坡文化。以东坡文化引导市民提升自我道德修养水平，如将三苏祠建成全省爱国主义教育基地和三苏文化社科普及基地；将传统文化融入未成年人思想道德建设，如将东坡文化融入课堂教育，编写乡土教材，在校园文化体系中有效融入东坡文化，实现墙上有东坡名句，网上有东坡故事。

**　　2. 不断深入开展眉山经济社会融入成都发展的社科课题研究**

　　1997 年初，国务院批复建立眉山地区并成立眉山地区筹建领导小组。从那时起，眉山其经济社会怎样发展以及确定怎样的发展模式就成为筹建领导小组必须而且要尽快研究形成决策的重大课题。眉山社科人积极介入和参与区域经济社会发展的战略研究，形成了具有眉山特色的社科工作。

　　1）融入成都的内涵不断丰富

　　1997 年 5 月，眉山地区筹建领导小组入驻眉山县，将讨论确定"眉山地区经济社会发展思路"放到重要位置，落实专门领导和人员，组织各县县委政研室负责人及有关方面人才开展研究。经过广泛深入的调查研究，最后形成了 1997 年 8 月 28 日于中共眉山地委第一次全委扩大会上通过的《中共眉山地委眉山地区行署关于眉山地区经济社会发展思路的决定》，明确眉山要坚持"面向成都、依托成都、服务成都、融入成都"的发展思路。2001 年，眉山撤区建市，中共眉山市委第一次代表大会明确提出将眉山地区建成成都外环经济强市的奋斗目标。2002 年春节刚过，眉山就组织由市长带队，市级有关部门主要负责人及区、县长参加的赴江苏昆山市学习考察团，借鉴昆山融入上海、加快发展的经验；同年 4 月，市委、市政府的有关决定中，提出了"融入成都、错位发展、强工稳农、追赶跨越、富民兴市"的发展战略；2005 年 9 月，市委《关于加快发展若干重大问题的决定》中将之调整为"融入成都、同城发展、三化联动、统筹城乡"；同年，眉山通讯融入成都，使用成都"028"区号。2016 年，眉山市第四次党代会又将"融入成都"的发展思路落实到为"决胜'两个率先'，实现'五个先行'，奋力建设天府新区增长极大都市区新高地"的奋斗目标，眉山的青龙、视高两个经济开发区被列为国家级开发区——成都天府新区的重要组成部分。2018 年，眉山提出了"融入成都，全域开放，建设环成都经济圈开放发展示范市"的发展思路。可以说，眉山建区设市 22 年的发展历程，就是不断推进眉山融入成都发展的历程。

2）不断深化眉山融入成都的社科课题

22 年前，建立眉山地区时的眉山经济社会发展思路的形成，就包含着社科研究者的心血；而且，也就是从那时起，眉山融入成都的应用对策研究就成为眉山社科界、社科人关注的重点，成为社科研究的首选主题。每年社科研究的课题中都有相关的内容。实行社科研究课题规划指南制度以后，指南都将眉山融入成都的课题列为主要内容，确定的项目中必包括融入成都的研究课题。在 22 年的眉山组织的社科优秀成果评奖中，每一次都有有关眉山融入成都的优秀成果获奖，而且占有一定比例；有的成果还获得了省社科优秀成果评奖的等级奖和优秀奖。在转化为市委、市政府决策的眉山社科研究成果中，有关眉山融入成都的研究成果最为突出。可以说，眉山不断推进自身融入成都发展的广度、深度的历程，也是眉山社科界、社科工作者持续不断深入开展眉山融入成都对策研究的历程，而且这一切还将持续进行下去。

三

眉山市推动哲学社会科学繁荣发展的主要成就

（一）社科阵地建设成绩显著

1. 社科组织阵地框架形成

经过 22 年的不断努力，眉山已基本形成了以市、区县社科联为主，包括各级党委政研室、政府研究室、党校、省社科院眉山分院、各部门和各机关从事社科研究的机构、社科类社团组织、高校社科联、高校社科机构在内的涵盖各个领域、各个学科的哲学社会科学组织阵地框架，并形成了阵地网络，为眉山哲学社会科学繁荣发展提供了强有力的组织保障，奠定了坚实的基础，在推动眉山的社科工作发展中发挥了重要作用。眉山社科组织的工作得到了各级组织的肯定和表彰。眉山市社科联从2009 年起连续 10 年被省社科联表彰为"四川省先进市州社科联"，连续 10 年被省社科联表彰为"全省市州社科联信息工作先进单位"，在全国中小城市社科联第 25 次、26 次两次工作会议上被评为"全国先进社科组织"，眉山市社科联的一些综合工作、专项工作、重大活动，多次受到市委、市政府的表彰；在参与和举办的一些重大社科活动中，眉山市社科联多次受到表扬、奖励。

2. 办刊质量不断提高

眉山地区建立时，眉山地委宣传部与眉山地区社科联联合创办了《新风》刊物，其既是地委宣传部的理论刊物，也是地区社科联的会刊。2000 年，眉山撤地设市时，创办了《眉州学刊》作为市社科联会刊。该刊物为季刊，至今已发行了近 20 年，共编印了 78 期，刊载了上千篇各类理论文章、经济社会调研报告、应用对策研究文章以及各类社科信息、社科工作动态等，共计 800 多万字。《眉州学刊》如今已成为眉山哲学社会科学研究的主要阵地，是服务全市中心工作的重要理论刊物。其在市内受欢迎的程度不断提高，在市外的影响力也在不断增强。

3. 社科重点研究基地建设有较大突破

以三苏祠博物馆、中国苏轼研究会、三苏文化研究院等以东坡文化传承研究为重要研究内容的社科研究机构为主的具有眉山特色的社科研究基地汇集了一批国内、国外的苏学专家，以省委实施历史名人工程、部署"六个一批"以及市委推进东坡文化传承创新"七个一"工程为突破口，大力开展研究，编辑出版了一系列文化典籍和学术专著，形成了数以百计的优秀成果，建成了东坡文化传习基地。

4. 社科工作条件明显改善

就市社科联而言，一是机构实现了单列；二是党组织建设得到了加强，设置了党组，明确了级别为正县级机构；三是社科联组织的性质得到确认；四是领导配置、中层机构设置、中层配置、人员编制得到明确；五是有了独立的办公场所；六是经费由财政预算保障。从 2010 年开始，政府在每年财政预算中安排 50 万元专门用作哲学社会科学优秀成果评奖的奖励基金和社科年度研究课题补助资金。同时，区、县社科联的工作条件也都有很大改善。

（二）社科学术理论活动纵深开展

1. 形式多样的理论、对策、应用研讨会广泛举办

研讨会是社科学术活动的重要内容和重要组成部分。22年来，眉山每年都要紧密结合当时的实际需要，采取主办、承办、协办、参与等形式，广泛开展和参与各类社科研讨活动。近些年来，眉山先后举办了全国首届苏洵学术研讨会、全国首届苏辙学术研讨会，形成了一系列重要研究成果，多方面填补了苏洵、苏辙研究的学术空白，丰富了"三苏文化"的内涵；多次组织、参与了中国苏轼学会举办的苏轼学术研讨会；牵头组织市级有关部门参与了省社科联举办的"成都经济区8城市建设与发展研讨会"，其中第七届研讨会由省社科联和中共眉山市委、眉山市人民政府主办，眉山市社科联为承办单位；2003年，省社科院和眉山市人民政府主办了"四川省取消农业税后农村工作机制研讨会"，省级有关部门领导、国家有关专家、四川省有关高校代表、眉山市有关领导及部门负责人共100多人参会；近年来，东坡文化国际学术高峰论坛在国内外产生了重要影响；眉山持续多年开展的"文化立市"研讨会等都收到了非常好的成效。这些研讨会形成的成果，得到多方认可，其中相当一些对策建议被采纳，转化为决策。

2. 形式多样的报告会广泛举办

不同形式、不同层次的报告会活跃在全市各级党政机关、学校、农村、社区。报告会是宣传党和国家重大方针、政策以及各级党委、政府重大战略部署的重要手段与途径，也是完成社科任务的重要手段与途径。22年来，凡中央、国家和四川省有重大会议召开、有重大活动举办，眉山都会举办相应的报告会，甚至组建若干宣讲报告团，深入机关、学校、街道社区进行宣讲。涉及全市的、阶段性的重大战略部署，眉山都会专门邀请省内乃至国内知名的专家来作相关的专题报告，效果很好。

3. 社科讲座丰富多彩

眉山充分利用自己举办的各种社科研讨会、论坛等社科活动，安排市内知名人士或邀省内外专家、学者开展相关的学术讲座、专题讲座、人文讲座、经济形势讲座、城市建设及发展趋势讲座等，既丰富了活动的内容，又增加了活动的分量和影响力，效果很好。同时，还利用广播、电视、网络等平台，针对社会各方面关注的一些热点问题，邀请有关人士开展专题讲座，收到良好反映。

4. 论坛水平提升到新的高度

在多年多次举办东坡学术、苏洵学术、苏辙学术研讨会的基础上，2017年11月23日，眉山举办了首届眉山东坡国际学术高峰论坛。全国政协副主席刘晓峰出席开幕式并宣布论坛开幕；四川省委常委、宣传部长甘霖等领导莅会；共有来自联合国教科文组织和俄罗斯、法国、新加坡等19个国家和地区，以及全国13个省市的党政领导、苏学专家、文化名人、苏轼后裔1000余人参会。会上，90多名国内外专家发表了演讲。论坛收到国内外专家提交的学术论文70多篇，汇聚了近年来国内外东坡文化研究的最新成果，所有论文主题突出、观点新颖、价值丰厚。2018年下半年，第二届东坡文化国际学术高峰论坛以"东坡文化与新时代的开放合作"为主题，以"东坡文化＋"为理念，主论坛下设"文化传承""文献作品""生平思想研究"3个分论坛（见图4、图5）。100多位来自海内外的著名苏学专家，全国18个苏东坡遗址遗迹地城市的相关作家共聚一堂，共话东坡精神和东坡文化。

图 4　第八届（眉山）东坡文化节暨首届四川音乐周主会场

图 5　祭拜三苏仪式

5. 对外文化交流范围日益扩大

近年来，眉山高水平举办了 8 届东坡文化节、10 届中国泡菜食品国际博览会、中国竹文化节、竹产业交易博览会、2 届眉山东坡国际高峰论坛、联合国"历史村镇的未来"等国际性盛会，助推了眉山优秀传统文化的传播，有效地提高了眉山在国内外的知名度，有力地促进了相关产业的发展。2018 年，省文化厅、眉山市人民政府联合举办了第八届（眉山）东坡文化节暨首届四川音乐周，反响强烈，好评如潮。该文化节创造了 8 项第一：第一次与省上联办，第一次把 2000 年法国《世界报》撰写"千年英雄"的作者请到眉山，第一次聚齐 18 个东坡遗址遗迹地城市共商传承，第一次举办东坡国际学术高峰论坛，第一次全国 13 个省市 72 所东坡学校校长齐聚研讨，第一次在全国范围内举办东坡文化专题书展，第一次举办全国当代书法名家东坡文化主题创作展览，第一次承办四川音乐周。同时，该活动实现了 4 个之最：一是规格最高，嘉宾最多。有 1 位副国家级、5 位省部级领导出席开幕式，19 个国家和地区海外来宾、华人华侨，21 个市州代表团共计 1000 多人参会。二是创意最新，内容最丰。活动项目达 21 个。三是媒体最多，影响最大。共有中外主流媒体 127 名记者参与报道，推送新闻 500 多条，传统媒体和新媒体的浏览总量达 6000 多万。四是交流最广，成果最丰。开幕式新颖、恢宏大气；东坡音乐节演出共有 7 场，观众突破 11 000 人次；让·皮埃尔捐赠了 4 份发表和转载了"千年英雄苏东坡"相关内容的 2000 年的法国报纸原件；东坡文化专题书展展示了最全的东坡文化典籍。

（三）社科研究硕果累累

1. 课题规划的指导作用不断增强

从 2011 年开始，眉山每年初都要印发年度《眉山市社科规划课题指南》，引导各级各部门、各单位、各学会、各高校编制申报年度社科课题。经过多年的探索和完善，其指导作用显著增强。近几年，在市级年度社科课题立项中，严把质量关，特别是重点课题立项，几乎百分之百地符合《指南》要求，大大增强了社科重点课题研究成果的针对性、应用性，转化率明显提高。

2. 省级规划课题研究成果丰硕

自眉山市 2012 年第三次社科联代表大会召开起，5 年来，眉山市社科联牵头开展省社科规划项目 9 项，均实现顺利结项。其中，2014 年的省级社科规划项目"《苏轼全传》（共 15 卷）"编纂工作历时 3 年，于 2017 年 10 月由中国文史出版社公开出版，并于 2017 年 11 月 24 日在眉山举行首发仪式。《苏轼全传》堪称苏学研究史上的鸿篇巨制，其 16 名作者大多是研究苏轼的学者、作家，其中有年近八旬的老作家，也有 20 多岁的年轻作者，可谓老中青共同完成的杰作。这项浩大的东坡文化工程，为眉山实现文化强市，推动东坡文化走向世界奠定了坚实基础。该书收到中国苏学界专家学者高度评价，认为该书不仅具有文学、史学价值及苏学研究价值，也极具收藏价值。

3. 社科研究不断深入

近年来，眉山社科研究呈现出社科研究的课题数量不断增多、研究的范围不断拓宽、研究的程度不断加深、研究的成果亮点纷呈的特点。

4. 社科优秀成果众多

1）课题研究成果得到省政府肯定

1997 年至 2018 年，眉山共参加了 10 次四川省社科优秀成果评奖，每次都有项目获奖，共计有 18 项成果获奖，其中二等奖 1 项，三等奖 12 项，社科优秀成果奖 5 项。

2）课题研究成果得市政府肯定

眉山从 1998 年开始举办社科优秀成果评奖活动，每两年评一次；2010 年开始改为每年评 1 次。截至 2018 年，共开展了 14 次评奖活动，获奖项目上千项。具体评奖结果见表 1。

表 1　眉山市哲学社会科学成果评奖结果统计表

次（年月）	奖励等级	获奖数量（项）	次（年月）	奖励等级	获奖数量（项）
第一次（1998 年 9 月）	荣誉奖 一等奖 二等奖 社科联奖	3 5 15 20	第二次（2004 年 12 月）	一等奖 二等奖 三等奖 社科联奖	5 27 35 35
第三次（2006 年 7 月）	一等奖 二等奖 三等奖 社科联奖	4 30 35 40	第四次（2008 年 10 月）	一等奖 二等奖 三等奖 社科联奖	0 25 27 31
第五次（2009 年度）	一等奖 二等奖 三等奖 优秀奖	1 25 31 41	第六次（2010 年度）	一等奖 二等奖 三等奖 优秀奖	2 12 16 63

次（年月）	奖励等级	获奖数量（项）	次（年月）	奖励等级	获奖数量（项）
第七次 （2011年度）	一等奖 二等奖 三等奖 优秀奖	1 9 23 57	第八次 （2012年度）	一等奖 二等奖 三等奖 优秀奖	0 10 20 26
第九次 （2013年度）	一等奖 二等奖 三等奖 优秀奖	11 6 15 29	第十次 （2014年度）	一等奖 二等奖 三等奖 优秀奖	0 10 19 48
第十一次 （2015年度）	特等奖 一等奖 二等奖 三等奖	1 4 12 28	第十二次 （2016年度）	特等奖 一等奖 二等奖 三等奖	0 1 15 30
第十三次 （2017年度）	特等奖 一等奖 二等奖 三等奖	1 4 15 30			

3）社科研究成果转化为决策的优点不断显现

社科获奖项目涉及眉山经济社会的方方面面，其中相当一部分转化为市委、市政府及相关方面的决策，对促进眉山经济社会发展起到了非常重要的作用。

（四）社科普及不断深入

1. 社科普及课题研究得到重视

一是社科普及课题研究被列入眉山市每年度的社科研究规划项目指南，有力地引导了社科普及课题的研究。二是眉山每年都安排了社科普及课题研究项目。三是在评奖上做到社科普及课题研究成果与其他社科研究成果一视同仁。获省级奖项的18个项目中有3个属社科普及课题研究优秀成果；眉山市历次社科研究优秀成果获奖项目中都有社科普及课题研究优秀成果。四是社科普及课题研究成果都具有很强的引导性、可操作性、应用性，在推进眉山的社科普及工作中起到了非常重要的作用。

2. 科普读物丰富生动

眉山整合社会资源，汇集社科普及研究优秀成果，以眉山城市历史、三苏文化、长寿文化、沉银文化、竹编文化以及乡土人情为基本内容，组织有关社科工作者编写贴近市民、贴近生活、贴近现实的，内容丰富、生动、多彩的科普读物。近些年来，先后编写了"三苏文化丛书"一套共12本；组织开展了"传承优秀传统文化、弘扬三苏家风"活动，开展了三苏家风家规征文活动，并将其中的优秀作品汇编成《眉山市传家风立家规树新风征文选编》；创作了三苏家训家风专题片《苏门三父子情操昭千秋》、歌典《东坡味道》、话剧《苏东坡》等；编辑了《苏轼人生风范》《仰望东坡》《彭山·一个不老的地方》《千秋一梦：大雅堂》《看电视学法》等具有科普性质的乡土教材，将之列入了全民阅读教育必读书目。全市建设了100个集读书、讲学、演出、品茗、交流为一体的综合性书屋，并在微信端推出了"书香眉山公众阅读号"，在推进眉山的社科普及工作中起到了积极的作用。

3. 人文讲坛活动丰富多彩

目前，眉山市有东坡讲坛、法制大讲堂、东坡文化大讲堂、工业大讲堂、三农大讲堂、市民大讲堂等9个市级讲坛（堂）。有的定期开讲，有的根据需要安排活动。宣讲的人员包括市内的专家以及从国内请来的著名专家、教授、学者。各讲堂先后邀请了北京大学康震教授到眉山主讲《弘扬东坡精神，建设经济强市》；国家行政学院姜平教授主讲《以新理念引领新发展》；全国著名学者王立群主讲《永远的苏东坡》等。各区、县都结合自己的实际，开设了大课堂。其中，彭山区积极创新人文讲坛的形式，从2015年起开设了《彭山论坛"七嘴八舌"》人文科普电视节目，每月一期，效果很好。近几年，眉山各级各类讲堂（坛）平均每年有规模的开讲场次约80场，最多的年份接近100场，极大地丰富了人民群众的文化生活。

4. 社科普及基地在全省范围内率先实现省、市、县（区）三级社科普及基地全覆盖

随着2012年5月三苏祠博物馆被省委宣传部和省社科联验收认定为"四川哲学社会科学普及基地"，眉山市率先在全省范围内实现了省、市、县（区）三级社科普及基地全覆盖。目前，眉山已建成省级社科普及基地2个（三苏文化社科普及基地、四川洪雅藤椒文化普及基地）、市级社科普及基地6个、县级社科普及基地24个。东坡区青少年社会实践基地占地约10亩，建筑面积3000平方米，于2012年11月正式运行，2013年度被认定为"市级素质教育普及基地"。目前，该基地成功开班600多期，培训学生6万多人次。得到各方面的好评，2015年，被市委、市政府表彰为"关心下一代先进集体"；2018年，被四川省关工委评为首批"四川省青少年社会实践教育基地"。

四

眉山市推动哲学社会科学繁荣发展的经验启示

眉山建区设市 22 年以来，繁荣发展哲学社会科学的工作不断深入推进，取得了辉煌的成就，哲学社会科学呈现出前所未有的大好局面。站在社科联、社科界、社科工作者的角度考察，除了中央、省、市营造的良好的大环境外，眉山有 3 点重要启示值得说明。

（一）努力提高服务大局，服务市委、市政府决策的能力，是推进哲学社会科学繁荣发展的前提

我们所处的是一个不断变革的崭新时代。新时代、新任务、新使命对哲学社会科学提出了更高的要求。社科工作的地位将更加突出，社科工作的作用将得到进一步发挥。各级社科联、社科工作者要勇于承担起时代赋予的历史使命，履行职责，加强建设，展现特色，做出成效，即要有"为"。要主动作为，自我加压。只有这样，社科工作才能得到市委、市政府的高度重视，得到各方面的支持，才能获得较好的"位"。有"位"促进有"为"，有"为"促进增"位"。近年来，眉山市社科联采取有效、有力措施，着力提高服务大局，服务市委、市政府决策的能力和水平，不断推进哲学社会科学繁荣发展。

1. 坚定正确方向，强化责任担当

始终坚持马克思主义的指导地位，始终坚持把学习贯彻习近平总书记重要讲话精神作为首要政治任务，始终把服务好市委、市政府重大决策作为社科工作的重点。一是加强学习，努力提高思想政治素质。市、区县社科联都形成了学习制度，学习实现常态化。凡中央、省、市有重大会议、重大活动，都会及时组织学习、讨论，力求在思想上、政治上、行动上同以习近平同志为核心的党中央保持高度一致，与省、市的重大战略部署、重大工作部署保持高度一致。同时，积极指导社科类社会团体、高校社科联的学习，并提出明确要求。二是落实意识形态工作责任制。眉山市社科联印发了《关于贯彻落实党委（党组）意识形态工作责任制实施意见》和《关于〈意识形态舆情应急工作方案（试行）〉的通知》，全面做好新形势下的意识形态工作，牢牢掌握意识形态工作的领导权和主动权。切实加强对各类社科组织和社科类讲座、讲坛的监管，确保社科活动的正确导向和学术方向。三是积极参与全市的重大宣传教育活动。多年来，凡有重大学习宣传活动，社科联都是主要参与者，或单独组成分团、或派出社科联副主席到各宣讲团任成员，深入基层、深入学校开展宣讲，收到了非常好的效果。眉山社科界、社科工作者坚持把社科研究与眉山的发展结合起来，自觉肩负起历史使命和时代责任，自觉把中国特色社会主义理论体系转化为清醒的理论自觉、科学的思维方法、坚定的政治理论。

2. 多搞活动，积极作为

开展活动是社科联的工作之本，活力之源。多搞活动，搞出声色和气势，如此社科联、社科工作者在社会上才有影响力，才会得到领导的重视。近些年来，眉山市社科联在人员少、工作任务重的情况下，不是被动应付，满足于过得去，而是主动出击，尽力开展活动，积极作为。通过深入开展阵地建设活动、社科课题研究活动、人才建设活动、社科研讨活动、社科普及推广活动等，获得了各方面的认可。哲学社会科学的影响力不断增大，哲学社会科学工作越来越得到各方面的关注、重视和支持。

3. 把握机会，用好机遇

机会、机遇都是留给有准备的人的。能否把握机会，用好机遇，也是社科联能力的一种体现。这些年，眉山哲学社会科学繁荣发展能取得还算不错的成效，与把握住了机会并利用好了机会有关。一是抓住了中央、省委决定大力推动哲学社会科学繁荣发展的重大机遇。2004年初，中共中央印发了《中共中央关于进一步繁荣发展哲学社会科学的意见》，这是我党历史上第一个以中共中央的名义专门为哲学社会科学工作制定的纲领性文件，具有里程碑意义。同年4月，中共四川省委印发了贯彻中央决定的实施意见，提出推动四川由社科大省向社科强省发展。根据中央、省委文件精神，眉山社科联及时研究，并向市委提出了眉山贯彻落实中央、省委精神的建议，得到市委的高度重视。同年7月，中共眉山市委印发了《中共眉山市委关于努力发展哲学社会科学的意见》（眉委发〔2000〕4号）。该意见明确了一系列重大举措，提出了加强对哲学社会科学发展的支持。2007年底，眉山市社科联机构单列，并设立了社科联党组。2008年底，全市6个区、县社科联全部成立，实现了市、区县两级社科联组织全覆盖，工作条件、办公条件、经费保障等方面都得到了较大改善。二是抓住了贯彻落实习近平总书记系列重要讲话精神，特别是"5·17"重要讲话精神的机遇。针对习近平总书记每次的重要讲话精神，市社科联都及时向市委、市委分管领导汇报，提出贯彻落实建议，得到了市委的重视和支持。这期间，眉山规划课题立项、补助、成果评奖等都得到了较好的解决。三是善于利用好一些机会。对于开展的重大社科活动，诸如社科联代表大会、社科成果颁奖会、规模社科研讨会及论坛等，都及时汇报，邀请分管领导甚至主要领导参与并讲话，既展现了社科工作成效、成果，又使社科工作为领导所了解，从而获得领导支持。

（二）努力提高社科研究成果的质量，是推动哲学社会科学繁荣发展的关键

社科联、社科工作者能否在社会上、在领导心中有"位"，有说服力，关键在于多出成果、多出精品、多出能转化为市委、市政府决策的社科研究成果。这些年，眉山在提高社科研究成果质量上做足了功夫。

1. 严格成果评奖程序，努力提高社科评奖的权威性

眉山建区设市以来，从1998年开始开展的社科成果评奖工作就十分重视社科评奖程序的规范。后经过不断探索和完善，已经形成了一套比较健全的社科成果评奖办法和程序，并以市政府文件的形式印发了《眉山市哲学社会科学优秀成果评奖办法》（眉府发〔2010〕25号），除明确了社科评奖程序外，还确定眉山的社科成果评奖活动为每年举行一次，有效地提高了社科获奖成果的权威性，激发了社科工作者开展社科课题研究的积极性、主动性和创造力，使眉山社科课题研究成果质量不断提高，影响力不断增强。眉山的社科成果评奖及评奖程序得到了省社科联的肯定，并受邀在全省的社科系统有关会议上进行交流。

2. 突出应用对策研究，努力实现社科研究课题、成果与市委、市政府的重大决策和重大工作部署的对接

这是眉山开展社科课题研究工作的着力点。一是突出抓好社科课题研究规划立项指南的制发工作。眉山市专门成立了社科课题研究规划立项工作领导小组，由市委分管领导、社科联主席任组长，市社科联党组书记、副主席任副组长，有关高校社科联负责人及有关人员为成员。在充分分析全市经济社会发展现状、趋势的基础上，结合市委、市政府中长期重大战略和年度重大工作部署，以及有关领导特别是主要领导的要求和关注的重大事项，认真编制课题规划立项指南，并反复征求各方面意见，最后形成定稿，并以市委宣传部、市社科联合发文形式印发各区、县，市级各有关部门、各社科类社团，作为申报立项的依据。二是认真研究确定年度规划研究课题。课题工作组对申报立项的课题专门开会研究，既民主又集中，经严格审查后，由市委宣传部、市社科联联合印发《眉山市社会科学

研究立项课题目录的通知》，通知各相关方面落实。三是推行立项课题联系人负责制。将全市年度立项课题分为若干组，每组确定由一名社科联副主席作为联系人，负责课题研究质量等事宜，结项时，须课题联系人阅签以后报送市社科联，这样既保证了课题研究的质量，也为成果的转化奠定了良好的基础。

3. 发挥智库作用，推进成果转化

判断社科研究成果是否很好地服务全局、服务于经济社会发展的重要标准，就是其是否能够有效地转化为市委、市政府决策，从而被用以指导相关工作的开展。这也是检验社科工作成效的重要标准。为使社科研究的成果能尽快进入市委、市政府及有关领导的视野，市社科联采用社科成果专报、专刊、成果汇编等书面形式及时将之呈现给市委、市政府主要领导、相关领导，并抄送各区、县和市级各部门，使各方面及时了解、掌握社科成果情况，从而及时实现成果转化。眉山建区设市以来，一直着力开展的"融入成都"、以东坡文化为核心推进文化立市的研究以及连续8届参与或承办的"成都经济区建设与发展论坛"所形成的成果大多进入了市委、市政府领导的视野，转化为市委、市政府决策，对促进全市经济社会发展起到了重要作用，充分体现了社科联的智库作用，推动了研究成果的转化，畅通了建言献策的渠道，其"思想库""智囊团"的作用也得到了充分的发挥。

（三）努力发挥"联"的功能，是推动哲学社会科学繁荣发展的活力所在

社科联是社科类社团组织的业务主管部门，有着沟通、组织协调、普及宣传、咨询服务等功能。社科联最大的特点是"联"，最突出的优势是"联"，着力点也是"联"。眉山在推进哲学社会科学繁荣发展的实践中，在"联"字上下功夫，通过内外联、上下联的方式，努力发挥联系、联络、联合的作用，收到了成效，促进了社科工作的深入开展。

1. 突出抓好"上联"

一是抓好与省社科联的联系、联络。市社科联经常主动向省社科联汇报工作，及时了解省上社科工作动态、工作安排、重大活动、社课规划课题思路等方面的情况。市社科联主要领导调整后，新任领导都会及时到省社科联联系衔接工作。积极完成省社科联交办的工作任务及确定的规划课题研究任务。眉山举办重大社科活动时，都会邀请省社科联领导到眉山指导、调研，收到了很好的效果。眉山这些年的社科工作也得到了省社科联有力的支持和帮助。二是抓好汇报工作。及时向市委、市政府汇报社科联开展的重大工作、取得的效果，及时呈现社科研究成果。开展社科重大活动时，积极邀请分管领导甚至是主要领导参加。通过汇报，实现联系、联络的目标，既使社科工作被领导及时了解，也使社科工作得到了领导的重视和支持。

2. 积极主动"下联"

下联，就是联系、联络、联合区、县社科联，社科类社团及高校社科组织。通过联系、联络达到促进联合开展社科工作的目的。一是加强同市级学会的联系。通过召开课题规划立项工作会、规划课题成果评奖工作会、学会联席会、学术交流会等，切实加强市社科联同市级社科类社团组织、高校之间的联系，重视学会、协会、研究会的声音，形成课题研究、社科普及的合力。二是加强与区、县社科联系、联络。积极组织区、县社科联负责人参加省上定期举办的基层社科联负责人培训会。实现市、区县社科联社科工作交流、培训制度化。尽力为区、县社科联工作条件、工作环境的改善提供帮助等，这畅通了市与区、县社科联交流渠道，增进了相互之间感情。

3. 努力拓展"外联"

外联，就是与市外、省外甚至国外相关机构的联系、联络。眉山一直非常重视社科学术、社科工作的对外交流工作。"他山之石，可以攻玉。"采用"走出去""请进来"相结合的方式，积极加强自身同省内外兄弟市、州社科联、社科学术界的联系，实现取长补短，相互促进。积极参加一些全国性的社科工作座谈会和友好城市举办的研讨会、论坛、庆典等，相互交流，共同进步。举办东坡文化

节、中国竹文化节、中国泡菜博览会、东坡国际学术高峰论坛、联合国"历史村落的未来"等国际性盛会，广邀国内外各方人士参与，有力地助推了眉山优秀文化的传播交流。

4. 力求以情"联"人

社科工作的落脚点在人。加强与社科工作者的联系，竭诚为社科工作者服务，以鼓励广大社科者满怀热情地投入到各项社科工作之中，是社科联的重要任务。眉山市社科联在"情"字上下功夫，以"情"联人，以"情"感人。一是认真倾听、积极反映社科工作者的诉求和愿望，努力发挥社科联桥梁纽带作用。二是切实关心广大社科工作者的学习、工作和生活，积极为其创造条件，促进其综合素质的提升。三是在社科立项、社科成果评奖中，适当向基层社科工作者倾斜，使其积极参与社科课题研究，多出优质成果。四是大力开展各种社科活动，组织调查研究，吸引社科工作者参与其中，努力使社科联成为富有凝聚力和亲和力的"社科工作者之家"。

眉山市社科联课题组

成员：王继、李广平、赵志明（执笔）、郑伟、宋强、谢婷婷

ZIYANG SHI PIAN

资阳市篇

四 川 哲 学 社 会 科 学 70 年

导言

　　资阳是一座年轻开放的新兴城市。中华人民共和国成立以来，资阳的政治、经济、社会、文化、生态实现了快速发展，经历了从县到县级市再到地级市的发展过程。目前，资阳市辖雁江区、安岳县、乐至县，是四川省唯一一座同时连接成渝"双核"的区域性中心城市，区位优势独特。资阳历史文化底蕴深厚，35 000 多年前的"资阳人"开启了四川人类文明史，哺育了东周孔子之师苌弘、西汉辞赋家王褒、东汉经学家董钧、中华人民共和国十大元帅之一陈毅等历史名人，被誉为"蜀人原乡""三贤故里""元帅故乡"。

　　70 年来，特别是改革开放和党的十八大以来，资阳市委、市政府高度重视哲学社会科学事业发展，市社科联在省社科联的关心、支持下，高举中国特色社会主义伟大旗帜，坚持以马克思列宁主义、毛泽东思想、邓小平理论、"三个代表"重要思想、科学发展观和习近平新时代中国特色社会主义思想为指导，认真学习贯彻习近平总书记在哲学社会科学工作座谈会上的重要讲话精神，全面贯彻落实意识形态暨宣传思想工作会议精神，聚焦资阳中心工作，以研究重大理论和实践问题、服务经济社会发展为主攻方向，充分发挥社科界"思想库"作用，在理论武装、课题研究、社科普及、学术交流、阵地建设等方面做了大量富有成效的工作，形成了系列研究成果，全面开创了资阳哲学社会科学工作新局面，为建设美丽繁荣怡然资阳提供了思想保证、精神动力和智力支持。今天的资阳仍不忘初心、牢记使命，书写新时代哲学社会科学新篇章。

资阳市哲学社会科学 70 年概况

（一）组织机构历史及沿革

中华人民共和国成立后，资阳县属内江专区，后改为内江地区。1985 年属内江市。1993 年，资阳县改为县级资阳市，由内江市代管。1998 年 2 月 26 日，国务院批准（国函〔1998〕15 号）：调整内江市行政区划，设立资阳地区，将内江市的安岳、乐至 2 个县和代管的资阳、简阳 2 个市（县级）划归资阳地区管辖。地区行政公署驻资阳市雁江镇。1998 年 4 月 29 日，资阳地区成立。2000 年 6 月 14 日，国家撤销资阳地区和县级资阳市，设立地级资阳市。

2000 年 3 月，四川省资阳地区社会科学界联合会成立，核定机关事业编制数 2 个，设专职主席或副主席 1 名（主席为县级，副主席为副县级），由地委宣传部代管。2000 年 12 月，其更名为资阳市社会科学界联合会。2001 年 12 月，资阳市社会科学界联合会成立，机关事业编制数 2 个，设主席 1 名（由宣传部副部长兼任），专职副主席 1 名，秘书长 1 名（正科级），2005 年 4 月前未配专职人员。2008 年 9 月，资阳市社会科学界联合会参照《中华人民共和国公务员法》进行管理。全市 3 个县、区于 2008 年全部成立了社科联，确定领导职数和编制，设置了社科联主席（正科级）1 名，秘书长 1 名（副科级）。

2005 年 4 月，资阳市社会科学界联合会第一次代表大会召开，与会理事（代表）共 34 人。会议通过了社科联章程，明确了社科联的任务，提出了今后全市社会科学事业发展的意见。会议由时任市委宣传部副部长张建强主持，时任市委宣传部副部长赵疆作报告，时任市委常委、宣传部部长李静发表讲话。会议选举市委宣传部副县级理论科教员兼理论科长陆安强为市社科联第一次代表大会第一次理事会专职副主席兼秘书长。2005 年 9 月，市社科联第二次理事会召开，市社科联副主席兼秘书长陆安强主持会议，会议选举苏华为市社科联主席，时任市委常委、宣传部长李静到会并讲话。2007 年 12 月，市社科联第三次理事会召开，陆安强主持会议，会议选举张光禄为市社科联主席。2009 年 8 月，市社科联召开第四次理事会，时任市委宣传部纪检员鄢利红主持会议，会议选举陈前维为市社科联主席，时任市委常委、宣传部长曹家贵到会并讲话。2011 年 5 月，市社科联召开第五次理事会，鄢利红主持会议，会议选举胡跃明为市社科联主席，朱玲为市社科联秘书长。2012 年 8 月，市社科联召开第六次理事会，时任市委宣传部副部长、讲师团团长鄢利红主持会议，市社科联主席胡跃明作 2011 年社科工作总结，选举朱云鹏为市社科联专职副主席。2013 年 10 月，市社科联第七次理事会召开，时任市委宣传部纪检员曹兵主持会议，市社科联主席胡跃明总结 2013 年社科工作，选举何碧辉为市社科联专职副主席。2018 年 1 月，市社科联召开资阳市社会科学界联合会第二次代表大会，市委宣传部副部长朱云鹏主持会议，市社科联主席黎平讲话，选举周旭孙为市社科联专职副主席。

（二）社科人才队伍（历史及其现状）

中华人民共和国成立至 1998 年设地区之前，资阳的社科人才主要集中在县委党校、县委政研室、县委宣传部及省市重点学校中，人员比较分散，人才匮乏。

1998 年资阳设立地区后，特别是 2005 年社科联成立以后，市委、市政府高度重视社科人才，引进各个领域、各个学科的社科人才。2017 年底，据不完全统计，资阳有各级各类社科人才 12 000 余人。其中，资阳市级社科人才 1000 余人，雁江区社科人才 4000 余人、安岳县 4000 余人、乐至县 3000 余人，这些人才集中在各级党委、政府研究室、党校、学校、教育体育局、民政局、文化广播电视和旅游局、卫生与健康局、科学技术协会等相关部门（单位）。截至 2018 年底，资阳已有 1 所高校，近 300 名社科人才，在校学生 8000 余人。目前，两所新建高校（资阳环境科技职业学院和资阳口腔职业学院）已开始招生，这将会充实资阳社科人才的队伍。另外，资阳还有直属学会 1 个（苌弘文化研究会），雁江区、乐至县分别有社科学会、协会、研究会各 25 个。

（三）全面建设社科阵地

社科阵地是开展理论研究、学术交流、社科普及的重要平台和场所。近年来，资阳始终把社科阵地建设放在突出位置，取得了较好的成效。

1. 筑牢思想阵地，凝聚发展合力

资阳社科联始终坚持以马克思主义为指导，把社科理论阵地建设作为认真贯彻落实党委（党组）意识形态工作责任制最前沿、最基础的工作来抓。一是强化党委（党组）中心组学习的管理。规范党委（党组）中心组学习，结合实际，坚持每年年初制发《党委（党组）中心组年度理论学习安排意见》等系列文件，明确学习重点和目标。健全学习制度，精心组织学习活动，创新开展党委（党组）中心组成员"五个一"学习和坚持每年开展党员干部主题读书活动。建立健全督查考核制度，坚持每半年进行一次集中督查，把督查结果作为年终目标考核的重要内容和评先评优的重要依据。健全考评激励机制，积极指导建设学习型党组织。二是注重社科机构及学术活动管理。调动社科机构力量，不断完善全市范围内社科机构登记工作，尤其注重对民办社科机构的管理，确保区域内社科机构在可控范围内。通过社科优秀成果评选等方式，调动和整合民间的社科力量，充分发掘和利用社科研究资源，搭建民间社科研究平台，发挥其在社科研究和服务社会中的积极作用。三是全面加强意识形态阵地管理。组建、丰富、完善"苌弘之声""雁城大妈""理论尖兵"等宣讲队伍，围绕中央、省委、市委重要会议精神及决策部署，特别是党的十八大精神、十九大精神、习近平新时代中国特色社会主义思想，习近平总书记对四川工作重要指示精神和中央、省市有关精神进行宣讲，每年至少举办宣传活动 3000 余场次，进一步坚定干部群众的理想信念。搭建好外宣平台，积极巩固自身与中央、省市主流核心媒体的协作关系，加强新闻宣传阵地建设，为资阳经济社会发展营造良好的社会氛围。牢牢把控网上舆论主阵地，拟定了《党政机关及时通讯工作群管理的建议意见》，对各单位工作 QQ 群、微信群进行规范，明确群管理责任。健全了舆情应对机制，加大对网络舆论的管控力度，充分利用政府门户网和"官方双微"，畅通了社情民意表达的渠道。加强文化阵地管理，加大对图书馆、文化馆、各类演艺场所及乡镇综合文化站、村（社区）文化活动室、文体广场等文化阵地的管理，定期巡查；切实加强对文艺作品的管理，严格审核制度，全面净化文化市场，构建健康和谐的文化环境。注重学校管理，层层落实各级学校党组织责任，加强学校思想政治工作和德育工作，扎实推进社会主义核心价值观进学校，强化师德师风学风校风建设，确保全市中小学校意识形态安全。

2. 筑牢研究阵地，聚焦改革发展

市社科联秉承解放思想、实事求是、理论联系实际的行为准则，坚持以重大现实问题为主攻方向，突出以对策研究为主，以为市委、市政府的决策服务和为经济社会发展服务为基本任务，做好社科研究。一是整合资源，借力推进课题研究。近年来，资阳社科联高度重视资源整合，借力打造科研团队。2010 年 1 月，资阳市政府与成都、德阳、绵阳、遂宁、乐山、雅安、眉山 7 地市政府联合签署了《成都经济区区域合作框架协议》，近年来 8 次参加了"成都经济区建设和发展论坛"，其中，资阳市社科联选送的《创新新机场建设拆迁安置模式与新建天府古镇必要性可行性研究》获省社科联嘉

奖，并被作为重要成果专报呈送给省级主要部门。二是立足实际，加大市级社科规划课题研究力度。资阳市社科联结合资阳实际，注重对资阳经济社会发展的重大问题进行研究，于2013年启动了社科课题立项工作，先后立项82项课题。其中，2015年12月资阳市委党校提交的《对中共资阳市委〈关于制定国民经济和社会发展第十三个五年规划〉的建议的意见建议》决策咨询报告获得了市委主要领导的高度评价。三是发挥政府社科评奖作用，激发工作活力。2006年，中共资阳市委制定和下发了《中共资阳市委关于繁荣发展哲学社会科学的意见》和《资阳市社会科学优秀成果评奖办法》（市政府2006年第16号令），明确每年拿出专项资金对全市优秀社科成果进行表彰。2006年以来，资阳市社科优秀成果评奖活动已连续开展了7次，社科政府奖已经成为繁荣发展资阳哲学社会科学的重要抓手，成为推进理论创新、推出精品力作的重要平台。截至2018年，7次社科成果评奖活动共收到参评成果800余项，经过专家评审，共评出获奖成果237项，其中一等奖34项、二等奖70项、三等奖133项；从获奖学科类别来看，政治学类12项，管理学类32项，经济学类57项，文学类6项，教育学类90项，社会学类20项，法学类15项，哲学类1项，图书馆类2项，新闻学类1项，统计学类1项。

3. 筑牢科普阵地，打造特色品牌

社科普及具有"理论贯通顶天，实践育人立地"的优势。资阳市社科联以提升资阳广大干部群众的人文素养、构筑资阳精神文化高地为目标，筑牢社科普及阵地。一是着力培育社科"资阳品牌"。立足本土，深耕沃土，发挥资阳哲学社会科学的优势和特色，加强对资阳优秀传统文化的挖掘和研究，打造了一批具有资阳特色、资阳智造的"资字号"社科品牌。如，编写了"三新"文化大讲堂宣讲通稿；制作了贴近基层、贴近群众的挂图500套（共计20000幅），并将之发放到各乡镇、村社；开展了170余场讲座，累计听众达5万余人次；积极参与《学习与创新》社科理论刊物的编辑工作。二是举办好"社科名家上讲坛"报告会。自2008年起，资阳已举办20余场"社科名家上讲坛"报告会，先后邀请李肇星、张召忠、于丹、余秋雨、易中天、纪连海、董新保、李肃、周其仁、周天勇、关维庆、巴曙松、贾康、傅佩荣、董关鹏、马鼎盛、陈金桥、黄彦、邱华栋、霍俊明等著名专家学者莅临资阳讲学，内容涉及政治、经济、军事、外交、文化、哲学、历史、法律等，听众达6000余人。三是打造爱国主义教育基地。2012年，将资阳陈毅故居顺利打造成陈毅元帅革命精神及诗词文化省级社科普及基地，并积极开展社科普及活动，与多所中小学签订了校馆共建协议。

资阳市推动哲学社会科学繁荣发展的基本实践

（一）组织机构建设

（1）通过外引内培的方式提升人员素质，积极选拔优秀社科管理人才进入社科联工作，同时加强现有人员的培训，提升其能力水平。

（2）不断加大改革创新力度，强化改革意识，有力增强了自身战斗力和凝聚力。一是把握和处理好向上争取与对内搞活的关系。在争取市委、市政府对社科工作的领导保障、制度保障和投入保障的同时，增强自身工作的主动性和创造性，积极采取社会化、市场化、群众化的思路和方法，努力创新工作机制，把社科事业做实、做好，做得更加富有成效。二是把握和处理好依法管理与自我提升的关系。资阳市社科联肩负着对我市社科类学会依法管理和指导服务的重要职责。一直以来，社科联既依据社团管理法规切实加强对社科类学会的管理，促进学会规范运行，提高管理水平，又不断加强机关规章制度建设，推进社科联工作规范化、制度化，不断提升自身工作水平和工作效能，通过一流的服务水平和出色的工作业绩，使"联"的优势得以发挥，"合"的作用得以体现。三是把握和处理好维护权益与反映心声的关系。资阳市社科联充分发挥市委、市政府与社科工作者之间的桥梁纽带作用，让市委、市政府听到社科工作者的意愿和呼声，也为社科工作者争取和维护合法权益，使社科联机关真正成为全市广大社科工作者温馨和谐之家。

（二）人才队伍建设

通过开展全市社会科学优秀成果（政府奖）评选活动及鼓励全市人才参加各类研讨会、报告会、讲座、论坛等活动，发掘发现了一批优秀的社科人才。结合我市实际条件，研究制定了"社会科学领军人才计划"实施方案，明确了社科领军人才的具体条件、申报评定程序，充分发挥了专家的示范引领作用，促进了全市社科人才队伍建设，为繁荣哲学社会科学提供了人才支撑。协助市委出台《加快构建中国特色哲学社会科学的实施方案》，进一步明确了哲学社会科学研究的指导思想、主要目标和工作任务，并从 15 个方面对哲学社会科学研究的工作任务进行了详细的阐述，明确了相应责任部门在社科课题研究、学术氛围营造、人才培养储备等方面的任务分工，为推动我市人才建设提供了组织和制度保障。

（三）社科研究工作

社科联作为地方经济社会发展的"思想库""智囊团"，为地方的改革、发展和稳定提供了理论支撑和思想源泉，为重大现实问题的解决提供了切实可行的对策建议。

1. 围绕中心，为资阳的发展做好思想引领

社科工作者围绕市委、市政府的中心工作多次召开了"资阳市全民创业论坛""资阳市建设社会主义新农村论坛""资阳市工业强市论坛"，诸论坛及其成果获得了省委、市委领导的高度重视和好

评，并批示省、市有关部门认真研究落实。每次论坛，省社科联主要领导都亲自到会，并对论坛给予了充分肯定。论坛获奖成果有以下特点：一是水准较高，不少获奖作品立足学术前沿，在一些重大理论问题上有较大创新和突破。二是实践性强，许多获奖作品对我市经济社会发展和行业领域中的重大问题进行了深入研究，提出了很多颇具见地的建议意见，对市委、市政府决策有很好的参考价值，鲜明体现了社会科学服务加快发展的特点。三是覆盖面广，获奖作品几乎涉及社会科学的各个学科，获奖作者既有专职科研教学人员，也有普通工作者；既有资深专家，也有青年学者。

2. 整合资源，借力推进课题研究

资阳市社科联与市委宣传部、市政协办、市发改委、成都市社科联等单位紧密合作，围绕全市经济社会重大问题开展调研。2013 年 6 月 20 日，中国民用航空局正式批准同意将简阳芦葭作为成都天府国际机场推荐场址，国内领先、西部最大的国家级国际航空枢纽落户简阳，将为我市发展带来重大利好，以机场为核心的临空经济必将深刻改变区域发展格局。如何抓住新形势下的机遇以推动资阳科学发展、加快发展、跨越发展是社科研究的重大课题。我市社科工作者通过深入调研、科学论证、超前谋划，形成了《资阳市临空经济发展思路及对策建议》《资阳发展临空经济的路径与时序推演》《资阳市发展通用航空产业可能性初探》《创新新机场建设拆迁安置模式与新建天府古镇必要性可行性研究》《资阳临空经济发展研究与对策建议》等调研成果，其中《创新新机场建设拆迁安置模式与新建天府古镇必要性可行性研究》被作为四川省繁荣发展哲学社会科学协调小组办公室、省社科联的重要成果以专报形式呈送给省级主要部门。

3. 立足实际，加大市级社科规划课题研究力度

自 2013 年起，市委、市政府每年都启动社科课题立项工作，先后立项课题 82 项，其中《资阳工业发展战略研究》《天府新区资阳协调发展区的探讨与思考》《资阳市县域经济发展对策研究》《"农转居"市民化转型研究》《产村相融成片推进新农村建设的实践研究》《资阳市成资一体化综合调研报告》《资阳市农业产业扶贫研究报告》《建设美丽怡然资阳调研报告》《关于依托交通格局变化促进资阳物流产业发展的研究及建议》等课题，深入分析研究了我市经济社会发展取得的主要成绩和经验，提出了推进跨越发展、建设美丽繁荣怡然资阳的对策建议，为市委、市政府提供了决策参考，促进了资阳经济和社会事业的发展。

（四）社科普及工作

1. 组织撰写社科读物

为喜迎党的十八大的胜利召开，资阳市社科联组织我市社科工作者结合资阳实际撰写了"新形势、新农村、新风尚"乡村文化大讲堂宣讲通稿，扎实开展"三新"文化大讲堂宣讲活动。此宣讲活动共开展 170 余场，听众达到 5 万余人次。制作了贴近基层、贴近群众的挂图 500 套（共计 20 000幅），并发放到各乡镇、村社。挂图内容短小精悍，涉及资阳城乡发展的新形势、农民保健知识、农村生产经营之道等，受到基层干部群众的欢迎和好评。编印发放了针对农村发展、农业生产和农民生活实际需求知识手册，提升了农民生产生活水平。我市社科专家编写的《核心价值观教育读本》《普州揽胜》等多本科普图书获评市社科优秀成果二等奖、三等奖。

2. 认真开展"三下乡""科技之春""科普月""科普周"活动

市社科联会同宣传部、科技局、科协联合发文及早作出科普活动具体安排，突出重点，讲求实效，让科普宣传进农村、进社区、进学校、进企业，推广科技成果、普及社科知识、提高全民社科素养。着力加大对《四川省科学技术普及条例》的宣传力度，将《条例》分送到市委、市人大、市政府、市政协的相关领导手中，努力争取领导的支持，同时做好与相关部门的衔接和沟通工作，共同推进《条例》的全面贯彻落实，推进社科普及工作健康发展。组织农学会、畜牧兽医学会、柠檬协会、医学会和有关部门的科技人员和科技工作者 1000 人次，向群众发放《习近平新时代社会主义思想知识手册》1000余册，赠送各类科普书籍上万册，发放各类技术资料10万余份，悬挂科普标语100余幅，展示科普挂图3000余幅、科技展板300余块，出动科普宣传车上百车次，接受群众咨询3万余人次，举办各类技术培训400余场次，受训人员达十余万人次。

3. 办好社科普及刊物

积极参与《学习与创新》社科理论刊物的编辑工作。刊物紧跟时代前沿和发展步伐，围绕中心设有领导要论、本期聚焦、理论前沿、专题论述、调查研究等栏目，展示和宣传了立项课题和优秀社科成果。社科联将此刊物免费发放到市级领导、市级各部门、县级各部门、各乡镇，每年赠送6000余册，为领导决策提供了理论支撑，为基层干部提高自己社科理论水平提供了教材。

4. 建设社科普及基地

为使社科普及有阵地，我市于2012年将陈毅故居顺利打造成陈毅元帅革命精神及诗词文化省级社科普及基地，并积极开展社科普及活动。

5. 丰富人文社科讲坛

为充分发挥社科工作的作用，提高市民素质，提升市民文化品位，社科联精心抓好"中外名家系列讲座""蜀人原乡文化大讲堂"等高端论坛，邀请国家级社会科学专家、学者到资阳讲学，并以此为平台，建起社科普及工作主阵地。

（五）社科阵地建设

社科阵地是开展理论研究、学术交流、社科普及的重要平台和场所。资阳市社科联积极贯彻落实习近平总书记在全国哲学社会科学座谈会上的讲话精神，坚持"二为"方向和"双百"方针，立足本土，借力成都，深耕细作，发挥我市哲学社会科学的优势和特色，加强对我市优秀历史文化的挖掘和我市现代文明的传播，做好资阳文章、讲好资阳故事、传递资阳声音，让彰显资阳特色的哲学社会科学理论广为传播，进一步唱响了"蜀人原乡"文化品牌（见图1）。

图1 "蜀人原乡"文化品牌图书

不断丰富完善社科研究、宣传的载体和内容，社科理论刊物《学习与创新》的水平不断提升，积极推动市委政策研究室、党校（行政学院、社会主义学院）等理论研究机构和宣传基地、人文社科讲坛、陈毅故居社科普及基地等理论传播和信息汇集发布平台建设，并在全市范围内努力构建起市、县、乡上下贯通，机关、科研院所、学校、学会组织分工合作的新格局，切实增强了宣传普及的力度。

（六）建立健全激励机制

（1）每两年组织开展一次全市社会科学优秀成果（政府奖）评选工作，尽可能地全面收集到当年全市所有的优秀社科成果，覆盖党史党建、文化建设、经济建设、政治建设等 12 个学科领域。邀请业内公认的权威专家组成专家组开展评审工作，评选出一、二、三等奖并在全市范围内进行表彰，从而引导和激励广大社会科学工作者紧紧围绕市委、市政府的工作要求，为我市经济社会建设做好理论准备和智力支持。如此，繁荣了我市的哲学社会科学，推动了我市政治、经济、文化、教育、民生、党建等各项事业不断进步。

（2）顺应时代发展，及时修订《资阳市社会科学界联合会章程》，从而使社科联能更有力地团结和组织全市社会科学工作者，高举中国特色社会主义伟大旗帜，坚持以马列主义、毛泽东思想、邓小平理论、"三个代表"重要思想、科学发展观、习近平新时代中国特色社会主义思想为指导，促进全市社会科学事业的繁荣和发展，为资阳改革开放和社会主义现代化建设贡献力量。

（七）特色工作

1. 坚持以人民为中心的价值导向

坚持扎根于人民群众，不仅扎根于人民群众的物质生活，还扎根于人民群众的精神生活、社会生活和政治生活。每年推出"打好'三大攻坚战'决胜全面小康"等社科项目和课题，从情感上倾听群众呼声，了解群众诉求，培养自身与群众的感情，自觉站在群众的立场上看问题，始终保持清醒的头脑，认识真实的问题，解决群众亟待解决的问题，以此保证哲学社会科学的吸引力、感染力、影响力、生命力。

2. 坚持发挥干训的积极作用

始终把提高广大干部的科学素质和思想道德素质作为干部教育培训的落脚点，提升培训的针对性和实效性。把学习宣传贯彻习近平新时代中国特色社会主义思想等作为干部培训的一条主线，与学习贯彻中央、省委、市委全会精神紧密结合。开办县处级领导干部读书班、党性修养专题培训班等，以严肃党的政治纪律和政治规矩为重点，加强学风建设和党性锻炼，大力营造风清气正的良好风气。

3. 坚持"一切从调研出发"的理念

坚持实事求是和一切从实际出发，是马克思主义的科学方法论。资阳市社科联坚持着眼于现实，做到一切从实际出发，大兴调查研究之风，紧紧围绕政策与实际的问题，开展"政策型"调研，及时给各级党委、政府提供合理建议；紧紧围绕各级党委和政府关心的重点问题，开展"参谋型"调研，提高调研工作与党委、政府中心工作的"贴近度"；紧紧围绕关乎社情民意的热点问题，开展"民意型"调研，问政于民、问需于民、问计于民，及时掌握群众呼声、百姓意愿，广纳民言，集中民智，反映民意；紧紧围绕改革与发展的重点问题，开展"经验型"调研，对在调研中发现的典型，及时总结经验，为把先进典型转化为可通用的工作方法打下坚实基础，为社会热点、难点问题的科学解决提供借鉴和参考。

资阳市推动哲学社会科学繁荣发展的主要成就

（一）社科阵地建设成就

1. 社科组织

我市高度重视哲学社会科学工作，大力支持各社科组织建设和开展活动。目前，资阳区域内规模较大、影响较为广泛的社科学会、协会、研究会等有30余个，主要包括：（1）资阳市金融学会。该学会积极举办各种形式的金融理论研讨会、报告会，组织会员开展金融领域的学术活动；拟定我市金融科学研究规划；对我市金融工作出现的新情况、新问题进行专题研究，提出解决的途径；组织研究金融工作的经验、规律。（2）资阳市法学会。该学会致力于团结、联系我市法学工作者，是市委、市政府与法学工作者联系的桥梁纽带；全面参与我市规章制度的草拟、论证工作；制定我市法学研究的工作规划；参与我市普法宣传，为社会各界提供法律咨询、法律培训等服务；定期对优秀法学工作者进行表彰奖励；举办或组织会员参加法学交流活动。（3）资阳市科学技术协会。该协会是市委、市政府联系科学技术工作者的桥梁纽带，是推动我市科学技术事业发展的重要力量。其致力于组织科学技术工作者在全市范围普及科学知识，传播科学思想、科学方法，推广先进技术，提高全民科学素质；促进学术道德建设和学风建设；反映科学技术工作者的意见、建议和诉求；维护科学技术工作者的合法权益；组织科学技术工作者参与政治协商，提高其参政议政的积极性；为市委、市政府提供科技方面的决策咨询和政策建议；定期表彰、奖励优秀科学技术工作者；营造重视科学技术的氛围。（4）资阳市粮食行业协会。该协会在粮食行业中发挥着服务、协调和监督的作用；为市党委、市政府与粮食企业以及粮食企业之间的沟通联系提供便利；推动市党委、政府的决策在粮食行业的落地落实；维护粮食企业的合法权益；推动行业自律，提升行业服务水平，为农业生产者、粮食经营者、城乡消费者提供优质服务。（5）资阳市保险行业协会。该协会是由资阳市域内依法经营的商业保险机构自愿组成的非营利自律性质的团体组织，接受业务主管单位中国保监会四川监管局的业务指导和监督管理。其致力于维护保险市场秩序，维护会员单位、保险消费者的合法权益以及行业整体利益；大力培育诚信文化、加强诚信检查和监督；积极参与各级党委、政府的政策论证，提出保险业政策和行业规划等方面的建议；积极开展调查研究，及时向各级党委、政府反映保险市场存在的问题，并提出解决意见和建议；大力提高公众保险意识。

2. 社科刊物

我市社科刊物丰富，涉及范围较广，基本各个行业都有本行业的内部刊物，共计20余种，如市委宣传部主办的《学习与创新》、市委党校主办的《干部论坛》、市法委主办的《法治资阳》、市金融学会主办的《资阳金融》等。其中最具代表性的刊物《干部论坛》，围绕中心设有特稿、特别策划、前沿观察、资阳论坛等栏目，致力于宣传和展示中央、省、市决策部署和市内外社科领域的前沿成果。此刊物被免费发放给省委党校，全省各市、州党校以及市级领导、市级各部门、培训学员，每年赠送3000余册，为理论宣传和社科交流提供了有效平台，在全市范围内的知名度和影响力较大。

3. 社科网站

我市各级各部门历来重视社科网站建设，力求传播本行业系统的最新资讯，如资阳市金融学会主办了资阳金融服务网，资阳市政法委主办了资阳长安网，资阳市保险行业协会主办了资阳保险网，资阳市科学技术协会主办了资阳科协网等。同时，在全市具有广泛影响力的综合性网站，如资阳网、九曲河门户网等都开设了有关社科的专题，传播了社科方面的最新资讯，普及了各类社科知识。

4. 社科普及基地

我市社科普及基地有十余处，目前最有影响力的是陈毅故居。我市于2012年将陈毅故居顺利打造成陈毅元帅革命精神及诗词文化省级社科普及基地，并积极开展社科普及活动。一是以陈毅研究会为载体，组织开展了陈毅元帅革命精神研讨会，陈毅元帅亲属、相关单位的领导和研究人员参加了研讨活动。二是组织开展校馆共建活动，与26所中小学签订了校馆共建协议，组织解说业务骨干到学校开展陈毅元帅革命精神及诗词文化社科普及活动10余次，开展爱国主义教育宣讲活动41场次，发放资料1万余份。三是在游客中开展社科知识宣教活动，在景区宣传栏及办公室张贴社科知识挂图，并每月更新一次内容，为游客提供良好的社科知识学习环境，使游客在游览中受到知识的熏陶；在景区定期举行社科知识竞赛活动，丰富普及形式和内容（见图2）。

图2　学生参观陈毅纪念馆

5. 社科重点研究基地

市委党校（行政学院、社会主义学院）作为全市具有代表性的社科重点研究基地，长期致力于社科研究和宣传。自建校至今，市委党校先后完成全省党校（行政学院）系统、全省社会主义学院系统、省级部门、市委、市政府等课题共310余项；先后创办《党校信息》《干部论坛》《党校舆情信息》《党校专报》《资政参考》等刊物；积极开展理论宣讲，围绕历届党的全国代表大会和中央全会、历届省党代会和省委全会、历届市党代会和市委全会等重大会议精神和中央、省委、市委重大决策部署、重大活动，开展理论宣讲1200余场次，受众达12万余人次。

（二）社科学术理论活动

市社科联通过在全市开展社会科学优秀成果（政府奖）评选及鼓励全市社科人才参加各类研讨会、报告会、讲座、论坛等活动，发掘发现了一批优秀的社科人才，推动了我市哲学社会科学的繁荣发展。

积极参加历届成都经济区建设与发展学术交流会，并于 2018 年成功承办了第八届成都平原经济区协同发展学术交流会。资阳社科工作者围绕市委、市政府中心工作和成都经济区建设与发展，在历届学术交流会中，先后推送了研究成果近百篇，其中《依托天府新区融入成都都市圈是资阳市加快发展的重大历史机遇》《产城融合建设天府新区的文化视角初探》《倾力打造桥头堡 全域融入经济区加快推进成资一体化发展——以"成都资阳工业发展区"为例》《资阳市临空经济发展思路及对策建议》《资阳市县域经济发展对策建议》《依托成都新机场规划建设航空的几点思考》《推动成都经济区均衡发展协调发展的路径与对策思考》《建设成渝次级综合交通枢纽对资阳经济发展的影响研究》《浅析天府国际机场临空经济区的机遇与挑战》《资阳市融入"一带一路"战略的对策思考》《资阳市发展新型农村集体经济的探索和思考》分别荣获等次奖。

组织苌弘文化研究会、统计学会、审计学会、法学会、气象学会、税务学会、国际税收研讨会、国土学会、金融学会等 10 个学会参加学习贯彻习近平总书记在哲学社会科学座谈会上重要讲话精神座谈会，座谈会进一步凝聚了人心，统一了思想，使各社科学会认识到：繁荣发展哲学社会科学是凝聚人们思想共识的迫切需要，是传承中华文化的迫切需要，是推动经济社会发展的迫切需要；要坚持正确的政治方向和研究导向，巩固提升马克思主义在哲学社会科学中的指导地位；要主动围绕中心、服务大局，推出一批有资阳特色、有重要价值、有较大影响力的研究成果。

此外，市社科联积极支持各行业举办或派人员参加本行业的研讨会、报告会、讲座、论坛、学术交流等。如支持资阳市金融学会举办"资阳市金融服务实体经济与风险化解专题培训班"、支持市法学会开展"百名法学家百场报告会"、支持市科协举办全市青少年科技创新大赛等活动。

（三）社科研究

我市高度重视社科研究工作。2012 年，市委、市政府成立了决策咨询委员会，每年围绕全市重大决策和重点工作，启动社科课题立项工作，先后立项课题 80 余项，其中《关于依托交通格局变化促进资阳物流产业发展的研究及建议》《资阳市临空经济发展思路及对策建议》《资阳发展临空经济的路径与时序推演》《资阳临空经济发展研究与对策建议》《抢抓机遇务实推动成资一体化——资阳市成资一体化综合调研报告》《厘清与重构——试析大历史观视野下的"蜀人原乡"与"蜀人原乡文化"的塑造》《资阳市康养产业发展的路径探索》《"建设美丽怡然资阳"调研报告》《农业供给侧结构性改革视角下柠檬产业结构升级研究》《共享单车在资阳的发展问题研究》《浅谈基层信访工作的现状及对策》《离婚冷静期制度的构建与完善》《人之初序相行——家园共育培养幼儿良好秩序感的实践研究》《增加城镇教育资源配置 推进城镇化协调发展》《农村学生安全事故原因分析与应对策略研究》《统筹城乡发展的障碍及路径研究》《传承中华优良传统之路》《关于全市农村劳动力输出与转移情况的调研报告》《加大整合力度 建设经济强市》《改进党政领导干部考核方法浅析》《办好一个中心 带动一个产业 致富一方百姓》《现阶段资阳农民收入增长态势的简要分析》《关于加快资阳小城镇建设的几点思考》《尽快提高资阳城市巡警勤务效能的思考》《加大整合力度 建设经济强市——关于我市"产业互动、城乡共融"的调查与思考》《资阳市乡镇债务情况及其化解对策初探》等 70 余项课题获得市委、市政府的肯定性批示，为市委、市政府提供了实用的决策参考。同时，市社科联鼓励各行业部门也独立或联合开展本行业的社科研究，目前已形成了一批具有影响力的成果。

（四）社科普及

我市高度重视社科普及工作，已建立了一支上下贯通、运行高效的科普队伍，特别是在农村基层组建起了强大的科普团队（见图 3、图 4）。目前全市共有农村科普带头人 377 人，科普示范基地 117 个，国家级科普教育基地 1 个，省级科普教育基地 2 个，市级科普教育基地 2 个，全市科普志愿者队伍、科普报告团、农民科普讲师团等各级科普工作者共计 3000 余人。

图 3　资阳市图书馆科普宣传

图 4　"文化和自然遗产日"科普宣传

　　精心抓好"中外名家系列讲座""蜀人原乡文化大讲堂"等高端论坛，已邀请著名文化史学者余秋雨、外交官李肇星、著名文化学者于丹、著名军事评论员马鼎盛、经济学博士生导师巴曙松和著名历史学家纪连海分别作了"城市美学与城市发展""中国文化与外交""感悟'中国智慧'、品味精彩人生""中国逐步恢复南海主权""资本市场、股市及创业板的新机遇""以史为鉴感悟人生"等专题报告（见图 5、图 6）。特别是余秋雨围绕城市美学与城市发展主题，联系中外著名城市的发展历史，以深厚的学术造诣、丰富的人生阅历和深厚的文化研究基础，深刻阐述了城市发展的动力在于产业、魅力在于生态、定力在于文化，进而引出了对城市文化本性的系统解读；于丹教授围绕"感悟中国智慧"这个话题，联系"幸福资阳"建设，解读国学经典，从"老者安之，朋友信之，少者怀之"到"仁者不忧，智者不惑，勇者不惧"，再到"恭则不侮，宽则得众，信则人任，敏则有功，惠则足以使人"，用 2000 多年前先贤的至理名言解答现代人心中的困惑，倡导幸福生活与和谐社会观，给上千名听众以极大的精神享受，使他们近距离感受到经典文化的魅力和名家的风采，提升了自己的精神境界和生活智慧。

图5　余秋雨作"城市美学与城市发展"专题讲座

图6　陈宇飞作"城市文化战略与城市品牌构建"专题讲座

资阳市推动哲学社会科学繁荣发展的经验启示

资阳建市以来，我市哲学社会科学事业在市委、市政府的高度重视下，在省社科联的关心支持下，经历了从无到有、从弱到强的发展历程，取得了丰硕的研究成果，彰显出枝繁叶茂的繁荣景象。站在新时代，回顾历史、总结经验，对于进一步繁荣发展哲学社会科学事业具有重要意义。

（一）加强党的领导，坚定正确政治方向

习近平总书记强调："党政军民学，东西南北中，党是领导一切的。"加强和改善党对哲学社会科学工作的领导，是繁荣发展我国哲学社会科学事业的根本保证。哲学社会科学工作应始终坚持把高举旗帜、维护核心、把握方向作为推进哲学社会科学事业发展的政治责任，确保哲学社会科学始终沿着正确的道路健康发展。

1. 加强党对哲学社会科学工作的领导

资阳市委、市政府高度重视哲学社会科学工作，全面贯彻落实中央、省委有关方针政策，出台了《中共资阳市委关于繁荣发展哲学社会科学的意见》《资阳市社会科学优秀成果评奖办法》《资阳市哲学社会科学领军人才计划》，不断强化对全市哲学社科工作的领导保障、制度保障和经费保障，为繁荣发展哲学社会科学创造了良好的工作基础和发展环境；同时，将哲学社会科学事业纳入全市工作大局和市委、市政府的议事日程，强调各级各部门要加大对全市社科工作的支持和宣传力度，深化全市对社科工作的正确认识和全面了解，增强社科工作的影响力和知名度。

2. 落实党的有关知识分子的政策，强化人才队伍建设

哲学社会科学的发展前景取决于哲学社会科学人才队伍建设，加强哲学社会科学人才队伍建设，关键在于转变观念、加强组织领导和构建完善的人才培养体系。资阳市通过多种途径加强现有人才的培养力度，扎实做好哲学社会科学教学科研骨干研修工作；建设人才发展资源支撑平台，印发了《资阳市高层次人才引进和培育办法》，制定了"资阳市社会科学领军人才计划"实施方案，积极利用课题立项、成果评奖、人才评优、智库建设等引导激励机制，不断发现人才、选拔人才、关心人才，探索构建多元化、多层次的人才培养体系，造就一批在资阳地区有影响、有地位、有名气的学术领军人物和学科带头人，促进哲学社会科学研究健康可持续发展；全面落实党的知识分子政策，密切与哲学社会科学工作者的联系，关心他们的学习、工作和生活，充分调动广大哲学社会科学工作者的积极性、主动性和创造力。

（二）全面落实意识形态工作责任制

社科类社团作为哲学社会科学研究和宣传的学术性社会团体，身处意识形态工作的第一线，应牢固树立政治意识、大局意识、核心意识、看齐意识，高扬马克思主义旗帜，保持姓"马"姓"共"的政治本色，进一步强化意识形态工作中的主体意识、阵地意识、责任意识和风险意识，增强政治敏锐性和政治鉴别力。

1. 强化意识形态监管，落实意识形态工作责任制

我市哲学社会科学工作始终明确意识形态工作的极端重要性，加强党对意识形态工作的领导权和主动权，研究出台了《哲学社会科学工作落实意识形态工作责任制的实施意见》，将加强哲学社会科学工作和切实担当意识形态工作主体责任紧密结合，强化党组织建设和社团领导责任意识，围绕"把握方向、推动发展、守住底线"的理念。按照科学管理、依法管理、综合管理的要求，加强对全市各协会、研究会、民办社科研究机构以及哲学社会科学报告会、研讨会、论坛等的严格管理，严肃思想文化阵地、课堂讲授、公开宣传等方面的意识形态纪律，坚持"学术研究无禁区、课堂讲授有纪律、公开宣传有要求"的原则，研究出台了《资阳市加强和改进宣传思想工作队伍建设的实施办法》，既鼓励百花齐放、百家争鸣，又反对打着学术研究旗号从事违背学术道德和违反法律的假学术行为，绝不给错误思想言论提供传播渠道。

2. 强化思想理论武装，坚守意识形态前沿阵地

坚守意识形态主阵地既是重要使命又是艰巨挑战，必须强化理论武装、筑牢思想防线、坚持舆论主线、守住宣传底线，确保主流思想和舆论占据意识形态前沿阵地。作为意识形态领域的重要阵地，市社科联始终把握正确的方向和导向，坚持用党的理论统领思想，用科学的理论引领实践，用学界的声音引导舆论，积极组织、引导、带领全市社科组织和广大社科工作者围绕各个时期中央、省、市重要会议、文件开展学习、教育、研究、宣传工作，认真学习马克思主义中国化最新理论成果——习近平新时代中国特色社会主义思想，贯彻落实意识形态暨宣传思想工作会议、党的群团工作会议和哲学社会科学工作座谈会议精神，准确把握党在新时代对哲学社会科学的新期待、新任务、新要求，不断提升广大社科工作者的思想理论水平。引导广大哲学社科教师特别是青年教师积极贯彻中央、省委和市委精神，主动践行社会主义核心价值观，自觉运用党的最新理论成果统一思想、凝聚共识、武装头脑，增强其政治认同、思想认同、理论认同、情感认同，推动全市理论武装工作横向拓展和纵深推进。

（三）整合社科资源，发挥"联"的功能

准确把握社科联"桥梁纽带"的基本定位，发挥"联"的优势，整合各类社科资源，找准服务地方经济社会发展的切入点，不断提高工作效率和服务质量，是推动哲学社会科学事业快速健康发展的重要抓手。

1. 发挥"联"的优势

资阳市充分发挥社科联对社科类学会依法管理和指导服务的重要作用，积极整合市内大中专院校、党校、党政部门研究机构和社科学会的研究力量，打破学科、单位、部门之间的界限，努力构建全市范围的社会科学研究网络和工作联动机制；创新实施"抱成团"的多边合作方式，打破市外"点对点"的双边合作，联合成都经济区8市签署了《成都经济区区域合作框架协议》，参加每年由省社科联与各市轮流主办的成都经济区建设与发展学术交流会，与社会各界共同探讨经济区各市合作的深层次问题。资阳社科研究相关机构积极与成都对口单位、省级科研机构和高校合作，开展科研协作攻关，努力形成市委、市政府重视支持，社科界齐心协力，社会各界广泛参与，共同推动哲学社会科学繁荣发展的工作格局。充分发挥社科联组织作为党委、政府联系社科工作者的桥梁纽带作用，通过定期举办座谈会、开展调研等多种方式深入了解广大社科工作者的意愿和呼声，为社科工作者争取合法权益，积极解决其困难，维护其正当利益，使社科联机关真正成为全市广大社科工作者温馨和谐之家。

2. 强化"保障"作用

市社科联作为各级党委领导下的全市社会科学界的学术性群众团体，必须强化自身建设，把提升自身先进性、服务性作为工作的重要着力点，不断提高社科工作水平。资阳市出台了《加快构建中国

特色哲学社会科学的实施方案》《资阳市社会科学界联合会章程》，加强了对全市社科联系统的工作统筹和业务指导，不断完善了社会科学研究、组织和管理机制，为哲学社会科学进一步繁荣发展提供了保障。同时，社科联不断强化本系统的组织建设，提高各级社科联组织的履职能力，坚持服务和管理并重，加强指导、规范管理、有效监督、完善服务，促进全市学术团体健康发展，实现了社科联组织在镇乡（街道）、村（社区）的全覆盖。

（四）围绕中心、服务大局，发挥"培根铸魂"作用

咨政育人、培根铸魂，以高质量智力成果回答时代之问，服务地方社会经济发展，是哲学社会科学工作的重要作用，也是新时代推进哲学社会科学事业发展的重要目标。

1. 做好"培根铸魂"工作

资阳市社科组织积极与其他社会主流媒体合作，顺应新时代、新任务、新要求，旗帜鲜明地坚持党的领导、高扬党的旗帜、传播党的声音，充分发挥哲学社会科学的理论导向、思想引领作用。利用"中外名家系列讲座"、社科理论刊物、微信公众号、网站等社科宣传普及平台，整合地区社科力量，发挥理论人才优势，多学科、多领域、多形式、全方位学习、宣传习近平新时代中国特色社会主义思想，广泛普及中国特色社会主义理论体系、社会主义核心价值观，进一步坚定广大干部群众的文化自信和建设中国特色社会主义的理想信念；充分发挥资阳优秀历史文化资源优势，打造地方特色社科普及基地，创建了具有地方特色的陈毅元帅革命精神及诗词文化省级社科普及基地，唱响了"蜀人原乡"文化品牌；积极创新社科普及方式，在内容上实行"点菜式"，在对象上体现"分众化"，在形式上做到"短平快"，在载体上实现"多样化"，以契合不同群体、不同阶层群众的文化需求，提高社科普及的针对性、实效性。

2. 发挥"思想库""智囊团"优势

紧紧围绕市委、市政府中心工作，为地方经济社会发展建言献策，确保社会科学工作始终朝着正确方向、沿着正确轨道前进。市社科联秉承解放思想、实事求是、理论联系实际的准则，坚持以重大现实问题为主攻方向，突出以对策研究为主，鼓励全市哲学社科工作者聚焦市委、市政府重大决策部署、全市经济社会发展大局和人民群众关心关注的重点难点问题，围绕决胜全面建成小康社会目标，分析研究发展差距，提出有针对性的措施；围绕建设美丽繁荣怡然资阳，推进决策部署落实，提出对策建议；围绕成资一体化、临空经济区、中国牙谷等"五项工程"，及时提出真知灼见；围绕实现高质量发展和转方式、调结构的要求提出有针对性的措施；围绕打好"三大攻坚战"、落实乡村振兴战略部署等重点工作提出对策建议，为持续推动资阳经济、社会、生态发展实现质的飞跃奠定坚实的理论基础。鼓励广大哲学社科工作者深入一线、深入基层、深入调研，开展具有前瞻性、战略性、针对性、储备性的政策研究，提出一批专业化、建设性、切实有用的对策建议，拿出一批高水平、可操作、效果好的研究成果，为经济高质量发展提供有力的理论支持和思想支撑，服务地方经济发展大局。

资阳市社科联课题组

成员：黎平、马航东、白芳、张福进、朱玲

ABA ZHOU PIAN

阿坝州篇

四 川 哲 学 社 会 科 学 70 年

导言

　　阿坝藏族羌族自治州是藏、羌、回、汉多民族聚居的少数民族自治州。跟随着中华人民共和国成立的步伐，阿坝地区翻开了"一步跨千年"的新篇章。中华人民共和国成立以来，阿坝州经历了民主改革、社会主义建设和改革开放不同历史时期，由贫穷落后、封闭愚昧的半封建半农奴社会迈上了各民族共同团结进步、繁荣发展的富裕、文明、民主、和谐、美丽的现代化道路。70年来，阿坝州的哲学社会科学事业也和全州的经济社会发展一样，由不知哲学社会科学为何物的空白局面发轫，风雨兼程，披荆斩棘，开拓出了民族地区哲学社会科学繁荣发展的康庄大道，取得了令人欣喜的成就，在发展哲学社会科学事业中充分彰显了阿坝特色、阿坝风格、阿坝气派。

阿坝州哲学社会科学70年概况

二

中华人民共和国成立以来，阿坝州的哲学社会科学事业经历了从无到有，从小到大，从一片空白到初步形成规模，再到拥有一支政治性强、专业化水平较高、本土研究特色突出、有一定社会影响力的哲学社会科学工作者队伍，并拥有一定规模、一定数量的哲学社会科学研究阵地的发展历程。在民族地区，哲学社会科学工作队伍正在成为用智力推动经济社会发展、推动社会和谐稳定、推进藏区治理现代化和促进民族团结进步的活跃力量。民族地区的哲学社会科学事业在围绕中心、服务大局方面发挥着极其重要的作用，成为体现中国特色社会主义文化自信的重要方面军。

（一）组织机构从无到有

从建州初期到改革开放前期，全州哲学社会科学工作主要由地方党委宣传部门主管，呈现出研究机构少、研究队伍小、研究力量弱的基本特点。当时全州有规模的研究单位主要有阿坝州思想政治工作研究会、阿坝师专、中共阿坝州委党校，社科研究基本上处于单兵作战的分散状况。当时全州社科研究主要围绕相关的理论研讨会来展开，缺乏研究高地和规模效应。2007年，阿坝州成立全州性的哲学社会科学组织机构——阿坝州社会科学界联合会，并将阿坝州思想政治工作研究会秘书处挂靠于社科联。阿坝州社科联的成立，对推进全州哲学社会科学的进一步发展，拓展民族地区哲学社会科学事业发展空间，具有标志性意义。阿坝州社科联历届代表大会情况见表1。

表1　阿坝州社科联历届代表大会统计表

主席	副主席	兼职 副主席	秘书长	常务理事	理事
阿坝藏族羌族自治州社会科学界联合会第一次代表大会于2007年9月17日在马尔康召开					
张渌波		谷运贵 庄春辉	张　健		王庆九等25人为阿坝州社科联第一届理事会理事
阿坝藏族羌族自治州社会科学界联合会第二次代表大会于2013年1月4日至6日在马尔康召开					
张渌波		毛　英 庄春辉 谷运贵 耿少将 贾书智 梁　军	张　健	马绍敏等33人为阿坝州社科联第二届理事会常务理事	马骞等49人为阿坝州社科联第二届理事会理事
阿坝藏族羌族自治州社会科学界联合会第三次代表大会于2019年1月10日在马尔康召开					

主席	副主席	兼职 副主席	秘书长	常务理事	理事
陈宝珍	王远康	毛 英 甘建斌 冯佩林 杨正雄 杨林清 耿少将 柴继贵 敏兴国	王远康	马绍敏等21人为阿坝州社科联第三届理事会常务理事	马继仙等49人为阿坝州社科联第三届理事会理事

（二）人才队伍由弱到强

从历史和发展现状来看，阿坝州哲学社会科学队伍建设有它的特点和规律。一是本土特色、地方特色突出。在地域历史、本土文化、民族文化、宗教（特别是藏传佛教）、地方经济、民族教育、藏区治理、藏区意识形态工作及思想政治宣传工作等方面有研究优势。二是政治素质高，听党的话。在阿坝州这个少数民族自治地区成长起来的社科工作者，有很大一部分是少数民族干部和少数民族知识分子。党的民族政策、党的雨露阳光使阿坝藏区这块在中华人民共和国成立以前由封建军阀、土司头人、贵族僧侣统治的极度贫穷、极度落后、极度封闭、愚昧偏僻的高原山区脱胎成为美丽祥和、富足安康、欣欣向荣、繁荣发展的美好家园，作为在这块热土上成长起来的少数民族社科工作者，其研究始终围绕党的大政方针、贴近民族地区工作的实践开展，这就确保了藏区哲学社会科学工作能够沿着正确的方向发展。三是大多来自实际工作部门。基于藏区工作的特点，在阿坝州很少有高水平的、专业化的社科研究机构，这就决定了研究人员多数是业余性的。阿坝州现有的社科研究人员大多分布在基层一线，这也形成了阿坝州社科研究队伍实际经验丰富，系统性、专业性理论研究能力弱的特点，也形成了研究重点偏应用型、对策性而理论研究深度不够的特点。经过70年的发展，阿坝州的社科队伍在质和量两个方面都有了显著的提升。截至2018年底，全州拥有社科研究人员900余人，形成了门类比较齐全、研究领域较广、特色和优势比较突出的人才队伍（见图1、图2）。

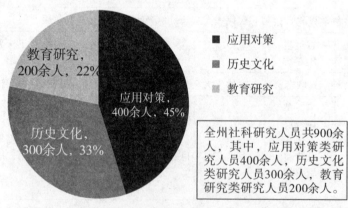

图1 阿坝州社科人员研究方向示意图

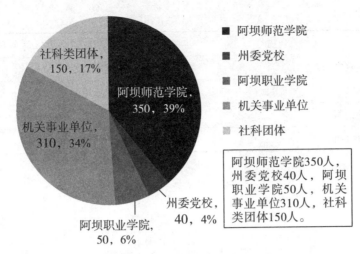

阿坝师范学院

州委党校

阿坝职业学院

机关事业单位

社科团体

阿坝师范学院350人，州委党校40人，阿坝职业学院50人，机关事业单位310人，社科类团体150人。

图 2　阿坝州社科研究人员分布图

（三）阵地建设由小到大

民族地区哲学社会科学事业发展离不开坚强有力的阵地建设的支撑。70 年来，阿坝州社科阵地建设也经历了从无到有，从不被重视到越来越得到重视、越来越得到加强的发展过程。在州内，社科联作为哲学社会科学工作者之家，其作用得到加强，同时也形成了一定规模的研究机构和研究阵地。州内现有国家公开发行的期刊 1 种——《阿坝师范学院学报》、公开发行的报纸 1 种、社科类期刊 10 余种（见表 2）。从事哲学社会科学工作的研究机构主要有阿坝州思想政治工作研究会、阿坝师范学院、阿坝州长征干部学院、阿坝州委党校、阿坝州委党史研究室等。此外，还有藏学研究会、羌学研究会等社科类社团 30 余家。

表 2　阿坝州部分社科类刊物统计表

序号	刊物	主管单位
1	《阿坝研究》	中共阿坝州委政研室
2	《阿坝发展》	中共阿坝州委党校
3	《阿坝论坛》	阿坝州社科联
4	《雪原文史》	阿坝州方志办
5	《阿坝金融》	阿坝州金融学会
6	《阿坝政法》	阿坝州政法委
7	《阿坝州疾病预防控制信息》	阿坝州疾控中心
8	《阿坝人大》	阿坝州人大办
9	《阿坝政协》	阿坝州政协
10	《红原机场》	红原机场
11	《阿坝双语教育》	马尔康民族师范学校
12	《阿坝检察》	阿坝州检察院
13	《阿坝畜牧兽医》	阿坝州农业农村局
14	《阿坝党史》	阿坝州党史办
15	《阿坝州突发事件典型案例》	阿坝州应急管理局

序号	刊物	主管单位
16	《阿坝师范学院学报》	阿坝师范学院
17	《马尔康中学》	马尔康中学
18	《阿坝日报理论版》	阿坝州委、州政府
19	《四川民族教育报》	阿坝州教育局

三

阿坝州推动哲学社会科学繁荣发展的基本实践

在党的十八大、十九大精神和习近平新时代中国特色社会主义思想指引下，在阿坝州委的正确领导和州政府的高度重视下，全州哲学社会科学紧紧围绕藏区发展、民生、稳定工作大局，突出意识形态引领和智力支持工作导向，尊重哲学科学研究规律，贴近藏区工作实际和全州经济社会发展实践，聚焦出成果、出人才、强阵地、活机制，使民族地区哲学社会科学事业在新时代呈现出高质量发展的新局面，迎来阿坝州哲学社会科学繁荣发展的第二个春天，推动全州哲学社会科学进一步发展。阿坝州社科联牢固树立大局意识，找准工作定位，紧紧围绕团结引领、联络协调、服务管理、自律维权基本职能，充分发挥自身联系党和政府与社科工作者的桥梁纽带作用，准确把握社科工作规律和社科联组织特点，进一步增强工作活力，扩大联系范围，提升管理能力，增强行业建设主导作用，进一步扩大自身的实力和影响力。

（一）强化社科组织机构建设

加强州委、州政府对社科工作的领导。认真贯彻落实习近平总书记在中央第六次西藏工作座谈会上讲话精神和中央、省委关于加快构建中国特色哲学社会科学的实施意见等相关文件精神，加强党对哲学社会科学的领导，密切自身同哲学社会科学的工作者的联系，建立健全管理体制，加强对社科工作的组织协调和督促检查工作。根据中共中央印发的《深化党和国家机构改革方案》中"增强群团组织的吸引力影响力……将力量配备、服务资源向基层倾斜，更好适应基层和群众需要"，"允许地方根据本地区经济社会发展实际，在规定限额内因地制宜设置机构和配置职能"，中共四川省委《关于深化文化体制改革　加快建设文化强省的决定》（2011 年 11 月 9 日）中"加强市县社科联、文联和作协组织建设和队伍建设"和中共阿坝州委《关于深化文化体制改革加快建设文化强州的意见》（阿委发〔2011〕14 号）中"加强州、县社科联、文联和作协组织建设和队伍建设"要求，逐步探索在全州 13 个县（市）成立县级社科联的路径。

在州、县党委领导下，加强落实意识形态工作责任制，充分重视藏区意识形态工作面临的形势和特点，站在藏区维稳和反分裂的高度，把握导向，守好阵地，掌握话语权，巩固马克思主义对哲学社会科学的指导地位。

（二）强化社科人才队伍建设

强化社科资源整合，推进社科工作创新。一是积极与党校、党政机关研究部门以及社科类学会等社科研究力量较为集中的单位加强联系与协作，发现、吸引、聚集一批高端人才，逐步改变阿坝州社会科学有数量缺质量、有专家缺大师的状况。二是培育优秀社科人才，注重青年社科人才的培育，创新社科人才培育机制，探索建立青年社科研究基地和社科研究人才队伍的路径。三是加大人才培养力度，通过"请进来""走出去"，办好社科研究骨干培训班、社科基地管理培训班等方式，加强对社科人才工作能力的培训，不断提升社科人才队伍的整体素质。

（三）强化社科课题研究工作

1. 发挥课题的杠杆作用，整合社科研究力量

州社科联充分发挥桥梁纽带作用，以科研课题为抓手，整合社科研究力量，始终坚持以藏羌历史文化研究、应用对策研究和基础理论研究为重点，聚焦"生态、发展、民生、稳定、作风"5个关键点，围绕"一州两区三家园"，全面建成小康社会等经济社会发展面临的热点、焦点和人民群众的期盼确定一批选题，努力推出一批既有思想引领作用，又有实践支撑功能的重大成果。

2. 优化社科课题管理，着力成果转化运用

其一，建立、完善诚信公正的评价制度。一是加强评价制度建设。完善评价回避制度、公示制度、反馈制度、申诉制度和举报制度，确保评价活动规范有序。二是完善评审专家库，使专家库具有动态性和开放性，由州社科联对人员进行动态增减，不断增加学术造诣深、信誉好、作风正、责任感强的专家。三是根据不同学科的发展实际，积极稳妥地引入州外同行专家参与评价。其二，优化课题管理机制，严格课题管理，始终坚持激励与约束并重，规范流程与制度建设并举，严把"两口两关"（评审立项入口、鉴定结项出口与政治方向关、学术质量关），既注重优秀社科研究成果的形成，更注重优秀社科研究人才的培育。一是建立、健全管理制度，制定《阿坝州社会科学事业专项资金管理办法》，细化资金使用范围、支付方式、管理责任、监督检查等流程；制定《阿坝州社科资金项目管理实施细则》，对课题申报、立项评审、实施管理、成果鉴定与结项、成果推介等流程进行责任划分和细化分工，做到程序透明、公开公正。二是优化课题研究结构，分年度发布《课题指南》，引导社科研究人员更好地围绕中心、服务大局；设立年度课题一般项目、青年项目和基地项目等，形成多层次、宽覆盖的社科研究格局。三是加强意识形态把控，坚持以举旗帜、抓方向为政治责任，把握好理论研究和学术交流导向，在专家匿名通讯鉴定的基础上，将涉及国家秘密、民族、宗教、党史、革命史等的课题送交统战、民宗委、党史办等部门审核把关，严格实行意识形态审核"一票否决制"。四是细化课题鉴定标准，坚持"质量第一、宁缺勿滥"原则，建立、完善课题鉴定"科学性与规范性""创新与突破""价值与效益"三大评价指标体系，形成成果结题"两评四审一公示"机制（通过双向匿名通讯评审、现场评审会评审得出成果鉴定等次意见；课题负责人所在单位初审，州社科联承办部门进行成果体例、成果重复率、要素构成、成果质量等复核审查及意识形态专项审核，州社科联党组综合评审审核意见进行课题结项审批；对拟结项课题进行公示），确保成果质量。

（四）强化社科宣传普及工作

进一步丰富社科普及的形式和内容，创造新科普形式，着力于服务人民群众的需要，提升公众人文素养。对已有社科普及平台进行内容和形式上的创新，使之常做常新；同时根据实际情况创设新平台。一是重点组织好社科普及宣传月、宣传周活动，做好"集中造势"这篇大文章；不断扩大"阿坝人文讲坛"的覆盖面，提升公共文化品牌影响力。二是进一步构建州、县两级社科普及基地网络，整合更多社会资源，推动社科普及宣传活动的持久、广泛、深入开展。三是开展优秀社科普及读物推荐与创作活动，组织和引导社科领域内高水平的学者面向广大群众特别是青少年读者和机关干部编撰社科普及读物（丛书、小口袋书等）。四是组建社科普及志愿者队伍，深入基层开展形式多样的"微宣讲、微咨询、微展览、微公益"等活动。五是构建新型社科普及平台，充分利用社科在线网站、社科之家QQ群、微信公众号等新媒体，让社会科学这只"燕子"真正地从象牙之塔飞入寻常百姓家。

（五）强化社科阵地建设

进一步强化社科阵地管理和人才培育，着力建设"社科工作者之家"，加强阵地建设，夯实社科

根基。一是落实州社科联社会科学业务管理职能，使其具有管理全州社会科学工作的权限和责任，以加强对社科类社团的业务指导。二是构建合作联动的社科研究、普及新格局，加强自身与相关部门的联动，以社科基地建设为载体，推动群众性、公益性、经常性的人文社科活动的开展。三是切实履行意识形态工作责任，强化对所属学会的管理力度，研究制定《阿坝州社科联所属学会管理办法》，理顺所属学会在意识形态工作方面的责任；规范社科类内部刊物审核，抓好社科类期刊稿件的审核把关。

（六）探索建立保障激励机制

1. 建立长效机制，强化保障

一是探索建立社科课题研究资助制度和社科成果（著作类）出版资助制度。二是各级政府加大对社科普及工作的投入力度，不断改善科普工作条件。三是打造一支适应社科普及工作需要的科普工作队伍。鉴于阿坝州社科普及工作的特点，社科普及工作队伍应采取专、兼职相结合的方式组建，吸收热心科普工作的社科工作者和有关方面的专家组成专、兼职结合的队伍。

2. 完善社科成果科学推介、运用转化机制

一是搭建社科成果推介平台。利用《阿坝论坛》期刊、"阿坝人文讲坛"、专家座谈会以及州外学术交流平台，为社科研究人员提供学术交流、成果推介的机会。二是搭建社科成果运用转化平台。向中央、省里推荐优秀社科成果；以州社科联《成果专报》《成果选编》为载体，编印一批具有实用性的成果，向州委、州政府及有关职能部门报送，积极促进优秀成果的转化、运用。三是搭建社科成果转化平台。通过向理论刊物推荐、向社科队伍推荐等方式，以及支持和鼓励社科成果出版发行和运用于工作实践等方式，转化社科成果，服务全州发展。

（七）注重特色，打造品牌

1. 设立阿坝州社会科学发展事业专项资金

为促进全州社科事业的繁荣发展，自2015年起，州政府设立了每年100万元的阿坝州社会科学事业专项资金，用于扶持、资助、奖励社科研究课题。除了资助各类专著出版外，也鼓励、支持、资助以研究报告、论文为项目最终成果的项目。社科资金设立以来收效显著，呈现出以下几个特点：一是申报总数呈倍数增长。2015年课题结项32项，2018年结项总数达到94项，增幅达194%。这表明广大专家学者参与州级课题研究的自觉性、自信心达到新的高度。二是研究领域分布更加均衡。在应用对策、基础理论等传统优势研究领域持较多的申报数量的同时，历史文化、教学教育等较弱的研究领域的申报数量也呈增长态势，研究领域分布较过去更加均衡。三是申请人群体呈高职称、高学历和年轻化的趋势。从2018年的情况来看，申请人的学历和职称层次较往年更优，其中拥有讲师、教授职称者占申报总数的一半左右；同时，青年社科工作者申报率呈增长趋势，体现了全州申报者整体年龄年轻化的趋势。四是从单位分布来看，2018年申报单位中，高校、党校系统申报62项，党政机关和其他单位申报71项。可见，地方院校已然成为推动阿坝州社科课题申报的生力军。

2. 深化藏羌地区历史文化挖掘、阐发

一是启动"阿坝史话系列丛书"编撰工作。2015年，阿坝州社科联牵头启动了"阿坝史话系列丛书"编撰工作，深度挖掘、收集、整理阿坝州历史上发生的重要事件、人物传奇等，以通俗的语言、生动的文笔介绍本州的历史文化，具有重要的历史考证价值、阅读价值和宣传推广价值，成为地域文化传承的重要载体和对外宣传推广的手段。目前，编撰工作已覆盖全州13个县（市），部分县的图书已出版，深受老百姓欢迎。"阿坝史话系列丛书"编撰工作的进一步开展，被地方逐渐重视传承和弘扬地方优秀传统文化，社会各界的关注度和参与度也进一步提升，阿坝州优秀传统文化的挖掘、

研究、传承、弘扬工作正逐步走向深入。二是深化大禹文化研究。2018年11月6日，在州委宣传部、州社科联、州文广新局的协助下，阿坝州大禹文化研究会正式挂牌成立，拥有大禹文化研究会会员30余名。为支持阿坝州大禹文化研究会开展工作，州社科联积极从课题项目资助、组织协调等方面为研究会服好务。阿坝州大禹文化研究会成立后，以研讨会、学术交流会、专家座谈会、专题讲座等形式开展弘扬大禹文化、大禹精神的各类文化研究、普及活动，成为弘扬大禹文化的重要阵地。三是推进藏羌历史文化研究。立足阿坝州独具魅力的藏羌文化、波澜壮阔的红色文化、多彩多姿的生态文化、多元包容的宗教文化，突出地域特点和文化特色，加强对优秀传统文化的挖掘、整理、研究和阐发，推动阿坝州最基本的文化基因与当代文化相适应、与现代社会相协调。利用州社科资金的杠杆功能，实现研究成果的转化、运用，把藏羌文化资源优势转化为产业优势。通过编撰社科类科普读物，加大对藏羌文化的阐释、传播、普及力度，以公众喜闻乐见的形式，将历史悠久、内涵丰富的藏羌文化融入现代社会中去阐释、去传播、去普及，促进阿坝州藏羌文化的发展。

阿坝州推动哲学社会科学繁荣发展的主要成就

70年来，阿坝州哲学社会科学的发展成就主要体现在以下方面。

（一）强基固本，社科阵地建设取得新突破

1. 加强州级社科基地建设

推进社科普及、社科研究载体建设，扩大和提升社科工作的覆盖面和影响力。自2015年起，州社科联启动了三批次的州级社科研究基地和社科普及基地的创建及命名工作，目前已创建并命名省级社科普及基地1个（"5·12"汶川特大地震映秀震中纪念馆）、州级社科研究基地11个（见表3）、社科普及基地11个（见表4）。社科基地从无到有，初步形成了州、县（市）、乡镇三级社科基地网络。社科基地结合自身优势特色积极参与和开展社科研究、普及活动，取得了一定成效，为开创阿坝州社会科学工作新局面发挥了积极作用。

表3　阿坝州社科研究基地一览表

序号	基地名称	依托单位	基地级别
1	民族地区经济社会发展战略社科研究基地	中共阿坝州委党校	州级
2	文物考古社科研究基地	阿坝州文管所	州级
3	企业经营管理社会科学研究基地	阿坝州工业经济研究所	州级
4	象雄文化的孑遗——热务沟多声部音乐传承社会科学研究基地	阿坝州民族歌舞团	州级
5	藏羌历史文化研究基地	阿坝师范学院	州级
6	藏区学校爱国主义与民族团结教育社会科学研究基地	马尔康中学	州级
7	汶川博物馆社会科学研究基地	汶川博物馆	州级
8	藏医药研究基地	阿坝州藏医医院	州级
9	九寨沟世界遗产地社会科学研究基地	九寨沟管理局	州级
10	阿坝县青年社科研究基地	中共阿坝县委宣传部	州级
11	州藏羌文化社科研究基地	阿坝州藏羌文化研究会	州级

表4　阿坝州社科普及基地一览表

序号	基地名称	依托单位	基地级别
1	汶川映秀防震减灾知识普及基地	"5.12"汶川特大地震映秀震中纪念馆	省级
2	少数民族声乐舞蹈社会科学普及基地	阿坝州民族歌舞团	州级
3	藏羌民族传统文化教育科普基地	阿坝师范学院	州级
4	藏区学校爱国主义教育社会科学普及基地	马尔康中学	州级

序号	基地名称	依托单位	基地级别
5	汶川博物馆社会科学普及基地	汶川博物馆	州级
6	汶川县图书馆社科普及基地	汶川县图书馆	州级
7	达古冰山社会科学普及基地	达古冰山风景名胜区管理局	州级
8	漩口中学遗址社会科学普及基地	汶川震中纪念馆	州级
9	嘉绒民俗文化社科普及基地	马尔康卓克基土司官寨管理局	州级
10	金川"孝善和俭"示范教育社科普及基地	中共金川县委宣传部	州级
11	阿坝州博物馆社会科学普及基地	阿坝州博物馆	州级

2. 抓好对社科类社团的指导和服务

州社科联畅通自身与社科类团体（见表5）的联系协调体制，把好所属社科类社团在开展理论研究、科普宣传和学术交流活动等工作中的政治导向关，守好社科领域意识形态阵地。州社科联以课题研究、期刊审核、骨干培训、学术活动等为纽带，加强对社科类社团的指导和服务，打造多元的"社科交流平台"，通过社科QQ群、微信群、短信发布平台等媒介，将社科工作者纳入大社科工作体系，引导社科工作者讲政治、顾大局，真正做到对意识形态问题"守土有责，守土负责，守土尽责"。

表5　阿坝州州级社科类社团一览表

序号	名　称	所属单位
1	州纪检监察学会	阿坝州纪委
2	州法官协会	阿坝州法院
3	州政协理论与实践研究会	阿坝州政协办
4	州藏族历史文化古籍研究协会	
5	州网络文化协会	中共阿坝州委宣传部
6	州新闻工作者协会	
7	州统一战线理论研究会	中共阿坝州委统战部
8	州法学会	中共阿坝州委政法委
9	州党史学会	中共阿坝州委党史研究室
10	州教育学会	阿坝州教育局
11	州律师协会	阿坝州司法局
12	州财政学会	阿坝州财政局
13	州会计学会	
14	州电子商务协会	阿坝州商务和经济合作局
15	州现代农业发展研究会	阿坝州农业农村局

序号	名　称	所属单位
16	大禹文化研究会	阿坝州文体旅游局
17	州旅游协会	
18	州图书馆学会	
19	州藏羌文化研究会	
20	州藏学象雄文化研究会	
21	州嘉绒文化研究会	
22	州非遗保护协会	
23	州个体私营经济协会	阿坝州市场监督管理局
24	州史志学会	阿坝州方志办
25	州羌学会	阿坝州社科联
26	州金融学会	人行阿坝州中心支行
27	州农村金融学会	农行阿坝州分行
28	州国际税收研究会	阿坝州国税局
29	州税务学会	

3. 做好社科联自身建设

州社科联自 2007 年 9 月成立以来,在州委、州政府的关心支持下,在工作人员配备、机构编制、经费保障、队伍建设等方面工作不断得到加强,社科工作组织机构建设逐渐步入正轨,从 1 个内设机构(办公室)、4 名编制人员,发展到 4 个内设机构(办公室、学术科研部、科普宣传部、政研会秘书处)、8 名编制在岗人员的规模,并成立了社科联党组。州社科联主要负责社科研究、社科普及、思想政治工作等。州社科联自成立起就立足阿坝州实际,积极作为,履职尽责,服务大局,较好地发挥了"思想库""智囊团"作用(见图 3)。

图 3　阿坝藏族羌族自治州社会科学界联合会第三次代表大会

（二）搭建平台，社科学术活动获得新活力

全州社科科研机构不断开展具有前瞻性、全局性、战略性的重大理论和现实问题研究，探讨地方经济社会发展的热点、难点问题，为州委、州政府决策提供参考；同时，不断拓展学术交流渠道，积极开展对外交流，社科学术交流活动日趋活跃。为推进藏区跨越式发展和长治久安，更好地发挥社科战线决策库和智囊团的作用，阿坝州社科联与州委宣传部等部门联合组织举办了各类主题理论研讨会，先后参与、组织了"阿坝州纪念改革开放30周年""纪念新中国成立60周年""阿坝州推进藏区跨越式发展和长治久安""旅游二次创业""藏羌彝走廊专家咨询会"等理论研讨会（见图4）。

图4　藏羌彝走廊（阿坝）专家咨询会

（三）围绕中心，社科课题研究取得新成果

从结项资助经费看，阿坝州课题资助经费大幅增长，4年资助经费共计390多万元。结项总数和资助经费的大幅增长，夯实了阿坝州社会科学事业繁荣发展的基础。

1. 州级社科规划课题迈上新台阶

州委、州政府高度重视社科工作，于2015年专门设立了100万元的阿坝州社会科学事业专项资金，用于资助具有重要学术价值、应用价值的研究项目、重要社科研究项目的研究开发、州委和州政府确定的其他社科类科研项目。截至2018年，阿坝州社会科学事业专项资金已投入380余万元。在重点哲学社会科学研究方面，集中全州社科力量，组织编撰出版大型丛书"阿坝文库"，共32册。2012年，全州启动口述历史工作，截至2018年共拍摄、制作口述历史纪录片170部、187集。为充分发挥州社科专项资金的作用，州社科联立定全州实践，支持社科界紧紧围绕阿坝州经济、政治、文化、社会、生态建设和党的建设中的重大理论和实际问题，深入开展基础理论、应用对策、历史文化研究，取得重大进展。2015年至2018年，州社科规划课题立项总数为276项，结项验收212项，其中专著类32项（见图5）。从立项和结项数量看，近4年州社科规划课题的立项、结项总数远超过去8年的总和。

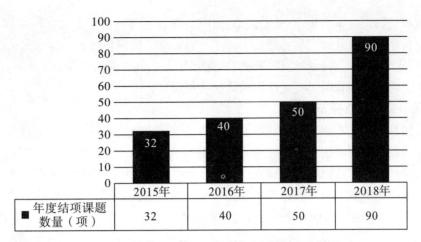

年度结项课题 数量（项）	2015年	2016年	2017年	2018年
	32	40	50	90

图 5　州社科资金项目结项课题分年度对比统计表

2. 历史文化研究和阿坝史话丛书编撰工作取得新成就

州社科专项资金立项项目是本州社科研究尤其是挖掘优秀传统文化的龙头。为加强具有阿坝特色的藏羌历史文化研究，由州社科联牵头的"阿坝史话系列丛书"编撰工作自 2015 年启动以来，在各地的重视下，有序推进（见图 6）。《茂州史话》《威州史话》《金川史话》《薛城史话》4 部专著已出版；《阿坝县史话》即将印刷出版；《松州史话》《黑水县史话》《小金史话》《九寨史话》等进入排版审稿环节；《马尔康史话》《若尔盖史话》《红原史话》《壤塘史话》进入编撰阶段，"一县一史话"目标正逐步实现。这些著作的编撰出版，将有效填补阿坝州藏羌民族及历史文化研究方面的不足与空白，具有重要的史料价值。

图 6　"阿坝史话系列丛书"

3. 长征精神研究成绩突出

阿坝州是红军长征途径的重要地区，以"雪山草地""长征丰碑"而闻名。州内的丰富红色资源，既是传承红色基因的活教材，也是开展哲学社会科学研究的宝库。阿坝州围绕长征精神的研究也取得了较为突出的成绩，产生了良好的社会影响。近年来，阿坝州主要组织编写了《阿坝州革命遗址遗迹和爱国主义教育基地通览》《四川省革命遗址遗迹通览（阿坝州）》《红色记忆》《红军长征在阿坝》；着力打造了"长征精神研究数据库"；州内部分县（市）组织力量，编写了具有地方特色的《阿坝州党史研究资料》"红军长征过汶川"等共 12 期）；2016 年牵头编辑完成了"四川长征路线文化资源研究系列丛书'阿坝卷'",并于当年10月正式出版;《红军长征与马克思主义在阿坝藏区的传播》《论阿坝地区对红军长征精神铸就的贡献》等论文入选省社科联《优秀传统文化传承与长征精神弘扬研讨文章集萃》。长征干部学院把对长征精神的研究和党性教育、干部培训结合起来的做法在省内外产生了广泛影响,并得到了省委和国家有关部委的重视和批示。

4. 应用对策研究取得新提升

出成果、出精品、出人才,是社会科学创新发展的体现。阿坝州社科联围绕州委、州政府中心工作,着力推出了一批代表阿坝州水准的优秀研究成果(见表6),充分展示了阿坝州社科研究的实力和水平。一是突出具有民族特色的藏羌民族历史文化研究。从历代中央政府在川西北地区的治理实践和经验中,寻找阿坝州实现跨越发展、长治久安的历史借鉴和正能量,组织实施了"历史时期中央在川西北地区的羁縻措施研究""历代中央政府对川西北地区的治理实践及其启示""秦汉魏晋南北朝中央政府在川西北地区的治理实践及其启示"等系列课题研究。二是突出"一带一路"倡议视角下的"藏羌彝走廊"综合研究。组织实施了"国家'一带一路'战略视角下的'藏羌彝文化产业走廊'全区域建设研究""'一带一路'视角下阿坝州藏羌走廊文化旅游融合发展思考"等课题研究;积极协办"藏羌彝走廊专家咨询会",邀请国内具有较高知名度的专家学者参加研讨与交流;有效对接文化历史挖掘和全域旅游开发工作,编撰了《藏羌彝走廊文化研究论文集》。三是突出全州古村落、古城镇研究工作,组织实施了"利益对等下的藏羌古村落补偿性保护机制研究""传统古村落景观保护与乡村旅游发展研究"等课题。四是突出对策建议性探索研究。注重服务决策,紧紧围绕"发展、民生、稳定"3件大事,完成了"从主体功能区定位看跨区域生态补偿的必要性""阿坝州建成川西北生态经济示范区之研究""阿坝州依法治理重点地区、重点寺庙的探索与实践""阿坝州农村贫困状况及脱贫攻坚路径研究""干旱河谷地区产业扶贫实践与探索""阿坝州生态旅游发展的'大九寨'模式研究""推进藏区意识形态工作探究""新形势下市州住房公积金管理风险防控策略与重点"等一批具有参考价值的研究。五是做好省级规划项目落实。积极组织州内相关院校、研究团体参加省重点规划课题的攻关工作,推荐优秀成果参与省重点课题的竞选申报。"民族地区群众工作方法研究""阿坝藏区民主改革前社会形态情况调查""明代羌族地区兵备道研究""从主体功能区定位看跨区域生态补偿的必要性"等多项省社科规划课题结项;推荐多项社科研究成果参与省社会科学优秀成果评奖活动,《羌族通史》(专著)荣获省第十五次社会科学优秀成果三等奖,《羌族民间传统造型艺术研究》(专著)荣获省第十七次社会科学优秀成果三等奖,《羌族石刻文献集成》(专著)荣获省第十八次社会科学优秀成果一等奖,《民族传统文化传承、保护综合利用研究——以阿坝州非遗传习所(基地)为例》入选《四川省贯彻落实"四个全面"战略布局研讨会论文选编》。

表6 阿坝州部分社科类专著成果表

序号	成果类别	成果名称
1		阿坝州革命遗址遗迹和爱国主义教育基地通览
2		红色记忆
3		四川省革命遗址遗迹通览(阿坝州)
4		四川长征路线文化资源研究系列丛书(阿坝卷)
5	红色文化类	阿坝州党史研究资料("红军长征过汶川"等共12期)
6		红军长征在阿坝(藏汉双语读本)
7		红军长征在雪山草地
8		红军长征精神与小康社会
9		红军长征在雪山草地情况简介

序号	成果类别	成果名称
10	红色文化类	红军长征精神论文集
11		长征精神与全面建成小康社会理论研讨会论文集
12		中国共产党阿坝州历史大事记（1935—2012）
13		阿坝州红色旅游发展研讨会论文集
14		雪山草地红色旅游
15		红色阿坝——阿坝州革命遗址遗迹
16	历史文化类	阿坝文库（32 册）
17		四川省阿坝州藏族社会历史调查
18		羌族石刻文献集成
19		阿坝文化史
20		羌族通史
21		冉駹——古代的四川羌族
22		明代的羌族地区
23		羌族历史文化文集
24		羌族口头艺术的叙事、表演与文本
25		羌族姓氏文化研究
26		羌族民间传统造型艺术研究
27		茂州史话
28		威州史话
29		薛城史话
30		金川史话
31		觉囊史话
32		史话金川丛书
33		象雄·金川
34		金川古城——老街
35		阿坝州民俗礼仪小常识
36		汶川县历史地震研究与抗震救灾启示
37		嘉绒藏族史志
38		嘉绒藏族的历史文化
39		嘉绒地区历史
40		嘉绒秘境马尔康
41		末代瓦寺土司口述影像史
42		格萨尔信仰文献研究
43		阿坝州旧志集成
44		阿坝州非物质文化遗产集锦
45		阿坝藏羌文化大观园

序号	成果类别	成果名称
46	历史文化类	格萨尔信仰文献研究
47		阿坝州碑刻资料辑录
48		抗日战争时期国民政府民防问题研究——以四川为中心的考察
49	藏文编译类	阿坝州藏传佛教高僧大德文集
50		毛尔盖桑木旦文集
51		梵藏对照词典
52		藏兽医甘露池
53		圣迹志
54		诗学明晰
55		藏医诊断《哈努曼塔》注疏
56		藏医八支论之精要奔科策
57		梵文字帖
58		藏文字帖
59		昔扎文集
60		阿坝藏学论文集
61		藏文识字课本
62		觉囊派典籍要目
63		罗桑丹增藏医学文集
64		姜帕传记及道歌
65		声明学文集
66		藏译世界名著
67		象雄结绳记事文化
68		藏文音调注释
69	教育应用类	学前高职思想政治教育过程论
70		现代化教育视角下传统田径运动的发展研究
71		高校休闲体育运动教学与实践研究
72		声乐艺术理论与实践艺术
73		中国西南地区少数民族舞蹈创作及研究
74		阿坝州旅游教育发展研究：高校篇
75		羌族体育文化与地区旅游互动发展研究

（四）创新形式，社科宣传普及取得新成效

1. 深化理论研究宣传

坚持正确的政治方向，用中国特色社会主义理论武装教育干部群众，是社科界的重要职责。阿坝州社科联始终坚持把组织全州广大社科工作者学习、宣传和研究党的重要思想、重大决策作为首要任

务，充分利用党的十八大、十九大、省和州党代会等重要契机，通过组织召开社科界座谈会、培训会等形式，在广大社科工作者中进行学习、宣传、教育活动，为全州社科事业始终沿着正确的方向发展提供了坚实的理论基础和思想保证。如围绕学习贯彻党的十九大精神，一是举办全州社科界学习传达党的十九大精神专题培训会，引导社科理论界在宣传阐释上发挥表率引领作用（见图7）；二是迅速组织力量，编印出版《学习党的十九大精神知识问答》辅导读物，并发放到各级部门；三是开展"学习宣传贯彻解读党的十九大精神理论文章"征集活动，组织社科专家撰写理论文章，并在《阿坝论坛》期刊发表；四是选派骨干力量参与州委群众宣讲团，深入农村、学校、企业"一线"宣讲党的十九大精神，共参与宣讲会20余场次，有5000余人现场聆听报告。又如，举办"阿坝州庆祝改革开放40周年社会科学知识竞答"活动，共收到17 293份有效答卷。

图7　全州社科界学习贯彻党的十九大精神培训会

2. 广泛开展社科普及活动

近年来，阿坝州社科联以提高全民科学文化素质、促进社会文明进步为宗旨，通过举办专题讲座、现场咨询服务、编写科普读物等方式，广泛开展社会科学知识的宣传普及工作（见图8）。一是办好讲坛、讲座。2017年，策划创办了"阿坝人文讲坛"，打造了全州第一个公益性社科普及文化品牌，至今已累计开展了10余场示范性活动（见图9）。二是加强网络普及宣传。办好阿坝社科网站，在提升质量、扩大影响、交流成果、普及知识上做好文章。三是利用科普活动月、科普活动周等节点，积极开展"社科知识"进基层活动。组织社科类团体、社科基地发挥专业优势，到机关、乡村举办社科知识普及讲座，提供咨询服务，发放宣传资料。四是立足社科普及惠民。组织专家精心编制了《党的群众路线知识读本》、《"中国梦"知识读本》、《学习党的十九大精神知识问答》（口袋书）、《网络安全常识》等，开展了《阿坝州民俗礼仪小常识》等"阿坝州社科普及读本"编创工作。

图8 阿坝州社科界"社科普及""依法治州"宣传活动

图9 阿坝人文讲坛

3. 办好理论刊物《阿坝论坛》

《阿坝论坛》秉持"围绕党政中心、服务决策参考、弘扬民族文化"的办刊宗旨，坚持"研究历史文化、解读理论实践、探索方法路径"的学术定位。2015年以来，州社科联对《阿坝论坛》进行了两次改版。2018年，《阿坝论坛》与《阿坝科技》合刊，改版为《阿坝论坛》（学术期刊），升级为省级刊物。合刊后，《阿坝论坛》进一步提高了稿件编排质量，扩大了容量；调整了栏目，设置"理论动态""研古鉴今""调查研究""民族文化""社科成果""科学与实践"等版块；选文也更加注重实效性；在编辑稿件上更注重中央和省、州有关社科理论的重大决策和战略方针，积极推送有关州社科规划课题的研究成果和信息动态。自创刊以来，已发行39期，刊登文章1000余篇，成为全州理论研究交流的重要渠道，对营造学术氛围、推进学术研究起到了积极作用。

（五）强质提能，社科人才培育取得新进展

阿坝州社科联加强与党政机关研究部门、大中专院校、党校、社科类学会协会等的联系，形成优势互补、合力共赢的"大社科"工作格局。通过举办全州社科研究骨干培训班、社科基地管理培训

班、重大精神学习培训班等活动，着力提升社科工作者的素质。以课题研究为纽带，建立规模为500多人的社科研究人才库，强化机制建设，规范联系服务。组建全州首个青年研究基地，通过大力扶植与培养青年人才，给任务，压担子，为人才队伍建设的快速、持续、健康发展奠定坚实基础。强化与州内外院校、科研单位协作关系，畅通横向与纵向沟通渠道，密切学术联系，加强学术交流，深化学术研究，推动全州社会科学繁荣发展。

四

阿坝州推动哲学社会科学繁荣发展的经验启示

党和国家高度重视哲学社会科学事业，习近平总书记就繁荣发展哲学社会科学事业多次发表重要讲话和作出重要指示。贯彻落实习近平总书记关于哲学社会科学工作重要讲话精神，是推动哲学社会科学繁荣发展的根本遵循。回顾总结阿坝州哲学社会科学走过的历程和取得的成就，其重要启示主要有以下四个方面。

（一）坚持党的领导、坚定文化自信是繁荣发展哲学社会科学的根本保证

党对哲学社会科学工作的领导最根本的是政治领导，最重要的是组织领导。把握哲学社会科学的正确方向就是要在政治方向、政治原则、政治立场、政治态度上与党中央保持一致，不允许违反和背离党的理论、党的路线、党的方针政策的错误言论、错误思想在哲学社会科学领域大行其道，在哲学社会科学研究中对错误的东西、有害的观点要敢于亮剑。在民族地区，哲学社会科学工作更要重视反对不利于民族团结、不利于维护藏区稳定、不利于促进宗教和谐和顺并与中国特色社会主义相适应的有害观点、错误主张，牢牢把握党对哲学社会科学工作的领导权。坚持党对哲学社会科学工作的领导，还必须充分重视人才和队伍的建设、阵地和基础的建设，把党的领导落到实处。在民族地区，经济社会发展水平、文化教育发展程度较内地有较大差距，人才缺乏是哲学社会科学发展最大的瓶颈，因此，民族地区哲学社会科学队伍建设，最关键的是高水平人才队伍的建设。由于州委、州政府的关心重视，全州哲学社会科学人才队伍建设在量和质两个方面都有显著提升，一批学有专业、术有专攻的社科人才逐渐成长起来，并在较大的范围内形成影响。在阵地建设方面，随着投入力度的加大，哲学社会科学在藏区意识形态工作大格局中的地位和作用更加突出，"思想库""智库"的作用更加明显。

中国特色社会主义文化是"五位一体"总体布局的重要一翼。坚定文化自信必须筑基于繁荣发展的文化之上。在民族地区，坚定文化自信既要聚力推动整个文化事业的大发展大繁荣，又要植根于本土的、传统的、由多民族共同创造的地域历史文化和民族传统文化的创造性传承和创新性转化。阿坝州重视对民族传统文化的研究，重视对藏、羌、回、汉各民族文化内核的当代价值研究，这种社科研究方向是坚定文化自信的一种具体体现。阿坝州哲学社会科学的这种本土化、特色化的努力方向，取得了实实在在的效果，产生了一批有一定研究深度、较好社会影响的研究成果。

党的领导为阿坝州哲学社会科学的繁荣发展指明了正确的方向，开辟了广阔的空间。文化自信为阿坝州哲学社会科学的繁荣发展提供了充分的动力，注入了蓬勃的生机。

（二）守住底线、把好关口是落实意识形态工作责任制的必然要求

哲学社会科学是意识形态的重要组成部分，具有鲜明的政治属性和意识形态性质。那种淡化哲学社会科学政治属性，虚化哲学社会科学意识形态的观点和主张是错误的，在实践中是有害的。在四川省藏区，意识形态领域的斗争将是长期、复杂的工作，因此加强党在藏区的意识形态工作十分重要。哲学社会科学作为意识形态工作和中国特色社会主义文化建设中的重要力量，既有在世界观、人生

观、价值观方面对社会成员的导向之功，又有在资政建言、决策咨询、服务经济社会、推动前沿性和专业性学术研究等方面的智库之效。由于藏区工作的特殊性，阿坝州的哲学社会科学也具有特殊的规律。

从藏区哲学社会科学的特殊规律出发，要求：必须把落实意识形态工作责任制摆在十分重要的位置，要守住底线，增强政治判断能力、形势研判能力、风险防控能力，始终把牢党在藏区意识形态领域的领导权、主动权；要把好意识形态关，推动哲学社会科学朝着正确的方向发展；要注意思想导向和研究导向，引导社科工作者增强政治意识，提高政治站位，防止和纠正所谓的"独立自由研究"。

要发挥好社科联联系党与广大哲学社会科学工作者的桥梁纽带作用。社科联对广大哲学社会科学工作者的关心，首先是政治上的关心；对哲学社会科学工作者在课题攻关、学术研究、能力提升等方面的支持，首先是政治上的支持；对社科人才的培养，首先是政治上的培养。意识形态工作责任制的落实，重在对人的培训教育，要通过提高哲学社会科学工作者的政治思想、理论素养，形成意识形态工作的正向动力。

把好意识形态关，是做好藏区各项工作的重要抓手，也是藏区哲学社会科学必须遵循的重要原则。阿坝州的实践表明，只有把政治底线这条最根本的底线守住，只有把意识形态关这个最关键的关口把好，党才能牢牢握住意识形态的领导权，哲学社会科学的发展才有坚实的基础。

（三）围绕中心、服务大局是哲学社会科学聚焦发力的标的靶心

在通常意义上，哲学社会科学被称作智库、智囊。要发挥哲学社会科学的思想库和智囊团作用，必须踏实而有力地扎根于一定的现实基础，扎根于真实的而非虚幻的实践。中国古代哲学家曾经有过"弓矢从的"的论述，强调的是理论和实践相结合，认识和实际相统一的重要性。从哲学社会科学的发展历程看，解决理论和实践相结合问题的一条重要途径，就是把哲学社会科学放在党的中心工作和大局中去谋划、去推动、去发展。只有围绕中心、服务大局，哲学社会科学才能做得有声有色，才会结出累累硕果。

从阿坝州的实践看，围绕中心、服务大局就是根据州委、州政府不同阶段的重大决策部署、中心工作大局找准哲学社会科学的定位，聚焦中心发力，服务大局尽智。2008 年，阿坝州肩负抗震救灾、恢复重建和藏区维稳、反分裂两大中心任务，"灾区"和"藏区"就是全州哲学社会科学课题研究的生长点，全州围绕弘扬抗震救灾精神，灾区基础设施重建、产业振兴、应急管理、防灾减灾以及宗教事务和寺庙管理、藏区基层建设、社会治理创新、藏区群众工作等在这一时期、事关大局的重大理论实践问题组织力量开展课题研究，许多研究成果受到州委、州政府和省级有关部门的重视。党的十八大、十九大及省第十一次党代会后，阿坝州哲学社会科学研究坚持以习近平新时代中国特色社会主义思想、习近平关于四川工作的系列重要指示精神为指导，遵循省委第十一届三次全会作出的"一干多支、五区协同"战略部署，根据阿坝州在全省发展战略格局中的定位，重点围绕川西北生态示范区建设、脱贫攻坚、全域生态、全域旅游，以及阿坝州委确立的"一州两区三家园"发展战略目标开展哲学社会科学研究。对州委、州政府和广大群众关注的重点、热点问题展开调查研究，并积极建言献策，提供决策咨询，取得显著成效。

立足围绕中心、服务大局，将研究重心下沉，将课题攻关的关口前移，立足扎实的调查研究和对基层情况的切实掌握，使哲学社会科学研究形成的成果能转化成有助于推动实践、推动工作的思想力量。

（四）重点突破、示范引领是推进哲学社会科学研究的主要抓手

哲学社会科学研究是一项长期性、持续性的事业。开展哲学社会科学研究必须尊重它本身的规

律，必须处理好普及与提高、精品建设和公共性产品供给的关系。从阿坝州的实践看，全州哲学社会科学工作一方面把提高全社会的社科人文素养、广泛宣传党的方针政策、普及社科人文知识放在重要位置，根据民族地区实际和基层农牧民特点，着力开展送文化、送社科下乡活动，有针对性地举办"阿坝人文讲坛"。另一方面，在统筹全州哲学社会科学发展中，重视发挥重大社科工作、重点社科工程的示范引领作用，以期用重点突破来带动一般。阿坝州抓住庆祝阿坝州成立 60 周年、省委决定在全省开展大调研、庆祝中华人民共和国成立 70 周年等重大契机，组织编撰出版了大型社科类丛书"阿坝文库"，拍摄制作了《口述历史》纪录片，在全州广泛深入开展典型经验调研及案例运用活动，启动了"长征精神研究数据库"建设。通过重点社科工作的开展和重点大学社会科学建设工程的推进，形成了一批有较大影响力的哲学社会科学研究成果，对提高全州哲学社会科学的整体水平起到了重要作用。

普及和提高是推动哲学社会科学发展的两个车轮，精品力作的创造和公共产品的提供是哲学社会科学具备的两大属性。只有不断推出精品，更好地、多方面地满足广大群众对提高自身人文社科素养的需求，繁荣发展哲学社会科学才有更大的空间，才能打下更加坚实的基础。

阿坝州社科联课题组

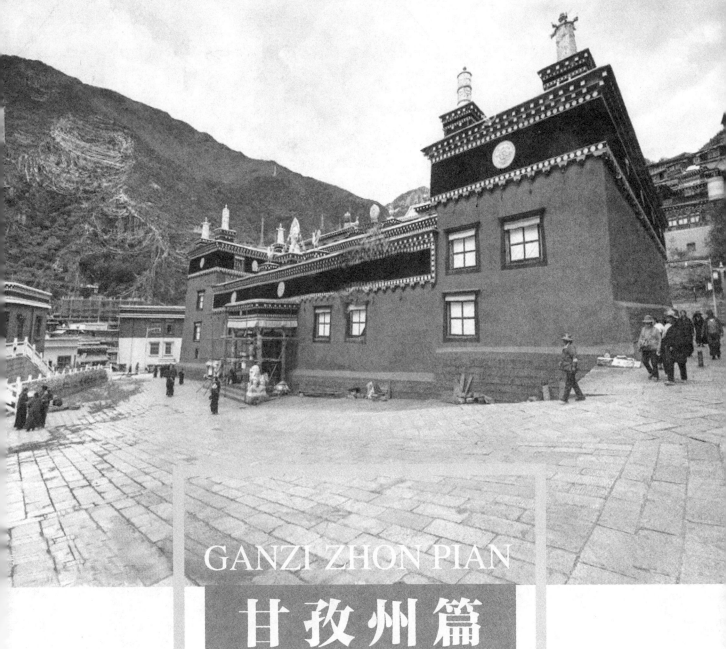

GANZI ZHON PIAN

甘孜州篇

四川哲学社会科学70年

导言

中华人民共和国成立至今，甘孜州哲学社会科学经历了三个发展阶段：第一阶段为中华人民共和国成立初期至改革开放初期，第二阶段为改革开放初期（全国科学技术大会后）至2005年（州社科联成立前），第三阶段为2005年州社科联成立至今。在甘孜州社科联成立之前，社会科学类社会团体由甘孜州科协代管。在较长一段时期内，甘孜州社会科学与自然科学工作职能职责、人员相互交叉，服务于党务、政务工作，产生了一大批社科研究成果，较好地发挥了参政资政作用。本报告主要循此三个发展阶段的时间脉络进行阐述，远略近详，尊重史料，以期为今后全州社科工作的发展提供一些可资借鉴的资料。

甘孜州哲学社会科学 70 年概况

中华人民共和国成立后，1950 年 11 月 24 日，在原西康省康定专区辖地设置西康省藏族自治区（地级），1955 年 3 月改称西康省藏族自治州。同年 10 月，西康省撤销，划入四川省，原西康省藏族自治州改称甘孜藏族自治州（以下简称甘孜州）。甘孜州是新中国成立后的第一个专区级少数民族自治州，总面积 15.37 万平方公里。现辖 18 个县（市）、2 个管理局，325 个乡镇，2679 个行政村，总人口 116 万人。有藏、汉、彝、羌等 43 个民族，其中藏族占总人口的 81.5％，是全省 21 个地、市、州中面积最大、辖县最多、人口密度最低的地区，是四川省藏民族的主要聚居地，全国第二大藏区重要组成部分。解放后，甘孜州社会制度"一步跨千年"，从农奴制社会直接过渡到社会主义社会。

在甘孜州社会科学界联合会成立之前，社会科学类社会团体由甘孜州科学技术协会（简称州科协）代管。全州哲学社会科学无专门的职能管理部门，科学研究、科学普及、学术交流、社团管理等方面自然科学占据主导地位。哲学社会科学事业自由发展，一定程度上呈现出理论研究自然科学化、社科理论成果文学化、社科知识普及机关化、社科知识宣传政务化、社科人才干部化、社科学术交流民间化等现象。

自解放以来，在甘孜州多年的实践中，自然科学和社会科学在很长一段时间内难以划分出明确的界线，特别是人才队伍方面。同时，因无确定的统管机构，哲学社会科学与自然科学工作职能和人员交叉交融。在发展过程中，自然科学更多地倾向于行业化（农业、林业、畜牧业、工矿企业等）的技术性领域，而哲学社会科学则趋向于党务、政务化（中央、省、州方针政策及会议讲话、著作、理论等的学习宣传贯彻落实），除党史、地方志研究体系较健全外，其他的研究大部分散布于党政部门和为党政服务的学校，如党校、民族干部学校。因此，甘孜州哲学社会科学起步和发展，应当首先从自然科学的发展谈起。

解放初期至改革开放初期的近 30 年时间里，甘孜州未成立独立的哲学社会科学、自然科学管理机构，其相关管理职能由中共甘孜州委、甘孜州革委行使，哲学社会科学知识以及党的系列方针、政策、理论等的学习、贯彻、落实等职能分散于党政部门、学校（如党校、民干校）或一些专门的研究机构如党史研究室、地方志办、档案馆、文物馆等，基本没有社会团体性质的机构。其时，哲学社会科学学科建设零散，社科研究松散，社科成果分散。

1975 年 9 月，"科"字头的"甘孜藏族自治州科学技术委员会"成立，归口甘孜州计划委员会。1979 年 7 月，甘孜州委、州革委研究决定，州科委机构独立，并同意成立甘孜藏族自治州科学技术协会，同年 10 月，开始筹建州科协。1980 年 7 月，经甘孜州委批准，正式成立甘孜州科协。1984 年 1 月，州科委、州科协合并，1985 年 12 月，州科协召开科协第一次代表大会，正式按章程履行职能。

20 世纪 90 年代以来，甘孜州自然科学的管理逐步规范，发展步入正轨，社科工作也开始慢慢起步。2004 年 5 月，州科协与州科技局（原州科委）分设独立。2005 年 4 月，州社会科学界联合会（简称州社科联）正式成立，标志着甘孜州哲学社会科学提上党委、政府议事日程，对全州社科工作的繁荣和发展具有里程碑式的意义。

州社科联作为中共甘孜州委、州人民政府领导下的社会科学界的学术性人民团体，是党和政府联系哲学社会科学工作者的桥梁和纽带，是全州性哲学社会科学社会团体和县社科联的联合组织，是四川省社科联的团体会员，是推进和繁荣甘孜州哲学社会科学事业的重要力量。州社科联按其章程行使八项职能：一是积极宣传、认真贯彻执行党的路线、方针、政策，积极反映社会科学工作者的要求，维护会员的合法权益，促进社会科学工作者的团结，充分发挥社会科学工作者的作用，构建和谐社科界。二是指导、管理全州性社会科学社会团体和县社科联等社科研究机构开展活动，促进和加强学术性团体之间、学科之间的联系与合作。三是开展社会科学的项目规划和优秀成果评奖活动，积极参与省社科联组织的评奖活动。四是组织多形式、多层次、多方面的学术探讨、调查研究、决策咨询和科学知识普及活动。五是开展多层次的学术交流活动，加强同州内外、省内外等学术团体的社会科学工作者的交流，促进社会科学学术团体之间、理论工作部门与实际工作部门之间、社会科学界与自然科学界之间的联系和协作。六是促进社会科学学科建设，发展、壮大社会科学理论队伍、培养造就优秀社会科学人才。七是编辑出版本会刊物、学术资料和简报，广泛交流信息。八是承办州委、州政府交办的其他事项。

为推进全州哲学社会科学繁荣发展，中共甘孜州委于2007年出台《关于努力推进哲学社会科学繁荣发展的意见》（甘委发〔2007〕14号）文件，从政策层面为全州哲学社会科学的繁荣和发展提供了政策保障。州社科联自成立以来，相继于2005年4月、2010年9月、2015年11月召开了第一、二、三次代表大会。每一届工作委员会在州委、州政府的领导和省社科联的指导下，团结带领全州社科理论界、社科理论工作者努力致力于自身建设，致力于社会学科建设，致力于哲学社会科学的繁荣发展，助推了全州经济社会发展和全民科学素质的提升。每一届工作委员会均按照章程开展工作，执行好党委、政府不同时期出台的法律法规和政策性文件，如《中共甘孜州委关于努力推进哲学社会科学繁荣发展的意见》（甘委发〔2007〕14号）、《中共中央关于加快构建中国特色哲学社会科学的意见》（中发〔2017〕8号）、《中共四川省委关于加快构建中国特色哲学社会科学的实施意见》（川委发〔2017〕38号）、《中共甘孜州委关于加强和改进党的群团工作的意见》（甘委发〔2015〕15号）、《中华人民共和国科学技术普及法》和《四川省科普条例》等；遵循习近平总书记"在哲学社会科学工作座谈会上的讲话"（2016年5月17日　简称"5·17讲话"）精神，始终坚持正确的政治导向与学术导向、坚持不同阶段和时期党委、政府工作重点和主攻方向、坚持理论联系实际的优良学风、坚持与时俱进开拓创新的工作作风、坚持围绕中心服务大局；充分发挥理论先导、参谋助手、凝心聚力和桥梁纽带作用；切实履行好宣传、维权、科普、学术交流、联系纽带、服务、指导管理等工作职能，发挥应有作用。

三

甘孜州推动哲学社会科学繁荣发展的基本实践

（一）组织机构建设

1. 历史及其沿革

20 世纪 30—40 年代，四川省内先后出现了汉藏教理院、西陲文化院、华西边疆研究所和康藏研究社等社科类的藏学研究机构。1946 年，著名地质学家李承三及著名民族史学家、我国近代藏学研究的先驱之一任乃强先生等一批国内边疆学者发起成立了"康藏研究会（社）"，包括历史、地理、政治、民族、社会、经济、语言、考古、宗教、民俗等学科的近 200 名汉、藏、彝、蒙、回等民族的专家学者参加。[①] 而州内社科类社团组织，最早是 1938 年 4 月在雅江县成立的"藏文、康语研究会"，成员 3 人。1949 年 10 月，康定一些科技工作者发起，在西康省立医院（今州人民医院）组织和成立了"西康省科技工作者协会"，十多人参加成立大会，下设医疗、工程专业组。1951 年，康定城原"同太堂"处成立了"康定卫生工作协会"。

1979 年 7 月 18 日，甘孜州委、州革委研究同意成立甘孜藏族自治州科学技术协会，配备专职人员 2～3 人。1980 年 7 月，甘孜州科学技术协会正式成立并开始启用印章，任命了秘书长、副秘书长各 1 人，工作人员 2 人，明确了甘孜州科协的性质、任务："是甘孜州委领导下的人民团体，是党和政府发展科学技术事业的参谋和助手，是党联系广大科学技术工作者的桥梁和纽带，是甘孜州科技工作者的群众组织"。1983 年 12 月至 2004 年 5 月长达 21 年的时间内，州科委、州科协实行一套班子、两块牌子合署办公，行使科委（科技局）、科协职能。科委（科技局）侧重于科学研究、科技成果推广（其中的"软科学研究"项目部分包含社科类），科协侧重于科普和学术交流（包含部分社科类社团管理及知识普及）。2001 年 3 月 9 日，中共甘孜州委办、州政府办下发《关于授权州科协作为自然科学类社会团体业务主管单位及有关问题的批复》（甘委办〔2001〕32 号），授权州科协为全州自然科学类社会团体的业务主管单位，"州级各自然科学类学会、协会、研究会成立必须由州科协审查同意后，方可到民政部门登记"，同时授权"在州社科联成立之前，社会科学类社会团体仍然由州科协代管"。

2004 年 3 月 5 日，中共甘孜州委召开常委会，研究通过并同意成立州社科联（甘委常〔2004〕9号会议纪要）。2004 年 3 月 16 日，州编委正式印发《关于设立甘孜州社会科学界联合会的批复》（甘编发〔2004〕5 号）。2005 年 5 月 24 日，州编委正式印发《甘孜州社会科学界联合会机构编制方案》（甘编发〔2005〕3 号），明确了州社科联的职能、内设机构（1 个，即办公室）、人员编制（4 名）及领导职数（县级 2 名、科级 2 名）。2005 年 4 月 4 日—5 日，州社科联第一次代表大会在康定召开，州社科联第一届理事会正式成立，同时挂牌成立"四川省社科院甘孜州分院"（川社科函〔2005〕4号）。2008 年 8 月 4 日，州编委以甘编发〔2008〕21 号文件重新核定州社科联事业编制 7 名，人员参照《公务员法》管理。2010 年 12 月 30 日，州编委以甘编发〔2010〕37 号文件《调整甘孜州社会科学界联合会机关机构编制方案》，核定州社科联机关为事业单位，人员参照公务员法管理，内设机构

---

① 任新建：《康藏研究社介绍》，《中国藏学》1996 年第 3 期。

2个（办公室、学会学术部），机关事业编制7名（其中：主席1名，由州级领导兼任；正县级常务副主席1名；副县级专职副主席兼秘书长1名；科级领导2名）。2010年9月9日，甘孜州社科联第二次代表大会召开，第二届理事会成立并履行职能。2013年5月23日，州编办发〔2013〕25号文《关于为州社科联增加工勤人员编制的批复》，同意增加州社科联1名工勤人员编制。2015年11月3日，州社科联第三次代表大会召开，第三届理事会成立并履行职能。

2. 甘孜州社科联机关建设

州社科联自成立以来，先后于2005年4月、2010年9月、2015年11月召开了第一、二、三次代表大会，组建并调整充实了三届理事会。

1）第一届理事会（2005.4—2010.9）

2004年12月6日，中共甘孜州委以甘委〔2004〕91号文件批复，同意召开州社科联第一次代表大会。2005年4月4日—5日，社科联第一次代表大会在康定召开，出席大会的正式代表56名，特邀代表15名。会议宣布甘孜州社科联正式成立，同时挂"四川省社会科学院甘孜分院"牌子，实行"一套人马、两块牌子"。大会选举产生了州社科联第一届理事会理事、秘书长、副主席、主席和名誉主席，审议通过了《甘孜州社会科学界联合会章程》，第一次明确了州社科联的性质、宗旨和任务，第一次向广大社科工作者发起建立康巴学的倡议。本次代表大会是甘孜州社会科学界有史以来的第一次历史性盛会，标志着甘孜州哲学社会科学事业进入了一个崭新的历史发展时期，对繁荣和发展哲学社会科学事业具有里程碑式的意义。

社科联第一届理事会理事共21人，主要分布在州级部门，县级社科联或社科组织未产生代表、理事，其中：州级学会、协会、研究会9人，州级相关部门、社科组织12人。

第一届理事会设主席1人（兼）、名誉主席4人（兼）、驻会副主席2人、兼职副主席3人。

2）第二届理事会（2010.10—2015.11）

2010年3月，中共甘孜州委发布甘委〔2010〕28号文件《关于同意召开甘孜州社科联第二次代表大会的批复》，同意召开州社科联第二次代表大会。2010年9月8日—9日，社科联第二次代表大会在康定召开，正式代表82名，出席大会64人。大会审议通过了《甘孜州社会科学界联合会章程》（修改稿）、《州社科联第一届理事会工作报告》，选举产生了州社科联第二届理事会理事、常务理事、秘书长、副主席及兼职副主席、主席人选。

第二届理事会理事共39人。其中：州级学会、协会、研究会7人，占18%；学校、科研单位9人，占23%；州县社科联6人，占15%；县委宣传部4人，占10%；州级相关部门、社科组织13人，占33%。中共党员38人，占97%。少数民族23人，占59%。

第二届理事会常务理事19人。其中：州级学会、协会、研究会3人，大中专院校4人，州县社科联4人，县委宣传部1人，州级相关部门、社科组织7人。

第二届理事会设主席1人（兼）、常务副主席1人、专职副主席兼秘书长1人、兼职副主席4人。

3）第三届理事会（2015.12至今）

2015年8月26日，中共甘孜州委发布甘委〔2015〕50号文件《关于州社科联召开第三次代表大会请示的批复》，同意召开州社科联第三次代表大会。2015年11月2日—3日，社科联第三次代表大会在康定召开，正式代表101名，出席大会93人（见图1）。大会审议通过了《甘孜州社会科学界联合会章程》（修改稿）、《州社科联第二届理事会工作报告》，选举产生了州社科联第三届理事会理事、常务理事、主席、副主席、秘书长、顾问人选。大会首次命名"甘孜州首批170名社科专家"并颁发聘书。

第三届理事会理事共65人。其中：州级学会、协会、研究会11名，占16.9%；大中专院校15名，占23.1%；县（市）委宣传部、社科联20名，占30.8%；州级有关部门13名，占20%；州社科联6名，占9.2%。

第三届理事会常务理事41人。其中：州级学会、协会、研究会5名，占12.2%；大中专院校9

名，占22％；县（市）委宣传部、社科联19名，占46.3％；州级有关部门5名，占12.2％；州社科联3名，占7.3％。

第三届理事会设主席1人（兼）、常务副主席1人、副主席（兼秘书长）1人、顾问5人。

图1　甘孜州社科联第三次代表大会参会人员合影

第三届理事会的调整充实。鉴于州县换届原因，2017年3月29日，在"全州宣传部长会议"上对州社科联第三届理事会理事、常务理事进行了调整增补。

（二）社科阵地建设 （历史及其现状）

1. 社科组织建设

1）社科机构

新中国成立以来，甘孜州相继成立了一些社科类事业机构，主要有：中共甘孜州委党校、州民干校、四川民族学院（原康定师专，下同）、康定师范学校、甘孜师范学校、巴塘师范学校、州农牧学校、州卫生学校、州林技校、省藏文学校、州职业技术学校；康巴文化研究院、康巴发展研究中心（四川民院）、州教科所、州藏研所、州科技信息研究所、州藏医院藏医药研究所、德格藏医药研究所；州（县市）党史研究室、州（县市）地方志办公室；州（县市）档案馆、州博物馆、州（县市）文化馆；红军飞夺泸定桥纪念馆、甘孜县朱德总司令和五世格达活佛纪念馆、乡城县红军纪念馆等。有部分机构撤停并转，如康定师范学校、甘孜师范学校、巴塘师范学校、州农牧学校、州林技校等。州社科联成立后，紧密联系并团结相关社科机构、社科组织，共同繁荣和发展全州哲学社会科学事业。

2）高校社科联

2019年6月21日，四川民族学院社科联正式成立（见图2）。当日，在成立大会暨第一次代表大会上，198名会员代表出席会议。大会表决通过《四川民族学院社会科学联合会章程》，选举产生第一届理事会理事76名、常务理事28名。凌立同志当选为四川民族学院社科联第一届理事会主席，陈阳、赵勇同志当选为副主席。四川民族学院社科联作为四川省社科联的团体会员，业务上接受省、州社科联指导。

图2 四川民族学院社科联成立大会暨第一次代表大会现场

3）社科团体

州社科联成立前，州级社科类学会、协会、研究会由州科协代管。州级社科类学会、协会、研究会是州社科联的重要组成部分，实行挂靠制，由其挂靠单位行使人、财、物管理权，业务上受州社科联指导。新中国成立以来，相继成立了不同领域的学会、协会和研究会43个（见表1），部分学会、协会、研究会在社会团体登记过程中，由于各方面原因注销或自动解散。1985年州科协第一次代表大会召开，共成立州级学会、协会、研究会（含社会科学类，下同）18个，会员2453人。到1991年州科协第二次代表大会，州级学会、协会、研究会发展到29个，有会员5338人。到1999年州科协第三次代表大会，州级学会、协会、研究会调整为23个，会员5397人。2004年州科协第四次代表大会，有州级学会27个，会员6580人；县级学会、协会、研究会84个，会员4820人；农村专业技术协会23个，会员1359人。

表1 1980—2019年州级各学会统计表

序号	学会名称	成立时间	注销时间	挂靠单位（依顺序）	备注
1	州农学会	1980.12.23		州农牧局 州农业局	1990年有会员227人。1981年创办《甘孜州农学会会刊》，1989年后改为《甘孜州农业科技》
2	州畜牧兽医学会	1980.12.23		州农牧局 州畜牧局	1990年有会员289人。1981年创办会刊
3	州农村经济学会（简称农经学会）	1985.5.23		州农牧局 州农业局	1990年有会员265人。1985年创办《甘孜州农村经济》
4	州林学会	1983.3.13		州林业局	1990年有会员285人。1983年创办《甘孜州林业科技》
5	州园艺学会	1986.9.14		州林业局	1990年有会员74人
6	州野生动物保护协会（州野生动植物保护协会）	1985.10.4		州林业局	1990年有会员50人。2005年3月更名为州野生动植物保护协会
7	州医学会	1980.12		州卫生局	1987年有会员181人

序号	学会名称	成立时间	注销时间	挂靠单位（依顺序）	备注
8	州气象学会	1982.10.13		州气象局	1990年有会员108人。1984年创办《甘孜州气象》
9	州农机学会	1984.10.23		州农机局	1987年有会员129人
10	州民族经济研究会（简称州民经会）	1984.7.18		州经研所州计委	1987年有会员267人。1985年创办《甘孜州民族经济研究》，后更名《甘孜州民族经济》
11	州地质学会	1984.4.15		省地矿局一〇八地质队州地质矿产局州国土资源局	会员单位：一〇八地质队、四〇二地质队、七〇二物探队、州矿产工业管理局、州地震局、州云母矿、州公路养护总段、州雅林处。1990年有会员126人
12	州地震学会	1981.7.6		州地震局	1987年有会员48人
13	州公路学会	1985.5.30		州交通局	1987年有会员154人。1985年创办《甘孜交通》
14	州珠算协会	1985.5.24		州财政局	1990年有7个县级协会，会员635人
15	州税务学会	1985.5.24		州财政局州国税局	1987年有会员46人，1990年有会员116人
16	州财政学会	1985.5.24		州财政局	1987年有会员40人
17	州会计成本学会	1985.5.24		州财政局	1987年有会员85人
18	省宣传学研究会甘孜州分会（简称州宣传学会）	1986.7.21	1992	州委宣传部	1987年有会员74人
19	州哲学学会	1986.7.21	1992	州委宣传部	1987年有会员94人
20	州政经学会	1986.7.21	1992	州委宣传部	1987年有会员106人
21	州科技情报学会	1986.9.4—6		州科情所	1990年有会员295人。1979年创办《甘孜州科技》，1984年创办《情报与经济》
22	州民族金融学会	1986.9.25		州人民银行	理事会设六个学术小组：人行、农行、建行、保险公司学术小组和计算机、钱币研究小组。1990年有会员171人。1985年创办《甘孜州民族金融研究》
23	州教育协会（后更名为州教育学会）	1987.10.12		州教委	1990年有会员157人。1987年创办《会员通讯》
24	州土木建筑工程学会	1988.5.19		州建委州建设局	1990年有会员253人。1988年创办《甘孜建筑》
25	州科普创作协会	1981.9.30	1997	州科协	1987年有会员120人。甘科协函〔1997〕10号申请注销。州民政局以甘民发〔1997〕48号文件注销。（1997.11.27）
26	州科教电影电视协会（简称影视协会）	1987.3.14	1997	州文化局州电影公司	1987年有会员105人
27	州集邮协会	1987.4.30		州邮电局邮政科州邮政局	有两个团体会员，1990年有会员133人
28	州科技人员继续教育协会	1989.12	1997	州科协	州民政局以甘民发〔1997〕50号文件注销
29	州智力开发协会	1984.11.25	1992	州教发	1987年有会员120人

序号	学会名称	成立时间	注销时间	挂靠单位（依顺序）	备注
30	州人体科学研究会	1994.8.19	1995	州科协	批复（甘科协发〔1994〕12号）
31	州青少年科技辅导员协会	1992.1.8		州教委	州科协批准成立，批文（甘科协发〔1992〕1号）
32	甘孜州旅游协会	2001.10.15		州旅游局	州科协批准，批文（甘科协发〔2001〕17号）
33	甘孜州水电学会	2001		州水电局 州水利局	
34	甘孜州知识产权研究会	2002.7.3		州知识产权局	州科协批准成立，甘科协发〔2001〕13号。有团体会员13个，个人会员276人
35	甘孜州藏医药学会	2001		州藏医药研究所	
36	甘孜州生物多样性保护与生态文化协会（绿色康巴协会）	2004.3.23（2004.4.6—8成立大会）		州畜牧科学研究所	成立批文：甘科协发〔2004〕16号
37	康巴生物多样性保护促进会	2005.7		州科协	成立批文：甘科协发〔2005〕47号
38	甘孜州图书馆学会	2005.5.10		州图书馆	成立批文：甘科协发〔2005〕24号
39	州思想政治工作研究会			州委宣传部	
40	州新闻工作者协会			州委宣传部	
41	州中学校长联谊会			康定中学	
42	州康人文化研究学会			州委群工局	
43	州法学会	2016.12.22		州委政法委	有理事123名，常务理事59名

2005年，州社科联正式成立以后，一些部门根据需要或对应上级部门，陆续建立了一些学会，如州思想政治工作研究会、州新闻工作者协会、州中学校长联谊会、州康人文化研究学会、州法学会等。2005年特别是2015年以后，随着精准扶贫战略的实施，州县相关行业职能部门扶持县、乡、村建立了数量众多的农村专合组织，如专业合作社、农村专业技术协会（简称农技协）。农技协的兴起，虽然初衷是为农村产业结构调整、经济发展提供服务，但从另一角度来看，不失为社科社团可资借鉴的一种发展、服务方向。

目前，甘孜州可纳入社科类的州级学会、协会、研究会有23个，其挂靠单位因机构改革，不断调整，具体见表2。

表2　甘孜州社科类州级学会、教会、研究会及其挂靠单位

序号	学会名称	挂靠单位	序号	学会名称	挂靠单位
1	州思想政治工作研究会	州委宣传部	13	州科技情报学会	州科信所
2	州新闻工作者协会	州委宣传部	14	州民族金融学会	州人民银行
3	州农村经济学会	州农牧农村局	15	州教育学会	州教育体育局
4	州林学会	州林草局	16	州集邮协会	州邮政管理局
5	州野生动植物保护协会	州林草局	17	州旅游协会	州文化广电旅游局
6	州医学会	州卫生健康委	18	州藏医药学会	州藏医院

序号	学会名称	挂靠单位	序号	学会名称	挂靠单位
7	州民族经济研究会	州发展改革委	19	州绿色康巴协会	州畜科所
8	州地震学会	州应急管理局	20	州图书馆学会	州图书馆
9	州公路学会	州交通运输局	21	州中学校长联谊会	康定中学
10	州珠算协会	州财政局	22	州康人文化研究学会	州委群工局
11	州财政学会	州财政局	23	州法学会	州委政法委
12	州税务学会	州税务局			

4）社科普及基地

社科普及基地全称为哲学社会科学普及基地。甘孜州于2013年开始组建社科普及基地，截至目前，共组建省级社科普及基地1个、州级社科普及基地6个（见表3）。

表3　甘孜州社科普及基地概况

序号	基地名称	挂靠单位	成立时间	批准文号	级别
1	康巴文化社科普及基地	四川民族学院	2014.10.20		省、州
2	廉政教育基地（馆）	州委党校	2014.10.20	甘社联发〔2014〕12号	州级
3	甘孜州宗教人士培训中心	州民干校	2014.10.20		州级
4	传统文化技能博物馆	州职业技术学校	2014.10.20		州级
5	"驰"文化馆	色达县教育局	2015.7.30	甘社联发〔2015〕12号	州级
6	红色文化教育基地	红色泸定桥干部学院	2019.4.16	甘社联发〔2019〕12号	州级

这些社科普及基地自建立以来，结合基地实际，坚持正确的政治方向，面向社会，服务大众，组织开展健康向上、经常性的社科普及活动，着力提高干部群众人文社科素质，培育和践行社会主义核心价值观，弘扬正能量等，取得了良好成效。

康巴文化社科普及基地。面向广大校内师生和州内外社科工作者，组织开展康巴文化社科知识普及。依托康巴发展研究中心及其下属的10个研究所，一是以"读康巴·写康巴·说康巴"系列活动为主线，通过阅读康巴文献、社会实践、课堂教学、学术讲座、演讲比赛、歌舞表演等形式，使师生多角度、多层面增进对康巴地区社会、经济、文化、民风民俗等的认识和理解，培养合格人才。二是加强研究，为本地提供技术指导和咨询服务。充分挖掘富含康巴特色的科研资源，引导师生开展地方经济、政治、文化及历史研究，如地方史、文学作品研究及音乐遗产和其他文化遗产的挖掘整理等，服务于地方的经济、政治、文化建设，为地方政府决策提供咨询服务。三是与地方政府有关部门沟通交流，形成信息、成果、资源、政策共享机制。促进科普基地向社会生产实践转化，寻求专利申报、专利转让、成果推广的有效途径。拓展科普宣传形式，丰富内容，开展科技下乡为民服务活动。

廉政教育基地（馆）。面向州内外各级各类干部开展廉政教育知识普及。一是发挥党校廉政教育资源优势，打造干部廉政教育基地，服务于全州各级党员干部的反腐倡廉教育。二是推进全州廉政文化建设，健全反腐倡廉教育长效机制。三是为全州各级组织开展党风廉政教育提供较为集中、直观的教育平台。基地包括廉政教育展厅、文化长廊、"实事求是"主题浮雕、区域文化广场等。

甘孜州宗教人士培训中心。面向州内宗教界人士，打造建设具有鲜明民族特色的宗教人士培训基地。一是进一步提高全州宗教教职人员法律意识和素质，提高政策水平和依法管理能力，提升僧尼的国家意识、公民意识、法制意识、感恩意识。二是培养一支爱国爱教，拥护党的领导，坚持"独立自主自办"方针，有一定宗教学识和宗教事务管理能力的宗教教职人员队伍，爱国守法，持戒遵规，进一步巩固甘孜州党同宗教界的爱国统一战线。三是逐步实现对寺庙、僧尼、宗教活动的管理更加有序，爱国宗教团体自身建设更加规范，政府依法管理更加有效，宗教与社会主义社会更加适应的目标。

传统文化技能博物馆。弘扬民族优秀传统文化，传承和普及推广民族特色技能，集宣传、普及、实训功能于一体。传统文化技能博物馆作为州职业技术学校德艺园的重要组成建筑之一，占地面积2900平方米，由民族特色鲜明的吉祥文化、藏文书法、藏医药文化、格萨尔文化等四条长廊和农业馆、牧业馆、民族手工艺馆、藏医药馆、民居馆、动植物馆、非物质文化遗产馆、旅游馆等八个展厅构成。

"驰"文化馆。面向农牧区未成年人和干部群众开展"爱国、守法、感恩、团结"教育和爱国主义、民族团结、遵纪守法、文明礼仪、感恩意识、珍惜生命、廉政教育等知识普及。由"驰而有道——爱国篇""驰而有伴——民族团结篇""驰而有的——法制篇""驰而有礼——礼仪篇""驰而有爱——感恩篇""驰而不辍——生命篇""驰而有就——成就篇"七个主题文化展厅和一个多媒体放映厅组成。

红色文化教育基地。面向州内外干部群众开展红色文化、爱国主义主题教育和知识普。一是深入挖掘弘扬泸定桥体现的工匠精神、红军大无畏的革命主义精神和红色文化、传统文化、民族文化，对各级党政企事业单位干部职工、军队干部进行中共党史、党建理论、革命传统教育、理想信念教育和基本国情教育。二是将红军飞夺泸定桥纪念地打造成为在全国具有标志意义的长征精神爱国主义教育基地和具有重要影响力的"不忘初心、牢记使命"主题教育基地。

2. 县（市）级社科联组织建设

长期以来，由于县（市）级机构编制难以突破，甘孜州县（市）级社科联组织建设滞后，社科工作的推进均依赖于各县（市）委宣传部。目前，仅康定市、德格县、乡城县挂牌成立了社科联，其余15县均未正式成立县级社科联组织。挂牌成立社科联的县（市），虽然有人干事，但均存在"无机构、无编制、无人员、无社科经费、无办公场所"等情况，县级社科学会、协会、研究会由县科协、县民政局代管。

2012年11月27日，甘孜州首家县级社科联即康定县社科联正式成立，并在康定召开了第一次代表大会（见图3）。省社科联、州委宣传部、州社科联领导出席大会，康定县社科界120名代表参加了成立大会。

图3　康定县社科联成立暨县社科界第一次代表大会参会人员合影

（三）社科智库建设

甘孜州解放以来，成立最早的科学"智囊"是甘孜州科学技术顾问团。1984年9月，中共甘孜州委、州人民政府研究决定，州政府聘请知识分子、科技人员组成州科技顾问团。1984年12月，州科技顾问团在康定召开成立大会，第一届科技顾问团委员会正式成立。会议讨论通过了《甘孜州科技顾问团章程》，州委书记刘子寿同志向76名顾问颁发了聘书。第一届委员会设主任1人、副主任2人、秘书长1人、副秘书长3人，下设农业组、林业组、畜牧业组、工作交通组、资源环保组、人才开发组、医卫计生组、财贸乡企组、管理科学综合分析组等9个专业组。

随着全州经济、社会、科技发展需要和人员变动，相继于1992年12月、1996年6月、1999年11月、2004年12月、2009年3月、2013年4月进行了组织换届，分别成立了第二届至第七届科技顾问团委员会，对机构、人员、章程、任务等进行了不断调整和完善。其中：第六届科技顾问团由36名顾问组成，首次特聘海外顾问1名（新西兰皇家科学院首席科学家高益槐教授），设四个专业组即农业经济顾问组、工业经济顾问组、宏观经济顾问组、社会发展顾问组；第七届科技顾问团由55名专家组成，首次聘请13名州外专家担任州科技顾问团外聘顾问，如四川大学王益谦、胡永松教授，省林科院慕长龙院长，西南民大文勇立教授，省农科院李洪雯研究员，省药监局何畏处长等。

2015年3月，州委、州政府决定将州科技顾问团更名为州委、州政府决策咨询委员会，第七届州科技顾问团更名为第一届"州决策咨询委员会"。2018年11月29日，甘孜州第二届决策咨询委员会成立，设宏观经济组、农业与农村组、工业经济组、社会发展组四个专业组，主任由州政府副州长何康林担任。

顾问团作为州委、州政府的重要决策机构，是甘孜州最高层次的科技咨询机构，办公室设在州科技局（原州科委）。科技顾问团根据甘孜州经济、科技和社会发展的需要，充分发挥顾问团多层次、跨部门的综合智力优势，以"科学技术是第一生产力"为指针，密切联系广大科技工作者，发扬学术民主，当好州委、州政府的顾问、参谋，发挥"智囊团""思想库"作用，为州委、州政府及部门、行业拟决策的全局性、战略性问题提出咨询和建议，为甘孜州改革开放和科技、经济、社会的可持续发展献计献策。为推进决策咨询科学化、民主化，州委、州政府先后出台了一些政策措施，如《甘孜藏族自治州人民政府重大决策专家咨询论证实施办法（试行）》（甘府发〔2006〕46号）等。

顾问团成立以来，围绕州委、州政府总体工作思路和工作重点，整合专家资源，发挥顾问团高层次、多学科、跨部门的综合智力优势，对全州科技、经济、社会发展中带全局性、战略性的重大问题进行深入调查研究，向州委、州政府反映各方面的真实情况，为领导的宏观决策建言献策。

2016年12月6日，为深入贯彻省委办公厅、省政府办公厅《关于印发〈关于加强四川新型智库建设的意见〉的通知》（川委办〔2016〕25号）精神，加强甘孜州新型智库建设，建立健全决策咨询制度。州委、州政府制定并下发了《关于加强甘孜新型智库建设的实施方案的通知》（甘委办〔2016〕82号），其要求构建的"甘孜新型智库体系"由五个"智库"组成，即：经济建设研究领域智库（挂靠州发改委）、政治建设研究领域智库（挂靠州委组织部）、文化建设研究领域智库（挂靠州委宣传部）、社会建设研究领域智库（挂靠州人力资源社会保障局）、生态文明建设研究领域智库（挂靠州环境保护局）。

（四）社科人才队伍建设

解放初期至1980年前，甘孜州绝大部分科技人员没有评定技术职称，只有少数科技人员通过组织部门任命，获得了技术职称。全州科技（含社科）人才的认定、管理、评聘、晋升等工作起步于1978年国家、省、州科学技术大会后。其间，州委、州政府先后贯彻落实并制定了一些知识分子培养交流、待遇等方面的政策，但由于各种原因，未能得到较好的贯彻落实，特别是"文化大革命"期间，知识分子受到不公正对待，导致自然科学、社会科学人才的培养不足，作用发挥不够，成果很少。1978年3月、7月、11月，全国、全省、全州科学技术大会相继召开，甘孜州在筹备全州科学技术大会的同时，从1977年开始对全州科技人员进行了集中普查，发出《认真贯彻执行省委关于抓好落实知识分子政策工作的指示的通知》，要求各县、各部门解决好"过去有职称的科技人员，单位党组应明确宣布，恢复其技术职称；抓好"用非所学"科技人员归队；解决科技人员夫妻两地分居、住房、工作条件及子女参加工作"等问题。1978年初，成立"甘孜州落实知识分子政策领导小组"，挂靠州委组织部。年底，首次认定、晋升了全州会计、医疗卫生、工程、农牧、自然科研等系列26名科技人员技术职称。同时，逐步开展纠正冤假错案，合理安排使用科技人员，帮助解决知识分子及其家属存在的困难等一系列工作。1980-1985年，全州落实知识分子政策，先后出台《关于用非所学的科技人员归队的通知》《关于安排使用闲散在社会上的科技人员的意见》《关于安排使用闲散在社会上的藏医人员的意见》《关于开展知识分子工作检查的通知》《关于进一步落实知识分子政策的意见》《关于贯彻执行省委、省政府对专业技术干部家属"农转非"规定的通知》《关于进一步落实知识分子干部待遇的通知》等政策措施。1983年9月1日，职称评定工作暂停。1986年3月全州开展首次职称改革，州科委开始主持科技人员的职称评定，并逐步实行科技人员技术职称评定与所在单位聘用相结合的机制。1999年，职称评定工作职能划转州人事局。

1978年，全州科技人员集中普查主要针对自然科学领域，普查后全州有自然科学科技人员（知识分子）共4967人。其中：女性1841人，占37.1%；少数民族991人，占20%；工程师9人，占0.02%；技术员471人，占9.5%；助理技术员552人，占11.1%；工程技术类1019人、卫生技术类2663人、科学研究类71人、教育类373人。

1981年，全州知识分子政策落实和职称评定逐步进入正轨，对全州各级各类专业技术人员技术职称进行复查、套改、考核和推荐后，正式确认核实全州科技人员总数为8106人。其中：自然科学类人员5504人，占67.9%；社会科学类人员2602人，占32.1%；研究生学历11人、大专学历1480人、中专学历4761人、高中学历494人、初中学历1360人；高级职称3人、中级职称137人、初级职称（助理级）2348人、初级职称（技术员级）5480人，未评定技术职称的138人。

1986年，全州开展首次职称改革，对全州科技人员再次进行摸底调查，认定全州有各级各类科技人员13853人。其中：大专学历1761人、中专学历9378人、高中学历726人、初中学历1988人；高级职称3人、中级职称166人、初级职称（助理级）895人、初级职称（技术员级）3321人、未定职称的4885人（中学教师1024人、小学教师3861人）、其他4583人。

2005年，州社科联正式成立前，全州有各类各级专业技术人员17345人。其中：副高以上职称481人、中级职称3745人、初级职称11498人，未评定技术职称的1621人。未明确划分出自然科学和社会科学类人才细类。

2010-2011年，为充分发挥全州社科工作者作用，全面掌握了解全州社科工作者情况，州社科联联合州人才办以甘组通〔2010〕139号文件在全州范围内开展了社会科学人才队伍建设情况调查，通过一年多时间的调查，基本摸清了全州社科工作者人员情况。截至2011年年底，据不完全统计，全州共有社会科学类人才3428人。其中：高校系统126人、党校系统294人、党政部门系统1132人、学会系统1461人、其他系统415人。

2012年6月，为全面实施决策智库工程，加强社科人才队伍建设，整合全州哲学社会科学研究力量，更好地发挥社科人才在服务社会、服务大众、服务党政决策和推动经济社会发展等方面的作用，根据省委组织部、省委宣传部、省人力资源社会保障厅、省教育厅、省社科联《关于进一步做好社科专家录入工作 加快社科专家数据库建设的通知》（川组通〔2012〕61号）精神，州社科专家数据库建设正式启动。经过三年时间努力，共收到来自全州各条战线216位社科工作者申报材料，初步建成了"甘孜州社科专家人才数据库"。经严格评审筛选，2015年8月6日，州委组织部、州委宣传部、州教育局、州人社局、州社科联联合行文，正式命名其中 170 名社科人才为"甘孜州首批社科专家"（甘社联发〔2015〕14 号），并在当年 11 月州社科联第三次代表大会上，正式颁发聘书，首批社科专家聘期为 2015 年 11 月－2020 年 11 月。

全州首批社科专家按学科分类：教育学 21 人、语言学 27 人、管理学 19 人、应用经济 12 人、中国文学 13 人、法学 12 人、体育学 8 人、政治学 6 人、艺术学 5 人、民族问题研究 7 人、马列社科 6 人、社会学 5 人、中国历史 6 人、宗教学 4 人、经济理论 5 人、党史党建 3 人、哲学 3 人、图书馆与情报文献学 2 人、外国文学 2 人、心理学 2 人、人口学 1 人、统计学 1 人。按学历分类：研究生 29 人、大学学历 123 人、大专学历 18 人。按单位和地区分类：四川民族学院 59 人、州行政学院 19 人、州委党校 10 人、州职业技术学校 13 人、省藏文学校 8 人、康南民族高级中学 16 人、康定中学 9 人、州级其他行政事业单位 19 人；康定市 11 人、丹巴县 1 人、道孚县 1 人、德格县 1 人、九龙县 1 人、理塘县 1 人、雅江县 1 人。

甘孜州推动哲学社会科学繁荣发展的主要成就

（一）社科阵地建设成就

1. 社科组织

经过七十年的发展，在不断地调整、变动、充实过程中，甘孜州社科组织建设从无到有，逐步发展并不断壮大。目前，在机构、人员、经费、场所等方面有保障且能正常履行职能、开展社科理论研究、开展社科知识宣传普及且功能较为配套的州级社科组织共有58个。其中：

高校社科联1个，即四川民族学院社科联。

大中专院校6个，即：四川民族学院、中共甘孜州委党校、州民干校、州职业技术学校、州卫生学校、省藏文学校。高校是我州社科工作者最为集中的地方，也是推动社科事业繁荣发展的主要力量。其设立科研处，统筹各校教学科研人员开展社科课题研究、理论教学和实践等；设立相关类型的社科普及基地，宣传、普及、传播社科知识。

不同类型的州级社科重点研究阵地22个，即：州决策咨询委员会、州新型智库体系暨五个"智库"；州社科联（省社科院甘孜分院）；州党史研究室、州地方志办公室、州档案馆、甘孜日报社、统计局（数据管理中心）、国家统计局甘孜调查队；康巴文化研究院、康巴发展研究中心、省社科院藏区发展与治理研究中心（挂靠州委党校）、州教科所、州藏研所、州科技信息研究所、州藏医院藏医药研究所、德格藏医药研究所；州博物馆、州文化馆、红军飞夺泸定桥纪念馆、甘孜县朱德总司令和五世格达活佛纪念馆、乡城县红军纪念馆等。相对于大中专院校，其研究领域较为单一，偏向于政策传导，实践性较强但学术性不如前者，在繁荣发展哲学社会科学的甘孜实践中，研究或服务的触角延伸到经济社会发展的不同领域，发挥的作用各有侧重。如：决策咨询委员会、"智库"主要为党委、政府宏观决策服务；社科联主要发挥联系协调作用；党史、地方志、档案、统计等重点在于编史修志、执政记录、宏观经济社会发展的数据记录统计分析研究等；报社、博物馆、文化馆、纪念馆类的社科阵地则偏重于社科知识的展示、宣传、普及和传播。研究院（中心、所）相对偏重于研究，如：康巴文化研究院（2013年8月21日成立）以挖掘、弘扬康巴文化精髓为主要目标，主要负责德格印经院文物的保护、抢救（数据库建设和德格版大藏经复制）、收藏、研究、宣传展示和传承，并协助开展世界文化遗产项目申报，组织实施康巴文化研究、保护、开发、资源普查和挖掘整理、学术交流、人才培养等活动；康巴发展研究中心（挂靠四川民族学院，2010年成立，2018年1月分设独立），主要围绕康巴经济、政治、文化、社会、生态的发展，开展相应的科学研究、学术交流、政策咨询等，下设10多个研究所，即康巴音乐舞蹈艺术研究所、康巴语言文学与文化研究所、康巴美术研究所、康巴文化研究所、康巴历史文化与旅游研究所、康巴特色生物研究所、康巴民族民间体育研究所、康巴民族政治与法学研究所、康巴民族经济研究所、康巴民族教育研究所、康巴外国语言文化研究所、少数民族预科教育研究所、计算机应用技术研究所。

省、州社科普及基地6个，即省级基地1个——康巴文化社科普及基地；州级基地6个——康巴文化社科普及基地、廉政教育基地、甘孜州宗教人士培训中心、传统文化技能博物馆、"驰"文化馆、红色文化教育基地。

州级社科类学会、协会、研究会 23 个，会员 1600 余人。实行挂靠制、会员制，按章程开展工作。管理相对松散，基本能保证机构、人员、经费、工作推进。

2. 社科刊物

1）自然科学、社会科学交叉类期刊

新中国成立初期至 1978 年 11 月甘孜州科学技术大会召开前，州内正式发行或有刊号的社科类刊物很少，且因受"文化大革命"或机构变迁等因素影响，几乎无从考证。创刊最早的科学类刊物是州科技情报学会于 1979 年创刊的《甘孜州科技》，之后相关行业学会、协会、研究会逐步开始结合行业发展、学术交流及职称评聘等需要，相继创办学术期刊。到 1990 年，州内有学术性期刊（州级内刊）15 种（见表 4），部分期刊延续至今。

表 4　甘孜州 1979—1990 年学术类期刊统计表

序号	期刊名称	创刊时间	主办单位	挂靠单位
1	《甘孜州科技》	1979 年	州科技情报学会	州科情所
2	《会刊》→《甘孜州农业科技》	1981 年	州农学会	州农牧局、州农业局
3	《会刊》→《甘孜畜牧》	1981 年	州畜牧兽医学会	州农牧局
4	《甘孜州林业科技》	1983 年	州林学会	州林业局
5	《甘孜州气象》	1984 年	州气象学会	州气象局
6	《情报与经济》	1984 年	州科技情报学会	州科情所
7	《甘孜州农村经济》	1985 年	州农村经济学会	州农牧局、州农业局
8	《甘孜州民族经济》	1985 年	州民族经济研究会	州经研所、州计委
9	《甘孜交通》	1985 年	州公路学会	州交通局
10	《甘孜州民族金融研究》	1985 年	州民族金融学会	州人民银行
11	《康定民族师专学报》	1986 年	康定民族师专	
12	《会员通讯》	1987 年	州教育学会	州教委
13	《甘孜州委党校工作通讯》	1987 年	州委党校	
14	《甘孜建筑》	1988 年	州土木建筑工程学会	州建委、州建设局
15	《中共甘孜州委党校校刊》《康巴论坛》	1989 年	州委党校	

2）准社科类期刊（内刊）

1991 年至今，州级一些工作部门或单位根据行业发展、工作交流等需要，以部门或单位名义创办了一些非学术性的部门内部刊物，内容多为工作性、学习性、宣传性、资政性的资料和调研报告等。这类期刊暂定位为"准社科类"（州级）期刊，目前主要有 10 种。此外，尚有一些期刊，如人事、民政、信访、政法、环保、交通、水务、消防、档案、气象、工会、共青团等方面的期刊，不一一赘述。

《甘孜政协》。甘孜州政协主办，准印证号：川 KX20−007。至今已编印 34 期。栏目设置（参照期数：2017 年第 4 期，总第 28 期）：政协要闻、扶贫攻坚专栏、工作动态、调研视察、建言献策、理论与实践、委员风采、文史天地、文艺长廊等。

《甘孜机关党建》。州直属机关工委主办，至今共编印 23 期。栏目设置（参照期数：2018 年 11 月，总第 22 期）：领导要论、党建剪影（工委动态、机关风采、县市掠影）、"灯塔"行动、政治建设、思想建设、组织建设、党风廉政建设、驻村帮扶（经验交流、先进典型）、常务党课等。

《雪域先锋》。州委组织部主办，至今已编印 73 期。栏目包括（参照期数：2015 年第 4 期，总第

60 期）：要闻、基层党建、精准扶贫、干部论坛、廉政、先锋谱、干部手记、干部工作、雪域风采、人才工作、真情援藏、自身建设、甘孜记忆、党建资讯等。

《调查与决策》。甘孜州委政研室主办，至今共编印 135 期。栏目设置（参照期数：2018 第 4 期，总第 134 期）：重要言论、领导讲话、发展思路、改革交流、调查研究、工作思考、脱贫攻坚、域外视线、分析专栏、形势要点等。

《甘孜统一战线》。州委统战部主办，准印证号：川 KX20－008。至今已编印 59 期。栏目设置（参照期数：2018 年第 4 期，总第 58 期）：要闻要事、领导言论、全会专栏、宣传视窗、统战聚焦、经验交流、统战咨询、撷英采华、史海钩沉、各地传真、文苑漫步、一句话消息等。

《科普与创新》。甘孜州科协主办，至今共编印近 20 期。栏目设置（参照期数：2015 年第 1 期，总第 11 期）：科技导读、学术研讨与交流、工作动态、科技工作大家谈、他山之石、科普小知识、科普画廊等。

《甘孜教育》。甘孜州教育局主办，至今共编印 60 余期。栏目设置（参照期数：2015 年第 9 期，总第 44 期）：工作总结、看点简介、领导讲话、工作报告、经验交流等。

《贡嘎山》。甘孜州文联主办，至今共编印 180 余期。栏目设置（参照期数：2012 年第 1 期，总第 157 期）：文化视野、旅游名片、行走雪域、传承文化、小说展台、雪域诗坛、文学评论等。

《康巴文苑》。甘孜州文化体育和广播影视局主办，至今共编印 70 余期。栏目设置（参照期数：2014 年第 1－2 期合刊，总第 59 期）：特约专稿、文艺创作、民情日记、群众工作动态、文化之窗等。

《康藏天地》。甘孜日报社主办，2010 年创刊。栏目设置（参照期数：2010 年第 1 期，总第 1 期）：甘孜州新闻资讯、走近高端、甘孜进行时、文化视线、甘孜作家、艺术长廊、人物、发现、风情画廊、康藏谜团、甘孜影像、旅游览胜、康人走天下、史海钩沉等。

3）社科类期刊

目前，为全州社科工作者提供学术交流、研讨平台的社科期刊主要有 5 种。

《康巴论坛》。中共甘孜州委党校主办，1989 年创刊，1995 年正式更名，是全州创办最早的省级理论型内刊，刊号川 KX20－001，目前已经刊发 60 余期，刊发各类理论、调研等文章 1200 余篇。一般设有理论与实践、党建研究、重大改革、发展研究、三农工作、民族宗教、精神文明、社会调查、书记县长论坛、党校工作等栏目。2017 年第 2 期（总第 57 期）设贯彻落实党的十九大精神、精准扶贫、经济纵览、法治建设、党建研究、干部队伍建设、调查与研究、党校工作思考等栏目。

《四川民族学院学报》。由四川民族学院主办，1986 年创刊，是经国家新闻出版署批准创办的学报类期刊。国际标准连续出版物号 ISSN 1674－8824、国内统一刊号 CN 51—1729/G4。一般开设有康巴学、民族研究、作家作品研究、经济研究、教育教学研究、语言学研究、法学研究、历史研究、图书情报研究等栏目。至 2018 年末，共计出版学报 132 期，刊发各类论文 3050 余篇。先后成为 CNKI "中国期刊全文数据库""中文科技期刊数据库" 收录期刊和 "万方数据资源系统数字化期刊群" 入网期刊。2012 年第 4 期（总第 94 期）设康藏研究、民族研究、历史·文化、经济·管理研究、法律研究、文学研究、教育研究等栏目。

《康藏社科》。州社科联主办，2011 年创刊，目前已刊发 10 期，共刊发各类理论、调研等文章 200 余篇。栏目设置主要有：县域经济论坛、宣传文化思想建设、调查研究、社科课题、社科视窗；时政论坛、社科动态、发展论坛、文化论坛、文化视角、人物传记；实践经验、理论探索、学术论坛、历史天空等。

《康巴研究》。由四川民族学院康巴发展研究中心主办，2012 年创刊，光明日报出版社出版发行，目前已经刊发 7 期，编发理论研究文章（论文等）319 篇。主要刊发校内外社科研究理论成果或每一届康巴文化研讨会文集。第 6 期前未设置栏目，第 7 期设康巴民族教育史、康巴地区高等教育、基础教育、教育文化、双语教育、学前教育、社会事业发展、教育信息化研究等栏目。

《格萨尔故里》。州康巴文化研究院、州藏学研究所格萨尔办公室主办，2012 年创刊，至今共编印 48 期。栏目设置（参照期数：2018 年第 1 期，总第 46 期）：格萨尔动态、格萨尔殿堂、格萨尔论坛、文化与遗产、格萨尔艺苑、格萨尔藏学论坛等。

3. 社科网站

20 世纪 90 年代中期，互联网开始逐步在甘孜州推广，1995 年，州内首家互联网网站"康巴网景"（州科技情报研究所主办）开始组建，内容主要涉及甘孜州自然科学领域的科技信息、自然历史地理、风土人情等。之后的二十多年，网站如雨后春笋一般出现，州内相关部门、单位以及各县相继建立宣传、资讯网站，除党政内网、金融系统专网等外，部门、行业、地区网站在州内不断涌现，且功能越来越完善，内容越来越丰富。除少部分娱乐类的网站外，各县、各部门建立的网站均为地区或部门政务服务，这类网站包含了大量部门资政信息，可归类为"准社科类"网站。据不完全统计，这类网站有 30 多个，如：甘孜新闻网（http://www. ganzixinwen. com/）、甘孜网视（http://www. ganzitv. com/）、甘孜新闻暨甘孜日报社数字报刊平台（http://paper. kbcmw. com/html/2019－06/10/node_2. htm）、甘孜在线（https://ganzi. scol. com. cn/）、中国甘孜暨甘孜藏族自治州人民政府（http://www. gzz. gov. cn/gzzrmzf/index. shtml）、康巴传媒（http://www. kbcmw. com）、甘孜县人民政府（http://www. ganzi. gov. cn）、甘孜州水利局（http://slj. gzz. gov. cn/）、甘孜藏族自治州科学技术局（http://kjj. gzz. gov. cn/）等等。

州社科联未建立专门的社科网站。目前，较成型的社科类网站有两个，分别为：四川民族学院科研信息网（http://rin. scun. edu. cn/index. htm）、康巴发展研究中心（http://kbfz. scun. edu. cn）。其中，四川民族学院科研信息网中的科研动态、科研工作、康巴研究、学报编辑等四个主要栏目，内容丰富，涵盖了四川民族学院多年来的社科工作研究情况、学术交流、理论研究成果。康巴发展研究中心挂康巴文化社科普及基地牌子，为四川省、甘孜州两级社科普及基地。网站的科普广场、成果展示两个栏目，对有关康巴学研究的成果进行了充分展示。

4. 社科工作条件

新中国成立以来，通过 70 年的发展，甘孜州社科工作条件不断升级强化，逐步步入正轨。主要体现在以下五个方面：

一是党委、政府重视程度不断提高，管理不断加强，社科普及经费从无到有，社科管理职能不断理顺并得到强化。

二是社科组织逐步健全，社科人才队伍不断壮大，社科网络逐步成型，社科体系不断完善。

三是社科研究体系不断规范、社科成果转化不断提升、社科宣传普及逐步展开、社科学术交流不断加强。

四是社科理论研究、知识普及、学术交流、社科服务、社科资政等的手段和能力渐次提升。

五是社科组织、社科工作者的联系日渐紧密，社科联联系纽带作用日渐显著，条件逐步改善。

（二）社科学术理论活动

1. 研讨会、报告会

改革开放前，州内社会科学、自然科学领域的学术意识较弱，学术氛围较为淡薄，自主开展的相关层次研讨会、报告会较少。改革开放后，随着州科协的成立及行业学会、协会、研究会的不断健全，各种层次的学术研讨或报告开始慢慢出现，学术氛围逐渐浓厚。

一是"走出去"，组织州内科技工作者参加州外的学术研讨会、报告会，培育学术氛围。最早是参加 1982 年在云南举行的首届全国民族学术会。此后，每年均有参加不同层次的学术活动，如：1985 年参加"川西片区第五次计划生育技术经验交流会"；1986 年参加中国医学分会第二届年会；1992 年参加海峡两岸畜产品加工研讨会、四川省少数民族地区经济发展研讨会等；1993 年参加全省"三高"农业研讨会、全省税制改革增产增收研讨会；1994 年参加四川省交通发展战略研讨会、中国西部旅游资源开发战略研讨会、四川省地方情报研讨会等；1996 年参加川西片区"金融业如何实现两个转变"研讨会；1999 年参加中国西部生态重建与经济协调发展学术研讨会，我州 11 名科技工作者论文入选；2001 年参加优化配置西部资源、坚持高效持续发展研讨会和第四届青年学术年会四川卫星会议信息技术分会、四川省首届食品安全与健康论坛等；2002 年参加第五届中国西部科技进步与经济社会发展论坛、第五届中国科技进步与经济社会发展专家论坛、中国西部科技进步与经济社会发展专家论坛等；2003 年参加四川省中青年专家学术大会、科技进步与西部优势产业发展学术研讨会、改革创新发展学术研讨暨优秀学术成果颁奖会；2004 年参加第七届中国西部科技论坛、中国科协第五届青年学术论坛、中国科协 2004 年学术年会、上海世界工程师大会、四川省首届博士专家论坛等。这些活动中，层次最高的是中国科协于 1999 年在杭州市举办首届学术年会后的历届学术年会，特别是 2002 年 9 月 5 日—9 日在成都举办的学术年会，甘孜州以州委副书记郭赤诚为团长、州政府副州长王定清和州科协主席东风为副团长的科技人员代表 20 余人参加，编辑了《甘孜科技——中国科协 2002 年学术年会甘孜专辑》，收录《甘孜州草地退化及治理对策》《甘孜州草地生态系统现状及可持续发展对策》《长江干流金沙江上游地区生态环境保护与建设的思考》《长江上游生态环境建设与甘孜地区可持续发展》《川西高原立体气候资源开发利用的初步分析》等 19 篇论文，在大会上交流，扩大了甘孜州的影响。参加这些学术研讨会、报告会，既使州内的科技工作者开阔了视野，增长了见识，又培育了良好的学术氛围，提升了学术交流的自主意识。

二是"请进来"，开展学术研讨，营造学术环境。州境内学术报告始于 20 世纪 80 年代初期，学术研讨始于 90 年代初期。

学术报告。邀请州外专家学者进州举办学术报告始于 1981 年州畜牧兽医学会邀请兰州畜牧兽医研究所李崇华副研究员在康定作"家畜嗜皮菌病"学术报告，100 余人参加。此后逐年均有类似的学术报告。如：1983 年邀请中国科学院综合考察队、中国农科院畜科所相关专家在康定分别作了"人工草场在生态系统中的作用和畜牧现代化""甘孜州草原特征和利用意见""草地植被分类""中国马种分类""犏牛雄性不育"等学术报告。1988 年，州科协邀请中科院成升魁博士在康定首次举办"中国 21 世纪议程和可持续发展学术报告会"。2000—2003 年州科委（协）先后邀请四川禾嘉集团公司董事长夏朝嘉、省科协副主席曾祥炜来州举办"西部大开发学术报告会"，邀请中国科普研究所袁正光教授到康定作"科技对现代经济和社会的影响——迎接新经济时代"学术报告，邀请中国科学院西北生物研究所张宝琛等专家到康定作"中国藏药现代化发展战略"学术报告，邀请中国知识产权研究会副理事长彭言智来康作"WTO 与知识产权保护"学术报告，邀请省西部大开发研究院李济琛教授分别在康定和泸定举办了三场"西部大开发与中国现代化"学术报告等。而依靠州内专家自主开展的学术报告，最早是 1994 年州气象学会在泸定县开展的"开发气候资源发展经济的前景"学术报告。随后，学术报告质量和水平逐步提升，如 2002 年举办的"甘孜州生态药业开发学术报告会""WTO 与知识产权保护学术报告会"等。2000 年前，自然科学领域的学术报告占据主导地位。2000 年后，社科类的学术报告逐步兴起并引起重视，除四川民族学院、州委党校、州社科联等社科部门不时组织一些具有一定专业性的学术报告外，州社科联还邀请原西南民族大学校长、四川省社科联副主席陈玉屏作了"对中国民族关系历史与现实认识"学术报告等。普及性的准社科报告逐步增多，特别是由党委、政府或州委宣传部等党政部门主导的各种政策、形势、法律法规、重大会议等的中心组学习会、报告会或宣讲会在州内开始广泛开展，且形式多样、受众多样、层次多样、主题多样。如近年来开展"法律七进""送科技文化卫生三下乡""爱国感恩守法宣讲"等普及性活动，在 2010—2019 年逐步实现常态化，哲学社会科学理论知识大众化普及性的"报告""宣讲"，在规模、受众数量、范围、层次、内容、频率等方面，均远远超越了自然科学领域。从"学术性""专业性"来说，自然科学领域和社科领域各有千秋。

学术研讨。较早的是 1990 年在康定举行的"全省毛纺科技情报年会"。1991 年，州科协承办了"甘孜州微机应用技术研讨会（代培训）"，为期 14 天，州内 28 个单位 40 名微机操作人员参加，收集论文 62 篇，评选优秀科技论文 25 篇。这可以说是州内最早自行开展的学术研讨活动。之后，随着学术环境日渐好转，各种层次的学术研讨开始慢慢兴起。如：1992 年，九龙县组织了"开发伍须海学术研讨会"；州科技情报学会汇编了《甘孜州首届矿产发展十年展望研讨会获奖论文专辑》；1993 年，州委宣传部、州科协联合组织"科技兴州研讨会"（评出优秀论文 12 篇），州公路学会举办了"全州交通发展战略专题研讨会"，州地震学会举办了"震情监测预报和综合防御减灾对策研讨会"；1995 年，召开了"甘孜州工业科技工作研讨会"；1996 年，围绕"科教兴州""科教兴县"开展了 9 次学术研讨（392 人次参加，交流论文 132 篇），州金融学会组织召开川西片区"金融业如何实现两个转变"研讨会（42 人参加，交流论文 20 篇）；1998 年，举办了"自然灾害与防灾减灾对策研讨会"；1999 年，开展甘孜州防灾减灾研究学术研讨，形成专辑，州科协与州委组织部、团州委联合发起"面向 21 世纪，促进经济、社会发展献计献策"研讨活动；2000 年，组织科技人员开展"甘孜州实施西部大开发谋划会""西部大开发塑甘孜州良好形象研讨会""甘孜州科技工作与西部大开发研讨会"，出版了《西部大开发研讨会论文专集》；2001 年，举办了州级学会工作研讨会、扶贫开发工作研讨会、全州藏医工作暨藏医药学术论文研讨会；2003 年，在泸定海螺沟举办了"2003 全国藏医药学术研讨会"（来自全国各地的藏医药专家进行了充分的交流和研讨）、"甘孜发展与普及学术论坛"（内容为研讨性质）等。在这些学术研讨中，自然科学、社会科学相互交叉，无明显分界。而相对单纯或纯粹意义上的社科类学术研讨，除四川民族学院校内开展的若干学术性研讨及历经了八届的"康巴文化研讨会"外，全州性的大型社科理论学术研讨活动较少。州社科联成立后，先后开展了一些主题鲜明的全州性理论研讨活动，如"建设民族团结、全面进步模范藏区州""高举伟大旗帜、坚持科学发展、构建和谐甘孜""改革开放与富民安康""纪念新中国成立 60 周年暨甘孜州民主改革 50 周年""团结进步、繁荣发展""加强领导班子思想政治建设""甘孜精神提炼"等学术研讨，以及一些带有局部性的学术研讨，如泸定民族文化资源调查学术研讨、甘孜州社科理论界学习贯彻省第十一次党代会精神研讨会等；参与了一些州外的理论研讨，如第一届康藏研究国际学术研讨会、四川省民族文化艺术研究会 2012 年会暨第二届康巴文化研讨会等。这些学术研讨活动，在一定程度上提升了社科工作者的理论修养，为营造学术环境打下了一定基础。

2. 讲座、论坛

改革开放后，特别是 90 年代后期，随着学术氛围的日渐浓厚，社科领域开始出现各种形式的讲座、讲坛，如：2004 年 8 月 29 日，在康定举行的"首届康巴文化研讨暨康巴文化名人论坛"，来自北京、成都、昆明等地康巴文化研究方面的理论工作者、专家、作家、音乐家、艺术家围绕"康巴文化与康区民族经济发展"主题，展开学术讨论，中国藏学研究中心研究员格勒博士、《中国国家地理》杂志执行总编单之蔷、四川康藏研究中心研究员任新建、作曲家罗念一、藏学家杨嘉铭和李绍明等专家学者以及州委主要领导参加会议。此外，除四川民族学院等大中专院校校内开展的较为专业的学术讲座或讲坛外，州内举办的"2012 格萨尔故里行——全国格萨尔学术论坛"，2015 年开始组织的"文化道德讲堂""圣洁甘孜·道德讲堂""康巴文化沙龙"，2019 年组织参加在成都举办的"新时代藏羌彝走廊发展论坛"等社科论坛，逐步使我州社科理论界焕发出新的生机和活力。2016 年以来，为扎实开展学习型党组织和学习型队伍建设，州委宣传部创办了全州领导干部学习交流的新平台"甘孜讲坛"，这是甘孜州社科理论宣传普及面最广、影响最大、延续时间最长、组织最稳定的社科理论讲座，截至目前已经开展了 19 期（见表 5）。

表5　甘孜州2016年以来各期"甘孜讲坛"统计表

期数	时间	主题和内容	主讲人	听讲人数（人）
第一期	2016.2.27	主题："学习贯彻中央扶贫工作会议和决定精神，打好脱贫攻坚战"。内容：脱贫攻坚的重要性、脱贫攻坚面临的问题和挑战、加大实施精准扶贫的力度、加快集中连片特殊困难地区发展等	农业部农村经济研究中心主任、二级研究员、博士生导师宋洪远	500
第二期	2016.4.23	主题："五大发展理念推动藏区'十三五'发展"	著名经济学家、国家发改委学术委员会秘书长、国务院特殊津贴专家张燕生	500
第三期	2016.7.19	主题："积极引导藏传佛教与社会主义社会相适应"。内容：立足甘孜实际，从"准确把握当代藏传佛教的传播态势：以'态势意识'摸清情况，客观认识藏传佛教与现代社会的适应性；以'问题意识'找准问题，积极引导藏传佛教与社会主义社会相适应；以'对策意识'拿出办法"等三方面进行阐述	中国藏学研究中心学术委员、当代研究所研究员杜永彬	500
第四期	2016.9.19	主题："中国特色新型城镇化问题研究"。内容：立足甘孜州新型城镇化发展实际，从"对城镇化发展阶段基本判断、我国城镇化面临问题及成因、中国特色城镇化道路及实现路径"等三方面进行阐述	中央党校经济学部发展经济学教研室主任、博士生导师施红	450
第五期	2016.10.20	主题："舆论新生态与引导新范式"。内容：在新形势下领导干部的媒体素养和舆情应对、"新传播业态与新舆论生态、危机传播与风险沟通策略、心态调适与舆论引导创新"	中山大学教授张志安	500
第六期	2016.11.21	主题："坚决贯彻落实《准则》要求，加强和规范党内政治生活"。内容：从"制定和落实《准则》是推进党的建设新的伟大工程、是党的事业健康发展的根本保证；坚定理想信念是党内政治生活的首要任务；严明政治纪律、政治规矩是严肃党内政治生活、净化政治生态的关键；坚持民主集中制是规范党内政治生活的保证；严格组织生活制度、增强组织生活观念、加强组织生活纪律；坚持党的根本宗旨，保持党同人民群众的血肉联系"等六个方面，解读党的十八届六中全会精神	中国社会科学院马克思主义研究院党委书记、院长，研究员、硕士研究生，博士后合作导师、中国社会科学院"马骨干"博士生导师邓纯东	500
第七期	2017.3.3	主题："如何做好一名合格干部"。内容：从"领导力的主要内容及基本要求、执行力的主要内容与要求、提升领导力与执行力的思路探讨"等方面分析了现代领导面临的领导环境，阐释了现代领导力和执行力的深刻内涵以及提升领导力、执行力的途径和方法	中央党校党建部教授、博士生导师刘玉瑛	500
第八期	2017.8.1	主题："长江经济带：如何实现生态优先绿色发展"。内容："习近平总书记：关于生态优先绿色发展的理念、长江经济带战略、甘孜州如何实现绿色发展"等	国家发改委宏观经济研究院二级研究员、国家发改委国际合作中心学术委员会执行主任、中国社会科学院研究生院博士生导师肖金成	500

期数	时间	主题和内容	主讲人	听讲人数（人）
第九期	2017.9.8	主题："文化与文化软实力"。内容：如何理解文化，如何理解文化与文化软实力的关系，如何提升文化软实力。目的是深入贯彻省十一次党代会精神，提升全州干部职工的眼界学识和思想水平，增强文化自信	中国文联副主席、中国作协名誉副主席丹增	500
第十期	2018.1.12	主题："新时代中国特色社会主义的政治宣言和行动纲领"。内容："党的十九大主题、主要成果，习近平新时代中国特色社会主义思想，过去五年的历史性成就和历史性变革，新时代我国社会主要矛盾和'两个一百年'奋斗目标，我国经济社会发展重大战略部署，坚定不移推进全面从严治党，做合格党员，不忘初心永远跟党走"等	省委党校哲学部主任、硕士生导师黄辉	500
第十一期	2018.3.29	主题："解读《2018年宪法修正案》"。内容：从"修改宪法的背景、修改宪法的意义、修改宪法的具体内容"等三个方面，对宪法修正案进行了学理诠释和解读	四川师范大学马克思主义学院院长、教授、硕士生导师、省法学会宪法学研究会副会长陈驰	500
第十二期	2018.5.15	主题："学习习近平新时代中国特色社会主义思想"。内容："习近平新时代中国特色社会主义思想的重大意义、习近平新时代中国特色社会主义思想的逻辑体系、习近平新时代中国特色社会主义思想的特质、习近平新时代中国特色社会主义思想是治蜀兴川再上新台阶的根本遵循"等	全国人大代表、四川省社会科学院马克思主义学院院长、二级研究员、西南交通大学马克思主义专业博士生导师杨先农	500
第十三期	2018.6.8	主题："当前涉藏形势和外交工作"。内容：学习贯彻习近平西藏工作"十个明确"重要论述和中央治藏方略，国际国内涉藏工作形势，准确把握面临的机遇和挑战等	外交部涉外安全事务司涉藏事务处处长马文军	180
第十四期	2018.6.20	主题："社会主义核心价值观在学校教育中的含义"。内容："社会主义核心价值观的基本含义、社会主义核心价值观在学校中的意蕴、学校工作的反思与建议"等	四川师范大学教育科学学院院长、博士生导师巴登尼玛	800
第十五期 第十六期	2018.8.9-10	根据中央和省州重大战略部署，结合当前热点、焦点，围绕"用习近平新时代中国特色社会主义思想四川篇指导甘孜高质量发展""对接'一干多支、五区协同'区域发展新格局，促进甘孜经济高质量发展""着力实施乡村振兴战略""新时代如何做好甘孜民族团结进步创建活动的思考"四个主题进行全面详细解读	州委党校高级讲师付志康、达哇次仁、代文辉，州民宗委副主任高荣布鲁	500
第十七期	2018.9.29	主题："宗教问题怎么看？宗教工作怎么干？"内容：从"怎么看藏传佛教、怎么看统一战线、怎么做总结工作"等方面学习贯彻全国宗教工作会议精神	州委常委、统战部部长崔雨风	500
第十八期	2019.4.28	主题："传承传统文化、服务治国理政"。内容："社会主义核心价值观、中华优秀传统文化、传统文化的当代价值"等	中国社会科学院当代中国研究所副研究员牛冠恒	300
第十九期	2019.6.13	主题："学习中国共产党党史、锤炼忠诚干净担当的政治品格"。内容：中国共产党从诞生、发展、壮大到建立中华人民共和国，以及带领全国人民建设小康社会艰难而辉煌的革命历程	四川省直机关党校科社法学教研部主任刘伟	500

3. 学术交流

甘孜州学术交流起步于 80 年代初期。据不完全统计，1980—1990 年，全州各级学会、协会、研究会共举办各种学术交流会 155 次，参加人数 6860 人次，交流学术论文 2197 篇。1991—2014 年，州内除四川民族学院等大中专院校校内学术交流外，社会层面的学术交流主要由州县科协（科委）和州级各学会、协会、研究会牵头组织，并通过以上各种报告会、研讨会、讲座、论坛的形式开展，学术交流的成果以相关学会主办的学术期刊为载体进行相互交流，这些准社科类、社科类期刊承载了州内绝大部分的学术交流成果，具体参见相关内容，不再赘述。据不完全统计，1991—2004 年的 14 年间里，全州科技部门、州（县）各学会（协会、研究会）共参加州外、组织举办州内各种学术交流会 230 余次，参加人数 8000 余人次，交流、刊发各类学术交流文章（论文、报告等）1700 余篇，在学术期刊上，刊发文章近 4300 篇（见表 6）。

表 6　1991—2004 年甘孜州科技部门、州（县）各学会（协会、研究会）参加州外、州内组织的学校交流活动情况

年度	参加州外、州内组织的学术交流次数（次）	参加人数（人）	交流学术论文（篇）	学术期刊		
				种类	刊发文章（篇）	发行数量（万册）
1991	22	250	145	11	300	5
1992	29	1340	138	13	325	6.21
1993	33	1944	287	13	330	6
1994	29	1388	118	13	321	6
1995	13	1027	121	13	300	6
1996	9	452	160	13	298	6
1997	9	731	46	13	280	6
1998	15	200	49	13	290	6
1999	14	56	56	13	275	6
2000	12	110	40	13	280	6
2001	16	136	110	13	320	6
2002	12	150	120	13	340	6
2003	13	120	115	13	320	
2004	10	207	207	13	315	
合计	236	8111	1712		4294	

2005 年后，州社科联先后组织开展了一些社科领域的学术交流活动，也有以征文方式进行的交流，成果大部分刊载在学术期刊上。如："推进甘孜跨越发展和长治久安 社科工作者怎么办""甘孜州文化产业发展"" '甘孜精神'表述语提炼""我心目中的甘孜精神""康定地区涉藏文化产品出版选题调研座谈""天险大渡河　英雄铸丰碑——2015·泸定红色文化论坛之大渡河战役""川藏公路开工建设 65 周年红色文化论坛""学习宣传贯彻习近平总书记党的新闻舆论工作座谈会重要讲话精神理论研讨""康定地区社科界学习贯彻习近平总书记 5·18 重要讲话精神研讨（座谈）""纪念改革开放 40 周年征文研讨"等学术活动，交流学术文章 250 余篇，分别在社科学术期刊或《甘孜日报》理论版刊载。特别是"甘孜精神"表述语的征集提炼活动，共收到来自省内外 94 个单位和个人共计 826 条表述语、29 幅图片，征文 21 篇，为"忠诚爱国、乐善互助、务实创新、坚韧奋进"甘孜精神的最终产生奠定了一定基础，形成了《康藏社科·甘孜精神特刊》《康藏社科·加强领导班子思想政治建设社科理论文集》《甘孜州社会科学界州域内开展社会扶贫决策建议汇编》《康藏社科·纪念改革开放 40

周年特刊》等社科理论成果。

（三）社科研究

1. 课题规划

2005 年前，甘孜州无独立、专门的社会科学类课题研究规划。2005 年州社科联成立后，通过州社科联渠道组织的社科类课题研究逐步开展并慢慢规范，且制定了《甘孜州社科课题研究工作制度》《甘孜州哲学社会科学规划项目管理办法》等。但由于州财政无专门的社科类课题研究经费预算等原因，2005—2015 年，每个州级社科课题经费补助标准为 1000 元，组织实施的社科类课题研究较少。2016 年起，州社科联克服资金困难，加大对立项课题的资助力度，对一般课题的资助金额从 1000 元提高到 2000 元，重点课题的资助金额从 2000 元提高到 3000 元，在一定程度上提升了全州社科界理论研究、应用调研的积极性。课题管理进一步规范，课题申报、立项、研究、结题、评审等制度更加健全，课题数量、质量稳步提升，社科研究步入正轨。2017 年探索建立并逐步完善"社科联—课题组所在单位—课题组"三级管理体系，明确责任，分工合作，逐步实现课题管理科学化、规范化。2018 年设计《甘孜州××年度社科理论研究课题评审意见表》和《甘孜州××年度社科理论研究课题评审立项意见表》，使课题初审、初评、终审、立项等更为科学，管理更加规范。

2. 课题研究

社科类的课题（项目）研究主要有五个渠道：

1）纳入自然科学相关科技类"软科学项目"研究

1976—2002 年，全州共开展"软科学类"科技项目研究 68 项，划拨省、州"科技三项"经费 69.83 万元，这些项目大部分可归入社科类（见表 7）。

表 7　甘孜州 1976—2002 年正式列入自然科学研究的社科类项目（软科学类）统计表

序号	项目编号	项目名称	项目来源	项目级别	行业类别	项目承担年度	项目承担单位	项目经费（万元）
1	7610	四川西部地区植被调查	省科委	省级	林业	1976 年	四川省生物所、省植被调查队	0
2	8202	本地优良牧草资源调查	州科委	州级	畜牧业	1982 年	色达县、白玉县、理塘县、德格县农牧局	0.6
3	8204	猕猴桃、沙棘、榛子资源调查	省科委 州科委	省级	林业	1982 年	州科委、康定县、泸定县、丹巴县、九龙县科委	0.16
4	8306	四川苹果、梨资源调查	省科委	省级	林业	1983 年	州农业局	0.1
5	8307	川西横断山区资源考察	省科委	省级	其他	1983 年	中科院青藏队	0.1
6	86107	甘孜州科技战略发展研究	州科委	州级	其他	1986 年	州科情所	0.5
7	86108	推广新技术政策研究	州科委	州级	其他	1986 年	州科情所	0.2
8	86109	微机管理软件的开发利用	州科委	州级	其他	1986 年	州科委、州统计局	3.8
9	8701	沙棘资源调查	州科委	州级	林业	1987 年	州林科所	0.42
10	8703	甘孜州森林和野生动物（珍贵动物）自然保护区规划	州科委	州级	林业	1987 年	州林业局	1
11	8714	甘孜州食用菌资源调查	州科委	州级	林业	1987 年	州农科所	3.8
12	8908	编写《甘孜藏药》	省科委 州科委	省级	医药卫生	1989 年	州药检所	1.2

序号	项目编号	项目名称	项目来源	项目级别	行业类别	项目承担年度	项目承担单位	项目经费（万元）
13	90101	汇编《青稞主要害虫及其防治》	州科委	州级	农业	1990年	州农科所	0.5
14	90501	甘孜州蔬菜生产现状及其发展途径与措施	州科委	州级	农业	1990年	州农学会	0.5
15	90502	太阳能开发利用研究	省科委	省级	能源水利	1990年	甘孜县科委	2
16	91103	甘孜州雅江、巴塘、得荣、新龙四县地下害虫主要种类补充调查	州科委	州级	农业	1991年	州农科所	1
17	91108	聂呷乡疑似地甲病流行病病因调查	州科委	州级	医药卫生	1991年	丹巴县卫生防疫站	0.7
18	92103	甘孜州综合性遗传病流行病学调查	州科委	州级	医药卫生	1992年	州计划生育指导所	0
19	92501	红景天开发的可行性研究	州科委	州级	医药卫生	1992年	州科协	0.6
20	93501	丹巴县杨柳坪铂镍矿开发前期论证	州科委	州级	工业	1993年	丹巴县计经委	1
21	93502	仙人掌植物资源开发利用可行性研究	州科委	州级	林业	1993年	州林业局	1
22	93503	非传统畜牧业研究	省科委	省级	畜牧业	1993年	州畜牧局	1
23	94105	高原老年性眼睛黄斑变性及晶体混浊情况调查	州科委	州级	医药卫生	1994年	州人民医院	0.3
24	94501	安康研究——甘孜藏区的政治稳定与经济发展	州科委	州级	其他	1994年	康定师专藏学研究室	0.3
25	94502	甘孜州地震综合防御减灾研究	州科委	州级	其他	1994年	州地震局	0.5
26	95501	藏区"普九"实施步骤及特殊措施	州科委	州级	文化教育	1995年	州教科所	0.3
27	95502	完善领导干部交流制度的研究	州科委	州级	其他	1995年	州委组织部	0.3
28	95503	甘孜州民族干部现状及对策研究	州科委	州级	其他	1995年	州委组织部	0.3
29	95504	甘孜州"菜篮子"工程建设研究	州科委	州级	农业	1995年	州农委	0.3
30	95505	甘孜州企业改革研究	州科委	州级	工业	1995年	州委政研室	0.3
31	96102	甘孜州红豆杉资源调查研究	州科委	州级	林业	1996年	州林科所	2
32	96501	重点建设与区域经济	州科委	州级	其他	1996年	州政府办公室	0.35
33	96502	甘孜州防止返贫对策研究	州科委	州级	其他	1996年	州政府办公室	0.35
34	96503	甘孜州中西部地区矿产开发研究	州科委	州级	工业	1996年	州委政研室	0.35

序号	项目编号	项目名称	项目来源	项目级别	行业类别	项目承担年度	项目承担单位	项目经费（万元）
35	96504	甘孜州牧区人、草、畜三配套综合建设研究	州科委	州级	畜牧业	1996年	州委政研室	0.35
36	96505	甘孜州南部经济区农业综合开发研究	州科委	州级	农业	1996年	州委政研室	0.35
37	96506	甘孜州失学儿童现状及对策研究	州科委	州级	文化教育	1996年	州青少年科技活动中心	2.9
38	96507	甘孜州科普工作的现状及对策研究	州科委	州级	其他	1996年	州科技开发服务中心	3.65
39	96508	康定县钨、锡矿开发研究	州科委	州级	工业	1996年	康定县乡企局	0.4
40	96509	康定县长防林体系建设总体规划研究	州科委	州级	林业	1996年	康定县林业局	0
41	96510	甘孜州人才现状及对策研究	州科委	州级	其他	1996年	州科委、州人事局、州委组织部	2
42	97103	甘孜州树木补充调查及树木检索研究	州科委	州级	林业	1997年	州林科所	0.75
43	97501	木材采伐量调减对甘孜州经济社会发展的影响及对策研究	州科委	州级	林业	1997年	州委政研室	0.35
44	97502	甘孜州农业产业化发展研究	州科委	州级	农业	1997年	州委政研室	0.35
45	98501	藏式建筑艺术调研	州科委	州级	其他	1998年	康定师专	0.3
46	98502	甘孜州农机调查研究	州科委	州级	农机	1998年	州政府办公室、州农机研究所	0.3
47	98503	甘孜州资源开发和可持续发展研究	州科委	州级	其他	1998年	州科委	1.1
48	98504	甘孜州扶贫调研	州科委	州级	其他	1998年	州农委	0.3
49	98505	甘孜州松茸发展调研	州科委	州级	林业	1998年	州政府办公室	0.3
50	98507	甘孜州藏药开发调研	州科委	州级	医药卫生	1998年	州科协	0
51	98508	甘孜州中（藏）药现代化科技产业基地建设战略研究	州科委	州级	医药卫生	1998年	州科协	0
52	98509	甘孜州实施天然林保护工程科技对策研究	州科委	州级	林业	1998年	州科协	3
53	98510	甘孜州环境保护及生物多样性保护调研	州科委	州级	其他	1998年	州科协	0
54	98511	甘孜州旅游发展调研	州科委	州级	其他	1998年	州科协	0
55	99102	甘孜州种子植物种类调查研究	州科委	州级	农业	1999年	州林科所	3.3
56	99113	甘孜县建立太阳能电站项目	省科委	省级	能源	1999年	甘孜县科委	5

续表

序号	项目编号	项目名称	项目来源	项目级别	行业类别	项目承担年度	项目承担单位	项目经费（万元）
57	99117	甘孜州农作物（含经济作物）主要病虫草鼠害普查	州科委	州级	农业	1999 年	州植保站	0
58	99501	防灾减灾对策研究	州科委	州级	其他	1999 年	州科协	0.4
59	99503	实施科技信息扶贫、促进地市州信息发展	省科委	省级	其他	1999 年	州科委	2.5
60	99504	康巴民族文化旅游热线开发研究	省科委	省级	文教	1999 年	州科委、康定师专、州科情所	5
61	20105	泸定、康定、九龙、丹巴等县野生薯蓣品种调查	州科委	州级	医卫	2000 年	泸定县科委	1
62	2000107	康定地区妇女常见病普查	州科委	州级	医卫	2000 年	州人民医院	0
63	2001104	甘孜州药用木本植物资源调查研究	州科委	州级	医卫	2001 年	州林科所	5
64	2001108	巴塘县措普湖环境保护研究	州科委	州级	其他	2001 年	巴塘县科委	0.3
65	2001204	甘孜州大渡河流域绿色产业科技示范带可行性研究	州科委	州级	其他	2001 年	州畜科所	1.1
66	2001501	甘孜州全社会 R&D 资源调查研究	州科委	州级	其他	2001 年	州科委	1.5
67	2001502	农业机械需求现状调查	州科委	州级	农机	2001 年	州农机所	0.5
68	2002430	甘孜州科技志编印	州科委	州级	其他	2002 年	州科技局	2
总计								69.83

2）部门研究

研究成果的一部分由党委、政府或部门以单行的政策性文件、法规（办法、方案）、规划、计划、报告、单项决策或调研报告等形式来体现，另一部分则是通过部门期刊刊载的形式来体现和交流（具体期刊如之前相关内容所述）。如：州委、州政府根据各个历史时期中心工作，在经济、社会发展方面进行的一些宏观类执政方针、政策、体制等的研究；州级各行业主管部门根据州委、州政府和上级机关要求，开展的一系列规划、调研、专题研究等，成果数量极多，难以统计；州级社科类部门如党史、地方志、藏研所等单位因自身业务需要而开展的相关历史、人物等专题类研究等。

3）高校研究

如四川民族学院、州委党校等大中专院校，通过高校渠道开展的校内外研究课题，研究成果由学报等期刊刊载交流，成果较专业。

4）社科领域有识之士（州内外）个人研究

这类研究多属于自发性、兴趣性的研究，且文化类、传统民俗类、历史类研究居多，对甘孜州人文社科发展起到了极大的促进作用，贡献巨大。其中最著名的是我国近代藏学研究先驱之一的民族史学家任乃强先生（1894—1989），最早将《格萨尔王传》翻译成汉语，一生发表论文 100 余篇，其代表性学术专著有《青康藏高原采金刍议》、《川边历史资料选编》（1986、1988 年两次荣获四川省社会科学优秀科研成果荣誉奖）、《西康札记》、《西康诡异录》、《西康图经》、《康藏史地大纲》、《英藏汉文对照康藏全图》、《川康藏农业区划意见》、《西康通志》、《川边历史资料选编》、《西康十一县考察报告》、《任乃强藏学文集》等。此外，甘孜州籍从事人文社科研究的有识之士还有很多，如省社会科学院康藏研究中心研究员任新建、中国藏学研究中心社会经济研究所格勒（新中国培养的第一位人类学博士和第一位藏族博士）、中国藏学研究中心杜永彬博士、原康定民族师范专科学校高教藏研室主任杨嘉铭教授等，这些专家学者对甘孜州人文社科的传承发展做出了重大贡献，产生了一批重要的学术巨著，为今后涉藏（康区）人文社科研究奠定了坚实基础。

5）州社科联组织开展的社科研究

2005年，州社科联成立后，围绕各个时期（年度）党委、政府中心工作，结合省、州社科工作需要，针对全州经济、社会发展难点、热点问题，每年制定下发《甘孜州××年度理论研究课题指南》，积极组织全州社科界（社科组织和州级社科学会、协会、研究会）广大社科工作者，开展基础理论研究和应用调研，产生了一批社科理论成果。第一届理事会启动了"康巴学"研究，先后完成省课题"关于建立康巴学学科体系""康巴学概论"研究，开展"环贡嘎山两小时经济圈——东部四县民族文化资源调查""甘孜州可持续发展战略理论与实践""甘孜州建立爱国主义教育活动长效机制战略研究""农业产业化与农民产业组织研究""甘孜州沼泽湿地动态成因及保护对策研究""解读富民安康""玉树石渠等高寒民族地区地震救援启示和建议研究""寺庙经济调研报告——亚青寺经济现状的思考与启示""对甘孜藏族自治州自发异地择校的研究""民族地区新农村建设的调查与思考"等20多项州级课题研究；配合省社科联、社科院开展"富民安康规划实施以来经济社会变化""近年来维稳工作的重大措施、经验和存在的问题"等课题调研；参与"甘孜藏区意识形态工作现状""甘孜州宣传文化教育事业专题调研报告""甘孜藏区农牧民思想状况调研报告""影响甘孜藏区意识形态安全主要因素及对策建议""甘孜州宣传思想文化工作情况报告"等重大调研活动。产生了一些研究成果，并以《横断山民族文化走廊》（论文集）、《甘孜州调研课题汇报》、《甘孜州社科理论成果汇编》以及专著、论文、专题报告、调研报告等形式提供给党政部门参考。

2012—2018年，州社科联共立项支持州级社科研究课题99项。其中：2012年10项；2013年10项；2014年15项；2015年7项；2016年13项；2017年25项；2018年19项。申报省级课题41项，获省社科联、社科院列项11项。其中：2012年申报6项，获省立项0项；2013年申报10项，获省立项3项；2014年申报6项，获省立项2项；2015年申报7项，获省立项3项；2016年申报5项，获省立项2项；2017年申报3项，获省立项0项；2018年申报4项，获省立项1项。如："甘孜州城镇化进程及发展趋势研究""加强寺庙社会管理创新""培育和壮大甘孜州民族文化产业跨越发展的对策思考""坚持群众路线 确保实现中国梦""铸就甘孜精神 实现甘孜梦想""引导群众文明道德提升途径研究""丹巴民族传统文化资源调查报告""泸定传统文化资源调查""康定在茶马古道中的历史地位及新时期复兴探讨""甘孜藏区基层服务型党组织建设研究""甘孜州扶贫攻坚对策与措施研究""加强甘孜州民族地区党的基层组织和干部队伍建设对策研究""甘孜州城镇化进程及发展趋势研究""长征路线（甘孜段）文化资源研究""四川省民族团结与和谐社会建设研究——以甘孜州康定市为例""四川甘孜藏区生态资产的价值评估与补偿机制研究""甘孜州红色文化资源的传承、保护和利用研究""四川藏区农牧旅融合发展模式及路径研究——以甘孜藏族自治州为例"等。撰写了《挖掘线性文化遗产，以茶马古道为主线，做强做精文化产业——对甘孜州文化（旅游）产业发展的思考》《甘孜州社会科学界联合会关于全州社科系统信访工作的调研报告》《石渠县起坞乡格托二村结对认亲活动调研报告》《群众工作全覆盖调研报告》《石渠县起坞乡格托村小调研情况汇报》《文化惠民"从群众中来到群众中去"的实践范例——乡城县"农民星期天"调研报告》《新龙县引导群众崇尚健康文明的生产生活方式的调研》《甘孜州社会科学界联合会机构编制管理创新调研报告》等调研报告。

3. 研究成果

经甘孜州科委成果办公室统计，自新中国成立至1979年，甘孜州获得省、州奖励的科技研究和推广应用成果（含社科类）共计65项。改革开放至今，通过全州社科理论界广大社科工作者的共同努力，全州社科理论研究和调研均取得了丰硕成果，产生了一大批学术性专著和大量的理论文章（论文、调研报告等），除上节（2. 课题研究）所述外，还可大致划分为以下几个方面：

1）甘孜州党史类成果

甘孜州委党史研究室（1982年成立）先后编辑出版学术专著《中国共产党甘孜州历史第一卷（1935—1978）》《红军长征在甘孜藏区》《甘孜藏族自治州民主改革史》《红色旅游绿色康巴》《中国共产党甘孜州历史大事记（1935—2000年）》《中国共产党甘孜州历史大事记（2001—2015年）》《中国共产党甘孜州历史第二卷（1979—2002）》《中国共产党甘孜州历次代表大会文献选编》《红色甘孜旅游指南》《甘孜州革命遗址通览》《图说长征·红色甘孜》《静静的巨变》等。2014年，为及时记录州委领导全州各族人民开展社会主义建设实况，为全州党史正本的编写留下翔实资料，启动了"执政实录"的编撰，目前已编辑出版4部《中共甘孜州委执政实录》。

2）甘孜州地方志类成果

这类成果主要有《甘孜州志》1部，县志18部；《甘孜州志（续）》1部，续县志17部；州级部门志47部；《甘孜州年鉴》于2002年启动编写，一年一鉴，2010年开始公开出版；18个县（市）一年一鉴，2019年可实现公开出版；编撰《落日余晖——赵尔丰康区改土归流记》《西征骁将尹昌衡》《刘文辉在西康》《甘孜州第二轮修志文集》《甘孜州情概览》《说说地方志编纂》《情满甘孜——甘孜州举全州之力推进群众工作全覆盖三年工作纪实》《经边三雄》等。2009年启动《甘孜州实录》（季刊）编印。2013年启动《甘孜州图鉴》编撰，目前已连续编撰7卷。

3）甘孜州规划类成果

这类成果包括：甘孜州国民经济和社会发展13个"五年规划"纲要；若干部门、产业规划，如《甘孜州中藏医药产业"十三五"发展规划》《甘孜藏族自治州生态文明建设规划（2014—2020）》《甘孜藏族自治州防灾减灾"十三五"规划》《甘孜藏族自治州城镇基础设施"十三五"发展规划》《甘孜州旅游发展规划》等等；若干县市发展规划，如康定市国民经济和社会发展13个"五年规划"等；若干区域发展规划，如《甘孜州两江一河流域发展规划》等。

4）甘孜州社科组织社科研究及学术交流成果

这类成果主要指州级社科组织（四川民族学院、州委党校等）及行业学会（协会、研究会）的广大社科工作者撰写的各类学术性论文、研究报告、调研文章等，并通过其主办的学术类期刊刊载、发表、交流。

5）甘孜州党政部门社科研究成果

除州委、州政府及其直属部门各个历史时期在经济、社会发展方面产生的一些宏观决策等执政类的研究成果外，20世纪90年代后期，州委政策研究室开始每年收集整理甘孜州领导干部调研成果，集中编辑出版《甘孜州领导干部学习与调研文集》，将州、县相关领导同志（一把手）每年在工作过程中形成的工作成果、调研成果汇编成书，供执政参阅。据不完全统计，2012—2018年共收集研究成果和调研报告600余篇。州社科联自成立以来，共组织开展省、州社科课题研究120余项，形成社科研究成果近100项，如《康巴学概论》《甘孜州可持续发展战略理论与实践》《甘孜州建立爱国主义教育活动长效机制战略研究》《影响甘孜藏区意识形态安全主要因素及对策建议》《甘孜州城镇化进程及发展趋势研究》《丹巴民族传统文化资源调查报告》《泸定传统文化资源调查》《甘孜州扶贫攻坚对策与措施研究》《长征路线（甘孜段）文化资源研究》《四川甘孜藏区生态资产的价值评估与补偿机制研究》等。

6）甘孜州社科领域其他（含个人）研究成果

除州外社科学者涉康研究成果外，州内社科领域特别是社科有识之士也自发开展了一些社科研究，产生了一批研究成果，如《康巴彝族谱系历史文化（古侯卷、曲涅卷）》《说不完的佳话：边茶杂记》《中国康巴地区货币史》《扎坝藏族文史调查与研究辑要》《丹巴莫斯卡〈格萨尔王传〉岭国人物石刻谱系》《欢乐的彝族火把节》《史诗的家园——格萨尔故里文化遗产撷珍》《香巴拉之魂：秘境稻城》《康定古今诗词选》《木雅藏戏》《木雅民歌民谚（藏文）》《妙语丹智（藏族谚语）》《康定传统情歌精选》《复兴康定——康定城市历史文化记忆重构》《雪域回声——甘孜州老干部回忆录》《鱼通印记》《青藏辞典》《箭炉夜话》《藏族民间故事（上下）》等。

4. 成果奖励及推广应用

甘孜州目前只有自然科学领域实施了科技成果奖励。1978 年，甘孜州设立了科学技术研究成果奖励机制。1981 年 9 月，州政府批转州科委《关于增设推广科技成果奖励及完成计划项目奖励的意见》，对科技成果奖励设一至四等奖，颁发荣誉证书，奖励 50～150 元/项。1985 年 12 月，州政府正式出台《甘孜州科学技术进步奖励办法》，对科技成果奖励设特等奖和一、二、三等奖，授予州科学技术进步奖状和荣誉证书，奖励高于 1500 元（特等奖）及 1500、1000、800 元/项。而哲学社会科学领域一直未曾设置社科成果奖。自州社科联成立以来，除文学艺术类奖项外，全州社科领域获得省级成果奖励共 14 项（见表 8）。此外，高校如四川民族学院通过教育途径也申报并获得了一批省级社科成果奖励，不再一一列述。

表 8　甘孜州近年来获得省级社科奖项统计表

序号	成果名称	获奖名称
1	甘孜州可持续发展战略理论与实践	获四川省第十二次哲学社会科学优秀成果奖
2	甘孜州建立爱国主义教育活动长效机制战略研究	获四川省第十三次哲学社会科学优秀成果奖
3	康巴传统文化成因及影响	获四川省社会科学院 2009—2010 县市院所优秀科研成果二等奖
4	甘孜州农牧区实用工作手册——宗教与社会主义社会相适应理论与实践探索读本	获四川省社会科学院 2009—2010 县市院所优秀科研成果三等奖
5	康巴彝族谱系历史文化丛书	获四川省社科院 2011—2012 年优秀科研成果一等奖
6	康巴藏族民俗文化	获四川省社科院 2011—2012 年优秀科研成果二等奖
7	民族地区汉语文教学研究：面向四川甘孜藏区汉语文教学的探索与实践	获四川省社科院 2011—2012 年优秀科研成果三等奖
8	落日余晖——赵尔丰康区改土归流记	获四川省社科院 2011—2012 年优秀科研成果三等奖
9	甘孜州第六次人口普查课题汇编	获四川省社科院 2011—2012 年优秀科研成果三等奖
10	丹巴民族传统文化资源调查报告	获四川省第十六次社会科学优秀成果三等奖、四川省社科院市（州）院所第十一次（2013—2014）优秀科研成果一等奖
11	泸定民族传统文化资源调查报告	获四川省第十七次社会科学优秀成果三等奖、四川省社科院市（州）院所第十一次（2013—2014）优秀科研成果二等奖
12	爱国守法感恩社科知识普及 200 问	四川省社科院市（州）院所第十一次（2013—2014）优秀科研成果三等奖
13	藏区维稳背景下基层干部心理状况调查与应对研究	获省社会科学院市（州）县院所第十二次优秀科研成果一等奖
14	甘孜州红色文化资源的传承、保护和利用研究	获四川省社会科学院市（州）县院所第十二次优秀科研成果一等奖

社科成果推广应用方面也取得了一些成绩。近年来，州社科联组织开展的社科研究成果发挥了较好的资政参谋作用。如：《甘孜州红色文化资源的传承、保护和利用研究》在《调研与咨询》（2016 年第 1 期）刊载并受到州委主要领导批示，"践行绿色发展理念 全面深化森工企业改革"课题被州林业局认可，《文化惠民"从群众中来到群众中去"的实践范例——乡城县"农民星期天"调研报告》分别被《调查与研究》、《甘孜日报》、四川新闻网、四川文明网等全文刊载或摘编，专著《丹巴民族传统文化资源调查报告》《泸定民族传统文化资源调查报告》等在甘孜州文旅结合方面得到很好应用，《旅游全域化与甘孜州非物质文化遗产关系研究》报告入选全省《贯彻落实"十三五"全面建成小康

社会 四川区域发展研究——2016年四川省市（州）社科联优秀研究报告汇编》,《甘孜藏区红色文化资源的传承、保护和利用研究》《红军进入甘孜藏区后的民族政策探索和实践》两篇调研报告入选全省《优秀传统文化传承与长征精神弘扬研讨文章集萃》,《甘孜州经济发展阶段分析及产业发展战略研究》入选全省《推动治蜀兴川再上新台阶 加快建设美丽繁荣和谐四川——四川区域发展研究报告》等。

（四）社科普及

1. 科普读物

除州级各部门、社科组织编写的各类社科期刊以及结合不同时期中心工作编写的宣传性质的科普读物外，州社科联结合本职工作也适时编印了20余种社科普及读物（部分为藏汉双语），如《建设民族团结，全面进步模范藏区州——民族宗教政策知识通俗读本》《甘孜州基层农牧区实用工作手册——民族宗教政策和法律知识通俗读本》《宗教与社会主义社会相适应理论与实践读本》《康巴传统文化成因及其影响》《解读富民安康》《康藏社科》《甘孜州情基础知识手册》《群众工作资料汇编》《干部作风建设学习资料汇编》《实现伟大中国梦、建设美丽生态和谐幸福新甘孜主题教育活动资料汇编》《十八大精神学习简明读本》《十八大宣传简明手册》《同心谱写伟大中国梦甘孜精彩篇章社科知识普及200问》《实现伟大中国梦建设美丽生态和谐幸福新甘孜主题教育活动学习指南》《中国梦特刊》《科学发展跨越发展特刊》《转变作风提升形象特刊》《法治甘孜建设——社科知识普及读本》《时政热点100条》《学习十八届六中全会精神社科普及简明读本》《甘孜州第十一次党代会精神学习读本》《四川省第十一次党代会精神学习读本》《党的十九大精神简明学习读本》等。

2. 社科知识宣传普及

州社科联成立以来，发动州县社科组织、州级各社科学会、协会、研究会及社科工作者，按照全州经济、社会发展、科技进步的要求，结合州委、州政府总体工作思路和上级社科组织工作要求，面向生产、面向基层、面向社会、面向"领导干部、农牧民和青少年"，开展了不同层次的社科知识普及工作。每年认真开展3月"科技之春科普宣传月"、5月"科技活动周"、9月"科普活动日"、"送科技、文化、卫生三下乡"等科普宣传活动，以"社科知识进藏家"为抓手，广泛开展社科宣传、知识普及，取得了应有成效，得到省社科联好评，并获"社科普及先进市州"等荣誉称号。如：2012年共开展社科知识普及宣讲活动15次，发放科普宣传资料1000余份，科普读物2100余册。2013年依托群众工作全覆盖，进村入户深入乡村，广泛宣传社科知识，发放《十八大精神学习简明读本》《康巴传统文化的成因及影响》《甘孜州基层农牧区实用工作手册——宗教与社会主义社会相适应理论与实践探索读本》《甘孜州基层农牧区实用工作手册——民族宗教政策法律知识通俗读本》《康藏社科》等科普读物4000余册。2016年结合甘孜州精准扶贫工作实际，组织州县社科组织和社科工作者深入基层调查研究，了解群众所需所想，增强了活动的针对性，全州社科界共组织开展社科知识普及宣讲活动30余次，直接受众5000余人，发放科普宣传资料3万余份，科普读物1万余册，发放各类科普知识光盘300余张。2017年努力营造社科大宣传格局，全年共组织开展社科知识普及宣传活动150余场次，发放科普宣传资料8万余份，发放科普读物、科普知识光盘等1.6万余册（张），受益群众达9万余人。2018年"科普月""科普周"活动期间，共组织开展社科知识普及宣传活动200余场次，发放社科普及读物（宣传资料）、科普知识光盘等2.3万余册（份、张），受益干部群众达4.5万余人等。

四

甘孜州推动哲学社会科学繁荣发展的经验启示

（一）加强党的领导，坚定文化自信，坚持正确的政治方向，是社科联工作的根本要求

哲学社会科学是帮助人们树立正确的世界观、人生观、价值观，增强理论认识和科学思维，加深对社会发展、社会管理规律的认识并有效运用的科学，也是一个地区、一个民族、一个国家兴旺发达的重要标志。甘孜州哲学社会科学之所以得到较快发展，最重要的就是坚持党的领导，做到"两个维护"，坚持用马克思列宁主义、毛泽东思想、邓小平理论、"三个代表"重要思想、科学发展观、习近平新时代中国特色社会主义思想来武装头脑，指导实践，推动工作，始终坚持了正确的政治方向，树牢"四个意识"，坚定"四个自信"，把握好正确的经济、政治、社会、文化发展大势，落实好"意识形态工作责任制"，以正确的理论指导分析新情况、观察新形势、分析新问题。只有这样，才能以积极的态度、稳妥的作为推动社科工作向前发展。

（二）坚持围绕中心、服务大局是做好社科联工作的重要原则

切实围绕中央、省、州委（政府）中心工作大局做好社科资政服务，牢固树立"有为才有位"思想，社科工作才能成为"活水"，焕发生机和活力，才有了着力点和落脚点，也才能进一步激发社科工作的积极性和创造性，更好为地方经济、社会、科技发展服务，更好地履行"认识世界、传承文明、创新理论、资政育人、服务社会"的职责和使命。

（三）坚持"三贴近"原则，自觉服务社会，是社科事业繁荣发展的根本途径

始终坚持贴近基层、贴近生活、贴近群众的原则，按照构建社会主义和谐社会的要求，把服务社会、服务人民作为开展理论政策宣传和社科知识普及的根本指针，坚持用党的创新理论武装人，用人文社科知识熏陶人，努力做到春风化雨、润物无声。实践证明，服务社会、服务人民是新时期社科工作的重要使命，是社科工作者实现自身价值的有效途径，在今后的工作中只能加强而不能削弱。

（四）坚持做好"联"字文章，发挥"合"的优势，是社科联履行职责、增添活力的必然选择

作为社会科学界的联合组织，社科联最大的特点在于"联"，最大的优势在于"合"，上下联动，左右贯通，内外协作，才能形成合力、充满动力。五年来，州社科联按照优化配置、整合资源的思路，大力促进大中专院校、科研院所和党政机关研究部门、社科学术团体之间的相互协作，积极推动学科与学科之间、社团与社团之间、理论工作者与基层工作者之间、专家学者与党政领导之间的相互联系，形成了社科战线的整体合力，实现了社科资源的优势互补和功能整合。实践证明，社科联只有

做好、做足"联"字文章，坚持"合作共赢、合作发展"，调动最广泛的积极性，社科事业才能充满生机和活力，不断取得进步和发展。

（五）坚持用改革的思路应对挑战，用创新的手段解决问题，是社科事业繁荣发展的强大动力

面对经济社会转型发展的新形势、新变化，哲学社会科学要发挥应有的作用，需要不断解放思想、实事求是、与时俱进、谋而后动。五年来，州社科联适应时代发展、社会进步的新要求，把握社科工作的规律和特点，强化改革意识，培育创新精神，探索创新工作思路和工作措施，不断完善各项工作机制，推进了基础理论研究、应用对策研究、社科理论宣传普及等工作。实践证明，敢于创新、勇于变革，是繁荣和发展社科事业的关键所在。

甘孜州社科联课题组

LIANGSHAN ZHOU PIAN

凉山州篇

四 川 哲 学 社 会 科 学 70 年

导言

当时间的车轮驶入 2019 年，我们伟大的新中国迎来了她 70 岁生日！70 年沧桑巨变，中华大地山河壮丽、欣欣向荣。70 年来，我们在中国共产党的正确领导下，开启了一个崭新的时代，走上了一条快速发展、实现中华民族伟大复兴的全新发展道路。解放前，凉山被称为"荒凉之山"。由于历史、社会、地理、自然等多种因素，长期封闭，直到 20 世纪 50 年代初，这里的广大彝族地区仍然停留在奴隶社会。1950 年 3 月，凉山获得解放。1952 年 10 月 1 日，成立了凉山彝族自治州。1956 年，凉山实行民主改革，从此，世代当牛做马的奴隶娃子砸碎了千年铁锁链，翻身做了国家的主人。新中国的成立使凉山"一步跨千年"，成功地实现了从黑暗的奴隶社会向光明的社会主义社会的历史飞跃，走上了社会主义金光大道，各族人民从此真正站起来了！在党的民族政策光辉照耀下，经过民主改革和改革开放，全州各项事业蒸蒸日上，国民经济快速发展，社会事业长足进步，人民生活显著改善，中国特色社会主义呈现出蓬勃生机和活力。回顾凉山州哲学社会科学发展 70 年历程，广大哲学社会科学工作者积极投身改革开放和思想解放的伟大实践，不断探索发现，开拓创新，高举中国特色社会主义伟大旗帜，坚持以马克思列宁主义、毛泽东思想、邓小平理论、"三个代表"重要思想、科学发展观为指导，深入学习贯彻党的十九大精神和习近平新时代中国特色社会主义思想。在州委、州政府的坚强领导下，在省社科联、州委宣传部的有力指导下，在州级各社科学会、协会、研究会，各县（市）委宣传部、各大中专院校和广大社科工作者的共同努力下，在州级有关部门和社会各界的大力支持下，州社科联在思想政治建设、履职能力建设、人才队伍建设、阵地平台建设、组织基础建设等方面取得了新进展，同时在开展学术交流、理论研讨和理论宣传，组织课题规划，开展优秀社科成果评奖，办好理论刊物、开展社会调查、普及社科知识，加强学会管理指导和自身建设，围绕打造凉山"世界彝族文化中心"为重点，聚合社科资源，促进学术繁荣发展，为凉山经济社会发展建言献策，提供智力支持，努力构建具有中国特色、凉山风格的哲学社会科学等方面做了大量卓有成效的工作，总体研究水平位居全省中上游，先后获得全省先进市州社科联一等奖、全省社科普及工作先进集体一等奖、全省学术活动组织及规划评奖工作先进奖等十余项奖项。

凉山州哲学社会科学 70 年概况

（一）组织机构

1. 凉山州社科联成立时间及名称

凉山州社科联成立于 1984 年 12 月，全称为"凉山州社会科学工作者联合会"，挂靠在州委宣传部，未配备专职人员。1987 年，配备人员编制 2 名。1993 年更名为"凉山州社会科学界联合会"。1996 年 5 月，明确凉山州社科联机构级别为正县级单位，并配备领导职数 2 名（其中县级 1 名，科级 1 名）。1997—2019 年，州社科联内设科室 1 个，编制 6 名，领导和非领导职数各 3 名（其中县级 3 名，科级 1 名，一般干部 1 名，工勤人员 1 名）。

2. 凉山州社科联成立党组时间及机构级别

凉山州社科联党组于 2008 年 1 月 28 日成立，配备行政编制 2 名（2 名县级领导职数），参公事业编制 3 名（科级领导职数 1 名），工勤人员编制 1 名，内设科室一个。

3. 凉山州 17 县（市）社科联成立时间及级别

2008 年 11 月 13 日，中共凉山州委机构编制办公室正式发文，全州各县（市）统一成立社科联。各县（市）社科联明确为正科级群团机构，人员编制 2 名（后来在实施中，有的县安排了 3~4 名），设主席 1 名（由县（市）委宣传部部长兼任），专职副主席 1 名（正科级），秘书长 1 名。

4. 凉山州社科联历届代表大会

第一次代表大会：1984 年 12 月 3 日—7 日，凉山州社会科学工作者联合会第一次代表大会在宁南县召开，来自全州 17 个县（市）和州级部门的有关人员及领导共 99 人参加了会议。会议通过了社科联章程，初步明确了社科联的任务和职责，提出今后发展社会科学事业的意见，选举产生了凉山州社科联第一届理事会，其中名誉会长 3 人，会长 1 人，副会长 7 人，秘书长、副秘书长 4 人，常务理事 23 人。

第二次代表大会：1994 年 12 月 16 日—18 日，凉山州社会科学界联合会第二次代表大会在西昌隆重召开，来自全州各县（市）委宣传部和州级有关部门及各社科学会负责人 100 多人参加了会议。第一届理事会有关领导分别作了工作报告、筹备工作报告和修改章程的报告。大会选举产生了第二届理事会，其中顾问 10 人，名誉主席 1 人，主席 1 人，副主席 10 人，秘书长、副秘书长 3 人，常务理事 34 人，理事 64 人。

第三次代表大会：2002 年 1 月 18 日—19 日，凉山州社会科学界联合会第三次代表大会在西昌成功召开，来自 41 个州级学会、协会、研究会推荐的代表以及全州各行各业的有关代表 102 人参加了会议。大会总结了过去的工作，提出了今后 5 年工作的指导思想和具体目标，通过了新修订的《社科联章程》，选举产生了新一届理事会，其中名誉主席 1 人，顾问 6 人，主席 1 人，专职副主席 1 人，秘书长、副秘书长 4 人，常务理事 35 人，理事 101 人。

第四次代表大会：2008 年 3 月 10 日—11 日，凉山州社会科学界联合会第四次代表大会在西昌隆重召开（见图 1），来自全州各县（市）委宣传部及州级有关部门和各社科学会负责人 102 人参加了会议。理事会有关领导分别作了工作报告、筹备工作报告和修改章程的报告，大会选举产生了第四届理事会，其中主席1人，副主席10人，秘书长、副秘书长3人，常务理事37人，理事102人。

图1 凉山州社会科学界联合会第四次代表大会现场

（二）人才队伍

1. 历届领导（见表1）

表1 凉山州社科联历届领导一览表

届数	时 间	主席（会长）	副主席（副会长）	秘书长
第一届	1984.12—1994.12	王传廷（兼）	肖光成、李培意、巴莫尔哈、赵明、刘世昌、柏长庚、徐德全	杨纯才（后期为梁志德）
第二届	1994.12—2002.01	王万金（兼）	梁志、曹永葆、张全安、卿太金、李杨名、周述文、王齐禄、阿卓哈布、阿什老轨、刘焰	梁志德（兼）
第三届	2002.01—2008.03	王金铁（兼）	哈小华	刘萍
第四届	2008.03—2011.11	王金铁（兼）	哈小华、刘萍、刘学武、何万敏、邹学军、张小力、苏志明、罗玉林、杨太荣、金卫东	吴伟
第五届	2011.11—2016.10	王阿呷（兼）	哈小华、苏志明、罗玉林、杨太荣、金卫东、殷体石、景志明、刘学武、何万敏、邹学军、张小力、赵雷	吴伟
第六届	2016.10—2019.06	曾令举（兼）	杨国庆、王风	吴伟

2. 历届社科代表、理事、常务理事组成情况

根据州委关于州社科联换届工作的批示精神，对历届社科联理事会主席、副主席、常务理事提出的原则：一是要体现加强党对社科工作的领导，有利于承上启下，老中青相结合，既突出政治强、代

表性、专业化、有影响力，又要结构合理，注重工作效能，有利于社会科学事业的发展。二是在学术上有较深造诣或有较强的组织能力，热心社科联工作和社会科学事业。三是根据社科联工作的特点，每届理事会常务理事的选拔要充分体现既有利于工作的开展，又有利于社科联领导班子年轻化的要求，这既体现州社科联群团组织的性质，也能够使社科联在新时期整体水平得到提高，达到州委要求。为促进社科事业的发展，根据工作需要，凉山州社科联自1984年成立以来，召开了四届理事会，每届理事会设顾问、名誉主席（会长）、主席（会长）、副主席（副会长）、常务理事等，由州内社科界专家学者和有关社会科学研究单位的主要负责同志组成。每届主席由州委常委、宣传部部长担任，副主席由州社科联专职副主席担任。兼职副主席10余人，其中要求新进候选人平均年龄在45岁左右，少数民族占近一半人选。兼职副主席候选人推荐的原则是既体现以理论工作为主，又有适当数量的实际工作部门的研究人员和领导干部。专业涵盖哲学、经济学、历史学、教育学、新闻学、管理学和民族理论、党建等学科，有利于促进各学科的交融与发展。根据州社科联章程，按照既有利于学科发展需求，又有利于科学分配结构层次的要求，按照研究需要和民族年龄、结构等要求适当分配代表名额。以第四次代表大会代表构成为例：大会共推荐代表102人。其中：汉族61人，彝族31人，回族3人，藏族3人，满族2人，蒙古族1人，仡佬族1人，少数民族占40.2%；党员97人，占95%；妇女代表11人，占10.8%；大专学历20人，占19.6%，本科学历60人，占58.8%，硕士研究生及以上学历19人，占18.6%（见图2）。

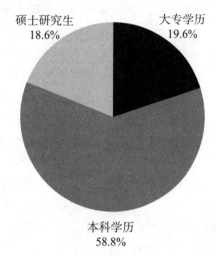

图2　凉山州社科联第四次代表大会代表学历结构图

　　根据推荐代表情况，设常务理事30名左右，其分布情况是：州级学会20余人，大中专院校和科研单位5人左右，州县（市）委宣传部和县（市）社科联5人左右。州社科联4人（含兼职副主席1人）。常务理事候选人全部拥有大学本科及以上学历。

（三）阵地建设

1. 加强学习，加大落实意识形态工作力度

　　一是通过文件、书刊、报纸、网络、会议等认真组织学习党的方针政策，"不忘初心、牢记使命"，坚持理想信念不动摇。把学习贯彻十九大精神融入"两学一做"学习教育常态化制度化中，利用"三会一课""党员活动日""中心组学习""脱贫攻坚宣讲"等载体，创新和加强党的组织生活制度，加大十九大精神宣传力度，深刻领会十九大精神，深入学习贯彻习近平新时代中国特色社会主义思想，深入学习习近平总书记系列重要讲话精神和党中央治国理政新理念、新思想、新战略，将十九大精神传达到每一位党员。二是深入学习贯彻《中共四川省委关于深入学习贯彻习近平总书记对四川工作系列重要指示精神的决定》《中共四川省委关于全面推动高质量发展的决定》，贯彻落实习近平总

书记对做好四川工作多次发表的重要讲话和做出的重要指示、批示，深刻领会以习近平同志为核心的党中央对治蜀兴川最明确、全面、精准的定位，深化对习近平新时代中国特色社会主义思想及"四川篇"重大意义的认识，坚定用以武装头脑、指导实践、推动工作。三是深入学习领会省委十一届三次全会精神，学习省委书记彭清华关于"坚持以习近平新时代中国特色社会主义思想为指导，深入学习贯彻习近平总书记对四川工作系列重要指示精神"的部署要求，深化"大学习大讨论大调研"活动，扎实抓好稳增长、促改革、调结构、惠民生、防风险和党的建设各方面工作，确保党中央大政方针和省委决策部署不折不扣落到实处，齐心协力推动治蜀兴川再上新台阶。四是切实贯彻落实全省宣传思想文化战线工作会议精神。把学习宣传贯彻习近平新时代中国特色社会主义思想和党的十九大精神作为首要政治任务。坚定政治方向、始终站稳立场，服务中心大局、始终同频共振，加油鼓劲统筹、凝聚强大合力，注重落细落实、讲求结果效果，坚持与时俱进、深化改革创新，为民族复兴大业、治蜀兴川事业贡献力量。五是认真传达学习全省网络和信息工作会议精神。认真学习省委常委、宣传部部长甘霖讲话精神。全面把握习近平网络强国战略思想的重要意义、科学内涵和精神实质，推动党中央关于网信工作的战略部署在四川落地落实，牢牢把握做好四川省网信工作的总体要求，奋力推进网络强省、数字四川、智慧社会建设。牢牢掌握网络意识形态工作领导权，加强网上正面宣传，提高网上舆论导控能力，加强网络综合治理，让网络空间正能量更充沛、主旋律更高昂。坚决筑牢网络安全屏障，切实巩固网络安全基础，加强关键信息基础设施安全保护，严厉打击网络违法犯罪，坚决守好网络安全底线。全面加强党对网信工作的领导，抓紧推进网信三级工作体系建设，强化网信工作统筹协调，走好网上群众路线，健全网信人才干部队伍，提升网络安全和信息化工作水平。

2. 落实党委（党组）意识形态工作责任

为进一步加强和改进意识形态工作，落实党管意识形态原则，明确党组成员和办公室人员的意识形态工作责任，根据中共中央办公厅《党委（党组）意识形态工作责任制实施办法》（中办发〔2015〕52号）、省委办公厅《四川省贯彻落实党委（党组）意识形态工作责任制实施细则》（川委办〔2015〕48号）、四川省社科联党组关于印发《贯彻落实意识形态工作责任制实施细则》的通知（川社联党〔2017〕46号）等文件精神要求，2018年8月18日，州社科联出台了《关于印发〈贯彻落实意识形态工作责任制实施细则〉的通知》（凉社联党〔2018〕1号）。一是要求党委（党组）将意识形态工作作为党的建设和政权建设的重要内容，与"五位一体"建设和党的建设同部署、同落实、同检查、同考核。二是要求党委（党组）书记带头抓意识形态工作，带头管阵地、把导向、强队伍，带头批评错误观点和错误倾向，重要工作亲自部署，重要问题亲自过问，重大事件亲自处置。三是要求党组领导班子对本单位意识形态工作负主体责任。党组书记是第一责任人，党组明确一名分管意识形态工作的领导，作为直接责任人协助党组书记抓好统筹协调指导工作。党组其他成员根据工作分工，按照"一岗双责"要求，对职责范围内的意识形态工作负领导责任。

3. 管阵地、管导向、管队伍

加强对社会科学研究机构和思想文化类学会、协会等社团的领导班子建设工作。70年来，凉山州先后共注册社科研究、思想文化类学会（研究会）50余家，大体分为三类：一是由西昌学院、州民研所、州委党校等专家学者组织的研究机构；二是由州级相关单位成立并主管的学会（研究会），其组织管理及学术研究范围与本单位的工作职能相关和同步；三是民间组织创办的学会（研究会），主要以民族文化、历史文化等为研究范围。州级部门成立的相关学会（研究会）虽然有人员有资金，但积极性不高，工作成效不大，热闹一阵后逐渐冷落，近年来已经名存实亡。工作积极性较高、研究较活跃的社团组织主要是以州级有关研究机构为主的专家学者型组织及以彝学会、藏学会等为代表的民间组织学会，这些学会（研究会）在推进学术研究、弘扬民族文化、提升民族形象、打造凉山独特优势的学术品牌等方面，做了不少工作，取得了一定成效，受到国家、省、州各级部门表彰表扬。2013年以来，按照州委关于推进新社会组织党组织集中组建活动实施方案的相关要求，州社科联与州民政局紧密配合，分排查摸底、集中组建、巩固完善三个阶段，落实领导班子建设和年检审核，对

50 余家协会、学会加强监管审查,领导班子和组织机构建设不断得到加强,基本符合相关要求。长期以来,州社科联按照章程规定,严格落实州内社会科学类学术性团体业务主管主体责任,结合党建工作不断加强意识形态领域新形势、新任务的客观要求,不断加强对学会领导班子的建设工作,选优配强党组织书记,按照守信念、讲奉献、重品行、会管理、善协调等要求进行民主推荐和选举,选好学会(研究会)责任人。对学会(研究会)的资格资质认真把好年检关,仔细审核,查缺补漏,有问题的要求限时整改。近年来,州社科联进一步加大了对各社会科学研究机构和思想文化类学会、协会等社团的管理和监督力度,切实加大了意识形态工作和社团领导班子建设工作力度。2018 年以来,为了切实强化意识形态领域的管理工作,州社科联进一步加强与州民政局民间组织管理局的合作,再次加强对州管各类学会(研究会)的登记、注册、年检、管理等清理整顿工作,对所属还在开展工作的州级 40 个社科学会(研究会)进行了清理审核,对 20 个年检合格且领导班子建设工作合格的学会(研究会)进行了保留(见表 2),对 10 个未继续登记且领导班子建设不力的学会(研究会)依法予以取缔,对 7 个长期未进行登记年检审核,领导班子不作为的学会(研究会)予以注销,对 3 个未完善相关手续的社会组织予以注销。通过审核把关、加强监管,切实提高学会(研究会)的政治素质和研究质量,不断提高对社科研究类和思想文化类学会的管理服务工作水平,不断巩固马克思主义在意识形态领域的指导地位。进一步加强全州社科界意识形态工作的管理和对社科组织的思想政治、党的建设、领导班子、学术活动等建设的监管和指导,坚持正确的政治方向和指导思想,牢固树立政治意识、责任意识,确保学术活动坚持正确的政治导向,使其成为宣传科学理论、传播先进文化、弘扬社会正气的重要阵地。

表 2　凉山州社科联学会(研究会)概况

序号	单位	成立的学会(研究会)	人数(人)	学历	平均年龄(岁)	研究水平
1	州委政研室	州政策研究学会	6	大学 4 人研究生 2 人	52	中上
2	州政府办	凉山州行政管理学会	8	大学 5 人、研究生 3 人	38	中上
3	州语委	州民族语文翻译学会	5	大学 4 人研究生 1 人	51	中
4	盐源县旅游局	凉山州泸沽湖摩梭文化研究会	6	高中 2 人大专 1 人本科 3 人	60	中
5	州图书馆	州图书馆学会	5	大学 4 人研究生 1 人	53	中上
6	州工商局	凉山彝族自治州工商行政管理学会	9	大专 4 人大学 3 人研究生 2 人	55	中
7	州审计局	凉山州审计学会	11	大学 9 人研究生 2 人	41	中
8	州食药监局	凉山州药学会	6	大学	45	中
9	州直属工委	凉山州机关党的建设研究会	5	大学	50	中
10	州纪委监委	凉山州纪检监察学会	15	大学	37	中上
11	州教育局	凉山州教育学会	7	大学	45	中
12	州档案局	凉山州档案学会	6	大专 3 人大学 3 人	50	中上

序号	单位	成立的学会（研究会）	人数（人）	学历	平均年龄（岁）	研究水平
13	州林业局	凉山州林学会	7	大专3人 本科4人	52	中
14	州农行	凉山州民族金融学会	7	大学	39	中
15	州社科联	凉山彝学会	23	大专15人 大学6人 研究生2人	50	中上
16	州社科联	凉山藏学会	23	大专15人 大学6人 研究生2人	50	中上
17	州社科联	凉山彝族自治州雅砻江民族文化研究会	12	大专4人 大学6人 研究生2人	55	中上
18	州卫生局	凉山社会性别与艾滋病防制研究会	15	大专5人 大学8人 研究生2人	40	中
19	州社科联	凉山州彝族语言文化研究会	5	大专3人 大学2人	70	中上
20	州委宣传部	凉山州思想政治工作研究会	3	大学	52	中

4. 严格执行报告会、研讨会、讲座、论坛等审批审查制度，邀请境外专家学者按程序报批，加强意识形态管理工作

一是所属社科组织举办涉及意识形态的报告会、研讨会、讲座、论坛和社科普及等活动，须经领导班子集体讨论通过（有主管部门或单位的由其负责人签署意见），向州社科联提出书面申请，经审查同意后方可举行；邀请境外人员的，要严格按照中办发〔2006〕10号和中宣办发〔1992〕10号等文件规定执行，报外事主管部门审批同意。申请报告应包括以下内容：学术活动的名称，主要议题和内容，主办单位，活动地点、时间，参加单位和人数，经费来源，主持人和报告人，报告人的有关情况。二是未经上述程序或发现报告人有政治倾向问题或报告内容有政治性错误观点，不得举办；对未按规定办理申办手续而自行举办的，要追究主办单位和主办人的责任；对在活动中传播政治谣言和政治性错误观点的，主办单位要及时制止和上报，努力消除影响，并向报告人所在单位反映，由报告人所在单位按照有关规定进行处理；对因疏于管理造成不良政治影响的，相关部门将追究责任，严肃查处。三是对涉及意识形态的报告会、研讨会、讲座、论坛和社科普及等活动成果的新闻报道和宣传推广，按照"谁主办，谁负责"的原则，严格审查把关。

5. 加强对外文化交流活动、学术交流合作管理，加强对省内社会组织与境外组织合作的监管，严把背景关、方向关、内容关

各所属社科组织举办涉及意识形态的报告会、研讨会、讲座、论坛和社科普及等活动，必须坚持党的基本路线，遵守国家法律法规；确保学术交流、社科普及坚持正确的政治导向，使其成为宣传科学理论、传播先进文化的重要阵地。一是加强对所属社科组织与境外非政府组织合作活动的管理指导，严格按照相关规定，采取事前、事中、事后报告的办法和程序办理，严把背景关、方向关、内容关。二是及时了解和掌握所属社科组织以及社科重点研究基地、州级社科普及基地的政治倾向，了解社科界的思想动态，把握社科学术理论和活动情况。定期研判，发现问题并及时处理。

6. 加强对社科刊物的管理

州社科联主管主办的内刊《凉山社会科学》和基层社科联主办的《雷波社会科学》《冕宁彝学》

《川滇明珠》《溪洛渡》《白鹤新论》等相关社科刊物都是意识形态的重要阵地。长期以来，州社科联一直履行对本单位、基层社科联以及相关学会出版物的审查工作，发现问题及时指出并纠正，一直保持着较好的舆论环境，未出现过重大方向性问题。主要做法：一是始终坚持正确的政治方向和价值导向，严守政治纪律和政治规矩，严守组织纪律和宣传纪律，切实维护意识形态安全；二是坚持政治理论学习制度化、常态化，强化编辑人员的责任意识和阵地意识，提高编辑人员的政治鉴别把关能力；三是牢记"四个意识"，切实把牢方向关、导向关；四是严格实行政治导向一票否决制，严格执行出版管理规定，维护期刊的良好出版秩序；五是刊物组稿约稿、专题策划须经编辑部集体论证、主编同意后实施，重大选题须报社科联党组并履行备案手续，严守政治纪律，切实加强正向引导，杜绝出现负面的舆论和观点。

7. 将意识形态工作纳入监督检查与考核

根据《关于印发〈贯彻落实意识形态工作责任制实施细则〉的通知》（凉社联党〔2018〕1号）建立落实意识形态工作责任制检查考核制度。定期研判所属社科组织意识形态工作。每年1月、7月，汇总所属社科组织前半年的实际工作情况和后半年的工作计划，进行分析研判，善于从政治上、大局上看问题，在正确研判的基础上，有针对性地进行悉心指导。组织人事部门根据《中共凉山州委办公室印发〈关于在机关实施"筑底强基凝聚民心"党建工程的意见（试行）〉的通知》（凉委办发〔2017〕44号），把意识形态工作情况纳入干部考核，作为评价使用和奖惩的重要依据；并要求党组成员领导干部要在民主生活会上和上报州直工委的述职报告上，将意识形态工作落实情况作为重要内容进行认真总结和自我剖析，接受上级党组织的监督和评议。

三

凉山州推动哲学社会科学繁荣发展的基本实践

（一）组织机构建设

1. 大力加强组织建设，为社科事业的繁荣发展提供坚强保证

凉山州社科联在1984年12月成立时，属于副县级群团机构，编制只有2个。多年来，州委、州政府高度重视我州社科联组织建设。在州委、州政府的关心下，在州委宣传部和省社科联的大力支持下，在各级领导的帮助下，按照中央和省委关于繁荣发展哲学社会科学的意见精神以及省社科联的工作要求，凉山州委组织部于2008年1月28日发文，同意成立凉山州社科联党组，并给州社科联增加2个编制，1个领导职数。州社科联党组的成立，使全州社科工作的领导力量和统筹协调能力得到进一步的增强和提高，为全州社科事业的繁荣发展提供了坚强的组织保证。2008年11月13日，中共凉山州委机构编制办公室正式发文，全州各县（市）统一成立社科联。各县（市）社科联明确为正科级群团机构，人员编制2名（后来在实施中，有的县安排了3～4名），设主席1名（由县（市）委宣传部部长兼任）、专职副主席1名（正科级），秘书长1名。这一举措为进一步加强凉山州县（市）社科联组织建设，促进凉山社科事业繁荣发展打下了坚实的组织基础。目前，全州17县（市）社科联机构设置和人员编制全部得到解决，并已到位开展工作。州社科联已组织全州召开11次社科联工作座谈会和8次培训会。

2. 积极争取编制

凉山州社科联现有内设机构一个（办公室），干部编制5名、工勤人员1名。这些年来，随着凉山州社科事业的发展，社科工作特别是其中的规划评奖工作的量越来越大，管理的资金越来越多，管理的范围也越来越广。一个人同时要兼顾很多方面的工作，头绪太多，有时难免心有余而力不足，顾此失彼。现有的内设机构和人员编制数已经不能适应工作的需要。为此，州社科联于2009年通过州委宣传部向州编办申请要求设立"思想政治研究会"并解决1名编制。州编办于2010年1月以《中共凉山州委机构编制办公室关于设立思想政治工作研究会的批复》（凉编办函〔2010〕17号），同意在州社科联增挂"凉山州思想政治工作研究会"牌子，增加事业编制1名。2010年州社科联再次向州编办申请增设内设机构"规划评奖办公室"，并请求适当增加人员编制。州编办于2011年9月以《中共凉山州委机构编制办公室关于州社科联办公室增挂牌子的批复》（凉编办函〔2011〕36号），同意在州社科联办公室增挂"规划评奖办公室"牌子，其他机构编制事宜不变。

3. 加强社科组织管理，大力开展社科建设工作

在州委、州政府的重视、关心和支持下，社科联的工作在凉山州两个文明建设中发挥着越来越重要的作用，地位日益提高。按照守土有责、强基固本、拓展提升的要求，州社科联持续推进组织建设、阵地建设，不断增强社科工作的战斗力。坚持"一手抓繁荣发展、一手抓引导管理"，着力培育一线支点和"毛细血管"，织密社科工作的组织网络。17县（市）社科联力量逐步得到加强，县（市）级社科联已按要求配齐职数。在经费管理方面，加强对民族文化研究基金和社科优秀成果评奖经费的科学化、规范化管理，严格把关。积极组织广大社科工作者开展学术研究和交流，引导人们崇尚学习、研究和应用社会科学，立足新形势，谋求新发展，紧紧围绕中心工作，不断加强自身和县

（市）社科联组织建设，不断加强和规范管理职能。进一步加强与州民政局民间组织管理局的联系与合作，加强对州管各类学会、协会、研究会的管理和服务，在提高社科工作管理和服务水平等方面都取得了一定的成效。70年砥砺奋进，共创辉煌。共表彰先进学会、先进县（市）社科联50余个（次），先进个人300余人（次）；新成立学会12个，凉山州各社科学会、协会、研究会已由社科联成立前的8个400多人发展到50多个，各县（市）社科联（社科学会、协会）6个，合计会员1万多人，基本涵盖了凉山州各行各业、各县（市）以及各学科领域。州社科联积极组织所属各社科学会共召开学术研究会、座谈会、学术讲座会，共承担全省、全国及国际学术研究与交流会、协作会30多次，并与全国19个省（区）50余个市（州）建立了较为密切的联系。各类学术研究、学术交流活动在凉山州开展得有声有色。

（二）人才队伍建设

1. 重视吸引人才，加强州县社科类研究机构建设

州社科联积极贯彻落实州委、州政府人才战略，通过课题规划和成果奖励，调动人才，扶持人才；通过社科基地建设，挖掘人才，重视培育人才；通过创新人才、学术和技术带头人推荐，举荐人才；通过社科学会、协会汇聚人才，发现人才。目前，分布在全州高等院校、党校系统、基层社科联、学术团体、民办社科研究机构、地方党政部门研究系统的社科工作者达1万余人，拥有社科基金项目学科评审组专家学者30多名，涌现出了一批学术领军人物、学科带头人和中青年科研骨干，初步形成了老中青人才梯次配备的良性格局，发挥了扩大社科人才影响的重要作用。州的社科类研究机构主要有：西昌学院、各级党校、各级政研室、民族文化研究所，党委、政府各部门政治部、研究室和相关机构、省彝文学校、凉山民师校、凉山卫校、州市教科所，以及一些民间社科类研究机构等。州县社科类学会、协会、研究会50多个，涵盖了全州各行各业和各县（市）。按学科类别来看：现有文史哲类学会19个，占45%；经济类学会7个，占17%；综合类及其他学会16个，占38%（见图3）。从功能来看：行业学会共有30个，占71%；学术性研究学会共有12个，占29%（见图4）。

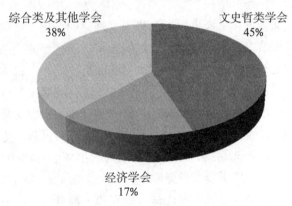

综合类及其他学会
38%

文史哲类学会
45%

经济学会
17%

图3　凉山州社科类学会类别结构图

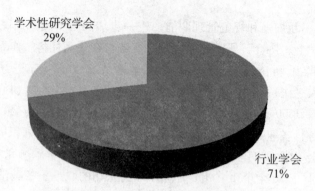

学术性研究学会
29%

行业学会
71%

图4 凉山州社科类学会功能结构图

2. 利用民族文化基金大力促进哲学社会科学事业人才队伍发展

为了支持和扶持凉山州具有优势地位的学术领域和学科门类，如民族学、人类学、彝学、古彝文化研究等，推动基础学科的发展，弘扬民族文化，打造凉山独特优势的学术品牌，2010年12月，州政府决定设立凉山州少数民族文化研究基金，每年由州财政预算安排100万元，专项用于民族文化研究，并明确规定：凉山州社科联作为州民族文化研究基金使用的组织管理和责任单位。为确保基金在使用上规范化、科学化、制度化，发挥其最高效率，州委、州政府成立了"凉山州少数民族文化研究基金规划项目领导小组""凉山州少数民族文化研究基金规划项目指导评审专家组"，出台了《凉山州少数民族文化研究基金规划项目管理办法》（凉府办发〔2010〕29号）。目前，基金资助的规划项目研究工作有条不紊地开展，吸引了大批人文学科专家学者申请项目，进行哲学社会科学类课题研究，为促进凉山州民族文化大繁荣、大发展打下了坚实的物质基础，为促进社科强省建设增添了一分绵薄之力。

3. 构建彝学学科，加强彝族文化人才培养

20世纪80年代以来，中国彝学研究开始在科学意义上进入学科的构建，在学术走向上则由语言、文字、历史的研究渐进到彝族文化的各个方面，进而扩及宏观的彝学理论探讨。90年代以来，更多的彝族青年学者成长起来，与其他民族学者一道共同努力。中国彝学也在更新自己的学术形态，朝着一门既体现中国彝族人文传统，又汲取世界先进人文理论的现代学科的方向发展。彝学的学科建设从本民族社会与文化的具体情况出发，进行符合民族人文传统特点的、系统的学科理论和方法论的建设。中国彝学作为一门独立的学科，经过一个多世纪的曲折发展，学科体系不断健全，深受国内外学术界的关注与众多学者的瞩目。为促进民族共同团结进步、共同繁荣发展，维护祖国统一，提升凉山州文化软实力和知名度，推进凉山经济社会发展，提供了有力的智力支持。广大彝学研究工作者以高度的事业心和责任感，皓首穷经，殚精竭虑，刻苦钻研，在彝文古籍的抢救、翻译、整理、出版和文化研究领域取得了可喜的成果，先后整理、翻译、编写、出版了一批重要典籍和重要学术研究著作，一些著作还在国内外学术界产生了较大的影响。凉山是全国最大的彝族自治州，传承和弘扬本民族文化更应该义无反顾、责无旁贷。通过不断地深入研究和不懈努力，凉山极具魅力的民族文化资源已引起了学术界的广泛关注和研究兴趣，凉山民族文化研究正呈现出方兴未艾的良好发展势头。州社科联不断在民族学、人类学、彝学、非物质文化遗产、古彝文化研究等基础学科的建设和发展上加强人才培养，特别是在加强本民族文化人才的培养方面，成效显著。以西昌学院为例，建立了人文社科重点研究基地——彝族文化研究中心，成立了学术委员会，积极培养彝族文化人才，促进"多学科视野融合、国际化战略合作"的彝学学科发展，探索多语高层次人才培养新路径，特别是在体现多语化教育专业特色、应用型人才的培养、学科体系的设置、民族文化的本土化等几个方面进行实践与研讨。总体上看，凉山已经积累了一定数量的彝族文化研究人才，少部分高层人才在彝族学术领域做出了较突出的贡献，彝族文化研究者年龄结构日趋合理，职称分布比例均衡，高学历人才比例越来越大。

以西昌学院为例，西昌学院从事彝族文化研究的社科类人才总数 64 人，其中男性 34 人，女性 30 人；50 岁及以上的 18 人，40~49 岁的 14 人，30~39 岁的 19 人，20~29 岁的 13 人（见图 5）。

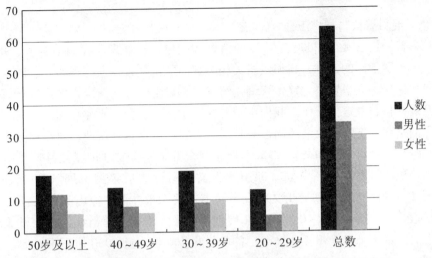

图 5　西昌学院彝族文化研究人才队伍数量与年龄结构图（单位：人）

西昌学院从事彝族文化研究的社科类人才 64 人中，按职称分类：教授 16 人，副教授 12 人，讲师 26 人，助教 10 人（见图 6）。

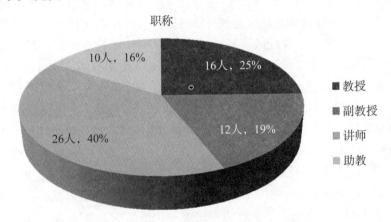

图 6　西昌学院彝族文化研究队伍职称结构图

西昌学院从事彝族文化研究的社科类人才 64 人中，按学历学位分类：博士研究生 8 人，硕士研究生 30 人，大学本科 23 人，大专及其他学历 3 人（见图 7）。

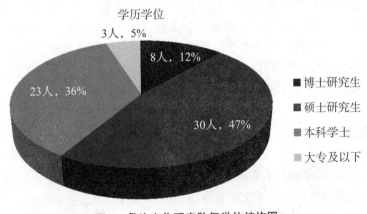

图 7　彝族文化研究队伍学位结构图

（三）社科普及和科普基地建设工作

1. 有声有色开展科普读物推广工作

凉山州的社科普及工作始于 2000 年，经费由财政拨付。长期来，我们结合省、州"科普之春"活动要求和"三下乡"活动的安排，与州级机关相关部门紧密配合，发挥现有学会的人才优势，采取举办展览、讲座、论坛，发送资料，宣传咨询，解疑释惑，配合文艺演出、电影专场等形式，开展活动。一是积极开展社科普及宣传工作。我们组织各社科学会、协会、研究会深入乡村开展社科知识普及咨询和宣传党的路线、方针、政策活动，受到了广大农民群众热烈欢迎，争相提问，互动交流，并向群众发放各类资料、社科书籍和杂志 3500 余册，受众万余人。二是拓展社科普及渠道，发起读好书、写好书活动，积极筹办凉山州首届"凉山州人文社科优秀成果图书展"，进行科普读物推广。2014 年，由州委宣传部、州社科联、州文联及州图书馆共同举办了"凉山州人文社科优秀成果读物图书展"。此展旨在推广社科成果转化应用，拓展社科普及渠道，发挥当地优秀社科成果的引领和教育作用。此次书展汇集了来自全州各县（市）各单位共 400 种、近 2000 册图书，展示了我州社科领域近年来的一部分优秀成果，反映了凉山这片广阔的热土上丰富的人文资源、辛勤的创作队伍和丰硕的劳动成果。

2. 重点扶持省级科普基地

一是在社科基地建设方面，重点扶持 2016 年新挂牌的省级科普基地"会理绿陶文化艺术科普基地"。会理绿陶文化艺术社科普及基地是由会理县社科联、会理绿陶文化开发有限公司共同建设的以普及会理绿陶文化艺术为目的的公益性体验基地。前身是 1981 年建立的会理县艺釉厂，占地 30 亩，展出绿陶艺术历史作品 680 件套，绿陶艺术精品 460 件套，主要对外宾、学者和游客开展绿陶艺术知识形象化的普及。基地由艺术馆、艺术家会所、创作中心、写生基地、培训中心、绿陶艺术研究中心、艺术茶楼等特色艺术板块构成，是凉山会理境内集文化、艺术、交流、休闲、体验、展示、研究、科普为一体的大型艺术园区。绿陶基地拥有以中国非物质文化遗产代表性传承人、四川省工艺美术大师、会理绿陶艺术代表性传承人韩进富为代表的创作团队，他们在继承传统绿陶艺术的基础上潜心研究，不断创新、创作独具中国特色、自然成趣的陶艺作品，在四川陶艺界形成了新的艺术流派。二是推进凉山彝族奴隶社会博物馆——凉山彝族历史文化科普基地建设。凉山彝族奴隶社会博物馆于 1985 年建成开馆，是我国最早的民族学专题博物馆之一，也是目前全国唯一的研究奴隶制社会的专题博物馆。该馆全面介绍了凉山奴隶社会时期彝族的政治、经济、军事、宗教、社会习俗、法律等各方面内容。

3. 积极开展州级科普基地创建工作

为进一步加大社会科学普及力度，对接省级科普基地的申报要求和工作流程，2017 年州社科联开始接受州内各县（市）申报的州级科普基地创建工作。2018 年以来，经州社科联及相关专家组实地调研后，初步将西昌市社科联和西昌市文物管理所共同申报的"西昌知青历史文化社科普及基地"纳入申报审核。2018 年 12 月，州社科联组织相关专家对该申报项目进行了评审，一致同意将该项目进行申报，这是首个州级社科普及基地建设项目，是填补空白之作。

（四）激励机制建设

注重"建制"，以制度保障激发人才内在动力，建立完善的人才奖惩激励硬机制、硬措施。州委、州政府先后制定了《凉山州少数民族文化研究基金规划项目管理办法》《凉山州哲学社会科学研究课题管理办法》《凉山州社会科学优秀科研成果评奖办法》《凉山州哲学社会科学优秀科研成果评奖实施细则》等一系列规定办法，加强社科研究激励机制建设。一是州政府设立每年 100 万元的民族文化基金，对社科课题给予经费资助，有力地调动了大批专家学者的积极性，申请基金进行凉山彝族文化、地域文化、本地习俗、社会历史形态等哲学社会科学类课题研究的社科类人才越来越多，学术研究成果斐然。这充分调动和发挥了社会科学工作者的积极性、创造性，促进了全州社会科学事业的繁荣和国民经济及社会的发展。二是从第一次评奖开始设立评奖资金，截至第十六次已增加至 40 万元评奖经费，对优秀成果给予奖励，奖励在社会科学研究中做出贡献的集体和个人。社会科学优秀成果奖分为专著类，译著、教材、古籍整理、通俗读物、工具书类，论文、决策咨询报告类。每类设一、二、三等奖和优秀奖，均颁发奖励证书和奖金。获一、二、三等奖和优秀奖的成果，由凉山州人民政府颁发证书、奖金。获奖通知书存入本人档案，作为考核、晋级、评定专业技术职称、享受有关待遇的重要依据。强化体制机制激励功能，为社科工作者施展才华提供良好的研究条件和软环境。不断加大哲学社会科学研究的投入力度，调动广大哲学社会科学工作者的积极性、主动性，注重体制机制建设，营造以人为本、协调发展的良好氛围，全面推进哲学社会科学人才队伍的健康发展。

（五）特色工作

自州政府设立凉山州民族文化研究基金并出台《凉山州民族文化研究基金规划项目管理办法》以来，凉山州的社科规划和研究工作既有资金支持又有制度保证，呈现出一派欣欣向荣的繁荣景象，特别是在彝文古籍的抢救、翻译、整理、出版和文化研究领域取得了可喜的成果，先后整理、翻译、编写、出版了一批重要典籍和重要学术研究著作，一些著作和研究成果还在国内外学术界产生了广泛和较大的影响。通过现存的考古资料研究，不仅证明彝族是世界上最古老的民族之一，也证明彝族为中国乃至世界的文明进步做出了巨大贡献。目前，凉山州每年都有几十项具有地方民族文化特色的学术研究成果和应用成果立项、结项，极大地调动和发挥了全州社科工作者的积极性和创造性，有力促进了凉山社科事业的繁荣发展。该基金的设立，极大地调动了全州广大社科工作者和爱好者的积极性，受到了全州民族文化研究工作者的高度称赞和拥护，称其是促进凉山民族文化发展的又一民心和德政工程。多年来，社科硕果累累，用很少的钱办了很多工作，受到国家、省、州各级部门表彰。主要做法：

1. 严格执行州民族文化研究基金管理办法

为规范管理和使用好凉山州民族文化研究基金，州政府制发了《凉山州少数民族文化研究规划项目管理办法》（凉府办发〔2010〕29 号），该办法参考《国家社会科学基金项目经费管理办法》《四川省哲学社会科学规划项目管理办法》《凉山州哲学社会科学研究课题管理办法》制定，是比较完备的、可操作的实施办法。基金实施的初期着重以凉山古彝文化的研究为核心，为凉山彝学研究提供了资金支持，取得了较好的成果。随着各少数民族文化研究的蓬勃兴起，基金已从古彝文化研究拓展为凉山少数民族文化研究这个更大的领域，如藏族文化、摩梭文化、布依族文化、傈僳族文化等等。为加强管理，不断改进工作，州社科联党组经常召开专题会，就基金使用和管理办法严格执行进行再强调、再落实，进一步强化领导责任，严肃工作纪律，完善工作制度。按照管理办法的要求，一是及时调整领导小组成员；二是完善基金项目申报、审核、立项、结项、验收等一系列工作程序，并形成《凉山州少数民族文化研究基金课题指南》，明确工作流程，指导研究人员、评审专家按工作流程开展工作，避免人为因素干扰；三是严格执行报账制度，先做事，后给钱，强化对资金的一线管理，杜绝给钱不做事、慢做事的弊端；四是强化档案和痕迹化管理，设立基金课题档案专卷，完整收集记录项目申报、初评、研究、立项、结项、验收、拨款及成果鉴定等一系列工作程序痕迹，做到每个课题都有据可查，可追踪，可溯源。

2. 充分发挥专家的评审作用

设立社会科学学科专家库，对每年度的基金规划项目课题及出版资助项目开展前期专家评审及结题验收评审工作。专家库以国家社会科学学科分类标准为参考进行分设，各学科专家库不少于 2 名，视具体情况共设立专家库成员 16~20 名。每年度随机在专家库中抽取专家人员，参与本年度基金规划项目课题及出版资助项目的全程评审工作。专家库参照国家社会科学学科分类标准并结合凉山学术研究优势学科项目设置，具体有哲学、宗教学、语言学、历史学、考古学、经济学、政治学、社会学等学科。依照年度申报研究项目涉及的学科范围，在对应专家库中抽取专家人员参与此项工作的评估、论证。

3. 党组审核把关

对"基金"项目的申请立项，必须经过党组会议集体研究。充分贯彻落实党组议事决策制度，坚持依法依规原则，坚持解放思想、实事求是原则，坚持民主集中制原则，坚持少数服从多数原则，对每年度的基金项目规划立项工作召开党组会议进行研究。由分管领导事先做好工作汇报准备，办公室主任做好会议记录，并在会后形成会议纪要。会议由党组书记主持，由分管领导进行汇报，其他与会同志围绕中心议题，独立思考，充分发表意见，"一把手"不事先发表意见。会议采取口头、举手、无记名投票或记名投票的方式进行表决，要表明"同意""不同意""保留意见"等明确态度。赞成人数超过应到会党组成员人数一半以上为通过。通过后提交凉山州少数民族文化研究基金规划项目领导小组开会研究决定，最后提交州委分管领导审核签发执行。

4. 对项目进度进行跟踪，结题验收

主要做法：一是制定《凉山州少数民族文化研究基金课题指南》，根据基金管理办法对申报者进一步明确项目申报、初审、研究、验收、拨款、存档等工作流程要求，并严格执行。二是明确在收到作者提交的写作大纲和提交预付款（60%课题资金）申请书的前提下，经党组会议研究同意后才能支付。三是在临近结题的时间段，要求作者提前两个月在网上提交结题报告和研究成果，交由评审专家进行终审，以此来保证对课题进度的有效跟踪，切实提高结题验收质量。

三

凉山州推动哲学社会科学繁荣发展的主要成就

（一）社科阵地建设成就

1. 社科组织发展大事记

1984年12月，凉山州社会科学工作者联合会第一次代表大会在宁南县召开，同时举行了第一次商品生产理论研讨会。此次会议的召开，标志着凉山州社科联正式诞生。凉山州社科联成立之初的日常工作主要由州委宣传部有关领导和有关科室承担，有关经费只能从宣传部业务经费中支出。表现为：一没编制，二没经费，三没办公地点，四职责不明确。

1987年，州编办发文，为州社科联配编2名。

1993年，州委出台文件，初步确定了州社科联对州级社科类学会的管理服务职能和范围。

1994年12月，凉山州社科联第二次代表大会在西昌召开。

1996年5月，州编办发文，确定州社科联机构级别为正县级。

1997年5月和2001年12月，州委两次发文，全面规范和完善了州社科联的主要职责、内设机构、人员编制和领导职数。

2002年1月，凉山州社科联第三次代表大会在西昌召开。

2002年5月，颁布两个政府令：《凉山州哲学社会科学研究课题管理办法》（州政府2号令），《凉山州社会科学优秀成果评奖办法》（州政府3号令）。

2003年，州委出台《关于进一步繁荣发展凉山州哲学社会科学事业的意见》。

2004年7月7日，州委第122次常委会就繁荣发展全州哲学社会科学工作听取了专题汇报和进行了专题研究。

2004年11月9日，州委第一次召开全州繁荣发展哲学社会科学工作会议。

2007年1月，州编办发文，同意州社科联增加领导职数和编制1名。

2008年3月，凉山州社科联第四次代表大会在西昌召开。

2008年1月，成立凉山州社科联党组。

2008年11月，州编办发文，全州17县（市）设立社科联：为正科级群团机构，设主席1名（由县（市）委宣传部部长兼任），专职副主席1名（正科级），秘书长1名。

2010年8月，设立"中国·凉山彝州论坛"，并成功举办"古彝文化探源国际学术研讨会"。

2010年12月，设立凉山州少数民族文化研究基金，州政府出台《凉山州少数民族文化研究基金规划项目管理办法》。

2011年，启动凉山州少数民族文化研究基金。由于基金成立于2010年，但实际工作的开展和资金的投入是2011年，所以累积了两年的资金投入，2011年投入资金200万元用于项目研究。

2012年，成功组织"全国知名网络摄影网友走进火红大凉山"大型摄影采风活动和"全国知名网络媒体，辉煌六十年，走进火红大凉山"大型新闻采访报道活动。

2013年，成功举办首届凉山州人文社会科学成果展，建成"凉山社科网站"。

2014年，成功申报四川省社科普及基地——凉山彝族历史文化科普基地。

2015 年，由州社科联与凉山电视台彝语频道共同打造了 48 集《彝学论坛》系列民族文化学术科普专题节目。

2016 年，成功申报四川省社科普及基地——会理绿陶文化艺术普及基地。

2017 年 12 月，成功申报"西昌知青历史文化社科普及基地"。

2018 年，撰写了关于打造"世界彝族文化中心"和规划建设"大凉山彝族文化生态保护实验区"的简要设想与策划调研报告。通过了州委第二巡察组的常规巡察。

70 年的伟大变革和实践为哲学社会科学的繁荣发展提供了肥沃土壤。70 年风雨兼程，扎根于凉山社会实际，立足于州情和优秀民族文化，凉山州社科联从无到有，一路走来，不断发展壮大，促进了凉山经济社会发展和社会主义核心价值观的践行，从另一个侧面反映了凉山社会的历史进步和文明程度的提升。

2. 社科刊物

自《凉山社会科学》《雷波社会科学》《冕宁彝学》《川滇明珠》《溪洛渡》《白鹤新论》等社科刊物开办以来（见图 8），为大家认识凉山、了解凉山、热爱凉山和建设凉山起到了积极作用。凉山州社科联会刊《凉山社会科学》（内部刊物，内部资料准印证：第 21-02 号）创刊于 1985 年，当时全称为《凉山社科联通讯》（季刊）。随着形势的发展，应州内外广大读者的要求，2000 年增大了刊物容量，更名为《凉山社会科学》，内容也由原来的 40 多页 7 万多字增加到现在的 100 余页 20 万字左右。每期刊发稿件由原来的 20 多篇扩大到 40 多篇，并由季刊改为双月刊，由小 16 开改为大 16 开。《凉山社会科学》已成为凉山最有影响力和权威性的媒体之一，并与州外 100 多个单位互换、交流。如今的《凉山社会科学》，无论是装帧、版式、纸张，还是文章质量和内容的针对性、多样性、可读性等方面都比创办之初有了较大改进，读者与作者不断增加，影响力也同步上升，在全国、全省市（州）一级社科类杂志中有着良好的声誉，是我州权威性的社科杂志，也是广大社科工作者的一块坚固阵地。办刊多年来，发表了不少高水平的文章，对推动凉山经济社会的进步起到了较好的作用。到目前已累计出刊 153 期，增刊 38 期，刊登各类文章 4700 多篇，1200 余万字。还与全国 10 多个省（区）、40 多个市（州）建立了刊物交换制度。

图 8　凉山州部分社科刊物

3. 科普工作建设成就

1）会理绿陶艺术文化社科普及基地建设成就

州社科联不断加强对会理绿陶基地科普活动、展馆建设等的指导，鼓励该基地传承好会理绿陶文化艺术，积极创新发展，扩大科普成果。近年来，会理绿陶基地利用其优势大力开展社科普及宣传工作，建立了"会理县青少年现代农业科普实践基地""会理县绿釉陶瓷制作实践基地"，编辑整理《会理绿陶》，宣传普及绿陶社科知识，举办绿陶研讨会，培养绿陶后续接班人，开展了丰富多样的科普活动，赢得当地党委、政府的充分肯定和社会各界的广泛赞誉。2017年4月在会理举办了以"弘扬中国传统文化·传承绿陶非遗技艺"活动。同年6月10日至18日，会理绿陶基地参加了第六届中国成都国际非物质文化遗产节，文化部副部长项兆伦莅临凉山主题展馆视察，并在绿陶展台前留影；会展期间，还于西南交大犀浦校区图书馆举行了"巴蜀工匠·非遗系列展演会理绿釉烧制技艺互动体验展"活动，将会理绿陶制作技艺带进校园，并举行了会理绿釉烧制技艺精品展、绿釉烧制技艺互动体验展等活动和主题讲座。2017年8月，绿陶基地代表性传承人韩春寅，在西昌邛海宾馆为参加全国工商联举办的"光彩事业凉山行"来宾展示绿陶作品，发放宣传资料600多份，向全国各地优秀企业家展示了凉山绿陶的魅力。

2）凉山彝族奴隶社会博物馆社科普及基地建设成就

自2015年成功获得省社科联第五批"四川省社会科学普及基地"称号以来，凉山彝族奴隶社会博物馆积极开展科普宣传工作，成绩斐然：邀请成都文物考古研究院副院长江章华、研究员周志清分别开展了"长江上游四川盆地古代文明进程探索""凉山近年考古新发现"讲座；邀请了凉山州民研所、西昌市文物管理所、凉山州博物馆等单位参加《凉山文博》编委研讨会。2015年5月，凉山彝族奴隶社会博物馆和沈阳新乐遗址博物馆联合举办的"一步跨千年——凉山彝族奴隶社会形态展"在沈阳新乐遗址博物馆临展厅顺利开展。此次展览共展出108件独具凉山彝族文化特色的文物，从彝文、等级、家支制度、习惯法、宗教信仰、生产方式、生活方式及生活习俗8个方面全面阐释了凉山彝族奴隶社会形态。该展览的成功举办，让观众朋友深入了解了凉山彝族奴隶社会的形态特征与彝族人民灿烂的历史文化。为了切实做好第39个"5·18国际博物馆日"宣传活动，并配合抗日战争胜利70周年纪念活动，凉山彝族奴隶社会博物馆专门组成展览小组，于2015年5月18日在川兴中学举办"'5·18国际博物馆日'——'鹰落凉山'图片展"。此次展览主要展示的内容是：1944年8月26日，隶属于美国第468轰炸大队第792轰炸中队的B-29轰炸机因机械故障失事于凉山州甘洛县黑马乡娃古洛村三组，机组成员7人跳伞生还，被彝区斯兹土司冷邦正属下头人派兵护送至汉源县羊仁安处，机组成员分两批先后返回彭山基地。此次"'5·18国际博物馆日'——'鹰落凉山'图片展"以图片展板展出的形式，生动地反映了1944年6月-11月期间，美国陆军航空兵第二十航空队6架飞机在凉山境内失事和搜寻的故事。本次展览共展出16块展板，免费发放宣传资料手册300多份。在展览现场，参观的学生络绎不绝，大家纷纷表示，看图片展，就像读一本历史书，它不仅展现了抗战时期凉山地区的景象，也讲述了鲜为人知的凉山人民解救美国飞行员的故事。

（二）社科学术理论活动

20世纪70年代末，出版的《凉山彝族奴隶社会》《凉山彝族奴隶制社会形态》《凉山彝族奴隶制研究》这三部著作从各个方面系统地总结和阐述了凉山彝族社会的基本性质和特点，为外界了解、认识凉山彝族做了很好的铺垫。不过也从时间和空间上把凉山彝族社会刻板地描述为"野蛮""落后""黑暗""迷信"的奴隶社会"活化石"。80年代中期，一批充满激情的彝族年轻学者逐渐地涌现出来。他们大学毕业后，在老一辈彝汉学者的指导下，遵照党中央提出的"救书、救人、救学科"的指示，对彝族文献进行大量地搜集、整理、翻译、出版，为彝学研究注入了更多的新鲜血液，为本民族"自我"的历史叙述做了许多有益的基础工作。由于沉醉于"民族文化的复归"，其中也有个别人在其调查研究和书写过程中略带"我看我的影子很漂亮"的感怀，过多地认为许多历史文明都和彝族人的生活单元紧密地联系在一起，于是多种不同的学术观点在彝学范围内展开了对话。这样的学术氛围是积极健康的，也值得提倡，它至少构建了多声对话的学术机制，避免了一概而论的弊端。从 20 世纪 80 年代中期开始，持不同见解的专家学者不断到凉山彝族地区考察，争鸣的文章很多。1984 年，凉山州社科联的成立，确立了凉山地区社科研究组织管理框架，既加强了意识形态管理，也为全国各地甚至国外从事凉山彝族文化研究的专家学者提供方便和服务。州社科联坚持马克思主义在哲学社会科学领域的指导地位，按照"百家争鸣，百花齐放"的方针，解放思想，开拓进取，推陈出新，积极开展学术交流。

1. 学术研究与交流

州社科联根据州委、州政府的工作安排，紧密结合州情、县情，针对热点、难点问题，广泛组织开展多层次、多角度、多形式的各类研讨会和学术交流活动。先后与州委宣传部、州直工委、州讲师团、州党校、州地税局等单位联合召开 18 次理论研讨会、26 次理论座谈会，举办了 10 余次学术交流活动，组织社科工作者参加各种宣讲团，累计参加人数 4000 多人次，会上交流论文、调研报告、经验总结、对策建议 2100 多篇。这些文章，内容广泛，观点鲜明，理论联系实际，材料翔实，有鲜明的凉山特点，不少文章会后被州内外报刊采用。这些活动的开展，对于全面提高凉山州广大干部特别是领导干部的理论素养和研究分析问题的能力，深刻认识州情，理清发展思路，实现科学决策打下了良好的基础。一是社科联与有关部门联合组织的比较大型的研讨会、座谈会或报告会，如 1984 年社科联成立之初在宁南县召开的第一次商品生产理论讨论会；1988 年在会理召开凉山州社会主义初级阶段理论研讨会；1995 年在西昌召开邓小平理论研讨会；2000 年，邀请中国社科院和四川社科院专家在西昌举办西部大开发专题报告会；2002 年，在西昌召开学习贯彻"三个代表"重要思想座谈会；2005 年，在西昌举办"坚持科学发展观、构建社会主义和谐社会"学术报告会等。二是各类学会、协会、研究会根据自己行业和学科特点开展了机关党建研讨会等各种类型的研讨会、座谈会、报告会、学术讲座达 120 余次，极大地促进了本行业和本学科的发展。

2. 论坛

由凉山彝族自治州人民政府、中央民族大学西部发展研究中心、凉山州社科联、西昌学院彝语言文化学院联合举办了"凉山彝族乡村发展理论与实践高峰论坛"。论坛主题：凉山彝族发展的历史进程与未来走向、凉山乡村治理与公共服务、反贫困策略与典型案例、彝族人口流动与城镇化、乡村教育与文化建设、禁毒防艾与公共卫生。论坛邀请了国际、国内著名的历史学、人类学、民族学、彝学等方面的专家学者 60 人，其中国内邀请 57 人，国外 3 人。通过交流学术观点和传播党的方针政策，搭建起"凉山彝族乡村发展理论与实践"这一学术平台，开展相关的讨论与交流活动，并将专家、学者们提交的学术成果编辑成书，出版发行。西昌市社科联成立以来，在市委和市委宣传部的领导与支持下，举办了以"百人大讲坛"为载体的"发现西昌·跨越奋进"系列主题讲座。该活动采用电视转播的形式，共设 16 期专题讲座。市委、市政府领导为主讲人。"百人大讲坛"目前已开播 30 多讲，直接听众达 2 万多人次，电视观众 50 万余人次，收到了很好的效果。

3. 重大学术研讨会

州社科联作为社科界的学术性人民团体，充分发挥组织协调作用，调动各学会、协会、研究会等的积极性。组织全州社科工作者开展学术研究和学术交流活动，营造浓厚的学术氛围，为凉山的社会经济发展、民族团结献计献策，提供智力支持。围绕党和国家出台的重大方针政策，本地党委、政府的中心工作，组织比较大型的研讨会、座谈会或报告会。2009 年，组织召开"首届古彝文与三星堆文化探源学术研讨会"。2010 年，在第六届中国凉山彝族国际火把节期间成功举办了"中国·凉山彝州论坛——古彝文化探源国际学术研讨会"（见图 9）。这两次国际学术研讨会，对彝族古代文明史研究、彝族体质人类学研究、彝族古代哲学和宗教思想研究、彝族葬俗历史研究、彝族口头传统研究、古彝文化造型艺术史研究、古彝文与三星堆字符比较研究、彝族族群认同与华夏认同及国家认同研究、彝族与周边民族文化互动史研究等多项议题进行了深入有益的探讨，取得了可喜的成果，在国内外学术界特别是彝学界产生了很大的反响。但是，现在关于古彝文化的研究，诸如起源和演进、古彝文化与三星堆等中国古文化的关系及与世界古文明的关系等，仍然存在大量疑问，需要认真、持久和广泛的研讨。在举办规模、影响较大的"中国·凉山彝州论坛"时，州社科联邀请了美国、德国、挪威、加拿大、日本和中国社科院、北京大学、中央民大、西南民大以及地方80多位多学科领域的专家、学者齐聚西昌，对彝族文化与巴蜀文明的关系、古彝文化与三星堆字符的比较、彝族火文化等诸多命题进行深入研究。各位专家、学者在现有研究成果的基础上，以新方式、新视野、新理念，推动彝族文化研究向更深层次、更宽领域、更多门类拓展。一是通过对彝族文化的深入研究，证明彝族与我国其他民族同根同源，各兄弟民族你中有我、我中有你，坚持共同团结奋斗、共同繁荣发展是民族工作的主题，要积极推进民族团结、和谐社会建设与科学发展。二是从考古学、人类学、民族学、历史学、哲学、语言学、宗教学等相关学科对彝学研究进行规划，立足现有资源与条件进行学科建设，大力提倡"百家争鸣、百花齐放"的学术氛围，积极寻找线索与突破口，进行更深层次更宽领域的彝学研究。三是帮助我们搞好濒临消失、灭绝的彝族文化资源尤其是母语文化的抢救、搜集和整理工作，使其得到妥善的保存和保护，得到动态的传承和发展。四是在研究方法上，坚持进行现代彝语与古代彝语、藏缅语族与其他语族、汉藏语系与其他语系比较研究。五是建立稳定的交流合作机制，深化凉山州民族文化机构与国际国内著名大专院校、科研院所、各位专家学者的交流合作，促成多学科共同研究，达到百花齐放的效果，提高彝族文化的知名度和美誉度。六是着力打造民族文化品牌，不断提升文化软实力。70年来披荆斩棘、风雨兼程，州社科联共举办各种重大研讨会、座谈会、报告会10余次，参加人员8000余人次，会上，交流论文、调研报告、经验总结、对策建议等各类文章800余篇。

图9　2010年"中国·凉山彝州论坛——古彝文化探源国际学术研讨会"
在西昌市邛海宾馆召开

（三）社科研究

1. 课题规划

围绕党和国家重大方针政策和本地党委、政府中心工作，州社科联从"八五"开始，编制"凉山州哲学社会科学规划纲要"，从宏观上指导和引导全州社会科学研究的方向，并有计划地逐年实施规划纲要中提出的研究课题。州社科联规划比较大型的研讨会、座谈会或报告会进行课题研究，还根据

《凉山州少数民族文化研究基金规划项目管理办法》，以规划项目为抓手，整合全州社科力量，联合攻关课题。

2. 课题研究

按照《凉山州哲学社会科学研究课题管理办法》，一是组织实施了300余项国家、省、州重点研究课题。如："中学生禁毒教育研究""凉山彝族毕摩文化的非物质文化遗产性及法律保护机制研究""凉山民族文化与旅游""西部开发与凉山优势产业研究""凉山州'十一五'十大重点研究课题"等。二是组织实施了100余项对现实问题的研究课题。如："四川省'十二五'经济社会发展战略丛书——凉山卷""跨越的力量""人大监督纵横谈""强化大凉山品牌建设""着力'两化'互动带'三化'联动，推进全域凉山全面协调可持续发展""全域凉山建设战略研究"等。三是组织实施了90余项具有较高学术水平课题的研究，在本学科领域具有开拓性和独创性。如："凉山历史碑刻注评""凉山彝族自治州志""支嘎阿鲁王""尔苏藏族文化研究""中国年鉴学研究""一个考古文化交汇区的发现——凉山考古四十年（上下册）""重视民间社会资源开发、探索彝区社会治理创新""安宁河谷古代经济开发史"等。四是通过"中国·凉山彝州论坛——古彝文化探源国际学术研讨会""古彝文化与三星堆文化探源学术研究会"等大型研讨会，整合全州社科力量联合攻关，组织实施了40余项全国、省、州重点研究课题。如："古彝文与'巴蜀图语'的渊源研究述评""用古彝文破译三星堆——巴蜀刻文""古夷（彝）文与三星堆玉石文刍议""彝语的分类""尼叟语支的分类""三件古彝族文物铭文考释——兼论古蜀族与彝族的语言文字与族源的亲缘关系""不断寻找理想的居住地：从《勒俄特依》中探索彝族古老的地理和生态意识""彝族历史运动述略"等。这些研究课题内容涉及民族、宗教、历史、文化、经济、医药、扶贫等，时代特征鲜明、理论联系实际、针对性强，具有很强的学术性和现实指导意义，为彝族族群认同与华夏认同及国家认同研究、彝族与周边民族文化互动史研究，提供了重要的基础，在州内外、省内外都有一定影响。

3. 重要研究成果

凉山州利用州政府设立的少数民族文化研究基金组织专家学者和社科研究团体大力开展哲学社会科学类课题研究，成果累累。如：《凉山彝族历史探源研究》《凉山古彝文考证与研究》《摩梭达巴文化研究》《彝海结盟历史背景与现实意义》《凉山彝族民歌研究》《彝族十二兽纪年纪日与十二地支比较研究》《诺苏占卦卜筮与中华古占卜比较研究》《彝音汉译规范研究》《凉山彝族方言比较研究》《悬棺密码》《凉山历史碑刻注评》《彝学研究文集》《非物质文化遗产保护的法律机制研究》《三星堆之谜与彝族文化的渊源》《凉山彝族历史文化"三亲"录》《凉山彝族起源及发展研究》《凉山历史沿革研究》《凉山笮人研究》《凉山邛人研究》《凉山僰人研究》《彝族文字史的多学科联合研究》《凉山土司研究》《凉山历史考古及研究》《凉山古建筑研究》《凉山彝语汉译的不规范与凉山彝人行为研究》《美姑彝族毕摩仪式活动调查报告》《凉山彝族自治州建置沿革》《凉山各族人民的历史贡献》《红军长征过彝区》《凉山历史文化辑萃》《孟获文化研究文集》《川滇地区金沙江流域民族带状文化研究》《凉山明清时期民间文献研究》《凉山蒙古族研究》《凉山彝族传统调解文化的现代价值研究》《凉山彝族招送魂路线研究》《凉山州文史资料：彝族文化专辑》《中国·凉山彝族》《凉山民族史稿》《彝族尔比尔吉》《彝族习惯法》《彝汉双语教学》《彝族史诗"勒俄特依"》《彝族十月太阳历》《彝族文学概况》《彝族毕摩文化》《彝族克哲》《彝族毕摩人物志》《凉山民俗风情》《诺苏传统文化与中华古文化比较研究》《凉山精准扶贫实录》《凉山州彝族火把节起源传说的区域性研究》《落实精准扶贫要求，下足"绣花工夫"，坚决打赢凉山脱贫攻坚决胜之战》《彝族道德经"玛牧特依"释义解读》《亲历摩梭——我的女儿国王妃生涯（肖淑明口述录）》《凉山历史人物志》《凉山彝区农村社会问题研究》《彝族太阳历》《彝族童谣精选》《凉山彝族毕摩文献古籍著录信息》《彝族毕摩文化图志》《论彝海结盟》《婚姻天堂》《凉山彝学研究》《凉山州实施乡村振兴发展战略调查研究》《"中华民族共同体意识"理论与实践研究——以四川凉山为视角》《凉山州深度贫困彝区脱贫攻坚助推自我发展能力提升的实证研究》《喜德彝族漆器产业发展面临的问题及对策——以喜德县犇驰彝族漆器有限公司为例》《宁南县布依族文化与旅游发展研究》《凉山州"一村一幼"彝汉对照双语教学乡土教材》《多元视域下凉山州青年老师跨文化适应能力培养的研究》等 200 余项研究成果（见图 10）。

图 10　凉山州少数民族文化研究基金资助项目部分成果

（四）开展优秀科研成果评奖活动

1. 开展评奖活动情况

建立社会科学优秀成果评奖制度，加强社会科学优秀成果评奖，是构建中国特色哲学社会科学的重要举措。习近平总书记提出，各级党委要把哲学社会科学工作纳入重要议事日程，加强政治领导和工作指导，一手抓繁荣发展，一手抓引导管理。要深化管理体制改革，形成既能把握正确方向又能激发科研活力的体制机制，统筹管理好重大评价评奖活动。社会科学优秀成果评奖属于科学评价，不同于工作评比，建立科学有效的社会科学优秀成果评奖制度非常重要。州社科联认真贯彻落实省委《关于加强构建中国特色哲学社会科学的实施意见》提出的"坚持每两年一次的四川省哲学社会科学优秀成果评奖"，比照省上建立健全了社会科学优秀成果评奖制度，出台了《凉山州社会科学优秀科研成果评奖办法》《凉山州哲学社会科学优秀科研成果评奖实施细则》。该奖项是凉山州最具权威性和唯一的社科类政府奖。州委、州政府成立了评奖委员会，州社科评奖委员会聘请州内 20 名知名学者、专家，组成专家评审组，分成文教、政史、民族、经济四个学科评审小组，对申报的作品进行评审。评出一等奖、二等奖、三等奖、优秀奖，评奖面占49.4%。评奖活动每两年开展一次。评奖始于1988年，截至2018年已开展16次。每次评选优秀成果约120项，其中：一等奖10余项，二等奖20余项，三等奖40余项，优秀奖50余项。同时在获奖成果中推荐部分成果参加四川省哲学社会科学优秀科研成果评奖活动。16次社科优秀成果评选奖励活动共评选奖励优秀成果1400余项，其中获省政府一等奖6项，二等奖8项，三等奖35项，优秀奖16项；获州委、州政府一等奖135项，二等奖256项，三等奖491项，优秀奖599项（见表3），州级各社科学会、协会、研究会参加国家级和省级学会举办的社科优秀成果评选奖励活动被评选出的一、二、三等奖共计600余项。这些成果既展示了凉山州社科工作者的研究实力，体现了凉山社科研究的整体水平，调动了凉山州广大社科工作者的积极性，有力地促进了凉山州社会科学事业的繁荣发展。在近三届全省优秀社科成果评奖活动中，省上给凉山州下达的参评成果数及获奖成果数在全省21个市州中列第三，仅次于成都市和南充市。

表3　凉山州历次优秀成果评奖表

次数	时间	参评（项）	一等奖（项）	二等奖（项）	三等奖（项）	优秀奖（项）
第一次	1986—1987	56	3	6	8	10
第二次	1988—1989	113	7	15	11	23
第三次	1990—1991	121	6	12	12	25
第四次	1992—1993	133	8	15	9	33
第五次	1994—1995	116	9	14	11	35
第六次	1996—1997	125	8	18	16	31
第七次	1998—1999	350	10	6	40	50
第八次	2000—2001	256	10	23	38	45
第九次	2002—2003	166	9	24	55	38
第十次	2004—2005	129	9	21	45	54
第十一次	2006—2007	291	6	22	40	52
第十二次	2008—2009	370	11	27	44	45
第十三次	2010—2011	217	9	24	55	38
第十四次	2012—2013	158	9	24	59	66
第十五次	2014—2015	137	3	12	20	25
第十六次	2016—2017	186	9	17	28	29
合计		2924	135	256	491	599

2. 优秀成果的作用

评选优秀成果不仅是对全州社科成果的一次大展示，而且是对全州社科事业发展壮大的一次大检阅。这些获奖成果所涉猎的学科和领域十分广泛，有哲学、法学、社会学、教育学、经济学、历史学、民族学、语言学、新闻学、人口学、考古学、翻译学等。获奖成果有学术专著、资料书、工具书、学术论文、调研报告等。这些成果不仅有较高学术价值，社会影响大，同时不少成果紧密结合实际，具有较强的应用价值和现实指导性以及操作性，有的被党委、政府和部门所采纳，转化成了现实生产力。具体来说，这些成果有以下几个特点：一是重视研究现实问题。这些获奖项目中，应用性研究成果占总获奖项目的三分之一以上，不少成果立足于凉山实际，紧密联系凉山经济、社会发展中的理论和现实问题，并直接服务于凉山改革开放的实际，如《凉山州经济发展质量等级综合评价实证研究》《西部大开发与民族地区绿色教育发展》《关于实施工业强州战略的调研报告》等。二是具有较高的学术水平，如《中国彝族谱牒选编》《凉山毕摩》《方志学原理》《西昌地震碑林》等。三是获奖面较宽，州级各主要单位、各大中专院校、许多县市都有获奖项目。从作者来看，所涉及的单位也十分广泛。获奖人员既有专业的研究人员，也有大中专、中学、小学教师；既有党政机关领导干部和一般工作人员，也有企业职工；既有 30 多岁的年轻人，也有离退休的老同志、老专家、老学者（见图11）。

图 11 凉州第十次哲学社会科学优秀科研成果颁奖大会现场

四

凉山州推动哲学社会科学繁荣发展的经验启示

（一）加强党的领导，坚定文化自信

社科界作为党在意识形态领域的重要战线，必须牢牢把握正确方向，始终坚持马克思主义在意识形态领域的指导地位，积极培育和践行社会主义核心价值观，为筑牢全州人民团结奋斗的共同思想基础发挥积极作用。一是坚持马克思主义指导地位不动摇。旗帜鲜明地坚持以马克思主义为指导，引导社科界自觉坚持马克思主义中国化研究，自觉把中国特色社会主义理论体系贯穿研究和学习全过程，切实解决好真懂真信的问题。坚持以人民为中心的研究导向，自觉把个人学术追求同国家、民族，同凉山州经济社会发展紧紧联系在一起，结合凉山发展需求和我们党执政面临的重大理论与实践问题加强学习研究，在揭示经济社会发展、人类社会发展的大逻辑大趋势上有凉山哲学社会科学界的声音和话语。二是坚持深化马克思主义理论的学习研究和运用。习近平总书记新时代中国特色社会主义思想，是马克思主义中国化最新成果，深入学习习近平总书记系列重要讲话精神，不断深化对以习近平同志为核心的党中央治国理政新理念、新思想、新战略的把握和思考，坚持理论自信、道路自信、制度自信、文化自信。三是坚持正确的政治导向，强化责任意识。强化阵地意识和责任意识，既是哲学社会科学的政治底线，也是重要职责。我们将加强对重大思想理论问题的引导，旗帜鲜明地批驳错误思潮和观点。认真做好社科界的政治方向、舆论导向、价值取向工作，着重加强对社科规划项目立项、成果评奖的政治把关和导向管理，加强对各类研究会、协会、社团和民办社科研究机构，社科类学术报告会、研讨会、讲座、论坛的监管。引导社科工作者讲政治、顾大局，增强政治敏锐性和政治鉴别力，始终保持清醒头脑和坚定的政治立场，真正做到在意识形态领域"守土有责、守土负责、守土尽责"。始终坚持马克思主义在繁荣发展哲学社会科学中的指导地位。把举旗帜、抓方向作为推进哲学社会科学事业发展的政治责任，充分发挥导向、引领作用，确保凉山哲学社会科学繁荣健康发展。

——全州各级社科联组织始终准确把握党的十八大以来、特别是十九大以来，党在新形势下推进马克思主义中国化的新判断、新理论，加强和改进宣传思想文化工作和理论研究工作，认真贯彻执行党中央先后召开的全国宣传思想工作会议、文艺工作座谈会、新闻舆论工作座谈会、网络安全和信息化工作座谈会等会议。积极组织和引导社科工作者，扎实推进"马克思主义理论研究和建设工程"，坚守主阵地，掌握主动权，打好主动仗。

——始终坚持把学习贯彻习近平总书记系列重要讲话精神作为首要政治任务。全州社科界通过组织开展学习贯彻党的群团工作会议、习近平总书记在哲学社会科学工作座谈会上的重要讲话精神等座谈会、研讨会，引导社科工作者在学习宣传习近平总书记重要讲话精神中先学一步、学深一层、学实一点，深刻领会"两个不可替代"的思想精髓和核心要义，准确把握党在新时期对哲学社会科学的新期待、新要求，自觉用讲话精神统一思想，凝聚共识，并将讲话精神所蕴含的新思想、新理念贯穿于推动哲学社会科学事业繁荣发展的各个方面，确保全州社科界在思想上、政治上、行动上始终与党中央保持高度一致。

——始终坚持把贯彻落实中央、省委、省政府、州委、州政府重大决策部署作为社科工作的主线。紧紧围绕党的十九大和习近平总书记对四川工作重要指示精神、省委治蜀兴川系列重要决策部署，开展学习贯彻、宣传普及、理论研讨等活动，积极引导社科工作者深入贯彻落实中央和省委重大决策部署，用中央和省委、州委改革发展稳定的新战略、新要求，观察新形势、分析新情况、研究新问题。积极发挥课题规划、成果评奖、基地建设、著作出版、论文发表等导向和杠杆作用，动员和组织社科工作者，紧密结合统筹推进"五位一体"、协调推进"四个全面"的凉山实践，积极开展社科研究和咨询普及，确保全州哲学社会科学事业始终沿着正确的方向前进。

（二）整合资源发挥"联"的功能

社科联是党领导下的学术性群众团体，具有学科齐全、人才荟萃、联系广泛、渗透力强、影响面大、工作空间广泛和灵活的特点。要开创社科联工作新局面，就必须在"联"字上做文章，充分发挥其优势，过去实践证明，"联"能够出凝聚力、出号召力。社科联的"联"应是多渠道、多层次、多领域、多部门、多方位、多角度的。大体上讲：一是与党和政府、各级部门、单位"联"，争取支持和重视；二是与经济企业界"联"，努力促进成果转化和社会化；三是与大中专院校、研究单位、专家学者"联"，提高研究层次和质量；四是与各个学会（含自然科学）"联"，可以优势互补，形成合力，联合攻关，多出成果，多出精品；五是与省内外学术团体研究部门"联"，可以拓宽视野，提高发展自己；六是与新闻界"联"，可以宣传成果，普及社科知识，提升全社会的文明程度；七是发挥好社科联和学会、和社科工作者"联"的关系，起好"桥梁""纽带"作用。社科联是各社会科学学会共同组成的联合体，学会和社科工作者如果离开社科联就会游离于社科活动的主渠道外。各学会、学科之间无法形成合力，其学术力量很难投向主战场。而学会则是社科联赖以生存和发展的基础，社科联离开了学会，不仅自身工作难以开展，桥梁和纽带作用也无力履行，它也就失掉了存在的意义，可见社科联和学会之间是相互依存、相互发展的关系。社科联要开创学会工作新局面，必须调整工作思路，扩大对学会和社科工作者服务范围，加大对学会和社科工作者服务力度，加强对各类社科人才的档案管理和掌握，特别是各学科带头人和学科研究成果的管理和使用，把定期开展优秀成果评选奖励工作进一步制度化、科学化、公平化、公正化，使其更有利于调动社科工作者的积极性、创造性；抓好学会负责人政治业务培训，增强学会活力；有针对性地组织社会科学工作者外出学习考察，开阔视野，启迪思想，提高研究层次；建立秘书长联席会和学会会议制度；进一步提高理论刊物质量，为社科工作者提供园地；在事业发展上要为社科工作者排忧解难，牵线搭桥，多办实事，广交朋友，想他们所想，急他们所急。总之，要把社科联办成社科工作者之家，真正发挥"联"的功能，才能切实起到党和政府联系广大社科工作者的桥梁和纽带作用。

（三）围绕中心服务大局，充分发挥"思想库"和"智囊团"作用

加强重大理论和实践问题的研究，特别是具有全局性、前瞻性、战略性的重大课题研究，为州委、州政府决策提供智力支持和理论服务，是凉山州哲学社会科学工作的一项重要任务。作为哲学社会科学工作者，一定要明确这个主攻方向，以高度的责任感和使命感，解放思想，实事求是，勇于探索创新，充分发挥社会科学的认识功能、解释功能、导向功能，围绕中心服务大局，充分发挥自身优势，加大探索。在社会科学研究中，如果没有创新的意识和勇气，没有大胆的探索和实践，不切入改革开放和现代化建设的实际问题，不切入广大人民群众实践中提出的关心的具体问题，将会让社会科学领域不思进取的庸常之人和人云亦云的平庸之作越来越多，社会科学就会处于徘徊和停滞状态，就会丧失应有的地位，就会有负于党和人民赋予的使命和职责。当前，时代的发展和要求为社会科学发展提供了良好的机遇和广阔的天地，为广大社科工作者施展自己的才智提供了广阔的用武之地。全州广大哲学社会科学工作者应以高度的事业心和强烈的责任感，走出书斋，走进基层，走进实践，深入

研究，科学提出和回答凉山州经济和社会又好又快发展中的重大理论和实际问题。坚持"扶持优长学科、关注新兴学科、保持传统学科、发展应用学科"的原则，坚持严谨扎实的优良学术传统，坚持正确的学术方向，坚持较高的学术追求，坚持严谨规范的学术风格，积极加强理论和学科建设，形成一批优长学科和重点研究领域，努力提高凉山哲学社会科学的知名度和影响力，为州委、州政府决策咨询服务，为人民群众解疑释惑。在研究中注意理论联系实际，从凉山的实际出发，增强对现实问题研究的针对性、指导性和可操作性，发挥好理论对实践的指导作用。坚持与时俱进，勇于探索，推进理论创新，拿出真正代表凉山州水平的研究成果。积极推进研究成果向现实生产力转化，在促进凉山州经济和社会发展中积极发挥"思想库"作用，在繁荣哲学社会科学和促进凉山经济社会发展中，切实调动广大专家学者的积极性，为凉山经济社会发展建言献策，提供智力支持，充分发挥"智囊团"作用。为凉山州在挖掘整理、探索研究民族文化、地域文化等方面做出更大贡献，使凉山社科界充满生机活力，硕果累累，并不断将研究成果转化为文化艺术经济成果。在开展学术交流、理论研讨和理论宣传，组织课题规划和研究，开展优秀社科成果评奖，办理论刊物，开展社会调查、普及社科知识，加强学会管理指导和自身建设等方面再上一个台阶。充分发挥对州委、州政府的"思想库"和"智囊团"作用，依托社科系统雄厚的研究实力和丰富的智力资源，围绕中心，服务大局，积极开展哲学社会科学研究工作。

我们正面临着一个充满生机与活力的伟大变革时代，发展哲学社会科学任重道远。哲学社会科学工作者都应该立时代之潮头，通古今之变化，发思想之先声，积极为党和人民述学立论、建言献策，担负起历史赋予的光荣使命。让我们携起手来，紧密团结在以习近平同志为核心的党中央周围，高举中国特色社会主义伟大旗帜，增强"四个意识"，坚定"四个自信"，做到"两个维护"。围绕全面建成小康社会和中华民族伟大复兴目标，进一步联系改革实践，加强对重大理论和现实问题的研究和成果运用。紧扣社会前进的脉搏，紧贴凉山发展的实际，站在学术研究的前沿，突出凉山州具有优势地位的学科门类和学术领域，深入扎实地开展哲学社会科学研究，弘扬民族文化，打造凉山独特优势的学术品牌，多出优秀成果，多出优秀人才，繁荣发展凉山州哲学社会科学事业。在新的历史时期，凉山州社科联将以更加饱满的激情，求真务实，开拓创新，扎实工作，努力开创社科工作新局面，为打赢深度贫困脱贫硬仗、加快建设美丽幸福文明和谐新凉山而努力奋斗！

凉山州社科联课题组

成员：哈小华、杨国庆、王凤

后　记

　　本书是四川省社科联为庆祝中华人民共和国成立 70 周年隆重推出的系列重要成果之一。四川省社科联主席杨泉明高度重视这项工作，要求以严肃认真的态度切实做好调研和成果的编辑出版；党组书记、副主席姜怡亲自部署调研工作，并对书的编辑出版提出了明确的质量要求；党组副书记、副主席罗仲平对调研成果的完善和使用，以及对该书的编辑出版提出了具体的指导意见；党组成员、机关党委书记张志怀负责领导调研工作，协调并落实书的出版事宜；党组成员、秘书长李泽敏积极协调支持调研工作和成果使用；办公室主任向自强负责制定调研计划、调研提纲，指导调研工作和组织调研报告的修改完善，以及统稿和编辑工作；办公室副主任邓勇负责调研工作和成果出版的保障；陈雄负责调研工作和成果出版工作的协调与落实；办公室的其他同志分别参与了调研工作和成果出版发行工作。

　　在调研工作的开展过程中，我们得到了全省 21 个市（州）社科联及其所属的县（区、市）社科联的大力支持和积极参与，保证了调研任务的完成和调研报告的质量。本书的出版得到了四川大学出版社的大力支持。在此，我们一并表示衷心的感谢！

　　由于反映的内容时间跨度大、涉及的历史阶段较多，本书对重要人物事件、重大活动成果等难免有遗漏或表述不够精准之处，同时我们理论水平有限，有的调研报告还差强人意，敬请读者谅解，并不吝赐教，我们一定虚心接受。

编者

2019 年 7 月